Lehr- und Handbücher der Kommunikationswissenschaft

Herausgegeben von Dr. Arno Mohr

Bisher erschienene Werke:

Brauner · Leitolf · Raible-Besten · Weigert, Lexikon
der Presse- und Öffentlichkeitsarbeit

Kiefer, Medienökonomik, 2. Auflage

Koeppler, Strategien erfolgreicher Kommunikation

Medienökonomik

Einführung in eine ökonomische Theorie
der Medien

Von
Prof. Dr. Marie Luise Kiefer

2., vollständig überarbeitete Auflage

R. Oldenbourg Verlag München Wien

Bibliografische Information Der Deutschen Bibliothek

Die Deutsche Bibliothek verzeichnet diese Publikation in der Deutschen
Nationalbibliografie; detaillierte bibliografische Daten sind im Internet
über <http://dnb.ddb.de> abrufbar.

© 2005 Oldenbourg Wissenschaftsverlag GmbH
Rosenheimer Straße 145, D-81671 München
Telefon: (089) 45051-0
www.oldenbourg.de

Gedruckt auf säure- und chlorfreiem Papier
Gesamtherstellung: Druckhaus „Thomas Müntzer" GmbH, Bad Langensalza

ISBN 3-486-57821-9

Inhaltsverzeichnis

Vorwort zur ersten Auflage

Das Buch ist zum Teil aus Lehrveranstaltungen am Wiener Institut für Publizistik- und Kommunikationswissenschaft entstanden, deren Hörerinnen und Hörer durch ihr Interesse an medienökonomischen Fragen die Arbeit sehr gefördert haben. Mein Dank gilt besonders Herrn Prof. Dr. Wolfgang R. Langenbucher, der mich als Initiator der Vergabe einer Honorar-Professur für Medien- und Kommunikationsökonomie der Universität Wien zumindest indirekt zwang, mich mit medienökonomischen Fragen und der Sicht der Ökonomie auf Medien und Medienphänomene systematisch auseinanderzusetzen.

Das Buch wendet sich primär an Studenten der Publizistik- und Kommunikationswissenschaft mit Interesse auch an der Teildisziplin Medienökonomie. Teilkapitel daraus sind in Aufsatzform bereits an anderer Stelle veröffentlicht, worauf jeweils verwiesen wird.

Für kritische Durchsicht, Anregungen und Verbesserungsvorschläge danke ich: Elisabeth Berg-Schwarze, Hans Jühe, Anne Köhler, Ulrich Saxer und Christian Steininger. Besonders danke ich auch Burgel Görlich-Roth, die mir effizient und kompetent aus der Verlegenheit half, ein druckreifes Manuskript vorlegen zu müssen.

Marie Luise Kiefer

Vorwort zur zweiten Auflage

Grundsätzlich wurde versucht, die zweite Auflage gegenüber der ersten nur dort zu verändern, wo neue (oder neu entdeckte) Literatur, neue Entwicklungen und Diskussionen dies erzwangen. Dabei blieb der Aufbau des Buches unverändert.

Die einzelnen Kapitel sind von den Aktualisierungen/Überarbeitungen unterschiedlich betroffen. Hier sollen nur größere Eingriffe kenntlich gemacht werden.

Das gilt für Kapitel 1, in dem neuere theoretische Durchleuchtungen der Veränderungen in der Medienumwelt berücksichtigt wurden, teilweise auch für Kapitel 2, wo die Definitionsversuche von Medienökonomie aktualisiert werden mussten. In Kapitel 4 ist die Dienstleistungscharakteristik von Medien stärker herausgearbeitet worden und entsprechend in Kapitel 5 ein Abschnitt über externe Produktionsfaktoren als zentrale Knappheiten hinzugefügt. In Kapitel 6 wurden Markt- und Wettbewerbsstrategien von Medienunternehmen in einen theoretischen Kontext gestellt und aktualisiert, in Kapitel 8 Versuche vor allem der privaten Rundfunkunternehmer, neue marktmäßige Erlösformen zu entwickeln, diskutiert.

Insgesamt hoffe ich, dass die Chance einer zweiten Auflage dazu genutzt werden konnte, die komplexe Thematik klarer, stringenter und verständlicher zu fassen.

Ich danke für unterstützende Recherchen Hans Jühe und Ulrike Mellmann, für die Gestaltung einer druckreifen Manuskriptvorlage Burgel Görlich-Roth.

Marie Luise Kiefer

Einleitung

Dieses Buch ist, obwohl es in einer Reihe „Lehr- und Handbücher der Kommunikationswissenschaft" erscheint, kein Lehrbuch im herkömmlichen Sinne, also keine Darstellung und Würdigung der vorhandenen Theorieansätze und Lehrmeinungen zu einem bestimmten Fachgebiet. Zu dem Fachgebiet „Medienökonomie" gibt es noch keine herrschende Lehre und abweichende Meinungen im Sinne von orthodoxer und heterodoxer Theorie, wie sie die Ökonomik zum Beispiel kennt. Es gibt vereinzelte, mehr oder weniger akzeptierte, ignorierte oder umstrittene Ansätze, dieses Fach als Teildisziplin der Publizistik- und Kommunikationswissenschaft (PKW) zu entwickeln, wobei dessen Sinnhaftigkeit keineswegs immer gesehen oder anerkannt wird (vgl. Kapitel 2.1). Aber auch die Frage der disziplinären Zuordnung – Teildisziplin der PKW oder/und der Ökonomie? – ist keineswegs abschließend geklärt. Hinzu kommen, mit Blick auf die neueren Entwicklungen im Medienbereich, Probleme der Ab- und Begrenzung des Forschungsgegenstandes, die auch die PKW generell betreffen. So muss nach Gabriele Siegert (2002, 10) geklärt werden, „ob und inwiefern eine publizistikwissenschaftlich orientierte Medienökonomie für e- und m-commerce zuständig sein kann und will. Damit verbunden ist die auch in anderen Teildisziplinen der Publizistik- und Kommunikationswissenschaft aufgeworfene Frage, inwieweit sich eine Fokussierung auf Massenkommunikation unter den Bedingungen der Online-Kommunikation, des nahtlosen Übergangs zwischen interpersoneller und massenmedialer Kommunikation und der zunehmenden Kommunikationsaktivität medienfremder Organisationen aufrecht erhalten lässt und ob dies überhaupt wünschenswert sein kann". All dies sind Fragen und Probleme, welche die Entwicklung und wissenschaftliche Verortung einer neuen Teildisziplin nicht gerade erleichtern und begünstigen.

Was hier vorgelegt wird, ist also kein Lehrbuch „der" Medienökonomie, sondern der Versuch einer Interpretation und Ausführung, was man darunter aus kommunikationswissenschaftlicher Sicht verstehen könnte. Der Ansatz, dem dabei gefolgt wird, entspricht formal weitgehend dem, der mit der These vom „ökonomischen Imperialismus" (vgl. Engelhardt 1989) beschrieben und beargwöhnt wird: die Problemstellungen anderer Sozialwissenschaften (ihre Explananda) werden aufgegriffen und mit den Instrumenten der Wirtschaftstheorie als Explanans analysiert (vgl. Tietzel 1988). Der Titel des Lehrbuchs „Medienökonomik" soll diese Übernahme ökonomischer Theorieansätze verdeutlichen, denn unter „Ökonomik" verstehen Ökonomen heute in der Regel ihr theoretisches Analyseinstrumentarium, unter „Ökonomie" den (primären) Gegenstandsbereich ihrer Analysen. Imperialismus meint dabei allerdings, dass – wenig erklärungsbedürftig – vor allem Ökonomen mit ihren Analyseinstrumenten, ihren Begriffskategorien und Verhaltensaxiomen auf (wirtschafts)fremdes Terrain vordringen, mitunter verbunden mit einem umfassenden Erklärungs- und Alleinvertretungsanspruch, häufig aber auch den Dialog mit anderen Disziplinen suchend. Auch wenn der hier verfolgte Ansatz dem des ökonomischen Imperialismus formal weitgehend entspricht, sind Intention und Erkenntnisinteresse weit entfernt von einem imperialistischen ökonomischen Anspruch. Das Buch ist aus primär kommunikationswissenschaftlicher und nicht ökonomischer Perspektive geschrieben, die Phänomene, die zu analysieren hier mit Hilfe ökonomischer Theorieansätze versucht wird, sind genuin kommunikationswissenschaftliche und publizistische Problemstellungen und allenfalls sekundär ökonomisch von Interesse.

Dabei bleibt auch ein mit Information und Kommunikation unlösbar verbundener gesellschaftlicher Aspekt stets präsent, auf den Babe (1994, 55) verweist: „The capacity to communicate, to package and diffuse information, means power. (...) Power, however, is not a primary concern for most mainstream economics (...), certainly not for neo-classicists".

Folgt man der Untergliederung einer wissenschaftlichen Disziplin, an die Peter Glotz (1990) erinnerte, in ein „Materialobjekt", hier Massenmedien, öffentliche Kommunikation, und ein „Formalobjekt" als die „besondere Blickrichtung auf das Materialobjekt", also als eine spezifische Betrachtungsweise, dann ist es das Formalobjekt, in dem sich medienökonomische Analyse im hier vorgestellten Sinne von den – ja keineswegs einheitlichen – spezifischen Betrachtungsweisen der PKW unterscheidet und diese gleichzeitig ergänzt. Dabei wird der Einbindung der Medien in das (Privat)Wirtschaftssystem der modernen kapitalistischen und demokratischen Gesellschaften natürlich besonderes Interesse gewidmet, aber auch eher wirtschaftsferne Problemstellungen der PKW werden auf Erklärungsmöglichkeiten getestet.

Medienökonomie ist ein interdisziplinärer Ansatz mit allen damit verbundenen Problemen. Das Risiko jeder Arbeit, die über den Tellerrand der Fachdisziplinen schaut, ist ja, dass sie den Ansprüchen keiner der Disziplinen gerecht wird. Da ist zum einen die Gefahr des Dilettierens, des ungenügenden Wissens über den aktuellen theoretischen Stand der Disziplinen. Zum anderen können aber auch die Selektions- und Fokussierungskriterien des wissenschaftlichen Erkenntnisinteresses der jeweiligen Disziplinen nicht voll übernommen werden, sondern es sind eigene Kriterien in Orientierung an den zu bearbeitenden Problemstellungen zu entwickeln, was letztlich immer erklärungsbedürftig bleibt.

Falkinger (1988) unterscheidet drei mögliche Formen von Interdisziplinarität: die additive – verschiedene selbständige Module unterschiedlicher Disziplinen werden über Schnittstellen zu einem effizienten Apparat zusammengeschlossen; die imperialistische im oben diskutierten Sinn der Übertragung von Methoden einer Disziplin auf ein fachfremdes Gebiet und schließlich die „verändernde Interdisziplinarität". Kritik an den beiden ersten Formen von Interdisziplinarität und Grund für ihre Ablehnung ist für Falkinger (ebenda, 7), „dass dabei der Standpunkt der eigenen Disziplin nicht zu Diskussion gestellt werden muss, sondern beibehalten wird". Bei der dritten Form hingegen muss der interdisziplinär arbeitende Wissenschaftler den Standpunkt seiner Disziplin verlassen, sich in Sichtweisen auch der anderen Disziplin hineinversetzen, anders denken lernen. Für Falkinger (ebenda, 8f.) ist es bei dieser dritten Form daher auch kein „allzu großer Sprung vom Team zur intrapersonellen Interdisziplinarität", ja der „Sonderstatus der Interdisziplinarität" verschwindet, weil eine „eigenständige, originelle fachliche Kompetenz entsteht". Das Buch ist ein Versuch, der diesem dritten Verständnis von Interdisziplinarität folgt, das die Grenzen der eigenen Disziplin, hier der PKW, überschreitet und das sich auf neue Sichtweisen, auf neue Analysemethoden originär publizistikwissenschaftlicher Problemstellungen einzulassen versucht.

Eine solche Interdisziplinarität ist ohne ein Mindestmaß an ökonomischem (Theorie)Wissen nicht realisierbar. Die neuen Möglichkeiten von Erkenntnis für die PKW erschließen sich ja erst mit diesem Wissen und sind erst dann in Fragestellungen der PKW umsetzbar. Das Buch ist daher auch der Versuch, den – prima facie – für publizistikwissenschaftliche Probleme relevanten Theoriebestand der Ökonomik soweit darzustellen, soweit es für eine Einführung erforderlich erscheint. Dass diese Darstellung dennoch relativ viel Raum in diesem Lehrbuch beansprucht schien unvermeidlich, da ein entsprechendes Vorwissen der Leser nicht vorausgesetzt werden kann. Die Darstellung folgt dabei keinem der gängigen Gliederungssysteme der Ökonomie, sondern ist an aus publizistikwissenschaftlicher Sicht relevanten ökonomischen Phänomenen im Zusammenhang mit Medien orientiert. Sie übernimmt auch keinen der zur Zeit in der ökonomischen Theorie diskutierten Ansätze in toto, sondern selektiv daraus das, was auf die auch in ökonomischer Hinsicht sehr spezifischen Medien mit Gewinn anwendbar erscheint.

Das „Materialobjekt", das aus einer spezifisch ökonomischen Betrachtungsweise in Blick genommen wird, sind Medien als Institutionen und wirtschaftliche Organisationen, ihre sozialen Umwelten und die Interaktionen damit. Dabei werden nicht nur die aktuellen, journalistischen Medien Zeitung und Zeitschrift, Hörfunk und Fernsehen berücksichtigt, sondern so weitgehend wie möglich auch die nichtaktuellen Medien, zumal wenn Vorarbeiten dazu vorliegen. Eher am Rande diskutiert werden die durch technische Entwicklungen wie Digitalisierung und Internet ermöglichten und aufkommenden „neuen Medien", ebenso die sich dadurch abzeichnenden Veränderungen für die „traditionellen" Medien, die mit ihren ökonomischen Besonderheiten im Zentrum der Analyse stehen. Denn einerseits bleiben diese ökonomischen Besonderheiten zu einem großen Teil weiterhin gültig bzw. sind kennzeichnend auch für die neuen Informationsangebote im weitesten Sinn, andererseits sind die konkreten Veränderungen vielfach noch kaum abschätzbar. Soweit für die Zwecke dieses Buches sinnvoll, ist die publizistikwissenschaftliche Diskussion dazu hier natürlich berücksichtigt, zumal gerade diese technologischen Entwicklungen, zusammen mit anderen Faktoren, das Interesse an der Entwicklung einer wissenschaftlichen Disziplin „Medienökonomie" stimulieren, und das nicht nur in der Publizistikwissenschaft, sondern auch bei den Wirtschaftswissenschaften (vgl. Hess/Schumann 1999).

Auch der Versuch, eine Medienökonomie zu entwickeln, verläuft wohl in Stufen, die sich in ein häufiger skizziertes Entwicklungsschema wissenschaftlicher Forschungsprogramme (vgl. Williamson 1993, Erlei 1998) einordnen lassen. Die erste Stufe ist die sog. präformale Theorie: die Grundideen werden formuliert, Ursache-Wirkungs-Ketten eher assoziativ beschrieben, eine neue Terminologie entwickelt. Auf der zweiten Stufe der semiformalen Theorie sollen erste konkrete Modelle und formalanalytische Ableitungen den verbalen Ausführungen der ersten Stufe eine konsistente Struktur verleihen. Die dritte Stufe der vollständig formalen Theorie ist erreicht, wenn die wichtigsten Bausteine der Theorie formalisiert sind, die allgemeinen Voraussetzungen für die Gültigkeit der Hypothesen und die Interdependenzen der wichtigsten Modellvariablen bekannt sind. Diese drei Stufen theoretischer Analyse werden ergänzt und begleitet durch empirische Forschung als „eines der wichtigsten Selektionskriterien zwischen konkurrierenden Theorien" (Erlei 1998, 7).

Will man die hier vorgelegte Arbeit diesem Stufenschema zuordnen, dann ist sie wohl dem Stadium einer präformalen Theorie am nächsten. Mit allen Möglichkeiten des Irrtums wird ein sehr weites Feld an Zusammenhängen, Einflussfaktoren, Ursache-Wirkungs-Ketten mit Hilfe ökonomischer Theorieansätze abzustecken und auszuloten versucht. Empirische Forschung wird, soweit die originären Fragestellungen und die Ergebnisse auch aus der neuen oder anderen Sichtweise aussagefähig erscheinen, möglichst berücksichtigt. Das ist für die einzelnen Kapitel in sehr unterschiedlichem Ausmaß möglich, was auch die Unterschiede (nach Aufbau, Inhalt und Umfang) zwischen den Kapiteln zum Teil erklärt.

Es wurde nicht grundsätzlich versucht, Daten zu aktualisieren. Das „Erkenntnisparadoxon der Medienökonomie" (Kopper 2002, 23) berücksichtigend, haben Daten, soweit ihr Informationsgehalt das eben zulässt, in diesem Buch eine Demonstrationsfunktion für Strukturen und keinen aktuellen Informationswert, der ohnehin bald obsolet wäre. Da sich zentrale Strukturen auch in Zeiten eines schnellen technischen und wirtschaftlichen Wandels zumeist nur allmählich ändern, scheint der Verzicht auf durchgängige Aktualisierung vertretbar.

Grundsätzlich wurde in diesem Buch auch auf Anmerkungen verzichtet gemäß dem Motto, dass das Wichtige in den Text gehört, das weniger Wichtige und Ergänzende, das Einzelaspekte Differenzierende und Relativierende in einer Einführung zunächst ausgespart bleiben kann. Jedes Kapitel (bis auf Kapitel 11) schließt mit „Zusammenfassungen" des zuvor Erarbeiteten. Diese Zusammenfassungen verfolgen einen doppelten Zweck und fallen deshalb etwas ausführlicher aus, als vielleicht erwartet und üblich. Sie sollen einmal dem „statarisch"-chronologischen Leser die Gelegenheit geben, das ausführlich Durchgearbeitete noch einmal zu rekapitulieren. Sie wenden sich aber auch an die Gruppe der eher kursorischen Leser, die hier einen ersten Überblick über die in den jeweiligen Kapiteln abgehandelten Theorien, Phänomene und Probleme erhalten sollen, um bei Interesse gezielt einsteigen zu können. Natürlich setzt eine gründliche Beschäftigung mit medienökonomischen Fragen eine gründliche Lektüre dieses Buchs (und anderer Bücher) voraus. Aber wer sich nur einen ersten systematischen Einblick in die kommunikationswissenschaftliche Teildisziplin Medienökonomie verschaffen will, dem ist mit den Zusammenfassungen möglicherweise bereits gedient.

Das Buch ist, wie betont, aus kommunikationswissenschaftlicher Perspektive geschrieben. Genauer: es ist aus der Sicht der europäischen Variante dieser Disziplin geschrieben, die Medien als kulturelle Institutionen, als Kulturgut und Kulturfaktor begreift. Diese Sicht auf das Mediensystem ist im Nachkriegsdeutschland stark geprägt worden durch die Rechtsprechung des Bundesverfassungsgerichts, insbesondere zu den Rundfunkmedien. Die Ansätze der amerikanischen Medienökonomie, die zweifellos Pionierleistungen bei der Installation dieser Teildisziplin der PKW erbracht hat, haben einen anderen kulturellen Hintergrund und folgen überwiegend einem anderen Verständnis, häufig selbst dort, wo Publizistikwissenschaftler medienökonomische Fragestellungen behandeln. Insofern ist dieses Buch auch ein Versuch, eine europäische Variante einer Medienökonomie als Teildisziplin der Publizistik- und Kommunikationswissenschaft zu entwickeln, was die Einbettung nicht nur in bestimmte sozial-normative Vorstellungen vom Mediensystem bedeutet, sondern hier auch den Rückgriff vor allem auf Ansätze der Neuen Politischen Ökonomie. Das sind Ansätze, die in „bürgerlicher" ökonomischer und nicht in marxistischer Tradition stehen, auch wenn deren Vertreter die Gefahr ideologischer Voreingenommenheiten und Ausblendungen in Übereinstimmung mit Karl Marx durchaus sehen und auch betonen und insgesamt wenig Berührungsängste mit marxistischen Autoren und deren Arbeiten haben (vgl. Bernholz/Breyer 1993, 2f.). Auch das Kritik-Verständnis von Marx, der als Ökonom darunter ja vornehmlich wissenschaftliche Analyse mit dem Ziel der Veränderung von als nicht befriedigend bewerteten (gesellschaftlichen) Zuständen verstand, ist von dem der Neuen Politischen Ökonomie nicht weit entfernt. Als Wissenschaft, die sich zentral mit Problemen der Knappheit und ihrer Bewältigung beschäftigt, muss sie Werturteile über bessere oder schlechtere Lösungen der Knappheitsbewältigung mit Blick auf konsentierte gesellschaftliche Ziele fällen, also auch Gestaltungsoptionen aufzeigen. Der hier entwickelte Ansatz einer Medienökonomie verfolgt letztlich ein ähnliches Ziel: mit Hilfe wirtschaftswissenschaftlicher Analyse des Mediensystems und seiner gesellschaftlichen Einbettung einen Baustein mehr zu denen der PKW zu liefern, die einer Gesellschaft die verlässliche Optimierung ihres Mediensystems erlauben sollen.

1 Medien als Objekt ökonomischer Analyse?

In diesem ersten Kapitel wird der Leser auf die enge Einbettung der Medien in das System Wirtschaft verwiesen, die eine Analyse des Mediensektors mit dem wissenschaftlichen Instrumentarium auch der Ökonomik sinnfällig macht. Die Organisation von Medien als erwerbswirtschaftliche Unternehmen und ihr gesamtwirtschaftliches Gewicht (1.2) fordern ihre Betrachtung aus wirtschaftswissenschaftlicher Perspektive ebenso heraus, wie die in der PKW aktuell diskutierten unübersehbaren Tendenzen einer „Ökonomisierung" der Medien (1.3). Der sich in den Ökonomisierungstendenzen abzeichnende Medienwandel verweist auf die Frage nach den Hintergründen. Lässt sich der Medienwandel einbetten in technologisch-wirtschaftlich begründet gesellschaftliche Umwälzungen, wie sie mit Begriffen wie Informationsgesellschaft, Postfordismus und New Economy vage gebündelt werden? Antworten auf diese Fragen werden in Kapitel 1.4 versucht.

Ziel des Kapitels ist es, Ansätze für medienökonomische Fragestellungen aus Sicht der PKW aufzuzeigen, die dem kommunikationswissenschaftlichen Leser die abgeforderte Mühsal der Einarbeitung in das methodologische Instrumentarium der Ökonomik als eigenständige sozialwissenschaftliche Analysemethode (Erlei 1998, 5) lohnend erscheinen lassen sollen.

Vorgeschaltet (1.1) ist diesen Überlegungen der Versuch einer begriffliche Klärung des Objekts medienökonomischer Analyse, also ein Definitionsversuch von „Medium".

1.1 Zum Begriff des Mediums

Der Begriff des Mediums spielt in der Kommunikationswissenschaft zwar unbestritten eine zentrale Rolle, das bedeutet aber nicht, dass er eindeutig definiert wäre. Das hat zweifellos etwas mit der Komplexität der Phänomene zu tun, die unter den Begriff „Medium" subsumiert werden und die es zunächst etwas näher zu bestimmen gilt, um den Gegenstand dieses Buchs, der hier aus wirtschaftswissenschaftlicher Perspektive betrachtet werden soll, zu umreißen. Der Medienbegriff wird, worauf Hörisch (1998, 28) verweist, ja bis in die Mitte des letzten Jahrhunderts eher mit Elementen wie Wasser, Feuer, Luft oder mit spirituellen Medien verknüpft als mit Kino, Fernsehen oder Schallplatte. „Erst ab den 60er Jahren (...) findet man Artikel, die dem heutigen Verständnis in etwa nahe kommen". Was aber ist das heutige Verständnis?

Harold D. Lasswell (1948) hat das Forschungsfeld der Kommunikationswissenschaft schon sehr früh und einprägsam in seiner berühmten Formel umschrieben und darin auch die Position des „Mediums" festgelegt: who says (Kommunikator) what (Inhalt) in which channel (Medium) to whom (Publikum) with what effect (Wirkung). Entsprechend definiert Gerhard Maletzke (1963) Medien als technische Instrumente, mit denen öffentliche Aussagen an ein disperses Publikum verbreitet werden und zählt auf: Presse, Film, Hörfunk und Fernsehen, Schallplatte/Tonträger. Auch nach Heinz Pürer (1993) umfasst der Begriff „Medium" alle jene technischen Instrumente und Apparaturen, mit deren Hilfe publizistische Aussagen an die Öffentlichkeit weitergeleitet und somit potentiell jedermann öffentlich zugänglich gemacht werden. Dabei vermitteln Medien ihre Aussagen im Normalfall indirekt und einseitig an ein räumlich und/oder zeitlich zerstreutes, also disperses, und anonymes Publikum und selten nur, wie etwa beim Filmbesuch im Kino, an ein räumlich präsentes, wenn auch nur Teilpublikum. Medien sind danach also „Mittel der Kollektivverbreitung" (Silbermann 1982, 295), die allerdings, um publizistische Medien oder auch Massenmedien zu sein, in einen sozialen Prozess öffentlicher Kommunikation integriert sein müssen.

Allgemeiner könnte man Medien auch als Kommunikationskanäle bezeichnen, die bestimmte Zeichensysteme transportieren, Zeichen, die nach Regeln organisiert (codiert) und auf der Basis von gesellschaftlichen Vereinbarungen interpretiert (decodiert) werden. Medien oder besser Kanäle wären danach Zeichentransport-Systeme. Dabei wird unter Medien in der Regel der Zusammenhang von bestimmten Kanälen oder Trägersystemen wie z.B. Funkwellen oder Papier und bestimmten Zeichensystemen wie gesprochene Sprache oder Buchstaben verstanden, bei den Beispielen hier Hörfunk bzw. Printmedien.

Von dem Kommunikationsmittel als Einheit aus Kanal und Zeichensystem ist der Kommunikationsgehalt zu unterscheiden, um dessen Vermittlung es im Kommunikationsprozess ja geht. Damit diese Vermittlung gelingt, muss die Bedeutung des Zeichensystems für den sozialen Urheber, den Kommunikator und den sozialen Adressaten, den Rezipienten, analoge Strukturen haben, sie müssen eine „gemeinsame Sprache" sprechen, die jeweils gemeinten Bedeutungen „miteinander teilen" (Burkart 1995). Medien konstituieren somit Sinn.

Medien sind aber nicht nur Zeichentransport-Systeme, sie sind auch Organisationen, also Sozialsysteme, die auf die Erfüllung bestimmter Zwecke gerichtet sind. Sie sind zumeist komplexe organisatorische Gebilde aus verschiedenen Subsystemen (Redaktion, Verwaltung, Marketingabteilung usw.), mit vorgelagerten (z.B. Nachrichtenagenturen, Talentagenturen, Papierlieferanten) und nachgelagerten Stufen (z.B. Vertrieb, Rechtehandel). Medien sind insbesondere Wirtschaftsunternehmen, also Organisationen, die erwerbswirtschaftliche Zwecke verfolgen, ein Aspekt, dem im Zusammenhang dieses Buches das besondere Interesse gelten wird.

Medien sind schließlich gesellschaftliche Institutionen (vgl. zum Institutionenbegriff Kapitel 3.1), also soziale Beziehungsregeln zur Erfüllung bestimmter gesellschaftlicher, öffentlicher aber auch privater Zwecke. Von Medien werden ja bestimmte Funktionen erwartet, Leistungsbeiträge an gesellschaftliche Strukturen und Prozesse, wie gesellschaftliche Integration und öffentliche Meinungsbildung, Leistungen aber auch für die Individuen wie Information oder Unterhaltung. Die Institutionalisierung dieser Leistungserwartungen im Phänomen der Medien dient, wie Institutionen generell, der sozialen Orientierung und der Stabilisierung menschlichen Zusammenlebens.

Eine Zusammenfassung all dieser Facetten zu einer tauglichen Definition publizistischer Medien stammt von Ulrich Saxer. Saxer (1996b, 20) definiert: „Medien sind komplexe institutionalisierte Systeme um organisierte Kommunikationskanäle von spezifischem Leistungsvermögen". Nach dieser Definition sind Medien also nicht nur Kanäle, wie z.B. im Sinne der Lasswell-Formel und auch nicht nur technische Instrumente und Apparaturen zur Verbreitung öffentlicher Mitteilungen, wie im Sinne der Definitionen von Maletzke und Pürer, sondern komplexe soziale Institutionen spezifischer Funktionalität und Leistungen.

Es ist fraglich, ob auch Onlinedienste umstandslos mit diesem Medienbegriff erfasst werden können. Zentrale Komponenten, nämlich die Einbindung von Technik in institutionalisierte Handlungszusammenhänge nach konsensualen Regelwerken, fehlen ja noch weitgehend und neben publizistischen Medien treten im Netz zahlreiche andere Medientypen und Kommunikationsformen auf. Wilke (2002, 307) hält den Begriff „Kommunikationsraum" denn auch zutreffender für das Internet als den des Mediums, da es Platz für ganz unterschiedliche Kommunikationsmodalitäten biete, die nur zum Teil die Funktionen herkömmlicher Verbreitungsmedien erfüllten. Neverla (2001, 34) plädiert, um den mit dem Aufkommen der „Netzmedien" für die PKW verbundenen Herausforderungen gerecht werden zu können, „fürs erste auch theoretische Unschärfen in Kauf zu nehmen". Dieser Empfehlung soll hier, soweit sinnvoll, gefolgt werden (vgl. zur aktuellen Diskussion des Medienbegriffs und seines Wandels auch Weischenberg 1998, Burkart 1999, Selhofer 1999).

Der von Saxer entwickelte Medienbegriff folgt weitgehend der soziologischen Sicht von Institutionen. Wie der Begriff des Mediums ist allerdings auch der der Institution in den Sozialwissenschaften keineswegs einheitlich definiert, sondern eher vieldeutig und vage. Ökonomen verbinden mit Institutionen vor allem die Reduktion von Transaktionskosten. Auf den Begriff der Transaktionskosten wird später noch ausführlich einzugehen sein (vgl. Kapitel 2.3.1), hier nur soviel, dass es Kosten des sozialen Leistungsaustauschs sind, Kosten, die im Zusammenhang sozialer und wirtschaftlicher Transaktionen und Kooperationen anfallen. Wenn man weiß, dass eine der Hauptarten von Transaktionskosten Informationskosten sind, wird unmittelbar einsichtig, dass Medien auch aus dieser Sicht Institutionen darstellen (Jenöffy-Lochau 1997). Die Kosten der Informationsbeschaffung würden für jedermann ungeheuer ansteigen, wenn jeder sich die Informationen, die ihm die Medien bereitstellen, selbst verfügbar machen müsste. Der institutionelle Charakter der Medien ist dabei umso höher, je regelmäßiger sie mit ihrem Informationsangebot verfügbar sind, also je periodischer sie in einer Gesellschaft auftreten. Andererseits ist die Funktionsweise bestimmter gesellschaftlicher, nämlich demokratischer Strukturen, an das Vorhandensein genau dieser Institutionen gebunden. „Moderne Gesellschaften sind medial integrierte Gesellschaften. Öffentlichkeit wird medial hergestellt. Die Dinge des Lebens werden medial zu gemeinsamen Dingen; medial werden sie diskutiert, gesamtgesellschaftliche Bewusstseinsprozesses werden medial initiiert" (Iten 1996, 19, der hier Kurt Imhof zitiert). Die für ein demokratisches Staatswesen unverzichtbaren Informations-, Meinungsbildungs- und Integrationsprozesse wären ohne Massenmedien wohl weder zu organisieren noch zu finanzieren. Auf Medien als Institutionen in den verschiedenen Definitionszusammenhängen und die daraus abzuleitenden Konsequenzen für eine „Medienökonomie" als Teildisziplin der Kommunikationswissenschaft wird in Kapitel 3 noch näher einzugehen sein.

1.2   Warum eine wirtschaftliche Betrachtung von Medien?

Ausgangspunkt der Überlegungen ist, dass Medien überwiegend erwerbswirtschaftlich organisiert sind, einen Wirtschaftsfaktor von wachsender ökonomischer Bedeutung darstellen und in ein System ökonomischer Beziehungen eingebettet sind. Medien, so Manfred Rühl (2003, 99) mit Blick auf die historisch ältesten Medien Buch und Zeitung, hatten „von Anfang an zwei komplementäre Seiten: als lesbare Werke und wirtschaftliche Waren". Die Möglichkeit, dauerhaft professionellen Journalismus zu machen, erfordert Geld, stellt Hans Bohrmann (2002) fest und verweist erneut auf die für die Entstehung der Publizistikwissenschaft so wichtige Verbindung zur Ökonomie – z.B. in der Person von Karl Bücher, der ja Nationalökonom war -, die, als „Medienökonomie", jedoch „eine lange Zeit versteckte Teildisziplin" blieb.

Allerdings haben auch die Wirtschaftswissenschaften ihr frühes Interesse an den Medien offensichtlich nicht gepflegt. Jedenfalls gibt es – bislang noch nicht, muss man hinzufügen – „keine etablierte wirtschaftswissenschaftliche Tradition der Beschäftigung mit den verschiedenen Bereichen technisch vermittelter Kommunikation", sondern allenfalls Einzelansätze (Lange 1996, 134). Spätestens mit Aufkommen des Internets nimmt das Interesse der Ökonomen an der Medienbranche aber deutlich wieder zu, wobei vor allem betriebswirtschaftliche und Fragen des Medienmanagements im Vordergrund stehen (vgl. Schumann/Hess 2000, Wirtz 2003a, 2003b).

Bis auf die vorwiegend europäische Erscheinung des öffentlich-rechtlichen Rundfunks, die einzige Ausnahme von Bedeutung, sind alle Medien traditionell private Wirtschaftsunternehmen (vgl. Kapitel 3.4), das heißt Medienprodukte werden auf Märkten (vgl. Kapitel 3.2) nach Wettbewerbsprinzipien (vgl. Kapitel 3.3 und Kapitel 7.3) bereitgestellt, um damit einen Gewinn zu erwirtschaften. Was diese Organisationsform für die normierte öffentliche Aufgabe der Medien, ihre institutionalisierten gesellschaftlichen Leistungen bzw. Leistungserwartungen bedeutet, ist eine Frage, die bereits Max Weber in seinem berühmten Vorschlag zu einer Soziologie des Zeitungswesens 1910 auf dem ersten Deutschen Soziologentag in Frankfurt gestellt hat. Max Weber (1988a, 438) betonte für eine solche Soziologie, „wie sehr der geschäftliche Charakter der Presseunternehmungen in Betracht zu ziehen ist –, wir müssen uns fragen: was bedeutet die kapitalistische Entwicklung *innerhalb* des Pressewesens für die soziologische Position der Presse im allgemeinen, für ihre Rolle innerhalb der Entstehung der öffentlichen Meinung?". Diese Frage ist auch heute von der Kommunikationswissenschaft als der für Medien und öffentliche Kommunikation zuständigen Wissenschaftsdisziplin noch weitgehend unbeantwortet. Dabei werden Indizien der Bedeutung im heutigen Medienwandel durchaus klarer und auch erkannt, so wenn Otfried Jarren (1996a, 81) zu diesem Wandel feststellt: „Medien werden zu Akteuren, indem sie Eigensinn und eine spezifische Handlungslogik entwickeln (Umweltbeobachtung, Themenselektion, Themenaufbereitung und -darstellung), und zwar entsprechend ihrer zunehmenden ökonomischen Verpflichtungen. In ihnen wird mehr und mehr intentional und strategisch bezogen auf selbst gesetzte – aber ökonomisch modulierte – Ziele gehandelt. Sie sind nicht mehr das ‚Werkzeug' und auch nicht mehr vorrangig die ‚Vermittlungsinstanz' von politischen Institutionen. Zugleich sind sie aber aufgrund ihrer historischen Entwicklung, den nach wie vor bestehenden normativen Vorgaben sowie ihrer Selbstbindung gegenüber dem Prinzip Öffentlichkeit auch nicht vollständig der Institution Markt unterworfen. Medien repräsentieren einen eigenen, einen eigenständigen Institutionentypus". Die prägende Kraft der von Max Weber apostrophierten kapitalistischen Entwicklung innerhalb des Medienbereichs wird in diesem Zitat durchaus deutlich, auch wenn ihr, vorsichtig, nur eine ‚Modulationsfunktion der Medienziele' zugestanden wird, was vielleicht für mittelständische Presseunternehmen noch gelten mag, aber kaum mehr für international agierende Medienkonzerne.

Entwicklungen wie die hier registrierte müssen mit der notwendigen Differenzierung auf ihre Ursachen abgeklopft werden. Max Weber, der ja nicht nur Soziologe sondern auch Nationalökonom war, wusste, dass man Fragen nach Ursache wie Bedeutung solcher Phänomene nur beantworten kann, wenn man die ökonomischen Bedingungen und Bedingtheiten von Medien genauer analysiert. Das notwendige theoretische Rüstzeug dafür zu liefern, ist ein zentrales Anliegen dieses Lehrbuchs.

Medien als Wirtschaftsunternehmen sind ja in ein ganzes System von ökonomischen Beziehungen eingebettet. Sie sind Nachfrager nach Produkten und Dienstleistungen aus anderen medialen und nichtmedialen Bereichen, z.B. der Hersteller von Zeitungspapier oder von Büromöbeln oder von Dienstleistungen der Post oder der Nachrichtenagenturen. Für andere Wirtschaftsbereiche wiederum sind sie Voraussetzung der wirtschaftlichen Existenz. Eine Rundfunkgeräteindustrie oder den entsprechenden Handel würde es ohne Rundfunkprogramme nicht geben. Und sie sind Arbeitgeber von nicht unerheblichem Gewicht.

Jürgen Heinrich (2003) hat die volkswirtschaftliche Bedeutung der Medien zu erfassen versucht, wobei er seine Berechnungen auf die aktuell und journalistisch produzierenden Massenmedien Zeitung, Zeitschrift, Anzeigenblatt, Hörfunk, Fernsehen und Onlinemedien begrenzt, also Kino und Buch, Bild- und Tonträger, Theater und Museen hingegen nicht berücksichtigt. Der Umsatz des so definierten Mediensektors einschließlich vorgelagerter (Korrespondenz- und Nachrichtenbüros, Ton- und Filmstudios, selbständige Journalisten und Künstler) und nachgelagerter (Postzeitungsdienst, Groß- und Einzelhandel) Stufen liegt nach seinen Berechnungen im Jahr 2000 bei gut 70 Mrd. DM, die Bruttowertschöpfung bei 27 Mrd., das ist ein Anteil an der gesamtwirtschaftlichen Bruttowertschöpfung von 0,7 Prozent. Die Zahl der Beschäftigten (ohne Zeitungszusteller) schätzt Heinrich auf rd. 165000, ein Anteil von 0,4 Prozent an den Erwerbstätigen insgesamt, wobei die Zahl der Beschäftigten eher rückläufig als steigend ist.

Der Sektor nur der journalistisch-aktuellen Medien ist danach also ein recht kleiner Teil der Gesamtwirtschaft. 1992 hatte das ifo-Institut, München, einmal die gesamtwirtschaftliche Bedeutung des Medien- und Kulturbereichs insgesamt in Westdeutschland zu ermitteln versucht (vgl. zur gesamtwirtschaftlichen Bedeutung nur der Rundfunkmedien Seufert 1998). Die Befunde der Studie zeigten, dass der Gesamtsektor Medien und Kultur durchaus wirtschaftliches Gewicht hat. 2,9 Prozent aller Erwerbstätigen waren damals im Medien- und Kulturbereich beschäftigt, das waren ebenso viele wie in der Ernährungswirtschaft oder in der Textil- oder Bekleidungsindustrie. Der Beitrag des Sektors Medien und Kultur insgesamt zur gesamtwirtschaftlichen Bruttowertschöpfung lag bei 2,5 Prozent, das heißt 2,5 Prozent der inländischen Einkommen entstanden hier, was vergleichbar mit der Energiewirtschaft oder dem Gesundheitswesen war. Die Anlageinvestitionen machten 2 Prozent der gesamtwirtschaftlichen Investitionen aus, was der Größenordnung im Maschinenbau entsprach.

Berechnungen wie die von Heinrich oder des ifo-Instituts machen nicht nur deutlich, dass Medien in einer Gesellschaft auch von ökonomischer Relevanz sind. Sie verweisen zudem darauf, dass medienpolitische Weichenstellungen und Strukturentscheidungen, wie z.B. der Ausbau von Kabelnetzen, digitalisiertem Rundfunk oder die Zulassung privatwirtschaftlicher Veranstalter, immer auch wirtschaftpolitische Entscheidungen sind. Die technologischen Entwicklungen im Informations- und Kommunikationssektor (vgl.1.4.1) wurden und werden ja fast nur unter wirtschaftspolitischen Gesichtspunkten diskutiert: sie sollen Arbeitsplätze schaffen, das Wirtschaftswachstum ankurbeln und die internationale Wettbewerbsfähigkeit der jeweiligen Volkswirtschaft erhöhen. Medien werden so in den Dienst nicht nur der tradierten Normen von Meinungsbildung und gesellschaftlicher Integration, sondern politisch bewusst auch in den der wirtschaftlichen Entwicklung einer Gesellschaft gestellt, weil sie eben ein Teilbereich des Wirtschaftssystems sind und hier einen Expansion und Wachstum verheißenden Sektor darstellen. Dabei scheint die „Überfremdung der Medienpolitik" (Saxer 1981), also die Überlagerung medienpolitischer durch andere, vor allem wirtschaftspolitische Ziele, zuzunehmen.

Weischenberg spricht in Anlehnung an Horst Holzer von der „eingebauten Schizophrenie" der Medien als grundlegendem Merkmal, Altmeppen/Karmasin (2003) benutzen das Bild der „janusgesichtigen" Medien. Gemeint ist in beiden Fällen der Doppelcharakter von Medien als Wirtschafts- und Kulturgut. Dabei ist die ‚eingebaute Schizophrenie', der Doppelcharakter der Medien, so Weischenberg (1990, 34) „kein Produkt der ‚Neuen Medien', sondern grundlegendes Merkmal moderner Mediensysteme nach westlich-marktwirtschaftlichem Muster: Einerseits sind die Medien darin soziale Institutionen, sollen also der Allgemeinheit dienen; andererseits sind sie eine Industrie und dienen somit (wirtschaftlichen) Einzelinteressen. Einerseits sind sie – als Kinder der Aufklärung – philosophischen Werten verpflichtet (Vernunft, Freiheit, Wahrheit, Wissen, Mündigkeit); andererseits sind sie an praktisch-pragmatischen Vorgaben und Zielen orientiert (Reichweite, Konkurrenz, Redaktionsschluss, Professionalität, Karriere)". Nimmt man die Beobachtungen Otfried Jarrens zum Maßstab, dann scheint sich dieser schizophrene Zustand dem Ende zuzuneigen. Die Medien, zumindest große Teile davon aus dem erwerbswirtschaftlich-kommerziell organisierten Bereich, verlassen ihre theoretisch wie normativ definierte „dienende Aufgabe" (Jarren 1996a, 83), das heißt sie verlassen das System publizistischer Normen und folgen nurmehr dem ökonomischen Regime und den dort herrschenden Regeln. In der PKW fasst man den damit verbundenen Wandel unter dem Begriff der „Ökonomisierung" des Mediensystems zusammen, der in 1.3 ausführlicher diskutiert wird.

Der neue Institutionentypus von Medien, der nach Jarrens Beobachtung mit dem herkömmlichen nicht mehr viel gemein habe, trägt die Züge der kapitalistischen Unternehmung, die Weber 1910 schon bei der Presse registrierte und die nun noch sehr viel klarer auch die elektronischen und die neuen Medien und Medienkombinationen übernehmen. Die Frage Max Webers, was eine solche Entwicklung für die nach wie vor normierten und wohl auch dringend benötigten publizistischen Funktionen von Medien in einer demokratischen Gesellschaft bedeutet, gewinnt, so scheint es, an Dringlichkeit. Will man einer Antwort auf die Frage und damit auch medienpolitischen Gestaltungsoptionen näher kommen, sollte man einen Hinweis der beiden erfahrenen amerikanischen Medienökonomen Bruce M. Owen und Steve S. Wildman (1992, 2) nicht ignorieren, die beklagen, dass „policy debate about television too often ignores precisely those economic factors that can shed the most light on the merits of alternative policies, or that most plausibly explain existing behavior".

1.3   Kommunikationswissenschaftliche Stichworte zur Ökonomisierung der Medien

In der publizistikwissenschaftlichen Literatur finden sich zahlreiche Umschreibungen für das Phänomen der Ökonomisierung im Medienbereich, aber es gibt keine verbindliche Definition, auch nicht im Sinne einer Nominaldefinition.

Wenn man an die Arbeiten von Max Weber, Karl Bücher oder Otto Groth (vgl. Bohrmann 2003) denkt wird klar, dass „Ökonomisierung" der Medien kein neues Phänomen ist, sondern dass sich hier eher ein Dauertraktandum wissenschaftlicher Analyse oder auch Besorgnis spiegelt, das vor allem in der Doppelinstitutionalisierung von Medien als Kultur- und Wirtschaftsgütern gründet. Durch diese Doppelinstitutionalisierung sind Medien ja zwei verschiedenen gesellschaftlichen Teilordnungen, zwei verschiedenen Regimes unterstellt, deren Balance offenbar prekär ist. Ökonomisierung ließe sich also begreifen als steigende Dominanz des Regime „Ökonomie" gegenüber dem Regime „Publizistik". Damit stellen sich zwei Fragen: 1. wie sich die Regimes Ökonomie und Publizistik beschreiben lassen und 2. warum das Regime Ökonomie dominant werden kann. Antworten, besser Teil- und wohl auch vorläufige Antworten auf diese Fragen sollen in den nachfolgenden Kapiteln versucht werden.

1.3.1 „Ökonomisierung" als Regimewechsel

Versucht man die Regimes (zum Konzept des Regime vgl. Spinner 1994) „Ökonomie" und „Publizistik" idealtypisch zu beschreiben, könnte dies mit Hilfe von Kriterien geschehen, die als relevant für die jeweilige innere Organisation der Regimes oder auch Systeme erscheinen.

Übersicht 1.1: **Idealtypischer Vergleich der Systeme Wirtschaft und Publizistik**

Kriterien	Wirtschaft	Publizistik
Elemente der Systemrationalität	Eigennutzorientierung ökonomischer Wettbewerb	Öffentlichkeitsorientierung Aufmerksamkeitswettbewerb
Leitwerte	Effizienz Rentabilität	Aufklärung demokratische Kontrolle
Steuerungsmedium	Geld	Publizität
Beitrag an die Gesellschaft	Waren und Dienstleistungen	öffentliche Meinung
Sanktionssystem	stark	schwach
Institutionalisierung	Wirtschaftsunternehmen	Medienbetriebe

Quelle: Kiefer 2005, S. 193.

Zentrale Elemente der Systemrationalität im ökonomischen Regime sind Eigennutzorientierung (vgl. Kapitel 7.2) und wirtschaftlicher Wettbewerb (vgl. Kapitel 3.3 und Kapitel 7.3), die Leitwerte bilden Rentabilität und wirtschaftliche Effizienz (vgl. Kapitel 2.3.2), das zentrale Steuerungsmedium ist Geld (vgl. Kapitel 8.2.1). Im Regime Publizistik bilden Öffentlichkeitsorientierung verbunden mit publizistischem (als angebotsorientierter Perspektive) und Aufmerksamkeitswettbewerb (als nachfrageorientierter Perspektive) zentrale Elemente der Systemrationalität, Leitwerte sind Aufklärung und demokratische Kontrolle, das zentrale Steuerungsmedium ist Publizität. Erweitert man die Regimebeschreibungen und fragt nach dem jeweiligen Beitrag der Systeme oder Regimebereiche an die Gesellschaft, so besteht dieser bei der Ökonomie in Waren und Dienstleistungen, bei der Publizistik in öffentlicher Meinung. Gesellschaftliche Funktionalität wird in der Ökonomie als Wirken der „unsichtbaren Hand" (vgl. Kapitel 7.2.1) bzw. als (von den Akteuren nicht intendierte) Nebenfolge der Systemrationalität erwartet, im Regime der Publizistik misst sich diese an gesellschaftlichen Zielen, die explizit, wenn auch mit unterschiedlicher Bindungswirkung (z.B. Presse vs. Öffentlicher Rundfunk), vorgegeben sind. Wichtig für die Frage, ob und inwieweit eine „Kolonialisierung", um einen plastischen Begriff von J. Habermas (1988) zu entlehnen, des Systems Publizistik durch das Regime Ökonomie möglich ist, scheint ein fünftes Kriterium: das Sanktionssystem zur Durchsetzung der Leitwerte. Das Sanktionssystem der Wirtschaft ist stark, das der Publizistik ist schwach. In der Ökonomik herrscht weitgehend Einigkeit darüber, dass Marktwirtschaft ein Zwangssystem zur Durchsetzung der ökonomischen Leitwerte darstellt (vgl. Kapitel 7), dessen Zuchtmeister der Wettbewerb ist (v. Weizsäcker 2003, 878). Eine anhaltende Verletzung der

Leitwerte führt in letzter Konsequenz zum Verlust der wirtschaftlichen Existenz. Dem steht mit der Publizistik eine gesellschaftliche Teilordnung gegenüber, für die Sanktionsschwäche fast ein konstituierendes Merkmal ist. Die Äußerung oder Nichtäußerung von Meinungen, die Artikulation von Interessen, die Veröffentlichung von Information im weitesten Sinne kann und muss in einer Demokratie weitestgehend sanktionsfrei erfolgen können. Pressefreiheit und Zensurverbot stehen als Garanten für einen sanktionsfreien Raum. Bei anhaltender Verletzung der Leitwerte drohen innerhalb des Systems Publizistik allenfalls Reputationsverluste, z.B. durch Rügen des Presserats. Der theoretisch mögliche Lizenzverlust im privatrechtlichen Rundfunk ist hingegen ein externer, weil politischer Eingriff, wie er Unternehmen auch in anderen, stark regulierten Wirtschaftsbereichen treffen kann. Ein dem ökonomischen Wettbewerb vergleichbarer systeminterner Mechanismus zur Durchsetzung der publizistischen Leitwerte existiert nicht. Hinzu kommt, dass die Leitwerte der Publizistik, in Gegensatz zu denen der Ökonomie, vage und interpretationsoffen sind und der Zusammenhang zwischen Systemrationalität und Leitwerten eher schwach und kontingent ist. Öffentlichkeitsorientierung ist nicht unbedingt ein Movens in Richtung des Leitwertes Aufklärung wie es Eigennutzorientierung in Richtung Rentabilität ist. Und die Funktionalität von publizistischem und Aufmerksamkeitswettbewerb zur Sicherung der Leitwerte des publizistischen Regimes erscheint weit weniger eindeutig gegeben als die des Zuchtmeisters ökonomischer Wettbewerb im ökonomischen Regime. Auch die Abgrenzung des publizistischen vom ökonomischen Wettbewerb ist nicht klar (vgl. Kapitel 3.3 und 7.3). Systemrationalität im Sinne einer Zweck-Mittel-Logik und Problemlösungskompetenz scheint, so lässt sich zusammenfassen, im Regime der Ökonomie also weit eher gegeben als im publizistischen System, das zudem sanktionsschwach ist und auch von daher "Überfremdung" tendenziell stark ausgeliefert. Ökonomisierung lässt sich gemäß diesen Überlegungen beschreiben als ein Prozess zunehmender Überlagerung des publizistischen Regimes durch die Systemrationalität des ökonomischen, was vor allem Verschiebung der Leitwerte bedeutet: die publizistischen treten zurück ins zweite Glied, die ökonomischen werden dominant.

Haupteinfallstor für eine Kolonialisierung der Publizistik durch die ökonomische Systemrationalität ist neben diesen Schwächen vor allem die in beiden gesellschaftlichen Bereichen weitgehend identische Institutionalisierungs- und Organisationsform (vgl. Kapitel 3.4) Medienbetriebe sind – hierin vom Wirtschaftssektor eben kaum unterscheidbar – überwiegend in der Produktionsform des Kapitalismus als privatwirtschaftliche, rentabilitätsorientiert arbeitende und für weitgehend anonyme Märkte produzierende Unternehmen organisiert. Diese Institutionalisierungs- und Organisationsform war im Medienbereich auch in Europa von Anfang an, von autoritären Frühformen abgesehen, vorherrschend, davon abweichende Organisationsformen wie Staatsrundfunk oder öffentlich-rechtlich organisierter Rundfunk stellen im Gesamt der Medien eher eine Ausnahmeerscheinung dar. Das erklärt wohl, dass sich beim Thema „Ökonomisierung" der Medien die wissenschaftliche wie öffentliche Aufmerksamkeit bevorzugt auf die historisch jüngsten Veränderungen im Rundfunkbereich als Folge von Deregulierung und Privatisierung richtet.

Bei allen Medien hat der Grad der Ökonomisierung in den letzten Jahrzehnten deutlich zugenommen, darüber herrscht Konsens (vgl. Jarren/Meier 2001). Medienprodukte werden zunehmend als Waren und Dienstleistungen begriffen, Beiträge an die öffentliche Meinung werden so zu externen Effekten, also unintendierten Nebenfolgen wirtschaftlicher Tätigkeit (vgl.

Kapitel 4.1.5). Ökonomisch lässt sich diese Entwicklung auch als eine Entmeritorisierung von Medienprodukten (vgl. Kapitel 4.1.6) begreifen: soziale Erwünschtheit wird durch Verkäuflichkeit und Rentabilität ersetzt.

Nach Jürgen Heinrich (2001a) lassen sich vier Ebenen der Ökonomisierung unterscheiden:

- Die Ebene des Individuums. An die Stelle „heroischer" Ethiken, also Ethiken, die mit ökonomischer Kosten-Nutzen-Analyse nur schwer in Einklang stehen, wie z.B. die publizistische Ethik, treten individuelle Kosten-Nutzen-Kalküle. Heinrichs Beispiel ist der Wandel journalistischer Ethik von der Orientierung an einer öffentlichen Aufgabe in Richtung eines Unterhaltungs- und Gebrauchswertjournalismus, der mit besseren Einkommens- und Karrieremöglichkeiten verbunden ist.
- Die Ebene der Unternehmung. Ökonomisierung wird hier geplant, organisiert und umgesetzt. Strategien sind die Steigerung der allokativen Effizienz (Produktanpassung an die Präferenzen von Rezipienten und Werbewirtschaft) und/oder der produktiven Effizienz (Kostensenkungen bei der Medienproduktion: man produziert billiger und/oder verbreitert die Verwertungsketten).
- Die Ebene des Marktes. Der Zuchtmeister ökonomischer Wettbewerb herrscht. Sichtbarste Zeichen: steigende Konzentration, Ausbau der Wertschöpfungsketten, Imitationsprozesse, stärkere „Zusammenarbeit" mit der Werbewirtschaft z.B. in Form von Product Placement u.ä.
- Die Ebene der Politik. Deregulierung, Privatisierung und die allmähliche Veränderung des Medienrechts begünstigen Ökonomisierungsprozesse.

Die Unterscheidung von vier Ebenen der Ökonomisierung hat vor allem heuristische Funktion, denn natürlich sind diese vier Ebenen stark interdependent, das wird in den nachfolgenden Kapiteln noch deutlicher werden.

1.3.2 Deregulierung und Privatisierung

Picard (1997, 112) registriert für die USA sechs Trends, die das Interesse der Ökonomen am Kommunikations- und Mediensektor verstärkt hätten, und die auch für Europa nachweisbar sind: 1. die zunehmende Integration von Systemen (also Distributionssystemen) und Inhalten (also Inhalteproduzenten); 2. erhöhte Kapitalanforderungen für die neuen Kommunikationssysteme und Medien; 3. Abbau von staatlicher Regulierung und Koordinierung des Rests zu einer neuen Ordnungspolitik; 4. Wachsendes Vertrauen in den Koordinationsmechanismus Markt; 5. Zunehmende Überwälzung der Kommunikations- und Medienkosten auf den Endverbraucher, also das Publikum; 6. Eine zunehmende „Mystifizierung" von Kommunikationssystemen.

Die sich in diesen Trends spiegelnde zunehmende ökonomische Relevanz herkömmlicher und neuer Kommunikationsformen wird unter einer Reihe von Stichworten diskutiert, die mit dem Prozess der Ökonomisierung der Mediensysteme eng zusammenhängen und hier wenigstens knapp definiert werden sollen

Deregulierung und Privatisierung meint die mindestens teilweise, oft vollkommene Entstaatlichung von Entscheidungs-, Organisations- und Verfahrensstrukturen in bestimmten gesellschaftlichen Bereichen, z.B. im Bereich des Post-, Fernmelde- oder eben Rundfunkwesens. Deregulierung ist die Ersetzung staatlicher Regulierung (vgl. dazu genauer Kapitel 10), also einer ordnungspolitischen Regelung um bestimmte, gesellschaftlich definierte Ziele zu sichern, durch die Koordinations- und Entscheidungssysteme Markt und Wettbewerb (vgl. Kapitel 7). Vor allem in Bereichen, die aus ökonomischen oder sozialen Gründen als staatliche Monopole oder öffentliche Unternehmen organisiert waren, werden im Rahmen der Deregulierung wettbewerbliche Strukturen durchgesetzt und diese Bereiche der Koordinationsfähigkeit von Märkten anvertraut.

Privatisierung bedeutet die Verlagerung bisher staatlicher Aktivitäten in den Sektor der Privatwirtschaft. Dabei werden entweder öffentliche Unternehmen (vgl. Kapitel 10.3) privatisiert, das heißt sie werden an private Unternehmen oder Unternehmenskonsortien verkauft wie z.B. in Frankreich Mitte der 1980er Jahre das erste Fernsehprogramm TF 1 an das Konsortium um den französischen Bauunternehmer Francis Bouygues. Man spricht bei einer solchen Veränderung der Eigentümerstrukturen von formaler Privatisierung. Oder es handelt sich um eine materielle Privatisierung durch die Zulassung privater Akteure in einem ehemals ausschließlich öffentlichen Bereich, wie sie das duale Rundfunksystem in Deutschland und anderen europäischen Ländern durch Zulassung privater Rundfunkunternehmen neben den öffentlich-rechtlichen oder staatlichen Anstalten darstellt.

Begründet werden Deregulations- und Privatisierungsmaßnahmen vor allem im Bereich der Telekommunikation mit geänderten technischen Rahmenbedingungen durch die neuen Informationstechniken. Erwartet werden von Privatisierung und Deregulierung die Verbesserung der wirtschaftlichen Effizienz der Unternehmen durch Zurückdrängen politischer Einflüsse, größere Professionalität der Unternehmensführung sowie die bessere Anpassung ihrer Angebote an Gütern und Dienstleistungen an die Erfordernisse des Marktes und die kaufkräftige Nachfrage der Kunden.

Deregulierung und Privatisierung sind also vor allem ökonomisch begründete politische Maßnahmen, deren Stichhaltigkeit für den Kommunikationswissenschaftler nur mit einem Mindestmaß an ökonomischen Grundwissen nachvollziehbar ist.

Will man Picards (1997, 119) zu Recht erhobener Forderung: „Kommunikationswissenschaftler müssen bei politischen Grundlagenentscheidungen eine aktive Rolle spielen", damit nicht ausschließlich ökonomische Interessen dominieren, nachkommen, dann ist ein Verständnis der politökonomischen Zusammenhänge unerlässlich.

1.3.3   Kommerzialisierung

Ein anderer in der PKW häufig synonym für den konstatierten Prozess der Ökonomisierung der Medien verwendeter Begriff ist Kommerzialisierung. Auch wenn die Konnotation zumeist eine andere ist, so ist „Kommerzialität" zunächst nur ein anderer Begriff für den von Max Weber angesprochenen „geschäftlichen Charakter" von Medienunternehmen und kennzeichnend für alle privat- bzw. genauer erwerbswirtschaftlich organisierten Medien. Kommerzialität bedeutet zunächst einmal nur ein die Geschäftsinteressen wahrnehmendes, auf Gewinn bedachtes Handeln, also selbstverständliche Kaufmannspflicht, wenn man nicht in Konkurs gehen will. Ein Zeitungs- oder Buchverleger wird nicht lange auf dem Markt bleiben, wenn er nicht in diesem Sinne kommerziell ist.

Jürgen Heinrich (1994, 171) definiert Kommerzialisierung in der Begrifflichkeit der Ökonomen als das Bemühen von Medienunternehmen, die „produktive und allokative Effizienz ihrer Produktion zu steigern, also billiger zu produzieren und genauer das zu produzieren, was den Wünschen des Publikums entspricht". Auch dies beschreibt selbstverständliches Unternehmerhandeln. Ein Zeitschriften- oder Buchverleger wird wiederum nicht lange auf dem Markt bleiben, wenn er seine Produkte – im Vergleich zur Konkurrenz – zu teuer produziert oder mit seinen Zeitschriften und Büchern ständig quer zur Nachfrage seiner potentiellen Leser liegt.

Allerdings hat diese selbstverständliche Kaufmannspflicht, dieses selbstverständliche Unternehmerhandeln für Medien die aus kommunikationswissenschaftlicher Sicht prekäre Folge einer Leitwertedualität, die, wie oben beschrieben, in Dominanz des ökonomischen Regime umschlagen kann. Auf der Unternehmensebene bedeutet dies eine Verschiebung zwischen Sach- und Formalziel. Das Sachziel von Medien als Institutionen, die von ihnen erwartete gesellschaftliche Funktionalität, wird dem Formalziel der Medienunternehmung, nämlich Gewinne zu erwirtschaften, untergeordnet (Bräunig 1994, Schuster 1995).Bei privatwirtschaftlichen Unternehmen ist diese Unterordnung des Sachziels (Versorgung der Bevölkerung mit Gütern und Dienstleistungen) unter das Formalziel (Renditen auf das eingesetzte Kapital zu erwirtschaften) generell der Fall und sie entspricht der vom Begründer der ökonomischen Disziplin, Adam Smith, schon 1776 beschriebenen Logik marktwirtschaftlicher Ordnungen: Die Verfolgung eigennütziger Interessen, das Schauen nach dem eigenen Vorteil z.B. in Form möglichst hohen Gewinns, soll dem Wohle aller dienen (vgl. dazu näher Kapitel 2.2.2). Smith (1978, 17) schrieb dazu in seinem Klassiker ‚Der Wohlstand der Nationen': „Nicht vom Wohlwollen des Metzgers, Brauers und Bäckers erwarten wir das, was wir zum Essen brauchen, sondern davon, dass sie ihre eigenen Interessen wahrnehmen. Wir wenden uns nicht an ihre Menschen- sondern an ihre Eigenliebe, und wir erwähnen nicht die eigenen Bedürfnisse, sondern sprechen von ihrem Vorteil". Adam Smith gilt als der Entdecker der berühmten „invisible hand" marktwirtschaftlicher Ordnung, eine Hand, die die wunderbare Metamorphose allseits verfolgten Eigennutzes in – allerdings weitgehend ökonomisch definiertes – „Allgemeinwohl" vollbringen soll.

Die aus Sicht der PKW zweifellos interessanteste Frage, deren Beantwortung eine medienökonomische Analyse ermöglichen sollte, ist, ob und gegebenenfalls unter welchen Bedingungen eine solche Metamorphose auch im privatwirtschaftlich organisierten Medienbereich zu erwarten ist – „Allgemeinwohl" hier allerdings publizistisch und nicht ökonomisch definiert. Zu prüfen bleibt die Frage, ob hier evtl. ein gesellschaftlicher Bereich vorliegt, der „Jenseits von Angebot und Nachfrage" liegen sollte, wie ein Buch des Ökonomen Wilhelm Röpke betitelt ist. Entsprechend versteht Röpke (1958, 174) unter Kommerzialisierung „das Überquellen des Marktes und seiner Maßstäbe auf Bereiche, die jenseits von Angebot und Nachfrage liegen sollten" (vgl. dazu auch Grimm 1999, der die unreflektierte Übernahme von Codes des Wirtschaftssystems in die Politik kritisiert). Die normierten gesellschaftlichen Funktionen der Medien, also ihr am publizistischen Normensystem (vgl. Kapitel 2.4) orientiertes Sachziel, verweisen darauf, dass ein solcher Bereich hier offenbar vorliegt.

1.3.4   Internationalisierung und Globalisierung

Die Stichworte Internationalisierung und Globalisierung sind nicht nur für den Bereich der Medien aktuell, sondern Trends, die dank Deregulierung und technischer Innovationen vor allem im I+K-Bereich für zahlreiche Sektoren der Wirtschaft diskutiert werden. Die Begriffe sind nicht ganz klar gegeneinander abgrenzbar. Internationalisierung bezog sich viele Jahre vor allem auf den internationalen Güteraustausch, Globalisierung meint den Prozess einer verstärkten weltwirtschaftlichen Integration, die vor allem durch zunehmende internationale Faktormobilität, insbesondere Kapital, aber auch Arbeit und Wissen, gekennzeichnet ist. Das Ergebnis sind „weltumspannende Produktions- und Absatznetze, die hierarchisch organisierte nationale Produktionsstrukturen immer mehr verdrängen" (Klodt 1998, 28). Das wird in 1.4.2 noch näher diskutiert werden.

Im Medienbereich laufen Internationalisierungs- und Globalisierungsprozesses auf mindestens drei Ebenen ab: auf der Ebene der Distribution, auf der Unternehmens- und auf der Produktebene.

Die entscheidende technische Voraussetzung – wenn man vom Spielfilm einmal abstrahiert – für die Internationalisierung der Mediendistribution war das Aufkommen der Satelliten. Solange die gedruckte Presse das einzige Massenmedium war, waren die Grenzen des nationalen und politischen sowie des Mediensystems weitgehend deckungsgleich. Auch die Nutzung terrestrischer Frequenzen für Rundfunksendungen seit den 20er Jahren des vorigen Jahrhunderts erlaubte Grenzüberschreitungen nur in begrenztem Umfang. Mit dem Aufkommen von Satelliten waren Überschreitungen nationaler Grenzen, zumal in einem so kleinräumig aufgeteilten Kontinent wie Europa, technisch unvermeidlich. Ein Satellit, der Hörfunk- und Fernsehprogramme abstrahlt, ist ja nichts anderes als ein Sender mit sehr hohem Standort, was den Ausstrahlungsradius entsprechend vergrößert. Für Medienunternehmen eröffnete die neue Technik die Chance, ihr Publikum und damit vor allem auch ihre Werbemärkte – für kommerziellen Rundfunk bislang noch die wichtigste Einnahmenquelle (vgl. Kapitel 8.3) – zu erweitern. Und natürlich haben sie diese wirtschaftliche Chance ergriffen, wie ein Rundgang mit der Fernbedienung durch das Programmangebot bei Satellitenempfang zeigt.

Die Internationalisierung der Distribution schlug sehr schnell auf die Produktebene durch. Produkte, die an einem nationalen Publikum orientiert sind und dessen Eigenheiten berücksichtigen, lassen sich international ja sehr viel schwerer vermarkten, als wenn Produktionskonzepte gleich auf internationale Vermarktbarkeit zielen. Dabei spielt sich internationale Vermarktung heute vor allem in Form des Handels mit Programmrechten ab. An Bedeutung gewinnen aber auch Länder übergreifende Produktionsnetzwerke unabhängiger oder mit Medienkonzernen verbundener Produktionsfirmen, die Formate, die sich in einem Land als erfolgreich erwiesen haben, via Know-how-Transfer für verschiedene nationale Fernsehmärkte adaptieren und produzieren (vgl. Göttlich/Nieland 2001). Hauptmotiv der Internationalisierung auf der Produktebene ist wiederum die Ausweitung von Märkten und damit die Verbesserung von Refinanzierungsmöglichkeiten der immer teurer werdenden Medienprodukte. Bei massenattraktiven Sportereignissen wie Olympische Spiele oder Fußballweltmeisterschaften, für deren Übertragungsrechte Milliarden-Dollar-Beträge gezahlt werden (vgl. zur Preisentwicklung für Sportübertragungsrechte Brösel/Zwirner 2004), ist die weltweite Vermarktung dank des weltweit ähnlichen Interesses am sportlichen Nationenwettkampf relativ sicher (wenn auch für die

Rechteerwerber nicht unbedingt immer rentabel). Das Produkt ist hier in geradezu idealer Weise schon international. Bei weniger idealen Produkten wie Film, Serien, Soapoperas etc. müssen hingegen zwar wohldurchdachte, dennoch nur mehr oder weniger erfolgreiche Strategien helfen, das Produkt national und international zu vermarkten. Will man solche Strategien verstehen, muss man die sehr spezifischen Bedingungen der Produktion von Medien (vgl. Kapitel 5) kennen, die auch aus ökonomischer Sicht Güter besonderer Art (vgl. Kapitel 4) sind.

Internationalisierung auf der Unternehmensebene meint einerseits die Zunahme internationaler Aktivitäten nationaler Konzerne, andererseits die steigende Zahl von Kooperationsvereinbarungen und Joint Ventures zwischen Unternehmen aus verschiedenen Ländern, die länderübergreifenden Produktions- und Absatznetzwerke, die Gründung gemeinsamer Tochtergesellschaften internationaler Partner und schließlich die internationalen Kapitalbeteiligungen an jeweils nationalen Gesellschaften.

Wenn man sich die Beteiligungsverhältnisse im deutschen Privatfernsehen anschaut, soweit sie öffentlich sind, dann tauchen dort international bekannte Namen auf. Die Kommission zur Ermittlung der Konzentration im Medienbereich (KEK) listet in ihrem Bericht 2oo4 Veranstalterbeteiligungen von internationalen Medienkonzernen wie Vivendi Universal, AOL Time Warner, Viacom, Walt Disney, News Corporation und Fininvest auf. Hinzu kommen als neue Marktteilnehmer die Saban Capital Group und die Premiragruppe, die Teile des Kirchkonzerns übernahmen. Gemessen an den Eigentümerverhältnissen, ist das deutsche Privatfernsehen international. Wie die Analysen von Sjurts (2002) zeigen, verfolgen alle großen Medienkonzerne eine Internationalisierungsstrategie, die entweder multinational oder global ausgerichtet ist (vgl. Kapitel 6.2.2).

Die drei hier aufgeführten Ebenen der Internationalisierung und Globalisierung, deren Auseinanderhalten ja vor allem auch heuristischen Zwecken dient, verschmelzen natürlich weitgehend in den internationalen Medienkonzernen. Diskutiert werden diese Entwicklungen in der PKW nicht zuletzt unter dem Aspekt einer weltweiten Konzentration (vgl. zum Begriff und zu Formen Kapitel 3.3.5). Medieninhalte kommen aus immer weniger unabhängigen Quellen, werden auf internationale Verwertungsmöglichkeiten hin konzipiert und möglichst weltweit distribuiert. Lassen sich die normierten Medienleistungen, die ja in Kohärenz mit dem Institutionengefüge insgesamt einer Gesellschaft erbracht werden müssen (vgl. Kapitel 3.1), unter diesen Bedingungen erwarten? Internationalisierung und Globalisierung des Mediensystems bedeuten ja abnehmendes Gewicht, abnehmende Relevanz der nationalen Basis und Einbettung der Medien. Da kann man mit Vincent Mosco (1994, 111) berechtigt die Frage stellen: „So who is 'us'?", wer sind ‚unsere' Medien? Die internationalen Lizenzträger einer nationalen Lizenz? Oder ein international agierender Konzern wie Bertelsmann, der gut zwei Drittel seiner Umsätze im Ausland erwirtschaftet? Das sind zentrale gesellschaftspolitische Fragen, auf die vor allem die Kommunikationswissenschaft eine Antwort geben können oder zumindest zu geben versuchen sollte. Uns werden hier vor allem die ökonomischen Ursachen der registrierten Entwicklung, die ja mit der zuvor diskutierten Ökonomisierung in einem systematischen Zusammenhang steht, beschäftigen, aber auch die ökonomischen und publizistischen Folgen.

1.4   Der Topos von der ‚Informationsgesellschaft'

„Die Entwicklung unserer Gesellschaft zu einer ‚Informationsgesellschaft' ist ein unabwendbarer, grundlegender Trend, der alle ‚Rädchen' der Gesellschaft (...) erfasst" (EU-Kommission 1993, 103). Helmut F. Spinner (1997, 65) notiert zum Stichwort Informationsgesellschaft: „kein Konzept, viel Inhalt, wenig Ordnung" und weiter: „Schlagworte beherrschen die Diskussion". Latzer (1997, 35f.) schlägt eine Sichtweise der Informationsgesellschaft „als notorisch fehlschlagender Wandermythos" vor. Gemeint sind mit dem Begriff Wandermythos Leitbilder, die in der Technikgeschichte immer wieder auftauchen, um unerfüllt wieder zu verschwinden. Der Mythos von der Informationsgesellschaft, in dem eine ganze „Leitbilderfamilie" zusammengefasst sei (neben ökonomischen Profitaussichten eine Steigerung gesellschaftlicher Problemlösungskapazität und nicht zuletzt Demokratisierungsprozesse), solle Akzeptanz für technische und gesellschaftliche Transformationsprozesse schaffen.

Es ist bei einer solchen Ausgangslage schwierig, den Gegenstand des Kapitels in der notwendigen Kürze einigermaßen exakt zu fassen. Im Topos von der Informationsgesellschaft, wahlweise auch Wissens-, Medien-, Kommunikations-, Netzgesellschaft, werden offenbar mehrere gesellschaftliche Entwicklungsstränge gebündelt, denen ein hohes Veränderungspotential zuerkannt wird, ohne dass sich der daraus erwartete neue Gesellschaftstyp bereits deutlicher konturieren ließe. Die Medien allerdings scheinen von den erwarteten und sich abzeichnenden Veränderungen zentral betroffen, wenngleich sie, zumindest ökonomisch, auch als frühe Vorläufer dieser neuen Gesellschaft begriffen werden müssen. Drei dieser Entwicklungsstränge, die zu einem neuen, von der Industriegesellschaft wesentlich abweichenden Gesellschaftstyp führen sollen, sind:

- technische Innovationen im Bereich Information und Kommunikation (I+K),
- wirtschaftlicher Strukturwandel,
- gesellschaftlicher Strukturwandel.

Sie sollen hier getrennt diskutiert werden, obwohl die Entwicklungen natürlich stark interdependent verlaufen.

1.4.1   Technische Innovationen

Technische Innovationen, sofern sie in Markt- und Wettbewerbsgesellschaften erfolgreich implementiert werden, sind immer mit wirtschaftlichen Potentialen verbunden. Auch das Aufkommen von Medien als technikbasierte Kommunikationssysteme muss man sich wohl als Abschöpfen solcher Potentiale vorstellen, wobei dies zwar ein zentraler, aber nur ein Faktor unter anderen für erfolgreiche Institutionalisierung ist (vgl. Schmid/Kubicek 1994).

Basale technische Voraussetzung der Entwicklung der Presse zum Massenmedium war die Erfindung des Druckens mit beweglichen Lettern 1445 durch Johannes Gutenberg (eigentlich Johannes Gensfleich zur Laden); vorangetrieben haben die Entwicklung dann aber vor allem die Erfindungen des 19. Jahrhunderts wie Schnellpresse, Zeilensetzmaschine, Telegraph und Telefon (Weischenberg 1990). Als Heinrich Hertz 1888 in Karlsruhe als technisches Merkmal elektrischer Wellen deren Rundwirkung entdeckte, war die technische Basis für den Rundfunk gelegt. Um daraus ein Massenmedium entstehen zu lassen, bedurfte es entsprechender Empfangsgeräte bei den Zuhörern und das schuf einen neuen Industriezweig. Fernsehen ist durch die gleichzeitige Übertragung von Bewegtbildern technisch zwar ungleich komplizierter als der Hörfunk, beruht, sofern drahtlos übertragen, basal aber auf der Hertzschen Entdeckung.

Seit der Einführung der beiden Medien Radio und Fernsehen für ein breites Publikum in den 20er und 50er Jahren des 20. Jahrhunderts hat sich die Rundfunktechnik zwar maßgeblich weiterentwickelt (z.B. UKW-Rundfunk, Farbfernsehen), aber erst seit Mitte der 70er Jahre deutete sich ein Technologiesprung an, der zu einem strukturellen Umbruch des Mediensektors mit Auswirkungen auf alle Massenmedien führt. Stichworte dafür sind Multimedia und Konvergenz. Beides bedeutet die technische Verschmelzung von mehreren, bislang getrennten Bereichen des Informationssektors: der Telekommunikation, der Computerindustrie, der Unterhaltungselektronik und der Inhalteanbieter, hier insbesondere der Medien. Konvergente Entwicklungen auf der Netz-, der Dienste- und der Unternehmensebene sind die Folge

Hinzu treten neue Kommunikationsangebote, die aus einem Netz von Computern und Zentralrechnern via Datenfernübertragung direkt abrufbar sind und für die sich die Bezeichnung Onlinedienste oder Onlinemedien eingebürgert hat. Basis dafür bildet vor allem das Internet, das Netz der Netze, das als elektronisches Netzwerk Zehntausende von Einzelnetzen weltweit verbindet.

Obwohl das World Wide Web (WWW) der Internetdienst ist, der den herkömmlichen Massenmedien noch am ehesten ähnelt, unterscheidet es sich davon doch in mehreren zentralen Punkten (vgl. Wilke 2002, 309):
- durch Multimedialität;
- durch permanente Aktualisierbarkeit, das heißt das Prinzip medialer Periodizität wird durchbrochen;
- durch neue Textstrukturen. Die Linearität von Texten löst sich im Hypertext durch Querverweise (Links) auf;
- durch Interaktivität. Der „User" kann Sender und Empfänger sein, rezipierte Inhalte werden aktiv von ihm gesteuert.

Die für diesen Technologiesprung entscheidenden Innovationen sind Digitalisierung und Datenkompression, hinzukommen Miniaturisierung, spezielle Übertragungswege (ISDN oder Satellit), die Existenz von Zusatzgeräten (Set-Top-Box, solange digitale Signale nicht direkt entschlüsselt werden können) und speziellen Endgeräten (Verschmelzung von PC und Fernsehgerät).

Die Digitalisierung löst die bislang analoge Signalverarbeitung von Bildern und Tönen ab. Bei der analogen Signalverarbeitung werden Töne und Bilder, um sie speichern, übertragen und wiedergeben zu können, in elektrische Ströme und Spannungen verwandelt, die das jeweilige Empfangsgerät wieder in Töne und Bilder übersetzt. Die Digitaltechnik bietet nun die Möglichkeit, diese elektrischen Spannungen in Zahlenwerte umzusetzen, was zur Folge hat, dass das Mengenvolumen und die Geschwindigkeit der Übertragung von Bildern, Tönen, Daten und anderen Informationen sich stark erhöhen. Liegt ein Signal in digitaler Form vor, kann es zudem mit den Methoden der elektronischen Datenverarbeitung nahezu beliebig und ohne Qualitätsverlust bearbeitet und verändert werden. Das Problem der Digitaltechnik, das eine

Anwendung im Bereich des Rundfunks zunächst bremste, waren die riesigen Datenmengen, die bei der Umwandlung von Tönen und vor allem Bildern anfallen. Dieses Problem haben die Verfahren der Datenkompression weitgehend gelöst, wonach alles weggelassen wird, was für das menschlich Ohr unhörbar ist und wonach bei Bildfolgen nur die Veränderungen übertragen werden. Miniaturisierung meint, dass die Speicher- und Prozessorkapazitäten im Verlauf der Entwicklung förmlich explodierten. Alles zusammen erlaubt, auf einer Frequenz, einem Transponder sehr viel mehr Programme gleicher technischer Qualität wie heute zu übertragen oder gleichviel Programme deutlich verbesserter Qualität.

Die technisch mögliche Programmvermehrung ist jedoch nur ein Aspekt des Multimedia-Zeitalters. Ein anderer ist die Diversifizierung des Diensteangebots. Nach Latzer (1997, 137) bringt die Digitalisierung zwar „bessere Kombinationsmöglichkeiten und erhöhte Kapazität, aber wenig inhaltlich Neues". Wie seine Aufstellung des möglichen Programm- und Diensteangebots im digitalen Fernsehen zeigt, gibt es einen Großteil davon schon, entweder als analogen Rundfunkdienst oder über andere Distributionskanäle.

Übersicht 1.2:   Programm- und Diensteangebot des digitalen Fernsehens

Kategorien	Beispiele
"klassische" TV-Programme	TV-Voll- und Spartenprogramme
TV-Angebote mit Schwerpunkt Werbung	Infomercials, Tele-Shopping-Programme
Multi-Kanal, Multi-Perspektiv-Programme	Verschiedene Kameraeinstellungen über mehrere Kanäle
Data-Broadcasting	elektronische Zeitung, Kabeltext
Spiele	online oder offline
Video-on-Demand	Unterhaltung oder Weiterbildung
Elektronische Multi-Media-Dienstleistungen	interaktives Home-Shopping, Tele-Banking
Integrationsfähige (Multi-Media-) Telekommunikationsdienste	Datentransfer, Electronic Mail, Videokonferenz

Quelle: Latzer 1997, S. 138.

Wichtig aus der uns hier interessierenden Perspektive des Veränderungspotentials dieser technischen Innovationen sind u.a. die folgenden Konsequenzen eines entwickelten Multimediasystems (vgl. auch Kapitel 5.6):

1. Medieninhalte lösen sich weitgehend von ihren Trägern.
   Ein digitalisierter Zeitungstext kann auf Papier, als elektronischer Dienst oder als Teil einer Datenbank vertrieben werden. Leo Bogart (1991, zitiert nach Wasko 1994, 301; vgl. auch Bogart 1995, 51) hat für die vor allem ökonomischen Folgen dieser Entwicklung den Begriff ‚cultural synergy' geprägt. Indem Medieninhalte (symbolic messages) Mediengrenzen überschreiten, schaffen sie Synergien, das heißt das Ganze wird profitabler als die Summe seiner einzelnen Teile. Die Lösung der Inhalte vom Träger erlaubt, das traditionelle Paketangebot z.B. einer Zeitung in einzelne Teile (Wirtschaft, Sport, Wissenschaft, Buntes) zu zerlegen und getrennt als Onlinedienste anzubieten, gratis, um Kunden auf den gesättigten klassischen Medienmärkten zu binden, oder zu unterschiedlichen Preisen, um neue Absatzpotentiale zu erschließen. Die Mehrfachverwertung von Medieninhalten wird in beiden Fällen deutlich begünstigt.

2. Eingriffe in die digitalisierten Inhalte sind nahezu beliebig möglich.
   Während z.B. die Verschlüsselung bei Analogsystemen immer mit Einbußen an technischer Qualität verbunden war, ist sie im Digitalfernsehen problemlos möglich. Da sich die Multimedia-Welt ohnehin nur über einen Decoder, die Set-Top-Box erschließt, die alle Anwendungen miteinander verknüpft, sind auch Zugangskontrolle und Abrechnung z.B. für Pay-TV kein Problem mehr, die seinem wirtschaftlich rentablen Einsatz bislang im Weg standen. Auch hier zeichnen sich Strategiepotentiale für eine kalkulierte Mehrfachverwertung zunehmend modularisierter Medienprodukte ab.

3. Interaktive Dienste verwischen die Grenzen zwischen Individual- und Massenkommunikation. Die programmatischen Stichworte heißen „(Re-)Individualisierung der Massenkommunikation" und „Rückgewinnung der (Medien)Konsumentensouveränität".

Mit dem im Bereich der Medien aufgrund ihrer Gutspezifik (vgl. Kapitel 4) und Finanzierungsformen (vgl. Kapitel 8) äußerst problematischen Begriff der Konsumentensouveränität werden wir uns in diesem Lehrbuch noch detailliert befassen, sodass er hier zunächst unkommentiert bleibt. Bergsdorf (1998, 22) bündelt die mit den technischen Innovationen verbundenen Visionen wie folgt: „Das Grundgesetz der Massenkommunikation lautete: Einer druckt oder sendet, viele lesen, hören oder sehen das Gleiche. Das neue Grundgesetz von Multimedia heißt: jeder wird sein eigener Programmdirektor, jeder entscheidet selbst, welchen Inhalten er die knappe Ressource seiner Aufmerksamkeit zuwendet". Solche vor allem vom Internet-Boom beflügelten Visionen sollten den Blick allerdings nicht dafür verstellen, dass vieles, was unter dem Etikett der Interaktivität angeboten wird, lediglich Wahlchancen zwischen industriell gefertigten Medienprodukten meint. Zerdick u.a. (1999, 144) sprechen von „Mass-Customization". Anbieter modularisieren ihre Inhalte, Nutzer können aus einer „vorkonfigurierten Auswahl (...) ein persönliches Informationsangebot zusammenstellen". Im Vergleich zu den traditionellen Massenmedien würden „individualisierte Inhalte angeboten, ohne dass die Interaktivität und die damit verbundenen Entscheidungsprozesse für den Nutzer zu komplex werden". Prototypisch scheint für diese Entwicklung auch Video-on-Demand. Der Filmabruf auf den heimischen Bildschirm ändert ja nichts daran, dass es Filme sind, die auf einen Massenmarkt zielen und die ihr Publikum nun, dank der neuen Vertriebsform, noch einmal anders – ähnlich wie die Videokassette, aber ohne den unbequemen Gang zur Videothek – einsammeln können.

Insgesamt verändern sich durch diese technischen Innovationen die ökonomischen Produktions- und Verwertungsmöglichkeiten von Information in weitestem Sinne ganz erheblich (vgl. dazu z.B. Ruhrmann/Nieland 1997). So schwinden nach Heinrich (1999a, 79f.) die technisch gebundenen Vorteile der Arbeitsteilung in der Medienproduktion zugunsten einer funktional orientierten Arbeitsteilung (also z.B. aktuelle Information, Unterhaltung, Bildung etc.) und die Kostenrelationen verändern sich zu Ungunsten des Produktionsfaktors Arbeit. Das wird die Substitution relativ teurer werdender Produktionselemente, wie z.B. journalistische Arbeit, durch relativ billiger werdende, wie die Wiederverwertung einmal gewonnener Information, begünstigen. Folgt man der Unterscheidung von Spinner (1997, 66) in (wissenschaftliche) High Quality Information und (außerwissenschaftliche) Low Quality Information (gemeint vor allem die „Unterhaltungsware der Massenmedien", zumeist kostenlos im Rahmen von PR-Aktivitäten abgegebene Wirtschafts- und Verwaltungsdaten sowie Dienste der Telekommunikation), so liegen die ökonomisch interessanten Potentiale neuer Marktentwicklungen wahrscheinlich vor allem bei dieser zweiten Informationsart. Die Geschäftsidee der „großtechnischen Produktion von Wegwerfinformation" (Franck 1998, 65) kann wohl erst dank der neuen I+K-Techniken voll realisiert werden, zumal verbesserte Abrechnungssysteme eine stärkere Durchsetzung des marktlichen Ausschlussprinzips (vgl. Kapitel 3) ermöglichen. Die sozialen Veränderungspotentiale der neuen Techniken allerdings betreffen das Informations- und Kommunikationssystem insgesamt.

Werner Sombart (1919), einer der Vertreter der historischen Schule der Nationalökonomie, hat den Bau der Eisenbahn als die größte produktive Tat des 19. Jahrhunderts angesehen, denn sie war Voraussetzung und Motor für einen breiten Industrialisierungs- und Wachstumsprozess, Voraussetzung für die moderne Industriegesellschaft. Es könnte sein, dass ein Wirtschaftshistoriker mit Blick auf das 20. Jahrhundert zu einer ähnlichen Einschätzung für die neuen Informationstechnologien kommt, deren wirtschaftliche Dynamik, folgt man den Prognosen der Experten, hinter der des Infrastruktursystems Eisenbahn im 19. Jahrhundert kaum zurückstehen dürfte. Der daraus emergierende Gesellschaftstyp ist zwar bislang noch ziemlich nebulös, hat aber jedenfalls schon einen Namen: Informationsgesellschaft.

1.4.2   Wirtschaftlicher Strukturwandel

Der Begriff der Informationsgesellschaft ist wohl von Daniel Bell in seinem Entwurf einer nachindustriellen, auf Information als wichtigste Ressource gegründeten Gesellschaft geprägt worden. Bell (1976) argumentiert in seinem Buch „Die nachindustrielle Gesellschaft", der Einfluss von Computern und Telekommunikation steige so drastisch an, dass sich ein neuer Gesellschaftstyp herausbilde, der die bisherige Industriegesellschaft ablöse. Er schreibt (1976, 353): „War die Industriegesellschaft eine güterproduzierende, so ist die nachindustrielle Gesellschaft eine Informationsgesellschaft". Der zweite Entwicklungsstrang zur Informationsgesellschaft, wirtschaftlicher Strukturwandel von der Produktion materieller Güter zu der immaterieller Informationsgüter, ist in diesem Zitat bereits deutlich angesprochen.

Ausgelöst wurde die Diskussion über den Wandel der hoch entwickelten Industrie- in Informationsgesellschaften durch die bahnbrechende Untersuchung von Fritz Machlup. Der Befund seiner 1962 veröffentlichten Analyse, dass Wissen und Information zu einer Schlüsselkomponente der amerikanischen Volkswirtschaft geworden seien und es in der näheren Zukunft mit Sicherheit auch bleiben würden, war damals eine wissenschaftliche Sensation. Machlup hatte in einer groß angelegten Untersuchung den Beitrag des Informationssektors zum amerikanischen Bruttosozialprodukt berechnet und festgestellt, dass dieser 1958 bereits bei 29 Prozent lag. Die Wachstumsraten dieses Sektors hatten in den vorangegangenen Jahren dabei stets über dem allgemeinen Wirtschaftswachstum gelegen.

Seit Machlups erster Analyse des „Produktionsfaktors" Information und Kommunikation sind weitere Studien international bekannt geworden, z.B. in den USA von Marc Uri Porat (1977), in Europa von Simon Nora und Alain Minc (1979). Diese Studien kommen zu teilweise stark abweichenden Ergebnissen, was offenbar vor allem in unterschiedlichen Definitionen und Erfassungsmethoden des „Informationssektors" begründet ist, denn es ist ja keineswegs so einfach und selbstverständlich, wie dieser zu vermessen sei. Heinrich (1999, 59f) unterscheidet daher auch zwischen institutioneller und funktionaler Abgrenzung des Informationssektors bei den verschiedenen Studien. Als kleinster gemeinsamer Nenner lassen sich die Erkenntnisse dieser Studien dahingehend zusammenfassen, dass in Gesellschaften des Typs Informationsgesellschaft die wichtigsten produktiven, ökonomischen und sozialen Aktivitäten im Bereich von Kommunikation und Information liegen, dieser Gesellschaftstyp sich genau durch diese „Informatisierung" vom Typ der westlichen Industriegesellschaft unterscheide (vgl. kritisch dazu: Beniger 1986).

Ein anderer Ansatz, den wirtschaftlichen Strukturwandel zu bündeln und zu erklären, verbirgt sich hinter dem Begriff des Postfordismus oder postfordistischen Kapitalismus. In der wissenschaftlichen und populärwissenschaftlichen ökonomischen Literatur tauchte in den letzten Jahren ja eine Vielzahl von „Kapitalismen" auf, vom globalen, flexiblen, kulturellen, postfordistischen Kapitalismus ist die Rede, aber auch vom Casino- oder Raubtier-Kapitalismus. Was sich in diesem Plural ausdrückt ist die Vorstellung, dass wir aktuell in eine neue Phase des Kapitalismus eintreten, wobei allerdings noch weitgehend unklar ist, worin die entscheidenden Unterschiede zur vorausgegangenen Phase liegen. Postfordismus ist ein eher neutraler Begriff, der deutlich machen soll, dass das dominierende ökonomische Paradigma der Industriegesellschaften des 20. Jahrhunderts, der Fordismus, durch ein neues Paradigma abgelöst wird, das allerdings erst in Umrissen erkennbar ist.

Mit diesem Transformationsprozess des Kapitalismus befasst sich vor allem die ökonomische Regulationstheorie (Aglietta 1997, 2000, Lipietz 1998, Hirsch 1998, 2001). Dieser Forschungsansatz versucht kapitalistische Entwicklungsphasen zumindest retrospektiv zu bestimmen und zu analysieren, wobei nicht nur die Produktionssysteme (wie z.B. bei Bell und Machlup), sondern auch die Konsumnormen sowie das institutionelle Rahmengefüge in die Analyse einbezogen werden. Gearbeitet wird mit den Konzepten des Akkumulationsregimes und des Regulationsmodus. Akkumulationsregime meint die Wachstumsschemata, die der immer wieder an Grenzen stoßende Kapitalismus entwickelt, um neues Wachstum zu ermöglichen, also die für eine Phase typischen Produktions- und Konsumnormen und wie diese miteinander verbunden und kompatibel gemacht werden. Regulationsmodus meint Formen der Kontrolle und Steuerung zur Sicherung der Wachstumsschemata, meint aber auch die Gesamtheit der institutionellen Vermittlungen, um die vom Akkumulationsregime hervorgerufenen Verwerfungen so einzugrenzen, dass diese den Zusammenhalt der Gesellschaft nicht ernsthaft gefährden. Akkumulationsregime und Regulationsmodus werden dabei nicht als statische Größen verstanden, sondern als sich ständig verändernd. Sie müssen sich folglich immer wieder an einander anpassen und wenn das nicht gelingt, kommt es zur Krise. Letztlich ist aus Sicht der Regulationstheorie die Frage noch offen, ob die aktuell zu beobachtenden Transformationsprozesse des fordistischen Kapitalismus tatsächlich auf ein neues, postfordistisches Akkumulationsregime hinauslaufen oder ob sie ‚nur' eine Anpassungskrise signalisieren. Allerdings neigt die Mehrheit der Regulationstheoretiker der ersten Einschätzung zu. Unberührt von dieser Frage ist der wirtschaftliche Strukturwandel jedoch gravierend, wie ein Rückblick auf den fordistischen Kapitalismus, seine Krise und Ansätze zu deren Überwindung zeigen.

Der Fordismus war das dominierende ökonomische Paradigma seit den 1930er Jahren in den USA, seit 1945 auch in Europa. Kennzeichen des Fordismus war auf der Produktionsseite die, auf der tayloristischen Arbeitsorganisation mit hoher Arbeitsteilung und hierarchischer Arbeitsorganisation aufbauende, Massenproduktion standardisierter materieller Produkte unter Einsatz eines produktionsspezifischen Maschinenparks. Es war die Massenproduktion vor allem der Konsumgüterindustrien wie Automobil, Haushaltsgeräte, Massenkommunikationsmittel, die den Volkswirtschaften wie Unternehmen zu Wachstum verhalf. Notwendiges Äquivalent dieser Massenproduktion war auf der Konsumseite der Massenverbrauch dieser über die Märkte bereitgestellten Produkte. Traditionelle Reproduktionsformen (z.b. selber kochen oder nähen) wurden folglich durch ein neues Konsummodell (z.B. Fertiggerichte oder Massenkonfektion) ersetzt. Der konsumfreudige Verbraucher war für das Funktionieren des fordistischen Kapitalismus nicht weniger unentbehrlich als der disziplinierte Arbeiter und Angestellte. Diese systemnotwendige Doppelrolle der Mitglieder einer nationalen Volkswirtschaft sicherten – sozialstaatlich abgestützt und reguliert – kontinuierliche Erhöhungen der realen Lohneinkommen, die ihrerseits durch die enormen Produktivitätsgewinne des Taylorismus/Fordismus ermöglicht wurden. Der Fordismus propagierte die ,Unendlichkeit der Bedürfnisse' und die Grenzenlosigkeit der Konsumansprüche wie Konsummöglichkeiten, beförderte damit jedoch gleichzeitig eine Anspruchsinflation, die krisenhafte Züge trug

Es gehört nicht viel Phantasie dazu, die Massenmedien als die Produzenten und Träger von Populär- und Massenkultur, die ein Massenpublikum zu erreichen versuchen, in dieses Szenarium einzuordnen. Vor allem Fernsehen und Hörfunk sind Medien des Fordismus, die mit ihren spezifischen publizistischen Funktionen zur Stabilisierung des Systems beitrugen und insbesondere als Werbeträger unschätzbare Dienste der Absatzstimulierung und Absatzsteuerung leisteten (vgl. dazu Galbraith 1972, 199f.).

Die Krise des Fordismus wurde Mitte der 1970er Jahre unübersehbar. Die im Taylorismus liegenden Produktivitätsreserven waren erschöpft, erforderliche Rationalisierungsmaßnahmen der Unternehmen wurden durch nationalstaatliche Barrieren und innerhalb der Nationalökonomien durch sozialstaatliche Schutzbestimmungen behindert. Die politische Reaktion auf die sich abzeichnende wirtschaftliche Krise war die in den 1980er Jahren verstärkt einsetzende neoliberale Umstrukturierungs- und Globalisierungspolitik, vorangetrieben vor allem von den USA und Großbritannien. Deregulierung, Privatisierung und die radikale Öffnung nationaler Märkte waren die politischen Ziele.

Angestoßen und ermöglicht wurde diese Politik nicht zuletzt durch die neuen I+K-Techniken, die ja als radikale Innovationen (vgl. Kiefer 2003) begriffen werden müssen, mit einem Veränderungspotential weit über die Medien hinaus. Es sind Basisinnovationen, die das Wissen und die Möglichkeiten der fordistischen Gesellschaften mit Blick auf ihr Akkumulationsregime radikal verändern. Sie erlauben nicht nur gleichartige Bearbeitungsverfahren unterschiedlichster und bislang getrennter Bereiche und fast unbegrenzte Vernetzungsmöglichkeiten in sachlicher wie räumlicher Hinsicht, sondern die breite kapitalmäßige Verwertung auch von immateriellen Gütern, die dem an die Ausbeutung materieller Ressourcen gebundenen Taylorismus/Fordismus verschlossen war. Postfordistische Schlüsselindustrien entwickeln sich daher insbesondere im Bereich der Informations- und Kommunikationstechnologie sowie der Bio- und Gentechnologie. Diese Basisinnovationen ermöglichen einen Schub der Durchkapitalisierung und Kommodifizierung gesellschaftlicher Sektoren, die sich Kapitalverwertungsinteressen bislang entzogen, so im Dienstleistungs-, Bildungs- Informations- und Telekommunikationsbereich oder im Agrar-, Pharma- und Gesundheitssektor. Kennzeichen all dieser Schüsselindustrien ist, dass sie wissensbasiert sind, dass sie Rationalisierungsprozesse im Bereich der immateriellen Arbeit vorantreiben. Kennzeichen ist auch die weitgehende Entmaterialisierung dessen, was den eigentlichen ökonomischen Wert darstellt. Die neue Ökonomie ist eine „weightless world" (Coyle 1999), in der Software Codes, Genetische Codes, kreative Ideen und Problemlösungen, also Wissen, die Basis für neue Verwertungssphären bilden. Erschlossen werden damit neue Wertschöpfungspotentiale, insbesondere auch im kulturellen Bereich und in der umfassenden Vermarktung menschlicher Zeit und Aufmerksamkeit (vgl. z.B. Rifkin 2000). Begriffe wie „Aufmerksamkeitsökonomie" (Franck 1998) bringen diese Potentiale auf den Punkt. Wie stark die Medien, obwohl frühe Vertreter dieser „New Economy", von der sich anbahnenden Transformation des gesellschaftlichen Produktionssystems und Akkumulations-regimes betroffen sind, wird erst allmählich deutlich. Hinweise darauf werden in den nachfolgenden Kapiteln immer wieder diskutiert werden.

Volle wirtschaftliche Effizienz entwickeln die neuen Techniken und Schlüsselindustrien allerdings erst jenseits der Grenzen nationaler Märkte. Zur Ausschöpfung ihrer Wachstumspotenziale wird folglich politisch ein Prozess eingeleitet, der den weltweit freien Handel nicht nur mit Waren, sondern auch mit Dienstleistungen und immateriellen Gütern aller Art, darunter insbesondere Telekommunikations-, Medien- und Internetdienste zum Ziel hat. Die Ablösung des 1947 vereinbarten Allgemeinen Zoll- und Handelsabkommens (GATT) 1995 durch die Gründung der Welthandelsorganisation (WTO), die 1986 einsetzenden Verhandlungen über ein General Agreement on Trade in Services (GATS) sowie über ein Agreement zu handelsbezogenen Aspekten geistigen Eigentums (TRIPs: Trade Related Aspects of Intellectual Property Rights, vgl. dazu generell Kapitel 7.2.2) waren entscheidende Schritte des Programms weltweiter Deregulierung und Marktöffnung auch für immaterielle Güter und Dienstleistungen, darunter ebenso Basisdienstleistungen des Sozialstaats wie der audiovisuelle Mediensektor. Die Ausgestaltung dieses Programms im Detail wird, vor allem mit Blick auf den Schutz kultureller Vielfalt, allerdings bis heute noch kontrovers diskutiert (vgl. Tietge 2004, Pleitgen 2003, Pauwels/Loisen 2004).

Als Folge dieses weltweiten Transformationsprozesses begann sich der für den Fordismus typische – nun aber unrentabel werdende – nationalstaatliche Zusammenhang von tayloristischer Massenproduktion und sozialstaatlich abgestütztem Massenkonsum aufzulösen. Deregulierung, Marktliberalisierung und technischer Wandel erleichtern ja nicht nur weltweiten Handel, sondern, politisch vielleicht weniger gewollt, faktisch aber nicht zu verhindern, den Unternehmen auch eine Verlagerung ihrer Produktion aus Nationalökonomien, deren Konditionen ihnen wirtschaftlich wenig attraktiv erscheinen, in solche mit besseren Konditionen. Die nationalen Ökonomien verlieren so an Bedeutung und die fordistische Metapher, was gut ist für General Motors (oder VW) ist gut für die USA (oder Deutschland) verliert ihre Gültigkeit. In der Konsequenz hat das einen Bedeutungsverlust für den Nationalstaat zur Folge, zumindest funktional als Regulierungsinstanz der nationalen Ökonomien, darunter auch des Mediensystems.

Joachim Hirsch (1998, 33) spricht von einer Transformation des fordistischen Wohlfahrtsstaates in einen (postfordistischen) Wettbewerbsstaat, dessen „innere Strukturen und dessen Politik entscheidend von den Zwängen der internationalen Standortkonkurrenz bestimmt" werden und der sich von vielen seiner politischen Orientierungen verabschiedet oder verabschieden muss. Damit gerät auch der keynesianische Wohlfahrtsstaat des fordistischen Kapitalismus in die Krise.

Die Krise des Fordismus ist also nicht eine ausschließlich ökonomische Krise, sie ist auch und nicht zuletzt eine Krise der mit dem Fordismus verbundenen wohlfahrtsstaatlichen Vergesellschaftungs- und Politikformen im Rahmen von Nationalstaaten. Aufgegeben wird insbesondere ein zentrales politisches Ziel des fordistisch-keynesianischen Wohlfahrtsstaates, die sozialstaatlich abgestützte „Einheitlichkeit der Lebensbedingungen" im nationalstaatlichen Raum.

Die Medien lassen sich, wie schon erwähnt, als frühe Vorläufer der den postfordistischen Kapitalismus kennzeichnenden Informationsökonomie begreifen. Vieles, was als ökonomische Besonderheiten von Medien in der materiellen Welt des Fordismus gilt, Besonderheiten, mit denen wir uns in diesem Buch ausführlich beschäftigen werden, zählt zu den Kriterien der neuen Ökonomie des Postfordismus. Shapiro/Varian (1999,13f.) heben als Besonderheiten der New Economy oder Informationswirtschaft eine Reihe von Punkten hervor, die für Medien alle altbekannte Probleme darstellen. Denn Medien sind, ob informierend oder unterhaltend, Informationsgüter, wenn man der von Shapiro/Varian zugrunde gelegten Definition folgt, dass Information alles ist, „was digitalisiert als Bitstrom kodiert werden kann". Ökonomische Besonderheiten der so definierten Informationsgüter des Postfordismus wie der Medien liegen in ihrer Gutspezifik (Kapitel 4), daraus folgend z.B. ihrer Kostenstruktur (Kapitel 5.3), den Vermarktungsproblemen (Kapitel 4.2.3) oder den Refinanzierungsschwierigkeiten (Kapitel 8). Und, auch das heben Shapiro/Varian als Besonderheit der Informationsökonomie hervor: ein Reichtum an Information hat eine Armut an Aufmerksamkeit zur Folge. Aufmerksamkeitsverknappung, gemessen an den steigenden, miteinander konkurrierenden Möglichkeiten der Verwendung von Aufmerksamkeit, ist ein zentrales Problem auch der Medien (vgl. Kapitel 5.4.1)

1.4.3   Gesellschaftlich-sozialer Strukturwandel

Auch die Transformationstheorien, die ihr Hauptaugenmerk auf den wirtschaftlichen Strukturwandel richten, gehen natürlich von einem damit verbundenen gesellschaftlich-sozialen Wandel aus. So umfasst die These vom Übergang des Fordismus in den Postfordismus ja ganz zentral auch die Vorstellung vom Wandel der Vergesellschaftungsformen, der normativen Leitideen und des Institutionengefüges der betroffenen Gesellschaften. Die steigende wirtschaftliche Bedeutung von Information als transportier- und handelbare Form von Wissen, ihr Aufstieg zur zentralen Wachstum versprechenden Ressource, bleiben nicht ohne gravierende Rückwirkungen auch im gesellschaftlich-sozialen Raum. Wichtig für das Verständnis der Transformationstheorien ist, dass sie beides, den wirtschaftsstrukturellen wie den gesellschaftlich-sozialen Wandel zu erfassen und zu erklären versuchen, wobei der erste – zumindest analytisch – als Ursache des zweiten angenommen wird (ohne dass Interdependenzen ignoriert würden)

Soziologisch wird der Wandel der hoch entwickelten Industriegesellschaften in den USA, Westeuropa und Japan in postindustrielle oder Informationsgesellschaften vor allem mit dem wachsenden Grad der Differenzierung dieser Gesellschaften begründet, der zu einem exponentiell ansteigenden Kommunikations- und Informationsbedarf führe. Die Eigenkomplexität dieser Gesellschaften, speziell diejenige des Tertiärsektors der Dienstleistungen, sei so groß, dass ein zusätzlicher vierter Sektor (Quartärsektor Information und Kommunikation) diesen und die Gesellschaft insgesamt kommunikativ erschießen helfen muss. Hauptcharakteristikum dieser Gesellschaften sei der „Vorrang von Kommunikation als zentraler Funktion" (Saxer 1998, 46).

Neben zunehmender funktionaler Differenzierung mit einem entsprechend steigenden und kommunikativ zu bewältigendem Orientierungs- und Selbstdarstellungsbedarf, gelten als weitere Ursachen: wachsende fundamentaldemokratische Ansprüche, so dass, in Ausweitung des

Demokratieprinzips, Informationsansprüche auf immer weitere gesellschaftliche Bereiche jenseits des klassischen der Politik projiziert würden, sowie ein Strukturwandel der Öffentlichkeit im Sinne einer vermehrten Geltendmachung von Minderheiten- und Partikularinteressen (Saxer 1991, 280).

Gerade der letzte Punkt, Strukturwandel der Öffentlichkeit im Sinne einer wachsenden Partikularisierung, scheint das Einfallstor für die Verwischung von Wissen und Meinung, die Jürgen Mittelstraß (1997) als Kennzeichen der Informationsgesellschaft sieht. Die Mitglieder der Informationsgesellschaft leben nicht nur in einer Wissens-, sondern vor allem auch in einer Meinungs-, Experten- und Medienwelt. Da man das über Information transportierte Wissen in den wenigsten Fällen noch prüfen kann, muss man Information vertrauen (Ökonomen sprechen von Vertrauensgütern, vgl. Kapitel 4.1.7). An die Stelle von Wissensbildungskompetenz treten Informationsverarbeitungskompetenz und das Vertrauen darauf, dass die Information stimmt. Wissen, Meinung, Information gehen nach Mittelstraß „eine neue Ordnung ein" (ebenda, 64).

Wie diese neue Ordnung aussehen wird, ist eine offene Frage, hängt aber ganz wesentlich davon ab, welchem Regime sie im wesentlichen unterstehen wird. Nach Spinner (1997, 72) kämpfen zur Zeit noch drei Grundordnungen um die Vorherrschaft in der Informationsgesellschaft: die Rechtsordnung, die Wirtschaftsordnung und die Wissensordnung als eigenständige dritte Ordnung für die wissenschaftlichen und außerwissenschaftlichen Informationsbereiche der Gesellschaft.

Übersicht 1.3: **Profile der verfassungsrechtlichen und der ökonomischen Wissensordnung im Vergleich**

Bereichs-ordnungen	Schwer-punkt	Wissens-art	Wissen-schaftsform	Institutiona-lisierung	Paradigma	Leitwert
III. Verfassungs-rechtliche Wissens-ordnung	Wissensäus-serung	subjektive Meinungen, persönliche Kenntnisse	außerwissen-schaftlicher Bereich	öffentliche Meinung	Grund- und Menschen-rechte für wissensbezo-gene Freiheiten	freie Entfaltung der Persönlich-keit
IV. Ökono-mische Wissens-ordnung	Wissensver-wertung als Produktiv-kraft und Handels-ware	Produktions- und Markt-wissen	Kommerziali-sierte Wissen-schaft der INDUSTRIE; Angewandte Wissenschaft der PRAXIS	Wirtschafts-betriebe	Wettbewerbs-ordnung der "freien Konkurrenz"	Rentabilität

Quelle: Spinner 1994, S. 118.

Dass sich das Institutionen- und Normengefüge der Informationsgesellschaft deutlich anders darstellen wird, je nachdem welche der drei Ordnungen in welchem Ausmaß das Regime übernehmen wird, macht der Vergleich von Rechts- und Wirtschaftsordnung deutlich. Die von Spinner (1994) entwickelten Ordnungsprofile sollen an dieser Stelle lediglich vergleichend gegenübergestellt werden, um zu verdeutlichen, welche unterschiedlichen gesellschaftlichen

Optionen damit jeweils verbunden sind. Die Ordnungsprofile können zudem auch als Ergänzung zum Regimes-Vergleich Ökonomie und Publizistik in Übersicht 1.1 gelesen werden.

1.5   Zusammenfassung

1. Nach einer Definition von Saxer (1996a) sind Medien „komplexe institutionalisierte Systeme um organisierte Kommunikationskanäle von spezifischem Leistungsvermögen". Zerlegt man diese Definition in ihre einzelnen Komponenten und ordnet sie aufsteigend, dann sind Medien technische Zeichentransportsysteme und Vermittler von Bedeutungen, die ihre Leistungen für die Gesellschaft organisiert und normierten Regeln gemäß erbringen.
   Auch aus ökonomischer Sicht sind Medien Institutionen, die zur Reduktion von Transaktionskosten beitragen.

2. Es gibt eine Reihe von althergebrachten Gründen, sich Medien auch mit den sozialwissenschaftlichen Analysemethoden der Ökonomik zu nähern:

   - Medien sind überwiegend als private Wirtschaftsunternehmen organisiert, Medienprodukte werden folglich nach Markt- und Wettbewerbsprinzipien bereitgestellt und dienen der Erzielung von privatem Gewinn.

   - Medien und Kultur sind als Sektor moderner Volkswirtschaften auch ökonomisch von Gewicht, Bereichen wie der Energiewirtschaft oder dem Gesundheitswesen durchaus vergleichbar. Medienpolitik ist insofern immer auch von wirtschaftspolitischer Bedeutung und die politische Prioritätensetzung eher unsicher (These von der Überfremdung von Medienpolitik).

3. Es gibt eine Reihe von aktuellen Gründen, sich Medien mit dem sozialwissenschaftlichen Analyseinstrumentarium der Ökonomik zu nähern:
   Die PKW konstatiert einen Wandel des Mediensystems im Sinne seiner Entdifferenzierung vom ökonomischen System. Dieser Wandel wird unter dem Stichwort „Ökonomisierung des Mediensystems" thematisiert. „Ökonomisierung" lässt sich als „Kolonialisierung" des publizistischen durch das ökonomische Regime (Teilordnung einer Gesellschaft) begreifen mit der Folge, dass zentrale Ordnungskriterien der ökonomische Teilordnung wie Rationalität und Leitwerte die publizistischen Ordnungskriterien überlagern. Als Haupteinfallstore für diese Kolonialisierung lassen sich Institutionalisierungsform und Sanktionssystem der Publizistik ausmachen.
   Dieser Wandel des Mediensystem wird auch im Zusammenhang mit den folgenden Stichworten diskutiert:

   - Deregulierung: „Entstaatlichung" bestimmter gesellschaftlicher Bereiche (z.B. Rundfunk) und Überantwortung an Markt und Wettbewerb;

   - Privatisierung: Verlagerung staatlicher Aktivitäten in den Sektor der Privatwirtschaft (z.B. Telekommunikation, Bahn);

   - Kommerzialisierung: letztlich Entmeritorisierung von Medienleistungen;

   - Internationalisierung und Globalisierung: abnehmende Bedeutung der national-kulturellen Basis und der nationalstaatlichen Einbettung von Medien, eine Entwicklung, die sich auf der Produkt-, der Unternehmens- und der Distributionsebene vollzieht.

- Alle mit diesen Stichworten skizzierten Entwicklungen erhalten ihre Impulse und Dynamik primär aus dem technischen und dem ökonomischen System, nicht aus dem publizistischen.

4. Der aktuelle und zukünftige Wandel von Medien lässt sich im Topos von der Informationsgesellschaft bündeln. Zwar ist das Phänomen der Informationsgesellschaft selbst weder klar noch unumstritten, wird aber als Ergebnis von mehreren gesellschaftlichen Entwicklungssträngen gesehen, die für Medien von hoher Relevanz sind:
Technologische Innovationen im Bereich der I+K-Techniken, die als radikale Innovationen verstanden werden müssen und für die das Internet als Prototyp steht. Satellitentechnik, Digitalisierung, Konvergenz, Interaktivität und Vernetzung schaffen für alle Medien völlig neue Bedingungen.

5. Ein wirtschaftlicher Strukturwandel im Sinne eines Paradigmenwechsels vom fordistischen zum postfordistischen Kapitalismus. Die neuen I+K-Techniken ermöglichen die kapitalmäßige Verwertung auch von Dienstleistungen und immateriellen Gütern. Wissen, Information, Kommunikation werden zu zentralen Ressourcen, deren effiziente Ausbeutung jedoch eher globale als nationale Märkte erfordert. Medien können als frühe Vertreter dieser „New Economy" begriffen werden, sind gleichzeitig von diesem wirtschaftlichen Strukturwandel jedoch zentral betroffen.

6. Die Begriffe Fordismus/Postfordismus stehen nicht nur für einen wirtschaftlichen, sondern damit verbunden auch einen sozialstrukturellen Wandel, eine Veränderung der Vergesellschaftungsformen und Wandel gesellschaftlicher Leitwerte.

7. Soziologisch wird ein sozialstruktureller Wandel mit dem wachsenden Grad gesellschaftlicher Differenzierung begründet, dem daraus resultierenden steigenden Bedarf an kommunikativen Diensten und Leistungen, die zu einem Strukturwandel auch der Öffentlichkeit im Sinne einer wachsenden Partikularisierung führen .

8. Medien sehen sich in einer Doppelrolle als ermöglichende Infrastruktur und als Betroffene dieses soziostrukturellen Wandels.

2.   Grundlagen einer Medienökonomik

In diesem Kapitel wird eine Grundlegung von Medienökonomik als Teildisziplin der Publizistik- und Kommunikationswissenschaft (PKW) versucht. Dafür ist es sinnvoll, die bisherigen Ansätze und ihre Integration in die PKW zu bilanzieren (2.1.1), um darauf aufbauend ein eigenes Konzept von Medienökonomie zu entwickeln (2.1.2). Das ist Anliegen des ersten Teilkapitels. Nach dem dort entwickelten Konzept von Medienökonomie sollen Phänomene des Mediensystems – wirtschaftliche wie publizistische – mit Hilfe ökonomischer Theorien untersucht werden. Folglich müssen die dafür herangezogenen Basiskonzepte der Ökonomik dargestellt werden (2.2.3), was im zweiten Teilkapitel knapp geschieht. Dabei geht es zunächst einmal um das keineswegs einheitliche wissenschaftliche Selbstverständnis des Fachs Ökonomie (2.2.1), das Theorie-Selektion nahe legt, und um die Frage, was eine marktwirtschaftliche Ordnung, in der ja auch die Medien agieren, aus Sicht der Ökonomik eigentlich kennzeichnet (2.2.2). Von speziellem Interesse für eine Medienökonomie als Teildisziplin der PKW sind Ansätze der Neuen Politischen Ökonomie, die mit Basiskonzepten der neoklassischen Ökonomie gesellschaftliche Institutionen analysiert (2.3.1), die aber auch die Notwendigkeit expliziter Bewertung ihrer Befunde vor dem Hintergrund gesellschaftlicher Ziele betont (2.3.2). Im 4. Teilkapitel schließlich wird die jeweilige normative Basis von Ökonomie und Publizistik auf Gemeinsamkeiten (2.4.1) sowie Widersprüche und Zielkonflikte (2.4.2) untersucht.

2.1   Medienökonomie als Teildisziplin der PKW

2.1.1   Bestandsaufnahme – diverse Ansätze, kein Konzept

Medienökonomie ist bislang keine wohldefinierte Teildisziplin der PKW, kein Standardangebot im Lehrbetrieb der deutschsprachigen Universitäten, ja die Frage scheint nicht ganz abwegig (Schusser 1998), ob es sich vielleicht nur um eine Mode handle. Die vergleichsweise geringe Aufmerksamkeit, die die deutsche Publizistik- und Kommunikationswissenschaft ökonomischen Fragestellungen im Zusammenhang mit Medien noch immer widmet, lässt sich nach wie vor an Vorlesungsverzeichnissen und Lehrbüchern zum Fach ablesen, obwohl in den letzten fünf bis zehn Jahren hier durchaus eine Entwicklung stattgefunden hat, das Lehrangebot deutlich gestiegen ist (vgl. Studienpraktische Hinweise), die Zahl deutschsprachiger Publikationen zum Thema ständig wächst. Der beobachtbare Etablierungsprozess verläuft jedoch eher heterogen, folgt keinem Paradigma, scheint eher pragmatische Reaktion auf entsprechende Umweltanforderungen zu sein (vgl. Altmeppen/Karmasin 2003a). Die weitgehend von ökonomischen Antriebskräften vorangetriebene aktuelle Medienentwicklung erlaubt kommunikationswissenschaftlicher Forschung ja kaum mehr eine Vernachlässigung medienökonomischer Fragestellungen. Dennoch scheint nach wie vor unklar zu sein, „was denn genau unter dieser Teildisziplin zu verstehen ist und ob es denn überhaupt eine solche ist" (Siegert 2002, 9).

An Definitionsversuchen und Aufgabenzuweisungen fehlt es nicht. So versteht Siegfried Weischenberg (1992, 239) unter Medienökonomie in Anlehnung an Florian Fleck (1983, 91) die gemeinsame Schnittmenge aus Kommunikations- und Wirtschaftswissenschaft, räumt aber selbst ein, dass dies eine sehr vage Begriffsbestimmung sei und das „Fach erst über eine konkrete Beschreibung von Gegenständen Profil gewinnt".

Für Gerd Kopper (1982a, 105), der 1982(b) die erste umfassende Bestandsaufnahme aller Forschungsansätze in der Bundesrepublik für den Zeitraum 1968 bis 1981 vorlegte, die sich medienökonomischen Fragestellungen zuordnen lassen, stellt Medienökonomie „eine Bearbeitungsebene innerhalb des Theoriegerüstes einer speziellen politischen Ökonomie dar". Medienökonomie ist für ihn, so der programmatische Titel seines Artikels „mehr als ‚Ökonomie der Medien'".

Für Jürgen Heinrich, Autor des bislang (Stand 2004) einzigen deutschsprachigen Standard-Lehrbuchs zur Medienökonomie (1994, 1999, 2001), ist Medienökonomie (2001, 22f.) – sofern sie „Medien und Kommunikation mit der disziplinären Matrix der Ökonomie analysiert", wie es bei ‚seiner' Medienökonomie geschehe – ein „Teilbereich der Ökonomie", vergleichbar der Gesundheits- oder Bildungsökonomie. Sie ist also eine der nicht nur von Manfred Rühl (1993) gescholtenen Bindestrich-Ökonomien. Heinrich definiert (2001, 20): „Medienökonomie untersucht, wie die Güter Information, Unterhaltung und Verbreitung von Werbebotschaften in aktuell berichtenden Massenmedien produziert, verteilt und konsumiert werden". Zentrale Fragestellung sei die „Analyse der (optimalen) Allokation der Ressourcen auf Umfang und Struktur der Medienproduktion" (2001, 49).

Ähnlich auch die Definition und Funktionsbeschreibung in einem der neueren amerikanischen Lehrbücher (Albarran 1996, 5) zu Medienökonomie. Hier heißt es unter ausdrücklichem Bezug auf zwei Starvertreter der neoklassischen Ökonomie, Paul A. Samuelson und William D. Nordhaus, deren Fachbestseller 1998 auch in deutscher Übersetzung erschien: „Media Economics is the study of how media industries use scarce resources to produce content that is distributed among consumers in society to satisfy various wants and needs" (ähnlich Picard 1989, 8).

Für Heinrich wie Albarran oder Picard ist die zentrale Fragestellung der Medienökonomie das klassische Problem der Ökonomen überhaupt: die Allokation knapper Ressourcen, also die Verteilung der ökonomisch knappen Ressourcen auf alternative Verwendungsmöglichkeiten im Mediensystem. Die Analyse kann normativ oder positiv angelegt sein, bei normativer Ausprägung geht es um die (ökonomische) Optimierung der Allokation, in positiver Ausprägung um die Analyse und Beschreibung des Sektors Massenmedien als Wirtschaftsbereich.

Eine deutlich breitere Definition und Aufgabenzuweisung wählt Michael Schenk (1989, 4), wenn er den Forschungsgegenstand von Medienökonomie wie folgt beschreibt. „Zum Forschungsgegenstand der Medienökonomie gehören die ökonomischen Aspekte des Mediensystems und deren Bedeutung für die Struktur und Funktion des gesamten Informationssystems (...)Die Medienökonomie beschränkt sich damit nicht nur auf die Betrachtung ökonomischer Aspekte des Mediensystems im engeren Sinne, sondern betrachtet auch die Konsequenzen der Ökonomisierung für das gesamte Kommunikations- und Informationssystem einer Gesellschaft". Ähnlich anspruchsvoll sind die Leistungsanforderungen von Werner Meier und Josef Trappel (2001, 164). Medienökonomie habe „nicht nur die Beschreibung und Analyse zentraler wirtschaftlicher Aspekte des Mediensystems zu leisten, sondern muss auch die Konsequenzen der zunehmenden Ökonomisierung, Privatisierung und Globalisierung sowohl für das Mediensystem als auch für die Gesamtgesellschaft erforschen und evaluieren". Auch Klaus-Dieter Altmeppen und Matthias Karmasin (2003b,44) definieren Medienökonomie als überaus anspruchsvolles Lehr- und Forschungsprogramm. Im Zentrum ihres transdisziplinären Konzepts (vgl. zu Formen, Problemen und Anforderungen interdisziplinären und transdisziplinären Arbeitens Saxer 2003, 2004) steht die „kritische Analyse und eine verantwortungsbewusste Bewertung der ökonomischen Grundlagen der öffentlichen Kommunikation".

In diesen letztzitierten, eher publizistikwissenschaftlichen Definitionen und Aufgabenbeschreibungen sind Parallelen zu Webers Vorstellungen von einer Soziologie des Zeitungswesens unübersehbar. Der Anspruch an eine noch kaum systematisch entwickelte Disziplin ist hoch und bislang, fast ein Jahrhundert nach Webers Überlegungen, noch nirgendwo verwirklicht

Angesichts der Heterogenität der Ansätze resümierte Klaus-Dieter Altmeppen in seinem 1996 erschienen Reader den Stand medienökonomischer Forschung als vielfältig, aber unsystematisch und theoretisch unverbunden; aus divergierenden Zugangsweisen resultiere eine uneinheitliche Betrachtung des Verhältnisses von Medien und Ökonomie. Es sei bislang nicht gelungen, die Ansätze in „ein methodisches und theoretisches Konzept zu integrieren".

Auch Manfred Rühl (1998, 176) moniert die Unverbundenheit und mangelnde gesellschaftstheoretische Fundierung dieser Ansätze. „Werden in ordnungspolischer Absicht die deutsche Presse (...) und der Rundfunk (...) *partialanalytisch* untersucht, dann bleibt offen, wie das Gesamtsystem heißt und wie es – in Relation zu Presse bzw. Rundfunk – funktioniert".

Die Konzeptlosigkeit von Medienökonomie, sofern sie nicht von Ökonomen wie Heinrich (1994, 1999, 2001), Kruse (1996), Zohlnhöfer (1989) oder Sjurts (2002), in den USA z.B. Picard (1989), Albarran (1996), Owen/Wildman (1992) primär in der Tradition der neoklassischen Wirtschaftstheorie betrieben wird, hat wohl auch mit den mangelnden Visionen publizistikwissenschaftlichen Erkenntnisfortschritts durch Medienökonomie zu tun. Manfred Rühl (1993, 136 f.) kritisiert eine „Medienökonomie American Style" und versteht darunter die rein wirtschaftliche Sicht auf Medien, die publizistische Leistung und publizistische Effizienz zugunsten wirtschaftlicher Erfolgsvorstellungen instrumentalisiere. Und in der Tat kann man diesen Eindruck gewinnen, wenn man im Vorwort von medienökonomischen Klassikern liest: „This book is intended for those who must understand the economics of video industry in order to work successfully in it" (Owen/Wildman 1992, XI). Allerdings ist das nur eine Richtung der amerikanischen Medienökonomie, die von anderen Ansätzen, eher „bürgerlich-kritischen" (Babe 1994, 1995, McManus 1994, McAllister 1996) bis kapitalismuskritischen, marxistischen (Schiller 1989, Mosco 1996, Wasko 1994) ergänzt und konterkariert wird. Und um das Grundanliegen, die wirtschaftlichen Bedingungen der Produktion, Distribution und Konsumption von massenmedialen Artefakten in kapitalistisch organisierten Markt- und Wettbewerbsgesellschaften zunächst einmal mit Hilfe ökonomischer Theorieansätze zu verstehen, kommt auch eine Medienökonomie „European Style" nicht herum.

So sieht auch die Fachgruppe Medienökonomie der Deutschen Gesellschaft für Publizistik und Kommunikationswissenschaft die vordringliche Aufgabe einer Teildisziplin Medienökonomie u.a. in der Anwendung und kritischen Überprüfung der Brauchbarkeit ökonomischer Theorien auf den Bereich gesellschaftlicher Kommunikation. „Es geht im weitesten Sinn um die Diskussion und Entwicklung eines ökonomischen Paradigmas als Erklärungs- und Prognoseansatz für Kommunikationsprozesse sowie für die Entwicklung von Kommunikations- und Mediensystemen. Eine so verstandene ,Ökonomisierung' der Kommunikationswissenschaft wird für notwendig erachtet, um eine anerkannte wissenschaftliche Norm zu erfüllen: die Anwendung von Theorien und Methoden adäquat zum Untersuchungsgegenstand, der zunehmend ökonomisierten bzw. kommerzialisierten gesellschaftlichen Kommunikation(....)" (Fachgruppe 2004). Was hier angesprochen wird, ist die wissenschaftliche Norm der Isomorphie, die fordert, dass die Theoriebildung einer Disziplin, hier der PKW, der steigenden Komplexität ihres Materialobjekts, hier ausgelöst durch die Ökonomisierungsprozesse, strukturell-komplementär entsprechen muss (vgl. Saxer 2003).

Natascha Just und Michael Latzer (2003, 99) resümieren den Stand der disziplinären Etablierungsversuche einer Medienökonomie denn auch dahin gehend, dass Einigkeit darüber bestehe, dass sie sich wirtschaftswissenschaftlicher Ansätze bediene. „Uneinigkeit besteht hingegen darüber, (1) welche wirtschaftswissenschaftlichen Ansätze dafür geeignet sind, ob und – wenn ja – welche kommunikationswissenschaftlichen Fragen damit beantwortet werden können. (2) wie der Untersuchungsgegenstand abgegrenzt wird und (3) ob und wie ein interdisziplinärer Ansatz in der Medienökonomie zu verfolgen ist". Angesichts der Konvergenz im Medienbereich plädieren sie mit Blick auf die Abgrenzungsfrage dafür, die traditionelle Beschränkung auf Massenmedien, Journalismus und öffentliche Kommunikation aufzugeben.

2.1.2 Konturen einer Medienökonomik als Teildisziplin der PKW

Was also könnte oder sollte das Erkenntnisinteresse einer Medienökonomie als Teildisziplin der Kommunikationswissenschaft sein? Und wie könnte eine theoretisch-methodische Brücke zur Publizistik geschlagen werden?

Hilfreich ist als erstes eine Vorstellung von den möglichen theoretischen Zugängen einer Medienökonomie, die Manfred Knoche (1999b,75) in Anlehnung an Christian Steininger (1998) wie folgt auflistet:

- Neoclassicm/Neoliberalism
- New Institutional Economy, New Political Economy, System
- Theory
- Critical Political Economy of the Media
- Marxist Political Economy of the Media".

Knoche nimmt auch eine Zuordnung von Autoren im Publikationsfeld Medienökonomie zu diesen Ansätzen vor, ordnet die Verfasserin dieses Lehrbuchs z.B. dem Bereich der Neuen Politischen bzw. Neuen Institutionenökonomie zu, Jürgen Heinrich dem neoklassischen Lager und sich selbst der marxistisch orientierten Politischen Ökonomie.

Man muss allerdings sehen, dass diese Typologie möglicher theoretischer Zugänge keineswegs überschneidungsfrei ist, denn hinter diesen Ansätzen stehen ja weniger jeweils „geschlossene Schulen", als wiederum eine Vielfalt differenzierter Ausgangspositionen und Fragestellungen. So verweist Mosco (1996, 19) z.B. auf regionale Ausprägungen politökonomischer Ansätze: „North American, European, and Third World approaches differ enough to receive distinctive treatment", obwohl die von ihm jeweils aufgeführten regionalen Vertreter fast alle eher eine Politische Ökonomie in Marxistischer Tradition vertreten. Und er hält folglich fest (ebenda, 3), „there is no single correct approach that, by itself, constitutes a definitive political economy of communication". Andererseits scheinen die Unterschiede zwischen Kritischer Politischer Ökonomie und Neuer Politischer Ökonomie eher gering, wenn man die wesentlichen Elemente der Kritischen Politische Ökonomie, wie sie zwei prominente Vertreter aus dem angelsächsischen Raum benennen, mit dem nachfolgend ausführlicher diskutierten wissenschaftlichen Selbstverständnis der Neuen Politischen Ökonomie vergleicht. Peter Golding und Graham Murdock (1991, 17f) halten als Essentials einer Kritischen Politischen Ökonomie in Unterscheidung von der Mainstream-Ökonomie fest: „Firstly, it is holistic. Secondly, it is historical. Thirdly, it is centrally concerned with the balance between capitalist enterprise and public intervention. Finally, and perhaps most importendly of all, it goes beyond technical issues of efficiency to engage with basic moral questions of justice, equity and the public good". Genau in diesen „Essentials" unterscheiden sich aber auch die Ansätze der Neuen Politischen Ökonomie von den Ansätzen der Neoklassik, auf deren Theoriegebäude sie allerdings aufbaut und dieses ergänzt. Anders sieht es mit dem marxistisch orientierten Ansatz einer politischen Ökonomie der Medien aus, wie ihn Nicholas Garnham (1990, 6) vertritt, wenn dieser den methodologischen Individualismus (vgl. 2.2.3 und Kapitel 7.2.1), eines der Grundkonzepte der ökonomischen Theorie und auch der Neuen Politischen Ökonomie, ausdrücklich verwirft: „The approach to the study of the media, exemplified by these essays, which I am calling a political economy of communications and culture, rejects the methodological individualsm and starts from the Aristotelian assumption that human being are essential social". Mosco (1996, 65) vertritt dagegen offenbar eine Art mittlerer Position, wenn er schreibt: „Where economics begins with the individual, naturalized across time and space, political economy starts with the socially constituted individual, engaged in socially constituted production".

Wir werden noch sehen, dass sich auch die Neue Politische Ökonomie von der Annahme einer grundsätzlich sozialen Einbindung menschlichen Daseins nicht prinzipiell entfernt, obwohl sie den methodologischen Individualismus als Analyseinstrument übernimmt.

Zu welchem der oben angeführten Ansätze man letztendlich tendiert, scheint beim gegenwärtigen Entwicklungsstand einer Medienökonomie eine Entscheidung zu sein, die begründet erst später getroffen werden kann. Generell muss man, um Antworten auf die Frage nach den Erkenntnismöglichkeiten einer Medienökonomie als Teildisziplin der PKW geben zu können, sich wohl zunächst einmal das Forschungsfeld der Wirtschaftswissenschaften etwas genauer anschauen, das selbst breit gefächert und je nach Richtung anders akzentuiert ist. Erst wenn das Feld möglicher wirtschaftswissenschaftlicher Erkenntnisse ausreichend durchleuchtet ist, scheint also ein begründetes Urteil möglich, ob die Ansätze tauglich, ergänzungsbedürftig oder zu verwerfen sind. Dabei erscheint die Möglichkeit, dass nicht eine einzige, sozusagen verbindliche, sondern eine Mehrzahl an Medienökonomien entsteht, vor der Hintergrund der Vielfalt ökonomischer Ansätze durchaus realistisch. Insofern ist mit dem hier gewählten Ansatz einer Medienökonomie, der sich wohl, die Einschätzung von Manfred Knoche bestätigend, am ehesten der Neuen Politischen Ökonomie und Institutionenökonomik zuordnen lässt, keine Präjudizierung angestrebt, vielmehr soll eine Bewertungs- und Entscheidungsgrundlage angeboten werden.

Weischenberg und Fleck haben zweifellos recht mit ihrer Feststellung, dass Medienökonomie eine Art gemeinsamer Schnittmenge zwischen den Disziplinen Ökonomie und Kommunikationswissenschaft darstelle, das impliziert aber noch nicht, dass klar ist, wie diese Schnittmenge aussieht und ob auch ein gemeinsames Erkenntnisinteresse gilt. Als Teildisziplin der Kommunikationswissenschaft sollte Medienökonomie zweifellos publizistikwissenschaftlichem Erkenntnisinteresse dienen. Und die hier in diesem Lehrbuch abzuklärende Frage z.B. ist, mit welchen wirtschaftswissenschaftlichen Ansätzen das als möglich und fruchtbar erscheint.

Dabei geht es hier weniger um ein ausgearbeitetes und geschlossenes Konzept von Medien-ökonomie, das nicht vorgelegt werden kann. Der Brückenbau erfolgt eher durch Abschätzen der Möglichkeiten, die ökonomische Theorieansätze für die Erklärung und Bewertung publi-zistischer Phänomene bieten. Berücksichtigt man, dass – wie nachfolgend (2.2) noch näher zu diskutieren – die moderne Ökonomik, insbesondere auch in Form der Neuen Politischen Öko-nomie, von ihren Vertretern überwiegend als sozialwissenschaftliche Analysemethode verstan-den wird (Erlei 1998, Frey 199o, Schäfer/Wehrt 1989), dann erscheint der Versuch einer Anwendung auf publizistikwissenschaftliche Fragestellungen durchaus plausibel. Denn wie Kirchgässner (1991, 2) dieses Verständnis präzisiert, ist die Ökonomik mit ihren Konzepten und Modellen menschlichen Verhaltens (vgl. 2.3) eine „Methode der Sozialwissenschaften, während die Ökonomie einer ihrer Gegenstandsbereiche ist". Die Anwendung auf andere, nicht-wirtschaftliche Gegenstandsbereiche, wie Recht, Familie, Politik hat bereits eine lange Tradition, wobei Pluralität der Analyseansätze und eine je eigenständige Legitimität der unter-schiedlichen Erkenntnisinteressen respektiert werden. Sie sollte daher einen Versuch auch auf Medien und publizistische Phänomene wert sein.

Aber auch „traditionelle" Ansätze der Makro- und Mikroökonomie müssen von einer Me-dienökonomie auf die publizistische Relevanz ihrer Erklärungsmöglichkeiten geprüft werden. Dies umso mehr, als die in den bisherigen Definitionsversuchen angesprochenen „ökonomi-schen Bedingungen des Journalismus" (Heinrich 2001, 17) oder „ökonomischen Aspekte des Mediensystems" (Schenk) ohne diese Ansätze kaum untersucht werden könnten.

Die Entwicklung einer Medienökonomie setzt also zum einen, ganz zentral, die relativ dif-ferenzierte Auseinandersetzung mit dem ökonomischen Theoriebestand voraus und insbeson-dere mit in diesem Zusammenhang als relevant erachteten Ansätzen, Relevanz hier bezogen auf publizistikwissenschaftliches Erkenntnisinteresse. Die beklagte Heterogenität und theoreti-sche Unverbundenheit medienökonomischer Ansätze hat ja auch gerade darin eine ihrer Ursa-chen, dass deren Einbettung in das ökonomische Theoriegebäude weitgehend fehlt. Das bedeu-tet zum anderen aber auch, dass ökonomische Theorie nur in Auswahl und weitgehend quer zu den Gliederungsprinzipien, Schulen und Richtungen der Wirtschaftswissenschaften in eine Medienökonomie einfließen wird und das gilt auch für ihre Behandlung in diesem Lehrbuch. Hier geht es ja vor allem darum, Publizistikwissenschaftler – angehende und fertige – mit Grundannahmen und Konzepten der Ökonomik soweit bekannt zu machen, wie es für die Mo-dellierung und das Verständnis einer an publizistikwissenschaftlichem Erkenntnisinteresse ori-entierten Medienökonomie notwendig und sinnvoll erscheint. Das bedeutet (mit dem Risiko des Irrtums) Auswahl der als aussagefähig angenommenen Theorieteile.

Da allerdings auch „publizistikwissenschaftliches Erkenntnisinteresse" kein eindeutig defi-nierter und objektiver Begriff ist, bleibt die Selektion ökonomischer Ansätze für eine Medien-ökonomie auch von daher bis zu einem gewissen Grad subjektiv und kontingent.

Es kann und soll hier auch keine detaillierte oder gar wissenschaftstheoretische Auseinan-dersetzung mit den verschiedenen Richtungen und Ansätzen der Ökonomik erfolgen, ein Wis-senschaftsfach, das sich zur Zeit selbst in einer Phase des Umbruchs, Paradigmenwechsels und der Neudefinitionen zu befinden scheint (vgl. z.B. Bell/Kristol 1984, Heilbroner/Milberg 1995, Feldmann 1995, Homann/Suchanek 2000). Für die Zwecke dieses Lehrbuchs und die vorläufi-ge Konturierung einer Medienökonomik „European Style" reicht an dieser Stelle zunächst die wichtige, wenn auch etwas grobe Differenzierung nach „reiner" Ökonomik, was vor allem die heute wohl noch vorherrschende neoklassische Richtung des Fachs meint, und „politischer" Ökonomie, hinter der sich wiederum eine Vielfalt unterschiedlicher Ansätze verbirgt (vgl. dazu z.B. die seit 1982 regelmäßig herausgegebenen Jahrbücher für Neue Politische Ökonomie, Mohr-Siebeck, Tübingen). Für die Bestimmung des wissenschaftlichen Orts von Medienökonomie sind Unterschiede zwischen diesen beiden Ökonomiken hoch relevant, Unterschiede, die sich weniger in den Basistheorien und wissenschaftlichen Analyseinstrumenten als in der Definition des Forschungsfeldes und des Erkenntnisinteresses zeigen. Medienökonomie kann sinnvoll nur unter Berücksichtigung beider Ökonomiken und nur als eine politische Ökonomie der Medien entwickelt werden.

Versucht man eine Definition von Medienökonomie, wie sie hier entwickelt wird, dann handelt es sich um eine Teildisziplin der PKW, die wirtschaftliche und publizistische Phänomene des Mediensystems kapitalistischer Marktwirtschaften mit Hilfe ökonomischer Theorien untersucht. Bei der Aufgabenbeschreibung ist wieder zwischen einer positiven und einer normativen Version von Medienökonomie zu unterscheiden. Positive Medienökonomie analysiert und erklärt die wirtschaftlichen und publizistischen Phänomene des Mediensystems, normative Medienökonomie entwickelt Gestaltungsoptionen mit Blick auf gesellschaftlich konsentierte Ziele des Mediensystems.

Nach den Vorstellungen, wie sie in diesem Buch entwickelt werden, ist das Erkenntnisinteresse von Medienökonomie nicht völlig deckungsgleich mit den oben referierten Definitionen und Funktionszuweisungen. In positiver Version geht es 1. in Anlehnung an fast alle Definitionen zentral um die Analyse der ökonomischen Basis des Mediensystems und 2. enger als Schenk oder Meier/Trappel um die Analyse und Erklärung der Konsequenzen, die die Einbindung von Medien in das marktwirtschaftliche System auf ihr gesellschaftliches Leistungsvermögen hat. Es geht anders als bei Heinrich, Schenk und anderen 3. aber auch darum, Erkenntnisse der Ökonomik als Sozialwissenschaft auf publizistikwissenschaftliche Fragestellungen direkt oder in Analogie anzuwenden.

In normativer Version geht es in Anlehnung an das Verständnis der Politischen Ökonomie (vgl. 2.3) um die Bewertung der Ergebnisse positiver Analyse auf der Basis des publizistischen Normensystems und, darauf aufbauend, um theoretisch begründbare Reformempfehlungen.

Die gemeinsame Schnittmenge von Ökonomie und Publizistik erweist sich bei diesem Konzept von Medienökonomie, wie in den nachfolgenden Kapiteln darzulegen sein wird, als erstaunlich groß und das jeweilige Erkenntnisinteresse ist häufig durchaus fruchtbar in die eigenen Fragestellungen zu integrieren.

2.2   Basiskonzepte der Ökonomik

Will man sich der zentralen Frage Max Webers nähern, was es bedeutet, dass die Presse oder heute Hörfunk und Fernsehen privat-kapitalistische Geschäftsunternehmen sind, muss man sich wohl zunächst einmal zwei Fragen stellen:

1. In welcher Art von Wirtschaftssystem agieren diese Medien, also, was sind die Grundprinzipien marktwirtschaftlicher Ordnung?

2. Mit welchen theoretischen Konzepten analysiert und erklärt die für den Bereich der Wirtschaft einer Gesellschaft zuständige Wissenschaftsdisziplin Funktionieren und Ergebnisse dieses Systems?

Bevor diese beiden Fragen mit einer eher übersichtsartigen Zusammenstellung wichtiger Bausteine und Basisannahmen der Ökonomik für eine erste Übersicht beantwortet werden, scheint ein Blick auf das ja keineswegs einheitliche wissenschaftliche Selbstverständnis der Ökonomie oder Ökonomik hilfreich.

2.2.1   Zum Selbstverständnis der Wirtschaftswissenschaften

Wie schon erwähnt, befindet sich die ökonomische Theorie offensichtlich in einer Umbruchsituation, die aus verschiedenen Quellen gespeist wird und das wissenschaftliche Selbstverständnis der Disziplin für den Außenstehenden nur relativ schwer erkennbar macht. So scheint die Frage, Wissenschaft für einen Objektbereich oder sozialwissenschaftliche Analysemethode oder beides noch keineswegs einhellig für das Fach der Wirtschaftswissenschaften entschieden, ebenso wie die Frage „reine" oder „politische" Ökonomie für die herrschende Lehre noch weitgehend offen ist. Wenn hier dennoch versucht wird, das für die verschiedenen Richtungen gemeinsame Gedankengebäude, aber auch einige der mit Blick auf eine Medienökonomie relevanten Unterschiede, aufzuzeigen, dann soll das dem Leser eine erste, relativ grob skizzierte Übersicht über die Disziplin vermitteln, die in den nachfolgenden Kapiteln vertieft und präzisiert werden muss.

Die Ökonomik ist nach vorherrschendem Verständnis die Wissenschaft, die sich vor allem mit Knappheit beschäftigt, mit den im Verhältnis zu den menschlichen Zielen und Bedürfnissen knappen wirtschaftlichen Ressourcen Arbeit, Kapital, Boden, Natur und deren alternativen Verwendungsmöglichkeiten zur Befriedigung eben dieser Ziele und Bedürfnisse. Samuelson/Nordhaus (1998, 28) definieren folglich: „Volkswirtschaftslehre ist die Wissenschaft vom Einsatz knapper Ressourcen durch die Gesellschaft zur Produktion wertvoller Wirtschaftsgüter und von der Verteilung dieser Güter unter ihren Mitgliedern".

Ökonomen, die eher dem politökonomischen Lager zuzurechnen sind und die Ökonomik als eine sozialwissenschaftliche Analysemethode verstehen, sprechen weniger von Knappheit als von Restriktionen, wozu neben den in Relation zu den menschlichen Bedürfnissen grundsätzlich knappen Ressourcen auch Normen, Gesetze und andere Beschränkungen zählen, die das Handeln der Menschen bei der Realisierung ihrer Wünsche einengen und bestimmen. Damit kommt grundsätzlich ein gesellschaftlich-politisches Moment mit in den Blickwinkel. Damit ist aber auch ein Perspektivenwechsel von der Makro- zur Mikroökonomie verbunden, von der Theorie der Märkte, deren Gegenstand Samuelson/Nordhaus umschreiben, zum „ökonomischen Ansatz", der menschliches Verhalten unter bestimmten, festgesetzten Annahmen erklären will.

Mikroökonomik beschäftigt sich mit dem Verhalten, dem Entscheiden und Handeln von Wirtschaftssubjekten in ihrer Rolle als Produzent oder Konsument, Makroökonomik mit aggregierten gesamtwirtschaftlichen Größen, wie dem Sozialprodukt, oder der Entwicklung ganzer Sektoren einer Volkswirtschaft. Um das an einem Beispiel aus dem Bereich der Medien zu verdeutlichen: die Zeitungslandschaft einer Gesellschaft ist als makroökonomische Größe, das Verhalten aktiver und potentieller Zeitungsverleger als der Mikroökonomik zugehörig zu bezeichnen. Makro- und Mikroökonomie stehen allerdings nicht unverbunden nebeneinander, vielmehr sollen mikroökonomische Erkenntnisse, z.B. über Wettbewerbsstrategien von Zeitungsverlagen, makroökonomische Befunde, z.B. die Struktur von Zeitungsmärkten, erklären und fundieren (vgl. Kapitel 11). Das hiermit angesprochene Konzept des methodologischen Individualismus wird in 2.2.3 näher diskutiert.

Aus makro- wie mikroökonomischer Perspektive wird Gesellschaft als „soziale Veranstaltung der Knappheitsbewältigung konzeptualisiert", genauer „als soziale Veranstaltung individueller Knappheitsbewältigung" (Pies 1993, 100).

Knappheit ist in der Ökonomie immer ein relationaler Begriff, er meint nicht Mangel, sondern die Asymmetrie zwischen der Verfügbarkeit einer Ressource und ihren Verwendungsmöglichkeiten. Könnten sich alle Menschen alle ihre Wünsche und Bedürfnisse unterschiedslos erfüllen, so bestände keine Notwendigkeit zum Wirtschaften und eine Bewertung der Mittel, ob und wie sie der Befriedigung menschlicher Bedürfnisse dienen, wäre sinnlos. Alle Güter ständen im Überfluss zur Verfügung, wären also freie Güter. Das ist die Situation im Schlaraffenland, in dem wir aber leider nicht leben. Damit stehen jedes Individuum und auch jede Gesellschaft vor einem Auswahlproblem. Sie müssen entscheiden, welche der konkurrierenden Bedürfnisse befriedigt werden sollen. Die Entscheidung für die Produktion eines bestimmten Guts, z.B. eines Kinofilms oder für den Ge-/Verbrauch eines Guts bzw. seine Nutzung wie z.B. einer Zeitung, ist ja immer eine Entscheidung nicht nur für den Einsatz knapper Ressourcen – also Kapital, Arbeit, Kreativität für den Film, Geld Zeit und Aufmerksamkeit im Falle der Zeitung –, sondern gleichzeitig auch gegen alle konkurrierenden Verwendungsmöglichkeiten dieser Ressourcen. Ökonomen sprechen hier von den Opportunitätskosten der gewählten Verwendungsart. Gemeint ist mit Opportunitätskosten der entgangene Nutzen, den andere Verwendungen der knappen Ressourcen zur Befriedigung anderer Bedürfnisse gestiftet hätten.

Weil die Ressourcen knapp sind, so Heinrich (2001, 20), muss die Gesellschaft entscheiden, wie viel Ressourcen für die Massenmedien aufgewendet und wie diese Ressourcen auf die einzelnen Medienbereiche verteilt werden sollen. Das Problem der Allokation, also der Verteilung von Produktionsfaktoren für die Medienproduktion ist für Heinrich die zentrale Fragestellung der Medienökonomie. Gegen diese Fragestellung selbst ist zunächst einmal wenig einzuwenden, aber sie fordert notwendig sofort weitere Fragen heraus. Eine erste Frage ist, welche Ressourcen oder Produktionsfaktoren spielen in der Medienproduktion eine besondere Rolle, gibt es hier zentrale Knappheiten? Wir werden sehen, dass Medien überwiegend als Dienstleistungen zu qualifizieren sind (vgl. Kapitel 4.1.2), die eines externen Produktionsfaktors bedürfen, bei dem die Asymmetrie zwischen Verfügbarkeit und Verwendungsmöglichkeiten besonders groß ist und ständig wächst: Zeit und Aufmerksamkeit der Rezipienten. Die damit verbundenen Fragen werden in Kapitel 5.4.1 näher diskutiert. Eine weitere Frage ist, durch wen und nach welchen Kriterien oder Entscheidungsregeln diese Zuweisung/Verteilung erfolgt bzw. erfolgen soll. Aus der Sicht der neoklassischen Ökonomie ist diese Frage weitgehend beantwortet: der Markt ist der primäre Koordinationsmechanismus der vielfältigen und dezentralen Entscheidungen der Mitglieder einer Gesellschaft als Wirtschaftssubjekte, er nimmt diese Zuweisung (Allokation) knapper Produktionsmittel in die verschiedenen Verwendungsmöglichkeiten vor (vgl. Kapitel 3.2). Funktioniert dieser Mechanismus aber auch bei Medien? Wir werden sehen, dass diese Frage nur mit sehr großen Einschränkungen bejaht werden kann (vgl. Kapitel 4.2.3, Kapitel 6.3.2)

Einig sind sich die Ökonomen aller Richtungen weitgehend darin, dass der Markt ein effizienter Allokationsmechanismus ist, weil das in einer arbeitsteiligen, hochdifferenzierten Gesellschaft notwendige Maß an gesamtwirtschaftlicher Koordination dezentraler Entscheidungen menschliches Planungsvermögen übersteigt. Als jüngstes historisches Beispiel dafür gilt das ökonomische Desaster der ehemaligen östlichen Planwirtschaften – was die Effizienz des Allokationsmechanismus Markt allerdings keineswegs logisch beweist.

Deutliche Unterschiede zwischen den Ökonomen der verschiedenen Richtungen gibt es hingegen im Grad der Idealisierung des Marktes und der Akzeptanz und Bewertung anderer, insbesondere staatlicher und politischer Steuerungssysteme. Zwar verschließen sich auch die neoklassischen Ökonomen nicht der Einsicht, dass die Verteilungsfunktion (von Einkommen und Gütern) des Marktes im Gegensatz zu seiner Allokationsfunktion knapper Ressourcen zu wünschen übrig lässt. Paul Samuelson (1952, 43) hat das Problem marktmäßiger Verteilung einmal sehr plastisch umschrieben, als er feststellte, dass unter Marktbedingungen wahrscheinlich Rockefellers Hund die Milch bekommen wird, die ein armes Kind für seine gesunde Entwicklung benötigt, und das nicht etwa weil der Markt versagt, Angebot und Nachfrage schlecht arbeiten: „Nein, weil sie das tun, was ihnen bestimmt ist, nämlich die Güter in die Hände derjenigen zu legen, die das meiste dafür zahlen können". Adam Smith' unsichtbare Hand ist nicht überall so erfolgreich wie oft behauptet. Die Metamorphose von individuellem Eigennutz in Gemeinwohl und öffentliches Interesse funktioniert nicht, „wenn das öffentliche Interesse auch eine gerechte Einkommens- und Besitzverteilung einschließt" (Samuelson/Nordhaus 1998, 329). Hier werden Korrekturen durch den Staat, z.B. durch eine entsprechende Steuerpolitik und durch Transferleistungen, quer durch alle ökonomischen Richtungen für erforderlich gehalten.

In der Regel jedoch geht die neoklassische Wirtschaftstheorie von der Vorstellung aus, dass sich der Staat aus dem Wirtschaftsgeschehen möglichst heraushalten soll. Hans Albert bietet eine Erklärung für die je nach Richtung mehr oder weniger strikte Forderung nach staatlicher Zurückhaltung. Er verweist auf das – aus ihrer Zeit des Absolutismus wie der Aufklärung sehr verständliche – Anliegen der Klassiker des ökonomischen Denkens zu zeigen, dass es soziale Ordnungen geben könne, die ohne staatlichen Zwang, ohne Befehl und Gehorsam, nur auf der Basis freiwillig abgeschlossener Verträge funktionieren und zu für alle Beteiligten relevanten Ergebnissen führen. Die Klassiker, so Albert (1998, 12f.) verstanden „Marktprozesse als Teilabläufe eines *Steuerungsmechanismus*, der nach bestimmten *Gesetzmäßigkeiten* funktioniert und auf diese Weise zu Resultaten führt, die für die Mitglieder der betreffenden Gesellschaft unter ihren eigenen Wertgesichtspunkten – im Hinblick auf ihre individuelle Lebenssituation – interessant sind. Dieser soziale Mechanismus arbeitet nach ihrer Anschauung im Rahmen einer bestimmten staatlich gesicherten Rechtsordnung, aber im wesentlichen ohne direkte Einwirkung staatlicher Organe (...)".

Voraussetzung der Funktionsfähigkeit dieses Steuerungsmechanismus ist allerdings eine staatlich gesetzte und gesicherte Rahmenordnung, wie schon Adam Smith (1978, 785) erkannte und betont hatte, als er schrieb: „Handel und Gewerbe können selten sehr lange in einem Land gedeihen, das ohne geordnetes Rechtswesen ist, in dem sich die Menschen ihres Eigentums nicht sicher fühlen, in dem das Vertrauen in Verträge nicht durch das Gesetz gestärkt wird und in dem man nicht regelmäßig den Einsatz der Staatsgewalt erwarten kann, damit zahlungsfähige Schuldner auch zur Leistung gezwungen werden".

Vor dem Hintergrund dieser Tradition ist eine Charakteristik der heute vorherrschenden ‚reinen' neoklassischen Ökonomie, die sie von allen Formen der ‚politischen' Ökonomie deutlich unterscheidet, besonders erstaunlich, nämlich dass sie die institutionellen Voraussetzungen der von ihr modellierten Marktprozesse nicht berücksichtigt. Das bis heute vorherrschende Paradigma der neoklassischen Wirtschaftstheorie, das sich in den letzten Jahrzehnten des 19. Jahrhunderts entwickelte, löste sich vom Verständnis der Klassiker, dass Wirtschaften nur im Zusammenhang mit dem Staat oder in Abgrenzung vom Staat sinnvoll zu vollziehen ist und auch nur so erklärt werden kann. Politik wurde in der ‚reinen' Ökonomie „ersatzlos gestrichen". Es ging, wie Erik Boettcher (1980, 210) schreibt, um den Versuch, die „Nationalökonomie quasi auf einen Kern dessen zu reduzieren, was unabhängig von den Bedingungen einer jeweiligen Zeit, eines jeweiligen Raumes und einer jeweiligen gesellschaftlichen und staatlichen Ordnung unbezweifelbar richtig sei". Die Disziplin entwickelte sich nun zu einer Theorie allgemeiner Gleichgewichtsmodelle, für die das zweibändige Werk von Leon Walras (Elements of Pure Economics 1874/77) nach einer Feststellung von Josef Schumpeter zur „Magna Charta der exakten Volkswirtschaftslehre" und zum Leitbild wurde.

Nach diesen Vorstellungen der Neoklassik lässt sich ihr Objektbereich ohne Rückgriff auf außerökonomische Institutionen erfassen. Der politische und gesellschaftliche Bereich wird zum exogenen Datenkranz, sozusagen als Umwelt des ökonomischen Geschehens verstanden, das die Neoklassik, davon isoliert und eigenständig, allein aus dem nutzen- bzw. gewinnmaximierenden Entscheidungsverhalten von Konsumenten und Produzenten über die alternative Verwendung knapper Mittel zu erklären versucht. „Die klare Struktur und logische Konsistenz neoklassischer Modelle, die insbesondere eine präzise, entscheidungstheoretisch fundierte Analyse von Preisbildungs- und Allokationsprozessen ermöglichen, erklären die langjährige Vorherrschaft dieses Forschungsprogramms (...)" (Feldmann 1995, 12).

Der „Modell-Platonismus" (Albert 1998) der ‚reinen' Neoklassik oder ökonomischen Orthodoxie stieß jedoch früh und stößt zunehmend auf Kritik. So verglich Ronald H. Coase diese Art von Ökonomie z.B. sehr plastisch mit dem Versuch, den Blutkreislauf zu studieren ohne zu berücksichtigen, dass sich das Blut in einem Körper befindet. Für medienökonomische Fragestellungen scheinen die ökonomischen Gleichgewichtstheorien zudem von eher geringem Erkenntniswert, weil, wie noch zu zeigen sein wird, von den dafür angenommenen Voraussetzungen hier noch weniger vorliegen als in anderen Wirtschaftsbereichen.

Mit dieser vom politischen und sozialen Institutionengefüge losgelösten, davon isolierten Analyse verbunden war und ist der Verzicht der orthodoxen Neoklassiker auf explizite Werturteile, wie sie in einen Begriff wie Verteilungsgerechtigkeit z.B. aber notwendig eingehen. Auch darin unterscheidet sich die ‚reine' von verschiedenen Formen der ‚politischen' Ökonomie, die diese Beschränkung (wieder) aufgibt (vgl. 2.3).

2.2.2 Grundprinzipien marktwirtschaftlicher Ordnung

Versucht man ein Wirtschaftssystem, das wie das deutsche als Marktwirtschaft, genauer als Soziale Marktwirtschaft firmiert einzuordnen, kann man zwei große Ordnungsbegriffe heranziehen, (Neo)Liberalismus und Kapitalismus: Es ist das kapitalistische Wirtschaftssystem einer liberalen Gesellschaft. Als „Soziale Marktwirtschaft" handelt es sich allerdings um einen mit sozialen Korrekturen versehenen Kapitalismus, der jedoch, wie jede andere kapitalistische

Marktwirtschaft, auf privatem Eigentum an den Produktionsmitteln gründet und auf Wettbewerbs- und Preisbildungsfreiheit als zentralen Steuerungsinstrumenten des Wirtschaftsgeschehens. Nach den Vorstellungen der Begründer der Sozialen Marktwirtschaft in Deutschland, Ludwig Erhard und Alfred Müller-Armack, ist eine Marktwirtschaft allerdings schon aufgrund ihrer überlegenen Leistungsfähigkeit sozial. Eine auf hohe Wachstumsraten und Vollbeschäftigung ausgerichtete Wirtschaftspolitik galt daher für sie als die beste Sozialpolitik. „Insgesamt ist das Soziale somit kein integratives, gleichgewichtiges Element einer sozioökonomischen Gesamtordnung, sondern dient lediglich dazu, äußerst unsoziale Folgen eines auf bloßen Ökonomismus ausgerichteten Systems auszugleichen" (Ambrosius 1983, 269). Angesichts dieser Gesamtwürdigung sind Entwicklungen der letzten Jahre weniger erstaunlich: geringeres Wachstum bedeutet schlechte Chancen fürs Soziale der Sozialen Marktwirtschaft.

Was kennzeichnet eine Marktwirtschaft?

In der Regel werden folgende Elemente als wesentlich genannt:

1. die dezentrale ex-post-Koordination. Das heißt, die Steuerung des Wirtschaftsgeschehens erfolgt dezentral (im Gegensatz zu einer Zentralverwaltungswirtschaft etwa) und sie erfolgt ex post (im Gegensatz zu einer Planwirtschaft, die ex ante koordiniert wird, aber auch im Gegensatz zu einem Monopolisten, der ebenfalls ex ante aber auch zentral koordinieren kann). Diese dezentrale ex-post-Steuerung erfolgt

2. über eine Vielzahl von Märkten, die ihrerseits wiederum dem Handeln und Entscheiden der am Austauschprozess beteiligten Wirtschaftssubjekte folgen. Steuerungsinstrument der marktmäßigen Tauschprozesse ist das Preissystem. Preise koordinieren die Entscheidungen von Produzenten und Konsumenten auf einem Markt. Höhere Preise dämpfen in der Regel die Nachfrage, kurbeln aber gleichzeitig die Produktion an. Niedrigere Preise bei sonst gleichen Bedingungen fördern die Kauflust, nicht aber die Lust der Produzenten zu produzieren. Preise gelten als das auf Märkten zwischen Angebot und Nachfrage ausgleichende Moment.

Die hinter einem marktwirtschaftlichen System stehende Idee bezeichnet Albert (1998, 241) als die „eines finanziellen Sanktionsmechanismus, der alle wirtschaftlichen Erscheinungen innerhalb eines mehr oder weniger scharf charakterisierten sozialen Rahmens reguliert und auf ein bestimmtes Gleichgewicht hinsteuert, das bezogen auf die Bedürfnisbefriedigung (...) aller Mitglieder des betreffenden sozialen Systems optimalen Charakter hat. Es handelt sich dabei gewissermaßen um die Anwendung eines kybernetischen Gedankens (...). Es wird nämlich u.a. angenommen, dass finanzielle Vorteile, – Gewinne oder andere Einkommenssteigerungen – von ihren Empfängern als positive Sanktionen gedeutet werden, die infolge ihrer Attraktivität ein Verhalten hervorrufen, das sie im Endeffekt – über einen Mechanismus, der z.B. Angebots- und Nachfragesteigerungen, Kostenerhöhungen und Preissenkungen hervorruft – wieder mehr oder weniger zum Verschwinden bringt, während finanzielle Nachteile – Verluste oder andere Einkommensminderungen – von den Betroffenen als negative Sanktionen aufgefasst werden, die infolge ihrer Abschreckungskraft ein Verhalten veranlassen, das sie letzten Endes – über entsprechende Mengenreaktionen, Kostenminderungen und Preiserhöhungen – ebenfalls wieder beseitigt oder jedenfalls zu beseitigen tendiert. Das bedeutet vor allem, dass die Reaktionen der Marktteilnehmer die Tendenz haben, einen gewinn- und verlustlosen Zustand herbeizuführen, einen optimalen Gleichgewichtszustand der Wirtschaftsgesellschaft, der darüber hinaus eine in einem bestimmten Sinne optimale Bedürfnisbefriedigung aller ihrer Mitglieder garantiert".

Die Beschreibung entspricht den neoklassischen Gleichgewichtstheorien, Marktwirtschaft als ein kybernetisches System von Anreizen und Reaktionen, das, allerdings nur unter bestimmten Voraussetzungen, zum Gleichgewichtszustand der Pareto-Optimalität (vgl. 2.3.2) tendiert. Es ist keine reale, bestenfalls eine approximative Beschreibung, wie Märkte funktionieren. Es ist eine „Idealisierung" in dem Sinne, dass bestimmte, in der Realität eher unwahrscheinliche Bedingungen (vgl. Kapitel 3.2.1) als gegeben vorausgesetzt werden, die aber gleichzeitig den theoretischen Kern des Modells Markt und Marktwirtschaft aufzeigt.

Eher praktisch-reale, wenn auch notwendige Voraussetzungen einer marktwirtschaftlichen Ordnung und damit weitere wesentliche Kennzeichen sind:

-   Privateigentum bzw. private Verfügungsrechte an den Produktionsmitteln,
-   individuelle Haftung,
-   Produzenten- und Konsumentensouveränität, also individuelle Freiheit der Teilnahme am Wirtschaftsprozess,
-   Vertragsfreiheit und schließlich
-   Wettbewerbsfreiheit.

Der liberale Staat der kapitalistischen Marktgesellschaft, der sich direkter Eingriffe in das Marktgeschehen möglichst enthalten soll, ist Repräsentant und Durchsetzungsinstanz der elementaren konstitutionellen Regeln, der „geordneten Anarchie" (Buchanan 1984). Er schützt als Rechtsstaat die individuellen Freiheitsspielräume durch Abgrenzung, insbesondere die konstitutive Unverletzlichkeit individueller Verfügungsrechte. Und er ist als Leistungsstaat unverzichtbar zur Verwirklichung gemeinsamer Anliegen einer Gesellschaft (Blankart 1994, 38f).

Wir werden uns mit dem Staat und mit zentralen ökonomischen Begriffen wie dem des Marktes, dem der Produzenten- und Konsumentensouveränität oder dem Wettbewerb noch ausführlich beschäftigen (vgl. Kapitel 3 und 6). Wichtig ist hier zunächst, sich die starke Position des Individuums in diesen Elementen zu verdeutlichen: Privateigentum und individuelle Haftung als Komplemente, Souveränität für Produzent und Konsument sowie Vertragsfreiheit für beide, Märkte als Steuerungsinstrument des Wirtschaftsgeschehens, die sich aus dem Handeln der Wirtschaftssubjekte konstituieren.

Überträgt man diese Vorstellungen auf den Bereich der Medien, dann bedeutet dies z.B. für einen Zeitungsverlag in einem marktwirtschaftlichen Wirtschaftssystem das folgende: der Verlag mit allen Produktionsmitteln, aber auch das Produkt, die Zeitung, sind Privateigentum eines Individuums oder einer Gruppe von Individuen, z.B. der Aktionäre. Diese Individuen haben sich, dem Element der Produzentensouveränität folgend und aus welchen Gründen auch immer, für die Branche der Medien entschieden, in der sie Kapital investieren und wirtschaftlich tätig sein wollen, statt vielleicht in die Spielzeugfabrikation zu gehen. Für diesen Entschluss tragen sie je individuell das Risiko, vor allem das wirtschaftliche Risiko und haften für eventuelle Fehlentwicklungen oder Schäden. Und diesen Entschluss können sie im Prinzip jederzeit revidieren, also das Kapital aus der Medienbranche abziehen, weil diese ihnen unrentabel erscheint und in einem anderen Bereich wirtschaftlich tätig werden. Das Angebot an Zeitungen in einer Gesellschaft hängt in einer marktwirtschaftlichen Ordnung also nicht von den Notwen-

digkeiten eines wie auch immer definierten Prozesses freier Meinungsbildung ab, sondern –
zumindest theoretisch, in der Marktwirklichkeit sieht das dann auch etwas anders aus – davon,
wie viele Individuen den Entschluss fassen, als Produzenten in die Zeitungsbranche einzustei-
gen und wie sie dort reüssieren. Unter anderem wird dieser Entschluss auch davon abhängen,
ob eine angemessene Rendite für das Kapital zu erwarten ist, das für den Aufbau oder Erwerb
eines Zeitungsverlages eingesetzt werden muss. Sind die Renditeaussichten schlecht oder der
Kapitalaufwand sehr hoch, wird die Zahl der Verlegeraspiranten wohl klein bleiben. Für welchen Typ Zeitung die privaten Produktionsmittel zum Einsatz kommen sollen, Lokalzeitung
oder Wochenblatt, Qualitäts- oder Boulevardzeitung, wird der zukünftige Zeitungsverleger
nach genauer Analyse der Situation auf den jeweiligen Märkten und des dort herrschenden
Wettbewerbs entscheiden. Angebot und Struktur an Zeitungen, also die deutsche Zeitungslandschaft oder generell die Zeitungslandschaft marktwirtschaftlich organisierter Gesellschaften,
sind aus dieser ökonomischen Sicht Ergebnis individueller Entscheidungen, primär auf Seiten
der Unternehmer als Produzenten von Zeitungen, aber auch auf Seiten der Nachfrager, also der
Zeitungsleser und der in Zeitungen inserierenden Werbewirtschaft, die den über die Märkte
gemachten Angeboten folgen oder auch nicht. Diese Rückführung wirtschaftlicher oder sozialer Erscheinungen auf individuelles Handeln ist ein Basiselement der ökonomischen Analyse.

2.2.3 Basiskonzepte und das ökonomische Verhaltensmodell

Ein Basiskonzept der Ökonomik ist der methodologische Individualismus. Soziale Sachverhalte und kollektive Phänomene werden prinzipiell mit Theorien über individuelles Verhalten
erklärt. Das in einer Gesellschaft beobachtbare Geschehen wird auf das Handeln der einzelnen
Menschen, die sich in ihren Bedürfnissen, Zielen und Präferenzen vielfältig unterscheiden,
sowie auf ihre Interaktionen mit anderen Menschen zurückgeführt. Daraus folgt, zumindest
mehr oder weniger explizit, dass Institutionen und Kollektive wie „Gesellschaft", „Staat" aber
auch „Unternehmen" grundsätzlich nicht als Handlungsträger aufgefasst werden. Man unterstellt nicht, dass diese Kollektive sich verhalten als seien sie Einzelpersonen, sondern erklärt
ihr ‚Verhalten' aus den Handlungen und Präferenzen ihrer jeweiligen Mitglieder. Gerade in
diesem letzten Punkt unterscheiden sich die neuen ökonomischen Ansätze von den Vorstellungen der Neoklassik. Denn dort werden zumindest Unternehmungen „als einzelne Wirtschaftssubjekte modelliert, deren ‚Innenleben' ökonomisch irrelevant ist. Die Unternehmung der
Neoklassik ist eine ‚Black box'"(Feldmann 1995, 12).

Das Individuum ist für die ökonomische Analyse aber nicht nur der methodologische Ausgangspunkt, sondern, auch dies mehr oder weniger explizit, der normative Bezugspunkt.
Kirsch (1993, 18) formuliert dies für die Neue Politische Ökonomie so: „Der Individualismus
als Norm geht von dem Bekenntnis aus, dass der einzelne Mensch – nicht der Mensch als solcher, schon gar nicht die Menschheit – jene Autorität ist, an deren Wollen, Wünschen und Bedürfnissen alles, also auch das politische Handeln auszurichten und zu messen ist. Damit setzt
sich die Neue Politische Ökonomie in ihrem Wertengagement von jenen Denk- und Glaubens-
richtungen ab, die (hegelianisch) im Staat, (marxistisch) in der Klasse, (à la Chamberlain) in
der Rasse jene überindividuelle Instanz erblicken, die Sinn stiftet sowie Autorität und Richtmaß ist. Gleichfalls setzt sich die ökonomische Theorie der Politik von der Ansicht ab, dass ein
aus dem Naturrecht ableitbares, also überindividuell begründbares Gemeinwohl Richtmaß und
Legitimitätsgrund auch des politischen Handelns ist".

Neben dem methodologischen Individualismus muss als wesentlicher Baustein ökonomischen Denkens hier noch ein zweites Element angeführt werden, in dem sich die Ökonomik grundsätzlich von anderen Sozialwissenschaften, auch der Kommunikationswissenschaft unterscheidet. Dieser zweite Baustein ist der Glaube an die Existenz von Gesetzmäßigkeiten menschlichen Handelns und die Suche danach, die sog. nomologische Orientierung (Nomos = Gesetz, Ordnung). Man hat die ökonomische Theorie häufiger als die Physik der Sozialwissenschaften bezeichnet und tatsächlich wird dieser Vergleich von den Ökonomen nicht zurückgewiesen. So schreibt Albert (1998, 17): „In methodischer Hinsicht verdankt das ökonomische Erkenntnisprogramm ohne Zweifel dem Einfluss der klassischen Physik eine wichtige Komponente, nämlich den Gedanken, dass die sozialen Phänomene ebenso von Gesetzmäßigkeiten beherrscht sind wie die Naturerscheinungen und dass es daher angezeigt ist, solche Gesetzmäßigkeiten zu suchen und theoretisch in ähnlicher Weise zu kodifizieren, wie Newton das für die Gesetze der Mechanik in seinem System geleistet hatte". Es geht der Ökonomie also vor allem darum, Gesetzmäßigkeiten im sozialen Verhalten der Menschen zu finden, nomologische Aussagen zu machen, dass unter bestimmten, allgemein charakterisierbaren Bedingungen bestimmte, ebenfalls charakterisierbare Ergebnisse zu erwarten sind. Dabei ist die überwiegende Mehrheit der Ökonomen davon überzeugt, dass mit dem noch zu diskutierenden ökonomischen Verhaltensmodell eine grundlegende Gesetzmäßigkeit bereits gefunden und weitgehend kodifiziert ist.

Ein drittes zentrales Element ökonomischen Denkens, in dem sich die Ökonomie von den anderen Sozialwissenschaften unterscheidet, ist der Umgang mit dem Konstrukt „Präferenzen" in Unterscheidung zu Restriktionen. Präferenzen, also Motive, Interessen, Wertvorstellungen des Individuums werden als exogen und konstant angesehen und Verhaltensänderungen nicht mit einem Wandel von Präferenzen erklärt (schon weil dieser Präferenzwandel zuverlässig kaum ermittelbar ist). Diese als stabil angenommenen Präferenzen beziehen sich, wie Becker (1993, 4) einschränkt, jedoch nicht auf Güter und Dienstleistungen des alltäglichen Bedarfs, sondern auf grundlegende Aspekte des Lebens wie Gesundheit, Prestige, Wohlbefinden etc. Dabei geht die Ökonomie von einem grundsätzlich zielgerichteten Verhalten des Individuums im Sinne seiner Präferenzen aus, das heißt dass es unter den möglichen, ihm offen stehenden Alternativen diejenige auswählt, die seinen Präferenzen am besten entspricht. „Das Verhalten ist damit seiner Natur nach egoistisch" (Erlei 1998, 6). Ökonomen sprechen von der Eigennutzannahme oder dem Eigennutzaxiom und sehen Eigennutz als Hauptmotivation individuellen Handelns.

Restriktionen (wie ein begrenztes Zeit- oder Geldbudget, Gesetze und Institutionen) bestimmen die Handlungsmöglichkeiten des Individuums in einer Welt der Knappheit, sie sind also gleichzeitig Beschränkungen, Grenzen für die individuellen Handlungsmöglichkeiten. Und diese begrenzende Umwelt individuellen Verhaltens unterliegt Veränderungen. Verhaltensänderungen werden in der ökonomischen Theorie allein mit einem Wandel der Restriktionen, also der Umweltbedingungen erklärt. Gebhard Kirchgässner (1991, 213) beschreibt diesen Ansatz wie folgt: „Reduziert man die Motivationen auf die Eigennutzannahme, hält man die Präferenzen konstant und betrachtet vor allem Veränderungen im Verhalten von Individuen als Reaktionen auf Veränderungen ihrer Umwelt, so erhält man jene Variante des Modells, das in der Ökonomie angewendet wird, mit welcher sich aber auch (..) politikwissenschaftliche und rechtswissenschaftliche Fragestellungen gut behandeln lassen. Dabei spielen die konkreten Präferenzen im allgemeinen eine untergeordnete Rolle. Anders sieht es für einen Soziologen aus, wenn er untersuchen will, inwieweit Präferenzen ‚sozial' determiniert sind. Und noch einmal anders stellt sich die Situation für einen Psychologen dar, wenn er an der Entstehung und Veränderung von Präferenzen eines bestimmten Individuums z.B. im Verlauf der Sozialisation interessiert ist".

Aus diesen Konzepten und Annahmen haben Ökonomen das „ökonomische Verhaltensmodell" entwickelt bzw. den „ökonomischen Ansatz", sofern es sich um die Übertragung der Verhaltensannahmen auf außermarktliche Bereiche handelt.

Das ökonomische Verhaltensmodell ist zweifellos *das* Basiskonzept der Mikroökonomie. Das Individuum, dass in dieser Theorie über individuelles Verhalten bzw. Handlungstheorie als Akteur im Wirtschaftsleben auftritt, ist der Homo Oeconomicus. Die wichtigsten Annahmen des Modells, verdichtet im Bild des Homo Oeconomicus, lassen sich in Anlehnung an Frey (1990) und Kirchgässner (1991) wie folgt zusammenfassen:

1. Handlungseinheit ist das Individuum.
   Kollektive Phänomene werden auf das Handeln von Individuen zurückgeführt. (Methodologischer Individualismus).

2. Menschen handeln nicht zufällig.
   Sie reagieren in systematischer und damit vorhersagbarer Weise auf Anreize, so dass es Gesetzmäßigkeiten in diesem Handeln gibt. (Nomologische Orientierung)

3. Eigeninteresse bzw. Eigennutz sind die Triebkraft menschlichen Handelns.
   Das Individuum handelt (nur) in Verfolgung seiner eigenen Interessen, Präferenzen, versucht seinen eigenen Vorteil wahrzunehmen. Eigennutz kann unter wechselnden Umweltbedingungen wechselnde Formen annehmen, darunter auch pro-soziales oder intrinsisch motiviertes Verhalten (Eigennutzaxiom)

4. Einschränkungen bestimmen den möglichen Handlungsraum.
   Die Verfolgung des eigenen Vorteils unterliegt Einschränkungen bzw. Restriktionen. Veränderungen der Einschränkungen stellen einen – positiven oder negativen – Anreiz für menschliches Verhalten dar. Verhaltensänderungen werden auf beobachtbare Änderungen von Einschränkungen zurückgeführt (und nicht auf einen Wandel von Präferenzen).

5. Einschränkungen werden maßgeblich auch durch Institutionen vermittelt .

6. Menschen entscheiden rational oder „begrenzt rational".

Das Individuum reagiert auf Veränderungen seines Handlungsraumes ‚rational', d.h. in Wahrung seines relativen Vorteils. Es handelt so, dass es den aus seiner Sicht unter den gegebenen Handlungsmöglichkeiten größten Vorteil erzielen kann. Die Einschränkung „begrenzt rational" anerkennt dabei, dass das Individuum über seine Handlungsmöglichkeiten und deren Folgen in der Regel nie vollkommen, sondern immer nur unvollkommen informiert ist.

Um den Homo Oeconomicus auch in außermarktlichen Bereichen einsetzen zu können, wurde das Modell erweitert und verallgemeinert. Häufig findet man dafür auch das Kürzel REMM (resourceful evaluativ maximizing man) oder RREEMM (resourceful, restricted, expecting, evaluating, maximizing man), also den mit Ressourcen ausgestatteten, erfinderischen, aber durch Restriktionen beschränkten, keineswegs nur kurzfristig orientierten, sondern in der Abwägung der offen stehenden Möglichkeiten auch die Zukunft berücksichtigenden Menschen, der so seinen Nutzen zu maximieren versucht (vgl. Frey 2004)

Man sollte sich klarmachen, dass das ökonomische Verhaltensmodell beansprucht, menschliches Verhalten nicht nur erklären, sondern auch prognostizieren zu können. „Wissenschaftslogisch", schreibt Kirchgässner (1991, 18) ähnlich wie Albert, „dürfte das dem ökonomischen Verhaltensmodell zugrunde liegende ‚Rationalitätsprinzip' für die Sozialwissenschaften einen ähnlichen Stellenwert haben wie das ‚Kausalitätsprinzip' in den Naturwissenschaften".

Das im Homo Oeconomicus verdichtete Verhaltensmodell ist natürlich kein reales, jederzeit und überall auffindbares Akteursabbild, sondern eher ein analytisches Konstrukt, ein Instrument zur Analyse individueller Reaktionen auf ein wechselndes Markt- oder auch außermarktliches Geschehen. Begründet wird seine Verwendung in der neueren Ökonomik (vgl. Homann/Suchanek 2000, 420) auch damit, dass die Grundstruktur aller menschlichen Interaktionen Dilemmastrukturen seien, in denen sich der einzelne Akteur vor Ausbeutung schützen und seinen Vorteil im Auge haben muss. Dilemmastruktur meint, dass eine Zusammenarbeit der Akteure zum gegenseitigen Vorteil durch Interessenskonflikte verhindert wird. Diese Dilemmastruktur wird im spieltheoretischen Modell des „Gefangenendilemmas" illustriert (vgl. die Darstellung in Kapitel 7.3.2).

Die moderne Ökonomik begreift das Verhaltensmodell also als Entscheidungslogik. Für sie ist ja nicht das Verhalten bestimmter einzelner Individuen interessant (wie z.B. für die Psychologie), sondern das von Aggregaten wie „die Verbraucher" oder „die Unternehmer" und sie sucht nach dem „typischen" Verhalten, also nach Regelhaftigkeiten. Dabei geht sie davon aus, dass, wenn sich die Rahmenbedingungen, also die Restriktionen bzw. Kosten im weitesten Sinne, in gleicher Weise für alle Mitglieder einer Gruppe ändern, deren Reaktion zwar nicht unbedingt in jedem Einzelfall, aber eben im Durchschnitt „typisch" sein wird, sich also aus dem individuellen Entscheidungskalkül heraus erklären lässt. Um das an einem Beispiel zu verdeutlichen. Wenn die Eintrittspreise der Kinos drastisch steigen, wird zwar nicht jeder Kinofreund die Häufigkeit seiner Besuche verringern, aber im Durchschnitt wird das Publikum so reagieren, sich nach anderen Möglichkeiten der Freizeitgestaltung umschauen, vielleicht mehr Videokassetten nachfragen. Ökonomen erklären ein solches Verhalten mit dem für ihr Denken ebenfalls zentralem „Gesetz der Nachfrage", wonach ein bestimmtes Gut weniger nachgefragt wird, wenn sein Preis im Vergleich zu ähnlichen Gütern steigt (vgl. Kapitel 6.3.1.1). Dabei meint „Preis" nicht nur Geld, sondern schließt normative, traditionelle, physische und psychische Einschränkungen ein (Frey 1989, 73). Die heuristische Fruchtbarkeit des Homo Oeconomicus-Modells wird darin gesehen, dass es zwingt, Verhaltensveränderungen auf Kostenänderungen zurückzuführen (Leschke 1995)

Gerade im Zusammenhang mit medienökonomischen Fragestellungen ist ein weiterer Aspekt des ökonomischen Verhaltensmodells als Entscheidungslogik wichtig. Institutionen als Einschränkungen des Möglichkeitsraums für das Individuum spielen in dem Verhaltensmodell ja eine wichtige Rolle. Institutionen „sind Vorkehrungen, die der Gewährleistung stabiler (u.a. auch Wirtschafts-)Beziehungen zwischen den Menschen und dem Schutz vor gegenseitiger Übervorteilung dienen" (Schäfer/Wehrt 1989, 172). Für die neuen Institutionalisten (vgl. 2.3.1) hat das Verhaltensmodell des Homo Oeconomicus auch die Funktion sozusagen eines Härtetests für Institutionen. Man geht vom schlimmsten Fall, der Annahme krass eigensüchtigen Verhaltens des Homo Oeconomicus aus und prüft, ob sozioökonomische Institutionen so beschaffen sind, dass sie dieses Verhalten sozialverträglich steuern können (Engelhardt 1989, 44). Man sucht also mit Hilfe des ökonomischen Verhaltensmodells nach Antworten auf eine

Frage, die Karl Popper (1980, Bd.1, 170) zwar für den Bereich der Politik, aber die Intention im Kern treffend, so formulierte: „Wie können wir politische Institutionen so organisieren, dass es schlechten oder inkompetenten Herrschern unmöglich ist, allzu großen Schaden anzurichten?". Auch Medien sind Institutionen (vgl. Kapitel 3), nämlich zur Gewährleistung dauerhafter kommunikativer Beziehungen zwischen den Menschen, die in einem demokratischen Staatswesen zudem gesellschaftliche Leistungen zu erbringen haben. Es scheint sinnvoll, die Skepsis Poppers wie der Institutionenökonomik bei Betrachtung auch dieser Institutionen zu übernehmen. Die an dieser Stelle noch kaum beantwortbare Frage wäre dann, ob die gegenwärtigen institutionellen Arrangements im Medienbereich das Verhalten der Akteure in publizistisch verträgliche Bahnen zu steuern vermögen.

Das ökonomische Verhaltensmodell in seiner Anwendung auf die verschiedenen Akteure des Wirtschaftslebens wird uns in diesem Buch noch mehrfach beschäftigen. An dieser Stelle soll dieses Modell daher nur noch kurz im Vergleich zu einer anderen sozialwissenschaftlichen Abstraktion diskutiert werden.

Der Homo Oeconomicus steht in deutlichem Kontrast zu dieser anderen Abstraktion, dem von Emil Dürkheim entwickelten, von Ralf Dahrendorf (1958) ausformulierten Homo Sociologicus. Im Gegensatz zum ökonomischen Modell, das vom Individuum mit seinen individuellen Präferenzen ausgeht, betont das soziologische Modell die gesellschaftliche Bedingtheit menschlichen Handelns, das Eingebettetsein in ein soziales Umfeld und seine Anforderungen. In diesem Umfeld übernimmt der Mensch bestimmte Rollen. Die Gesellschaft besteht aus einem Geflecht von Verhaltensmaßregeln, in das der Einzelne eingewiesen wird. Das System der Rollen bewirkt Verhaltenserwartungen, die der Rollenträger in der Regel akzeptiert und verinnerlicht hat. Normabweichungen werden von der Gesellschaft sanktioniert. Das soziologische Verhaltensmodell geht also von den folgenden Annahmen aus: 1. Die Bestimmung des menschlichen Verhaltens durch die Gesellschaft; 2. das Verhalten des Menschen gemäß einer Rolle und 3. die Sanktionierung von Normabweichungen durch die Gesellschaft (Janöffy-Lochau 1997, 12). Der Beschluss, eine Zeitung herauszugeben oder die vom Vater ererbte weiterzuführen, wäre nach diesem Modell also die Übernahme einer Rolle, die mit bestimmten, gesellschaftlich geforderten und sanktionierten Normen verknüpft ist. Nach dem Homo Oeconomicus-Modell ist dieser Entschluss nicht die Übernahme einer Rolle, wird auch nicht mit Blick auf eine wie auch immer definierte Idealvorstellung von einer Zeitungslandschaft getroffen, sondern mit Blick auf den eigenen Vorteil, in der Regel den individuellen wirtschaftlichen Nutzen. Der Homo Sociologicus handelt normenorientiert, der Homo Oeconomicus hingegen handelt zweckbestimmt und resultatorientiert im Sinne der Verfolgung seines eigenen Vorteils. Wenn die Kommunikationswissenschaft überhaupt von einem Menschenbild ausgeht, dann scheint dies eher dem Konstrukt des Homo Sociologicus zu folgen. Die der Presse zugewiesene öffentliche Aufgabe z.B. ist ja ohne die Vorstellung von einem normenorientierten, normengeleiteten Handeln von Verlegern und Journalisten gar nicht konzipierbar. Aber natürlich sind weder der Homo Oeconomicus noch der Homo Scociologicus ‚Menschenbilder', die sich anmaßten, den Menschen als Ganzes zu erfassen, sondern Hypothesen über menschliches Verhalten und Entscheiden. Und die beiden Verhaltensmodelle stehen sich auch nicht diametral gegenüber, sondern betrachten das Verhalten von Menschen eher aus je anderem Blickwinkel.

2.3   Politische Ökonomie als theoretischer Fundus einer Medienökonomie

2.3.1   Ansätze der „Neuen Politischen Ökonomie"

Die Politische Ökonomie ist ein Teilgebiet der Wirtschaftswissenschaften, das sich seit etwa den 197oer Jahren im deutschsprachigen Raum (wieder) eines wachsenden wissenschaftlichen Interesses erfreut, prinzipiell aber eine Rückbesinnung auf die klassischen Anfänge der Disziplin ist. Im Gegensatz zu der ‚reinen' oder orthodoxen neoklassischen Wirtschaftstheorie abstrahiert die politische Ökonomie, wie schon erwähnt, bei ihren Analysen wirtschaftlicher Phänomene nicht von gesellschaftlichen und politischen Zusammenhängen, sondern bezieht sie explizit ein. Sie betrachtet das Wirtschaftsgeschehen, zu dem ja auch die Medienunternehmen und die Informations- und Kulturindustrie gehören, also nicht wie die Neoklassik als isolierten gesellschaftlichen Bereich, dessen institutionelle Rahmenbedingungen außer Betracht bleiben können, sondern versucht Gesamtzusammenhänge von politischen, soziologischen und ökonomischen Faktoren zu erklären. Und sie bezieht Werturteile explizit in ihre Analyse ein (Bernholz/Breyer 1993, 2).

Anders als frühere heterodoxe Ansätze, wie der Marxismus z.B. oder die amerikanischen Institutionalisten (vgl. Feldmann 1995), knüpft die politische Ökonomie heute bewusst an die vorherrschende neoklassische Wirtschaftstheorie an, versucht sie jedoch weiterzuentwickeln. Die Neue Politische Ökonomie wird nach Frey (1977, 92) von verschiedenen Zweigen der Wirtschaftswissenschaften beeinflusst. Er nennt als die wichtigsten:

-   Die mikroökonomische Theorie, von der das ökonomische Verhaltensmodell übernommen ist. Auch die neue politische Ökonomie unterstellt rationales und in der Regel eigennütziges Verhalten der Individuen und zwar nicht nur in der Rolle als Produzent oder Konsument, sondern auch als Politiker oder Steuerzahler z.B. (vgl. Kapitel 6)
-   Von der Finanzwissenschaft ist die Theorie der öffentlichen Güter und der externen Effekte übernommen, also der Güter, die via Markt und Preismechanismus nur ungenügend oder gar nicht bereitgestellt werden (vgl. Kapitel 4)
-   Von der Wohlfahrtsökonomik beeinflusst ist die Auseinandersetzung über die Existenz einer gesellschaftlichen Wohlfahrtsfunktion, ob und wie sie aus individuellen Präferenzen ableitbar sei (vgl.2.3.2).

Apostrophiert wird diese Richtung der Wirtschaftstheorie zumeist als „Neue Politische Ökonomie" oder „Institutionenökonomik". Sie stellt bislang weniger ein geschlossenes theoretisches Gebäude dar, als eine Reihe von Ansätzen mit spezifischen Gemeinsamkeiten und Grundüberzeugungen. Nach Erich Boettcher (1980, 210f.), einem der Pioniere der Neuen Politischen Ökonomie, liegt die verbindende Grundüberzeugung darin, dass sich der organisatorische Rahmen, in dem sich Wirtschaften heute vollzieht, so grundlegend geändert habe, dass eine sinnvolle Wirtschaftswissenschaft ohne dessen Berücksichtigung nicht mehr vorstellbar erscheint. „Der Staat hat sich geändert, indem er in einem vom vorigen Jahrhundert her sicherlich unvorhersehbaren Ausmaß nicht nur in das Wirtschaftsgeschehen eingreift, sondern dieses auch nach eigenen Dispositionen steuert. Daher ist zu berücksichtigen, wie staatliche Entscheidungen zustande kommen, wenn man Wirtschaftspolitik erklären oder bestimmte wirtschaftspolitische Maßnahmen empfehlen oder durchsetzen will. Die Unternehmen haben sich geändert, indem sie sich komplizierte Organisationen zugeordnet haben, deren Struktur zu berücksichtigen ist, wenn man die Entscheidungen an ihrer Spitze erklären oder bestimmte Unternehmensentscheidungen als optimale Entscheidungen empfehlen will. Dazu reicht die Marktorientierung (die externe Allokationseffizienz) nicht mehr aus. Es sind auch die Bedingungen der Organisation der Unternehmung (die interne Allokationseffizienz) zu berücksichtigen. Und schließlich sind die Wirtschaftssubjekte in Verbänden zusammengeschlossen, die ihre Interessen vertreten sollen oder die eingesetzt worden sind, um bestimmte Interessen zu vertreten.

Das alles zusammen ergibt, dass man nicht mehr nur von einfachen Beziehungen von Wirtschaftssubjekten auf Märkten ausgehen kann, vielmehr sind diese Beziehungen von vielfältigen organisatorischen Beziehungen durchsetzt und durchwoben. Man muss diese Zusammenhänge und Beziehungen berücksichtigen, wenn man über die Wirtschaft von heute zu zutreffenden Aussagen kommen will".

Aus den Versuchen der Weiterentwicklung des ökonomischen Instrumentariums, der Einbeziehung insbesondere institutioneller Aspekte, der Berücksichtigung von Transaktionskosten sowie Versuchen der Übertragung ökonomischer Analyse auf neue, auch außerökonomische Bereiche, sind eine Reihe von Ansätzen entstanden, die der Neuen Politischen Ökonomie oder Institutionenökonomik zugerechnet werden (Richter/Furubotn 1996, Feldmann 1995). Im wesentlichen handelt es sich um die vier folgenden Ansätze (die Kurzdarstellungen folgen weitgehend Feldmann 1995, 46ff.).

- *Der Property Rights-Ansatz*

Die zentrale Hypothese dieses Ansatzes besagt, dass die Ausgestaltung der Eigentumsrechte die Allokation und Nutzung von Gütern auf spezifische und vorhersehbare Weise beeinflusst (Furubotn/Pejovich 1972, 1139). Der Property Rights-Ansatz untersucht also die Zuordnungen und Beschränkungen von Eigentumsrechten und deren Einfluss auf das wirtschaftliche Verhalten von Menschen. Entscheidend ist dabei die Erkenntnis, dass für das Eigentum nicht der Besitz, sondern vor allem die an dem Gut bestehenden Verfügungsrechte relevant sind. Vier Arten von Eigentumsrechten werden unterschieden: das Recht 1. ein Gut zu nutzen (usus), 2. seine Erträge einzubehalten (usus fructus), 3. seine Form und Substanz zu ändern (abusus) und 4. es anderen ganz oder teilweise zu überlassen (vgl. Kapitel 7.2.2)

Große Bedeutung für die Ausgestaltung von Eigentumsrechten kommt den Transaktionskosten zu (vgl. Transaktionskostenökonomik) und deren Veränderung z.B. durch technischen Fortschritt.

Wir werden sehen, dass man Überlegungen des Property Right-Ansatzes nicht nur auf verschiedene Organisationsformen von Medien, sondern auch auf Fragen der Medienfinanzierung oder die Entstehung von Pay-TV anwenden kann. Ausgestaltung und Schutz von Eigentumsrechten an immateriellen Gütern und intellektuellen Dienstleistungen werden im postfordistischen Kapitalismus eine wichtigere Rolle denn je spielen.

- *Die Agency-Theorie oder der Prinzipal Agent-Ansatz*

Dieser theoretische Ansatz befasst sich vor allem mit arbeitsteiligen Auftraggeber-Auftragnehmer-Beziehungen und der Rechtsfigur der Vertretung. Der Vertreter (Auftragnehmer oder Agent) handelt für den Vertretenen (Auftraggeber oder Prinzipal). Der Agent trifft folglich bei der Ausführung des Auftrags Entscheidungen, die nicht nur sein eigenes, sondern auch das Nutzenniveau des Prinzipals betreffen. Der Prinzipal hat jedoch Schwierigkeiten, die Handlungen des Agenten zu überwachen. Er sieht im wesentlichen nur das Ergebnis, kann aber die Ursachen dafür nicht eindeutig feststellen. Es besteht ein Informationsgefälle zwischen Prinzipal und Agent. Opportunistisches Verhalten (nach Williamson 1990, 34: „Verfolgung des Eigeninteresses unter Zuhilfenahme von List") des Agenten ist nicht auszuschließen.

Aus der Konstellation resultieren verschiedene Formen eines Prinzipal Agent-Problems, deren entscheidende Unterschiede in der zeitlichen Struktur der Entstehung von Informationsasymmetrien liegen (vgl. Erlei u.a.1999, 112ff.) Von moralischem Wagnis/Risiko oder moral hazard spricht man, wenn die Informationsasymmetrie nach Vertragsabschluß besteht, weil der Prinzipal das vertragsgemäße Verhalten des Agenten nicht genau prüfen kann. Von adverser Auslese (adverse selection) spricht man, wenn die Informationsasymmetrie schon vor Vertragsabschluß besteht, weil der Agent oder Anbieter über die Qualität z.B. seiner Arbeitsleistung oder eines Produkts besser informiert ist als der Prinzipal oder Nachfrager.

Der Prinzipal Agent-Ansatz verfolgt drei Zielsetzungen: 1. die spezifischen Ursachen und Merkmale der Agency-Probleme herauszuarbeiten; 2. denkbare institutionelle Arrangements zu ihrer Lösung zu erarbeiten und 3. effektive Vertragsformen zur Regelung einer Agency-Beziehung zu entwickeln.

Auch dieser Ansatz könnte sich als geeignet für die Analyse medienökonomischer Fragestellungen erweisen So lässt sich das Verhältnis zwischen Medium und Publikum nach der Agency-Theorie modellieren und eine abzuklärende Frage wäre z.B., ob bei den heute weitgehend uneingeschränkten Ermessensspielräumen der Medienfreiheit für die Agenten (Medienunternehmer) die Interessen des Prinzipals (Publikum) ausreichend vor opportunistischem Verhalten geschützt sind (zu Lösungen des Problems z.B. durch funktionsfähigen journalistischen Wettbewerbs vgl. Lobigs 2004; zur Anwendung des Prinzipal Agent-Ansatzes auf die Gestaltung von Rundfunkordnungen vgl. Kops 1998; zur Börse als (neben Publikum und Werbewirtschaft) drittem Prinzipal von Medienunternehmen Siegert 2001 b).

- *Die Transaktionskostenökonomik*

Die Transaktionskostenökonomik hat vor allem zwei wissenschaftliche Väter: Ronald Coase (1988b), der die Existenz der Institution Unternehmung in seinem berühmten Artikel von 1937 „The Nature of the Firm" damit erklärte, dass sie helfe, „the cost of using the price mechanism", also Transaktionskosten der marktmäßigen Abwicklung wirtschaftlicher Aktivitäten, einzusparen (vgl. Kapitel 3.4.3). Oliver E. Williamson (1990) hat den Erklärungsansatz von Coase dann dahingehend erweitert, dass ökonomische Institutionen generell der Einsparung von Transaktionskosten dienen. Heute sind Forschungsgegenstand der ökonomischen Analyse von Institutionen nicht nur ökonomische sondern auch soziale Transaktionen, also Kosten sozialen Handelns überhaupt und ökonomische Transaktionen gelten als Sonderfall sozialer Transaktionen (Richter/Furubotn 1996, 48).

Im Anschluss an Coase (1988c) lassen sich die folgenden Arten von Transaktionskosten des marktlichen Koordinationsprozesses unterscheiden:
- Suchkosten, weil geeignete Tauschpartner nicht beliebig zur Verfügung stehen;

- Informationskosten, denn potentielle Tauschpartner sind über die eigenen Transaktionswünsche zu informieren;

- Aushandlungskosten, der bestmögliche Tausch muss ausgehandelt und zum Abschluss gebracht werden;

- Durchsetzungs-, Wertsicherungs- und Kontrollkosten, denn die Vertragserfüllung muss kontrolliert und sichergestellt werden.

Transaktionskosten sind also im wesentlichen Informations- und Kommunikationskosten, weil die Marktpartner, entgegen den Annahmen der neoklassischen Theorie, grundsätzlich unvollständig informiert sind und auch das Preissystem nicht alle relevanten Informationen reflektiert. So werden in modernen Industriegesellschaften mehr als 50 Prozent des Volkseinkommens für Information und Kommunikation im Zusammenhang mit der durch die Arbeitsteilung notwendigen Koordination aufgewendet (Picot 1997, 52). „Transaktionskosten sind die Kosten der ‚Produktion' einer Koordinationsleistung" (Picot/Reichwald/Wigand 1998, 22), wie sie bei Arbeitsteilung und Markttausch zwingend erforderlich ist.

Transaktionskosten lassen sich dadurch einsparen, dass für unterschiedliche Arten von Transaktionen unterschiedliche institutionelle Arrangements (Williamson spricht von „governance structure", also „Beherrschungs- und Überwachungssystemen") gefunden werden. Transaktionen unterscheiden sich nach Williamson (1990, 59ff.) hauptsächlich in drei Punkten:

1. Faktorspezifität. Produktionsfaktoren sind auf bestimmte Verwendungen spezialisiert. Damit lassen sich einerseits häufig Kosten einsparen, andererseits sind faktorspezifische Investitionen riskant. Spezielle Anlagen lassen sich kaum anderweitig verwerten. Ein mit hohen Investitionen aufgebautes Image als Sender für große Spielfilme oder Spitzensport wird ökonomisch entwertet, wenn Film- oder Sportrechtehändler die Vertragsbeziehungen abbrechen (vgl. Heinrich 1999, 243). Insbesondere bei stärkerer Verhandlungsposition eines der Partner wächst die Gefahr opportunistischen Verhaltens.
Es lassen sich mehrere Arten von Faktorspezifität unterscheiden. Die wichtigsten sind: Standort-, Sachkapital- und Humankapitalspezifität.

2. Unsicherheit. Transaktionen sind in unterschiedlichem Maße mit Unsicherheit über zukünftige vertragsrelevante Ereignisse behaftet.

3. Häufigkeit der Transaktionen. Bei hoher Transaktionshäufigkeit können sich spezialisierte Arrangements, die mit hohen Kosten verbunden sind, rentieren, da die hohen Kosten durch die Häufigkeit leichter zu decken sind.

Williamson leitet aus diesen Überlegungen vier Typen institutioneller Arrangements bzw. von Beherrschungs- und Überwachungssystemen ab (ebenda, 83ff.), die vom Markt bis zum Unternehmen reichen. Nichtspezifische Transaktionen, also Transaktionen mit geringer Faktorspezifität werden über den Markt abgewickelt, regelmäßige Transaktionen mit hochspezifischen Produktionsfaktoren werden in der Regel unternehmensintern durchgeführt, es kommt zu vertikaler Integration (vgl. Kapitel 3.2.4.5 und 5.1). Dazwischen liegen Formen der Kooperation rechtlich selbständiger Partner.

Der Transaktionskostenansatz lässt sich zweifellos ebenfalls mit Gewinn auf medienökonomische Fragen anwenden. So dürfte in der Medienproduktion die Faktorspezifität vor allem des Humankapitals hoch sein (publikumsattraktive Schauspieler oder Moderatoren z.B.), aber auch die des Sachkapitals, wenn man an Zeitungsdruckereien, Filmstudios u.ä. denkt. Unsicherheit ist ein für den Medienbereich zentrales Kriterium (vgl. Kapitel 5 und Kapitel 9). Für die Analyse von Konzentrationsprozessen, Unternehmenswachstum und die unterschiedlichen Formen der Kooperationen im Medienbereich kann die Transaktionskostentheorie fruchtbare Erklärungsansätze bieten.

- *Die Verfassungsökonomik und der Public Choice-Ansatz*

Die Verfassungsökonomik, auch konstitutionelle Ökonomik, ist aus der in den 50er Jahren entstandenen Public Choice-Theorie hervorgegangen. Als ihr Pionier gilt vor allem James M. Buchanan, der den Wirtschaftswissenschaften ihre in der Neoklassik aufgegebene gesellschaftstheoretische Ausrichtung wiederzugewinnen versucht (Pies 1996, 1). Während die Public Choice-Schule menschliches Verhalten und Entscheiden unter vorgegebenen Regeln untersucht (choice within rules), befasst sich die Verfassungsökonomik mit der Regelebene selbst. Sie analysiert die Wahl von Regeln (choice of rules), die die „Verfassung" eines Kollektivs ausmachen und die als Verfahrensregeln und staatlich-gesellschaftliche Institutionen das Handeln der Gesellschaftsmitglieder kanalisieren (vgl. auch Kapitel 6.5.1).

Die Verfassungsökonomik knüpft an die lange Tradition der Theorien vom Gesellschaftsvertrag an: die Individuen eines Kollektivs legen in einem freiwilligen Gesellschaftsvertrag fest, nach welchen Regeln sie miteinander umgehen und öffentliche Güter (vgl. Kapitel 4.1.4) bereitstellen wollen. Sie treffen diese – ja langfristigen – Vereinbarungen unter dem „Schleier der Unsicherheit", wie diese Regeln ihre je eigenen Interessen einmal tangieren werden. Das eigeninteressierte Individuum wird im Gesellschaftsvertrag folglich nur solchen Regeln zustimmen, die „allgemein akzeptabel sind, und zwar unabhängig davon, wo genau ein Teilnehmer sich am Ende befindet" (Brennan/Buchanan 1993, 40). Der Gesellschaftsvertrag ist also das Ergebnis eines übergreifenden Konsenses, beruht auf freiwilliger Zustimmung und Einstimmigkeit der Vertragspartner. Der normative Individualismus ist damit aus verfassungsökonomischer Sicht auch in der Sphäre kollektiver Entscheidungen gesichert.

Aus verfassungsökonomischer Sicht lassen sich damit auch grundsätzlich zwei Arten von Präferenzen der Gesellschaftsmitglieder unterscheiden: originäre und konstitutionelle Präferenzen (die Bezeichnungen variieren bei den verschiednen Autoren, hier wird Leschke 1995 gefolgt). Die originären Präferenzen beziehen sich auf Individual- und Kollektivgüter, die unmittelbaren Nutzen stiften und von denen ein Großteil, zumindest der Kollektivgüter, nur durch ein funktionsfähiges Gemeinwesen (Aufgabe des Leistungsstaates) bereitgestellt werden kann. Konstitutionelle Präferenzen beziehen sich hingegen auf die Art und Weise der Bereitstellung dieser Güter, also auf die gesellschaftlichen Regeln, Institutionen der Bereitstellung und deren adäquate Gestaltung (Aufgabe des Rechtsstaates). Überträgt man das auf den Bereich der Medien, dann würden sich die originären Interessen z.B. auf die Bereitstellung von Fernsehprogrammen beziehen, konstitutionelle Interessen auf die Frage, ob dies – mehr oder weniger reguliert – über die Institution des Marktes oder in einer parafiskalischen Form, z.B. durch öffentlich-rechtliche Anstalten, erfolgen soll.

Dabei geht es in der Verfassungsökonomik auch um die Frage nach den Auswirkungen der Regeln auf die Wohlfahrt der Gesellschaftsmitglieder und um die Frage, ob Konsens der Mitglieder mit Blick auf bestehende oder neue Regeln und Institutionen begründet unterstellt werden kann. Grundsätzlich lässt sich die Verfassungsökonomik nicht nur auf den Staat sondern auf unterschiedliche Kollektive (Verbände, Unternehmen, Vereine z.B.) und ihre „Verfassungen" anwenden.

Da Medieninhalte, vor allem die von Medien erwarteten Leistungen an die Gesellschaft in hohem Maße den Charakter von öffentlichen oder Kollektivgütern haben, die mit ihren demokratietheoretischen Funktionen gemeinwohlrelevant sind, erscheint der Versuch einer Übertragung der Grundlinien auch dieses Ansatzes auf den Medienbereich prima facie ausgesprochen viel versprechend.

Bei allen diesen Ansätzen der Neuen Politischen Ökonomie geht es zentral auch um die Wiederentdeckung eines Problems, das bereits die klassische Nationalökonomie aufgeworfen und, wie das oben aufgeführte Zitat von Albert verdeutlicht, zur Grundlage ihres theoretischen Denkens gemacht hat: das Problem der sozialen Steuerung. Es geht um die Frage, welche Steuerungsmechanismen und Steuerungssysteme für bestimmte wirtschaftliche oder gesellschaftliche Ergebnisse und Erscheinungen ursächlich sein könnten, Steuerungsmechanismen, die man bestimmen und analysieren will, um operationale Handlungsanweisungen entwickeln zu können (Herder-Dorneich 1995b, 238; vgl. als Versuch einer Anwendung institutionenökonomischer Ansätze zur Lösung zentraler medienwissenschaftlicher Fragen auch Heinrich/Lobigs 2003). Dabei geht die politische Ökonomie – im Gegensatz zur Neoklassik – von einer Vielzahl von Steuerungsmechanismen auch des ökonomischen Geschehens aus und versteht sich keineswegs mehr, wie die Neoklassik, als „Lehre vom Preissystem". Markt und Preissystem sind nur ein Steuerungsmechanismus unter anderen (vgl. Kapitel 7 und 10). Steuerungssysteme sind für die Neue Politische Ökonomie zudem eng mit Institutionen verknüpft, die menschliches Verhalten beeinflussen und steuern.

2.3.2 Ziele und Bewertungsmaßstäbe

Da es in der ökonomischen Theorie um das Problem der Knappheit geht, muss es aus Sicht der Politischen Ökonomie Maßstäbe geben, mit deren Hilfe Lösungen des Knappheitsproblems als besser oder schlechter bezeichnet, also bewertet werden können. Traditionell ist Effizienz dieser ökonomische Maßstab. Allgemein ausgedrückt misst Effizienz die Beziehung zwischen Mitteleinsatz und Ergebnis. Aus betriebswirtschaftlicher Sicht ist sie eine Maßzahl für Wirtschaftlichkeit. So ist Effizienz von Unternehmen ablesbar an ihrer Rentabilität. Volkswirtschaftlich betrachtet ist Effizienz ein Maßstab für einen erreichten Gleichgewichtszustand (vgl. auch Kapitel 3.2.1). Effizienz der Produktion ist erreicht, wenn es bei einer gegebenen Ausstattung mit Ressourcen und einem gegebenen Stand der Technik zu einem bestimmten Zeitpunkt nicht möglich ist, von einem bestimmten Gut mehr und von allen anderen Gütern gleichzeitig unverändert viel zu produzieren. Allokations-Effizienz liegt vor bei einem Zustand, in dem es nicht möglich ist, irgendein Individuum bei der Güterversorgung besser zu stellen, ohne dass ein anderes gleichzeitig schlechter dasteht als bisher. Sind Produktions- und Allokations-Effizienz gegeben, sprechen Ökonomen von Pareto-Optimalität eines Wirtschaftssystems, ein Maßstab benannt nach seinem Erfinder Vilfredo Pareto, der vor allem in der Wohlfahrtsökonomie Verwendung findet. Effizienz und Pareto-Optimalität sind also letztlich Maßstäbe im Sinne der neoklassischen Gleichgewichtstheorien.

Von daher wird von Seiten der Neuen Politischen Ökonomie und anderen heterodoxen Vertretern des Fachs (vgl. Richter/Furubotn 1996, 504f. oder Rothschild 1992, 33) auch Kritik an diesem Effizienzbegriff laut. Der Begriff der ökonomischen Effizienz sei „neu zu überdenken, wenn eine andere als die friktionslose neoklassische Welt untersucht werden soll" (Richter/Furubotn 1996, 17). Vor allem wenn es um Fragen des Vergleichs und der richtigen Auswahl von Institutionen gehe, reiche dieser Effizienzbegriff nicht aus. Ein Beispiel aus dem Medienbereich ist der Vergleich von öffentlich-rechtlich und privatwirtschaftlich organisiertem Rundfunk, bei dem man mit der ökonomischen Effizienz als alleinigem Maßstab nicht weiterkommt (vgl. auch Kapitel 10.3).

Aus Sicht der Politischen Ökonomie reicht der ökonomische Effizienzmaßstab für die Beurteilung gesellschaftlicher Lösungen zur Bewältigung des Knappheitsproblems allerdings aus noch einem weiteren Grund nicht aus. Für die Beurteilung solcher Lösungen bedarf es definierter gesellschaftlicher Ziele, die als Grundlage der Bewertung einer Lösung dienen. Solche Ziele, die nach Annahme der Verfassungsökonomik in einem Gesellschaftsvertrag im Sinne eines Grundkonsenses der Individuen, die ein Kollektiv bilden wollen, festgelegt werden, sind z.B. eine reichliche Güterversorgung, Wirtschaftlichkeit, Freiheit, auch Meinungsbildungsfreiheit, Gerechtigkeit, Sicherheit. Das Problem dabei ist, dass diese Ziele zum Teil im Konflikt zueinander stehen. So kann das Ziel der Freiheit mit dem der Sicherheit kollidieren, absolute Verteilungsgerechtigkeit wird mittelfristig wohl die Güterversorgung tangieren, weil Leistungsanreize fehlen etc. Es ist also klar, dass die gesetzten Ziele nicht gleichzeitig alle im vollem Umfang verwirklicht werden können. Da andererseits aus individuellen Präferenzen eine konsistente gesellschaftliche Präferenzordnung, also ein für gesamtwirtschaftliche und gesellschaftliche Entscheidungen konsistentes oder auch nur plausibles Zielsystem nicht abgeleitet werden kann („Arrow's Unmöglichkeitstheorem", vgl. Arrow 1950), können Werturteile immer nur mit Blick auf einzelne, wohldefinierte Ziele abgegeben werden.

Dies berücksichtigt geht die Politische Ökonomie davon aus, dass wichtige gesellschaftliche und gesamtwirtschaftliche Probleme ohne Einbezug der im gesellschaftlich-politischen Raum definierten Ziele und ohne – natürlich nicht subjektiv-persönliche, sondern wissenschaftlich-objektive (vgl. auch Kapitel 11.2) – Werturteile über den Grad der Zielerreichung durch bestimmte Alternativen nicht adäquat behandelt und gelöst werden können. Dabei geht es in ihren Analysen immer auch um die Ziel-Mittel-Rationalität, also um die Frage, ob das institutionelle Arrangement, also die gewählten Mittel, zur Erreichung eines gesetzten Zwecks nach dem Erkenntnisstand der ökonomischen Theorie geeignet sind oder ob es andere und bessere Wege gibt. Dabei sollen Ziele und Mittel allerdings möglichst simultan in einem Prozess gegenseitigen Abwägens festgelegt werden (Pies 1993, 4).

Für die Politische Ökonomie sind, im Gegensatz zur Neoklassik, Rationalität und ökonomisches Prinzip nicht deckungsgleich. Es gibt aus ihrer Sicht mehrere Rationalitäten, denn man kann „Rationalität grundsätzlich nicht system-unabhängig definieren" (Herder-Dorneich 1992, 11). Um ein Beispiel zu nennen: Subventionen für Theater und Oper sind aus marktwirtschaftlicher Sicht irrational, aus Sicht der Kulturpolitik hingegen rational. Verschiedene Rationalitäten anzuerkennen ist ein wichtiger Unterschied zwischen politischer und ‚reiner' Ökonomie, der für eine Medienökonomie zentral ist.

Insgesamt will politische Ökonomie nicht nur erklären, wie es z.B. die Soziologie, aber auch wohl die PKW als ihre wissenschaftliche Aufgabe ansehen, sie will auch gestalten. Ihr Ziel ist letztendlich die „theoretische Ableitung von Reformempfehlungen" (Pies 1993, VIII).

In der Analyse institutioneller Arrangements wird mit dem Analogverfahren gearbeitet, das heißt der ökonomische Theoriebestand wird analog auf andere soziale Sachverhalte angewendet. Mit Blick auf eine politische Ökonomie der Medien scheint die Anwendung des Analogverfahrens jedoch nur in wenigen Fällen notwendig, so z.B. bei der Übertragung und Prüfung des Konzepts der Konsumentensouveränität auf die Beziehung Rezipient-Produzent bei werbefinanzierten Medien. Eine Vielzahl medienökonomischer Fragestellungen wird sich hingegen in direkter Anwendung ökonomischer Theorieansätze behandeln lassen. Unverzichtbar für eine Medienökonomie ist hingegen der Rückgriff auf die von der Neuen Politischen Ökonomie geforderte Einbettung der Analyse in den politischen, institutionellen und normativen Rahmen einer Gesellschaft. Geht man von dieser politökonomischen Einbettung aus, wird klar, dass Heinrichs Definition von Medienökonomie, ebenso wie die von Albarran oder Picard, zu kurz greift. Es geht nicht nur um die ökonomischen Bedingungen von Journalismus und Medien, es geht auch um eine Bewertung der Ergebnisse mit Blick auf die gesellschaftlichen Ziele der Medien und zu möglichen Alternativen.

Insbesondere die Frage nach den Steuerungsmechanismen im Mediensystem und die Frage nach der Rationalität der dort gültigen Ziel-Mittel-Schemata dürften fruchtbare Ansatzpunkte einer medienökonomische Analyse sein. Medien, darauf verweisen nicht nur die Funktionen, welche die Kommunikationswissenschaft ihnen zuweist, sondern vor allem auch ihre verfassungsrechtliche Sonderstellung, haben in demokratischen Gesellschaften ja nicht eine primär ökonomisch definierte Aufgabenstellung. Wie eine Zusammenstellung der Funktionen von Massenmedien durch Roland Burkart deutlich macht, werden den Medien für den Fortbestand demokratischer Gesellschaftssysteme wichtige Leistungen vor allem auch im sozialen und politischen Bereich zugesprochen, bzw. solche Leistungen von ihnen erwartet.

Übersicht 2.1: Funktionen der Massenmedien

Funktionen der Massenmedien		
soziale	politische	ökonomische
Informationsfunktion		
Sozialisationfunktion soziale Orientierungsfunktion	Herstellen von Öffentlichkeit Artikulationsfunktion	Zirkulationsfunktion - Wissensvermittlung - Sozialtherapie - Legitimationshilfe regenerative Funktion herrschaftliche Funktion
Rekreationsfunktion (Unterhaltung, Eskapismus) Integrationsfunktion	politische Sozialisations- bzw. Bildungsfunktion Kritik- und Kontrollfunktion	
soziales	politisches	ökonomisches
Gesellschaftliches System		

Quelle: Burkart 1995, S. 351.

Diese Funktionen oder Leistungserwartungen sind Ursache und Rechtfertigung letztlich der verfassungsrechtlich garantierten Presse- und Rundfunkfreiheit. Es sind also gesellschaftliche Ziele, die in diesen Funktionen definiert werden, Ziele, die mit Hilfe der massenmedial vermittelten Kommunikation erreicht werden sollen. Und hinsichtlich dieser gesellschaftlichen bzw.

außerökonomischen Ziele der Medien besteht in demokratischen Gesellschaften weitgehend
Konsens.

Übersicht 2.2: Aspekte der Relevanz

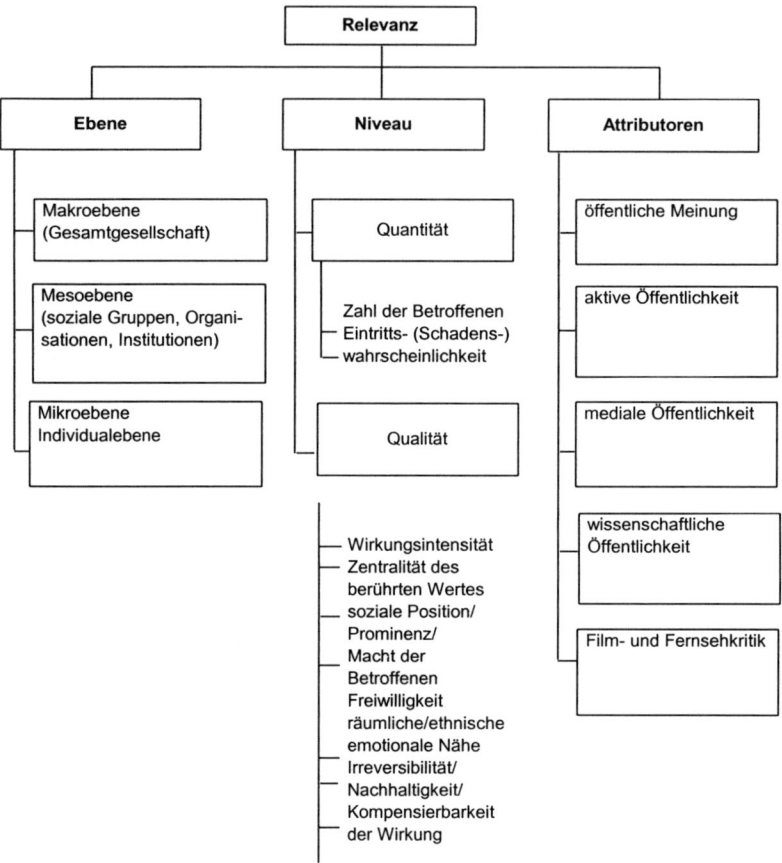

Quelle: Schatz/Schulz 1992, S. 696.

Schwieriger ist da schon die Frage nach dem Grad der Zielerreichung. Nehmen wir als Beispiel
die politische Informationsfunktion: eine Operationalisierung der von Burkart aufgelisteten
Dimensionen dieser Funktion, die erforderlich wäre um empirisch zu überprüfen, ob das gesellschaftliche Ziel erreicht wird, dürfte sich als sehr schwierig erweisen. Aber es können doch
Qualitäten bestimmt werden, die ein Medienangebot haben muss, damit überhaupt Aussicht auf
Zielverwirklichung besteht. Ein Mediensystem, das die politische Informationsfunktion erfüllen soll, muss z.B. ubiquitär und für alle Mitglieder der Gesellschaft zugänglich sein. Es muss
vielfältig sein und die Vielfalt der gesellschaftlichen Meinungen z.B. über ein gutes Leben angemessen berücksichtigen und zum Ausdruck kommen lassen. Die Informationen, die dieses
Mediensystem verbreitet, müssen relevant sein und nicht kontingent und beliebig, sie müssen
relevant für die Gesellschaft und ihre Mitglieder sein, wie auch immer man Relevanz hier im

einzelnen bestimmen will. Die Informationen müssen schließlich wahrheitsgetreu sein, zumindest einer interpersonellen Kontrolle zugänglich. Dass mit einem solchen Anforderungskatalog an die Qualität der Medienleistungen die Probleme der Operationalisierung nicht gelöst sind, macht Übersicht 2.2 deutlich.

Heribert Schatz und Winfried Schulz, die 1992 ein Schema zur Beurteilung der Qualität von Fernsehprogrammen entwickelten, haben hier zusammengetragen, welche Aspekte des Qualitätskriteriums Relevanz Berücksichtigung finden müssten. Es geht an dieser Stelle nicht darum, diese Kriterien zu diskutieren. Verwiesen werden soll nur darauf, wie facettenreich solche Begriffe wie Vielfalt, Relevanz, Objektivität sind, mit denen vor allem in der medienpolitischen Diskussion so leichthändig operiert wird. Wenn man, wie Schenk und andere, fordert, dass Medienökonomie auch die Folgen der Ökonomisierung des Mediensystems für das gesamte Kommunikations- und Informationssystem einer Gesellschaft untersuchen soll, kommt man um eine Operationalisierung der gesellschaftlichen Leistungs- und Qualitätserwartungen, also der mit den Medien verknüpften gesellschaftlichen Ziele nicht herum. Ob dies je gelingen wird, soll einmal dahingestellt bleiben. Aber auch ein bescheidenerer Ansatz kann schon ganz hilf- und aufschlussreich sein. Wenn man nämlich, in Anlehnung an die Arbeitsweise der Politischen Ökonomie, einmal danach fragt, welche Steuerungsmechanismen das Medienangebot in unserer Gesellschaft eigentlich bestimmen und ob diese Steuerungsmechanismen, und die ihnen zugrunde liegenden institutionellen Arrangements, eine Erreichung dieser, wenn auch nur vage definierten, gesellschaftlichen Ziele überhaupt wahrscheinlich machen. Je nachdem, wie die Antworten auf diese natürlich zu differenzierende Frage ausfallen, müssen dann weitere Analyseschritte, letztendlich auch in Richtung einer normativen Medienökonomie, überlegt werden.

2.4 Normative Grundlagen von Ökonomie und Publizistik

2.4.1 Freiheit als gemeinsame Fundamentalnorm

Medien als Institutionen einer Gesellschaft können sich von dem Institutionengefüge dieser Gesellschaft nicht sehr weit entfernen, wenn man das Phänomen institutioneller Kohärenz berücksichtigt, nämlich dass der Gestaltungsspielraum für sekundäre Institutionen, zu denen Medien zweifellos zählen, durch in der Institutionenhierarchie vorgelagerte Institutionen begrenzt wird (vgl. Kapitel 3.1). Die fundamentalen und die abgeleiteten oder sekundären Institutionen höherer Stufe bilden den Rahmen für alle nachfolgenden Institutionen (vgl. Dietl 1993). Dieser Gedanke der Kohärenz des Institutionengefüges liegt wohl auch dem bekannten Versuch von Siebert, Peterson, Schramm (1956) zugrunde, mit ihren „Four Theories of the Press" in Abhängigkeit von den fundamentalen normativen, also vor allem den sozialphilosophischen Grundlagen bestimmter Gesellschaftstypen entsprechende Institutionalisierungstypen von Medien herauszuarbeiten. Setzt man institutionelle Kohärenz voraus, kann es nicht verwundern, dass die normativen Grundlagen von Ökonomie und Publizistik in den modernen Industriegesellschaften über weite Bereiche identisch oder ähnlich sind. Das gilt insbesondere für die fundamentalen Freiheitsansprüche, die als Reaktion auf die Aufklärung und Überwindung des Absolutismus in der sich entwickelnden bürgerlichen Gesellschaft formuliert und kodifiziert wurden. Gewerbe- und Berufsfreiheit, Freiheit des Waren- und Nachrichtenverkehrs, Presse- und Meinungsfreiheit haben ja alle dieselben sozialphilosophischen Wurzeln. Berücksichtigt man weiter, dass es für die abgeleiteten Institutionen Gestaltungsspielräume gibt, die von den fundamentalen und höherstufigen Institutionen offen gelassen werden, dann sind bereichsspezifische Differenzierungen von Normen und auch deren teilweise Unbestimmtheit und Interpretationsoffenheit verständlich. Ein gutes aktuelles Beispiel dafür ist die Presse- im Vergleich zur Wirtschaftsfreiheit.

Während Wirtschaftsfreiheit heute, dem normativen Individualismus der Ökonomie folgend, (fast) nur noch eine individualistische Deutung erfährt, steht Pressefreiheit in einem Spannungsverhältnis zwischen individualistischer und kollektiver Deutung. Weischenberg (1992, 131) unterscheidet vier Interpretationen der Pressefreiheit:

„- Pressefreiheit als ausschließlich individuelles, staatsgerichtetes Abwehrrecht, keine 'öffentliche Aufgabe' der Medien (liberale Deutung);

- Pressefreiheit als Garantie der privatwirtschaftlichen Struktur des Pressewesens, Verlegerstand zur Korrektur des Parteienstaates (konservative Deutung);

- Pressefreiheit als Teilhaberecht (von Journalisten im Auftrag der Bevölkerung), ‚öffentliche Aufgabe' der Medien (sozialstaatliche Deutung);

- Pressefreiheit als Mittel der Verwirklichung des demokratischen und sozialen Rechtsstaates, Funktionieren des Meinungsmarktes entscheidend (funktionale Deutung)".

Denis McQuail (1994, 123f.) bringt so unterschiedliche Deutungen der Pressefreiheit in Zusammenhang mit den unterschiedlichen historischen ‚Rollen', die der Presse in der entstehenden kapitalistisch-industriellen und demokratischen Gesellschaft zugewiesen wurden. „From the seventeenth century onwards, in Europe and its colonies, the newspaper (or similiar print publications) was widely seen as either a tool for political liberation or social/economic progress, or a legitimate means of opposition to established orders of power (often both at the same time)". Und er resümiert einige Seiten weiter mit Blick auf den aktuellen Status dieser Norm: „The question of whether it is an end in itself, a means to an end or an absolute right has never been settled".

Interessant ist sein Hinweis auf die möglichen Gründe dieser unbefriedigenden Situation, die ja gleichzeitig den Stand einer basalen normativen Theorie der Kommunikationswissenschaft kennzeichnet. Als die Kommunikationswissenschaft vor gut einem halben Jahrhundert „erfunden" wurde, so McQuail, hat sie die Pressetheorie quasi schon vorgefunden. Diese hatte sich evolutionär in Reaktion auf die historischen Veränderungen der Presse, aber auch unter deren gestaltendem Einfluss entwickelt. Diese Veränderungen der Presse bis Anfang des 20. Jahrhunderts beschreibt eine Einführung in die „pressrechtlichen Probleme" (Gusti 1908, 24; vgl. auch Bücher 1981): „Das zahlreich gegliederte Zeitungspersonal, die billige Massenproduktion und der sonstige Apparat der Presse haben die Organisation im Zeitungswesen als kapitalistische Unternehmung notwendig gemacht. Wie überall hat nun das Großkapital auch dem Zeitungswesen seine Aufmerksamkeit in erhöhtem Maße zugewendet, so dass man eine Zeitung durch Technik, glänzenden Informationsdienst, reich bezahlte schriftstellerische Leistungen nach denselben Grundsätzen wie irgend ein anderes geschickt geleitetes Unternehmen führt. Mit dieser Geschäftspresse hat der bisherige Entwicklungsprozess der Presse ihren Abschluss bekommen. Die am Anfang ihrer Entwicklung objektiv informierende Presse wurde durch die Reformation, durch die englische Revolution von 1649, die französische Revolution von 1789 immer mehr eine räsonierende, subjektivistische Parteipresse, um schließlich in unserem großkapitalistischen Zeitalter ein kapitalistisches Großunternehmen zu werden, welches Informationszwecke und tendenziöse Bestrebungen mit den Errungenschaften der Technik und dem kapitalistischen Unternehmungsgeiste zu einem einheitlichen Ganzen verbindet und organisiert".

Die Vieldeutigkeit von Pressefreiheit spiegelt diese historische Entwicklung der Presse, die ja mit normativen Umdeutungen und institutionellem Wandel verknüpft war.

Nach Weischenberg ist von den vier oben aufgeführten Deutungen der Pressefreiheit die funktionale die – in Deutschland – herrschende Meinung, gestützt zweifellos durch die Rechtsprechung des Bundesverfassungsgerichts zu Artikel 5 des Grundgesetzes. Das aber impliziert notwendig Normenkonflikte zwischen der in einem langwierigen historischen Prozess durchgesetzten Organisation der Presse als kapitalistische Unternehmung und ihrer Funktionszuweisung als Mittel der Demokratie. Die Entwicklung zum kapitalistischen Unternehmen erfolgte ja orientiert vor allem an den ökonomischen Freiheitsrechten, der Unternehmens- und Wettbewerbsfreiheit, der Freiheit zur Erwirtschaftung privaten Gewinns, der Freiheit des wirtschaftlich Stärkeren, den Leistungsunfähigeren in den wirtschaftlichen Ruin zu treiben (Thurow 1996, 357). Wirtschaftliche Tätigkeit hat zwar den sozialen Sinn, Mittel zur Befriedigung menschlicher Bedürfnisse bereitzustellen. Aber wie Schumpeter in seinem frühen Ansatz einer ökonomischen Theorie der Politik (1993, 448) schreibt, ist die These von der sozialen Funktion wirtschaftlicher Produktion ein ziemlich „wirklichkeitsfremder Ausgangspunkt für eine Theorie der wirtschaftlichen Tätigkeit in der kommerziellen Gesellschaft" und dass man besser von Thesen über Profite ausgehe. Was Schumpeter für den Bereich der Politik ausführt, lässt sich ohne Einschränkung auf den Bereich der publizistischen Medien übertragen. Nach Schumpeter wird nicht nur die soziale Funktion wirtschaftlicher Produktion sondern analog auch demokratischer Politik nur nebenher erfüllt – „im gleichen Sinne wie die Produktion eine Nebenerscheinung beim Erzielen von Profiten ist". In gleicher Weise nebenher wird die publizistische Funktion der Medien durch Wirtschaftsunternehmen, die Medienprodukte marktmäßig bereitstellen, erfüllt. Ob diese Sicht mit der funktionalen Deutung der Pressefreiheit kompatibel ist, ist eine von der normativen Theorie der PKW bislang ungeklärte Frage. Umgekehrt verweist Heinrich (2001, 90) auf die Bruchstelle zur Ökonomie. „Tatsächlich aber ist die Medienfreiheit nicht als formales Freiheitsrecht, sondern als *Ergebnisnorm* konzipiert, und dieses wird in der herrschenden Ökonomie liberaler Prägung nicht akzeptiert".

Man muss vielleicht nicht gleich soweit gehen wie McQuail (1994, 122), der zum Status der normativen kommunikationswissenschaftlichen Theorie notiert: „Most of what passes for 'communication theory' seems to exist in a wider theoretical and normative vacuum, socially and historically decontextualised, aside from largely unacknowledged assumptions about the naturalness of liberal-pluralist arrangements in a capitalist economy". Aber die Selbstverständlichkeit, mit der außerhalb der medienkritischen und marxistischen Ansätze die soziale Funktionalität der Medien im großen und ganzen unterstellt oder die Unbestimmtheit und Konflikthaftigkeit der normativen Basis dieser Funktionen weitgehend ausgeklammert wird, ist doch erstaunlich (vgl. auch Braun 1990).

Das gilt insbesondere auch für das Sozialverantwortungskonzept der Medien, sofern es nicht als normative Theorie, sondern als institutionelles Arrangement auch außerhalb der öffentlich-rechtlichen Rundfunks verstanden wird. Wie die Idee einer Sozialen Marktwirtschaft fällt das im Bericht der amerikanischen Hutchins-Commission (offiziell: Commission on Freedom of the Press 1947) entwickelte Konzept sozial verantwortlicher Medien in die frühe Nachkriegszeit eines durch wirtschaftliche Verwüstungen und soziale Verwerfungen, vor allem aber durch die ideologische Konkurrenz des Kommunismus (vgl. Thurow 1996) stark gebändigten Kapitalismus. Und ähnlich wie für die Soziale Marktwirtschaft muss man auch hier konstatieren, dass, abgesehen von der öffentlich-rechtlichen Organisationsform des Rundfunks, die ja eine formale Institutionalisierung des Sozialverantwortungskonzepts darstellt, das Konzept sozialer Verantwortlichkeit kein integraler Faktor der deutschen Medienordnung wurde, sondern auch hier primär Auswüchse einer Ökonomisierung dieser marktmäßigen Ordnung begrenzt werden sollen. Das Konzept umfasst folgende Punkte:1. Medien müssen anerkennen, dass sie der Gesellschaft gegenüber verpflichtet sind. Medieneigentum verpflichtet; 2. Medieninformationen müssen wahrheitsgetreu, genau und akkurat, fair, objektiv und relevant sein; 3. Medien sollen den verschiedenen Ideen und Standpunkten ein Forum sein, sie sollen die Vielfalt der Gesellschaft widerspiegeln; 4. Medien sollen in ihrer Berichterstattung und ihren Aktivitäten anerkannten Kodices, professionellen Standards und journalistischer Ethik folgen; 5. Medien sollen im Rahmen der gesellschaftlichen und politischen Ordnung grundsätzlich frei sein und sich selbst regulieren; 6. Die Sozialverantwortung der Medien rechtfertigt jedoch Eingriffe in das Mediensystem, um die Ansprüche der Gesellschaft und die Wahrung des öffentlichen Interesses sicherzustellen. (vgl. McQuail 1994, 124)

Diese Eingriffe sind im Bereich der Presse weitgehend auf Maßnahmen der Konzentrationsbegrenzung beschränkt, da in funktionaler Deutung der Pressefreiheit ein durch Wettbewerb gekennzeichneter Meinungsmarkt unerlässlich ist. Im Bereich des privatwirtschaftlich organisierten Rundfunks treten staatliche Lizenzierung sowie in Rundfunkstaatsverträgen und Landesmediengesetzen fixierte, inhaltlich zumeist recht offen definierte Mindestanforderungen an das Programm hinzu (vgl. Kapitel 10).

Der oben beschriebene historische Wandel der Presse, der aktuell zu beobachtende Wandel des Rundfunks und die weitgehende Folgenlosigkeit des Sozialverantwortungskonzepts für privatwirtschaftlich organisierte Medien verweisen darauf, dass sich Freiheit als Fundamentalnorm des Mediensystems gegen alle sozialen Ansprüche und Zumutungen durchsetzt. Systemtheoretisch orientierte Wissenschaftler sprechen, mit Blick vor allem auf die Veränderungen des europäischen Rundfunks, von einer „Ausdifferenzierung des Mediensystems vom politischen System", die gleichzeitig eine „Entdifferenzierung der Medien vom ökonomischen System" bedeute (Imhof/Schulz 1996, 11). Bezieht man diese Feststellung auf die normative Basis bedeutet dies, dass Freiheit im Bereich der Medien faktisch und entgegen der herrschenden Meinung einer funktionalen Interpretation der Pressefreiheit zunehmend im Sinne ökonomischer Freiheitsrechte gedeutet und auch genutzt wird.

2.4.2   Widersprüche zwischen den normativen Konzepten

Nimmt man das interpretationsoffene und vieldeutige Konzept der Freiheit als Fundamentalnorm von Mediensystem und Wirtschaftssystem einmal als gegeben, dann stellt sich in einem zweiten Schritt die Frage nach der Kompatibilität der daraus jeweils abgeleiteten normativen Vorstellungen von Ökonomie und Publizistikwissenschaft. Was konkret gilt als der soziale Sinn menschlichen Handelns in den von den beiden Disziplinen jeweils beobachteten und analysierten Zusammenhängen – die Schumpetersche Skepsis einmal beiseite gelassen? Und sind diese normativen Zielvorgaben identisch? Nach dem oben Ausgeführten ist das kaum zu erwarten, so dass Ziel- und Bewertungskonflikte für eine Teildisziplin Medienökonomie als Schnittmenge aus Ökonomie und Publizistik unvermeidlich sind, sofern die Ziele nicht hierarchisiert werden. Hier geht es zunächst einmal nur um eine Auflistung möglicher Konflikte durch divergierende Normensysteme.

- *Individualismus vs. Kollektivismus*

Der methodologische Individualismus der hier berücksichtigten Ansätze der Ökonomie ist, wie in dem Zitat von Kirsch bereits sehr deutlich wurde, nicht nur eine Methode sondern auch eine Norm. Makrophänomene werden nicht nur mit mikrotheoretischen Theorien über menschliches Verhalten erklärt, sondern oberste normative Instanz ist das Individuum mit seinen Bedürfnissen und Präferenzen. Soziale Ziele, soziale Sinnzuweisungen müssen aus diesen individuellen Bedürfnissen und Präferenzen begründbar sein. Dieser Ansatz unterscheidet sich deutlich von Vorstellungen der Kommunikationswissenschaft von einer „öffentlichen Aufgabe" der Medien, die ja im öffentlichen Raum von wem auch immer – in der Regel Gesetzgeber und Rechtsprechung- definiert, aber kaum systematisch auf Bedürfnisse und Präferenzen der Bürger-Individuen zurückgeführt wird. So postuliert McQuail (1997, 514) zur Begründung einer vollen Verantwortlichkeit (accountability) der Medien gegenüber der Gesellschaft, „that there is such a thing as public interest", die Gesellschaft die Medien legitimerweise auf dieses Interesse verpflichten könne und dies auch mit der Freiheitsnorm vereinbar sei. Es geht hier nicht um eine Bewertung dieser Annahmen, sondern lediglich um die Feststellung, dass sie so gesetzt mit der individualistischen Norm der Ökonomen unvereinbar sind (wenn auch nicht mit allen Schulen der Ökonomie). Das bedeutet noch nicht per se einen unlösbaren Zielkonflikt. Aber es bedeutet die Notwendigkeit für eine Medienökonomie, die beide Disziplinen integrieren möchte, dass sie, den Ansatz des methodologischen Individualismus übernehmend, diese Annahmen unter Rückgriff auf Mikrotheorien zu begründen versucht. Ob dies möglich ist, wird in späteren Kapiteln zu prüfen sein.

- *Wohlfahrt vs. Vielfalt*

Ziel oder zentrale Norm des Wirtschaftssystems ist die Maximierung des individuellen Nutzens, der individuellen Wohlfahrt durch maximale Bedürfnisbefriedigung. „Qualität oder Vielfalt spielen keine eigenständige, objektive Rolle im Normensystem der Ökonomie, sie sind – je nach individueller Neigung – allerdings möglicherweise Bestandteil der individuellen Nutzens" (Heinrich 1994, 91). Als eine zentrale Norm im System Publizistik gilt Vielfalt. Nach der Rechtsprechung des Bundesverfassungsgerichts lassen sich die rundfunkpolitischen Vielfaltziele wie folgt spezifizieren: Sozusagen das Oberziel des Vielfaltpostulats (vgl. auch Pethig 1997) ist die Verhinderung vorherrschender Meinungsmacht. Wie vor dem staatlichen Zugriff sind die Medien in einer Demokratie auch vor einer Überwältigung durch private und partikulare Interessengruppen zu schützen. Diesem Oberziel dienen eine Reihe von Unterzielen (vgl. Kübler 1997): 1. Verbreitung der bestehenden Meinungen in unverkürzter Vielfalt und Vollständigkeit. Es geht vor allem auch um den Schutz von Minderheiten gegen kommunikative Ausgrenzung. 2. Die Verbreitung von umfassender und wahrheitsgemäßer Information. 3. Rundfunk als „Faktor" soll dort an der öffentlichen Meinungsbildung mitwirken, „wo dies keinen spezifischen Gruppenbedürfnissen bzw. artikulierten Rezipientenbedürfnissen entspricht"

(Kübler 1997, 24). 4. Berichterstattung in kultureller Verantwortung, d.h. die Berichterstattung soll zur gesellschaftlichen Integration beitragen.

Kübler (ebenda, 26) fasst zusammen: „den elektronischen Medien werden redaktionelle Leistungen abverlangt, die mit dem Marktimpulsen konfligieren", die „zu erkennen geben, dass die Verfassung die Souveränität des Rezipienten nicht als normativ vorgegebene Größe betrachtet". Nach Kübler geht das Bundesverfassungsgericht bei den elektronischen Medien – im Gegensatz zur Presse – von Marktversagen aus.

Auch hier sind Zielkonflikte des ökonomischen und publizistischen Normensystems programmiert. Nach Heinrich (1994, 93) kann über die Rangordnung dieser Normen nicht spekuliert, sondern nur gesellschaftlich-politisch entschieden werden. „Wenn die Gesellschaft publizistische Vielfalt will, dann ist dies zu akzeptieren. Allerdings muss dann auch akzeptiert werden, dass damit individuelle Kosten-Nutzen-Kalküle nur begrenzt berücksichtigt werden: Publizistische Vielfalt ist mit großer Wahrscheinlichkeit teurer als die Vielfalt, die der Markt hervorbringen würde". Auch wenn die Hierarchisierung der Normen und Ziele gesellschaftlich-politisch festgelegt werden muss, kann medienökonomische Analyse sehr wohl helfen, diese Rangordnung zu begründen, indem sie z.B. die vielfaltgenerierende Kraft des Marktes im Bereich der Printmedien ebenso prüft, wie die These vom Marktversagen im Bereich des Rundfunks.

Generell muss man sehen, dass Wohlfahrt aus ökonomischer Sicht, wie Pigou (1962, 11) schon feststellte, nur ein Teil der sozialen Wohlfahrt ist, nämlich derjenige Teil, „der direkt oder indirekt zum Maßstab des Geldes in Bezug gesetzt werden kann". Und man muss auch sehen, dass der Begriffsapparat, der bei der ökonomischen Analyse verwendet wird, wie jedes theoretische Instrumentarium, in ganz spezifischer Weise selektiv ist. „Er verkörpert eine für das ökonomische Denken charakteristische Perspektive, die in die Problemstellungen eingeht und die Theoriebildung mitbestimmt" (Albert 1998, 135). Das gilt sicher in gewissen Umfang auch für die Kommunikationswissenschaft, z.B. ihre systemtheoretische oder konstruktivistische Variante.

Kommunikationswissenschaftler, die sich mit Medienökonomie und dem ökonomischen Normensystem auseinandersetzen, sollten daher eine Warnung beachten, die von Ökonomen selbst kommt: die enge Verzahnung von kapitalistischem Wirtschaftssystem und Ökonomik als Wissenschaft. Im Gegensatz zu den meisten Mainstream-Ökonomen der neoklassischen Richtung halten Heilbroner/Milberg (1995, 110f.) den ökonomischen Ansatz und das ökonomische Theoriengebäude nicht für eine „universal grammar", deren analytische Kategorien wie Knappheit, Kosten, Präferenzen etc. auf alle sozialen Ordnungen anwendbar seien. Sie halten dagegen, „that this universal grammar does not communicate a message of any economic interest or significance, unless it applies to a society that possesses the institutional and cultural elements of capitalism: indeed, the very meaning of ‚economic' would be unitelligible outside capitalism". Und zwei Seiten weiter: „This inextricable entanglement of economics with capitalism seems to be the best guarded secret of the profession". Das gelte vor allem für die breite Mitte der Ökonomen.

Man muss diese These von der ideologischen Einbindung einer Wissenschaftsdisziplin nicht unbedingt teilen oder sie möglicherweise auch nicht nur auf die Ökonomie begrenzen wollen. Aber als Warnung vor einer unkritischen Übernahme des ökonomischen Normensystems, vor ökonomischen Tautologien (vgl. Adams/Brock 1994, 129, Albert 1998, 125) und den oft impliziten Werturteilen, die in den Idealisierungen ökonomischer Institutionen stecken (vgl. Rothschild 1992) hat sie ihre wichtige Funktion. Medienökonomie (nicht nur) nach der hier gewählten Definition untersucht das Mediensystem kapitalistischer Markwirtschaften. Diese ideologische und institutionelle Einbettung muss beim Umgang mit dieser Teildisziplin der PKW stets mit reflektiert werden (vgl. Kapitel 11).

2.5   Zusammenfassung

1. Versuche einer systematischen Entwicklung von Medienökonomie liegen vor, das gilt im deutschsprachigen Raum insbesondere für die Monographie von Heinrich. Insgesamt ist die Integration medienökonomischer Ansätze in die PKW jedoch eher gering, in den Publikationen überwiegt der Eindruck von Heterogenität und theoretischer Unverbundenheit. Der Erkenntniswert von Medienökonomie für und ihre theoretisch-methodologische Einbindung in die PKW scheinen bislang weitgehend ungeklärt.

2. Begreift man Medienökonomie als gemeinsame Schnittmenge von Ökonomie und Publizistik, dann bietet das Verständnis von Ökonomik als spezielle sozialwissenschaftliche Analysemethode (und nicht als Wissenschaft für den Objektbereich Wirtschaft) die geforderte theoretisch-methodologische Brücke. Medienökonomie untersucht dann nicht nur wirtschaftliche, sondern auch publizistische Phänomene des Mediensystems, die Theorieselektion ergibt sich nicht vorrangig aus den wirtschaftlichen Aspekten des Mediensystems, sondern folgt den Erkenntnismöglichkeiten ökonomischer Ansätze.

3. Medienökonomie wird hier definiert als Teildisziplin der PKW, die wirtschaftliche und publizistische Phänomene des Mediensystems kapitalistischer Marktwirtschaften mit Hilfe ökonomischer Theorien untersucht. Zu unterscheiden ist zwischen einer positiven und einer normativen Version von Medienökonomie. Positive Medienökonomie analysiert und erklärt die wirtschaftlichen und publizistischen Phänomene des Mediensystems, normative Medienökonomie entwickelt Gestaltungsoptionen mit Blick auf gesellschaftlich konsentierte Ziele.

4. Die Konzeptualisierung einer Medienökonomie in dem beschriebenen Sinn setzt eine relativ detaillierte Kenntnis ökonomischer Theorien und Modelle voraus. Allerdings stellt die Ökonomie als Wissenschaft von der Knappheit und der individuellen wie gesellschaftlichen Knappheitsbewältigung ein recht facettenreiches Theoriengebäude dar, das nur in Auswahl für medienökonomische Fragestellungen relevant scheint. Während die Welt der ökonomischen Gleichgewichtsmodelle wenig medienökonomischen Gewinn verheißt, sind die Ansätze der Neuen Politischen Ökonomie bzw. der Neuen Institutionenökonomik viel versprechend.

5. Medienökonomie der hier konzeptualisierten Art untersucht Mediensysteme in kapitalistischen Marktwirtschaften. Marktwirtschaften werden als selbststeuernde, nach eigenen Gesetzmäßigkeiten ablaufende Mechanismen verstanden, die letztlich finanzielle Sanktionsmechanismen sind. Ihr Funktionieren ist an eine Reihe von Voraussetzungen gebunden, zu deren wichtigsten Privateigentum und private Verfügungsrechte an Produktionsmitteln, Vertrags- und Wettbewerbsfreiheit gehören. Die Rolle des Staates variiert je nach ökonomischer Schule und ebenso die Anerkennung anderer, nichtmarktlicher Steuerungssysteme.

6. Bezugspunkt des ökonomischen Denkens ist das Individuum. Der methodologische Individualismus ist ein Basiskonzept der Ökonomik. Er besagt, dass soziale Sachverhalte und kollektive Phänomene prinzipiell mit Theorien über individuelles Verhalten erklärt werden. Das Individuum ist dabei nicht nur methodologischer Ausgangs-, sondern auch normativer Bezugspunkt.

7. Die Ökonomik ist eine Wissenschaft, die nach Regelhaftigkeiten, Gesetzmäßigkeiten im menschlichen Verhalten sucht und annimmt, dass es diese auch gibt. Die nomologische Orientierung ist Voraussetzung des „ökonomischen Ansatzes" als zentraler mikroökonomischer Analysemethode.

8. Verdichtet sind die Annahmen des ökonomischen Ansatzes oder ökonomischen Verhaltensmodells im Konstrukt des Homo Oeconomicus. Es ist das Modell vom zielgerichtet und rational seinen eigenen Vorteil verfolgenden Menschen, der unter den für ihn gegebenen Alternativen diejenige auswählt, die seinen Präferenzen am besten entspricht.

9. Veränderungen des menschlichen Verhaltens werden nach dem ökonomischen Ansatz ausschließlich mit Veränderungen von Restriktionen, d.h. Veränderung von Kosten im weitesten Sinn, erklärt, nicht mit Veränderungen von Präferenzen. Restriktionen sind Begrenzungen des Handlungsraums eines Individuums, zu denen neben Knappheit maßgeblich auch Institutionen zählen. Präferenzen werden als konstant unterstellt, Eigennutz in deren Verfolgung gilt als Hauptmotiv menschlichen Handelns.

10. Das ökonomische Verhaltensmodell hat für die Neue Institutionenökonomik auch die Funktion eines Worst-case-Szenarios. Ausgehend von der Annahme grundsätzlich egoistischen Verhaltens der Individuen dient es zur Überprüfung von Institutionen und deren Fähigkeit, dieses Verhalten sozialverträglich zu steuern, also in die sozial erwünschte Richtung zu kanalisieren. Für Medien als Institutionen bietet sich die Übernahme dieses Prüfverfahrens unmittelbar an.

11. Die Neue Politische Ökonomie oder Institutionenökonomik basiert zwar auf den Annahmen der Neoklassik und hat insbesondere deren Basiskonzept des ökonomischen Ansatzes übernommen. Sie bezieht, im Gegensatz zur ‚reinen' Ökonomie, jedoch Institutionen in ihre Analysen ein und hält sinnvolle Aussagen zum zentralen Problem der Knappheitsbewältigung nicht für möglich ohne Konsens über gesellschaftliche Ziele und Bewertungsmaßstäbe.

12. Bislang ist die Neue Politische Ökonomie und Institutionenökonomik kein geschlossenes theoretisches Gebäude, sondern besteht aus einer Reihe von Ansätzen mit spezifischen Gemeinsamkeiten und Grundüberzeugungen. In der Regel werden dazu gezählt:

- der Property Rights-Ansatz, der das Institut der Eigentumsrechte analysiert;

- der Prinzipal Agent-Ansatz, der die Rechtsfigur der Vertretung und dabei insbesondere auch das Problem von Informationsasymmetrien analysiert;

- die Transaktionskostenökonomik, die Ausmaß und Auswirkungen der Kosten sozialer Transaktionen untersucht;

- die Verfassungsökonomik und der Public Choice-Ansatz, die Entstehung und Auswirkungen von Regeln untersuchen.

13. Bei allen Ansätzen geht es zentral um Fragen der sozialen Steuerung, den Vergleich von Steuerungsmechanismen und die Entwicklung von Alternativen. Dabei wird ökonomische

Effizienz als nicht ausreichender Bewertungsmaßstab für die Analyse alternativer institutioneller Arrangements angesehen und Rationalität nicht mit dem ökonomischen Prinzip gleichgesetzt. Definition und Hierarchisierung gesellschaftlicher Ziele sowie die Bestimmung von Maßstäben zur Feststellung des Grads der Zielerreichung werden damit als zentrale Probleme gesehen, die gesellschaftlich zu lösen sind.

14. Wirtschaftsystem und Mediensystem liberaler Gesellschaften haben eine gemeinsame Fundamentalnorm: die Freiheit. Im Gegensatz zur Wirtschaftsfreiheit, die in Übereinstimmung mit dem normativen Individualismus der Ökonomie fast nur eine individualistische Deutung erfährt, stellt sich Pressefreiheit als vielschichtiges und widersprüchliches Konzept dar, in dem sich auch die historische Entwicklung der Presse spiegelt. Die Entwicklung der Presse zum kapitalistischen Großunternehmen war ja mit institutionellem Wandel und normativen Umdeutungen verknüpft, die – vom Ergebnis betrachtet – vor allem orientiert an ökonomischen Freiheitsrechten erfolgten. Pressefreiheit als Mittel der Verwirklichung von Demokratie (funktionale Deutung) wurde dabei zur „Nebenerscheinung beim Erzielen von Profiten", wie Schumpeter für den sozialen Sinn wirtschaftlicher Tätigkeit generell unterstellt.

15. Ebenso wie die Soziale Marktwirtschaft ist das Sozialverantwortungskonzept der Medien ein Kind der wirtschaftlichen und sozialen Verwerfungen der Nachkriegszeit (einschließlich der ideologischen Konkurrenz des Kommunismus). Sieht man von der formalen Institutionalisierung des Sozialverantwortungskonzepts im öffentlich-rechtlichen Rundfunk ab, ist soziale Verantwortlichkeit – als Bändigung von Freiheitsrechten – genauso wenig ein integraler Bestandteil des Medien- wie des Wirtschaftssystems kapitalistischer Marktwirtschaften geworden. Das Sozialverantwortungskonzept ist als normative Theorie zu interpretieren.

16. Abgesehen von der gemeinsamen Fundamentalnorm der Freiheit divergieren die Normensysteme von Ökonomie und Publizistik in zentralen Punkten. Zwei jeweilige Gegenpole lassen sich mit den Begriffspaaren Individualismus vs. Kollektivismus und Wohlfahrt vs. Vielfalt beschreiben. So ist der normative Individualismus mit Vorstellungen von einer „öffentlichen Aufgabe" der Medien nicht unmittelbar vereinbar, wenn die „öffentliche Aufgabe" aus den Präferenzen der Individuen nicht begründbar ist. Das gilt auch für Vielfalt als eine zentrale Norm des publizistischen Systems, die Bestandteil individuellen Nutzens sein kann aber nicht sein muss. Es wird Aufgabe einer Medienökonomie sein, solche Begründungsmöglichkeiten zu prüfen.

17. Die Hierarchisierung gesellschaftlicher Ziele und Normen ist nach dem Verständnis der politischen Ökonomie eine gesellschaftliche Aufgabe. Medienökonomische Analyse kann helfen, die Hierarchisierung zu begründen, indem sie die Funktionsfähigkeit unterschiedlicher institutioneller Arrangements prüft. Dabei muss man allerdings sehen, dass das ökonomische wie jedes sozialwissenschaftliche Instrumentarium in spezifischer Weise selektiv ist. Die enge Verknüpfung von Ökonomik als Wissenschaft und Kapitalismus als Ideologie muss immer mit reflektiert werden.

3.   Ökonomische Institutionen

In diesem dritten Kapitel geht es um die wichtigsten Institutionen im ökonomischen Theoriegebäude: Markt (3.2), Wettbewerb (3.3) und die Unternehmung (3.4). Diskutiert werden jeweils Definitionen oder Komponenten einer Definition dieser Institutionen, Funktionen oder
Funktionszuweisungen, Erscheinungsformen und theoretische Konzepte dazu, sowie jeweils
spezielle Fragen im Zusammenhang mit der Institution wie zum Beispiel Wettbewerbsbeschränkungen und Konzentration. Im Zentrum des Kapitels steht die Vermittlung entsprechender ökonomischer Theorieansätze als Grundlegung einer Ökonomik der Medien. Bezüge zum
Bereich der Medien werden, wo immer zweckmäßig, hergestellt. Zuvor (3.1) aber geht es um
den Institutionenbegriff selbst, die darin zusammengefassten heterogenen Phänomene und die
Unterscheidung zwischen Institution und Organisation, denn die Unternehmung ist ja zweifellos beides.

3.1   Zum Institutionenbegriff

Der Begriff der Institution ist in diesem Buch schon mehrfach vorgekommen. Für die Neue
Institutionenökonomik bezeichnet er den zentralen Forschungsgegenstand, die Politische Ökonomie plädiert für die Endogenisierung von Institutionen in die ökonomische Analyse. Von
Kohärenz und hierarchischer Ordnung der Institutionen einer Gesellschaft war bereits die Rede. Es scheint also sinnvoll, sich mit diesem zentralen Begriff der Sozialwissenschaften zunächst einmal allgemein auseinanderzusetzen, bevor ökonomische Institutionen mit Blick auf
ihre medienökonomische Relevanz im einzelnen diskutiert werden.

Im Gegensatz zu der offensichtlichen Zentralität des Begriffs der Institution steht die Präzi-
sion seiner Definition. Ja, Arrow (1971) warnt sogar vor einem „Zuviel an Genauigkeit", da die
Forschung hierzu noch in den Anfängen stecke. Entsprechend heißt es in einer aktuelleren
Publikation (Dietl 1993, 35): „Obwohl der Institutionenbegriff zweifelsohne zu den Hauptbe-
griffen jeder Gesellschaftswissenschaft gehört, herrscht weder Einheitlichkeit noch inhaltliche
Schärfe in Bezug auf seine Verwendung. Beim Studium verschiedener Quellen, die sich mit
dem Institutionenproblem beschäftigen, bleibt dem Leser nicht erspart, sich mit einer begriffli-
chen Heterogenität höchsten Grades auseinanderzusetzen, wird der Institutionenbegriff doch
auf so unterschiedliche Phänomene wie zum Beispiel den Industriebetrieb, die Ehe, den Staat,
die Gastfreundschaft oder das Kindergeld angewandt.(..) Die Acht-Uhr-Nachrichten und der
Wochenmarkt werden aufgrund ihrer Regelmäßigkeit ebenso als Institution bezeichnet wie der
jährliche Betriebsausflug". Nun sind die letzten Beispiele Wochenmarkt und Betriebsausflug
eher als Beleg für die alltagssprachliche Inflation des Institutionenbegriffs gemeint, aber letztlich bleibt doch die Frage, worin die Gemeinsamkeiten dieser so unterschiedliche Phänomene
eigentlich liegen, die sie zu Institutionen machen.

Sozialwissenschaftliches Einverständnis besteht darüber, dass es sich um soziale Bezie-
hungs- und Verhaltensmuster handelt. Es sind Formen sozialer Handlungen, „die eine gewisse
Gleichartigkeit und Regelmäßigkeit in zeitlicher und räumlicher Hinsicht aufweisen"
(Zapf/Dierkes 1994, 9), die unser tägliches Leben strukturieren, indem sie für eine gewisse
Ordnung darin sorgen und auf diese Weise Unsicherheit vermindern. Nach Douglass North
(1992, 6) ist es der Hauptzweck von Institutionen einer Gesellschaft, „die Unsicherheit

menschlicher Interaktion zu vermindern". Institutionen schaffen Richtlinien für Interaktionen, damit wir wissen oder leicht in Erfahrung bringen können, wie wir uns verhalten müssen, wenn wir zum Beispiel ein Auto lenken oder ein Haus kaufen, zu den Wahlen gehen oder einen Betrieb leiten, einen Kredit aufnehmen oder unsere Toten begraben. Wenn wir dies in einem anderen Land zum Beispiel der Dritten Welt tun wollten, würden wir schnell feststellen, dass sich die Institutionen dort von den Institutionen hier zum Teil deutlich unterscheiden. Richter/Furubotn (1996, 7) definieren in Anlehnung an Gustav Schmoller (1900, 61) Institutionen „als ein System formgebundener (formaler) und formungebundener (informeller) Regeln einschließlich der Vorkehrungen zu deren Durchsetzung". Und auch North (1992, 11) unterscheidet als Dimensionen von Institutionen formgebundene Regeln, formlose Beschränkungen und die Wirksamkeit ihrer Durchsetzung.

Die Gemeinsamkeit von Phänomenen, die als Institutionen bezeichnet werden, ist, dass sie die Grundlage von Erwartungen bilden. Vom Ehepartner erwartet man Treue oder zumindest Rücksicht, wenn man einen Kauf tätigt erwartet man, dass der Verkäufer Geld oder Scheck akzeptiert, von den Medien erwartet man, dass sie objektiv oder zumindest nicht bewusst falsch informieren. Der Unterschied zwischen allgemeinen menschlichen Erwartungen (z.B. glücklich oder beruflich erfolgreich zu sein) und institutionell begründeten liegt darin, das die letzteren „sozial sanktionierbare Erwartungen sind, die sich auf die Handlungs- und Verhaltensweisen eines oder mehrerer Individuen beziehen" (Dietl 1993, 37). Das Abgrenzungskriterium von Institutionen aus der unendlichen Menge aller möglichen menschlichen Erwartungen ist die gesellschaftlich akzeptierte Sanktionierbarkeit beim Verstoß gegen diese Erwartungen, also die „Ausübung legitimen Zwanges" (Weigel 1987, 34). Das bedeutet nicht, dass dieser Verstoß immer sanktioniert wird. Wenn jemand gegen die Verkehrsregeln verstößt, dabei aber weder erwischt wird noch einen Unfall baut, bleibt der Verstoß ohne Sanktion. Das setzt aber die Verkehrsregeln und die daran geknüpften Verhaltenserwartungen nicht außer Kraft.

Institutionen lassen sich nach mehreren Gesichtspunkten differenzieren (vgl. dazu Dietl 1993). Ein wichtiger Gliederungspunkt ist die Unterscheidung in Regeln und Normen und in korporative Gebilde. Regeln und Normen können, worauf die obigen Definitionen schon verwiesen, formal sein, wie es Rechtsvorschriften zum Beispiel sind, oder informell wie zum Beispiel die Berufsnormen journalistischer Sorgfaltspflicht. Korporative Gebilde als zweiter Teilbereich der Institutionen sind organisierte soziale Zusammenschlüsse wie zum Beispiel der Staat, Politische Parteien, Unternehmen und eben auch Medien. Eine weitere Unterscheidung von Institutionen ist die in fundamentale bzw. grundlegende Institutionen und in abgeleitete bzw. sekundäre. Alle korporativen Gebilde sind sekundäre oder abgeleitete Institutionen, die auf vorgelagerten Institutionen eines anderen Typs ruhen. So basiert die Gründung eines Medienunternehmens zum Beispiel auf den Institutionen des Wirtschafts- und Gesellschaftsrechts eines Landes, setzt aber auch notwendig die Institutionen der Sprache und der kalendarischen Zeit voraus. Korporative Gebilde „entstehen, weil Individuen institutionell legitimierte Handlungsmöglichkeiten wahrnehmen" (Dietl 1993, 70). Auch Douglass North (1992, 8) geht davon aus, dass Institutionen die Chancen bestimmen, die eine Gesellschaft ihren Mitgliedern bietet und Organisationen geschaffen werden, um diese Chancen nutzen zu können, er plädiert aber im Gegensatz zu Dietl für eine Unterscheidung zwischen Organisationen und Institutionen.

Hier macht sich die Unschärfe der Begriffe bemerkbar, die nicht nur für Institutionen, sondern auch für das soziale Phänomen der Organisation gilt. Zweifellos sind Unternehmen beides: Institution und Organisation. Aber auch der Markt, ökonomische Institution par excellence, traditionell jedoch eher als Gegensatz zur Organisation verstanden, gilt einigen Ökonomen (vgl. Richter/Furubotn 1996, 296f) als Organisation.

Versteht man mit Schmoller (1900,61) unter Organisation „die persönliche Seite der Institution", also die daran beteiligten Personen, lösen sich die oben diskutierten Gegensätze weitgehend auf. Dann wird die Unterscheidung in formale und informelle Organisationen relevant. Formale oder formgebundene Organisationen sind zum Beispiel ein Unternehmen oder eine Partei. Informelle oder formungebundene Organisationen sind zum Beispiel Märkte. Formale Organisationen lassen sich definieren als eine Gruppe von Personen, die gemeinsame Ziele zu erreichen, einen gemeinsamen Zweck zu verwirklichen suchen. Zentrale Koordination, Hierarchie, spezifische Funktionsregeln und Kontrollstrukturen gelten als Definitionsmerkmale von Organisationen und beziehen sich vor allem auf die formale Organisation.

Wir werden das Problem unscharfer Begrifflichkeiten hier nicht zu lösen versuchen. Für die Zwecke dieses Buches scheint es sinnvoll, in Anlehnung an North zwischen Institutionen und Organisationen zu unterscheiden und den Begriff der Organisation vor allem für deren formale Version zu verwenden.

Abbildung 3.1: Instiutionenhierarchie

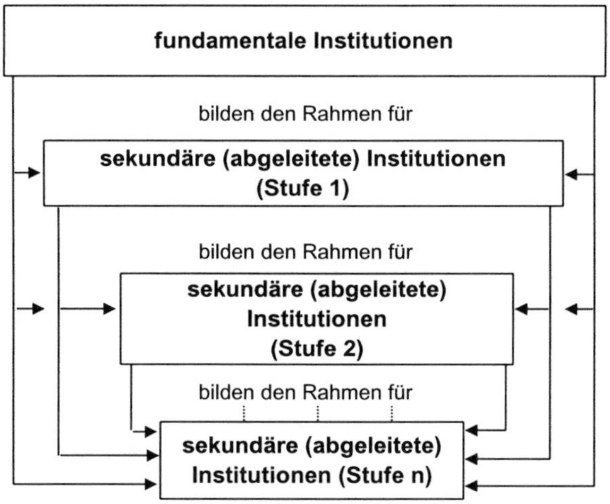

Quelle: Dietl 1993, S. 74.

Die Unterscheidung in fundamentale und abgeleitete Institutionen verweist bereits darauf, dass Institutionen als hierarchisch gegliedert begriffen werden.

Die fundamentalen Normen stehen an der Spitze und bilden den Rahmen für die abgeleiteten oder sekundären Institutionen 1., 2. bis n-ter Stufe. Fundamentale Regeln und Normen werden als Ergebnis langwieriger gesellschaftlicher Evolutionsprozesse erklärt und gelten als dem menschlichen Gestaltungsvermögen nicht zugänglich, also als nicht rational planbar. Die allgemeinen Menschenrechte und darunter die Meinungs- und Informationsfreiheit sind solche fundamentalen Normen. Dass sie heute in Demokratien zumeist in den jeweiligen Verfassungen rechtlich verankert sind, ändert nichts an ihrem evolutionären wie fundamentalen Charakter. Wie die Forschung zur Geschichte der öffentlichen Kommunikation und Medienentwicklung zeigt, war der Weg zur kodifizierten Presse- und Informationsfreiheit lang, diese Bürgerrechte sind folglich historisch relativ jung.

Will man das hierarchische Institutionengefüge zum Beispiel für den Bereich der Medien weiter füllen, dann gehören in Deutschland zu den sekundären Institutionen 1.Stufe ganz sicher die verfassungsrechtliche Kodifizierung der Presse- und Rundfunkfreiheit sowie das Zensurverbot. Als sekundäre Institutionen 2. Stufe würde man vielleicht den Rundfunkstaatsvertrag und die speziellen Mediengesetze begreifen, als sekundäre Institutionen der dritter Stufe vielleicht die unternehmensmäßige Produktion von Medien, sei es durch Wirtschaftsunternehmen oder durch öffentliche Unternehmen und als Institutionen vierter Stufe schließlich journalistische Berufsnormen und ähnliches. Der Gestaltungsspielraum für Institutionen wächst entlang dieser Hierarchie von oben nach unten und entsprechend nimmt auch die Geschwindigkeit institutionellen Wandels von oben nach unten zu.

Im Gegensatz zu den fundamentalen gelten abgeleitete Institutionen als gestaltbar, wobei der Gestaltungsspielraum jedoch durch die jeweils vorgelagerten Institutionen begrenzt wird. Diese Begrenzung sichert letztlich die Kohärenz eines gesellschaftlichen Institutionengefüges auch wenn sich dieses, auf den unterschiedlichen Stufen noch dazu mit unterschiedlicher Geschwindigkeit, ständig wandelt.

Vor dem Hintergrund dieses Verständnisses nimmt es nicht wunder, dass Medien- und Wirtschaftssystem in Demokratien, wie diskutiert, eine gemeinsame Fundamentalnorm haben und zum Beispiel Hans Albert (1986, 53) „wesentliche Beziehungen (...) zwischen der liberalen Demokratie, der freien Marktwirtschaft und der modernen Wissenschaft" erkennt. Und es wundert auch nicht, dass sich (politische) Wahlmechanismen und Marktmechanismus historisch weitgehend parallel entwickelten, der parallele Verlauf von Wirtschaft und Demokratie vor allem in der Zeit der industriellen Revolution deutlich wurde (Herder-Dorneich 1980, 8). Die aus der Freiheitsidee entwickelte und dem Institutionengefüge der politischen wie der wirtschaftlichen Ordnung zugrunde liegende Idee ist ja dieselbe: die Lösung von Problemen primär dem Zusammenspiel autonomer Individuen und Gruppen, die sich auf der Basis freiwilliger Verträge gebildet haben, zu überlassen. Die ökonomische Institution Markt ist eine Musteranwendung dieser Idee.

3.2   Der Markt – ökonomische Institution und publizistische Metapher

Die Auseinandersetzung der PKW mit ökonomischen Institutionen, bei dem derzeitigen Stand der Teildisziplin Medienökonomie wenig verwunderlich, ist eine relativ seltene Erscheinung. Das gilt auch für den Markt, von dem Manfred Rühl noch 1993 feststellte, dass er nicht zum Repertoire publizistikwissenschaftlicher Schlüsselbegriffe gehöre.

Dieses Desinteresse ist allerdings deshalb erstaunlich, weil die Metapher vom „Marktplatz der Ideen" in der kommunikationswissenschaftlichen und kommunikationspolitischen Diskussion eine nicht unerhebliche Rolle spielt. Die Organisation der Presse folgt in Europa traditionell und fast durchgehend diesem Leitbild und die Teilprivatisierung des europäischen Rundfunks ist der erfolgreiche Vorstoß, dieses Leitbild auch bei den Rundfunkmedien durchzusetzen. Die Auseinandersetzung mit der ökonomischen Institution, die dem Leitbild als theoretisches Konstrukt und Realphänomen zugrunde liegt, findet hingegen eher selten statt, am ehesten noch im Rahmen der Debatte über Wettbewerb und Konzentrationsprozesse der Medien. Die genauere Kenntnis des Stellenwerts und der Funktionen, die dem Markt als zentraler Institution von der ökonomischen Theorie zugewiesen werden, ist jedoch eine Grundvoraussetzung zum Verständnis vieler medienökonomischer Fragestellungen.

3.2.1 Definition und Funktionen des Marktes

Nach Samuelson/Nordhaus (1998, 30) gibt es drei grundlegende Fragen wirtschaftlicher Organisation:
was? – also welche Güter in welchen Mengen –
wie? – mit welchen Ressourcen und durch wen –
für wen? – wie werden Güter (und Einkommen) verteilt -
produziert wird.

In einer Marktwirtschaft werden diese drei Fragen primär über den Markt gelöst, in einer Planwirtschaft primär durch staatliche Entscheidungen beantwortet, in einem gemischten Wirtschaftssystem, das alle Marktwirtschaften in der Realität darstellen, sind Markt und Staat an der Lösung dieser drei Fragen beteiligt.

Die Ökonomie befasst sich vor allem mit den markt- und gemischtwirtschaftlichen Lösungen. Zentral sind für sie dabei das Problem der Koordination und des Zusammenwirkens individueller Entscheidungen.

Ökonomen kennen und unterscheiden in Marktwirtschaften wenigstens drei Typen von Koordinationsmechanismen individueller Entscheidungen, die als nebeneinander bestehend betrachtet werden (Linde 1988, 6f.): 1. den Markt, 2. die Anweisung und 3. die Abstimmung (vgl. Kapitel 7). Die Anweisung ist die dominante Koordinationsform der Unternehmung und anderer hierarchisch gegliederter Organisationen, Abstimmung meint, dass durch Mehrheitsentscheid festgelegt wird, wie verfahren werden soll. Der Markt ist also nur einer unter mehreren wirtschaftlichen Koordinationsmechanismen, in Marktwirtschaften allerdings von zentraler Bedeutung. Was aber ist nun ein Markt und wie funktioniert er aus ökonomischer Sicht?

Man kann sich den Markt als den ökonomischen Ort des Tausches vorstellen – Ort hier natürlich eher metaphorisch gemeint -, an dem Angebot und Nachfrage zusammentreffen und Preise sich entwickeln. Markt setzt, wie schon Max Weber notierte, im Gegensatz zum Tausch aber immer voraus, dass auf mindestens einer der Marktseiten mehrere Tauschreflektanten um Tauschchancen konkurrieren. Samuelson/Nordhaus (1998, 51) definieren neoklassisch: „Ein Markt ist ein Mechanismus, mit dessen Hilfe Käufer und Verkäufer miteinander in Beziehung treten, um Preis und Menge einer Ware oder Dienstleistung zu ermitteln". Vertreter der Neuen Politischen Ökonomie betonen beim Markt den Aspekt des sich wiederholenden Tauschs. Sie verweisen, dem Transaktionskostenansatz folgend, auf die Bedeutung der Faktorspezifität von Transaktionen, denn der Markt ist nach Williamson (vgl. Kapitel 2.3.1) ja das institutionelle Arrangement für Transaktionen geringer Faktorspezialität. Sie betonen, ausgehend vom Property Rights-Ansatz, den Aspekt, dass auf Märkten vor allem Eigentums- und Verfügungsrechte gehandelt werden und definieren den Markt als „Netzwerk (mehr oder weniger) relationaler Verträge" (Richter/Furubotn 1996, 297) über Verfügungsrechte. Bei all diesen Definitionsansätzen wird dem Markt die Fähigkeit zugesprochen, „mit wechselnder Effizienz die Handlungen der verschiedenen Beteiligten – Individuen, Unternehmen, ja Nationen – so (zu) koordinieren, dass sie miteinander in Einklang gebracht werden" (Becker 1993, 3) und Kooperationsgewinne generiert werden können. Ermöglicht wird diese Leistungsfähigkeit des institutionellen Arrangements ‚Markt' durch die „spezifische *Kombination von Tausch und Wettbewerb*" (Homann/Suchanek 2000, 237).

Märkte erfüllen in einer arbeitsteiligen Geldwirtschaft, wie in Kapitel 2.2 schon angesprochen, entscheidende instrumentale Funktionen. Basisannahme des Konzepts vom Markt ist, dass in einer marktwirtschaftlich organisierten Gesellschaft die Ver- und Zuteilung knapper Ressourcen letztlich durch freie wirtschaftliche Entscheidungen der Wirtschaftssubjekte reguliert wird. Die Wirtschaftssubjekte begegnen sich als Anbieter und Nachfrager bestimmter Produkte – vielleicht Büchern oder Schallplatten – auf den entsprechenden Märkten und suchen den für sie günstigsten Abschluss. Durch den Wettbewerb steht dabei jeder unter der Kontrolle aller anderen, so dass sich eine Preisbildung vollzieht, die, so die Annahme, die Knappheit der Güter und Dienstleistungen wie den Grad ihrer Begehrtheit durch die Gesellschaftsmitglieder objektiv bemisst und ausgleicht. Der Preismechanismus (vgl. Kapitel 8.2.1) führe so zum Gleichgewicht zwischen dem durch Ressourcenverbrauch und Produktionskosten bestimmten Güterangebot und der von Präferenzen und Zahlungsbereitschaft der Konsumenten geleiteten Güternachfrage auf den jeweiligen Märkten.

Die entscheidende instrumentale Funktion des Marktes wird, um das noch einmal zu wiederholen, in seiner Fähigkeit zur Allokation, also zur Verteilung der volkswirtschaftlich knappen Ressourcen gesehen. Annahme ist, dass die marktmäßige Allokation der Ressourcen auf den Faktormärkten, also den Märkten der Produktionsfaktoren Rohstoffe, Kapital und Arbeit, zu einem Produktionsergebnis und Angebot auf den Produkt- und Dienstleistungsmärkten führt, dass den Endbedarf einer Gesellschaft optimal deckt. „Unter den Bedingungen des vollständigen Wettbewerbs, und sofern es nicht zu einem Marktversagen kommt, schaffen es die Märkte, das Maximum an nützlichen Gütern und Dienstleistungen aus den vorhandenen Ressourcen herauszuholen" (Samuelson,/Nordhaus 1998, 55).

Ökonomen sprechen von der allokativen und der produktiven Effizienz des Marktes, die in Kapitel 2.3.2 bereits erwähnt wurde. Gemeint sind damit modellgemäße Soll-Funktionen des Marktes mit Blick auf das Effizienzkriterium der Pareto-Optimalität. Heinrich (1994, 29) versteht unter produktiver Effizienz, dass die „Produktion so wirtschaftlich wie möglich erfolgt", unter allokativer, dass die „Produktion gemäß den Präferenzen kaufkräftiger Konsumenten" erfolgt. Der Markt soll den Ressourceneinsatz so lange umverteilen, bis eben von keinem Gut mehr produziert werden kann, ohne die Produktion anderer Güter einzuschränken, was bedeutet, alle Güter werden mit dem geringstmöglichen Ressourceneinsatz produziert. Und er soll die Güterproduktion so lange an die Präferenzen der Konsumenten anpassen, bis kein Konsument mit Blick auf seine Präferenzen besser gestellt werden kann, ohne einen anderen schlechter zu stellen. Das Maximum an individueller Wohlfahrt ist erreicht. Allerdings hat diese Wohlfahrt des Pareto-Optimums, wie das Beispiel der Milch für Rockefellers Hund zeigte, nichts mit sozialer Gerechtigkeit zu tun, sie ist kein Maß für gesellschaftliche Wohlfahrt, sondern Strukturmerkmal einer Volkswirtschaft mit Konkurrenzmärkten im Gleichgewicht (Linde 1988, 216). Prosi (1988, 482) hat die Fragwürdigkeit dieses Kriteriums einmal auf die plastische Formel „alle hungern paretooptimal" gebracht (zit. nach Kumar/Sjurts 1991).

Man muss berücksichtigen, dass die ökonomische Theorie, wie in Kapitel 2 schon angedeutet, stark mit Modellen arbeitet, die eine Idealsituation darstellen, in der Realität so allenfalls ausnahmsweise vorkommen und vor allem als Folie dienen, um Abweichungen von der Idealsituation festmachen zu können. Schon Max Weber (1980) hat ja auf den idealtypischen Charakter vieler Grundbegriffe in der Nationalökonomie verwiesen. So ist auch das Modell des Marktes, das die volle Entfaltung und Effizienz der zugesprochenen Koordinationsfunktionen dieser Institution erst erlauben würde, als „vollkommener Markt" an eine Reihe restriktiver Annahmen gebunden, die in der Realität höchst selten vorliegen. Zu diesen Annahmen gehören: vollständigen Konkurrenz, also eine atomistische Angebots- und Nachfragestruktur mit sehr vielen Anbietern und Nachfragern (vgl. 3.2.4); Homogenität der gehandelten Güter (vgl. 3.2.31); vollkommene Markttransparenz, also vollständige Information der Marktteilnehmer (vgl. Kapitel 9.1); kostenlose Benutzung des Marktes, also ohne Transaktionskosten. Erst wenn alle diese und weitere Voraussetzungen vorliegen, können Markt- und Preismechanismus in der modellgemäßen Weise Angebot und Nachfrage koordinieren.

Nach Heinrich (1994, 29) bietet der Markt als ökonomischer Koordinationsmechanismus folgende Vorteile:

- Er erlaubt die Realisierung von Größenvorteilen der Produktion, sog. Economies of scale and of scope. Die arbeitsteilige und spezialisierte Produktion für einen – nationalen oder internationalen – Gesamtmarkt mit entsprechend großen Absatzmöglichkeiten führt zu Kostenvorteilen.

- Der Markt bietet Vorteile der Risikostreuung, vor allem auch für den Produzenten, der bei marktmäßiger Produktion ja von vielen und nicht nur von einigen wenigen Abnehmern abhängig ist.

- Der Markt setzt starke Anreize zu autonomen Leistungen. Jeder muss versuchen, sich im Wettbewerb zu behaupten, besser zu sein als die Konkurrenz.

- Der Markt besitzt schließlich eine autonome Anpassungsfähigkeit. Wer an den Bedürfnissen und Präferenzen der Verbraucher dauerhaft vorbeiproduziert oder den technologischen Wandel verschläft, wird kaum lange am Markt bleiben.

Betrachtet man gerade diese beiden letztgenannten Vorzüge aus der Perspektive des Individuums, das am Markt agiert, dann wird deutlich, dass Markt und Marktwirtschaft äußerst strapaziöse Systeme sind. Sie sind für den Einzelnen mit permanent hohen Leistungs- und Anpassungsanforderungen verbunden, bei Gefahr des Verlusts der wirtschaftlichen Existenz, falls das nicht gelingt (Homann/Blome-Drees 1992). Das Verständnis vom finanziellen Sanktionsmechanismus wird hier erneut deutlich.

Die Faszination, die vom Idealtypus Markt, den Friedrich von Hayek einmal als „Wunder" bezeichnete, seit seiner Erfindung durch Adam Smith nicht nur auf die Ökonomie, sondern auch auf Politik und Philosophie ausgeht, hat nicht nur Jahrhunderte überdauert, sondern sich aktuell offensichtlich verstärkt. Was marktwirtschaftliche Ordnungen so kompatibel mit Demokratien erscheinen lässt – angesichts der gemeinsamen Wurzeln und parallelen historischen Entwicklung wenig verwunderlich – ist, dass Märkte als eine demokratische Form der Äußerung und Durchsetzung von Bedürfnissen begriffen werden. Wie der Frankfurter Philosoph Friedrich Kambartel einmal notierte, überlässt ein vernünftig institutionalisierter Markt den Konsumenten, also uns allen in dieser Rolle, die Entscheidung darüber, was sie als zweckmäßige Mittel der Befriedigung ihrer Bedürfnisse verstehen und welcher Preis ihnen für die Produkte eines bestimmten Gebrauchswertes angemessen erscheint. Der wirtschaftliche Erfolg einer Produktion ist letztlich von den einschlägigen Bedürfnissen der (End)Abnehmer abhängig. Und der amerikanische Philosoph John Rawls, der in seinem Entwurf einer gerechten Gesellschaft den Koordinationsmechanismus Markt ja durchaus übernimmt, hebt hervor, dass Märkte mit der Vorstellung gleicher Freiheiten für alle und fairer Chancengleichheit verträglich seien. Rawls (1993, 3o5) verweist darauf, dass die Vorstellung, in einer Konkurrenzsituation frei ausgehandelte Preise seien fair und gerecht, keineswegs eine Idee erst der Erfinder der Marktwirtschaft sei, sondern bis ins Mittelalter zurückreiche. Dabei unterscheidet Rawls allerdings genau zwischen der Allokations- und der Verteilungsfunktion von Märkten.

Kurt Rothschild fordert hingegen, sich des impliziten Werturteils bewusst zu sein, das auch in der weit verbreiteten Bewunderung der allokativen Effizienz des Marktes stecke, nämlich dass ökonomische Effizienz das zentrale Ziel wirtschaftpolitischer Überlegungen sein solle. Rothschild (1992, 36) sieht zudem als Gefahr, die in der Faszination durch den Markt und seiner „Idealisierung" liege, dass der „Markt nicht mehr als Instrument für ökonomische Effizienz, sondern als politisch-moralische Institution zur Sicherung individueller Freiheit" gelte. „'Freie Märkte', Deregulierung und Privatisierung", so Rothschild, „werden aus dieser Sicht zu verabsolutierten Forderungen, die vor allem auf die ethische Forderung nach individueller Freiheit zurückgreifen". Gerade im Bereich der Medien sind Konnotationen dieser Art bei Medienpolitikern und Medienvertretern, die für marktwirtschaftliche Strukturen plädieren, mitunter nicht zu überhören.

3.2.2 Wann Märkte versagen

Auch das muss gesehen werden: es ist nicht alles und jedes über den Marktmechanismus abwickelbar (vgl. auch Kapitel 6.5.2). Ökonomen sprechen von Marktversagen, wenn bestimmte Bedingungen vorliegen, die gerade im Bereich der Medien, wie noch zu zeigen, eine große Rolle spielen. Diese Bedingungen hängen mit bestimmten Eigenschaften von Gütern zusammen, denn effizient kann der Marktmechanismus nur bei sog. privaten Gütern arbeiten, die unbegrenzt teilbar sind und an denen private Eigentums- und Verfügungsrechte begründet und im Tausch auch übertragen werden können. Da die Analyse von Medien als ökonomische Güter und die daraus folgenden Marktversagensprobleme ein zentraler medienökonomischer Punkt sind, der in Kapitel 4 abgehandelt wird, sollen an dieser Stelle eher allgemein die Gründe für Marktversagen skizziert werden.

Die ökonomische Theorie unterscheidet zwischen völligem Marktversagen bei öffentlichen Gütern, die durch Märkte nicht bereitgestellt werden (vgl. Kapitel 4.1.4), und partiellem Marktversagen im Sinne suboptimaler Ergebnisse. Im zweiten Fall bedeutet Marktversagen, dass die optimale Allokation von Ressourcen und Gütern durch den Markt nicht gewährleistet ist, dass das Marktergebnis von einem, mit Hilfe eines Referenzmodells wie etwa die Pareto-Effizienz, bestimmten optimalen Ergebnis abweicht.

Marktversagen kann auf produktspezifischen oder nachfragespezifischen Mängeln der marktlichen Allokation oder auf Mängeln des marktlichen Interaktionsprozesses beruhen. In einer schematischen Übersicht lassen sich die Mängel, die zu Marktversagen führen, wie folgt zusammenfassen (vgl. Engelhardt 1990, 35):

I.   Produktspezifische Mängel marktlicher Allokation liegen vor bei

1. sinkenden Durchschnittkosten,

2. Grenzkosten von Null,

3. externen Effekten der Produktion,

4. Erstellung der ersten Guteinheit („collective risk taking'),

5. unvollkommenen Marktstrukturen.

II.   Nachfragespezifische Mängel marktlicher Allokation liegen vor bei

6. verzerrten Präferenzen,

7. rudimentärer Präferenzbekundung,

8. externen Effekten des Konsums.

III.   Mängel des marktlichen Interaktionsprozesses liegen vor wegen

9. des mangelnden Ausschlussprinzips,

10. der Eindimensionalität der Verrechnungseinheit Geld.

In Abbildung 3.2 sind die Gründe noch einmal im Überblick dargestellt.

Abbildung 3.2:   Gründe für Marktversagen im Überblick

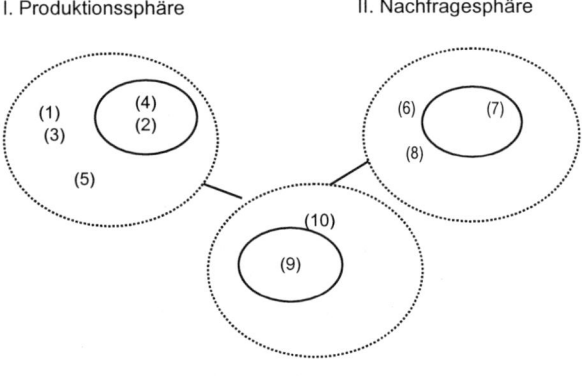

Quelle: Engelhardt 1990, S. 36.

Die in den inneren Kreisen aufgeführten „Mängel" signalisieren totales Marktversagen und beschreiben Eigenschaften öffentlicher Güter, die äußeren verweisen auf partielles Marktversagen. Die weiteren Kapitel werden zeigen, dass alle hier aufgeführten Gründe für zumindest partielles Marktversagen im Bereich der Medien eine Rolle spielen. Kops (1998, 52) verweist daher auch darauf, dass für eine Bewertung zum Beispiel der Marktfähigkeit von Rundfunkprogrammen „die verschiedenen Formen von Marktversagen in ihrer *kumulativen* Wirkung zu beurteilen sind", also „die kumulativen Nachteile der gemeinsam wirkenden Marktmängel" zu berücksichtigen seien. So fasst Detering (2001, 2) das Ergebnis seiner Analyse des Marktes für Medieninhalte zum folgenden Versagenskomplex zusammen: „Anbieter erhalten Anreize, eine *zu große Vielzahl* gleicher Inhalte, eine *zu kleine Vielfalt* verschiedener Inhalte und Inhalte mit *zu geringer Qualität* anzubieten".

Einige der wichtigsten Gründe für partielles Marktversagen im Sinne nichtoptimaler Marktergebnisse sollen hier kurz diskutiert werden.

- *Externe Effekte*

Das sind Auswirkungen positiver oder negativer Art ökonomischer Aktivitäten auf unbeteiligte Dritte, die über den Marktmechanismus nicht abgegolten werden, weil sie in die privaten Kosten-Nutzen-Kalküle und damit auch in das Preissystem nicht eingehen (vgl. Kapitel 4.1.5). Die Umweltverschmutzung ist ein klassisches Beispiel dieser Form von Marktversagen. Die Diskussion über für die Gesellschaft oder das politische System positive oder negative Wirkungen des Medienangebots und Medienkonsums (Fernsehgewalt in Kinderprogrammen, Nutzung von Unterhaltung statt politischer Information als Beispiele) lässt sich ökonomisch als Diskussion über externe Effekte begreifen.

- *Sinkende Durchschnittskosten und steigende Skalenerträge*

Gemeint ist damit, dass ein Produktionsfaktor, zum Beispiel die First Copy einer Zeitung, mit steigender Produktion, hier von Kopien sprich steigender Auflage, immer produktiver wird oder anders gesagt, mit wachsendem Output sinken die anteiligen Kosten der First Copy pro (Zeitungs)Stück. Konkurrenzmärkte versagen, weil der Monopolist, der den Gesamtmarkt bedient, am kostengünstigsten produziert (vgl. Kapitel 5.1 und 5.3).

- *Meritorische Güter (verzerrte Präferenzen)*

Meritorische Güter sind Güter, deren Produktion und Konsum in höherem Ausmaß als gesellschaftlich wünschenswert gilt, als es bei Bereitstellung über den Markt der Fall ist. Bildung ist ein typisches meritorisches Gut, im Bereich der Medien die politische Information, die dem Bürger die Meinungsbildung ermöglichen soll (vgl. Kapitel 4.1.6).

- *Informationsmängel und Unkenntnis*

Viele Ökonomen gehen heute davon aus, dass zwischen Produzent und Konsument generell eine mehr oder weniger ausgeprägte Informationsasymmetrie hinsichtlich der Produktqualität besteht, denn der Produzent weiß natürlich sehr viel genauer als der Konsument, was in seinem Produkt steckt und was es taugt. Kennzeichnungspflicht der Inhaltsstoffe eines Produkts oder des Verfallsdatums zum Beispiel dienen dem Abbau dieser Asymmetrie, denn rationales Konsumentenverhalten setzt ja voraus, dass die Produktqualität vom Konsumenten vor dem Kauf beurteilt werden kann (vgl. Kapitel 9.1.2). Medien sind, wie wir noch sehen werden, sehr komplexe Güterbündel, bei denen die Voraussetzungen für rationales Konsumentenverhalten kaum gegeben sind. Wollte man Informationsmängel der Systematik von Marktversagensgründen hinzufügen, dann wären sie schwerpunktmäßig den nachfragespezifischen Mängeln zuzuordnen, obwohl sie auch auf der Produzentenseite auftreten (vgl. Kapitel 6.3 und 9.3).

Wenn Ökonomen von Marktversagen sprechen, sind als Referenz in der Regel Konkurrenzmärkte, mehr oder weniger „vollkommene Märkte" mit mehr oder weniger vollständiger Konkurrenz gemeint. Das Problem der Marktmacht, die natürlich auch zu Marktversagen und Ineffizienz führen kann, das sachlich ebenfalls hierher gehört (Linde 1988, 217) und in der obigen Mängelaufstellung unter Punkt 5 ja auch berücksichtigt ist, wird hingegen zumeist als Marktstrukturproblem (vgl.3.2.4) behandelt.

In der Feststellung von Marktversagen bei den oben aufgeführten Gründen sind sich die Ökonomen aller Schulen weitgehend einig. Bei der Frage, welche Konsequenzen daraus zu ziehen sind, gehen die Ansichten dann allerdings ziemlich weit auseinander. Die klassische Konsequenz ist, dass der Staat entweder selbst mit staatlichen oder öffentlichen Unternehmen die Bereitstellung nicht oder nicht voll marktfähiger Güter übernimmt oder regulierend in die Märkte eingreift. Das duale Rundfunksystem bildet ein Beispiel für beide Formen staatlichen Eingreifens und wird uns noch ausführlicher beschäftigen (vgl. Kapitel 10).

3.2.3   Die Abgrenzung von Märkten – der relevante Markt

Wichtig für das hier zu behandelnde Thema der Marktabgrenzung bzw. der Bestimmung des relevanten Marktes ist die für einen „vollkommenen Markt" gesetzte Annahme, dass ein homogenes Güterangebot besteht und keine Präferenzen vorliegen. Was unter homogenen Gütern zu verstehen ist, wird nachfolgend ausführlich diskutiert. Bei den Präferenzen werden räumliche, persönliche und sachliche unterschieden (Schumann 1984). Abwesenheit von Präferenzen meint, dass in einem vollkommenen Markt die Konsumenten einen Anbieter nicht bevorzugen, obgleich er für sie zum Beispiel bequemer liegt, weil er ihnen vertrauenswürdiger vorkommt oder weil ihnen sein, in der Sache identisches Gut, hübscher verpackt oder aufgemacht erscheint. Entscheidende Orientierungsgröße für sie ist allein der Preis.

Die in der Realität kaum existenten vollkommenen Märkte sind wesentlich durch die Homogenität der dort jeweils gehandelten und für den Nachfrager austauschbaren Güter definiert. Allerdings kann auch eine Gruppe von heterogenen Gütern zu einem Markt, dann allerdings einem unvollkommenen, zusammengefasst werden, wenn diese Güter oder Dienstleistungen in besonders dichten Substitutionsbeziehungen stehen, für den Konsumenten also weitgehend austauschbar sind. Bevor die Frage der Abgrenzung von Märkten und damit auch Medienmärkten näher diskutiert wird, erscheint es sinnvoll, sich zunächst erst einmal etwas klarer zu machen, was unter homogenen bzw. heterogenen Gütern in der ökonomischen Theorie verstanden wird.

3.2.3.1 Homogene und heterogene Güter

Als homogene Güter werden gleichartige oder identische und austauschbare (fungible) Erzeugnisse bezeichnet. „Entscheidendes Charakteristikum ist der identische Ge- oder Verbrauchsnutzen (funktionaler Nutzen). Auch stoffungleiche Güter können in diesem Sinne homogen sein, wenn sie dem gleichen Verwendungszweck dienen (Brücken aus Stahl oder Beton)" (Sölter 1976, 265f.). Vollkommen homogene Güter sind heute relativ selten zu finden, noch am ehesten im Bereich der Rohstoffe und Halbfertigfabrikate. Im Bereich der Konsumgüter und Dienstleistungen herrscht hingegen Heterogenität vor, Ergebnis vor allem auch von Strategien der Produktdifferenzierung. Auch technisch weitgehend homogene Güter, wie sie zum Beispiel im Bereich der Zigaretten oder Wasch- und Reinigungsmittel vorliegen, werden durch entsprechende Strategien der Unternehmen, zum Beispiel durch Werbung „heterogenisiert", vor allem indem Präferenzen aufgebaut werden. Sachlich gehört Heterogenisierung also zum Unternehmerhandeln und zu den Unternehmensstrategien (vgl. 3.4.4 und Kapitel 6.2.2), sie wird zum besseren Verständnis der Marktabgrenzungsproblematik aber bereits hier abgehandelt. Heterogenisierungsstrategien spielen ja auch im Bereich der Medien eine große und offenbar wachsende Rolle, wenn man an die Differenzierung der Zeitschriftenpresse oder die bestehenden und zukünftigen Sparten- und Zielgruppenkanäle denkt. Es scheint sinnvoll, die wichtigsten dieser Strategien hier kurz aufzuführen (vgl. Sölter 1976, 268f). Da ist

1. die Preisheterogenisierung. Beispiele sind das Hardcover- und das Taschenbuch, der verbilligte Spielfilmbesuch an bestimmten Tagen;

2. die Qualitätsheterogenisierung, zum Beispiel das bibliophile Buch und der große Ausstattungsfilm, bei der Presse Qualitätszeitung vs. Boulevardblatt;

3. die Heterogenisierung durch Produktvariation zum Beispiel durch ästhetische Variation bei der Umbruch- und Druckgestaltung eines Presseerzeugnisses oder der Aufmachung einer Fernsehshow, auch durch Kontrastierung wie alt/neu, teuer/billig etc.;

4. Zielgruppen als Heterogenisierungsstrategie, gängig bei Zeitschriften aber zum Beispiel bei Büchern auch durch den Verkaufsort: Buchhandlung oder Kaufhaus;

5. zeitliche Heterogenisierung. Eine geradezu klassische Form ist die Verwertungskette von Spielfilmen (Kino, Pay-TV, Video, Fernsehen, vgl. Kapitel 6.2.2.);

6. räumliche Differenzierung, zum Beispiel das teure, bequem zu erreichende Innenstadtkino und das – andere Vorteile bietende – Autokino;

7. Heterogenisierung nach bestimmten Bedarfsgruppen. Das können Angebote komplementärer Güter sein, wie es Programmzeitschriften zu den Rundfunkmedien sind, aber auch zum Beispiel das Buch zum Film, oder es sind Angebote als Problemlösung, wie der vom ZDF kreierte ,Regenfilm' zum Wochenende, aber auch der ,Hörfunk als Begleitmedium' vor allem monotoner und ungeliebter Tätigkeiten;

8. Heterogenisierung durch Innovation: entweder durch neue Techniken, wie Video im Vergleich zu Kino, CD im Vergleich zur Schallplatte, oder als neue Trends, signalisiert vor allem in Werbesprüchen wie: RTL – das andere Programm oder: XY-Band – der andere Sound;

9. Heterogenisierung durch Verkaufsförderung, also vor allem Differenzierung durch Verpackung, durch Werbung und PR. Und schließlich

10. Heterogenisierung durch Nebenleistungen und zusätzlichen Service. Beispiele sind Zeitungsbeilagen wie Programm-Supplements, Gewinnspiele oder Onlinedienste der Medien zu spezifischen Themen, aber auch kostengünstige Leserreisen .

Zwischen vollkommen homogenen und vollkommen heterogenen Gütern liegt eine breite Skala abgestuft substituierbarer Güter und eben auch abgestuft substituierbarer Medienprodukte, was bei der Definition von Medienmärkten berücksichtigt werden muss.

3.2.3.2 Das Konzept der funktionalen Austauschbarkeit

Die Frage der Abgrenzung von Märkten und eben auch Medienmärkten ist nicht trivial. Eine Beschreibung oder Analyse von Medienmärkten in Hinblick auf ihre Struktur: gibt es viele, wenige Anbieter oder vielleicht nur einen Monopolisten, wie stark konzentriert ist der Markt, wie sehen die Möglichkeiten des Marktzutritts aus, ist ja nur für definierte Märkte möglich.

Die Frage des relevanten Marktes ist ganz entscheidend im Zusammenhang mit Problemen der Medienkonzentration, und zwar nicht nur für die Konzentrationsmessung, sondern auch für die Durchsetzung von politischen Maßnahmen gegen Konzentration. Wie also sind Medienmärkte abgrenzbar?

Sicher ist, dass von einem Medienmarkt, in dem von der Fernsehstation über die Lokalzeitung bis zum Belletristikverlag alles zusammengefasst ist, aus ökonomischer Sicht nicht gesprochen werden kann (was Zusammenfassungen zu einem an publizistischen Kriterien orientierten Meinungsmarkt nicht notwendig ausschließt). Zu klären wäre für die Marktbestimmung zunächst einmal, ob für die Güter Fernsehprogramm, Lokalzeitung und belletristisches Buch ein identischer räumlicher Markt besteht, was kaum anzunehmen ist, sodann, ob es sich in sachlicher Hinsicht um homogene oder heterogene Güter handelt, und wenn heterogen, dann in welchem Ausmaß kurzfristig substituierbar, austauschbar. Eine theoretische Entscheidung über die Substituierbarkeit einzelner Güter ist nicht möglich, vielmehr spielen technische Eigenschaften, Verbrauchsgewohnheiten, die Elastizität der Nachfrage (vgl. Kapitel 6.3.1.1) etc. eine Rolle. In der Regel wird mit dem Konzept der funktionalen Austauschbarkeit aus Sicht des verständigen Verbrauchers gearbeitet, so jedenfalls beim Bundeskartellamt. Funktionale Austauschbarkeit wird dabei anhand einer vergleichenden Analyse der Produkteigenschaften und der Verwendungszwecke bestimmt, wobei es allerdings oft bei Plausibilitätsvermutungen bleibt (Heinrich 2001, 56).

Abbildung 3.3: Beispielhafte Teilmarktstrukturierung des Massenkommunikationsmarktes

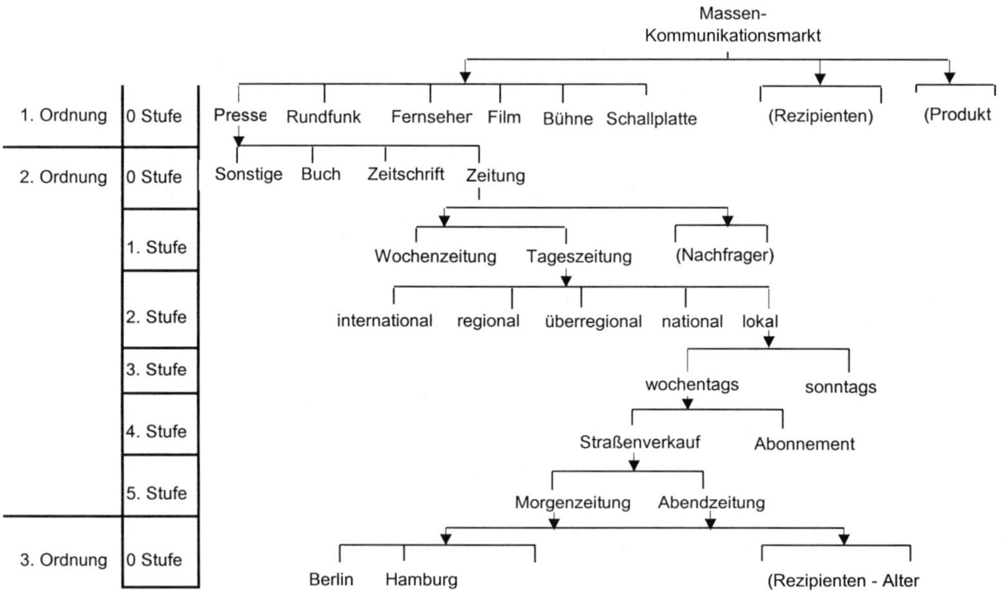

Quelle: Aufermann u.a. 1971, S. 306.

Die Ausarbeitung eines Systems der relevanten Medienmärkte ist eine höchst komplizierte Angelegenheit und entsprechend liegen Ansätze dazu auch kaum vor. Was von Seiten der

PKW an Kriterienkatalogen zur Typisierung von Medienmärkten erarbeitet wurde, bezieht sich vor allem auf die Presse.

Abbildung 3.3 veranschaulicht schematisch das erforderliche stufenweise Vorgehen zur Bestimmung relevanter Pressemärkte, wobei die einzelnen Stufen oder Ordnungen nicht bereits Teilmärkte darstellen, sondern eher als Analyseebenen von Substitutionsbeziehungen interpretiert werden müssen. In einem ersten Schritt werden von allen möglichen Medien und ihren Rezipienten die Printmedien und ihre Leser unterschieden, die nächsten Schritte der Analyse gelten dann den Zeitungen und ihren Märkten, wobei Differenzierungskriterien die Aktualität, das Verbreitungsgebiet, die Erscheinungsweise, die Vertriebsart usw. von Zeitungen sind.

Jörg Aufermann und Mitautoren (1971), von denen diese Grafik stammt, halten ihre Teilmarktstrukturierung keineswegs für vollständig. So führen sie selbst als weitere Kriterien, die in der Grafik nicht aufgeführt sind, die Qualität (Qualitätsblätter vs. Boulevard) und die politische Richtung von Zeitungen auf. Aber auch damit ist die Frage nach der Austauschbarkeit aus der Sicht der Leser, Austauschbarkeit in sachlich-inhaltlicher, zeitlicher, räumlicher und preislicher Hinsicht ja noch nicht beantwortet. Manfred Knoche hat die Analyse vorangetrieben, indem er auch die funktionale und, wie er es nennt, die reaktive Austauschbarkeit von Zeitungen berücksichtigt. Funktionale Austauschbarkeit meint die differenzierte Erfassung von Verwendungszwecken. Wie diese abgestufte Erfassung von Verwendungszwecken vor sich gehen müsste, macht Knoche (1978, 359) am Beispiel des Verwendungszwecks „sich informieren" deutlich: „Bei Zugrundelegung dieses Verwendungszweckes wären dann nicht nur alle Massenmedien austauschbar, sondern noch eine Reihe anderer Güter, die den Verwendungszweck ‚sich informieren' gewährleisten. Um zu den spezifischen Verwendungszwecken bestimmter Massenmedien, in diesem Fall der Tageszeitungen zu gelangen, müssen im Produktvergleich gerade die Unterschiede zwischen diesen herausgearbeitet werden.

-   Bezogen auf den Verwendungszweck ‚sich aktuell und umfassend über das politische Geschehen informieren' wird die Zahl der austauschbaren Massenmedien schon erheblich vermindert: es bleiben grob gesehen nur noch die Massenmedien Hörfunk, Fernsehen, aktuelle Zeitungen und aktuelle Zeitschriften.

-   Bezogen auf den Verwendungszweck ‚sich aktuell und umfassend über das politische Tagesgeschehen informieren' bleiben als austauschbar nur noch Hörfunk, Fernsehen und Tageszeitungen.

-   Bezogen auf den Verwendungszweck ‚Nachrichten und Meinungen über das Tagesgeschehen lesen' bleiben nur noch die Tageszeitungen. Nur noch Regional- und Lokalzeitungen sind austauschbar, wenn es um den Verwendungszweck ‚Nachrichten und Meinungen zum lokalen Tagesgeschehen lesen' geht".

Reaktive Austauschbarkeit stellt auf die Bedürfnisse der Nachfrager ab, die ja durchaus auch heterogen sind und die Substitutionsbeziehungen ebenfalls beeinflussen. Kriterien, die auf Heterogenität der Bedürfnisse verweisen, sind zum Beispiel Bildung, Alter, Berufstätigkeit, Geschlecht auch Heimatverbundenheit oder Lesekompetenz. Knoche kommt aufgrund seiner Abgrenzungsversuche zu einer Vielzahl relevanter Zeitungsmärkte selbst noch innerhalb der gängigen Unterscheidungen wie Abonnement- oder Straßenverkaufsmarkt, nationale oder lokale Presse.

3.2.3.3 Abgrenzung des Rezipienten- und des Werbemarktes

Die Probleme sind damit allerdings noch nicht erschöpft. Denn beide hier kurz diskutierten Versuche einer differenzierten Erfassung von relevanten Zeitungsmärkten sparen einen für werbefinanzierte Medien wesentlichen Bereich völlig aus: den Werbemarkt. Funktionale wie reaktive Austauschbarkeit, um in der Terminologie von Knoche zu bleiben, der Tagespresse wie aller anderen werbefinanzierten Medien werden aus der Sicht der Nachfrager aus der Werbewirtschaft mit Sicherheit anders aussehen als auf dem Publikumsmarkt. Wie man auf dem Lesermarkt die funktionale Austauschbarkeit aus der Sicht des Lesers bestimmen muss, so ist auf dem Werbemarkt die Perspektive der Werbewirtschaft die relevante (Busterna 1987). Der Verwendungszeck der Medien ist hier schließlich ein ganz anderer (vgl. Kapitel 6.4). Man will Zugang zum Publikum, um Aufmerksamkeit für die eigene kommerzielle Botschaft zu gewinnen und dieses Publikum soll eine bestimmte Struktur haben, soziodemographisch aber auch der kommunikativen Bedürfnisse, an die sich die Werbebotschaft ankoppeln kann.

So plädiert Heinrich (1999, 586f.) zum Beispiel dafür, Werbemärkte nicht medial, sondern nach der Art der Werbung abzugrenzen. Er schlägt die Unterscheidung von „informativer" und „suggestiver" Werbung vor, letztere im wesentlichen Markenartikelwerbung (vgl. auch Kapitel 8.3.1), da die für Medienmärkte typische Fixkostendegression (vgl. Kapitel 5.3) auf dem Markt für suggestive Werbung durch andere Faktoren überlagert werde.

Aus Sicht der Kommunikationswissenschaft mag die Bestimmung der relevanten Werbemärkte zunächst sekundär erscheinen. Aus medienökonomischer Perspektive ist sie der Bestimmung der relevanten Publikumsmärkte jedoch gleichwertig und bestimmte, weitgehend ökonomisch bedingte Phänomene wie die Medienkonzentration lassen sich nur dann genauer analysieren, wenn man auch die jeweils relevanten Werbemärkte kennt.

Das Problem der Bestimmung und Abgrenzung relevanter Märkte im Medienbereich ist ein medienökonomisches Dauerthema (vgl. Knoche 1996a, 115f.). Dass sich das Problem mit der Konvergenz von Übertragungswegen und Trägermedien noch einmal deutlich verschärfen wird, darauf hat die Monopolkommission in einem jüngeren Gutachten (1996) verwiesen.

3.2.4 Morphologie von Märkten

Märkte werden in der wirtschaftswissenschaftlichen Literatur häufig mit Hilfe des Begriffstrios: Marktstruktur, Marktverhalten und Marktergebnis beschrieben. Übersicht 3.1 stellt dieses aus der Industrieökonomik entlehnte Paradigma (Scherer/Ross 1990) und die darunter erfassten Marktkriterien einmal zusammen.

Die Basisbedingungen definieren den relevanten Markt von der Angebots- und von der Nachfrageseite sowie wichtige Rahmenbedingungen. Dieser so definierte Markt wird dann hinsichtlich seiner Struktur, mit Blick auf das Verhalten der Akteure und die produzierten Ergebnisse analysiert. Struktur, Verhalten und Ergebnis gelten als interdependente Parameter und sind daher auch nicht immer eindeutig gegeneinander abgrenzbar. Insgesamt stellt dieses Paradigma aber wohl einen brauchbaren Weg dar, um sich Medienmärkten systematisch zu nähern (vgl. Sjurts 1996, Dunnett 1990, Gundlach 1998). Hier geht es zunächst nur um die Kriterien zur Beschreibung der Marktstruktur.

Übersicht 3.1: Marktstruktur - Marktverhalten - Marktergebnis - Paradigma

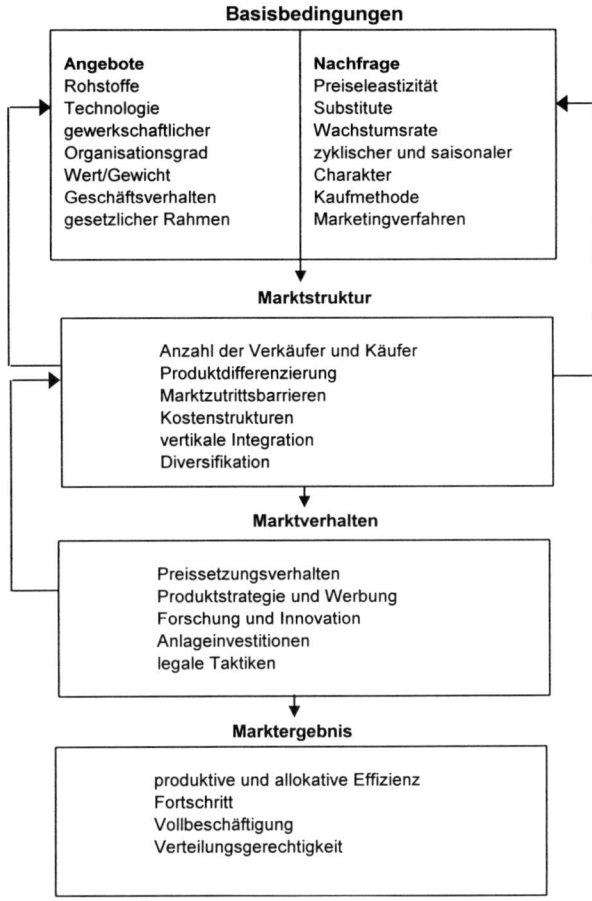

Basisbedingungen

Angebote	**Nachfrage**
Rohstoffe	Preiselastizität
Technologie	Substitute
gewerkschaftlicher	Wachstumsrate
Organisationsgrad	zyklischer und saisonaler
Wert/Gewicht	Charakter
Geschäftsverhalten	Kaufmethode
gesetzlicher Rahmen	Marketingverfahren

Marktstruktur

Anzahl der Verkäufer und Käufer
Produktdifferenzierung
Marktzutrittsbarrieren
Kostenstrukturen
vertikale Integration
Diversifikation

Marktverhalten

Preissetzungsverhalten
Produktstrategie und Werbung
Forschung und Innovation
Anlageinvestitionen
legale Taktiken

Marktergebnis

produktive und allokative Effizienz
Fortschritt
Vollbeschäftigung
Verteilungsgerechtigkeit

Quelle: Aberle 1992, S. 32.

3.2.4.1 Anzahl der Verkäufer und Käufer – Marktformen

Für die Strukturierung von Medienmärkten interessiert eigentlich nur die Zahl der Anbieter, da Massenmedien definitionsgemäß auf massenhafte Verbreitung zielen und eine Vielzahl von Nachfragern für ihr Leistungen anstreben. In der Ökonomie unterschieden werden Marktformen mit einem Anbieter, man spricht vom Monopol; mit wenigen Anbietern, es handelt sich um ein Oligopol und schließlich mit vielen Anbietern, es liegt ein Polypol vor. Diese Einteilung hat auch etwas mit einem weiteren Strukturierungsmerkmal von Märkten zu tun, das hier nicht aufgeführt ist, weil es sich ja automatisch ergibt, nämlich ob es sich um einen Wettbewerbsmarkt handelt oder nicht. Auf einem Monopolmarkt herrscht kein Wettbewerb, es sei denn, der Markt überlappt mit anderen Märkten. So kann der lokale Zeitungsmonopolist ja durchaus mit der Regionalzeitung im Wettbewerb um Teile der Leser oder des regionalen Werbeaufkommens stehen. Bei den beiden anderen Marktformen kann hingegen von Wettbewerb als Regulativ des Marktverhaltens ausgegangen werden. Neben dieser klassischen Dreiteilung findet sich in der Literatur eine 4. Marktform: die monopolistische Konkurrenz. Das klingt wie ein Paradoxon, ist aber eine sehr reale wirtschaftliche Erscheinung. Monopolistische Konkurrenz meint, dass die beiden extremen Marktformen, nämlich das Monopol und das Polypol hier zusammentreffen. Viele Anbieter bieten ein Produkt an, das weitgehend homogen ist (was bedeutet, dass ein Polypol vorliegt), das jeder von ihnen aber in irgendeiner Form heterogenisiert hat, so dass es sich in mindestens einer Eigenschaft aus der Sicht des Verbrauchers von allen anderen weitgehend identischen Produkten unterscheidet, und sei es, dass diesen Unterschied nur eine entsprechende Werbung durch Präferenzaufbau schafft. Jeder Anbieter ist dann mit Blick auf diese Produkteigenschaft ein Monopolist. Natürlich sind die heterogenisierten Produkte aus Sicht des Verbrauchers weiter zumindest in Grenzen substituierbar, so dass jeder Anbieter gleichzeitig weiter in Konkurrenz zu allen anderen Anbietern steht. Monopolistische Konkurrenz ist das Ergebnis der bereits ausführlich erörterten Heterogenisierungsstrategien der Unternehmen.

Bevor wir uns der Frage zuwenden können, wie sich diese vier Marktformen den Medienmärkten zuordnen lassen, sind noch einige ergänzende Informationen nötig. Beim Monopol gibt es, wie schon erwähnt, nur einen einzigen Anbieter, also gibt es keinen Wettbewerb, keine Konkurrenz. Den Marktzutritt neuer Anbieter kann der Monopolist wirksam verhindern. Folglich kann er auch den Preis für sein Produkt autonom festsetzten, die Nachfrager können zu diesem Preis kaufen oder es lassen. Die Marktmacht des Monopolisten ist hoch.

Auch beim Oligopol – wenige Anbieter bieten vielen Nachfragern ein bestimmtes Produkt an – ist der Marktzutritt für Newcomer wirksam erschwert. Zwischen den Oligopolisten herrscht Wettbewerb. Aber je weniger Anbieter auf einem Markt sind, umso stärker beeinflusst das Marktverhalten eines der Anbieter die Position und die Ergebnisse der anderen. Folge ist, dass die Neigung zum Wettbewerb meist gering, die zu koordiniertem Verhalten hingegen groß ist. Das gilt insbesondere für die Preisfestsetzung, da die Nachfrager auf Preisveränderungen hier schnell reagieren. Beobachten lässt sich diese Tendenz zu koordiniertem Preisverhalten auch auf den Medienmärkten, wo die Preisfestsetzung ja in starker Orientierung an der Konkurrenz erfolgt.

Das Polypol ist die Situation der vollkommenen Konkurrenz in einem vollkommenen Markt. Auf dem Markt für ein bestimmtes Produkt gibt es viele Anbieter und viele Nachfrager, der Marktzutritt ist nicht beschränkt, die Marktmacht des einzelnen Anbieters ist so gering, dass er das Marktgeschehen, vor allem die Preise, nicht direkt beeinflussen kann. Der Preis kann hier seine ökonomische Funktion voll übernehmen. Die monopolistische Konkurrenz hat Züge des vollkommenen Wettbewerbs, räumt dem Unternehmer für sein aus Sicht des Verbrauchers leicht unterschiedliches Produkt aber ein begrenztes Ausmaß der Preiskontrolle ein.

Von diesen vier Markformen sind das Oligopol und monopolistische Konkurrenz in der ökonomischen Wirklichkeit am häufigsten anzutreffen.

Nun zu der Frage, wie sich diese vier Marktformen den einzelnen Medienmärkten zuordnen lassen. Das Problem ist, dass man hierfür ja zunächst einmal den jeweils relevanten Markt bestimmt haben müsste, bevor man die Zahl der Anbieter und ihre Marktposition, also ihren Anteil an der Gesamtproduktion des jeweiligen Medienmarktes bestimmen könnte. Ohne Abgrenzung des relevanten Marktes bleiben alle Zuordnungen grobe Schätzungen.

Von Robert Picard stammt ein grafischer Versuch der Zuordnung von Medien und Marktformen, natürlich orientiert am amerikanischen Mediensystem und bezogen dort auf die nationale Ebene.

Abbildung 3.4: Marktformen und Medienindustrie

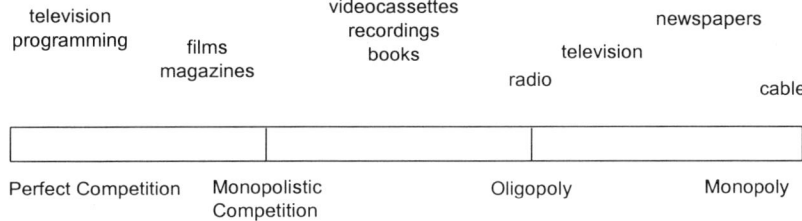

Quelle: Picard 1989, S. 33.

Das heuristische Verdienst dieser Grafik liegt meines Erachtens weniger in dem Versuch, die einzelnen Medien einmal den einzelnen Marktformen zuzuordnen, als darin, dass dieser Versuch die Schwierigkeiten eines solchen Unterfangens verdeutlicht. Nehmen wir als Beispiel das Fernsehen. Kabelfernsehen wird dem Monopol zugeordnet, weil überwiegend nur eine einzige Erlaubnis zum Betrieb eines Kabelsystems pro Region erteilt wird. Es ist also die Marktform einer Verbreitungstechnik von Fernsehen, nicht eigentlich des Produkts oder der Dienstleistung. Television Programming meint den Vorgang des Zusammenstellens und Sendens eines Fernsehprogramms. Picard erläutert, dass durch Kabel- und Satellitentechnik sowie verstärkten Programmhandel die Möglichkeiten des Television Programming deutlich zugenommen haben, so dass hier eine Entwicklung vom ehemaligen Oligopol der Networks über monopolistische Konkurrenz in Richtung vollkommene Konkurrenz stattfände. Schließlich finden wir bei diesem Medium auch noch die Marktform des Oligopols, nämlich als Oligopol der nationalen Networks. Es sind also völlig verschiedene Marktformen für ein Medium, je nachdem, welcher Aspekt betont wird: Technik und Lizenzierung, Zusammenstellen und Verbreiten eines Programms oder das Verbreitungsgebiet. Das entscheidende Kriterium zur Definition relevanter Märkte, die Substitutionsbeziehungen auf Seiten des Rezipienten zwischen Kabelfernsehen, Independent Television und Networkfernsehen bleibt hingegen völlig ausgeklammert.

Natürlich stellen sich bei dem Versuch, die Medien den einzelnen Marktformen zuzuordnen, eine Reihe schwieriger Fragen. Nehmen wir als Beispiel die Medien Film und Tonträger, die Picard irgendwo um die monopolistische Konkurrenz ansiedelt. Bei beiden Medien sind Produktion und Vertrieb weitgehend getrennte Industrien oder Wirtschaftsbereiche mit wahrscheinlich unterschiedlichen Konzentrationsgraden. Die Situation steht im Gegensatz zu einem über die verschiedenen Produktionsstufen weitgehend integrierten Medium, wie es zum Beispiel die Tageszeitung mit eigener Druckerei und eigenem Zustelldienst darstellt. Wie soll man das zuordnen? Muss die Erfassung der Marktform für den Film nicht getrennt nach Produktion, Verleih und Abspiel erfolgen? Und kann man das dann irgendwie zu einer durchschnittlichen Marktform des Mediums verrechnen? Sicher nicht. Man wird, wie Picard es – im Gegensatz zu Film und Tonträger – für das Fernsehen bereits andeutet, die Marktformen für die unterschiedlichen Produktionsstufen eines Mediums bestimmen müssen, wie auch Heinrich (1999, 36f.)

Strukturprobleme des Wettbewerbs getrennt für die drei Wertschöpfungsstufen des Rundfunks: Programmproduktion, Programmveranstaltung und Programmvertrieb diskutiert. In der Kommunikationswissenschaft geht man ja sehr stark von der Vorstellung vertikal voll integrierter Medienbetriebe aus, wie sie im Bereich der Presse traditionell vorliegen. Vertikale Integration meint, ein Presseprodukt wird von einem Verlag komplett und verantwortlich hergestellt und vertrieben, die verschiedenen Ebenen der Produktion (vgl. Kapitel 5.1) sind in einem Unternehmen zusammengeführt. Auch im Bereich des Rundfunks hatten wir es in Europa traditionell mit vertikal integrierten Betrieben zu tun, in Form vor allem der öffentlich-rechtlichen Rundfunkanstalten, die ihr Programm zum größten Teil selbst produzierten, zusammenstellten und distribuierten, also sendeten. Heute gibt es Entwicklungen(vgl. Luyken 1990, Murdock 1998), die auf eine zunehmende institutionelle und organisatorische Trennung der drei Ebenen: Produktion, Programming und Senden verweisen. In einer Marktstrukturanalyse müsste eine solche Entwicklung berücksichtigt werden, weil sich Bedingungen und Strukturen auf den Märkten der jeweiligen Produktionsstufen sehr unterschiedlich darstellen können. Gegenwärtig konzentriert sich die Debatte über Medienwettbewerb und Medienkonzentration, die letztlich eine Debatte über Marktformen und deren Wirkungen ist, auf die Stufe, wie Seufert (1997, 261) sie nennt, der „Endproduktion von Medieninhalten", hier die Ebene des ‚Programming', des Zusammenbaus publizistischer Inputs und der Gestaltung des Medien-Objekts als Angebot für den Rezipientenmarkt (vgl. dazu näher Kapitel 5.1).

Die Feststellung Picards, dass keine der US-Medienindustrien in der Situation des Polypols sei, lässt sich wohl ohne Bedenken auf die europäische Medienindustrie übertragen. Aber auch reine Monopolsituationen sind heute selten geworden, am ehesten noch im Bereich der Lokalpresse zu finden. Die auch für den Medienbereich wichtigsten Marktformen sind monopolistische Konkurrenz und Oligopol. Monopolistische Konkurrenz herrscht in weiten Bereichen der Zeitschriftenpresse und entwickelt sich für die Rundfunkmedien, insbesondere das Radio. Vor allem Zielgruppen- und Genrezeitschriften befinden sich häufig in monopolistischer Konkurrenz, wobei sie dafür eine doppelte Heterogenisierungsstrategie erfolgreich absolvieren müssen: zunächst zum Beispiel als Frauenzeitschrift die Abgrenzung vom Gesamt der Zeitschriften, dann die Abgrenzung von anderen Frauenzeitschriften, zum Beispiel durch Betonung des politischen Interesses ihrer Leserinnen, wie seinerzeit Emma. Auch bei den Formatradios gibt es ja innerhalb einer bestimmten Gruppe wie E-Musik weitere Differenzierungen wie Oper, symphonische Musik etc. Soweit Ergebnisse vorliegen (Lacy 1988b), scheint monopolistische Konkurrenz eher eine Form des intra- als des intermediären Wettbewerbs zu sein, jedenfalls gab es zwischen lokalem Hörfunk und lokaler Zeitung keine Anzeichen dafür.

3.2.4.2 Produktdifferenzierung

Produktdifferenzierung ist letztendlich das Ergebnis der bereits ausführlich diskutierten Heterogenisierungsstrategien der Unternehmen. Es ist zusammenfassend die bewusste Gestaltung des eigenen Produkts mit dem Ziel, es gegenüber Konkurrenzprodukten abzuheben, das kann durch eine etwas andere Ausstattung, Größe, Farbe oder auch über den Preis und die Vertriebsform geschehen. Produktdifferenzierung oder Produktvariation kann aber auch der Erschließung neuer Käuferschichten dienen, die Erfindung des Taschenbuchs hatte zweifellos diese Funktion. Sie kann aber auch Instrument zur Abschottung von Märkten sein. Beides spielt zum Beispiel im Bereich des Tagespresse eine große Rolle. So sind redaktionelle Ausgaben, die sich lediglich im Zeitungshaupt- oder Untertitel unterscheiden, indem dort ein Bezug zum jeweiligen regionalen Verbreitungsgebiet hergestellt wird, Produktdifferenzierungen mit dem Ziel, den Zeitungsmarkt regional zu erweitern. Auch Ausgaben eines Kopfblattes, bei denen der Lokalteil ausgetauscht wird, sind Produktdifferenzierungen, sollen die Leser- und Anzeigenmärkte erweitern und möglicherweise gleichzeitig den Eintritt von Newcomern in den jeweiligen Lokalmarkt erschweren. Wenn man sich die deutsche Zeitungslandschaft anschaut, wie sie sich in den Zahlen von Schütz (2001) spiegelt, wird das Ausmaß deutlich, in dem durch Produktdifferenzierung der Eindruck von Vielfalt entsteht: 136 Publizistische Einheiten mit jeweils unterschiedlichem aktuell-politischen Nachrichten- und Informationsteil auf den ersten Seiten werden von 356 Verlagen als Herausgebern zu 1584 Ausgaben für ganz Deutschland gespreizt, indem Titel, Lokal- und Regionalteile variiert werden. Vor allem mit der Digitalisierung werden die Differenzierungsmöglichkeiten von Medienprodukten in Zukunft deutlich zunehmen, die ja dann nicht nur auf allen verfügbaren Trägermedien angeboten, sondern dafür auch unter Ausschöpfung aller Marketingphantasien mehrfach sortiert, zu unterschiedlichen Paketangeboten verschnürt und für die jeweils anvisierten Publikumsgruppen etikettiert werden können.

3.2.4.3 Marktzutritt und Marktzutrittsbarrieren

Den größten Vorzug des Marktes aus liberaler Sicht begründet, dass dieser allen Teilnehmern offen steht, allen Teilnehmern gleiche formale Rechte und Freiheiten gewährt: den Konsumenten freie Konsumwahl, den Arbeitnehmern freie Arbeitsplatzwahl – ein Recht, das in Zeiten hoher Arbeitslosigkeit jedoch faktisch eingeschränkt ist -, den Unternehmern freie Wahl der Produktionsmethoden und des Marktes, auf dem sie wirtschaftlich tätig werden wollen. Und natürlich steht es jedem Arbeitnehmer grundsätzlich frei, in die Riege der Unternehmer einzutreten, wenn er das damit verbundene persönliche und Kapitalrisiko trägt und jeder Unternehmer kann, wenn ihm der Unternehmerlohn zu gering erscheint, Arbeitnehmer werden. Schon diese grundsätzliche Konzeption des Marktsystems erfordert notwendig freien Zugang zum Markt. Das parallele Postulat im Bereich der Medien auf dem Markt der Meinungen sind Freiheit der Meinungsäußerung und Freiheit der Information für Jedermann.

Marktzutritt bedeutet das Eintreten eines Unternehmens in einen Markt, auf dem es bislang nicht tätig war. Das kann durch Neugründung eines Unternehmens geschehen oder durch Ausweitung der wirtschaftlichen Tätigkeit auf ein neues Feld. Auch die Untersuchung von Marktzutritt und Marktzutrittsmöglichkeiten erfordert die Abgrenzung des relevanten Marktes.

Die leichte oder erschwerte Möglichkeit des Eintritts in Märkte, die Existenz von Marktzutrittsbarrieren sind wesentlich im Zusammenhang mit der Frage nach den Wettbewerbsprozessen, die auf diesen Märkten herrschen. Wettbewerb als ökonomische Institution wird in 3.3 ausführlich behandelt, sodass hier nicht näher darauf eingegangen werden soll.

Der Zutritt zu einem Markt kann nun auf sehr verschiedene Weise begrenzt sein. In der Regel unterscheidet man zwischen rechtlichen und tatsächlichen Schranken (vgl. Klaue 1984). Heinrich (2001, 60) unterscheidet strukturelle, strategische und institutionelle Marktzutrittsschranken.

Rechtliche oder institutionelle Schranken: Der Marktzutritt ist durch den Gesetzgeber beschränkt. Die staatliche Lizenz, die für private Anbieter von Rundfunkdiensten in fast allen

Ländern erforderlich ist, ist ein gutes Beispiel dafür. Während der Zeit des öffentlich-rechtlichen Veranstaltungsmonopols von Rundfunk war Marktzutritt für private Unternehmen in den Rundfunkbereich, genauer den Veranstaltungsbereich von Rundfunk, überhaupt nicht möglich. Der Zutritt in den Produktionsbereich war und ist hingegen nicht gesetzlich beschränkt. Deregulierung – der Post und Telekommunikation oder des Rundfunks – meint ganz zentral den Abbau rechtlicher Marktzutrittsschranken.

Tatsächliche Schranken umfassen strukturelle und strategische Zutrittsbarrieren. Strukturelle Schranken meinen die Vorteile, die bereits auf dem Markt etablierte Anbieter gegenüber Newcomern haben, strategische Schranken meinen unternehmerische Aktivitäten des etablierten Anbieters, die darauf zielen, dem potentiellen Konkurrenten den Markteintritt zu erschweren. Zu den strukturellen Vorteilen zählen (Bain 1956):

-   Betriebsgrößenvorteile also Vorteile der großbetrieblichen Produktion oder Economies of scale. Das meint, wie in 3.2.2 angesprochen, dass bei steigendem Produktionsvolumen die Stückkosten sinken, also sinkende Durchschnittskosten die Folge sind. Für den neuen Anbieter setzt Konkurrenzfähigkeit bei den Kosten voraus, dass er für den Markteintritt ähnliche Betriebsgrößen wie der etablierte Anbieter aufbauen müsste, die Nachfrage aber zunächst sicher unter dem Produktionsvolumen bleibt, so dass er teurer produziert. Wegen der besonderen Kostenstruktur (vgl. Kapitel 5.3) und Finanzierungsmodalitäten (vgl. Kapitel 8) von Medien ist diese Schranke für den Zutritt zu Medienmärkten von großer Bedeutung.
-   Eine 2. Gruppe von Vorteilen der am Markt befindlichen Anbieter gegenüber Newcomern sind Produktdifferenzierungs- und Produktdiversifikationsvorteile, wobei die Unterscheidung im Medienbereich nicht immer trennscharf ist (vgl. 3.2.4.6). Die Vorteile gründen in den Präferenzen der Verbraucher/Rezipienten für bereits etablierte Produkte. Über Produktdifferenzierung können aber auch Marktzutrittsbarrieren in durchaus strategischer Absicht aufgebaut werden. Ein Presseverlag zum Beispiel gibt für einen Lokalbereich auch ein Anzeigenblatt heraus, um den Marktzutritt einer Konkurrenzzeitung zu erschweren. Oder: ein regional diversifizierter Zeitungsverlag bekämpft mit einer neu geschaffenen Lokalausgabe den Newcomer am Rande seines Verbreitungsgebietes. Wenn er die Einführung dieser neuen Lokalausgabe mit einer teuren Werbekampagne fördert, wird dem Newcomer zusätzlich ein ähnlich teurer Werbungswettbewerb aufgenötigt.
-   Als 3. Art faktischer Marktzutrittsbarrieren gelten schließlich absolute Kostenvorteile, wie sie durch besseres Know how, bessere Marktkenntnis, komplexere Informations- und Logistiksysteme erzielt werden.

Ergänzend zu diesen drei Barrierearten werden in der Ökonomie auch die erwartbaren Marktaustrittskosten als Eintrittsbarrieren interpretiert. Dies gilt vor allem bei hoher Faktorspezifität der Produktionsfaktoren und Investitionen, wie sie bei Medien in der Regel vorliegt, umfasst aber auch Kosten wie zum Beispiel Sozialpläne, die für den Fall entstehen, dass der Markteintritt misslingt.

Umgekehrt verweisen geringe Marktaustrittskosten nach dem Ansatz der „Contestable Markets" darauf, dass der Markt angreifbar und damit wettbewerbsfähig ist (vgl. Fritsch/Wein Ewers 1996, 161f.). Potentielle Konkurrenz gilt danach als nicht weniger entscheidend für das Verhalten eines Anbieters als tatsächliche Konkurrenz. Ein Markt ist umso eher „bestreitbar", je problemloser der Zugang zu den Absatz- und Beschaffungsmärkten bzw. der bestmöglichen

Technologie ist, je geringer die Marktaustrittskosten (sunk cost) sind und je mehr der potentielle Konkurrent davon ausgehen kann, dass der etablierte Anbieter die Marktpreise unverändert lässt. Alle diese Voraussetzungen sind bei Medien wenig wahrscheinlich.

Jürgen Heinrich (1984, 79) hat auf drei Eigenheiten des Zutritts zum Markt lokaler und regionaler Tageszeitungen hingewiesen, die, so sein Fazit mit Blick auf den deutschen Zeitungsmarkt, „die Barrieren für einen Zutritt zum Zeitungsmarkt als ökonomisch unüberwindbar" erscheinen lassen (zu den Schwierigkeiten des Marktzutritts im Bereich des Network-Fernsehens vgl. Colette/Litman 1997).

1. Die mindestoptimale Betriebsgröße ist bei Zeitungs-Neugründungen relativ zum Marktvolumen außerordentlich hoch. Um wirtschaftlich produzieren zu können, muss ein Zeitungsbetrieb in der Regel mindestens die Hälfte der Zeitungsauflage des entsprechenden Marktes auf sich vereinen. Dies liegt nicht nur an technisch bedingten Betriebsgrößenvorteilen (Economies of scale), sondern vor allem auch an der Teilfinanzierung aus Werbung und der sog. Auflagen-Anzeigen-Spirale (vgl. Kapitel 8.3.2) sowie der werblichen Bevorzugung von Medien in Erstanbieterposition. Ulrich Nußberger (1984), der Erfinder der Auflagen-Anzeigen-Spirale, hat ja auf die stark degressiven Kosten auch für Werbungtreibende mit steigender Auflage aufmerksam gemacht (vgl. zu Möglichkeiten der Überwindung dieser Spirale Röper 2004)

2. Der Newcomer auf dem Zeitungsmarkt muss in sein Produkt ähnlich hohe Entwicklungskosten stecken und ähnlich hohe Fixkosten tragen wie der etablierte Anbieter. Grund ist wiederum die spezifische Kostenstruktur von Medien. Bei anfänglich geringer Auflage bleibt die Fixkostendegression gering, was Verluste bedeutet. Schließlich registriert Heinrich

3. eine besonders ausgeprägte Nachfrageträgheit der Zeitungs-Abonnenten. Zu den Vorteilen des am Markt etablierten Anbieters zählt ja, wie gerade erörtert einer der „strukturellen" Vorteile, dass Konsumenten eingeführten Produkten den Vorzug geben vor neuen, unbekannten Substituten, ein Vorteil, der auf dem Lesermarkt der Zeitungen besonders ausgeprägt zu sein scheint. Glaubt man einem Branchen-Bonmot, dann hält ein Zeitungsabonnement durchschnittlich länger als eine Ehe. Ökonomisch erklären lässt sich diese Nachfrageträgheit mit der geringen Transparenz des Zeitungsmarktes für den Leser, die wiederum mit den Guteigenschaften von Medien zusammenhängt (vgl. Kapitel 4.2). Eine Qualitätsbeurteilung von etabliertem und Newcomer-Blatt ist ja, wenn überhaupt, nur durch vergleichende Lektüre beider Zeitungen zu gewinnen und das ist mit hohen Zeitkosten verbunden, was rationales Verbraucherverhalten nicht begünstigt (vgl. Kapitel 6.3.2).

3.2.4.4 Kostenstruktur

Das vierte der Kriterien zur Beschreibung von Märkten, die Kostenstruktur, spielt bei Medien als ökonomischen Gütern eine außerordentliche Rolle, wie hier ja bereits wiederholt anklang. Da sich diese spezifische Kostenstruktur vor allem aus den Guteigenschaften von Medien ergibt, die in Kapitel 4 diskutiert werden, soll auf die genauere Darstellung dieses Kriteriums an dieser Stelle verzichtet werden. Die Kostenstruktur von Medien wird in Kapitel 5.3 abgehandelt.

3.2.4.5 Vertikale Integration

Über vertikale Integration ist bereits kurz gesprochen worden. Zeitungsverlage, aber auch die öffentlichen Rundfunkanstalten in Europa sind traditionell integrierte Betriebe. Vertikale Integration meint, um das noch einmal zu wiederholen, dass die aufeinander folgenden Produktionsstufen eines Wirtschaftsbereichs in ein Unternehmen integriert sind (vgl. auch Kapitel 5.1). Nehmen wir den Film als ein traditionell wenig integriertes Medium, dann bedeutet eine Entwicklung in Richtung vertikale Integration, dass Filmproduktion, Filmverleih und Filmabspiel zunehmend in der Hand ein- und desselben Unternehmens liegen. Wir werden uns mit der vertikalen Integration noch im Zusammenhang mit Wettbewerbsfragen (3.3) und der Unternehmung als ökonomischer Akteur (Kapitel 6.2) näher beschäftigen und dabei auch sehen, dass die derzeitigen weltweiten Veränderungen der Mediensysteme sich in starkem Maße auch als Prozesse vertikaler Integration darstellen.

Vertikale Integration gilt aus ökonomischer Sicht als Marktzutrittsbarriere. Die für die mindestoptimale Betriebsgröße notwendigen Investitionen erhöhen sich ja noch einmal deutlich, wenn der Newcomer zum Beispiel in einem Zeitungsmarkt nicht nur die entsprechende Redaktion, sondern auch die Druckerei und das lokale Zeitungsträgernetz aufbauen muss. Die weitgehende Monopolisierung lokaler Zeitungsmärkte hängt auch damit zusammen, dass diese Märkte überwiegend stark vertikal integriert sind. Wenn gegen vertikale Integration gesetzliche Schranken nicht vorgesehen sind, gibt es gerade im Bereich der Medien starke ökonomische Gründe, die Produktionsstufen unternehmensmäßig zu integrieren (vgl. Kapitel 5).

3.2.4.6 Diversifikation

Diversifikation meint die Ausdehnung der Produktion eines Unternehmens auf neue Produktgruppen, die mit der bisherigen Produktion in einem sachlichen Zusammenhang stehen können oder auch nicht. Wehmeier (1998) verdeutlicht die Unterschiede zwischen Produktdifferenzierung und Diversifikation am Beispiel der (damaligen) Pro Sieben AG. Kabel 1 als werbefinanzierter Spartenkanal für ältere Serien und Spielfilme lasse sich als Produktdifferenzierung zum spielfilmorientierten Vollprogramm Pro 7 begreifen. Der Teleshopping-Kanal H.O.T. stelle dagegen ein neues Produkt für einen neuen Markt dar und sei folglich als Diversifikation der Geschäftstätigkeit der Pro Sieben AG. anzusehen. Aktuell dürfte der Diversifikationsgrad von Medienmärkten steigen, da natürlich alle oder doch die meisten Medienunternehmen in irgendeiner Form auf den Zug der Onlinedienste oder anderer Multimedia-Möglichkeiten aufzuspringen versuchen. Aber auch die ganzen Merchandising-Aktivitäten, die Vermarktung von Rechten und Formaten oder der Einstieg von Printmedien in den Bereich der elektronischen Medien sind Formen von Diversifikation.

Insgesamt erweisen sich die Kriterien zur Beschreibung der Struktur eines definierten Marktes, wie sie im Marktstruktur-Marktverhalten-Marktergebnis-Paradigma vorgesehen sind, auch für den Bereich der Medien als fruchtbar. Systematisch auf definierte Medienmärkte angewendet, erlauben sie nicht nur Aussagen zur Struktur von Medienmärkten, sondern auch den Vergleich zwischen Märkten und deren struktureller Entwicklung im Zeitverlauf. Die Adaptation des Paradigmas als Analyseraster für medienökonomische Fragestellungen bietet sich daher nicht nur an (Gomery 1993, Busterna 1988), sie wird ansatzweise auch bereits erprobt (Sjurts 1996, Greiffenberg/Zohlnhöfer 1984, Gundlach 1998).

3.2.5   Das Marktphasenkonzept

Gehen die gerade erörterten Kriterien zur Analyse und Beschreibung von Marktstrukturen implizit von voll ausgebildeten Märkten aus, so bietet sich gerade mit Blick auf die aktuellen turbulenten Entwicklungen im Medienbereich ergänzend ein Konzept an, das die Entwicklung von Märkten analytisch in den Blick nimmt. Ein solches Konzept wurde als Marktphasenkonzept in den 1960er Jahren von Ernst Heuß (1965) entwickelt und in einer aktuellen Habilitationsschrift (Erlei 1998) mit der Institutionenökonomik und insbesondere dem Transaktionskostenansatz verknüpft. Hypothese der Arbeit ist, dass sich das institutionelle Gefüge und insbesondere auch Funktion und Intensität des Wettbewerbs in den einzelnen Marktphasen unterscheiden. Nach Heuß (die Darstellung folgt Erlei, ebenda 19ff.) läuft der allgemeine Entwicklungsprozess, den alle Industrien und ihre dazugehörigen Märkte durchlaufen, in fünf Phasen ab, die Experimentierungs-, die Expansions-, die Ausreifungs-, die Stagnations- und die Rückbildungsphase. Das Marktphasenkonzept bezieht sich nicht auf einzelne Produkte und deren Produktlebenszyklus, sondern auf Märkte, auf denen Produkte ständig verbessert werden und die in der Ausreifungs- und Stagnationsphase eine breites Spektrum an differenzierten und heterogenisierten Produkten bereitstellen. „Innerhalb eines Marktlebenszyklus werden mehrere Produktlebenszyklen durchlebt" (Erlei, ebenda 20).

Für Medien scheint der Ansatz deshalb interessant, weil schon die traditionellen Medien (Buch im Vergleich zu Fernsehen z.B.) in unterschiedlichen Phasen der Marktentwicklung stehen dürften und die dank der neuen I+K-Techniken möglichen neuen Medien überwiegend in der Experimentierungs- oder Expansionsphase stehen (vgl. zur Anwendung auf den deutschen Fernsehmarkt Wehmeier 1998, Kapitel. III; Kiefer 2004b).

Abbildung 3.5: Phasen im Marktlebenszyklus

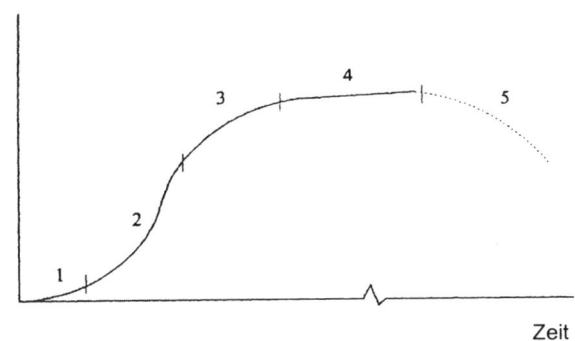

Quelle: Erlei 1998, S. 20.

Die Größe, anhand derer die Marktphasen unterschieden werden, ist das Produktionsvolumen (für Medien müsste evtl. ein anderer Maßstab wie die Auflage/Reichweite herangezogen werden). Abbildung 3.5 stellt den idealtypischen Zusammenhang zwischen Produktionsvolumen und Marktphase grafisch dar.

In der Experimentierungsphase (1) besteht noch kein Markt, das Produkt wird erst erfunden, potentielle Nachfrage getestet und es wird bis zur Marktreife entwickelt. Das Produkt als Invention hat immateriellen Charakter und Züge eines öffentlichen Guts. Es ist die Phase der Erstellung der ersten Guteinheit und durch extreme unternehmerische Unsicherheit charakterisiert. Viele Onlinedienste dürften noch in dieser Phase stecken. Für die Marktfähigkeit notwendig ist es, die neue Erfindung mit altbekannten Strukturen (Technologie, Konsumentenpräferenzen, Distributionskanäle) zu verknüpfen. Patente sollen den Schutz vor Imitatoren gewähren. Marktmäßige Anreizstrukturen und Wettbewerb fehlen in dieser Phase.

In der Expansionsphase (2) erfolgt die Durchsetzung am Markt. Die prinzipielle Marktfähigkeit des Produkts (der Produktpalette) ist gesichert, die unternehmerische Unsicherheit verringert. Primäre Aufgabe des Unternehmens in dieser Phase ist es, die Konsumenten zu einer Umstrukturierung ihres Konsumentenverhaltens zu bewegen (Stichwort Werbung). Erste Imitatoren treten auf. Der Markt expandiert mit hohen Wachstumsraten. Wettbewerb wird vor allem durch verbesserte Anpassung des Produkts an die Konsumentenpräferenzen geprägt, Produktstandards werden entwickelt. Erste Anbieter verschwinden wieder vom Markt. E-Commerce, Internetportale und Suchmaschinen zum Beispiel scheinen sich in der 2. Marktphase zu befinden.

In der Ausreifungsphase (3) schwächen sich die Wachstumsraten des Marktes ab, dessen Grenzen sichtbar werden. Unsicherheiten über Konsumentenpräferenzen sind mit der Entwicklung von Produktstandards weitgehend abgebaut. Der Ausleseprozess der Anbieter („shake out') verschärft sich jedoch, die wettbewerbliche Interdependenz wird spürbarer. Die Anbieterkonzentration nimmt zu. Es setzt ein intensivierter Prozess der Produktdifferenzierung ein, die Werbeaktivitäten steigen. Für Newcomer bestehen erhebliche Markteintrittsbarrieren. Das deutsche Privatfernsehen dürfte diese 3. Marktphase erreicht haben.

In der Stagnationsphase (4) wächst der Markt kaum noch, die Wachstumsrate entspricht allenfalls dem gesamtwirtschaftlichen Wachstum. Der Ausleseprozess der Anbieter ist weitgehend abgeschlossen, die Markteintrittsschranken sind hoch, was bedeutet, dass „die ‚Spieler des Oligopolspiels' nunmehr für eine bestimmte Periode die gleichen sein werden" (Erlei, ebenda 243). Verhaltensabstimmung tritt tendenziell an die Stelle von Wettbewerb. Es spricht vieles dafür, dass sich die Tagespresse schon seit einigen Jahrzehnten in dieser Marktphase befindet. Berücksichtigt man die anhaltend rückläufige Nutzung des Mediums durch die jüngere Generation (vgl. Berg/Ridder 2002, 195), könnte sich ein Übergang in die 5. Marktphase andeuten.

In der Rückbildungsphase (5) degeneriert der Markt. Ursachen können Substitutionskonkurrenz durch völlig neue Produkte sein (ein neuer Marktphasenzyklus beginnt), bei dieser langfristigen Betrachtung schließen Ökonomen aber auch Präferenzänderungen der Nachfrager nicht aus. Eine verlustfreie Produktion ist bei den gegebenen Kapazitäten nicht mehr möglich. Gelingen den Anbietern nicht grundlegende Produkt- und Verfahrensinnovationen (vgl. Kapitel 5.6), stirbt der Markt ab und der Marktaustritt ist unausweichliche Folge.

3.3   Wettbewerb

Marktwirtschaft und Wettbewerb gehören unabdingbar zusammen, Wettbewerb ist das systembegründende Prinzip einer Marktwirtschaft (Herdzina 1993). Wettbewerb ist, neben dem Preissystem, der zentrale Steuerungsmechanismus des marktwirtschaftlichen Geschehens. Er ist sozusagen die Hauptspielregel, der das Zusammentreffen der wirtschaftlichen Akteure auf dem Markt und ihre jeweilige Vorteilssuche unterliegen (vgl. Kapitel 7.3). Soweit Medien von privaten Wirtschaftsunternehmen marktmäßig bereitgestellt werden, unterliegen auch sie dem Wettbewerbsprinzip.

Der Wettbewerb spielt auch in der kommunikationswissenschaftlichen und medienpolitischen Diskussion eine entsprechend große Rolle, gilt er hier doch als Mechanismus, der die Pluralität der Meinungen im Medienangebot bei einer Vielzahl unabhängiger Medienanbieter garantieren soll. Die Forderung nach Wettbewerbsfreiheit und nach Presse- und Meinungsfreiheit haben, wie in Kapitel 2.3 erläutert, historisch dieselben Wurzeln und insofern ergibt sich, wie Aufermann (1980, 217) feststellt „eine begrenzte Zielharmonie zwischen neoklassisch verstandener Wettbewerbsfreiheit (möglichst viele Anbieter) und Pressefreiheit, wenn man darunter versteht: freier Marktzugang, niedrige Marktzutrittsschranken, Medienvielfalt bzw. dementsprechende substantielle und inhaltliche Auswahlfreiheit der Leser. Insofern wäre die informationelle, publizistische Nützlichkeit der Wettbewerbsfreiheit tatsächlich gegeben. Allerdings ist die neoliberale Wettbewerbsfreiheit noch keine hinreichende Bedingung für publizistische Vielfalt und Qualität. Sie ist aber unter der diskussionsbedürftigen Prämisse einer privatwirtschaftlichen Struktur der Presse eine notwendige Bedingung".

Die Einschätzung Aufermanns, dass Wettbewerbsfreiheit eine zwar nicht hinreichende aber notwendige Bedingung von Pressevielfalt sei, liegt auch der Debatte über Medienkonzentration und den Forderungen nach Unterbindung oder Begrenzung der Konzentration zugrunde. Sie ist aber, um das hier gleich einzufügen, keineswegs die einzige kommunikationswissenschaftliche Vorstellung davon, wie der publizistischen Vielfaltsnorm unter „der diskussionsbedürftigen Prämisse einer privatwirtschaftlichen Struktur" der Medien genüge getan werden kann. So kursiert ja auch durchaus die Vorstellung von Vielfalt ohne Wettbewerb, zum Beispiel als Konzept „Vielfalt in der Zeitung" bei Monopolzeitungen (Noelle-Neumann/Ronneberger/Stuiber 1976) oder Vielfalt innerhalb eines Konzerns, der seinen Regionalzeitungen zum Beispiel publizistische Unabhängigkeit gewährt. Dieses zweite Beispiel verweist auf Vorstellungen von einem publizistischen Wettbewerb, der offenbar unabhängig vom ökonomischen Wettbewerb der Anbieter existiert und ebenfalls Vielfalt in gegenständlicher, inhaltlicher, formaler etc. Hinsicht generieren soll. Dabei ist das Beziehungsgefüge sowohl zwischen ökonomischem und publizistischem Wettbewerb, als auch zu dem jeweils postulierten Wettbewerbsergebnis der Vielfalt weitgehend ungeklärt (vgl. zu den divergierenden Annahmen und Bewertungen auch Knoche 1999d).

Eine neuere Wettbewerbsvariante, die in der PKW auf größeres Interesse stößt, ist der Aufmerksamkeitswettbewerb. Der Begriff hat im Zusammenhang der Diskussion über das Entstehen einer Aufmerksamkeitsökonomie (Franck 1998, Goldhaber 1997) Karriere gemacht, bleibt aber wie diese als theoretische Konzept vage und von beschränkter neuer Aussagekraft (vgl. dazu Hummel/Schmidt 2001). Aufmerksamkeit spielt in der ökonomischen Theorie und Forschung zum Konsumentenverhalten traditionell eine zentrale Rolle. Kroeber-Riel (1992, 270) definiert Aufmerksamkeit in Anlehnung an Bettman (1979) als „Bereitstellung von kognitiver Verarbeitungskapazität für einen Reiz". Aufmerksamkeit ist ein zentrales Konzept in Theorien zur menschlichen Informationsverarbeitung und zur Erklärung von Wahrnehmungsleistungen. Sie spielt daher auch in der Werbewirkungsforschung eine große Rolle, bildet zum

Beispiel die erste Stufe des AIDA-Modells: Attention, Interest, Desire, Action (vgl. auch Theis-Berglmair 2001). Werbungswettbewerb, ja Medienwettbewerb generell sind und waren immer Aufmerksamkeitswettbewerb, denn in beiden Fällen werden Reize bereitgestellt, die kognitive Verarbeitungsprozesse auslösen sollen. Wie aber lässt sich Aufmerksamkeitswettbewerb vom ökonomischen Wettbewerb abgrenzen? Stellt man auf Jürgen Heinrichs Wettbewerbsdefinition (vgl. 3.3.1) ab, scheinen Unterschiede nicht gegeben: für das Entscheiden des Dritten muss zunächst ja dessen Aufmerksamkeit geweckt werden. Zwischen publizistischem und Aufmerksamkeitswettbewerb könnte man dahingehend unterscheiden, dass der erstere eine eher angebotsorientierte Perspektive favorisiert, während der zweite auf die (potentielle) Nachfrageseite abstellt.

Sieht man sich die Wettbewerbstheorien der Ökonomik an, ist äußerst zweifelhaft, dass Wettbewerb Vielfalt zum Ergebnis hat. Auch wenn Wettbewerb das systembegründende Prinzip der Marktwirtschaft darstellt, herrscht in der Ökonomik weder über seine Voraussetzungen noch seine Wirkungen Einigkeit (Herdzina 1993). Die kommunikationswissenschaftliche Unsicherheit mit dem Phänomen Wettbewerb spiegelt also letztlich die der Ökonomen.

In den folgenden Unterkapiteln geht es zunächst einmal um eine Darstellung des Wettbewerbs als ökonomische Institution. Dabei wird auf Medien zwar immer wieder Bezug genommen, die Darstellung folgt jedoch primär der ökonomischen Sicht. Eine systematische Problematisierung des Steuerungsmechanismus Wettbewerb wird in Kapitel 7.3 versucht.

3.3.1   Komponenten einer Wettbewerbsdefinition und Wettbewerbskräfte

Herdzina stellt fest, dass es keine allgemein akzeptierte Definition von Wettbewerb gibt und in dem Lehrbuch-Bestseller von Samuelson/Nordhaus zum Beispiel sucht man eine solche Definition auch vergeblich. Nach Herdzina (1993, 9) ist es auch nicht Aufgabe der Nationalökonomie als Erfahrungswissenschaft „die metaphysische Frage ‚Was ist Wettbewerb' zu beantworten (...). Der Terminus ‚Wettbewerb' ist lediglich die *abkürzende Formel* für einen Katalog von Vorgängen und Sachverhalten. An die Stelle einer ausführlichen Darlegung jener Vorgänge und Sachverhalte tritt der ‚Name' Wettbewerb, das heißt man arbeitet mit einer *'nominalistischen' Wettbewerbsdefinition*". Diese Vorgänge und Sachverhalte, die mit der Nominaldefinition Wettbewerb erfasst werden, beziehen sich in Anlehnung an das Marktstruktur-Marktverhalten-Marktergebnis-Paradigma wiederum auf die drei Ebenen:

-   wettbewerbliche Struktur;
-   wettbewerbliches Verhalten/Wettbewerbsprozess;
-   Wettbewerbswirkungen/Marktergebnisse.

Die der Konzentrationsdebatte zugrunde liegende Annahme, eine Vielzahl von unabhängigen, im Wettbewerb stehenden Anbietern sei eine notwendige, wenn auch nicht hinreichende Bedingung für publizistische Vielfalt, rekurriert auf die Ebene der wettbewerblichen Struktur.

Heinrich (1994, 30) stellt hingegen auf die zweite Ebene des wettbewerblichen Verhaltens und den Wettbewerbsprozess ab, wenn er Wettbewerb definiert als ein „dynamisches Ausleseverfahren, bei dem die Wettbewerber das gleiche Ziel haben und außenstehende Dritte darüber entscheiden, wer das Ziel in welchem Umfang erreicht".

Im Marktstruktur-Marktverhalten-Marktergebnis-Paradigma sind die drei Ebenen analytisch verbunden. Auch die dritte Ebene des Ansatzes, die der Marktergebnisse, also bestimmter Wirkungen des Wettbewerbs, kann als Definitionsmerkmal von Wettbewerb gelten, wenn diesem bestimmte Funktionen zugeordnet werden.

Die Definition eines Marktgeschehens als wettbewerblich kann also ansetzen (vgl. Herdzina 1993, 11):

- an bestimmten Konstellationen, die als Voraussetzung für das Eintreten gewünschter Verhaltensweisen, Prozesse und Wirkungen vermutet werden wie bestimmte Marktstrukturen, Marktzutrittsfreiheit u.ä.;
- an bestimmten Prozessabläufen und Verhaltensweisen wie dynamische Ausleseverfahren oder dass andere Verhaltensweisen wie Absprachen oder Marktzutrittsbehinderungen nicht vorkommen;
- an bestimmten Wirkungen oder Marktergebnissen wie zum Beispiel rasche Anpassung des Angebots an Nachfrageänderungen.

Unter die Nominaldefinition von Wettbewerb wird also eine solche Fülle von Phänomenen subsumiert, dass die Feststellung kaum verwundern kann, dass es eine allgemein akzeptierte Definition von „Wettbewerb" nicht gibt.

Geht man von der Definition Heinrichs aus, kann man wirtschaftlichen Wettbewerb allgemeiner auch als Leistungskampf zwischen Wirtschaftsakteuren am Markt beschreiben. Wesentliches Antriebsmoment des Wettbewerbs ist das individuelle Vorteilsstreben des Homo Oeconomicus. Unabhängige Anbieter versuchen mit unabhängigen Nachfragern Kauf- oder Dienstleistungsverträge abzuschließen, die für sie jeweils möglichst günstig sind. Die Anbieter zum Beispiel von Printmedien sind dann im Sinne der Definition Heinrichs die Wettbewerber mit demselben Ziel, wahrscheinlich dem der Gewinnmaximierung, die unabhängigen Dritten die Leser und die Werbewirtschaft, die mit ihrem Nachfrageverhalten bestimmen, welche Gewinne tatsächlich von den einzelnen Wettbewerbern erzielt werden. Aber natürlich stehen zum Beispiel auch die Werbungtreibenden untereinander im Wettbewerb bei ihrem Versuch, Werbezeiten möglichst günstig einzukaufen. Der Erfolg des Bemühens um individuelle Vorteile im Wettbewerb hängt also stets davon ab, wie erfolgreich die anderen konkurrierenden Anbieter und Nachfrager agieren.

Porter (2000, S. 28ff.) unterscheidet fünf Faktoren, die in einer Branche Regeln und Intensität des Wettbewerbs und damit die durchschnittlichen Renditemöglichkeiten der Unternehmen bestimmen: die Rivalität der Unternehmen der Branche, die Verhandlungsmacht der Abnehmer, die Verhandlungsmacht der Lieferanten, die Bedrohung durch neue Konkurrenten und die Bedrohung durch Ersatzprodukte oder Ersatzdienste. Welches Gewicht diese Faktoren jeweils haben, hängt von den wirtschaftlichen und technischen Merkmalen einer Branche ab. In Abbildung 3.6 sind Elemente und Determinanten zusammengestellt, die den Wettbewerb in einer Branche in Gang halten.

Diese Faktoren spielen auch im Wettbewerb der Medien eine zentrale Rolle, auch wenn ihre jeweilige Stärke zwischen den Mediensektoren variiert. So ist zum Beispiel die Bedrohung durch Markteintritte neuer Konkurrenten in den weitgehend monopolisierten Zeitungsmärkten, heute aber auch auf dem Oligopol-Markt privater Fernseh-Vollprogramme relativ gering, bei Zeitschriften und privaten Hörfunkprogrammen dagegen wohl höher einzuschätzen. Oder: die

Verhandlungsmacht der Abnehmer auf dem Werbemarkt ist, wie die aktuelle Werbekrise zeigt, ganz offensichtlich groß, auf dem Rezipientenmarkt hingegen gering bzw. bei Werbefinanzierung gar nicht gegeben. Auf die Wirksamkeit dieser Faktoren wird im Verlauf der hier vorgelegten Einführung immer wieder verwiesen werden. Dass sie sich mit Erfolg auf die Medienbranche übertragen lassen, zeigt die Arbeit von Zabel (2004), in der die Relevanz der Porterschen Wettbewerbskräfte für den deutschen Fernsehmarkt und ihr Einfluss auf Programmplanung und Senderstrategien analysiert werden.

Abbildung 3.6: Die fünf Wettbewerbskräfte

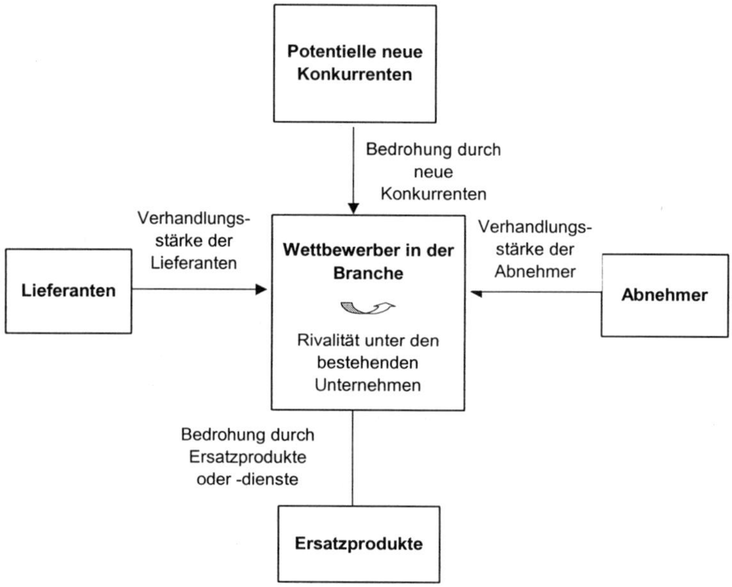

```
                        ┌──────────────────────┐
                        │  Potentielle neue    │
                        │    Konkurrenten      │
                        └──────────────────────┘
                                    │
                            Bedrohung durch
                                neue
                              Konkurrenten
                                    ↓
   Verhandlungs-        ┌──────────────────────┐   Verhandlungs-
     stärke der         │ Wettbewerber in der  │     stärke der
     Lieferanten        │      Branche         │     Abnehmer
┌───────────┐           │                      │           ┌───────────┐
│ Lieferanten │ ──────→ │  Rivalität unter den │ ←──────── │  Abnehmer │
└───────────┘           │    bestehenden       │           └───────────┘
                        │    Unternehmen       │
                        └──────────────────────┘
                            Bedrohung durch
                            Ersatzprodukte
                              oder -dienste
                                    │
                        ┌──────────────────────┐
                        │    Ersatzprodukte    │
                        └──────────────────────┘
```

Quelle: Porter 2000, S. 29.

3.3.2   Funktionen des Wettbewerbs

Dem Wettbewerb wird, darüber besteht weitgehend Konsens, vor allem eine Freiheitsfunktion zuerkannt. Einerseits setzt Wettbewerb Freiheitsspielräume voraus, nämlich die Freiheit zum wettbewerblichen Handeln wie neue Märkte zu schaffen, neue Verfahren zu erproben u.ä., andererseits trägt Wettbewerb dazu bei, individuelle Freiheitsspielräume zu erhalten, zum Beispiel indem er die Wahl zwischen Alternativen ermöglicht. Das Wettbewerbsprinzip einer marktwirtschaftlichen Ordnung sichert vor allem die positive Handlungsfreiheit, also nach eigener Entscheidung und Wahl (Herdzina 1993, 13):

„- Konsum- und Investitionsgüter nachzufragen,

- Produktionsfaktoren zu bekannten oder neuen Gütern zu kombinieren,

- das absatzpolitische Instrumentarium beim Angebot von Gütern einzusetzen".

Auch wenn im Wettbewerbsprozess die Handlungsspielräume und die Wahlmöglichkeiten der einzelnen Akteure (vor allem durch erfolgreiche Konkurrenten) immer wieder temporär eingeschränkt werden, gilt Wettbewerb als Instrument zur Sicherung von Freiheit, weil er umgekehrt auch die Ausweitung dieser Spielräume durch eigene Aktivität erlaubt.

Wettbewerb wird in den modernen Wettbewerbstheorien vor allem als dynamischer Prozess verstanden, der sich zwischen den am Markt befindlichen und den potentiellen Anbietern (Nachfragern) abspielt und bei dem in Anlehnung an Schumpeter (1926) zwischen einem innovatorischen und einem imitatorischen Teilprozess unterschieden wird. Unterstellt wird ein zyklischer Charakter des Wettbewerbsprozesses. Der Schumpetersche „dynamische Unternehmer" (vgl. 3.4.4) verschafft sich durch innovatorische Leistungen (neue Produkte, bessere Herstellungsverfahren u.ä.) eine temporäre Monopolsituation und aus diesem Vorsprung gegenüber der Konkurrenz entsprechende Pioniergewinne – der schöpferische Wettbewerb ist am Werk. Die Konkurrenz zieht nach und imitiert die Innovation, baut die Monopolsituation und die Monopolgewinne ab, der zerstörerische Wettbewerb beginnt, der so aber zugleich auch den Antrieb zu neuen Innovationen schafft. Temporäre Monopole (und damit temporäre Beschränkung der positiven Handlungsfreiheit) sind aus dieser Sicht also nicht nur erlaubt, es muss sie sogar geben, um den Wettbewerbsprozess dynamisch zu halten. Allerdings müssen Monopolsituationen temporär bleiben, es muss sich um „prozessuale Monopole" handeln, so dass die Vorteile der innovativen Leistung des dynamischen Unternehmers mit der Imitationsphase, die als Expansions- und Ausreifungsphase des Marktphasenkonzepts zu begreifen ist, der Gesellschaft insgesamt zugute kommen. Als Voraussetzung und Garantie, dass sich temporäre nicht zu dauerhaften Monopolen verfestigen, gilt die Freiheit des Marktzutritts.

Neben der Freiheitsfunktion werden dem Wettbewerb noch spezifische gesamtwirtschaftliche Funktionen zugewiesen:

- die Anpassungs- bzw. Allokationsfunktion
  Wettbewerb soll dafür sorgen, dass sich das Angebot an Waren und Dienstleistungen auf Märkten an den Präferenzen der Nachfrager ausrichtet, er soll die laufende Anpassung der Güterproduktion an die Präferenzstruktur sicherstellen. Er soll die Produktionsfaktoren, also Arbeit, Kapital, Ressourcen in die optimalen Verwendungsmöglichkeiten lenken und bei Änderung der Nachfragestruktur den erforderlichen Reallokationsprozess der Produktionsfaktoren auslösen. Wettbewerb soll also letztlich die ökonomische Effizienz von Märkten sichern.

- die Entdeckungs- und Fortschrittsfunktion
  Wettbewerb soll den technischen Fortschritt vorantreiben, die Entwicklung neuer Güter und Produktionsverfahren, neuer Problemlösungen forcieren.

- die Verteilungsfunktion
  Wettbewerb soll nicht leistungsgerechte Einkommen, zum Beispiel aus Monopolsituationen, verhindern oder abbauen, wobei Leistungsgerechtigkeit eine ökonomische, keine soziale Kategorie ist.

Wettbewerb hat schließlich noch eine gesellschaftspolitische Kontrollfunktion, die sich logisch aus der Freiheitsfunktion ergibt: er soll das Entstehen von dauerhaften wirtschaftlichen Machtpositionen verhindern. Der Vorstellung vom zyklischen Wettbewerbsprozess, der temporäre Monopole ermöglicht aber auch wieder abbaut, entspricht diese Kontrollfunktion.

Obwohl sich die Frage, was Wettbewerb eigentlich ist, wissenschaftlich nicht beantworten lässt, besteht doch offenbar ein Grundkonsens bezüglich seiner (erwarteten) Wirkungen einschließlich zentraler gesellschaftlicher Grundwerte, die dadurch realisiert werden sollen und der daraus ableitbaren wirtschaftpolitischen Ziele. Die Zusammenhänge sind in Übersicht 3.2 dargestellt.

Übersicht 3.2:   Gesellschaftliche Grundwerte, wirtschaftspolitische Ziele und
**   Wettbewerbsfunktion**

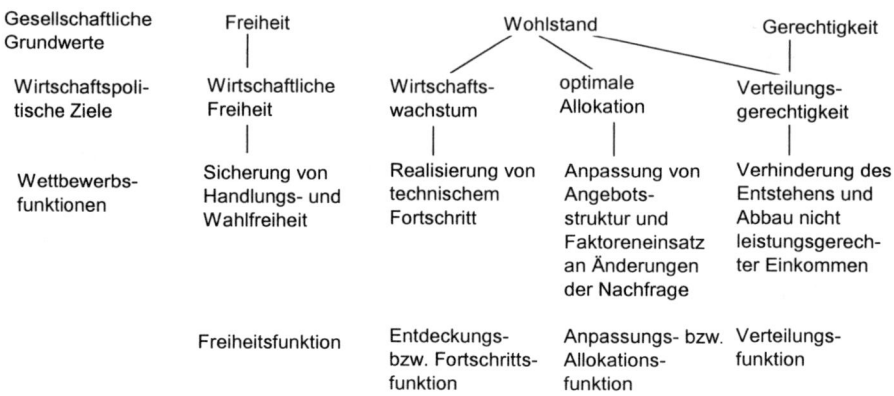

Quelle: Herdzina 1993, S. 34.

3.3.3   Wettbewerbskonzepte

Wichtig ist zunächst einmal zweierlei festzuhalten: dass es

1. keine geschlossene, allgemein anerkannte Wettbewerbstheorie gibt im Sinne eines Systems an gehaltvollen, empirisch getesteten Hypothesen und dass

2. die bestehenden Teilkonzepte normative Konzepte sind, die Zielvorstellungen formulieren.

Die oben beschriebenen Funktionen des Wettbewerbs sind Soll-Funktionen. Es sind keine Beschreibungen oder Erklärungen, wie Wettbewerb in der wirtschaftlichen Realität wirkt, wie er funktioniert und was er bewirkt, sondern es sind an den Wettbewerb geknüpfte Erwartungen, Ziele, die mit diesem Mechanismus erreicht werden sollen.

Es gibt in der modernen Wettbewerbstheorie zwei Hauptansätze, die sich grob danach unterscheiden lassen, welche der obigen Wettbewerbsfunktionen sie besonders betonen und wie sie mit dieser Normativität umgehen. Der eine Ansatz ist die neoliberale oder neuklassische Sicht des Wettbewerbs, der andere das Leitbild des funktionsfähigen Wettbewerbs.

3.3.3.1   Das neoklassische Wettbewerbsfreiheits-Konzept

Es ist ein evolutionstheoretisch begründetes, weitgehend am Laissez-faire-Ansatz orientiertes Konzept, das in Deutschland vor allem mit den Namen von Hayek (1996a, b) und Hoppmann (1988), in den USA mit der Chicago-School verknüpft wird. In der neoklassischen Sicht hat Wettbewerb nur eine einzige Funktion, die allgemeine instrumentale Freiheitsfunktion, die ein marktwirtschaftliches System erst ermöglicht. Spezielle Funktionen des Wettbewerbs im Sinne des Erreichens bestimmter gesamtwirtschaftlicher oder gar gesellschaftlicher Ziele werden abgelehnt. Wettbewerb ist Ziel in sich, Wettbewerbsergebnisse werden positiv bewertet, weil es Wettbewerbsergebnisse sind. Das hat vor allem damit zu tun, dass Wettbewerb als „Entdeckungsverfahren" verstanden wird. Von Hayek (1996b, 119f.), der diese Sicht auf den Wettbewerb in einem gleichnamigen Artikel begründete, verweist darauf, dass es sinnlos wäre, Wettbewerbe im Sport, in der Wissenschaft oder Architektur zum Beispiel zu veranstalten, wenn im voraus bekannt wäre, wer der Sieger wird. Folglich sei „Wettbewerb *nur* deshalb und insoweit wichtig (..), als seine Ergebnisse unvoraussagbar und im ganzen verschieden von jenen sind, die irgend jemand bewusst hätte anstreben können". Heinrich (2001, 57) fasst das neoliberale Wettbewerbskonzept als Such- und Entdeckungsverfahren wie folgt zusammen: „Der Wettbewerb wird als ein offener Prozess zur Entdeckung von Erkenntnissen interpretiert. Ausgangspunkt der Beschreibung des Wettbewerbsprozesses ist die Vorstellung von der Begrenztheit menschlichen Wissens und die Überzeugung, dass das in einer Gesellschaft vorhandene Wissen nicht zentralisiert ist und nicht zentralisiert werden kann, vielmehr räumlich, sachlich und zeitlich verteilt ist. Kein Mensch und keine Organisation kennt die ‚Wahrheit', die effizientesten Produktionsverfahren und die besten Produkte insgesamt. Diese herauszufinden, wird dem Wettbewerb überlassen (...)". Die Ergebnisse des Wettbewerbs sind also nicht voraussehbar, genau darin liegt in dieser Sicht das innovative Potential von Wettbewerb. Es macht Wettbewerbsergebnisse allerdings auch nicht empirisch überprüfbar. Notwendige Folge des Grundes, aus dem allein wir uns des Wettbewerbs bedienen sei, so Hayek „dass die Gültigkeit der Theorie des Wettbewerbs *für jene Fälle, in denen sie interessant ist*, nie empirisch nachgeprüft werden kann". Aussagen zu den Ergebnissen des Wettbewerbs lassen sich daher auch nur in der sehr allgemeinen Form von Musteraussagen („pattern predictions") machen, nicht aber als spezifische Einzelvoraussagen.

3.3.3.2 Das Konzept des funktionsfähigen Wettbewerbs

Das Konzept des funktionsfähigen Wettbewerbs wurde Ende der 1930er Jahre als Concept of Workable Competition (Clark 1940), also Konzept vom arbeitsfähigen Wettbewerb entwickelt, und zwar als Alternative zum Leitbild der vollständigen Konkurrenz, das wir im Zusammenhang mit den Marktformen bereits kennen gelernt haben. Es ging darum, „eine realisierbare, praktisch relevante Form von Wettbewerb im Gegensatz zu unrealistischen statischen Modellen zu charakterisieren" (Herdzina 1993, 37). In der Tradition des von Clark entworfenen Ansatzes stehen in den USA die Industrial Organization Theory der Havard-School, deren Vertreter (Bain 1968, Scherer/Ross 1990) das Marktstruktur, -verhalten, -ergebnis-Paradigma entwickelten, in Deutschland als wohl bekannteste Modifikation das Konzept vom funktionsfähigen Wettbewerb von Kantzenbach (1967).

Auch dieses Teilkonzept von Wettbewerb ist kein einheitliches, geschlossenes Modell, sondern weist verschiedene Varianten auf, die uns hier aber nicht näher beschäftigen sollen. Als funktionsfähig gilt Wettbewerb diesem Konzept gemäß generell dann, wenn er die oben skizzierten Funktionen zu erfüllen geeignet ist. Dabei geht es insbesondere um die Abklärung der Frage nach möglichen Zielkonflikten zwischen den einzelnen Wettbewerbsfunktion (Dilemmathese), eine Frage, die aus neoliberaler Sicht logischerweise nicht existiert (hier gilt die Harmoniethese). Zielkonflikte zwischen ökonomischen Wettbewerbsfunktionen sind zum Beispiel zwischen Freiheits- und Fortschrittsfunktion denkbar, wenn man davon ausgeht, dass technischer Fortschritt bestimmte Unternehmensgrößen voraussetzt, eine Annahme, die mit Blick auf die Konzentrations- und Fusionsbestrebungen der ohnehin schon Großen im Medien- und Telekommunikationsbereich in Reaktion auf die neuen I+K-Techniken nicht unplausibel ist. Es geht aber nicht nur um Zielkonflikte zwischen den einzelnen ökonomischen Wettbewerbsfunktionen, sondern auch um solche zwischen einem im definierten Sinn funktionsfähigen Wettbewerb und anderen gesellschaftlichen Zielen. Gerade diese zweite Art von Zielkonflikten verdient besonderes medienökonomisches Interesse, da Medien ja definierte gesellschaftliche Ziele verwirklichen sollen. So ist durchaus zweifelhaft, ob ein die Anpassungsfunktion perfekt realisierender Wettbewerb auch im publizistischen Sinne funktionsfähig ist.

Zentral für das Konzept des funktionsfähigen Wettbewerbs ist die Frage nach den marktstrukturellen Voraussetzungen, die zur Realisierung der einzelnen Wettbewerbsfunktionen gegeben sein müssen. Dabei kommt insbesondere wieder die Frage ins Spiel, welcher Grad an Dezentralisierung bzw. Konzentration in den heutigen hochtechnisierten Industriegesellschaften möglich und nötig ist.

Zur empirischen Überprüfung der Funktionsfähigkeit des Wettbewerbs auf spezifischen Märkten dient, anknüpfend an die Komponenten der Wettbewerbsdefinition, das bereits diskutierte Marktstruktur-Marktverhalten-Marktergebnis-Paradigma, hier verstanden zunächst einmal als drei Arten von Wettbewerbstests. Die Prüfung der Funktionsfähigkeit von Wettbewerb kann auf allen drei Ebenen ansetzen: bei dessen Wirkungen oder Funktionen, beim Verhalten der Teilnehmer und dem Prozessablauf oder bei den Wettbewerbsvoraussetzungen, insbesondere der Marktstruktur (zur Anwendung auf Medienmärkte vgl. Czygan/Kallfaß 2003). Allerdings sind auch die möglichen Zusammenhänge zwischen Struktur, Verhalten und Ergebnis empirisch zu analysieren (vgl. dazu Sjurts 1996, 2002).

Das Konzept des funktionsfähigen Wettbewerbs ist, wie das neoklassische Freiheitskonzept, über weite Strecken ein normatives Konzept, jedoch mit Ansätzen, die Funktionsweise des Wettbewerbs auch empirisch zu überprüfen.

3.3.3.3 Ressourcentheorie als ergänzender Ansatz

Hier soll noch kurz ein wettbewerbstheoretischer Ansatz vorgestellt werden, der weniger prominent die oben diskutierten Konzepte eher ergänzt, für den Bereich der Medien aber von besonderer Relevanz erscheint, die Ressourcentheorie. Ausgangspunkt ist die Überlegung, dass Ressourcenverfügbarkeit und Marktmacht eng zusammenhängen. Unternehmen, insbesondere konglomerate Unternehmen, die auf mehreren Märkten agieren, wie sie ja auch die Multimedia-Unternehmen darstellen, verfügen über Ressourcen, die auf viele Märkte verteilt sind. Die traditionelle Einzelmarktbetrachtung zur Abschätzung von Marktmacht greift nach dieser Theorie daher zu kurz, weil diese Unternehmen Ressourcen bei Bedarf zwischen den verschiedenen Märkten hin- und herschieben können, also zum Beispiel Kapital aus den Printmärkten in den Aufbau elektronischer Märkte stecken können. Hierdurch sind diese Unternehmen fähig, „Verdrängungswettbewerb (ruinöse Konkurrenz) zu betreiben, Konkurrenten zu disziplinieren, bei der Kostenrechnung sehr unterschiedliche Prinzipien anzuwenden, nachfrageverbundene Produkte zu kalkulieren und andere Unternehmen abzuschrecken" (Aberle 1992, 51). Unternehmen werden danach als Pool produktiver Ressourcen verstanden, der neben den finanziellen Ressourcen unternehmerische (Management), technologische (Forschungs- und Entwicklungsaufwand, Patente) produktionstechnische und absatzpolitische umfasst. Dieser Ressourcenpool verschafft, abhängig von seinen Strukturmerkmalen, Macht. Solche Strukturmerkmale sind: 1. die Qualität der Ressourcen: mit Blick auf Economies of scale, Synergieeffekte, Absicherungsmöglichkeiten der Marktposition gegenüber potentieller Konkurrenz; 2. die Diversifikation der Ressourcen: direkter Zugang zu Absatz- und Beschaffungsmärkten, interner Verlustausgleich, Gegenseitigkeitsgeschäfte; 3. die Flexibilität der Ressourcen: sie sind für mehrere Nutzungsalternativen einsetzbar.

Der Ansatz hat in das Wettbewerbsrecht Eingang gefunden zu Bestimmung von Marktmacht. Wir werden in der Folge noch sehen, dass er die erweiterten Handlungsmöglichkeiten und die Marktmacht von Multimedia-Unternehmen sehr plastisch abbildet (vgl. z.B. Kapitel 6.2.2).

3.3.4   Wettbewerbsformen

Wenigstens kurz soll hier noch auf Hauptformen des Wettbewerbs eingegangen werden, die in Abbildung 3.7 dargestellt sind.

Abbildung 3.7:   Wettbewerbsformen

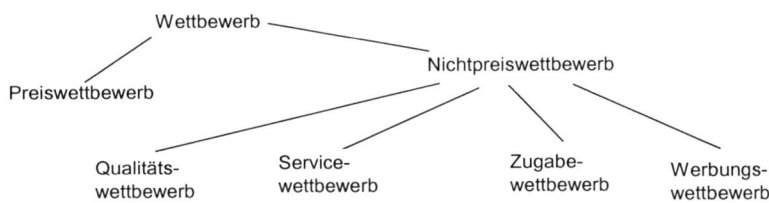

Quelle: Aberle 1992, S. 14.

Unterschieden werden die Wettbewerbsformen danach, welche wettbewerbsstrategischen Maßnahmen die Teilnehmer ergreifen, welche Aktionsparameter sie auf dem Markt einsetzen. Und das hängt wiederum entscheidend davon ab, ob es um Wettbewerb zwischen homogenen, also für den Nachfrager voll austauschbaren Gütern geht oder um Wettbewerb zwischen heterogenisierten Gütern, die zwar weitgehend ähnlich sind, sich in einzelnen Aspekten aber doch unterscheiden. Bei homogenen Gütern kommt nur die Form des Preiswettbewerbs zum Zuge, das heißt Wettbewerb kann hier nur über den Preis ausgetragen werden, da irgendwelche (Qualitäts-)Unterschiede zwischen den Produkten ja nicht bestehen, zumindest für den Verbraucher nicht erkennbar sind. Beim Nichtpreiswettbewerb spielen unterschiedliche Produktausformungen (ökonomisch: Qualitätswettbewerb), Serviceleistungen und Zugaben eine Rolle – hier spiegeln sich die bereis diskutierten Heterogenisierungsstrategien der Unternehmen. Werbungswettbewerb will vor allem auf den Anbieter und/oder sein Produkt bezogene Konsumentenpräferenzen aufbauen und/oder stärken. Da Preiswettbewerb nicht immer nur dazu dient, überhöhte Preise abzubauen, das heißt sie auf das Niveau der für den Ressourcenverbrauch erforderlichen Kompensation zu senken, sondern grundsätzlich immer die Gefahr birgt, dass es zu einem ruinösen Preiskampf mit Dumping-Preisen kommt, werden natürlich, wo immer möglich, For-

men des Nicht-Preiswettbewerbs gesucht und bevorzugt. Dieser Vermeidung von Preiswettbewerb dienen nicht zuletzt auch die Heterogenisierungsstrategien. Heterogenisierung bedeutet ja
Unvergleichbarmachung oder Individualisierung eines Produkts. Focus ist ein Nachrichtenmagazin wie der Spiegel, aber in Aufmachung, Berichterstattungsart und -länge, Text-Bild-
Verhältnis etc. ein anderes und für den Leser damit unterscheidbares Produkt. Ähnliches gilt
für die Vielzahl von Frauenzeitschriften, Sportmagazinen, Börsen- oder Computerblättern, die
sich oft nur in Nuancen unterscheiden. Spartenprogramme oder Zielgruppenzeitschriften sind
Strategien der Medienunternehmen, ihr Medienprodukt zu individualisieren, auf dem Rezipientenmarkt, aber möglichst auch als Werbeträger. Auf beiden Märkten geht es darum, das Medienprodukt aus einem Preiswettbewerb mit inhaltlich benachbarten Angeboten möglichst he-
rauszuhalten. Die Werbung in Medien, sofern diese vor allem Reichweite innerhalb der Mediengattung liefern sollen, wie das terrestrische Fernsehen auf dem nationalen Markt, Zeitungen auf Lokalmärkten, gilt bei der Werbewirtschaft zumeist als homogenes Gut und das bedeutet normalerweise Preiswettbewerb. Werbefinanzierte Medien als Kuppelprodukte aus redaktionellem und Werbeteil (vg. Kapitel 4.3) stehen damit häufig auf dem Publikums- und auf dem
Werbemarkt in einem jeweils anderen Wettbewerb. Abbildung 3.8 stellt das einmal für die
Zeitung dar.

Abbildung 3.8:   Wettbewerbsformen differenziert nach Rezipienten- und Werbemarkt

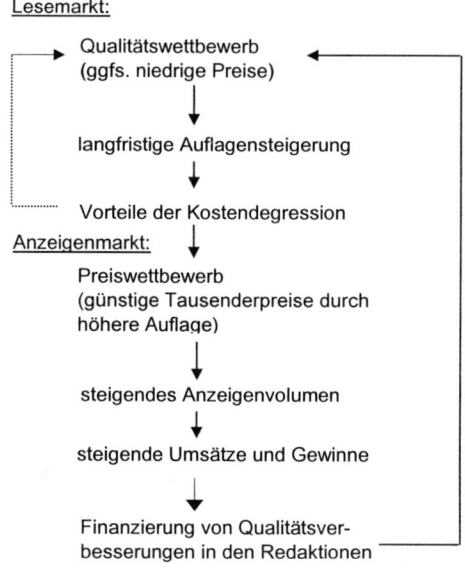

(Erweiterung der redaktionellen Leistungen)

Quelle: Kantzenbach/Greiffenberg 1980, S. 199.

Auf dem Lesermarkt herrscht in der Regel Nicht-Preiswettbewerb. Das kann ein Qualitätswettbewerb sein, was ökonomisch unterschiedliche Produktausformungen meint und mit einem
Wettbewerb um publizistische Qualität nicht ohne weiteres gleichgesetzt werden kann. Es kann

aber auch eine andere Form des Nicht-Preiswettbewerbs sein, zum Beispiel das kostenlose Programmsupplement als Zugabe. Auf dem Anzeigenmarkt herrscht hingegen Preiswettbewerb, denn was für die Werbewirtschaft zählt, ist ein möglichst günstiger Tausendkontaktpreis (Seitenpreis der Anzeige dividiert durch 1000 Leser) bei möglichst hoher Abdeckung des entsprechenden Zeitungsmarktes. Was die Abbildung weiter verdeutlicht, an dieser Stelle aber noch nicht weiter ausgeführt werden soll, ist der Wettbewerbsvorteil der Zeitung in Erstanbieterposition und der Mechanismus der Auflagen-Anzeigen-Spirale, beides angelegt in den spezifischen Produktions-, aber auch Finanzierungsbedingungen der Medien (vgl. Kapitel 5.3 und 8.3.2).

3.3.5 Private Wettbewerbsbeschränkungen und Konzentration

3.3.5.1 Zur begrifflichen Klärung der Phänomene

Die ökonomische Theorie geht realistischerweise davon aus, dass ihr Hauptakteur, der Homo Oeconomicus, den Wettbewerb bei der Verfolgung seiner individuellen und eigennützigen Interessen grundsätzlich als eher lästig empfindet. Denn Wettbewerb soll ja funktionsgemäß dem Maximierungsinteresse des Homo Oeconomicus Grenzen setzen, also Machtpositionen zerstören und überdurchschnittliche Profitraten abbauen. Wettbewerb ist auch deshalb lästig, weil er einen Zwang zum Handeln darstellt und das Risiko der Wirtschaftsakteure erhöht. Folglich wird Wettbewerb von Ökonomen als ein meritorisches Gut angesehen (vgl. Kapitel 4.1.6), das heißt die individuelle Wertschätzung des Phänomens und seiner Funktionen ist geringer als die gesamtwirtschaftliche Bewertung seiner positiven Effekte. Das bedeutet, wie bei jedem anderen meritorischen Gut auch, dass zu wenig davon hergestellt wird, wenn nur die individuellen Entscheidungen über das Ausmaß befinden. Der Staat muss folglich eingreifen, um das gesamtwirtschaftlich gewünschte Ausmaß an Wettbewerb bzw. Wettbewerbsfreiheit zu sichern, was in Form der staatlichen Wettbewerbspolitik geschieht. Der Staat setzt und überwacht Spielregeln für den Wettbewerb, die Wettbewerbsbeschränkungen durch private Unternehmen verhindern oder nur unter definierten Bedingungen zulassen. Hauptspielregel in Deutschland ist das Gesetz gegen Wettbewerbsbeschränkungen (GWB), dessen Einhaltung durch die Kartellbehörden gesichert wird und dem prinzipiell auch die privatwirtschaftlich organisierten Medien unterliegen. Mit der dritten Novellierung des GWB 1976 wurden mit Blick auf die speziellen Verhältnisse im Bereich der (ja zumeist mittelständischen) Printmedien besondere Regelungen für die Pressefusionskontrolle eingeführt. Der Schwellenwert für ein Eingreifen der Kartellbehörde wurde auf damals 50 Mio. DM abgesenkt, was bedeutet, Zeitungsverlage können ohne kartellrechtliche Genehmigung fusionieren, solange ihr gemeinsamer Umsatz diese Summe nicht übersteigt. Hinzu kam eine sog. Bagatellklausel für Übernahmen von Kleinverlagen. In der zur Zeit anstehenden 7. Novellierung des GWB ist eine Anhebung dieser Schwellenwerte auf 5o bzw. 2 Mio. Euro vorgesehen. Im Bereich des Rundfunks wird das GWB durch die Regelungen des Rundfunkstaatsvertrags für den privaten Rundfunk medienspezifisch ergänzt, eine eigens dafür berufene Instanz, die Kommission zur Ermittlung der Konzentration im Medienbereich (KEK) ist mit der Beobachtung der Konzentrationsentwicklung beauftragt (vgl. Kapitel 10.4). Nun führen solche Vorschriften natürlich schnell zu Umgehungsversuchen, insbesondere wenn die Informationspflichten gegenüber den Überwachungsbehörden (Kartellamt, KEK) nicht ausreichend geregelt sind, Interpretationsspielräume offen bleiben oder die

Regeln sich in der Praxis einfach nicht als optimal erweisen. Die Novellierung der Beteiligungsvorschriften des Rundfunkstaatsvertrags in der Dritten Fassung war ja aufgrund solcher Mängel notwendig geworden und auch die neuen Regeln stoßen auf Kritik (Röper 1996b, Dörr 1996).

Grundsätzlich lassen sich private Wettbewerbsbeschränkungen als Versuche von Unternehmen verstehen, an die Stelle der ex-post-Koordination des Marktprozesses durch Wettbewerb Formen der ex-ante-Koordination treten zu lassen, was zweifellos den je eigenen Entscheidungs- und Handlungsspielraum vergrößert, den anderer Beteiligter einengt. Als wichtigste Formen privater Wettbewerbsbeschränkungen werden in der Wettbewerbstheorie diskutiert:

1. Kollusives Verhalten. Subsumiert wird darunter ein ganzes Spektrum an Verhaltensweisen, von lockerer gegenseitiger Information bis zu geheimen Absprachen und Verhaltensabstimmungen der angeblichen Wettbewerber.

2. Kartelle. Sie sind bis auf definierte Ausnahmen grundsätzlich untersagt. Es sind Vereinbarungen zwischen Unternehmen oder Vereinigungen von Unternehmen, um das Angebot oder die Marktverhältnisse durch Beschränkung des Wettbewerbs zu beeinflussen.

3. Unternehmenszusammenschlüsse zu einer wirtschaftlichen Einheit in Unterscheidung von Fusion, die Unternehmen geben ihre Selbständigkeit auf, und Konzern, die Unternehmen bleiben im Zusammenschluss rechtlich selbständig. Unternehmenszusammenschlüsse ab einer bestimmten Größenordnung unterliegen der Aufsicht der Kartellbehörden.

4. Schließlich Verhaltensweisen im Wettbewerb, die mit dem Einsatz von Marktmacht zu tun haben. Es handelt sich um Strategien, Marktpartner zu diskriminieren, auszubeuten oder vom Markt zu verdrängen.

Abbildung 3.9: Organisationsformen ökonomischer Aktivitäten

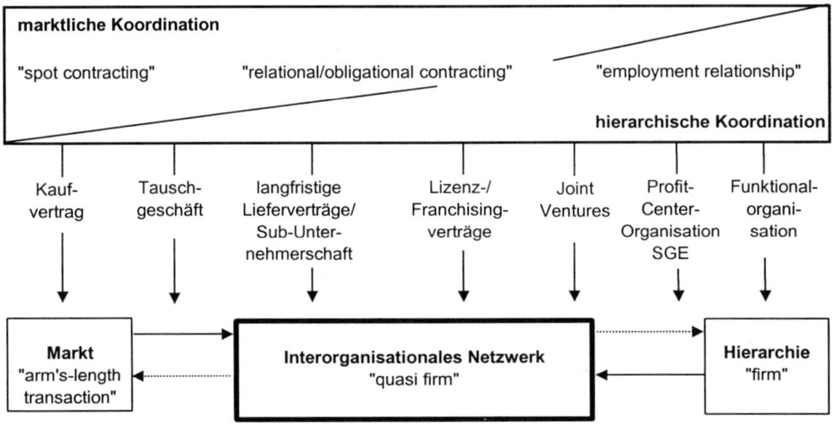

Quelle: Sydow 1992, S. 104.

Die staatliche Kontrolle, bzw. die wettbewerbsverträgliche Steuerung dieser Möglichkeiten privater Wettbewerbsbeschränkungen ist schwierig. Zwischen der marktmäßigen ex-post-Koordination ökonomischer Aktivitäten und der hierarchischen ex-ante-Koordination im Sinne eines Unternehmens, gibt es ja vielfältige Zwischenstufen mit unterschiedlicher Intensität der Verbindungen und Verflechtungen und unterschiedlichem Grad der ex-ante-Koordination.

Materndienste für Zeitungen und Programmzulieferer im Hörfunk, Outputdeals zwischen Filmproduzenten und Fernsehunternehmen zum Beispiel stellen im Medienbereich Formen des interorganisationalen Netzwerks dar und (Vor)Formen der Konzentration.

Konzentration ist dabei in der Ökonomik ein ähnlich vage definiertes Phänomen wie der Wettbewerb. Ganz allgemein kann man darunter die Zusammenballung von ökonomischen Größen verstehen, die, im Sinne der Ressourcentheorie, auch zur Ballung von Gestaltungsmöglichkeiten führt. Konzentrationsuntersuchungen erstrecken sich also immer auf Tatbestände, in denen einzelne Unternehmen den Ablauf wirtschaftlicher Vorgänge beeinflussen können, weil ihre Verfügungsmacht über die Produktionsmittel einer Wirtschaft wächst. Dabei kommt es für die ökonomische Bewertung entscheidend darauf an, dass sich solche Machtpositionen nicht verfestigen können, dass die Möglichkeit des Abbaus durch Wettbewerb erhalten bleibt.

Konzentration wird in der Ökonomie ja nicht per se negativ bewertet, da damit auch Effizienzvorteile verbunden sein können, weil leistungsfähigere Unternehmen entstehen. Und Konzentrationsprozesse beruhen ja nicht nur auf externem Unternehmenswachstum, also Übernahmen und Fusionen, sie können auch Folge internen Unternehmenswachstums sein, zum Beispiel wenn ein Medienunternehmer seinen Markanteil durch innovative Wettbewerbsstrategien deutlich ausbauen kann. Die Mess- und vor allem Bewertungsprobleme von Konzentration sind damit programmiert (vgl. Knoche 1999d).

3.3.5.2 Formen der Konzentration und Konzentrationsmessung

Es werden drei Erscheinungsformen der Konzentration unterschieden, die horizontale, die vertikale und die diagonale oder auch konglomerate Konzentration.

Von horizontaler Konzentration spricht man, wenn sich Wirtschaftseinheiten gleicher Produktionsstufe zusammenschließen, also Unternehmen, die auf demselben relevanten Markt tätig sind. Beispiel: zwei Regionalzeitungen fusionieren, zwei Fernsehsender schließen sich zusammen. Horizontale Konzentration verringert die Zahl der Anbieter auf einem Markt und verändert damit evtl. auch die Marktform.

Vertikale Konzentration oder auch Integration meint den Zusammenschluss von Wirtschaftseinheiten aufeinander folgender Produktionsstufen, also eine Tageszeitung kauft ihre vorher selbständige Druckerei, ein Fernsehproduzent wird Mehrheitseigner eines Fernsehkanals. Vertikale Integration erhöht, wie wir wissen, die Marktzutrittsbarrieren.

Schließlich diagonale oder konglomerate Konzentration: die Produkte der sich zusammenschließenden Unternehmen haben weder von der Absatz- noch von der Produktionsseite etwas miteinander zu tun. Klassische Beispiele: Banken beteiligen sich an Filmgesellschaften, Fernsehunternehmen kaufen Fußballclubs, Spielzeugfabrikanten erwerben Anteilspakete eines Fernsehkanals. Gerade die beiden letzten Beispiele machen deutlich, dass die Übergänge zur vertikalen Konzentration fließend sind.

Diagonale Konzentration wird in der PKW vor allem als Multimedia-Konzentration diskutiert, also Zusammenschlüsse von Verlagen und elektronischen Medien zum Beispiel. Auch hier sind die Grenzen zu horizontaler und vertikaler Konzentration nicht immer scharf zu ziehen. Übersicht 3.3 zeigt die Zusammenschlussmotive für diese drei Konzentrationsformen sowie die Auswirkungen auf den Wettbewerb.

Übersicht 3.3: Zusammenschlussformen, -motive und Auswirkungen auf den Wettbewerb

Zusammenschluss	horizontal	vertikal	diagonal
Begriff	Unternehmen sind auf dem gleichen relevanten Markt tätig	Unternehmen sind auf vor- bzw. nachgelagerten Produktionsstufen tätig und stehen in einer Käufer-Verkäufer-Beziehung zueinander	negativ definiert als Zusammenschluss, der weder horizontaler noch vertikaler Natur ist
Zusammenschluss-motive	economies of scale, Eliminierung eines ineffizienten Unternehmensmanagements	Transaktionskostenersparnisse, Eliminierung eines ineffizienten Unternehmensmanagements	economies of scope, Risikostreuung, Eliminierung eines ineffizienten Unternehmensmanagements
Auswirkungen auf den Wettbewerb	Erlangung einer dominierenden Marktposition, Erleichterung kollektiver Marktkontrolle, Errichtung von Marktzutrittsschranken, Beschränkung des Preiswettbewerbs	Behinderung von nicht-integrierten Konkurrenten, Errichtung von Marktzutrittsschranken	Überwälzung von Marktrisiken und Kosten, Koppelungsgeschäfte, steigende Finanzkraft, Mischkalkulation, Konzentration von Verfügungsbefugnissen

Quelle: Schmidt/Röhrich 1992, S. 183.

Allerdings sind Motive und Wirkungen nur schwer zu trennen, weil die erwarteten Wirkungen oft das Motiv für den Zusammenschluss sind (Heinrich 1994). Kostenvorteile, verbessertes Management, Risikostreuung sind danach die wichtigsten Zusammenschlussmotive, Stärkung der Marktposition und -kontrolle, auch durch höhere Marktzutrittsbarrieren, Risikosplitting und Koppelungsgeschäfte die wichtigsten Auswirkungen.

Eine etwas andere Differenzierung von Konzentrationsformen, ihren Ursachen und Wirkungen gerade im Medienbereich zeigt diese Zusammenstellung (vgl. Übersicht 3.4).

Sie unterscheidet zwischen Zusammenschlüssen, Aufkäufen als Formen externen Wachstums, Start eines neuen Mediums als internes Unternehmenswachstum und kooperativem Marktverhalten und zeigt, dass dies Reaktionen auf sehr unterschiedliche Marktstrukturen und Marktbedingungen sind und die Wirkungen und Effekte jeweils auch unterschiedlich sind, im ökonomischen wie im publizistischen Bereich. Zusammenschlüsse und Aufkäufe sind Reaktionen auf tatsächliche oder vermeintliche Krisensituationen, ausgelöst vor allem durch veränderte Wettbewerbsbedingungen. Sie sind mit Einschränkungen des Wettbewerbs und Verlust an externer Vielfalt, Vielfalt der Stimmen verbunden. Der Start eines neuen Mediums als internes Unternehmenswachstum erhöht zwar die Vielfalt am Markt, aber es kommt keine neue und unabhängige Stimme hinzu. Kooperatives Marktverhalten erhöht die Marktzutrittsbarrieren für Dritte und beschränkt den Wettbewerb, beeinträchtigt aber nicht unmittelbar das Medienangebot. Gerade im Medienbereich scheint es also sinnvoll, Ursache und Wirkungen der einzelnen Konzentrationsformen genauer und differenziert zu erforschen.

Übersicht 3.4: Process of Media Concentration and Diversification

System of Media Concentration and Diversification	General Conditions Required	Effects (Companies and Market)
Mergers	crisis in the industry	decrease in level of competition in the market
		more favourable conditions for the companies
Acquisitions	financial, industrial and commercial superiority (buyer)	quick growth of the companies that invest large sums of money
	need to improve competitive ability (seller)	less "voices" in the market
Launching of Media	markets changing, growing or with new possibilities (ie new media)	slow growth of the company; more diversity in the market
Deals between Companies	maturity of the industry and considerable entry barriers	dangerous competition in the market avoided
		power sharing

Quelle: Sánchez-Tabernero 1993, S. 23.

Bei der kommunikationswissenschaftlichen Konzentrationsforschung lassen sich im wesentlichen zwei Richtungen des Forschungsinteresses unterscheiden:

1. Medienökonomisch orientierte Forschungsansätze, die vor allem dem amerikanischen Vorbild von Benjamin Compaines et.al. (1982) berühmten Buch „Who Owns the Media?" folgen, also Besitzstrukturen und deren Verflechtungen aufzeigen. Die kontinuierlichen Arbeiten von Horst Röper (zuletzt 2004, 2004a) gehören in diesen Bereich.

2. Eher publizistisch orientierte Forschungsansätze, die Konzentrationserscheinungen mit Blick auf die Meinungsvielfalt zu erfassen versuchen. Ein Beispiel kontinuierlicher Forschung dieser Richtung ist die Arbeit von Walter J. Schütz (zuletzt 2001), der mit Hilfe des Instruments der Publizistischen Einheit zeigt, das numerische Vielfalt von Zeitungen mit publizistischer Vielfalt nicht gleichgesetzt werden darf.

Wie eine Zusammenstellung der Konzentrationsmessung im Medienbereich durch Knoche zeigt (vgl. Knoche 1996a, 112), konzentriert sich die Konzentrationsforschung der PKW vorwiegend auf die horizontale Ebene, diagonale Verflechtungen werden deutlich seltener erforscht und konzentrieren sich, stimuliert offensichtlich durch die Einführung privaten Rundfunks in Deutschland, vor allem auf Presse und Rundfunk sowie neuerdings Onlinedienste, Forschung zur vertikalen Integration von Medien findet hingegen bislang kaum statt.

Natürlich ist die Erfassung und Bewertung publizistischer Konzentration, um die es bei allen Ansätzen ja letztlich geht, mit noch mehr Problemen und Schwierigkeiten verbunden als die der ökonomische Konzentration, setzt sie doch eigentlich einen Begriff und eine Meßmethode von Meinungsvielfalt in der Gesellschaft voraus. Entsprechend sind die Ansätze überwiegend eher Hilfskonstruktionen, die dem Modell der Außenpluralität folgend die Marktanteile unabhängiger Medienunternehmen erfassen. Und selbst das hört sich problemloser an

als es ist. Die Probleme der kommunikationswissenschaftlichen Konzentrationsforschung können und sollen hier nicht im einzelnen diskutiert werden (vgl. dazu Knoche 1996a, Heinrich
1994, 2001), nur auf zwei Hauptprobleme sei verwiesen: erstens, mit Hilfe welcher Kriterien
sollen Marktanteile erfasst werden, welche Kriterien sind aus publizistischer Sicht relevant?
Die Brisanz dieser Frage ließ sich deutlich an der breiten öffentlichen Diskussion im Zusammenhang mit der Novellierung der Anti-Konzentrations-Regeln im Rundfunkstaatsvertrag ablesen (vgl. Die Landesmedienanstalten 1995, Kübler 1995, Kiefer 1995; vgl. auch Kapitel
10.5.1). Das zweite Hauptproblem ist die Notwendigkeit, den jeweils relevanten Markt zu
bestimmen und abzugrenzen. Ohne diese Bestimmung wird nicht nur die Konzentration systematisch unterschätzt, die Aussagen zu Konzentrationsraten sind auch weitgehend nichts sa-
gend, wenn sie zum Beispiel auf einen Gesamtmarkt der (vorwiegend regional verbreiteten)
Abonnementzeitungen bezogen sind oder auf einen Gesamtmarkt der (vorwiegend für Special-
interest-Gruppen konzipierten) Zeitschriften (so Sjurts 1996). Heinrich (1999, 232) schlägt als
„publizistisch relevantes Gebiet" für die Messung von Meinungsvielfalt den Rückgriff auf das
Medium mit der kleinsten Reichweite vor. Nur ausgehend vom Medium mit der kleinsten
Reichweite ließen sich die Wahlmöglichkeiten der Rezipienten faktisch beschreiben. Das ist
zweifellos richtig, eine Erleichterung der Messung publizistischer Konzentration dürfte dieser
Vorschlag allerdings nicht darstellen.

3.4   Die Unternehmung als Institution und Organisation

Medien werden seit ihre Entstehung vorwiegend unternehmensmäßig produziert. Die ökonomische Institution der Unternehmung und die Unternehmung als Organisation spielen für das
Angebot an Medien, das den Mitgliedern kapitalistisch-marktwirtschaftlich organisierter Gesellschaften zu einem beliebigen Zeitpunkt zur Verfügung steht, also eine herausragende Rolle.
Ein genaueres Verständnis der ökonomischen Sicht auf die Unternehmung ist für medienökonomische Fragestellungen daher unerlässlich.

3.4.1   Das ökonomische Kreislaufmodell

Bevor auf die Unternehmung selbst näher eingegangen wird, soll hier jedoch zunächst kurz die
Vorstellung der Ökonomie vom Wirtschaftsgeschehen als Kreislauf referiert werden, um so die
Einfügung der Unternehmung in das Wirtschaftsgeschehen besser zu begreifen (vgl. Abbildung
3.10).

Die ökonomische Theorie, vor allem in ihrer neoklassischen Version, kennt zwei Hauptakteure im wirtschaftlichen Geschehen, Unternehmer und Haushalte. Hinzu tritt der Staat, der die
Rahmenbedingungen setzt und deren Einhaltung überwacht. Unternehmen, definiert als Produzenten von Gütern und Dienstleistungen und Haushalte, definiert als Verbraucher von Gütern
und Dienstleistungen, treffen sich auf den entsprechenden Produktmärkten, es kommt zur
Preisbildung und zu Austauschbeziehungen. Natürlich sind Haushalte nicht nur Verbraucher.
Schließlich muss das Geld, das für Produkte und Dienstleistungen ausgegeben werden soll,

Abbildung 3.10: Einfaches Kreislaufschema des Wirtschaftsgeschehens

Wirtschaftskreislauf und Volkseinkommen

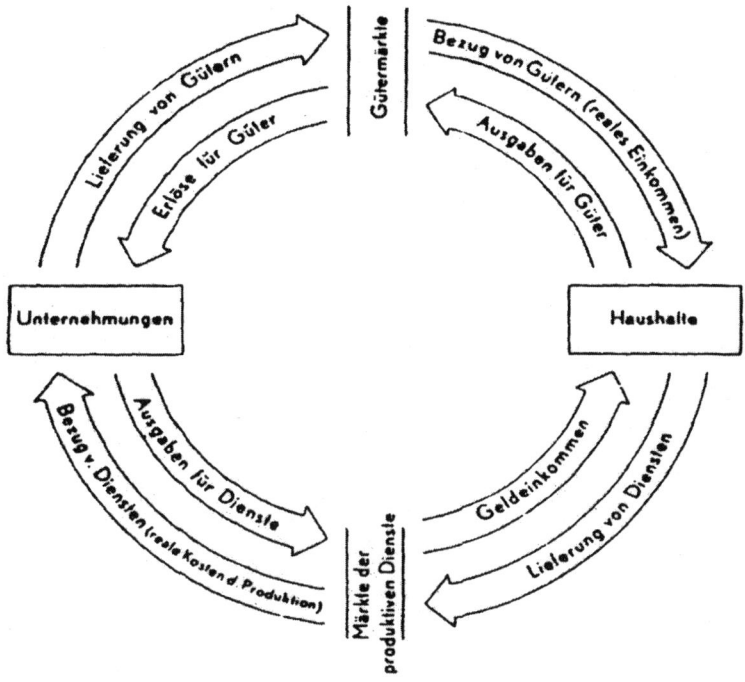

Quelle: Paulsen 1966, I, S. 66.

auch verdient werden, hauptsächlich wohl durch Erbringung von Arbeitsleistungen, die auf den Faktormärkten von Unternehmen nachgefragt werden. Aber auch mit den Produktionsfaktoren Boden und Kapital erzielen private Haushalte Einkommen.

Die ökonomische Vorstellung vom Wirtschaftsgeschehen ist die eines Kreislaufs von – jeweils gegenläufigen – Geld- und Güterströmen zwischen Unternehmen und Haushalten, der im wesentlichen über die Preisbildung auf den Produkt- und Faktormärkten gesteuert wird. In der Abbildung dieses Kreislaufmodells ist der Staat als durchaus wichtiger dritter Akteur nicht berücksichtigt, der aber zum Beispiel mit seiner Steuerpolitik und seinen Transferleistungen ganz erheblich in das Wirtschaftsgeschehen eingreift. Das Schema soll also lediglich eine Vorstellung vom modellmäßigen Zusammenspiel der beiden Hauptakteure vermitteln: die kaufkräftige Nachfrage der Haushalte steht in Wechselwirkung zum Angebot der Unternehmen auf den Güter- und Dienstleistungsmärkten; die Faktornachfrage der Unternehmen steht in Wechselwirkung zum erzielbaren Einkommen der Haushalte. Die auf den Faktormärkten gebildeten Preise (Löhne, Renten, Zinsen) beeinflussen in bestimmtem Umfang das Angebot der Haushalte zum Beispiel an Arbeitsleistung aber auch die Produktionskosten der Unternehmen. Die auf den Gütermärkten gebildeten Preise wiederum stehen in Wechselwirkung zu beidem, der wesentlich über die Faktormärkte vermittelten Kaufkraft der Haushalte wie den Produktionskosten der Unternehmen.

Wenn es vorhin hieß, Unternehmen sind definiert als Produzenten von Gütern und Dienstleistungen, dann ist das eine analytische Festlegung. Unternehmen sind definiert als wirtschaftliche Einheiten, die nur produzieren und ihre Produkte absetzen. Haushalte sind definiert als wirtschaftliche Einheiten, die nur konsumieren und nicht produzieren – jedenfalls nicht für den Markt. In der Kommunikationswissenschaft gibt es ja durchaus ähnliche begriffliche Setzungen mit dem Kommunikator als Produzent/Sender einer Mitteilung und dem Rezipienten als ihrem Empfänger/Verbraucher. Und manche Medienwirkungsmodelle (Palmgreen 1984, Renckstorf 1989) lassen sich ja durchaus als Kreislaufmodelle begreifen.

Zu jedem der ökonomischen Hauptakteure gibt es ein ausgebautes Theoriegebäude, das ihre jeweilige Funktion definiert und beschreibt, für medienökonomisches Erkenntnisinteresse nach dem hier definierten Konzept mehrheitlich aber zu speziell ist. Hier wird also nur eine sehr selektive Darstellung theoretischer Ansätze erfolgen, die sich zudem zunächst auf die Unternehmung begrenzt. Die Theorie des Haushalts wird, soweit erforderlich, in Kapitel 6.3.1 berücksichtigt. Dabei wird die Unternehmung bei der nachfolgenden Darstellung, die Kritik der Neuen Politischen und Institutionenökonomik ignorierend, in neoklassischer Manier als „Black box" behandelt, das heißt das „Innenleben" bleibt ausgeklammert. Eine Berücksichtigung der unternehmensinternen Entscheidungsprozesse, Informationsprobleme und Ineffizienzen der Art, dass, dem methodologischen Individualismus folgend, das Handeln von Unternehmen auf das Verhalten der in den Unternehmen tätigen Akteure zurückgeführt wird, würde den Rahmen des Lehrbuchs sprengen und scheint bei dieser grundlegenden Einführung in medienökonomisches Denken auch nicht erforderlich.

3.4.2   Komponenten einer Definition der Unternehmung

Güter stehen in der Regel nicht einfach von Natur aus in der Form zur Verfügung, in der sie der Bedürfnisbefriedigung der Menschen dienen. Sie werden unter Zuhilfenahme anderer Güter hergestellt, also produziert. Alle Produktionsvorgänge haben den Zweck, ein bestimmtes Produktionsergebnis, einen Output zu erzielen, seien es Bücher, Kinofilme oder Backwaren. Alle Produktionsvorgänge setzen als Input Produktionsfaktoren ein, Arbeits- und Kapitalleistungen, Materialien wie Roh-, Hilfs- und Betriebsstoffe, die in das hergestellte Gut eingehen, sowie Energie. Jeder Produktionsvorgang ist gekennzeichnet durch ein bestimmtes Produktionsverfahren, also die Art und Weise, wie die Produktionsfaktoren im Produktionsprozess zusammenwirken. Auch der Transport und Vertrieb von Gütern sind Teile des Produktionsvorgangs. Der Ort der Güterproduktion ist der Betrieb. Und ein Betrieb ist eine Unternehmung dann, wenn er die Produktions-"Ziele selber setzt und selbst über die zu deren Verwirklichung einzusetzenden Mittel entscheidet" (Linde 1988, 89).

Die ökonomische Funktion der Unternehmung ist also die Produktion, allerdings ist die Produktion, um noch einmal Schumpeter (1993, 448) zu zitieren, in „der kommerziellen Gesellschaft" eher „eine Nebenerscheinung beim Erzielen von Profiten". Versucht man, dies berücksichtigend, eine allgemeine Definition der Unternehmung, dann könnte man sagen, dass sie in den modernen Industriegesellschaften der institutionalisierte Ort der Produktion ist und (als „persönliche Seite der Institution" im Sinne Schmollers) ein wirtschaftlich-rechtlich organisiertes Gebilde mit dem Ziel, mittels produktiver Leistungen an den Markt Gewinne zu erwirtschaften.

Die Unternehmung mit dem Ziel der Gewinnmaximierung gilt als erwerbswirtschaftlicher Normalfall, aber auch andere Ziele wie Erhöhung des Marktanteils oder publizistisches Prestige sind möglich. Wichtig ist, dass eine Wirtschaftsunternehmung autonom entscheidet, natürlich im Rahmen der gesetzlichen Bestimmungen, aber in der Regel ohne dass es einer behördlichen Genehmigung bedarf, welche Ziele sie im Detail verfolgt und welche Mittel sie zur Verfolgung dieser Ziele einsetzt. Die Autonomie der Setzung von Unternehmensziel und Art der Zielverwirklichung ist ein wesentlicher Definitionsparameter der Wirtschaftsunternehmung, wie sie eben auch ein Zeitungsverlag oder eine private Rundfunkstation darstellen. Zu dieser Autonomie gehört auch die Entscheidung, die Zeitung oder den Sendebetrieb einzustellen, zum Beispiel weil sie wirtschaftlich nicht ausreichend lukrativ sind. Der andere wichtige Parameter, der eine Unternehmung definiert, ist das Wirtschaftlichkeitsprinzip als Handlungsmaxime, das besagt, dass ein bestimmtes Produktionsergebnis zu den geringstmöglichen Kosten erzielt werden muss bzw. mit gegebenen Kosten ein höchstmöglicher Output. Diese Handlungsmaxime gilt prinzipiell für den Betrieb oder die Betriebe einer Unternehmung über alle Produktionsstufen eines Guts, also zum Beispiel für die Redaktion einer Zeitung nicht minder als für Druck und Vertrieb.

Die Unternehmung ist aber nicht nur der institutionalisierte Ort der Produktion, sie ist in der ökonomischen Theorie auch die neben dem Markt zweite zentrale Koordinationsform wirtschaftlichen Handelns. Dabei hat Abbildung 3.9 allerdings auch deutlich gemacht, dass die rein marktliche Koordination ökonomischer Aktivitäten mittels Vertrag wie die rein hierarchische Funktionalorganisation in Form der Unternehmung als Extrempunkte auf einem Kontinuum von Organisationsformen zu begreifen sind. Die modernen Volkswirtschaften sind eine Mischung der verschiedenen Koordinationsformen, wobei die Zwischen- oder Hybridformen gerade auch im Bereich der Medien wachsende Bedeutung gewinnen (vgl. z.B. zur Bedeutung strategischer Allianzen im Telekommunikationssektor Opdemon 1998). Das verweist auf turbulente Umfeldbedingungen der Medien. Denn als Vorteile von Unternehmensnetzwerken im Vergleich zur hierarchischen Organisation gelten ihre dynamische Anpassungsfähigkeit und Innovationsleistung, Vorteile, die vor allem in turbulenten Zeiten Gewicht gewinnen (Fritsch 1992).

3.4.3 Entstehungsgründe und ökonomische Vorteile der Unternehmung

Fragt man nach den Gründen, warum es Unternehmen gibt und Medien, wie die meisten Güter unseres alltäglichen Bedarfs, in dieser Organisationsform produziert werden, ist die Antwort aus ökonomischer Sicht relativ eindeutig: weil Unternehmen in einer arbeitsteiligen Gesellschaft eine ganze Reihe ökonomischer Vorteile bieten. Markttransaktionen sind ja nicht kostenlos, es fallen „Transaktionskosten" an und als einer der wichtigsten Gründe für die Entstehung der Institution Unternehmung gilt seit Coase, dass sie hilft, Transaktionskosten einzusparen (vgl. Kapitel 2.3.1).

In einem arbeitsteiligen Produktionsprozess, wie er in der Industriegesellschaft die Regel ist, arbeiten ja zahlreiche Personen als Arbeitnehmer, freie Mitarbeiter, Kapitalgeber, Zulieferer oder Händler bei der Produktion eines bestimmten Gutes zusammen (vgl. Kapitel 6.1). Ohne die Wirtschaftsform der Unternehmung wäre ein kaum überschaubare Fülle von zweiseitigen Verträgen über die jeweiligen, dann marktmäßigen und dem Preissystem unterliegenden Austauschbeziehungen erforderlich und die Konditionen müssten jeweils speziell ausgehandelt werden. Das kostet Zeit und Geld und ist mit Unsicherheit behaftet was bedeutet, Transaktionskosten fallen an. Verträge müssen überwacht, ihre Erfüllung evtl. eingeklagt werden, auch das sind Transaktionskosten. Wenn eine Unternehmung als zentraler Agent die Koordination all dieser Aktivitäten und Austauschbeziehungen übernimmt, kann nicht nur die Zahl der Verträge, sondern alle damit verbundenen Transaktionskosten können erheblich reduziert werden. Entsprechend definiert Coase in seinem berühmten Artikel „The Nature of the Firm" (1988b, 41f.): „A firm, therefore, consists of the system of relationships which comes into existence when the direction of resources is dependent on an entrepreneur".

Coase führt als Grund für die Entstehung der Unternehmung neben Transaktionskostenersparnis durch Delegation des Ressourceneinsatzes an den Unternehmer auch die Schwierigkeit an, Verträge, insbesondere langfristige Verträge, im voraus genau zu spezifizieren. In der Unternehmung kann die Spezifizierung zum Beispiel der erwarteten Arbeitsleistung später und orientiert an den jeweils aktuellen Erfordernissen erfolgen. Entsprechend wird eine Firma vor allem in den Fällen entstehen, in denen kurzfristige Verträge unbefriedigend sind, das gilt vor allem für Arbeitsverträge.

Transaktionskosten werden dadurch eingespart, dass ökonomische Aktivitäten soweit in das Unternehmen integriert werden, soweit dies Kostenvorteile bewirkt. Ob die Integration vor- und nachgelagerter Stufen in das Unternehmen Kostenvorteile bewirkt, hängt von den relevanten Transaktionsmerkmalen ab, die in Kapitel 2.3.1 bereits erörtert wurden und die hier mit Blick auf Medienunternehmen betrachtet werden sollen, bei denen es sich ja häufig um integrierte Unternehmen handelt:

1. Spezifik der Investitionen liegt vor zum Beispiel bei speziellen Studioeinrichtungen, die zur Abwicklung eines Auftrags angeschafft werden müssen (Sachkapitalspezifität), oder bei speziellem Wissen/speziellen Fertigkeiten (Netzwerk relevanter Kontaktpersonen eines Fachjournalisten z.B.), die erworben werden müssen (Humankapitalspezifität). Solche transaktionsspezifischen Investitionen stellen bei einer marktmäßigen Beziehung ein hohes Risiko dar: für den Auftragnehmer, dass Studioeinrichtung und Netzwerke bei Abbruch der Vertragsbeziehungen wegen ihrer hohen Spezifität nichts mehr wert sind, sog. versunkene Kosten entstehen; für den Auftraggeber besteht das Risiko von Opportunismus und von Erpressungsversuchen, zum Beispiel die Preise für die sehr spezifischen Leistungen hochzudrücken.

2. Häufigkeit der Transaktionen. Je häufiger spezielle Transaktionen anfallen, umso sinnvoller und mit Kostenvorteilen verbunden ist es, diese Aktivitäten in das Unternehmen zu integrieren. Im Falle der Presse, vor allem der Tagespresse, ist es die hohe Periodizität, die eine vertikale Integration von Verlag und Druckerei begünstigt. Auch die hohe Termingebundenheit der Produktion ist ein Faktor. Eine Tageszeitung, die nicht rechtzeitig fertig gestellt und ausgeliefert wird, ist ökonomisch wertlos. Denn kaum ein Kunde wird die Zei-

tung von gestern kaufen. Hier liegt gleichzeitig auch ein hohe Spezifität der Produktion vor, nämlich in dem Qualitätskriterium der Aktualität.

3. Unsicherheit und Komplexität, zwei Transaktionsmerkmale, die auf die Medienproduktion in hohem Maße zutreffen. Medien sind ja einerseits sehr komplexe Güterbündel aus Information, Unterhaltung und zumeist auch Werbung (vgl. Kapitel 4.2; 4.3), andererseits besteht hinsichtlich des erforderlichen Inputs wie des Output-Erfolges der Produktion hohe Unsicherheit. Das beginnt damit, dass sich für ein aktuell berichtendes Medium die Nachrichtenlage jederzeit gravierend ändern kann und entsprechend schnelle Reaktion erfordert, zum Beispiel wenn Lady Di tödlich verunglückt. Das hängt aber auch damit zusammen, dass hinsichtlich der Qualitätskriterien, die über den Erfolg von Medienprodukten entscheiden, wie zum Beispiel Publikumsattraktivität, hohe Unsicherheit besteht. Was ist Publikumsattraktivität? Lässt sie sich vertraglich fixieren? Die Medienproduktion (vgl. Kapitel 5) erfüllt also viele Merkmale, bei denen aus ökonomischer Sicht eine Tendenz zur Integration der Aktivitäten in ein Unternehmen besteht, um sie zeitgerecht spezifizieren, besser überwachen und Risiken begrenzen zu können und gleichzeitig Transaktionskosten zu sparen. Wir werden uns mit diesem Punkt in Kapitel 6.2 noch ausführlicher beschäftigen.

4. Die Koordinationsform der Unternehmung erlaubt aber nicht nur die Einsparung von Transaktionskosten und die Reduzierung von Unsicherheit, sie bietet darüber hinaus weitere ökonomische Vorteile. Samuelson/Nordhaus (1998, 136f.) führen als Gründe für die unternehmensmäßige Produktion an:

-   die Wirtschaftlichkeit der Massenproduktion;
-   die Beschaffung von Ressourcen für die Massenproduktion,
-   das Management, das die Produktion organisiert und überwacht.

Die Wirtschaftlichkeit der Massenproduktion spielt im Bereich der Medien aufgrund ihrer Gutspezifik eine besondere Rolle, die in Kapitel 5 erörtert werden wird. Wie wir bereits wissen, bietet die Massenproduktion Skalenvorteile, das heißt sinkende Stückkosten der Produktion bei zunehmendem Produktionsoutput und Erhöhung des Spezialisierungsgrades. Wachsende Betriebsgröße erlaubt in der Regel den Einsatz stärker Kosten sparender und/oder hochspezialisierter Techniken, zum Beispiel bei den Printmedien den Einsatz spezieller Druckverfahren oder beim Rundfunk die Verbreitung über Satellit, die aber wiederum erst ab einer bestimmten Mindestauflage oder Mindestreichweite rentabel sind. Skalenvorteile sind Folge und Ursache horizontaler Konzentration.

Arbeitsteilung und Spezialisierung gehören in diesen Zusammenhang und Jürgen Heinrich (1994, 145) führt dazu als Größenvorteile in der Medienproduktion aus: „Mit steigender Unternehmensgröße können Spezialisierungsvorteile der Arbeitsteilung besser genutzt werden. Solche Spezialisierungsvorteile sind in möglicherweise bestehenden unterschiedlichen Berufsbefähigungen der Journalisten begründet sowie in möglichen Lerneffekten. Ein Journalist, der längerfristig in einer speziellen Sparte arbeitet, zum Beispiel in der Sparte Wirtschaft im Lokalen, kann spezielle Kenntnisse erwerben und spezielle Recherche- und Produktionsinfrastrukturen aufbauen und besser nutzen als ein Journalist, der häufig die Sparten wechselt (...)".

Jürgen Heinrich führt noch einen anderen Punkt an, der die unternehmensmäßige Produktion von Medien begünstigt: die Breite des inhaltlichen Angebots als Kompensation der mangelnden detaillierten Kenntnis der Rezipientenpräferenzen. Weil das Medienunternehmen, zum

Beispiel der Anbieter eines Fernsehprogramms oder einer Regionalzeitung, die Präferenzen seiner potentiellen Kunden in der Regel nicht genau kennt, bietet er ein breites Informations- und Unterhaltungsangebot nach dem Warenhausprinzip an, wo jeder etwas findet. Für den angestellten Journalisten mindert sich das Verwertungsrisiko seiner Arbeit, da diese in ein Unternehmen integriert ist, ebenso mindert sich durch das Zusammenfügen dieser journalistischen Spezialisierungen in einem Produkt aber auch für den Unternehmer das Risiko, mit seinem Produkt völlig falsch zu liegen. Und natürlich lassen sich mit einem breiten Informations- und Unterhaltungsangebot auch neue Rezipienten und damit weitere Inserenten gewinnen, also Märkte ausweiten. Darauf hat ja schon Karl Bücher in seinen erstmals 1912 publizierten „Grundlagen des Zeitungswesens" verwiesen. Bücher (1981, 248) schreibt: „Unter den Veränderungen, welche die Zeitung im 19. Jahrhundert erfahren hat, tritt uns zunächst die bedeutende Erweiterung ihres Stoffbereichs entgegen. Gibt es doch kaum mehr ein Gebiet des sozialen Lebens, das nicht in irgendeiner Form von ihr der Publizität dienstbar gemacht worden ist. 'Wer vieles bringt, wird manchem etwas bringen' ist leitender Grundsatz geworden. Die Politik des In- und Auslands, Literatur, bildende Kunst, Theater, Musik, Rechtspflege, lokale Vorgänge und Interessen, Wissenschaft, Land- und Hauswirtschaft, Gewerbe und Handel, Sport, Personalien, Unglücksfälle, Verbrechen und Skandale – alles findet im redaktionellen Teil der Tagespresse seinen Widerhall, und damit wächst der Kreis der Interessen, die sich mit derselben verknüpfen. Je mehr Interessenten, umso mehr Abonnenten und Inserenten. Beide bedingen einander".

3.4.4   Das Konzept des dynamischen oder findigen Unternehmers

In den Wettbewerbstheorien und der dort entwickelten Vorstellung vom dynamischen Wirtschaftsprozess wird dem Unternehmer eine oder die entscheidende Rolle zugewiesen. Der Wirtschaftsprozess wird danach ja wesentlich durch die innovativen Leistungen des „dynamischen Unternehmers" vorangetrieben, der nach Schumpeter (1926) als „schöpferischer Zerstörer" bestehender Strukturen auftritt. Durch neue Produkte und Dienstleistungen, den Einsatz neuer Techniken und Produktionsverfahren, die Erschließung neuer Ressourcen oder Ressourcenkombinationen, die Entwicklung eines neuen Organisationstyps gewinnt der innovative Unternehmer nicht nur gegenüber der Konkurrenz einen entscheidenden Kosten- oder Qualitätsvorteil. Er greift mit seinen Innovationen gleichzeitig in den gleichmäßigen Ablauf der Produktion und Marktprozesse ein und stört so erheblich das bestehende Marktgleichgewicht. In der Imitationsphase, in der sich alle Anbieter die Innovation anzueignen versuchen und diese so zur Routine wird, setzt eine Bewegung in Richtung auf ein neues Marktgleichgewicht ein, das allerdings, falls es je erreicht wird, durch andere Unternehmer als schöpferische Zerstörer schnell wieder aus der Balance gebracht wird. Für Schumpeter ist das Unternehmertum der Motor jeder wirtschaftlichen Entwicklung.

Die Schumpeterschen Überlegungen sind vor allem in der österreichischen Schule der Nationalökonomie, zu der ja auch Schumpeter gehört, weiterentwickelt worden (vgl. dazu Picot/ Reichwald/Wigand 1998, denen hier gefolgt wird). Die Bedeutung des Unternehmertums für den Wirtschaftsprozess wird von den einzelnen Autoren dieser Schule zwar unterschiedlich interpretiert, aber alle erklären das Funktionieren der Marktprozesses mit der treibenden Kraft unternehmerischen Handelns. Alle Ansätze gehen zudem davon aus, dass unternehmerisches Suchen nach Vorteilen wenig Sinn machen würde in einer Welt, in der alle Wirtschaftssubjekte gleich vollkommen informiert sind. Das unternehmerische Element personifiziert also gleichsam die Ungleichverteilung von Information und Wissen in einer Gesellschaft. „Unternehmerische Ideen und unternehmerischer Erfolg resultieren aus einem Informationsvorsprung gegenüber anderen Wirtschaftsubjekten" (Picot/Reichwald/Wigand 1998, 29). Daraus ergeben sich drei wichtige Funktionen des Unternehmers im Marktprozess:

- die Innovationsfunktion,

- die Koordinationsfunktion,

- die Arbitragefunktion.

Die Innovationsfunktion meint das oben beschriebene Wirken des Unternehmers als schöpferischer Zerstörer. Unternehmerische Kreativität erschöpft sich dabei nicht nur in der Schaffung neuer Produkte oder Produktionsverfahren, sondern zielt auch darauf, neue Transaktionskosten senkende Institutionen oder Organisationen hervorzubringen (Schüller 1983). Medien aber auch die Werbung zum Beispiel sind solche Institutionen zur Senkung der Such- und Informationskosten.

Die Koordinationsfunktion, die ja als wesentlicher Grund für die Entstehung der Transaktionskosten sparenden Institution Unternehmung gilt, wird hier noch um einen Aspekt erweitert. Eine Institution entsteht, weil die Menschen in unterschiedlichem Ausmaß risikobereit sind. In Anlehnung an die Gewinntheorie von Knight (1921) übernimmt der Unternehmer als Koordinator wirtschaftlicher Aktivitäten auch die Funktion eines Risikoträgers. Unternehmer gelten als generell risikofreudiger und sie nehmen als Arbeitgeber den bei ihnen Beschäftigten in gewissem Umfang die Einkommensunsicherheit ab. Nach Knight ist der Unternehmergewinn also zum Teil Prämie für diese Risikoübernahme, aber auch bestimmt von der Erfolgsunsicherheit wirtschaftlichen Handelns in Konkurrenz zu den Handlungen anderer Akteure.

Die Arbitragefunktion basiert auf dem Konzept der unternehmerischen Findigkeit (Kirzner 1978). Unternehmerisches Handeln verfolgt ja nicht nur die effiziente Erreichung gegebener Ziele, Unternehmertum setzt auch die Findigkeit voraus, neue Ziele zu entdecken. Der findige Unternehmer entdeckt Gewinnmöglichkeiten vor allem in den Preisdifferenzen zwischen Beschaffungs- und Absatzmärkten, Differenzen, die sich aus zeitlichen oder örtlichen oder auch Unterschieden der Produktionsstruktur ergeben. Entdeckt er solche Gewinnquellen, tritt er als Arbitrageur auf. Im Handel ist diese Tätigkeit als Arbitrageur selbstverständlich, sie gilt aber als generelle Unternehmerfunktion. Ein klassisches Beispiel aus dem Medienbereich für die Arbitragefunktion des findigen Unternehmers waren die Filmeinkäufe von Leo Kirch schon lange vor Einführung des privaten Fernsehens. Der Aufkauf von Filmrechten in Filmhochburgen wie Hollywood oder Cinecittà zur Weiterverwertung im Nachkriegsdeutschland, das eine Medienindustrie ja gerade erst wieder aufzubauen begann, entspricht genau dem Modell des findigen Unternehmers, der Gewinnmöglichkeiten in Unterschieden der Preis- und Produktionsstrukturen entdeckt und abzuschöpfen versucht. Dabei muss man sehen, dass Kirch seine ersten Filmrechte ja knapp zwei Jahre nach Start des Ersten Fernsehprogramms der ARD im November 1954 kaufte, als die Zahl der Fernsehteilnehmer noch deutlich unter einer Million lag, der Erfolg des Mediums in Deutschland als keineswegs sicher galt und Privatfernsehen kein Thema war, das unternehmerisches Risiko also hoch war.

Die unternehmerische Findigkeit beruht in erster Linie auf dem Entdecken von Ungleichverteilungen an Information, Wissen und Können in der Gesellschaft. „Unternehmertum und dynamischer Wettbewerb bestehen daher im Erkennen von wirtschaftlich relevanten Informations- und Wissensvorsprüngen und in der praktischen Ausnutzbarkeit solcher Divergenzen" (Picot/Reichwald/Wigand 1998, 33). Für das unternehmerische Handeln ergibt sich daraus als stete Anforderung, neue und wirtschaftlich relevante Informations- und Wissensunterschiede zu erkennen und zu verwerten.

Es scheint sinnvoll, hier mit Blick auf Kapitel 6 bereits auf eine hilfreiche Unterscheidung Kirzners hinzuweisen, die Unterscheidung zwischen Unternehmern als Funktion und Unternehmern als menschlichen Akteuren. Konzepte wie die vom dynamischen oder findigen Unternehmer lassen sich kaum als bloße Funktion zur Erfüllung wirtschaftlicher Aufgabenstellungen begreifen, sie sind Personalisierungen unternehmerischer Kreativität und verdeutlichen, dass es menschliche Akteure sind, die auf das Markt- und Wirtschaftsgeschehen Einfluss nehmen.

3.4.5 Unternehmensziele nach dem Shareholder value- und dem Stakeholder-Konzept

Die Frage, welche Ziele Unternehmen in unserem (kapitalistischen) Wirtschaftssystem verfolgen, den Gewinn zu maximieren oder die Gesellschaft optimal mit Gütern und Dienstleistungen zu versorgen, beantworten Ökonomen in der Regel mit Gewinnmaximierung. „Die Unternehmung ist eine Veranstaltung zur Erzielung von Geldeinkommen – hier Gewinn genannt – durch Betätigung im Wirtschaftsleben. Wenn wir also von einem Zweck der Unternehmung reden, so kann es nur dieser sein, Gewinn zu erzielen, und zwar für den Unternehmer. Die Aufgabe oder Tätigkeit, der sie sich im Rahmen der Gesamtwirtschaft unterzieht, ist für sie oder besser für die Unternehmer ausschließlich Mittel zum Zweck (...).

Dass eine Unternehmung sich als Aufgabe die Versorgung des Marktes setzt, ist eine ganz unmögliche Vorstellung (...). Von den Unternehmern (...) könnte man eher behaupten, dass sie es außerordentlich bedauern, wenn sie den Markt versorgen; denn je länger er nicht versorgt ist, desto länger die Aussicht auf Absatz und Gewinn" (Rieger 1964, 44 zit. nach Wöhe 1990, 44).

Langfristige Gewinnmaximierung wird von den meisten Fachvertretern der Betriebswirtschaftslehre als oberstes Ziel unternehmerischen Handelns verstanden, das den betrieblichen Einsatz der in der Unternehmung zusammengeführten Produktionsfaktoren steuert. Allerdings Gewinnmaximierung unter Nebenbedingungen, denn auch Unternehmer verfügen in der Regel nicht über vollständige Information und Nebenbedingungen können zusätzliche Zielsetzungen wie Vergrößerung des Marktanteils, Sicherung von Arbeitsplätzen oder Umweltschutz, Streben nach Prestige, Macht oder politischem Einfluss, Verpflichtung gegenüber einer Familientradition unter anderem sein (Wöhe 1990, 123ff.). Wie Rieger präzisiert, geht es bei dem Ziel der langfristigen Gewinnmaximierung um privaten Gewinn für den Unternehmer bei einer eigentümergeleiteten Unternehmung oder für andere Eigenkapitalgeber wie zum Beispiel die Aktionäre einer Aktiengesellschaft bei einem managergesteuerten Unternehmen, bei dem Ownership and Control auseinander fallen. Ownership meint das Recht auf die Aneignung von Unternehmensüberschüssen, des sog. Residualeinkommens, das verbleibt, wenn alle Kontrakteinkommen (Arbeitnehmer, Lieferanten, Kreditgeber etc.) abgegolten sind. Control meint die Unternehmensleitung. Beides ist in der Unternehmensverfassung geregelt (Neus 1998, 128f.).

Aus betriebswirtschaftlicher Sicht gilt die Verfolgung des Eigentümerinteresses an einem maximalen Einkommen (Shareholder value) als zentrale und (normativ) auch sinnvolle Zielsetzung der Unternehmung. Kritik an der Ausschließlichkeit dieser Zielsetzung mit Hinweis auch auf die sozialen und gesellschaftlichen Folgen (z.B. steigende Aktienkurse und gleichzeitig Abbau von Arbeitsplätzen, zu den publizistischen Folgen vgl. Siegert 1997) wird zum Beispiel von Neus (1998, 165ff.) zurückgewiesen mit dem Hinweis auf die (in Deutschland) bestehenden vielfältigen Reglementierungen und rechtlichen Eingriffe in die Vertragsfreiheit zum Schutz der Interessen betroffener Dritter (Arbeitnehmer-, Verbraucher-, Gläubigerschutz).

Vor allem in den USA ist als Ergebnis der Diskussion über die Legitimität des Eigentümerinteresses als zentrale Zielsetzung ein Konzept entwickelt worden, das den traditionellen Shareholder-Ansatz erweitert, indem es weitere Anspruchsgruppen gegenüber dem Unternehmerhandeln, sog. Stakeholder, berücksichtigt, die artikulierte und organisierte Interessen an das Unternehmen herantragen. Zu den primären, durch Marktprozesse mit dem Unternehmen verbundene Gruppen wie Konsumenten, Lieferanten, Banken, Mitarbeiter und Aktionäre treten sekundäre, dem Unternehmen durch Nicht-Marktprozesse verbundenen Anspruchsgruppen wie Kommunen und Regierung, Wirtschaftsverbände und Umweltorganisationen, Medien und Öffentlichkeit. „Stakeholders are those groups who have a stake in or claim on the firm. Specifically we include suppliers, customers, employees, stockholders, and the local community, as well as management in its role as agent for these groups" (Freeman/Evan 1993, 255, zit. nach Karmasin 1998, 74). Ökonomen, wie zum Beispiel Neus, gehen zwar davon aus, „das in Deutschland ohnehin der Stakeholder-Ansatz die Praxis der Unternehmensführung bestimmt" (Strätling 1997, 8), die etwas nähere Auseinandersetzung mit den beiden Konzepten scheint aber medienökonomisch interessant. So schlägt Matthias Karmasin (1998) das Stakeholder-Konzept als Modell der Organisation von Medienunternehmen vor, da es dem „spezifischen Charakter medialer Produktion als einer Produktion von quasi-öffentlichen Gütern" Rechnung trage (ebenda 136). Seine vor allem auch medien- und wirtschaftsethisch fundierte Argumentation kann und soll hier nicht im Detail nachvollzogen werden, aber die Darstellung der Konzepte, um die es geht, scheint vor diesem Hintergrund vertretbar.

Die beiden Konzepte für die Zielbestimmung von Unternehmen folgen unterschiedlichen Erklärungsansätzen der Unternehmung. Während das Konzept des Shareholder values auf einer vertrags- oder kontrakttheoretischen Erklärung der Unternehmung ruht, baut das Stakeholder-Konzept auf der Koalitionstheorie auf (vgl. zum folgenden Strätling 1997). Die kontrakttheoretische Erklärung der Unternehmung orientiert sich stärker an den gerade diskutierten Entstehungs- und Existenzgründen von Unternehmen. Als Institutionen des Privatrechts verdanken Unternehmen ihre Existenz ja der Bereitschaft von Kapitalgebern, ihr privates Kapital als Haftungskapital zu investieren. Erst dieses Haftungskapital ermöglicht unternehmerisches Handeln, insbesondere ermöglicht es, mit den Eigentümern von Produktionsfaktoren, zum Beispiel Arbeitnehmern, Verträge abzuschließen, die ihnen für die Beteiligung an der unternehmerischen Leistungserstellung ein zeitlich mehr oder weniger befristetes und sicheres Einkommen garantieren. Während Arbeitnehmer, aber auch Lieferanten oder Kreditgeber, ein kontraktgebundenes, also fest vereinbartes Entgelt erhalten, ist das für die Eigenkapitalgeber nicht der Fall. Ihnen verbleibt das oben erwähnte Residualeinkommen nach Abzug aller Kontrakteinkommen, also der Gewinn (oder Verlust) nach Steuern. Mit Blick auf diese Unsicherheit des Einkommens spricht man beim Eigenkapitaleinsatz auch von Risikokapital und von einer Risikoprämie, die in den Gewinnen (im Vergleich zur risikolosen Anlage zum Beispiel in festverzinslichen Papieren) enthalten sein muss. Das Shareholder-value-Konzept konzentriert sich also auf die Ansprüche der Eigenkapitalgeber auf Maximierung des Gewinns, was sowohl die Selbstfinanzierungsmöglichkeiten des Unternehmens begünstigt, als auch den Einfluss des Kapitalmarktes auf die Unternehmensführung stärkt.

Das Stakeholder-Konzept erklärt die Unternehmung hingegen als Koalition. Verschiedene Interessengruppen mit unterschiedlichen Präferenzen haben sich zu einer Leistungs- und Anspruchskoalition zusammengeschlossen. Jeder der Koalitionspartner verfolgt dabei seine eigenen Ziele, „er beteiligt sich an einer Koalition nur, wenn sie ihm zumindest nicht weniger individuelle Vorteile bietet als irgend eine andere Koalition" (Eschenburg 1980, 175). Aufgabe der Unternehmensleitung ist es, zwischen den verschiednen Gruppen und ihren Ansprüchen zu vermitteln und so einerseits die unternehmerische Leistungserstellung zu sichern, andererseits Kompromisse hinsichtlich der Verteilung der erwirtschafteten Unternehmenserträge herzustellen. Erforderlich ist angesichts der Heterogenität der Ansprüche eine Rangordnung im Zielsystem der Unternehmung, die in der Regel ex ante festgelegt wird, wobei die Nähe der einzelnen Stakeholder-Gruppen zum Unternehmensgeschehen als wichtiges Kriterium für diese Rangordnung gilt. Karmasin (1998, 138f) unterscheidet folglich ebenfalls primäre und sekundäre Stakeholdergruppen der Medienunternehmung. Zu den primären zählt er die Eigenkapitalgeber, die Werbewirtschaft und das Publikum, Mitarbeiter, Lieferanten und Absatzhelfer wie zum Beispiel Agenturen und schließlich die Mitbewerber, die als Konkurrenten oder Kooperationspartner auftreten können. Sekundäre Stakeholder sind auch hier staatliche Institutionen wie Länder, Gemeinden, Regierung und Behörden sowie die Europäische Union, die Standort- Finanz- und ordnungspolitische Interessen einbringen, Wissenschaft und Wirtschaft, Interessengruppen aber auch ein so wenig fassbarer Stakeholder wie das Gemeinwohl, dem gegenüber die Medienunternehmung Verantwortung trägt.

Ein prinzipielles Problem auch des Stakeholder-Konzepts ist der unterschiedliche Grad der Organisierbarkeit der Stakeholdergruppen. Relevant ist dieser Einwand aus publizistischer Sicht vor allem mit Blick auf das Publikum als die, gemessen an den Medienfunktionen, zentrale primäre Stakeholdergruppe. Neben mangelnder Organisierbarkeit des Publikums stehen einer angemessenen Verfolgung und Durchsetzung seiner Interessen gegenüber der Fernsehunternehmung auch die Guteigenschaften des Mediums (vgl. Kapitel 4) wie seine Rolle als Audience (vgl. Kapitel 8.4) entgegen.

Allerdings ergibt Karmasins Analyse, dass weder primäre noch sekundäre Stakeholder ein hinreichendes Substitut für eine autonome Verantwortung der Medienunternehmung mit Blick auf publizistische Funktionserwartungen darstellen. Der Staat muss nach Karmasin also auch bei diesem Organisationsmodell von Medien Rahmenbedingungen schaffen, die sicherstellen, dass „ethische Überlegungen für Unternehmen und in Unternehmen entscheidungsrelevant werden" (ebenda 379), das heißt also, dass publizistische Normen in der Rangordnung der Ziele von Medienunternehmen angemessen platziert sind. Ein Verständnis der Medienunternehmung nach dem Stakeholder-Modell bietet möglicherweise aber bessere Voraussetzungen für die Schaffung, Einhaltung und Durchsetzung entsprechender Rahmenbedingungen.

Im Prinzip geht es auch beim Stakeholder-Konzept darum, die Unternehmensführung im Sinne gesellschaftlicher Anforderungen zu beeinflussen, es geht also auch hier um eine – gemäßigte, möglichst freiwillige und kooperative – Form öffentlicher Bindung von Unternehmen, wie sie die Regulierungsdebatte durchzieht. Wir werden uns damit und auch mit der speziellen Form öffentlicher Unternehmen in Kapitel 10 näher beschäftigen.

3.5 Zusammenfassung

1. Institutionen lassen sich definieren als sozial sanktionierbare Handlungs- und Verhaltenserwartungen, die Unsicherheit menschlicher Interaktion reduzieren. Differenzierungsgesichtspunkte von Institutionen, die als hierarchisch geordnet begriffen werden, sind: formale vs. informelle, fundamentale vs. sekundäre, nicht gestaltbare vs. gestaltbare, Regeln/Normen vs. korporative Gebilde. Es ist sinnvoll, Institutionen von Organisationen zu unterscheiden. Institutionen schließen/öffnen Handlungsräume für die Mitglieder einer Gesellschaft, Organisationen werden geschaffen, um diese Handlungsräume zu nutzen.

2. Zentrale ökonomische Institutionen sind der Markt, Wettbewerb und die Unternehmung, die gleichzeitig aber auch formale Organisation ist.

3. Der Markt ist ein selbststeuernder Koordinationsmechanismus zwischen Käufer und Verkäufer vor allem für wiederkehrende, nichtspezifische Transaktionen. Markttausch lässt sich als die wechselseitige Übertragung von Verfügungsrechten definieren.

4. Zentrale Funktion des Marktes ist die Allokation, die Verteilung knapper Ressourcen in die verschiedenen Verwendungszwecke zur Befriedigung menschlicher Bedürfnisse. Auf dem „vollkommenen Markt' führen Wettbewerb und Preismechanismus zu einem Gleichgewicht zwischen Angebot, das durch die Produktionskosten (Ressourcenverbrauch) bestimmt ist, und Nachfrage, die sich aus den mit Kaufkraft gekoppelten Präferenzen der Konsumenten ableitet. Dabei wird jedes Gut zu den geringstmöglichen Kosten (produktive Effizienz) und in bester Anpassung an Konsumentenpräferenzen (allokative Effizienz) produziert. Der „vollkommene Markt" ist an eine Reihe restriktiver Annahmen gebunden, die in der Realität kaum vorkommen. In der wirtschaftlichen Realität herrschen unvollständige Märkte vor.

5. Märkte bieten eine Reihe ökonomischer Vorteile: Kostenvorteile (Economies of scale and of scope), Risikostreuung, Leistungsanreize und autonome Anpassungsfähigkeit. Märkte sind aber nicht bei allen Gütern funktionsfähig, sondern versagen ganz oder partiell aus einer Reihe von Gründen, die sich zu produkt- oder nachfragespezifischen Mängeln und Interaktionsmängeln der marktlichen Allokation zusammenfassen lassen. Gründe für zumindest partielles Marktversagen liegen bei allen Medien in mehrfacher Hinsicht vor.

6. Will man Aussagen über spezifische Märkte machen, den Grad ihrer Konzentration zum Beispiel, muss der jeweils „relevante Markt" definiert werden. Kriterium dafür ist die Homogenität der Güter oder zumindest enge Substituierbarkeit (funktionale Austauschbarkeit) heterogener Güter, die einen Markt in räumlicher und sachlicher Hinsicht bilden. Die so definierten Märkte lassen sich nach einer Vielzahl von Kriterien beschreiben:

- Marktform, die sich aus der Anzahl der Verkäufer/Käufer ergibt. Vier Marktformen werden unterschieden: Monopol, Oligopol, Polypol und monopolistische Konkurrenz.

- Marktzutrittsfreiheit/Marktbarrieren. Unterschieden werden rechtliche und tatsächliche Zutrittsschranken. Zu den tatsächlichen zählen die – mehr oder weniger aktiv gegen Newcomer ausgespielten – Vorteile der am Markt bereits etablierten Anbieter.

- Kostenstruktur der Produktion, die für Medien eine große Rolle spielt und in Kapitel 5 diskutiert wird.

- Grad der vertikalen Integration, was meint, die aufeinander folgenden Produktionsstufen eines Guts sind in ein Unternehmen integriert, wie es zum Beispiel für die Tagespresse überwiegend der Fall ist.

- Grad der Diversifikation. Ist der Markt durch Mehrproduktunternehmen gekennzeichnet oder durch eine Entwicklung dazu?

7. Märkte lassen sich aber auch nach der Entwicklungsphase, in der sie stehen, unterscheiden und beschreiben. Es werden fünf Phasen der Marktentwicklung unterschieden, die sich, gemessen an der Produktionsmenge, als glockenförmige Normalverteilung darstellen.

8. Es gibt keine konsentierte Definition von Wettbewerb. Wettbewerb ist die abkürzende Formel für eine Vielfalt von Phänomenen, die sich auf drei Ebenen beziehen: die wettbewerbliche Struktur von Märkten, das Verhalten von Akteuren und den Wettbewerbsprozess sowie auf die Wettbewerbswirkungen. Entsprechend können Wettbewerbsdefinitionen an allen drei Ebenen ansetzen. Das in der PKW gängige Verständnis von Wettbewerb setzt an der Struktur an (außenplurales Vielfaltsmodell).

9. Dem Wettbewerb werden, je nach (normativem) Konzept, entweder nur die Freiheitsfunktion oder zusätzlich spezifische Funktionen im Sinne des Erreichens gesamtwirtschaftlicher Ziele zugesprochen. Das neoklassische Konzept der Wettbewerbsfreiheit versteht Wettbewerb als „Entdeckungsverfahren" und lehnt spezifische Funktionen des Wettbewerbs daher ab. Nach dem Konzept vom funktionsfähigen Wettbewerb soll Wettbewerb eine Anpassungs- bzw. Allokationsfunktion, eine Entdeckungs- und Fortschrittsfunktion, eine Verteilungs- und eine Kontrollfunktion erfüllen. Eine Vielfalt generierende Funktion des Wettbewerbs im Medienbereich ist nach beiden Konzepten nicht gegeben. Wettbewerb wird heute überwiegend als dynamischer Prozess verstanden, in dem sich Phasen der Innovation und der Imitation ablösen.

10. Wettbewerb tritt als Preis- und als Nichtpreiswettbewerb auf. Preiswettbewerb kommt vor allem bei homogenen Gütern zum Zuge und spielt auf dem Werbemarkt eine Rolle. Nichtpreiswettbewerb kann als Qualitätswettbewerb mit unterschiedlichen Produktausformungen stattfinden oder auch als Werbungswettbewerb. Heterogenisierungsstrategien, die ja ein Produkt unvergleichbar machen sollen, dienen nicht zuletzt dem Zweck, einen Preiswettbewerb zu vermeiden.

11. Wettbewerb und Wettbewerbsfreiheit lassen sich als meritorische Güter begreifen, deren gesellschaftlich erwünschtes Ausmaß der Staat sichern muss. Die Formen privater Wettbewerbsbeschränkungen sind vielfältig (kollusives Verhalten, Kartelle, Unternehmenszusammenschlüsse, Einsatz von Marktmacht). Konzentration ist zumindest teilweise deren Ergebnis.

12. Wie Wettbewerb ist auch Konzentration nur vage definiert als Zusammenballung ökonomischer Größen in einem Unternehmen. Unterschieden werden drei Formen der Konzentration: horizontale, vertikale und diagonale (konglomerate). Ursachen und Wirkungen von Konzentrationsprozessen sind schwer bestimmbar, da die erwarteten Wirkungen oft die Ursache sind. Differenzierung der Konzentrationsformen, ihrer (ökonomischen Ursachen und (publizistischen) Wirkungen scheint aber gerade in der Medienkonzentrationsforschung unerlässlich, wobei die Mess- und Bewertungsprobleme hier noch größer sind als allgemein in diesem Feld.

13. Ökonomen verstehen das marktwirtschaftliche Geschehen als Kreislauf von gegenläufigen Geld- und Güterströmen. Die Hauptakteure in diesem Kreislauf sind die Produzenten von Gütern und Dienstleistungen, die Unternehmen, sowie die Haushalte als Verbraucher von Gütern und Dienstleistungen. Beides sind analytische Setzungen, ähnlich dem Kommunikator und Rezipient. Der institutionalisierte Ort der Produktion in einer Marktwirtschaft ist die Unternehmung, die gleichzeitig aber auch ein wirtschaftlich-rechtlich organisiertes Gebilde ist mit dem Zweck, mittels ihrer produktiven Leistungen Gewinne zu erwirtschaften.

14. Die Unternehmung ist die – neben dem Markt – zweite wichtige Koordinationsform wirtschaftlichen Handelns, das hier jedoch ex ante und zentral koordiniert wird. Als Entstehungsgründe der Unternehmung werden ihre wirtschaftlichen Vorteile angesehen, als deren wichtigster die Einsparung von Transaktionskosten gilt. Der marktliche Koordinationsprozess ist ja mit einer Reihe von Transaktionskosten verbunden: Such-, Informations-, Aushandlungs-, Durchsetzungs- und Kontrollkosten, die mit der Koordinationsform Unternehmung und der Delegation des Ressourceneinsatzes an den Unternehmer in erheblichem Umfange eingespart werden können. Als weitere Vorteile der Unternehmung gelten: die Wirtschaftlichkeit von Spezialisierung und Massenproduktion, das Management, nicht zuletzt auch der Ressourcenbeschaffung für die Massenproduktion.

15. Die Vorstellungen vom dynamischen Wettbewerbs- und Wirtschaftsprozess werden durch entsprechende Unternehmerfiguren als treibende Kraft ergänzt. Schumpeters „dynamischer" und Kirzners „findiger" Unternehmer sind solche Rollenträger, die als „schöpferischer Zerstörer" oder als Arbitrageur einen Informationsvorsprung gegenüber anderen Wirtschaftssubjekten zu ihrem unternehmerischen Vorteil nutzen und für die sich Beispiele im Bereich der Medien finden lassen. Die Ungleichverteilung von Information und Wissen in der Gesellschaft ist Voraussetzung dieser Unternehmerfiguren, die gleichzeitig aber auch ein erhöhtes Risiko übernehmen.

16. Die Risikobereitschaft spielt auch bei den unterschiedlichen Vorstellungen über Unternehmensziele und ihre Begründung eine Rolle, wie sie dem Shareholder value- und dem Stakeholder-Konzept zugrunde liegen. Der Shareholder-value-Ansatz begründet die primäre Orientierung des Unternehmensziels an der langfristigen Gewinnmaximierung für die privaten Eigenkapitalgeber nicht zuletzt mit deren Haftungs- und Risikokapital, das Voraussetzung der Unternehmung ist und ihrer Möglichkeit, kontraktgebundene Einkommen zum Beispiel an Arbeitnehmer zu zahlen. Das Stakeholder-Konzept versteht die Unternehmung als Leistungs- und Anspruchskoalition von primären und sekundären Stakeholdergruppen, die ihre je eigenen Ziele verfolgen. Die Modellierung von Medienunternehmen nach dem Stakeholder-Konzept mag bessere Voraussetzungen schaffen für die angemessene Platzierung publizistischer Ziele in der unternehmerischen Zielhierarchie der Anspruchskoalitionäre. Ein Substitut für staatliche Rahmenbedingungen, die eine Erfüllung publizistischer Medienfunktionen sicherstellen, ist sie nicht.

4.   Medien als ökonomische Güter

Jede Beschäftigung mit Medien aus ökonomischer Perspektive muss zunächst einmal abklären, um welche Art von Gütern es sich dabei eigentlich handelt. Da Medien überwiegend von Wirtschaftsunternehmen produziert und auf Medienmärkten angeboten werden, muss es sich um ökonomische Güter handeln. Damit stellt sich als erstes die Frage, was Güter im ökonomischen Sinn kennzeichnet (4.1.1) und welche Arten von Gütern die ökonomische Theorie kennt und unterscheidet (4.1.2 - 4.1.7). Beides wird im ersten Teil dieses Kapitels (4.1) behandelt, der mit einer Zusammenfassung der ökonomischen Güterlehre (4.1.8) schließt. Die sich daran anschließende Frage, welchen Gutcharakter nun eigentlich die Medien haben, wird schwerpunktmäßig im zweiten Teilkapitel (4.2) zu beantworten versucht. Relevante Dimensionen sind die Materialität und der Dienstleistungscharakter, die Verbundenheit und die Marktfähigkeit von Medien als ökonomische Güter (4.2.1 - 4.2.3) sowie das Ausmaß der Nutzenunkenntnis des Rezipienten bei Medien als Erfahrungs- bzw. Vertrauensgütern (4.2.4). Im dritten Teilkapitel (4.3) werden Medien schließlich als spezielle Form von Kuppelprodukten unterschiedlicher Güter und für unterschiedliche Märkte diskutiert.

4.1   Die ökonomische Güterlehre

4.1.1   Güter im Sinne der ökonomischen Theorie

Knappheit, obwohl keine eigentlich ökonomische Kategorie, sondern ein allgemeiner Tatbestand des sozialen Lebens (Albert 1998, 284), ist der Hauptgegenstand der ökonomischen Wissenschaften. Die Menschen haben Bedürfnisse und im Verhältnis zu diesen Bedürfnissen sind die Mittel zu ihrer Befriedigung knapp. Knappheit im ökonomischen Sinn ist also immer ein relativer Begriff und nie als absoluter Mangelzustand gemeint. „Güter im Sinne unserer Wissenschaft" definiert Carl Menger (1923, 10), der Begründer der Österreichischen Grenznutzenschule, „sind (...) zur Befriedigung menschlicher Bedürfnisse als tauglich erkannte und für diesen Zweck verfügbare Dinge". Diese Dinge müssen, um ein Gut im ökonomischen Sinne zu sein, drei Bedingungen erfüllen: sie müssen 1. direkt oder indirekt der Bedürfnisbefriedigung dienen, dazu einen „Nutzen" stiften, sie müssen 2. auf eine Nachfrage treffen und sie müssen 3. knapp sein, also einen Preis erzielen können (Paulsen 1966 I, 128).

Die Knappheit der Güter wird im wesentlichen auf die Unersättlichkeit der menschlichen Bedürfnisse zurückgeführt. Unersättlichkeit meint, dass ein höherer Versorgungsgrad mit Gütern immer einem schlechteren vorgezogen wird, was Sättigung bei einzelnen Gütern oder einzelnen Personengruppen nicht ausschließt. Unersättlichkeit ist allerdings weniger „naturgegeben", sondern weitgehend sozial bedingt, also „Resultat der Gesellschaftsstruktur unserer Zeit" (Neumannn 1991, I, 10). Knappheit im ökonomischen Sinn ist aber auch eine Folge neuer Möglichkeiten der Nutzenstiftung, deren Realisierung wiederum knappe Ressourcen erfordert und die gleichzeitig die Opportunitätskosten für die einzelnen Verwendungen steigen lassen. Überspitzt formuliert, schreiben Homann/Suchanek (2000, 60) ist Knappheit im ökonomischen Sinn *„kein Problem des Mangels , sondern des Überflusses* (an Alternativen bzw. an erreichbaren, jedoch konfligierenden Zielen)". Unersättlichkeit und Überfluss in diesem Sinne als Quellen von unerschöpflicher Konsumnachfrage wie von Knappheit scheinen gerade auch im Bereich der Medien eine große Rolle zu spielen.

Wenn Güter, um Wirtschaftsgüter zu sein, der Befriedigung menschlicher Bedürfnisse dienen müssen, wird auch klar, dass ihr Wert primär durch die Relation zu diesen Bedürfnissen bestimmt wird. Menger (1923, 108) formuliert das so: „Der Güterwert ist in der Beziehung der Güter zu unseren Bedürfnissen begründet, nicht in den Gütern selbst. Mit dem Wechsel *dieses Verhältnisses* muss auch der Wert entstehen oder vergehen". Allerdings beschäftigt sich die ökonomische Theorie nicht mit allen Gütern schlechthin, die der menschlichen Bedürfnisbefriedigung dienen, sondern primär nur mit Gütern bestimmter Art, nämlich solchen, die auf Märkten gehandelt werden. Güter wie Anerkennung, Prestige, Macht, Freiheit, gutes Leben sind zwar auch knappe Güter und dienen zweifellos der Befriedigung menschlicher Bedürfnisse, sie sind in der Verrechnungseinheit Geld aber kaum bewertbar und fallen daher weitgehend aus der ökonomischen Betrachtung heraus, zumindest in der neoklassischen Sicht. Um auf Märkten gehandelt zu werden, müssen Güter gewissermaßen „marktfähig" sein, sie müssen einen bestimmten Gebrauchswert haben, Ausdruck des subjektiven Nutzens, den sie stiften, und damit auf eine Nachfrage treffen, sie müssen einen Tauschwert haben, also auf Märkten einen Preis erzielen können als Ausdruck ihrer Knappheit wie Begehrtheit und es müssen an ihnen Eigentumsrechte begründet werden können, die auf Märkten getauscht werden. Gerade der letzte Punkt trifft auf die oben erwähnten Güter wie Anerkennung oder Macht nicht zu. Eine konstitutive Rolle für den ökonomischen Blick auf die Welt der Güter spielt zudem der Maßstab des Geldes, in dem Knappheit wie Begehrtheit ihren Ausdruck finden (Albert 1998, 284).

Zu den Gütern im ökonomischen Sinn zählen: 1. Dienste, also Arbeits- und Dienstleistungen, durch die ein Einkommen erzielt wird, 2. Sachgüter, also materielle Dinge, die im Ge- oder Verbrauch der Bedürfnisbefriedigung dienen, 3. Rechte und Rechtsverhältnisse, soweit sie gegen Entgelt übertragbar sind, also Urheberrechte, Lizenzen oder Forderungen und 4. schließlich Geld (Paulsen 1966 I, 128f.).

Wenn man an die von Unternehmen wahrzunehmende ökonomische Funktion der Produktion denkt, ist die Unterscheidung in Investitions- und Konsumgüter bzw. in Zwischen- und Endprodukte wichtig. Medien als ökonomische Güter sind ja gerade auch von der Inputseite sehr spezifisch, weil in der Regel Zwischenprodukte mit sehr unterschiedlichen Gütereigenschaften im Produktionsprozess zum Leistungsangebot für den Konsum in der Rezeption zusammengefügt werden.

Es gibt eine Reihe von Gesichtspunkten, nach denen ökonomische Güter eingeteilt werden, die hier zunächst - natürlich mit Blick auf ihre Relevanz auch für den Bereich der Medien - eher allgemein kurz abgehandelt werden sollen, um sie dann speziell auf Medien anzuwenden.

4.1.2 Sachgüter und Dienstleistungen

Eine erste zentrale Unterscheidung ist die nach Sachgütern und Dienstleistungen bzw. nach materiellen und immateriellen Gütern. Dienstleistungen, hier beschränkt auf konsumorientierte Dienstleistungen wie ärztliche Leistungen, eine Theateraufführung oder Prozesse der Informationsverarbeitung und -bündelung in Medien, sind immaterielle Güter, die Brötchen beim Bäcker, das Auto und der Fernseher sind materielle Güter. Alle Dienstleistungen, auch die produktionsorientierten, wie Forschung- und Entwicklungsabteilungen von Unternehmen z.B. sie erbringen (die hier aber unberücksichtigt bleiben) zählen zu den immateriellen Gütern, aber nicht alle immateriellen Güter – wie Rechte, Vermögenswerte, Firmen- oder Markenname - sind Dienstleistungen. Die Unterscheidung zwischen materiellen und immateriellen Gütern machte erstmals Jean Baptiste Say, ein französischer Ökonom aus dem 18. Jahrhundert, während bei Adam Smith und allen früheren Ökonomen Wirtschaftsgüter noch ausschließlich materielle Objekte, also Sachgüter waren.

Dienstleistungen lassen sich in Anlehnung an Maleri (1994, 2001) definieren als immaterielle Wirtschaftsgüter, die unter Einsatz externer Produktionsfaktoren für den fremden Bedarf produziert werden. Immateriell sind Dienstleistungen, weil ihre Produktion nicht den Einsatz von materiellen Rohstoffen erfordert (was den Einsatz materieller Substanzen als Hilfs- und Betriebsstoffe nicht ausschließt). Die für die Dienstleistungsproduktion benötigten externen Produktionsfaktoren müssen durch den Abnehmer der Dienstleistung in den Produktionsprozess eingebracht werden in Form materieller (das Auto, das zur Reparatur gebracht wird) und/oder immaterieller Güter des Abnehmers (Zeit und Aufmerksamkeit bei der Fernsehnutzung). Im Gegensatz zur Sachgüterproduktion, für die der Produzent über alle Produktionsfaktoren autonom verfügt, bedarf die Dienstleistungsproduktion also der aktiven Mitwirkung und/oder passiven Beteiligung des Abnehmers in Form physischer oder psychischer Energie sowie Zeit (vgl. Maleri 2001, 136). Der Dienstleistungsproduktionsprozess unterscheidet sich damit in vielen Punkten deutlich von der Sachgüterproduktion. Dienstleistungsproduzenten, z.B. Fernsehveranstalter, können 1. nicht fertige Güter sondern nur Leistungsversprechen (zu informieren, zu unterhalten etc.) anbieten, die Dienstleistung muss 2. erst abgesetzt werden, bevor und damit sie endproduziert werden kann, was Dienstleistungen 3. für den Dienstleistungsnehmer zu Erfahrungs- oder Vertrauensgütern macht (vgl. 4.1.7).

Abbildung 4.1: Informationsökonomisches Güterspektrum

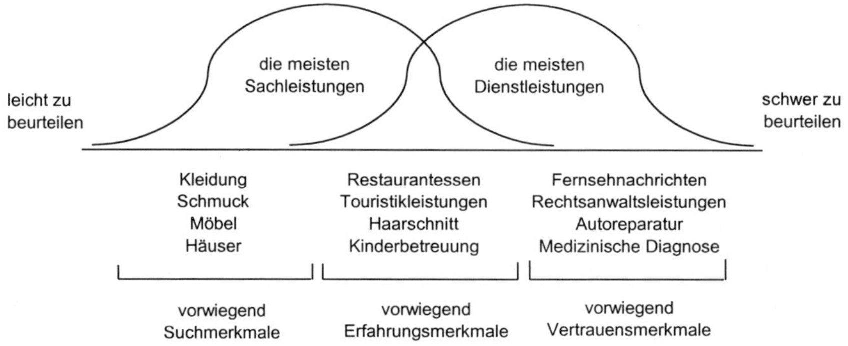

Quelle: Kuhlmann 2001, S. 219.

Das Leistungsversprechen hat damit die Form eines unvollständigen Vertrages, da Qualität und Nutzen der Dienstleistung nicht ex ante festgelegt werden können, sondern allenfalls ex post bestimmbar sind. Der Dienstleistungsproduktionsprozess ist zweiphasig: Produktion der Leistungsbereitschaft des Dienstleistungsanbieters durch Einsatz und Kombination seiner internen Produktionsfaktoren als erste Phase, Endproduktion der Dienstleistung durch Hinzufügen des externen Produktionsfaktors in der zweiten Phase (vgl. Corsten/Stuhlmann 2001). Die Notwendigkeit zur Kooperation zwischen Produzent und Abnehmer begünstigt Abstimmungsprobleme in der Dienstleistungsinteraktion (Weihrich/Dunkel 2003). Dienstleistungen sind durch das „uno-actu-Prinzip" charakterisiert, das meint, dass für ihre Produktion ein zeitlich und/oder räumlich synchroner Kontakt zwischen den eingesetzten internen und externen Produktionsfaktoren erforderlich ist, damit die Endkombination erstellt und die Dienstleistung auf den Abnehmer übertragen werden kann. Endproduktion und Verbrauch oder Gebrauch der Dienstleistung durch den Abnehmer fallen also zeitlich und/oder örtlich zusammen. Dienstleistungen sind folglich nicht lagerfähig, nicht transportierbar oder übertragbar, eine Produktion auf Vorrat ist nicht möglich und Dienstleistungen sind keine homogenen Produkte, da die beteiligten Personen oder deren Wahrnehmung variieren (Korczynski 2002).

Die Unterscheidung zwischen Sachgütern und Dienstleistungen verliert an Trennschärfe, wenn man darauf abstellt, dass beide menschliche Bedürfnisse erfüllen sollen und dabei oft austauschbar sind. Der Kassierer am Bankschalter kann durch den Bankomat ersetzt werden, der Sprachlehrer durch das Sprachlabor und der Kinobesuch durch die Videokassette. Dienstleistungen in Unterscheidung von Sachgütern lassen sich dann als „alternative Mittel, alternative soziale Arrangements zur Befriedigung von Bedürfnissen" begreifen (Gershuny 1981, 70). Insofern ist auch die Entwicklung zur Dienstleistungsgesellschaft, die ja neben der Informationsgesellschaft ein viel bemühter Topos nicht nur der Soziologen ist, keineswegs als gradliniger evolutionärer Prozess zu begreifen. Vielmehr machte schon Jean Fourastié, „der Vater der Debatte" (Häußermann/Siebel 1995, 29) über den Strukturwandel zwischen sekundärem (Sachgüterproduktion) und tertiärem Sektor (Dienstleistungsproduktion) der Industriegesellschaften, auf eine Gegenentwicklung aufmerksam, wenn er auf die „Mutation von tertiären Diensten in sekundäre Güter" verwies, indem z.B. „die Waschmaschine das Dienstmädchen ersetzt" (Fourastié 1954, 280, Anm.4). Gerade (auch) im Bereich der Medien scheint diese Gegenentwicklung dank der neuen I+K-Techniken an Bedeutung zu gewinnen. Es gibt folglich auch bis heute „keine eindeutige Trennung zwischen Sach- und Dienstleistungen und damit auch keine eindeutige Abgrenzung des Dienstleistungsbegriffs", ja es ist fraglich, ob es diese jemals geben wird (Kleinaltenkamp 2001, 40).

Aber auch die Unterscheidung zwischen der Materialität und Immaterialität ökonomischer Güter ist keineswegs immer so zweifelsfrei möglich, wie es zunächst scheint. So gibt es einen Ansatz in der ökonomischen Theorie des Konsumentenverhaltens (Lancaster 1971), wonach Konsumenten letztlich nicht Güter nachfragen, sondern „Dienstleistungen", die mit bestimmten Eigenschaften oder Charakteristika der (materiellen) Güter verbunden sind (vgl. auch Kapitel 6.3.1.2). Ein unmittelbar einleuchtendes Beispiel ist Heizöl. An diesem materiellen Gut an sich hat wohl kaum jemand Interesse, sondern an dessen Eigenschaft, dass man damit die Wohnung heizen kann. Die Abgabe von „Diensten" zur Befriedigung menschlicher Bedürfnisse ist letztlich das Ziel aller Produktion, auch der von materiellen, also Sachgütern (Ertel 1986). Ähnliches klingt ja schon in der Feststellung Carl Mengers an, dass der Güterwert in der Beziehung der Güter zu unseren Bedürfnissen begründet ist, nicht in den Gütern selbst.

4.1.3   Verbundene und unverbundene Güter

Eine andere, auch für den Bereich der Medien wichtige Unterscheidung ökonomischer Güter ist die nach dem Grad ihrer Verbundenheit, die auf der Angebots- wie der Nachfrageseite bestehen kann. Komplementäre Güter, wie z.B. CD und CD-Player, sind in der Nachfrage verbunden, weil sie zur Erreichung eines bestimmten Zwecks zusammenwirken. Als substitutiv gelten Güter dann, wenn sie in einem Verhältnis gegenseitiger Ersetzbarkeit stehen, sich in der Nachfrage also gegenseitig verdrängen können, wie die Compact Disc die Schallplatte weitgehend verdrängt hat. Auf der Angebotsseite verbundene Güter sind sog. Kuppelprodukte, unter denen die Ökonomen allerdings nur Güter verstehen, die bei technologisch verbundener Produktion simultan anfallen, wie etwa Sägemehl bei der Herstellung von Brettern. Ein Produktionsfaktor findet „in mehr als einem Produktionsprozess *zur selben Zeit*" Verwendung (Becker 1993, 151). Wir werden sehen, dass der medienökonomische Begriff des Kuppelprodukts etwas anders gefasst ist (vgl. 4.3).

Die Frage nach der Art und dem Grad der Verbundenheit ökonomischer Güter auf der Nachfrageseite spielt natürlich vor allem für ihre Konkurrenzbeziehungen eine erhebliche Rolle (vgl. auch Kapitel 6.3.1.1), auch für die gerade diskutierte Definition von Märkten, die ja auf den Grad der Substituierbarkeit in der Nachfrage abstellt.

Der oben erwähnte Ansatz zur Theorie des Konsumentenverhaltens, dass nicht Güter an sich sondern bestimmte Eigenschaften oder „Dienstleistungen" von Gütern nachgefragt werden, lieferte der ökonomischen Theorie erstmals differenziertere Erklärungsmöglichkeiten, weshalb bestimmte Güter in einem Verhältnis der Komplementarität, andere in dem der Substitution stehen. Die traditionelle ökonomische Theorie konnte das nicht erklären, sondern hat es schlicht postuliert (Kirchgässner 1991, 81). Energieträger z.B. können sich, bei gleicher Energieleistung, im Komfort der Anwendung unterscheiden (Kohle vs. Erdgas) oder im Leistungsspektrum, mit Strom kann man nicht nur heizen wie mit Heizöl, sondern auch kühlen. Entsprechend differenziert sind die Beziehungen zwischen den Energieträgern.

In der Kommunikationswissenschaft gibt es einen Ansatz zur Erklärung von Substitutionsbeziehungen zwischen Medien, der diesem ökonomischen weitgehend ähnlich ist. Hilde Himmelweit und Mitarbeiter (1958) haben diesen Ansatz entwickelt, mit dem heute als Konzept der „funktionalen Reorganisation der Mediennutzung" (Bonfadelli 1981, 82) Veränderungen im Mediennutzungsverhalten erklärt werden. Danach verdrängen neue Medien ältere Medien und Freizeitbeschäftigungen beim Rezipienten vor allem dann, wenn sie funktional ähnlich aber gleichzeitig effektiver sind, das Pantoffelkino in Form des Fernsehens zu Hause den mit Wege- und weiteren Kosten verbundenen Kinobesuch z.B.. Fernsehen und Kino können ökonomisch als in der Nachfrage - nach Unterhaltung oder Zeitvertreib - verbundene Güter betrachtet werden, die in einem Substitutionsverhältnis stehen, das zu Gunsten des komfortableren Fernsehens ausgeht, wenn nur Unterhaltung und Zeitvertreib und nicht vielleicht noch Zusammensein mit Freunden oder ähnliches beim Kinobesuch eine Rolle spielen.

4.1.4   Öffentliche und private Güter

Ein dritter Ansatz zur Unterscheidung ökonomischer Güter ist der Grad ihrer Marktfähigkeit, das heißt ob sie auf Märkten problemlos bereitgestellt werden können oder nicht. Üblicherweise zeichnen sich Güter, die auf Märkten gehandelt werden, durch die beiden folgenden Eigenschaften aus:

1. das sog. Ausschlussprinzip ist praktizierbar. Das bedeutet, Eigentumsrechte können definiert und durchgesetzt werden (vgl. Kapitel 7.2.2), vom Konsum eines Guts kann also ausgeschlossen werden, wer nicht bereit (oder fähig) ist, den dafür geforderten Preis zu entrichten.

2. Es herrscht Konsumrivalität, das heißt wenn ein Gut von einem Individuum verbraucht, konsumiert wurde, steht es niemand anderem mehr zur Verfügung. Der Apfel kann nur einmal gegessen werden.

Güter, die diese beiden Eigenschaften aufweisen, wie fast alle Konsumgüter und sehr viele Dienstleistungen, werden als private Güter bezeichnet. Solche Güter sind voll marktfähig, das heißt sie können auf Märkten von privaten Produzenten bereitgestellt werden, denn jeder, der ein solches Gut konsumieren will ist gezwungen, durch Bezahlung des Preises seinen Beitrag zur Produktion dieses Gutes zu leisten. Der Produzent kann seine Kosten decken und der Verbrauch an gesellschaftlichen Ressourcen für die Produktion dieses Gutes wird, so die Modellvorstellung, über den Preis ausgeglichen. Ist bei einem ökonomischen Gut eines der beiden Kriterien: Ausschlussprinzip oder Konsumrivalität nicht gegeben, spricht man von einem öffentlichen oder Kollektivgut (die Begriffe werden hier synonym verwendet) in verschiedener Unterscheidung.

Übersicht 4.1: Öffentliche Güter, Mischgüter und private Güter

		Rivalität	
		ja	nein
Ausschluss	ja	Private Güter z.B. Brot, Wohnen, Anzeigenraum	Club- oder Mautgüter z.B. Kabelfernsehen, Autobahnen, Pay-TV, Printmedien
	nein	Allmendegüter z.B. Hochseefischgründe, Innenstadtstraßen, Atemluft	Reine öffentliche Güter z.B. Außenpolitik, öffentl. Kunstdenkmäler, terrestrisches Fernsehen

Quelle: In Anlehnung an Blankart 1994, S. 64.

Sind beide Kriterien gegeben, handelt es sich um den ökonomischen „Normalfall" privater Güter. Es sind Güter, die in verschiedenste Einheiten (Gramm, Meter, Stück etc.) geteilt und in diesen Einheiten getrennt verschiedenen Personen marktmäßig angeboten werden können. Sind beide Kriterien nicht gegeben, handelt es sich um reine öffentliche oder Kollektivgüter. Klassische Güter dieser Art sind z.B. die Rechtsordnung eines Staates oder die Landesverteidigung. Sind sie erst einmal produziert, können sie praktisch niemandem mehr vorenthalten werden (Olson 1992). Alle Staatsbürger kommen in den Genuss dieser öffentlichen Güter, deren Nutzen unteilbar ist, keiner ist ausgeschlossen, ob er Wert darauf legt oder nicht. Rivalisiert der Konsum bei nicht möglichem Ausschluss, spricht man von öffentlichen Gütern im weiteren Sinn oder auch Allmende (also Gemeineigentum)-Gütern. Ein Beispiel ist die Atemluft, die jedermann zur Verfügung steht, aber beim Atmen verbraucht wird, also im Konsum rivalisiert, wie man in einem überfüllten Raum schnell feststellt. Ist ein Ausschluss möglich obwohl keine Rivalität im Konsum besteht, spricht man von öffentlichen Gütern im engeren Sinn, recht plastisch auch von Club- oder Maut-Gütern. Ein Clubgut ist z.B. eine wenig befahrene Autobahn, für die eine Benutzungsgebühr erhoben wird.

Diese zunächst etwas detailliert wirkende Unterscheidung ist für medienökonomische Fragen deshalb interessant, weil Fernsehen z.B. beides sein kann: terrestrisch verbreitet ein reines öffentliches Gut, als Pay-TV organisiert ein Clubgut (vgl. zur Anwendung der ökonomischen Clubgütertheorie auf den Rundfunk Hansmeyer/Kops 1998).

Es ist einleuchtend, dass Güter, bei denen das Ausschlussprinzip nicht, jedenfalls nicht zu ökonomisch vernünftigen Kosten durchsetzbar ist, als nicht marktfähig gelten, also über den Marktmechanismus nicht bereitgestellt werden können, ein klassischer Fall von Marktversagen. Kein Anbieter wird bereit sein, ein Gut zu produzieren, das, sobald es produziert ist, von jedermann konsumiert werden kann, ohne dafür zu bezahlen, also ohne seinen Anteil an den Kosten der Produktion zu leisten. Es kommt kein Angebot zustande, weil kein privater Produzent Kostendeckung erwarten kann.

Als Ursache des Marktversagens gilt ein seit Mancur Olsons Buch „Logik des kollektiven Handelns" (1992) bekanntes Verhalten des Homo Oeconomicus, das als Freerider- oder Trittbrettfahrerverhalten bezeichnet wird. Als rational seinen individuellen Nutzen maximierendes Wirtschaftssubjekt geht der Freerider davon aus, dass das Kollektivgut, zumal wenn die Gruppe der Begünstigten sehr groß ist, auch ohne seinen eigenen, relativ kleinen Beitrag zur Kostendeckung bereitgestellt wird, er also kostenlos profitieren kann. Er wird seine Präferenz für das öffentliche Gut daher weder offen legen, noch dessen Bereitstellung durch Kostenübernahme sichern. Wenn alle sich so, also den Annahmen des ökonomischen Verhaltensmodells gemäß, verhalten, zahlt letztlich niemand für die Produktion des Kollektivguts. Auch wenn alle dieses Gut eigentlich wollen, wird es aufgrund des Freeriderverhaltens nicht bereitgestellt werden, das heißt individuell rationales Verhalten hat ein kollektiv irrationales Ergebnis zur Folge, die Verfolgung des eigenen Vorteils führt zu kollektiver Selbstschädigung (Jöhr 1976).

Das Freeriderverhalten findet z.B. in der Figur des Schwarzhörers einen konkreten Ausdruck. Der entscheidende ökonomische Grund, dass terrestrisch verbreiteter Rundfunk fast überall entweder aus Rundfunkgebühren oder aus Steuern oder über Werbung finanziert wird, liegt in seinen Guteigenschaften (vgl. Kap 8).

Reine öffentliche Güter sind allerdings eher ein Extremfall. Das Beispiel Pay-TV macht zudem deutlich, dass die Handhabung des Ausschlussprinzips eine Frage des Stands der Technik und der mit dem Ausschluss verbundenen Kosten ist. Die Digitaltechnik gewinnt nicht zuletzt auch dadurch eine große ökonomische Attraktivität, dass sie die prohibitiv hohen Ausschlusskosten reduziert, die bei analoger Rundfunkverbreitung via Frequenzen, die als Träger ja selbst wiederum ein öffentliches Gut auf dem Rezipientenmarkt sind, anfallen.

Öffentliche Güter lassen sich, auch darauf hat Mancur Olson verwiesen, zumeist nur im Hinblick auf eine bestimmte Gruppe definieren, das mag die Dorfgemeinschaft hinter dem Deich oder die ganze Nation sein. Als Kollektivgut definiert Olson (1992, 13) jenes Gut, das niemandem in der Gruppe vorenthalten werden kann, wenn es irgend jemandem aus der Gruppe zur Verfügung steht, der Schutz des Deichs oder die Landeverteidigung der Nation.

Ein Film, ausgestrahlt im terrestrischen Fernsehen, ist ein reines öffentliches Gut für alle Rundfunkteilnehmer im Verbreitungsgebiet des Senders, derselbe Film, ausgestrahlt im Kino oder im Pay-TV, ist ein Clubgut für das jeweilige Publikum. An der mangelnden Konsumrivalität des Filminhalts verändert sich nichts, aber die Handhabung einer Ausschlustechnik definiert die Gruppe, für die der Film Kollektivguteigenschaften hat und sie modifiziert den Gutcharakter.

Für einige Ökonomen ist das Kriterium der Konsumrivalität das eigentlich entscheidende für die Trennung von öffentlichen und privaten Gütern (vgl. Acocella 1998, 108), für andere sind es die - variablen - Möglichkeiten des Nichtausschlusses (vgl. Neumann 1991, II, 16), und die Entscheidung für das eine oder andere Kriterium erfolgt nicht ganz losgelöst von der Rolle, die jeweils dem Staat im ökonomischen Denken zugewiesen wird (vgl. auch Kapitel 6.5 und 10).

Der Definitionsspielraum ist also auch bei dieser Güterunterscheidung vergleichsweise groß. So betont Peter Steiner (1969), dass öffentliche Güter auch mit Blick auf gesellschaftliche Ziele bestimmt werden. Denn, so Steiner, alle Paradebeispiele für öffentliche Güter: öffentliche Sicherheit, nationale Verteidigung, Bildungswesen könnten auch durch private Anbieter bereitgestellt werden (private Sicherheitsdienste, Söldnerheere, Privatschulen und Privatuniversitäten – Alternativen, die zur Zeit ja durchaus Aktualität haben). Dass sie als öffentliche Güter institutionalisiert sind, habe etwas mit gesellschaftlichen Wert- und Qualitätsvorstellungen zu tun. Der technische Charakter der Güter, die Höhe der Transaktionskosten marktlicher Interaktionsprozesses sind, so Steiner, zwar wichtige Faktoren für eine öffentliche Bereitstellung, diese sei immer aber auch verknüpft mit gesellschaftlichen Zielsetzungen.

Die Existenz von Kollektivgütern wirft also eine ganze Reihe von Fragen auf, die sich letztlich nicht ökonomisch, sondern nur als gesellschaftliche Problemlösung beantworten lassen: wer entscheidet über Art und Umfang der bereitzustellenden Kollektivgüter? Durch wen und in welcher Form werden sie bereitgestellt? Wie werden sie finanziert? Es sind klassische Fragen der politischen Ökonomie, die sie, dargestellt am viel benutzten Beispiel des Leuchtturms als öffentliches Gut, von Anfang an beschäftigt haben (vgl. Coase 1988a).

4.1.5   Güter mit externen Effekten

Mit der Unterscheidung in öffentliche und private Güter eng verknüpft ist das Kriterium der sog. externen Effekte. Normalerweise geht die ökonomische Theorie davon aus, dass alle Kosten und Nutzen in einem (privaten) Gut internalisiert sind. Der Nährwert eines Brötchens, also der Nutzen für den Konsumenten, steckt in dem Brötchen, das ihn sättigt, alle gesellschaftlichen Ressourcen, die mit der Produktion des Brötchens verbunden waren, sind im dafür zu entrichtenden Preis berücksichtigt. Alle positiven wie negativen Effekte der Wirtschaftsaktivitäten Brötchenproduktion/Brötchenkonsum beschränken sich auf die beiden Urheber selbst. Unbeteiligten Dritten entstehen durch Produktion und Konsum des Brötchens weder Vor- noch Nachteile, es entstehen keine externen Effekte. Oder anders gesagt: in die einzelwirtschaftlichen Kosten-/Nutzenrechnungen von Bäcker und Brötchenkäufer gehen alle Kosten und Nutzen, auch die sozialen ein. Das ist die Theorie. Prominentes und allgegenwärtiges Beispiel für die Abweichungen von dieser Theorie sind die Umweltschäden, negative externe Effekte der Wirtschaftstätigkeit von Produzenten und Konsumenten. Dritte, die an den fraglichen Entscheidungen von Produzenten und Konsumenten nicht beteiligt sind, werden davon betroffen, sind deren Externalitäten „ausgeliefert" und in ihrem Wohlbefinden beeinträchtigt. Ökonomisch gesehen sind negative externe Effekte, wie Umweltschäden zum Beispiel, private und soziale Kosten, die von Dritten oder der Allgemeinheit ohne Kompensation getragen werden müssen. Die von Medien geschaffene Öffentlichkeit, von ihnen ausgelöste Meinungsbildungsprozesse, können ökonomisch als (positive) externe Effekte begriffen werden. Beim Vorliegen externer Effekte geht die ökonomische Theorie von Marktversagen aus, nicht einem völligen, sondern einem partiellen im Sinne suboptimaler Ergebnisse. Ist die Zahl der durch die Externalitäten Betroffenen gering, können die Externalitäten durch privatrechtliche Schadensregelungen internalisiert werden. Ist die Zahl der Betroffenen sehr groß, gilt staatliches Eingreifen als erforderlich.

Einer der ältesten Vorschläge zur Korrektur negativer externer Effekte sind die sog. Pigou-Steuern, die auf einen Vorschlag von Arthur C. Pigou zurückgehen (vgl. Blaug 1986, Neumann 1991, II). Danach soll ein Gut, das negative externe Effekte verursacht, mit einer Steuer belegt werden, die die Differenz zwischen privaten und gesellschaftlichen Grenzkosten ausgleicht. Auch bei positiven externen Effekten plädierte Pigou für einen Ausgleich von privatem und gesellschaftlichen Nutzen durch Subventionen. In dem einen Fall sollen Produktion und Konsum verteuert, in dem anderen verbilligt werden. Das generelle Problem bei diesem Vorschlag ist, dass die Festlegung von Steuern Informationen über die externen Effekte, ihre Verursacher und ihre Bewertung erfordert, die dem Staat in der Regel nicht zur Verfügung stehen. Dennoch könnte es lohnend sein, über eine Art von Pigou-Steuern auch im Medienbereich nachzudenken, wie es Wolfgang Seufert (1994) bereits angeregt hat. Auch Friedrichsen und Never (1999, 105f.) diskutieren als eine mit der Digitalisierung und der Ausbreitung von Pay-Angeboten realistisch werdende medienpolitische Gestaltungsmöglichkeit des Staates, „mittels fiskalischer Instrumente die individuelle Nachfragefunktion des Rezipienten zu beeinflussen". Die Opportunitätskosten des Konsums von als sozial weniger wertvoll eingestuften Angeboten der Medien („Vergnügungssteuer" auf Unterhaltungsangebote) sollen über das Marktniveau hinaus angehoben, Angebote aus dem Kultur- und Informationsbereich hingegen durch Subventionen verbilligt werden. Dass auch mit dieser Gestaltungsmöglichkeit große Informations- und Bewertungsprobleme verbunden sind, muss nicht extra betont werden.

Öffentliche Güter haben, da das Ausschlussprinzip nicht oder nur eingeschränkt funktioniert, immer externe Effekte, ja diese dominieren und die Abgrenzung dieser Effekte von den öffentlichen Gütern selbst ist daher keineswegs immer klar. So ist kaum eindeutig zu entscheiden, ob der von Medien erwartete oder geleistete Prozess öffentlicher Meinungsbildung ein von Medien produziertes öffentliches Gut ist (Röpke 1970a,1970b) oder ein externer Effekt der Medientätigkeit und des Medienkonsums. Ja, die Externalität selbst ist keineswegs ein „Datum", sondern eine - wenn auch meist stillschweigende- „Konvention" (Bonus 1980, 157). Berücksichtigt werden nämlich nur direkte Rückwirkungen. Das klassische Beispiel: die Dampflok einer privaten Eisenbahngesellschaft, die durch Ruß und Rauch die Getreidefelder der Bauern entlang der Bahnlinie schädigt (Blankart 1994, 22). Indirekte pekuniäre Rückwirkungen werden in der Regel hingegen nicht als Externalität aufgefasst. Wenn ein Konzern seine Filiale in einem kleinen Ort schließt und die Grundstückspreise wie die Löhne daraufhin fallen, gilt das in der Regel nicht als externer Effekt dieser Wirtschaftsentscheidung, sondern als marktmäßige Neuordnung der Knappheitsrelationen (Bonus 1980, 168, Blankart 1994, 469 FN). Würde sich die Konvention ändern, schreibt Bonus, „ändert sich mit ihr auch der ‚öffentliche Anteil' der Wirtschaft", also das Maß an externen Effekten. Und es hängt oft auch vom persönlichen Standpunkt oder den herrschenden sozialen Normen ab, ob externe Effekte als positiv oder negativ bewertet werden. In einer Demokratie wird die Bildung einer öffentlichen Meinung als externer Effekt eines vielfältigen Medienangebots zweifellos positiv bewertet, in einer Diktatur wohl eher negativ, vor allem, wenn dieser Meinungsbildungsprozess den Interessen des Regimes zuwiderläuft.

4.1.6 Meritorische Güter

Eine weitere Unterscheidung ökonomischer Güter mit Relevanz für den Bereich der Medien ist die in meritorische Güter, solche, ohne Meritorik und schließlich demeritorische Güter. Meritorik meint, dass Produktion und Konsum dieser Güter gesellschaftlich erwünscht (meritorious) sind, Demeritorik, dass sie unerwünscht sind. Ihrer Grundstruktur nach sind meritorische Güter private Güter mit positiven externen Effekten, meritorisch können aber auch öffentliche Güter sein. Typische meritorische Güter sind z.B. Gesundheit und Bildung, oder bei den Medien, vielfältige Angebote an staatsbürgerlich relevanter Information, typische demeritorische Güter sind Drogen und Alkoholmissbrauch.

Das ökonomische Kriterium zur Abgrenzung meritorischer Güter von Gütern ohne Meritorik ist die mangelnde Übereinstimmung mit den auf Märkten bekundeten Konsumentenpräferenzen. Normalerweise sollen über den Marktmechanismus ja Güter bereitgestellt werden, die den Präferenzen, also den Bedürfnissen und Nutzenerwartungen der Konsumenten folgen (allokative Effizienz des Marktes). Vom Verbraucher als rational handelndem Homo Oeconomicus wird als Regel angenommen, dass er erstens „in jeder Situation ganz genau weiß, *was* er will" (Tietzel 1988, 43) und dass er zweitens nur solche Güter kauft, die seinen Präferenzen entsprechen. Als der Mechanismus, der den Produzenten über die Präferenzen der Konsumenten informiert, wird das Preissystem und die darin zum Ausdruck kommende Zahlungsbereitschaft der Konsumenten angesehen (vgl. Kapitel 8.2.1), der Wettbewerb soll die Anpassung des Angebots an die bekundeten Konsumentenpräferenzen sicherstellen. Bei meritorischen Gütern ist die Orientierung an den bekundeten Konsumentenpräferenzen hingegen nicht erwünscht, da Produktion und Konsum dieser Güter, gemessen am gesellschaftlichen Referenzsystem, dann zu niedrig bzw. bei demeritorischen Gütern zu hoch ausfallen. Der Markt kann meritorische Güter daher nur suboptimal bereitstellen, es kommt zu zumindest partiellem Marktversagen, weshalb der Staat in Produktion und Konsum dieser Güter eingreift.

Richard A. Musgrave führte den Begriff der meritorischen Güter (eigentlich „merit wants", meritorische Bedürfnisse) 1957 in die wirtschaftswissenschaftliche Diskussion ein, die bislang kontrovers verlief und keineswegs abgeschlossen ist. Zwei Ebenen der Kontroverse im Zusammenhang mit dem Konzept meritorischer Güter sind zu unterscheiden: 1. über die Feststellung eines Eingriffsbedarfs auf Basis welcher normativen Grundlage; 2. über die Begründung von Eingriffsmitteln und Eingriffsträgern.

Zu 1.) Meritorische Güter stellen, soweit das Referenzsystem von Dritten bestimmt wird, einen Eingriff in die Konsumentensouveränität (vgl. Kapitel 6.3.1.1) dar. Das Unbehagen daran verdeutlicht die Metapher vom Staat als „wohlwollendem Diktator", der über die Finanzierung oder gar den Konsum meritorischer Güter befindet. William Baumol (1962, zitiert nach Erlei 1992) hat dieses Unbehagen, das für die weit verbreitete Reserviertheit der Ökonomen dem Konzept meritorischer Güter/Bedürfnisse gegenüber mit ursächlich sein dürfte, einmal auf den

Punkt gebracht: „I want badly to be protected from those who are convinced that they know better than I do what is really good for me, and I want others to receive similiar protection". Musgrave selbst hat darauf hingewiesen, dass die meritorische Einmischung in die Konsumentensouveränität auch autoritäre Züge annehmen kann, wenn eine herrschende Gruppe ihre speziellen Anschauungen anderen Gruppen aufzuzwingen vermag (vgl. Musgrave 1974). Eine Abweichung von der Vorstellung, dass mündige Bürger und rationale Konsumenten in marktwirtschaftlich organisierten Demokratien die besten Anwälte ihrer Interessen und Bedürfnisse sind, bedarf folglich der Begründung. Damit stellt sich die Frage, ob es in bestimmten Fällen individuelle, jedoch verallgemeinerbare Entscheidungsdefizite gibt, die eine Korrektur der bekundeten Präferenzen von Individuen durch Dritte legitim erscheinen lassen (vgl. Tietzel/Müller 1998)

Zu 2.) Auch wenn sich solche Defekte zeigen und die Existenz von merit wants unbestritten ist, bleibt noch immer die Frage, ob, durch wen und auf welche Weise eingegriffen werden soll. Für den Staat bestehen hier Wissens- aber auch Durchsetzungsprobleme und die Gefahr von Staatsversagen (vgl. 6.5.3) ist nicht von der Hand zu weisen.

Für die Begründung von meritorischen Bedürfnissen im Sinne der Feststellung eines Eingriffsbedarfs, der mit der Konsumentensouveränität als vereinbar gelten kann, gibt es nun eine Reihe von Ansätzen (vgl. Erlei 1992). So kann mangelnde Fähigkeit, die Qualität oder den Nutzen eines Gutes zu beurteilen, wie sie sich auch aus der Spezifik der Güter ergeben kann, eine rationale Entscheidung des Konsumenten unmöglich machen. Wir werden sehen, dass dies vor allem bei den nachfolgend noch vorzustellenden Vertrauensgütern zu erwarten ist. Wenn die Beurteilungsfähigkeit systematisch beeinträchtigt ist, können sich daraus meritorische Bedürfnisse (merit wants) ergeben.

Irrationalität ist ein weiterer Grund für merit wants. Irrationalität liegt vor, wenn das „Verhalten von Individuen gegen ihre eigenen Interessen bzw. die eigenen Wohlfahrt verstößt" (Fritsch u.a. 1996, 276). Drogenkonsum gilt als ein einleuchtendes Beispiel, übermäßiger Fernsehkonsum mag ähnlich eingeschätzt werden. Allerdings ist eine objektive Diagnose von Irrationalität schwierig. Auf eine verbreitete Form von Nichtrationalität verweist Heinrich (1999, 42): die systematische Minderschätzung künftiger Güter und die Unterschätzung künftiger Bedürfnisse, die Zeitpräferenz, genauer Gegenwartspräferenz von Menschen. In der PKW kennt man als ähnliches Phänomen die Präferenz für immediate gratification, die die Rezeption unterhaltender Medienangebote begünstigt zu Lasten der eher anstrengenden, für die individuelle Meinungsbildung und Persönlichkeitsentfaltung aber wichtigen Informations- und Bildungsangebote. Auch bei Zeitpräferenz werden meritorische Eingriffe, z.B. in Form von Sozialversicherungssystemen, als legitim betrachtet.

Schließlich wird argumentiert, dass Individuen nicht, wie die neoklassische Theorie eigentlich unterstellt, eine einzige Präferenzordnung für alle Entscheidungssituationen haben, sondern nach Entscheidungssituationen differenzierte parallele Ordnungen. Brennan/Lomansky (1983), die diesen Weg als erste in der Meritorik-Diskussion aufzeigten, unterscheiden zwischen Marktpräferenzen, die den in der Regel auf Märkten bekundeten und mit Kosten verbundenen Konsumpräferenzen entsprechen, und reflektiven Präferenzen, die als eine Art Meta-Präferenzordnung der Individuen zur Bewertung u.a. auch der eigenen Marktpräferenzen dienen. Ein anderer Ansatz (vgl. Thaler/Shefrin 1981) unterscheidet zwischen ‚planner' und ‚doer' in einem Menschen. Der langfristig im aufgeklärten Eigeninteresse handelnde ‚planner' unterliegt dem kurzsichtigen und kurzfristig orientierten'doer'. Der morgendliche Vorsatz , am Abend endlich das angefangene Buch weiter zu lesen, scheitert in der abendlichen Freizeitstimmung und Müdigkeit letztendlich doch an der Fußballübertragung im Fernsehen. Die „Situationsabhängigkeit der Programmwahl" und die gerade von dem Bildermedium offerierten Escape-Möglichkeiten vor den Zumutungen des ‚planners' liefern für Kops (2001) eine Begründung des öffentlich-rechtlichen Rundfunks. Das Publikum unterwirft sich einem Bereitstellungsverfahren, das seinen reflektiven Präferenzen bzw. dem ‚planner' zum Durchbruch verhelfen soll. Man kann hier auch mit der Unterscheidung von Vanberg/Buchanan (1988) in Handlungs- und Verfassungspräferenzen argumentieren. Verfassungspräferenzen beziehen sich auf meritorische Einschränkungen der individuellen Handlungspräferenzen, wie sie das Strafgesetzbuch, bestimmte Sicherheitsvorschriften (Anschnallpflicht von Sicherheitsgurten im Auto z.B.), die allgemeine Schulpflicht oder auch ein öffentlich-rechtliches Rundfunkmonopol darstellen. Meritorische Bedürfnisse lassen sich dann als konstitutionelle Beschlüsse im Sinne der Verfasssungsökonomik begreifen bzw. den daraus abgeleiteten Normen rationaler Selbstbindung der Staatsbürger. Die Einschränkung der individuellen Handlungspräferenzen wird gebilligt, weil und insoweit die Vorteile der Verfassungsregeln gegenüber alternativen Regelungen überwiegen.

Priddat (1992, 245) unterscheidet meritorische Güter 1. und 2. Ordnung. Meritorische Güter 1. Ordnung bedeuten staatlich verordneter Konsumzwang wie ihn z.B. die Schulpflicht darstellt. Meritorische Güter 2. Ordnung sind „selective incentives", Nutzungsangebote und Optionen , wie sie z.B. die Stiftung Warentest bereitgestellt , die präferenzgenerierend wirken sollen. Selective incentives dienen so letztlich der Sicherung der in der Ökonomik gültigen Norm rationalen Handelns. Der Staat agiert als „Produzent von Allokationskompetenz seiner Bürger", der mit der Produktion meritorischer Güter den Bedarf an „Handlungsfähigkeit der Wirtschaftssubjekte deckt" (ebenda, 254).

Medienprodukte, vor allem journalistische und informative Medienprodukte, werden weitgehend unbestritten als meritorische Güter angesehen (Dittmers 1990), darauf verweisen nicht zuletzt auch die verfassungsrechtlichen Kodifizierungen der Presse- und Rundfunkfreiheit und die damit verbundenen normativen Erwartungen. Greift man die Unterscheidung nach meritorischen Gütern erster und zweiter Ordnung auf, sind Medien wohl der zweiten Art zuzuordnen. Sie sind dann als Institutionen zu begreifen, die Nutzungsoptionen zur Abstützung der staatbürgerlichen Handlungskompetenz ihrer Rezipienten bereitstellen sollen. Denn ein wohlinformierter Staatsbürger kann nicht nur seine Rechte besser wahrnehmen (privates meritorisches Gut), sondern trägt durch die Kenntnis und Wahrnehmung von staatsbürgerlichen Rechten und Pflichten auch zum effizienteren Funktionieren eines demokratischen Staatswesens bei (öffentliches meritorisches Gut).

4.1.7 Inspektions-, Erfahrungs-, Vertrauensgüter

Als letzte, für den Bereich der Medien wichtige Unterscheidung von Güterarten in der ökonomischen Theorie soll hier noch auf die nach Inspektions-, Erfahrungs- und Vertrauensgütern eingegangen werden. Dies ist eine Differenzierung von Gütern und Dienstleistungen danach, ob Qualität und Nutzen eines Gutes vom Konsumenten vor dem Konsum unmittelbar erkannt (Inspektionsgut) oder ob sie erst durch Gebrauch und Erfahrung ex post beurteilt werden können (Erfahrungsgut) oder ob Qualität und Nutzen des Guts für den durchschnittlichen Konsumenten eigentlich überhaupt nicht abschätzbar sind (Vertrauensgut). Viele, vor allem unproblematische Konsumgüter, gelten als Inspektionsgüter. Ob der Salat welk oder frisch ist kann durch bloßen Augenschein entschieden werden. Um zu erkennen, ob er aus biologischem Anbau kommt, reicht der Augenschein allerdings zumeist schon nicht mehr aus, hier bedarf es einer staatlich gesetzten Kennzeichnungspflicht, was darauf verweist, dass die Zuordnung je nach Guteigenschaft, um die es geht, wechseln kann. Medienprodukte werden, wie alle Dienstleistungen, durchgängig den Erfahrungs- und, vor allem wenn es sich um komplexe und informative Produkte handelt, den Vertrauensgütern zugeordnet. Der Nutzen einer Informationssendung z.B. zum Börsengeschehen kann erst durch den Konsum, möglicherweise auch erst durch die Anwendung der dort gebotenen Information erkannt werden, ein Phänomen, das für Information als ökonomisches Gut generell gilt. Und die Qualität z.B. einer Nachrichtensendung, nämlich ob sie vollständig und umfassend, objektiv und wahrheitsgetreu über das relevante aktuelle Geschehen informiert, kann vom durchschnittlichen Rezipienten überhaupt nicht, unter Umständen auch vom professionellen Journalisten nicht, beurteilt werden. Der Konsument der Nachrichtensendung muss dem Nachrichtenproduzenten vertrauen, es handelt sich also um ein Vertrauensgut (McManus 1992).

Da bei Erfahrungs- wie bei Vertrauensgütern eine ex ante-Beurteilung des zu erwartenden Nutzens nicht möglich ist, wie sie das Modell rationalen Konsumentenverhaltens zwingend voraussetzt, kann der Marktmechanismus allenfalls suboptimal funktionieren. Der Nachfrager nach diesen Gütern kann seine Präferenzen wegen der für ihn bestehenden Qualitätsunsicherheit nicht via Zahlungsbereitschaft auf dem Markt durchsetzen. Zahlungsbereitschaft darf selbst bei Erfahrungsgütern nicht unmittelbar als Ausdruck von Präferenzen gedeutet werden, da sich eine unbekannte Anzahl von Verbrauchern ja im Erfahrungsprozess mit der angebotenen Produktqualität befindet und das Urteil durchaus negativ ausfallen kann (Kunz 1985). Und umgekehrt werden Präferenzen bei Erfahrungsgütern auch erst gelernt (Tietzel 1988, 60).

Rationales Verbraucherverhalten ist bei unkomplizierten, kurzlebigen und billigen Erfahrungsgütern, sog. Nelson-Gütern, benannt nach dem Begründer dieser Unterscheidung von Wirtschaftsgütern (Nelson 1970, 1974), mit hohen Such- und Opportunitätskosten verbunden. Das Erfahrung sammeln mit den verschiedenen Angeboten kostet Zeit, in der man auch anderes hätte tun können. Bei komplexen Erfahrungsgütern, den sog. Akerlof-Gütern (Akerlof 1970), ein Begriff, der uns noch beschäftigen wird (vgl. Kapitel 8.2.3 und 9.1.2), und bei Vertrauensgütern ist rationales Verbraucherverhalten hingegen gar nicht möglich. Der mündige Verbraucher ist dann auf Marktsignale wie Werbung, Markenname oder Reputation eines Anbieters (weshalb Vertrauensgüter mitunter auch als Reputationsgüter bezeichnet werden) angewiesen, wobei durchaus die Gefahr besteht, dass er durch solche Signale in strategischer Absicht getäuscht wird (Williamson 1990, 335). Die zwischen Anbieter und Nachfrager bestehende Informationsasymmetrie hinsichtlich der Produktqualität führt zu Marktversagen.

4.1.8   Zusammenfassung der Gütersystematik

Bevor wir uns der Frage zuwenden, welche Art ökonomischer Güter nun eigentlich die Massenmedien sind und was das aus ökonomischer wie publizistischer Sicht bedeutet, scheint es sinnvoll, diese vielleicht etwas verwirrende Gütersystematik noch einmal kurz zusammenfassen. Es gibt, wie wir gesehen haben, in der ökonomischen Theorie eine Reihe von Gesichtspunkten, unter denen Güter eingeteilt werden, die gerade für Medien von erheblicher Relevanz erscheinen. In Übersicht 4.2 sind die Dimensionen, nach denen Güterarten unterschieden werden, noch einmal zusammengefasst.

Da ist einmal die Materialität der Güter, die zur Unterscheidung von Sachgütern und Dienstleistungen führt. Dienstleistungen als Haupttyp immaterieller Güter sind charakterisiert u.a. durch die Notwendigkeit einer „Mitarbeit" des Konsumenten an ihrer Produktion durch das Einbringen externer Produktionsfaktoren. Endproduktion und Verbrauch einer Dienstleistung fallen damit örtlich und/oder zeitlich zusammen. Die Übergänge zwischen Sachgütern und Dienstleistungen einerseits, materiellen und immateriellen Gütern andererseits sind allerdings fließend.

Eine zweite Unterscheidung ist die nach dem Grad der Verbundenheit von Gütern. Verbundenheit von Gütern auf der Nachfrageseite ist in Form von Komplementarität oder Substitution möglich, daneben gibt es natürlich völlig unverbundene Güter, wie Autos und Fernseher. Auf der Angebotsseite verbundene Güter sind Kuppelprodukte, werden in der ökonomischen Theorie aber ausschließlich technologisch definiert.

Übersicht 4.2: **Dimensionen/Kriterien ökonomischer Güter**

Dimension	Güterarten	
Materialität	materielle Güter	immaterielle Güter
	Sachgüter	Dienstleistungen/Rechte
Verbundenheit		
- der Nachfrage	substitutive Güter	komplementäre Güter
- des Angebots	Kuppelprodukte	unverbundene Güter
Marktfähigkeit	private Güter	öffentliche Güter
	Güter ohne externe Effekte	Güter mit externen Effekten
	Güter ohne Meritorik	Güter mit Meritorik= meritorische Güter
Nutzenbewertung	ex ante möglich	ex post / nicht möglich
	Inspektionsgüter	Erfahrungsgüter
		Vertrauensgüter

Ein drittes wichtiges Unterscheidungskriterium ist die Marktfähigkeit ökonomischer Güter. Marktfähigkeit liegt vor, wenn der Ausschluss Zahlungsunwilliger, oder auch Zahlungsunfähiger, vom Konsum eines Guts möglich ist und Rivalität im Konsum vorliegt. In diesem Sinne voll marktfähig sind private Güter, während die reinen öffentlichen oder Kollektivgüter nicht marktfähig sind und der Bereitstellung durch die öffentliche Hand bedürfen. Bei den verschiedenen Mischgütern mit öffentlichen und privaten Guteigenschaften liegt Marktfähigkeit nur eingeschränkt vor, das heißt die Marktergebnisse sind suboptimal.

Suboptimale Marktergebnisse wenn nicht Marktversagen werden auch bei Gütern mit externen Effekten und bei meritorischen Gütern erwartet. Hier werden regulierende Staatseingriffe ebenfalls für erforderlich gehalten, zumindest ein Prüfung alternativer Bereitstellungsarrangements.

Eine letzte hier behandelte Dimension war schließlich, ob die Bewertung des Nutzens eines Gutes von Seiten des Konsumenten modellgemäß ex ante erfolgen kann oder erst ex post bzw.

gar nicht möglich ist. Der Conditio sine qua non rationaler Konsumwahl, auf der das Marktmodell basiert, entsprechen voll nur die Inspektionsgüter, stark eingeschränkt vielleicht noch
die einfachen Erfahrungsgüter.

Voll marktfähig sind danach allein die privaten Inspektionsgüter, eine offenbar eher seltene
Spezies, wenn man - allein im Bereich der Konsumgüter - an das Beispiel des Salats aus biologischem Anbau, die Aufzuchtmethoden von Mastfleisch oder an genmanipulierte Tomaten und
die entsprechenden Informationsbedürfnisse des Verbrauchers denkt. Auf einem Kontinuum
der Marktfähigkeit angeordnet, stellen die privaten Inspektionsgüter das eine Extrem völlig
problemloser Marktfähigkeit, die reinen öffentlichen Güter das andere Extrem ökonomisch
allgemein anerkannter Nichtmarktfähigkeit dar, dazwischen rangiert eine Vielzahl allenfalls
eingeschränkt marktfähiger Güter. Wenn man davon ausgeht, dass es private Güter ohne externe Effekte kaum gibt, die „'Privatheit' von privaten Gütern (..) selbst ein öffentliches Gut" ist
(Bonus 1980, 172), dass alle Dienstleistungen aufgrund der fehlenden Möglichkeit einer ex-
ante-Beurteilung des Dienstleistungsergebnisses zu den Erfahrungsgütern, bei komplexen
Dienstleistungen wie ärztlichen Leistungen oder Fernsehnachrichten zu den Vertrauensgütern
zu zählen sind, dann scheint die überwiegende Mehrheit ökonomischer Güter in der Mitte des
Kontinuums mehr oder weniger stark eingeschränkter Marktfähigkeit zu liegen. Hans Alberts
(1998, 74) Feststellung von den „heroischen Idealisierungen" des ökonomischen Theoriege-
bäudes, mit denen wesentliche Punkte für das Erkenntnisprogramm im Modelldenken ausgeblendet werden, lässt sich auch auf die ökonomischen Güter und ihre Marktfähigkeit übertragen.

4.2 Medien als Güter im ökonomischen Sinn

Die Frage, ob Medien eigentlich ökonomische Güter sind, lässt sich ziemlich umstandslos mit
Ja beantworten. Wenn ein Gut um Gut im ökonomischen Sinne zu sein drei Bedingungen erfüllen muss: direkt oder indirekt der Bedürfnisbefriedigung dienen, also einen Nutzen stiften, auf
eine Nachfrage treffen und knapp sein, also nicht frei verfügbar, dann erfüllen Medien alle drei
Bedingungen. Sie dienen der Bedürfnisbefriedigung, sie treffen auf eine Nachfrage und sie sind
- auch im Zeitalter von Massenpresse und Vielkanalfernsehen – „knapp", denn sie erzielen,
soweit auf Märkten angeboten, einen Preis. Wie aber lassen sie sich nun detaillierter beschreiben? Die Darstellung soll der Einfachheit halber weitgehend den in Übersicht 4.2 zusammengefassten Dimensionen folgen

4.2.1 Die Dimension der Materialität: Sachgüter oder Dienstleistung?

Nehmen wir als erstes die Dimension der Materialität und die damit verbundene Frage, ob Medien Sachgüter oder Dienstleistungen sind. Versucht man eine Einordnung von Medien generell auf einem Sachgüter-Dienstleistungs-Kontinuum, dann wird man, Karl Heinz Weigand
(1988) folgend, Medienangebote überwiegend dem Bereich der immateriellen Güter mit der
Charakteristik von Dienstleistungen zuordnen. Allerdings zeigt sich doch eine erhebliche
Spannbreite. Nimmt man das ökonomische Kriterium von Dienstleistungen zum Maßstab, dass
Endproduktion und Konsum zeitlich und örtlich zusammenfallen, so sind eigentlich nur Thea-
ter und Konzert reine Dienstleistungen, beschränkt man das Erfordernis der Simultanität von
Endproduktion und Konsum auf die zeitliche Dimension, zählen auch Radio und Fernsehen

dazu, soweit es sich um Life-Sendungen handelt. Am anderen Ende der Skala wären wohl das antiquarische Buch oder die alte Schellack-Schallplatte als Sammelobjekte mit überwiegend Sachgutcharakter anzusiedeln.

Zeitung oder Zeitschrift scheinen ein ähnliches Produkt wie das Heizöl zu sein, denn am bedruckten Papier selbst ist ja kaum ein Zeitungskäufer interessiert, seitdem es auch als Einwickelpapier ausgedient hat. Karl Bücher (1922a, 232) bezeichnete die Zeitung recht plastisch als „Verkehrsmittel, wie der Brief und das Zirkular, welche die Nachricht erst transportfähig machen, indem sie dieselbe mittels Schrift und Druck sozusagen von ihrem Urheber loslösen und körperlich übertragbar machen". Allerdings erschöpft sich die Dienstleistung der Zeitung nicht in dieser Transportfunktion. Mit der Zwischenschaltung des Instituts der Redaktion zwischen Nachrichtensammeln und -verbreiten wurde die Zeitung „sozusagen eine Nachrichtenfabrik" (Bücher ebenda, 259). An den Merkmalen einer ebenfalls sehr frühen Begriffsbestimmung des Zeitungswesens (Gusti 1909, 27) lassen sich die von dieser „Fabrik" zugesagten Qualitäten der zu erbringenden Dienstleistung ablesen: 1. Kontinuität, also regelmäßiges Erscheinen nach einer festgelegten Periodizität; 2. Inhalte von allgemeinem Interesse. Aktualität in dem Sinne, dass die Ereignisse, über die berichtet wird, nicht nur neu sind, sondern im Vordergrund des allgemeinen Interesses stehen; 3. Publizität, also öffentliches Zugänglichmachen auf dem Wege der mechanischen Vervielfältigung. Es ist also die so ausgelobte Dienstleistung und das immer neue publizistische Angebot aus immateriellen Gütern wie Information, Unterhaltung, Erbauung, Teilhabe, Neugierbefriedigung etc., die nachgefragt werden und das Medium Zeitung zu einem ökonomischen Gut machen, nicht der materielle Träger. Das gilt auch für das Buch, für Tonträger oder Videokassette, bei denen sich die Nachfrage auf das immaterielle kulturelle Produkt und seine ästhetischen Nutzenstiftungen richtet. In diesem Sinne sind alle Medien als ökonomische Güter Dienstleistungen.

Dennoch scheint es aus einer Reihe von Gründen sinnvoll, zwischen Medien als reinen Dienstleistungen und Medien als Produkten mit Dienstleistungsfunktion, also Medien, die auf einem materiellen Träger zum Rezipienten gelangen, zu unterscheiden.

1. Für Medien als Informationsgüter im weitesten Sinne (also einschließlich Unterhaltung) ergeben sich nach Zugehörigkeit zu der einen oder anderen Gruppe ganz andere Produktivitäts- und Verbreitungspotentiale (vgl. Kapitel 5). Informationsgüter kennzeichnet ja eine Reihe charakteristischer Eigenschaften (Picot 1997):

- als immaterielles Gut verbrauchen sie sich auch bei Mehrfachnutzung nicht, sie haben Eigenschaften eines öffentlichen Gutes.

- Informationskäufer müssen sich mit Kopien begnügen, das Original bleibt stets beim Informationsproduzenten.

- Die Grenzkosten der Vervielfältigung von Informationsgütern sind gering und bieten große Potentiale für Economies of scale (vgl. Kapitel 5.3).

- Informationen haben eine Neigung zur Diffusion.
  Mit der Bindung der Informationskopien an einen materiellen Träger kann die für den Informationsproduzenten unangenehme Neigung zur Diffusion gebremst und kontrolliert werden, die anderen, für ihn wirtschaftlich vorteilhaften Eigenschaften von Informationsgütern hingegen lassen sich so erst richtig ausschöpfen. Man kann Medien, die auf materiellen Trägern zum Konsumenten gelangen, als eine (z.T. frühe) Form der von Fourastié

konstatierten Mutation tertiärer Dienste in sekundäre Güter begreifen. Die Digitalisierung, die ja ein fast beliebige Veränderung der einmal in Zahlenwerte umgewandelten Information mit den Methoden der Datenverarbeitung ermöglicht (Gehring 1997), wird weitere Mutationen zweifellos begünstigen.

2. Die Unterscheidung verweist auch auf Unterschiede in der Kostenstruktur der Medien (vgl. Kapitel 5.3). Druck-, Papier- Vertriebskosten stellen in der Kostenrechnung der Verlage einen beachtlichen Faktor an variablen Kosten dar, die bei terrestrischem oder Satellitenrundfunk hingegen nicht auftreten (weil hier auch der Träger „immaterielle" Qualitäten hat, beides zusammen ein reines öffentliche Gut darstellt). Fragen der Rentabilität oder der optimalen Absatzmärkte z.B. stellen sich jeweils deutlich anders.

3. Die Unterscheidung ist sinnvoll auch, weil die „Verdinglichung" medialer Dienstleistungen in einem materiellen Speichermedium die Leistungsbeziehungen zwischen Kommunikator und Rezipient spezifisch modifiziert, was näher erläutert werden muss.

Die Leistungsversprechen des Kommunikators bedürfen zu ihrer Realisierung als Dienstleistungsproduktion, wie alle Dienstleistungen, externer Produktionsfaktoren in Form der Mitwirkung und Leistungsbereitschaft des Dienstleistungsnehmers, bei Medien vor allem Zeit, Aufmerksamkeit, Nutzungskompetenz, Dekodierungsbereitschaft etc. des Rezipienten. Auch der Produktionsprozess von medialen Dienstleistungen ist zweiphasig: Herstellen der Leistungsbereitschaft durch den Medienanbieter z.B. durch Gestaltung und Ausstrahlung eines Fernsehprogramms als 1. Phase, Kombination mit den externen Produktionsfaktoren des zur Kooperation oder „Mitarbeit" bereiten Nachfragers als 2. Phase und Endproduktion der Dienstleistung. Weigand hat diesen zweiphasigen Produktionsprozess am Beispiel interaktiver Mediendienstleistungen wie Onlineangebote dargestellt, diese Grundstruktur der Produktion ist jedoch für alle medialen Dienstleistungen gültig.

Abbildung 4.2: Produktionsprozess (interaktiver) Mediendienstleistungen

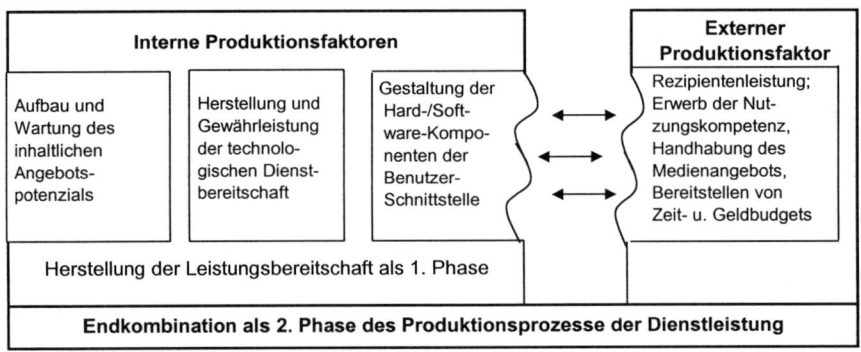

Quelle: Weigand 2003, S. 277.

Deutlich wird an dieser zweiphasigen medialen Dienstleistungsproduktion, dass auch aus ökonomischer (und nicht nur aus kommunikationswissenschaftlicher) Sicht beide Seiten, also Kommunikator und Rezipient, an der Erbringung der Mediendienstleistung beteiligt sind. Knappheit im ökonomischen Sinn ist also in beiden Phasen des Produktionsprozesses zu berücksichtigen, denn beide „Kooperationspartner" agieren unter Knappheitsbedingungen. Da relative Knappheit mit steigenden Verwendungsmöglichkeiten für eine Ressource, wie sie technischer Wandel geschaffen hat und weiter schafft, zunimmt, erhöhen sich für beide Seiten die Opportunitätskosten einer Verwendung, beim Anbieter im Sinne entgangener Gewinnchancen, beim Nachfrager im Sinne entgangenen Nutzens bei anderen „Kooperationen". Der seit einiger Zeit in Mode gekommene Begriff der „Aufmerksamkeitsökonomie" (Goldhaber 1997, Franck 1998, in Übertragung auf Medien Theiß-Berglmair 2000), die, so wird vermutet, die „Geldökonomie" ablösen könnte, muss wohl auch im Zusammenhang mit der Dienstleistungscharakteristik von Medien und Informationsgütern generell gesehen werden, die in der postfordistischen Ökonomie ja zu zentralen Wertschöpfungsquellen werden.

Dabei variiert die ökonomische Bedeutung des Rezipienten als „Kooperationspartner" für den Medienproduzenten allerdings mit dem Grad der Auflösung des Uno-actu-Prinzips, aber auch mit der Art der Medienfinanzierung (vgl. Kapitel 8). Für den Buchproduzenten spielt die Mitwirkung des Rezipienten ökonomisch nur als Käufer eine Rolle, ob er in die Endphase der medialen Dienstleistung als Leser tatsächlich eintritt, ist ökonomisch eher sekundär. Für den werbefinanzierten Fernsehproduzenten hingegen ist die Einbringung von Zeit und Aufmerksamkeit in die Dienstleistungsproduktion durch den Rezipienten im Rezeptionsakt ökonomisch entscheidend. Knappheit der externen Produktionsfaktoren besteht für die Medien so zwar generell (vgl. Kapitel 5.4.1), sie ist für die Medien je nach Leistungsbeziehung und Finanzierungsform ökonomisch aber unterschiedlich relevant . Deutlich wird damit auch, dass der Vollzug von Austauschprozessen in ökonomischer und publizistischer Bewertung durchaus nicht deckungsgleich sein muss: Bestsellerzahlern auf dem Buchmarkt begründen allenfalls eine Vermutung für Nutzungsakte, Bestsellerzahlen auf dem Kinomarkt spiegeln hingegen Rezeptionsakte.

4.2.2 Medien als verbundene und unverbundene Güter

Betrachten wir zunächst die Angebotsseite. Der ökonomische Begriff des Kuppelprodukts stellt, wie wir wissen, auf technologisch verbundene Produktionsprozesses ab, das heißt die verbundenen Produkte fallen zwangsläufig und zeitgleich an. Das Kriterium ist bei der Koppelung von Anzeigen- und redaktionellem Teil einer Zeitung oder Zeitschrift, wie sie für werbefinanzierte Medien typisch ist, so nicht gegeben, dennoch wurde der Begriff des Kuppelprodukts schon sehr früh für die Zeitung gebraucht, nämlich von Karl Bücher. Bücher stellte fest: „eine Zeitung ist ein Kuppelprodukt, wenn ein Erwerbsunternehmen Annoncenraum als Ware erzeugt, die nur durch einen redaktionellen Teil verkäuflich wird" (zit. nach Weigand 1988). Mehr als 40 Jahre später wurde der Begriff des Kuppelprodukts für die Presse von dem Wirtschaftswissenschaftler Jochen Röpke aufgegriffen. Röpke (1970a, 188): „Presseunternehmer verkaufen somit zwei Güter: Kollektivgüter oder öffentliche Meinung und Privatgüter in Form selektiver Anreize. Presseorgane sind ein Kuppelprodukt". Gemeint ist hier die Verknüpfung staatsbürgerlich relevanter Information, die den Charakter eines meritorischen öffentlichen Gutes hat, mit Human Touch-Geschichten, Klatsch und Tratsch und Sensation, aber auch hochelaborierten Wirtschafts- und Wissenschaftsseiten, die auf die Befriedigung individueller Bedürfnisse zielen und so die Eigenschaften von „Privatgütern" gewinnen. Beide Definitionen unterscheiden sich von der ökonomischen dadurch, dass hier nicht das automatische Anfallen von zwei Produkten in einem einzigen Produktionsprozess, sondern die absichtliche und vom

Medienunternehmer damit auch gestaltbare Koppelung verschiedener Güter zu einem Produkt gemeint ist. Der Begriff des Kuppelprodukts hat sich in der Medienökonomie so durchgesetzt und er verweist bereits darauf, dass Medien komplizierte Güterbündel sind. Ich möchte den Begriff hier zunächst so stehen lassen, er wird in Punkt 4.3 wieder aufgegriffen.

Die Frage nach der Verbundenheit von Medien auf der Nachfrageseite, also ob Medien beim Rezipienten in einem Verhältnis der Komplementarität oder der Substitution stehen, ist nicht nur für die medienökonomische Frage der Abgrenzung relevanter Medienmärkte und der dort bestehenden Wettbewerbsverhältnisse von Interesse, bei der es ja genau um diese Abschätzung von Art und Grad der Verbundenheit geht. Sie hat in der PKW auch ohne medienökonomische Fundierung eigentlich Daueraktualität. Seitdem der Historiker Wolfgang Riepl 1913 aufgrund seiner Analysen des Nachrichtenwesens im Altertum das sog. Rieplsche Gesetz formulierte (Riepl 1987), nämlich dass noch nie ein neues Medium ein älteres verdrängt, sondern ihm allenfalls neue Funktionsbereiche aufgezwungen habe, gilt diese Erkenntnis zwar als „Konstante der Kommunikationsgeschichte" (Lerg 1981; Anja Schäfers, 1998, 95, spricht etwas despektierlicher von einer „kuriosen Karriere"), sie wird bei Aufkommen jedes neuen Mediums aber immer wieder neu diskutiert und ist auch nicht letztverbindlich beantwortbar. Substitutionsprozesse beim einzelnen Verbraucher sind jedenfalls nicht nur denkbar sondern wahrscheinlich, so ist das Kino durch das Aufkommen des Fernsehens ganz offensichtlich beeinträchtigt worden und ebenso der Hörfunk. Die These von der funktionalen Reorganisation der Mediennutzung zielt ja genau auf solche zumindest partiellen Verdrängungsprozesse der weniger effektiven Medien. Medien sind sicherlich keine unverbundenen Güter, die auf Deckung ganz unterschiedlicher und weit voneinander entfernter Bedürfnisse zielen, jedoch sind diese kommunikativen Bedürfnisse selbst so unendlich differenziert und „entwicklungsfähig", dass enge Substitutionsbeziehungen nach dem Beispiel Streichholz gegen Feuerzeug auch kaum vorstellbar sind. Eine Erklärungsmöglichkeit für das Rieplsche Gesetz liegt sicher auch darin, dass es sich bei „neuen Medien" vorwiegend um Produktinnovationen im Bereich der Trägermedien oder Kopien, weniger der Medieninhalte oder Werke (vgl. Kapitel 5.6) handelt. Gerade auch die aktuellen Strategien der Medienunternehmen, einmal produzierte Inhalte in möglichst vielen Kanälen zu verwerten, legen diese Einschätzung nahe

Und natürlich sind Medienunternehmen auf der Hut, ihre Produkte nicht quasi-homogen zu anderen und damit aus der Sicht der Verbraucher zu funktional austauschbaren Produkten werden zu lassen. Was als Konstante der Kommunikationsgeschichte gilt, lässt sich vor dem Hintergrund, dass Medien vorwiegend erwerbswirtschaftlich produziert werden, auch als Heterogensierungsstrategie von Medienunternehmen begreifen, die dieser Gefahr zu begegnen versuchen. Zielgruppenzeitschriften, Spartenprogramme, die Umgestaltung des Hörfunks zu einem „Begleitmedium" sind dann als Strategien zu verstehen, möglichen Substitutionsgefahren aus dem Wege zu gehen, Verbundenheit durch Spezialisierung und/oder Präferenzbildung in Richtung Komplementarität zu verändern

4.2.3 Marktfähigkeit von Medien als ökonomische Güter

4.2.3.1 Dimensionen der Marktfähigkeit von Medien

Die Frage, ob Medien marktfähig sind, scheint auf den ersten Blick ziemlich überflüssig, wird doch die Mehrheit auf Märkten angeboten. Allerdings gilt es vor dem Versuch einer Antwort zusammenfassend das folgende zu bedenken:

1. Medieninhalte sind immaterielle Produkte.

   Um sie zu einem handelbaren Gut zu machen, bedarf es eines materiellen Trägers, der das Ausschlussprinzip ermöglicht und dieser Träger muss in kleine Einheiten teilbar sein, wie es z.B. Papier ist. Ein nicht teilbarer Träger, wie ihn Funkfrequenzen und Satellitentransponder darstellen, erlaubt keine marktmäßige Bereitstellung. Marktfähigkeit im Sinne der Durchsetzung des Ausschlussprinzips kann auch durch Eingriffe in das immaterielle Medienprodukt und Signalverzerrung erfolgen, wie sie die Digitalisierung nun erstmals ohne Qualitätseinbußen für den Konsumenten und zu nicht prohibitiven Kosten für den Produzenten ermöglichen soll.

2. Medieninhalte sind öffentliche Güter.

   Alle Medien erfüllen das Kriterium der Nichtrivalität des Konsums mit Blick auf ihre Inhalte. Ein Fernsehprogramm kann von Hunderten oder Millionen konsumiert werden und „verbraucht" sich nicht, ein Buch kann in hunderten oder Millionen Exemplaren gedruckt und verkauft werden, ohne dass dies den Leser beeinträchtigt. Ist das Ausschlussprinzip über den Träger oder durch Verschlüsselung praktizierbar, werden Medien dadurch nicht zu einem Privatgut, sondern zu einem Club- oder Mautgut. Das bedeutet, dass der Ausschluss zahlungsunwilliger Freerider nicht vollständig gelingt und Eigentumsrechte im Kauf nur an der Kopie, nicht aber am Inhalt erworben werden können. So kann ich die Zeitung des Nachbarn mitlesen und das eigene Abonnement sparen, dem Verlag meine Beteiligung an den Produktionskosten der Zeitung also vorenthalten. Wenn viele meinem Freerider-Beispiel folgen, wird der Verlag irgendwann in wirtschaftliche Schwierigkeiten kommen. Es ist daher Picard (1989, 18f) nicht darin zu folgen, dass Bücher, Zeitungen, Zeitschriften, Tonträger und Videokassetten private Güter seien, weil der Kauf z.B. eines Zeitungsexemplars die für andere verfügbare Zahl an Kopien vermindere. Konsumrivalität besteht nur bei den Kopien auf einem materiellen Träger, nicht beim Inhalt, was z.B. durch privates Kopieren oder den Nachdruck von Büchern, der zusätzliche Nachfrage bedient, deutlich wird. Auch Möglichkeiten, den Mediennutzer zur Zahlung eines Preises zu veranlassen, wie Pay-TV es anstrebt, verwandeln ein öffentliches nicht in ein privates Gut (Owen/Wildman 1992, 92f.)

3. Medien gelten zum Teil als meritorische Güter.

   Ein wesentlicher Teil der Medienleistungen, besser: der normativ erwarteten Medienleistungen insbesondere der informierenden Medien, wird den meritorischen Gütern zugeordnet, wobei es sich wohl um meritorische Güter zweiter Ordnung im Sinne Priddats (1992) handelt, also um meritorisierte Nutzungsoptionen. Erbringen Medien diese meritorischen Leistungen, heißt dies, dass sie sich mit ihren Angeboten an sozial normierten Zielen und nicht an den individuellen Komsumentenpräferenzen im Sinne von Markt- oder Handlungspräferenzen orientieren. Da sie damit der Marktlogik zuwiderhandeln, wird ihre Marktfähigkeit stark vom Ausmaß ihrer Meritorik bestimmt werden. Heinrich (1999, 602) spricht in diesem Zusammenhang vom „Forumsbereich" der Medienproduktion, der kollektiv organisiert und finanziert werden muss, da privatwirtschaftlich organisierte Medien die erwarteten meritorischen Leistungen kaum erbringen werden und erbringen können (vgl. auch Hamm/Hart 2001).

4. Medien sind Güter mit externen Effekten.

Man kann ein ganz einfaches Beispiel konstruieren. Private externe Effekte entstehen, wenn der Rezipient z.B. einer Verbrauchersendung das dort vorgestellte Produkt X kauft. Der Produzent dieses Gutes hat einen „unverdienten" Vorteil. Soziale externe Effekte entstehen, wenn der Rezipient Produkt X kauft, weil er in der Verbrauchersendung erfahren hat, dass es umweltschonend produziert wird. Er trägt damit zu einem schonenderen Umgang mit der Umwelt bei, der alle Gesellschaftsmitglieder begünstigt. Stellt man auf die besondere Situation des Rundfunks in der Bundesrepublik und die verfassungsrechtliche Verbürgung von Vielfalt ab, lassen sich die externen Effekte des Mediums mit Pethig (1997, 39) wie folgt beschreiben: „Durch den Konsum kulturell verantwortlicher Programmgüter fördern die Rezipienten die gesellschaftliche Integration und festigen die soziokulturelle Infrastruktur. Durch die Rezeption umfassender Information und Meinungsvielfalt über den Rundfunk werden Inputs für individuelle, aber auch für gesellschaftliche Willens- und Meinungsbildungsprozesse geliefert, die zu besseren politischen Entscheidungen führen, von denen auch Nicht-Rezipienten profitieren. Die externen Vorteile erhöhen den gesellschaftlichen Nutzen eines Programmgutes über den direkten Nutzen des *Rezipienten* hinaus, so dass eine Situation, in der die Kosten eines Programmgutes den Nutzen der Rezipienten übersteigen, nicht hinreichend dafür ist, dass dieses Gut nicht bereitgestellt werden sollte".

Solche, hier sozialen externen Effekte werden vom Marktmechanismus nicht berücksichtigt. Ein Gut, dessen Kosten den individuellen Nutzen des Konsumenten und damit seine Bereitschaft zur anteiligen Kostenübernahme übersteigen, wird marktmäßig nicht bereitgestellt. Pethig (ebenda, 40) führt aber noch ein weiteres Externalitätenbeispiel an: „Ein weiteres Externalitätenargument, das ich für noch wichtiger als das vorgenannte halte, geht von einem anderen Wirkungszusammenhang aus: Es ist plausibel, dass das Interesse eines Rezipienten an bzw. sein Nutzen aus solchen Programmgütern, die politisch informieren, die bestehende Meinungen wiedergeben oder kulturell verantwortlich gestaltet sind, mit steigender Gesamtzahl der Rezipienten steigt. Dieser Effekt entsteht z.B. dadurch, dass die Kommunikation in einer Gruppe über das Programmgut nach dessen Rezeption als umso befriedigender empfunden wird, je größer die Zahl der gut informierten Teilnehmer ist (..) mit der Folge, dass bisherige Nicht-Rezipienten umso eher zu Rezipienten werden, desto größer die Zahl der Rezipienten in der Ausgangslage war. Man sieht fern, um besser mitreden zu können. In der Ökonomie werden Phänomene dieser Art als *Netz(werk)externalitäten* bezeichnet". Die beschriebenen Neztwerkexternalitäten gelten nicht nur für den Rundfunk, sondern auch für Zeitungen in ihrem jeweiligen Verbreitungsgebiet oder für politische Magazine wie Spiegel oder Focus.

Zerdick u.a. (1999, 156) sehen in Märkten mit Netzeffekten die klassischen ökonomischen Gesetzmäßigkeiten „teilweise auf den Kopf gestellt". Denn nach traditioneller ökonomischer Sicht sinkt der Wert eines Guts, der ja auf Knappheit ruht, mit zunehmender Verbreitung, während bei Netzexternalitäten der Wert des Gutes (klassisch: das Telefon) mit zunehmender Verbreitung tendenziell steigt. „Masse verdrängt Knappheit als Wertquelle", führt zu „Increasing Returns", also steigenden Skalenerträgen und bildet die Grundlage für natürliche Monopole. Für Zerdick u.a. ist dies ein besonderes Kennzeichen der „Internet-Ökonomie", das jedoch für Medien, vor allem die aktuell informierenden auf dem Rezipientenmarkt und die werbefinanzierten auf dem Werbemarkt schon immer gültig war. So stellt die Auflagen-Anzeigen-Spirale ja einen Versuch dar „die Mechanismen positiver Rückkoppelung durch angebots- wie nachfrageseitige Kostendegression großer Netzwerke zu beschreiben" (Kiefer 2004a, 176).

Es gibt also, die ökonomische Sicht zusammenfassend, eine ganze Reihe von Gründen, die deutlich darauf verweisen, die Marktfähigkeit von Medien nicht ungeprüft zu unterstellen. Auf jeden Fall sind Medien aufgrund ihrer Gutspezifik nur stark eingeschränkt marktfähig mit immer suboptimalem Bereitstellungs- und/oder Konsumergebnis. Folgt man der - in unserer marktwirtschaftlich organisierten Gesellschaft wohl berechtigten - Forderung der Ökonomen, dass regulierenden Eingriffen eine genaue Bestimmung der Marktversagensgründe und der Nachweis effizienterer Ergebnisse durch die Regulierungsmaßnahme mit Blick auf einen definierten Zweck vorausgehen muss, dann kommt den Guteigenschaften der Medien nicht nur medienökonomische, sondern auch eine zentrale medienpolitische Bedeutung zu (vgl. zu den Marktversagensproblemen im Medienbereich und zu Steuerungs- und Regelungsmöglichkeiten Heinrich 1999 b).

4.2.3.2 Medieninhalte - öffentliche Güter und selektive Anreize

Angesichts der Bedeutung dieser Gutcharakteristik scheint es sinnvoll, die Spezifik von Medien als öffentliche Güter noch einmal zusammenfassend darzustellen und zu ergänzen.

Ein reines öffentliches Gut ist nach den Definitionen der ökonomischen Güterlehre nur der drahtlos und unverzerrt verbreitete Rundfunk. Nichtausschließbarkeit (zu ökonomisch vernünftigen Kosten) und Nichttrivalität im Konsum sind in vollem Umfang für Medieninhalte und Träger gegeben. Der Träger hat die Eigenschaften eines öffentlichen Gutes allerdings nur auf dem Publikumsmarkt, nicht auf dem Markt der Frequenzen und Orbitalpositionen, wo die Definition und Durchsetzung von Eigentumsrechten im Prinzip möglich ist (vgl. Heinrich 1999, 198). An dieser Qualifizierung als reines öffentliches Gut auf dem Publikumsmarkt ändert auch die Tatsache nichts, dass von Seiten des Konsumenten bestimmte Voraussetzungen für den Konsum geschaffen werden müssen, das heißt er über die notwendigen Empfangsgeräte verfügen muss. Für den Produzenten wird der Konsument dadurch ja nicht ausschließbar. Gerade die Notwendigkeit der Geräteanschaffung zeigt aber auch, dass eine häufig - eher negativ - angeführte dritte mit Kollektivgütern verbundene Eigenschaft für den Rundfunk keine Rolle spielt, die Nichtzurückweisbarkeit des Konsums. Man muss Fernsehen und Hörfunk nicht über sich ergehen lassen wie Regierungsbeschlüsse zur Steuerreform oder Landesverteidigung, denen man als Staatbürger nicht ausweichen kann.

Nichttrivalität des Konsums bedeutet, dass eine Sendung, sobald sie erst einmal produziert ist, zu relativ geringen Kosten an alle Mitglieder des Sendegebiets, z.B. der Nation, verbreitet werden kann. Es spielt für die Kosten des Produzenten keine Rolle, ob 2% oder 2o% oder 100% der Mitglieder seine Sendung „konsumieren" (wohl aber für seine Erlöse vgl. Kapitel 5 und Kapitel 8), es spielt auch für die Konsumenten keine Rolle (die oben diskutierten Externalitäten einmal ausgeklammert), ob die Sendung von 2 Prozent oder 20 Prozent oder 100 Prozent der Mitglieder des Sendegebiets „konsumiert" wird, da die Inanspruchnahme durch andere ihren Nutzen nicht mindert.

Kabelfernsehen und Kabelrundfunk sowie alle Formen von Pay-TV oder Pay-Radio sind Club- oder Mautgüter, also öffentliche Güter im engeren Sinn. Die Nichtrivalität im Konsum ist in vollem Umfang wie beim drahtlosen Rundfunk gegeben, die Rezipienten eines Fernseh- oder Hörfunkprogramms beeinträchtigen sich nicht bei dessen „Konsum", gleichgültig wie seine Produktion und Bereitstellung organisiert ist und mittels welcher Technik (Frequenzen, Kabel, Satellit) es verbreitet wird, aber das Ausschlussprinzip ist handhabbar. Wer keinen Kabelanschluss hat und für den Zugang zum Angebot nicht zahlt, kommt eben auch nicht in dessen Genuss. Beim Pay-TV wird das Ausschlussprinzip in der Regel durch Verzerrung der Signale durchgesetzt, das heißt das Programm ist zwar möglicherweise auch für Nichtzahler empfangbar, inhaltlich nutzbar aber nur mit Hilfe eines Dekoders, der auch die Bezahlung der Nutzung garantiert. Alle Pay-Formen von Rundfunk sind unabhängig von den Ausschlusspraktiken (Verschlüsselung, Set-Top-Box) öffentliche Güter im engeren Sinn.

Als öffentliche Güter im engeren Sinn, also als Club- oder Mautgüter, lassen sich auch alle anderen Massenmedien bezeichnen. Die Nichtrivalität im Konsum ist hier jedoch nicht in der unbeschränkten Form wie bei den Rundfunkmedien gegeben, sondern innerhalb bestimmter Kapazitätsgrenzen der Verbreitungsform. Wenn eine Kinovorstellung ausverkauft ist, rivalisiert der Wunsch anderer Besucher, diesen Film zu sehen, durchaus mit meinen eigenen Absichten. Wenn die Auflage eines Buchs vergriffen ist, kann ich nur auf eine Neuauflage hoffen. Kapazitätsgrenzen setzen auch die normierten Qualitäten von Medienprodukten. So kann die First Copy einer Zeitung theoretisch unbegrenzt vielen Menschen durch Vervielfältigung verfügbar gemacht werden. Aber das Qualitätserfordernis der Aktualität macht die Zeitung, wie alle aktuellen Medien, zu einem ökonomisch leicht verderblichen Produkt (vgl. Kapitel 5.4). Die Tageszeitung von gestern ist ökonomisch nichts wert. Diese Verderblichkeit setzt der Verbreitung ökonomische Grenzen. Ein Verleger wird seine Druckkapazitäten und sein Vertriebsnetz vernünftigerweise so auslegen, dass er die längerfristig ermittelte durchschnittliche Auflage innerhalb der relevanten Zeitspanne absetzen kann. Das erklärt, warum jemand, der am späteren Nachmittag eine bestimmte Tageszeitung noch kaufen und lesen will, häufig vor dem leeren Zeitungsregal steht.

Das Problem der nicht oder begrenzt marktfähigen öffentlichen Güter ist ein zentrales Feld der Finanzwissenschaft und der politischen Ökonomie. Zunächst einmal galt es allerdings, das Problem überhaupt zu erklären, wobei Mancur Olson, wie oben erwähnt, hier wissenschaftliche Pionierdienste geleistet hat. Olson konnte, verdichtet in der Figur des Freeriders, nicht nur zeigen, dass in einer großen Gruppe ein Kollektivgut auch dann nicht marktmäßig bereitgestellt wird, wenn alle Mitglieder dieser Gruppe dieses öffentliche Gut wünschen. Eine große Gruppe, so Olson (1992, 49) biete dem rational handelnden Individuum als Mitglied der Gruppe „keinen Anreiz, so zu handeln, dass ein Kollektivgut erlangt wird, (...) gleichgültig, wie wertvoll das Kollektivgut für die Gruppe als ganzes sein mag (...)". Folglich sah Olson nur zwei Möglichkeiten, die Finanzierung eines öffentlichen Guts zu sichern:

Entweder 1. zwangsweise Beiträge der Gruppenmitglieder an die produzierende Organisation. Die Rundfunkgebühr folgt diesem Modell, ebenso die Steuerpflicht der Staatsbürger aber auch Mitgliedsbeiträge z.B. in Vereinen oder Gewerkschaften.

Oder 2. die Überwindung der Freerider-Position durch besondere und selektive Anreize, die in die individuellen Kosten-Nutzen-Kalküle der potentiellen Freerider eingehen. Selektive Anreize zielen im Gegensatz zum Kollektivgut, das Bedürfnisse der Gruppe als ganze befriedigt, auf individuelle Bedürfnisse nur eines Teils der Gruppe. Sie sollen die so begünstigten Individuen veranlassen, wegen dieser Befriedigung ihrer jeweils individuellen Bedürfnisse ihren Beitrag auch zur Finanzierung des Kollektivguts zu leisten.

Nehmen wir als Beispiel eines selektiven Anreizes die ausführliche Börsenberichterstattung in einer Zeitung. Natürlich bleibt auch dieser Medieninhalt „technisch" gesehen ein öffentliches Gut, an der mangelnden Konsumrivalität ändert sich ja nichts, jedem Zeitungsleser steht diese Information ungeschmälert zur Verfügung. Für den Nicht-Börsianer stiftet dieses Gut aber keinen Nutzen, ja möglicherweise hat er mangels Vorkenntnissen gar keinen Zugang zu den Inhalten, das heißt ein Ausschluss erfolgt dann zusätzlich über den ihm unverständlichen Börsenjargon. Der Börsenteil ist also ein spezielles Angebot für eine bestimmte Lesergruppe der Zeitung mit bestimmten Informationsbedürfnissen und er zielt auf deren spezielle Präferenzen, folgt also dem Marktmodell. Selektive Anreize (Feuilleton, Lokal- oder Sportteil, Human Touch-Geschichten etc.) gewinnen dadurch die Qualität eines Privatguts, für das der Homo Öconomicus zu zahlen bereit ist.

Jochen Röpke (1970a, b) hat die Theorie Olsons als erster auf den Bereich der Medien übertragen. Wenn Medien, so Röpke, privatwirtschaftlich organisiert sind, müssen sie, um wirtschaftlich überleben zu können, selektive Anreize bieten. Das wiederum bedeutet eine systematische Anpassung publizistischer Produkte an die Individualbedürfnisse ihrer verschiedenen Rezipientengruppen, eine Strategie, die notwendig auf Kosten der erwarteten meritorischen Medienleistungen geht. Soweit das redaktionelle Angebot vor allem der journalistischen Medien auf die Befriedigung allgemeiner gesellschaftlicher, die Gesamtheit der Rezipienten betreffender Informationsbedürfnisse zielt, wird es sich um öffentliche, überwiegend meritorische Leistungen handeln. Soweit selektive Anreize eingesetzt werden, die private Informations-, Unterhaltungs- oder Neugierbedürfnisse befriedigen, gewinnt das öffentliche Gut aus Rezipientensicht den Charakter eines Privatguts, überwiegend wohl nicht meritorischer Art. Medienprodukte werden so zwar marktfähig gemacht, aber eben durch die Transformation in quasi private Güter. Dabei ist bei Zielgruppenzeitschriften, wie sie zu immer engeren Themen- oder Produktgruppenbereichen seit einigen Jahren auf den Markt drängen, aber auch bei Spartenprogrammen, die ausschließlich Spielfilme oder Sport anbieten, schon zu bezweifeln, ob sie überhaupt noch als Kuppelprodukte im Röpkeschen Sinne angesehen werden können, also als eine Mischung aus meritorischen öffentlichen und „privaten" Gütern oder ob sie nicht als Bündel ausschließlich selektiver Anreize für ihr Publikum zu betrachten sind.

4.2.4   Erschwernisse der Nutzenbewertung von Medien

Betrachten wir Medien unter dem vierten Aspekt der Systematik, nach der ökonomische Güter unterschieden werden können, nämlich ob für den Konsumenten eine Nutzen- und Qualitätsbewertung ex ante oder erst ex post oder überhaupt nicht möglich ist, dann weichen Medien auch hier von den Modellvorstellungen der Ökonomik deutlich ab. Normalerweise setzt das ökonomische Modell des rationalen Verhaltens unter einschränkenden Bedingungen eine zwar nicht vollständige, aber hinreichende Informiertheit über die Vor- und Nachteile aller fraglichen Alternativen voraus. Nur dann kann ja die Lösung gewählt werden, die den größten Nutzen verspricht. Wenn Medien ökonomisch als Erfahrungsgüter, sofern es sich um Nachrichten- und Informationsmedien handelt als Vertrauensgüter (McManus 1992) zu betrachten sind, ist eine Beurteilung ihrer Qualität und ihres Nutzens für den Rezipienten vor der erforderlichen Entscheidung für eine der Alternativen grundsätzlich nicht möglich. Sie ist vielleicht nach dem Nutzungsakt möglich, bei den Informationsmedien häufig aber auch gar nicht. Streng genommen ist der Rezipient dadurch nicht in der Lage, rationale Entscheidungen mit Blick auf das Medienangebot zu treffen. Wie in Kapitel 6.3 gezeigt wird, überwiegen im Umgang mit Medien daher auch, wenig überraschend, die „Anomalien" im Verbraucherverhalten aus ökonomischer Sicht, also die Abweichungen von den Annahmen des ökonomischen Verhaltensmodells. Das Marktmodell, das idealiter ja von gleichwertigen, das heißt gleich informierten und gleich mächtigen Partnern auf der Angebots- und der Nachfrageseite ausgeht, kann durch die in der Guteigenschaft von Medien begründete Informationsasymmetrie zu Lasten des Rezipienten grundsätzlich nicht optimal funktionieren. Auch die ökonomische Qualifizierung von Medien als Erfahrungs- und Vertrauensgüter stellt ihre Marktfähigkeit im Sinne einer optimalen Ausschöpfung der Vorteile dieses Steuerungsmechanismus erheblich in Frage.

4.3   Medien als Kuppelprodukt

4.3.1   Medien - Kuppelprodukte in mehrfacher Hinsicht

Der Begriff des Kuppelprodukts ist hier schon mehrfach aufgetaucht. Medien gelten, sofern sie sich teilweise aus Werbung finanzieren, als Kuppelprodukte aus einem redaktionellen und einem Anzeigenteil, eine Sicht, die vor allem durch Karl Bücher prominent wurde. Medien gelten nach Jochen Röpke aber auch in ihrem redaktionellen Teil bereits als Kuppelprodukte, nämlich aus öffentlichen und meritorischen Gütern einerseits, selektiven Anreizen mit „Privatgutcharakter" andererseits. Schließlich kann man Medien als Kuppelprodukte noch in einem dritten Sinn begreifen. Ein Printmedium ist ein Kuppelprodukt aus immateriellen Gütern, dem Inhalt der Zeitung und einem materiellen Träger, dem Zeitungspapier. Indem beides, der Inhalt als öffentliches Gut, der Träger als Privatgut zu einem Produkt verbunden, gekoppelt wird, entsteht ein marktfähiges Gut, die Zeitungs- oder Zeitschriftenkopie. Der Begriff der Kuppelprodukts bezieht sich also auf verschiedene Ebenen der Medienproduktion und verweist darauf, dass Medien ein vom Anbieter gestaltbares Produkt sind. Auch dies ist eine Konsequenz der öffentlichen Guteigenschaft von Medieninhalten, dass der Anbieter und nicht der Nachfrager das Angebot letztlich bestimmt (Büch/Büch 1982).

Die Inhalte von Medien wie Zeitung, Zeitschrift oder Rundfunkprogramme sind immer eine Mischung aus öffentlichen Gütern und selektiven Anreizen, aus meritorischen Gütern und Gütern ohne Meritorik, die in ihrem Mischungsverhältnis vom Verleger je nach Zeitungstyp, Boulevard- oder Qualitätszeitung, sehr unterschiedlich gestaltet werden kann. Dass Medieninhalte, vor allem der aktuell berichtenden, journalistischen Medien, generell eine gestaltbare Mischung immaterieller Güter darstellen, erklärt medienökonomisch, warum Werbung dieser Mischung so problemlos und erfolgreich hinzugefügt werden konnte. Auch die Werbung in Massenmedien ist ein immaterielles und auf dem Rezipientenmarkt ein öffentliches Gut (Büch/Büch 1982), auf dem Werbemarkt hingegen ein Privatgut. Bezieht man das Faktum, dass werbefinanzierte Medien auf zwei verschiedenen Märkten agieren, in ihre Betrachtung als

Kuppelprodukt ein, kompliziert sich das Ganze noch einmal, weil die Guteigenschaften auf den Märkten nicht identisch sind.

Übersicht 4.3 versucht, die Definitionen Büchers und Röpkes zusammenführend, das Kuppelprodukt Medien, differenziert nach Rezipienten- und Werbemarkt, einmal zu zerlegen.

Übersicht 4.3: Medien als Kuppelprodukte

	Publizistisch-redaktioneller Teil		Werbeteil	
	Publikum allgemein	Zielgruppen	Publikum allgemein	Zielgruppen
Rezipientenmarkt	allgemeine Information	selektive Anreize	allgemeine Werbung	"selektiver Anreiz"
	öffentliches Gut	"private Güter"	öffentliches Gut	"private Güter"
	überwiegend meritorisch	nicht überwiegend meritorisch	nicht meriotisch	
Werbemarkt	kein ökonomisches Gut		privates Gut	

Für das Medienpublikum als generellem Nachfrager nach Mediendienstleistungen auf dem Rezipientenmarkt ist der publizistisch-redaktionelle Teil des Medienangebots ein Angebot an öffentlichen Gütern mit teilweise meritorischem Charakter. Auch die mit dem redaktionellen Teil gekoppelte Werbung ist auf dem Rezipientenmarkt ein öffentliches Gut, wenn auch, zumindest als Wirtschaftswerbung, überwiegend ohne Meritorik. Für die Zielgruppen des Mediums als Untergruppen des Publikums, die zum regelmäßigen Kauf dieser Zeitung oder Zeitschrift animiert, oder als Zuschauer an dieses Fernsehprogramm gebunden werden sollen, sind zumindest Teile des redaktionellen Angebots selektive Anreize, die für diese Gruppen Privatgutcharakter haben (Börsenberichterstattung, Sportteil, Kulturmagazine, Sex-Shows). Das kann in gewissem Umfang auch für die Werbung gelten, wenn diese z.B. auf spezifische Informationsbedürfnisse der Zielgruppe detailliert eingeht.

Für die Werbewirtschaft als Nachfrager nach Medienleistungen auf dem Werbemarkt ist der publizistisch-redaktionelle Teil des Medienprodukts ökonomisch ohne Belang. Dieser Teil ist auf dem Werbemarkt kein ökonomisches Gut, denn es besteht hier für dieses Gut keine Nachfrage und keine Zahlungsbereitschaft - was nicht ausschließt, dass die Werbewirtschaft ein ihre Werbebotschaft unterstützendes redaktionelles Umfeld nicht zu schätzen wüsste. Aber die Werbewirtschaft ist nicht der Verbraucher dieses publizistisch-redaktionellen Güterbündels. Dieses Güterbündel ist hier kein Konsumgut wie auf dem Rezipientenmarkt, sondern ein Produktionsfaktor, ein Produktionsfaktor allerdings für den Medienunternehmer zur Herstellung der von der Werbewirtschaft nachgefragten Ware. Werbung als Teil des Medienprodukts, oder genauer: der für Werbezwecke zur Verfügung gestellte Teil des Trägermediums, also der Anzeigenraum in der Zeitung, die für Werbezwecke zur Verfügung gestellte Sendezeit auf einer bestimmten Frequenz, hat auf dem Werbemarkt Privatgutcharakter. Es ist ein „klar definiertes Produkt mit klar definierten und durchsetzbaren Eigentumsrechten, das auf einem Markt mit guter Preis- und Qualitätstransparenz vermarktet werden kann" (Heinrich 1999, 317; vgl. auch Kap 6.4.1). Hier besteht Konsumrivalität und das Ausschlussprinzip funktioniert. Die einmal verkaufte Sendezeit oder Anzeigenseite steht anderen Werbekunden nicht zur Verfügung und wer die Einschalt- oder Insertionspreise nicht bezahlt, kann auch nicht werben. Die Medienleistungen auf dem Werbemarkt sind also, im Gegensatz zum Rezipientenmarkt, voll marktfähig.

4.3.2   Das ökonomische Gut auf dem Werbemarkt

Was aber ist eigentlich das ökonomisch wertvolle Gut, das auf dem Werbemarkt als Privatgut gehandelt werden kann? Nach Karl Bücher ist das Handelsobjekt das Publikum. Bücher (1922a, 258) schrieb: „Durch die Aufnahme des Inseratenwesens geriet die Zeitung in eine eigentümliche Zwitterstellung. Sie bringt für den Abonnementpreis nicht mehr bloß Nachrichten und Ansichten zur Veröffentlichung, an die sich ein allgemeines Interesse knüpft, sondern sie dient auch dem Privatverkehr und dem Privatinteresse durch Anzeigen jeder Art, welche ihr speziell vergolten werden. Sie verkauft neue Nachrichten an ihre Leser, und sie verkauft ihren Leserkreis an jedes zahlungsfähige Privatinteresse". Auch Walter Lippmann (1964, 222) sah das ähnlich, registrierte aber die Verwandlung des Publikums in eine statistische Größe. Lippmann, ein etwas ungewohnter aber bedenkenswerter Ansatz, kritisierte ja primär die Zeitungsleser, die nicht gewohnt und bereit seien, „die Kosten für das Einholen von Nachrichten zu bezahlen", was, aus publizistischer Sicht, zum Problem werde, da sich die Leser deshalb „nur dadurch als Kapital niederschlagen, dass man sie in Auflagen verwandelt, die an Erzeuger und Händler verkauft werden können".

Auch in aktuellen medienökonomischen Texten gilt das Publikum vielfach noch als Handelsobjekt. So schreibt Rosse (1987, 116f.): „(...) then having aquired an audience by means of generating an appealing product, the newspaper turns around and sells that audience, which is now a private good, to an advertiser". Tatsächlich ist es aber nicht das Publikum, das verkauft wird, sondern der Zugang, besser die Zugangschancen zum Publikum und seiner Aufmerksamkeit. Es sind die Kontaktchancen mit einem Publikum, die in der Endphase der medialen Dienstleistungsproduktion dank der „Mitarbeit" der Dienstleistungsnachfrager entstehen, die das ökonomische Gut auf dem Werbemarkt bilden, das vor allem periodische Medien offerieren können. Dabei soll das publizistisch-redaktionelle Güterbündel als Angebot auf dem Rezipientenmarkt nicht nur ein Publikum aus werblich möglichst interessanten Zielgruppen schaffen, sondern gleichzeitig auch die Aufmerksamkeit und Bereitschaft für die Rezeption der Werbebotschaft mit erzeugen. Nach Siegfried Schmidt (1991, 8) muss Werbung „ein von vielen Konkurrenten umworbenes und daher knappes Gut produzieren, nämlich Aufmerksamkeit". Ziel und Aufgabe der Werbung ist nach Schmidt (ebenda,10) „bei intendierten Zielgruppen zwangfrei folgenreiche Aufmerksamkeit für Produkte.. und 'messages' zu produzieren" (vgl. auch Kapitel 6.4). Was Schmidt hier als Funktion der Werbung beschreibt, Aufmerksamkeit für mediatisierte Botschaften zu erzeugen, ist eine Aufgabe, vor der Medien auch in eigener Sache stehen. Als Dienstleitungsanbieter benötigen sie ja, wie schon ausgeführt, die externen Ressourcen Zeit und Aufmerksamkeit von Seiten des Dienstleistungsnehmers, um ihre Leistung überhaupt erbringen zu können, sei sie nun rein publizistischer oder werblicher Art.

Das Medium als Werbeträger liefert den Zugang zu werblich interessanten Zielgruppen und je mehr Zugangsmöglichkeiten es liefert, je stärker seine Verbreitung oder Reichweite in der Zielgruppe, umso mehr ist das angebotene Gut auf dem Werbemarkt wert. Die Sendezeit auf den ja auch heute noch prinzipiell knappen Frequenzen ist auf dem Werbemarkt ökonomisch wertlos, wenn es dem privatwirtschaftlichen Rundfunkunternehmer nicht gelingt, mit seinem Programm dauerhaft, das heißt regelmäßig ein Publikum bestimmter Größe und Struktur an seinen Kanal zu binden und zur „Mitarbeit" an der Dienstleistungsproduktion, die werbliche eingeschlossen, zu veranlassen. Nachzuweisen dass ihm das gelingt, das Publikum damit im Sinne Lippmanns in eine statistische Größe zu verwandeln, ist Aufgabe der Verbreitungs- und

Mediaanalysen bzw. der Fernsehstandardforschung (vgl. Kapitel 9.2), eine Forschung, die es überall gibt, wo sich Medien ganz oder teilweise aus Werbung finanzieren. Von der Größe und Struktur des regelmäßig erreichten Publikums – und nicht etwa den Kosten oder der Qualität des Medienprodukts – hängt ab, welche Preise der Rundfunkunternehmer für seine Sendezeit auf dem Werbemarkt erzielen kann (vgl. auch Kapitel 8.3).

4.3.3 Die ökonomische Vorteilhaftigkeit der Verbundproduktion

Wenn Medien Güterbündel darstellen, die als Kuppelprodukt für zwei Märkte im Verbund produziert werden, dann bietet das für den Medienproduzenten eine Reihe ökonomischer Vorteile. Der wichtigste davon ist zweifellos die Erschließung einer zweiten Finanzierungsquelle , die den Aufstieg privatwirtschaftlich organisierter Medien zu Massenmedien wohl erst ermöglichte (vgl. auch Kapitel 6.4). Eine Besonderheit dieser Verbundproduktion für den Publikums- und den Werbemarkt und medienökonomisch von zentraler Bedeutung ist die Auflagen-Anzeigen-Spirale (vgl. Kapitel 8.3.2.2), ein Mechanismus, der für alle werbefinanzierten Medien gilt und der sich, je nach Erfolg und Marktposition des Anbieters, als Vorteil oder auch als Nachteil erweist.

Daneben gibt es eine Reihe weiterer Verbundvorteile (Economies of scope). Generell spricht man von Verbundvorteilen, wenn die Herstellung verschiedener Produkte durch ein Unternehmen insgesamt kostengünstiger ist, als die Herstellung der einzelnen Produkte durch verschiedene Unternehmen. Ein Zeitungsverlag, der von seiner Redaktion nicht nur den politischen und Wirtschaftsteil seines Blattes, sondern auch entsprechende Angebote für die neue Online-Zeitung gestalten lässt, realisiert solche Verbundvorteile. Diversifizierungs- und crossmediale Verwertungsstrategien streben die Ausschöpfung auch von Verbundvorteilen an, die sich bei mehrfach verwertbaren Ressourcen wie Medieninhalten als besonders ergiebig darstellen.

Für den Verbund von Werbung und journalistischer Produktion in werbefinanzierten Medien ergeben sich Vorteile auf der Produktions-, der Vertriebs- und der Konsumebene (vgl. Heinrich 1994). Auf der Produktions- und der Vertriebsebene lassen sich vor allem fixe Kosten anteilig senken und die von Medien auf der Konsumebene ohnehin zu schaffende Kooperationsbereitschaft z.B. in Form von Aufmerksamkeit kann gleich lukrativ weiterverwertet werden

Die Verbundproduktion werbefinanzierter Medien hat erhebliche Rückwirkungen auf ihre Kosten- und Finanzierungsstruktur und wird uns dort noch näher beschäftigen (vgl. Kapitel 5.3 und Kapitel 8.3)

4.4 Zusammenfassung

1. Güter müssen drei Bedingungen erfüllen, um ein Gut im ökonomischen Sinn zu sein: sie müssen direkt oder indirekt zur Befriedigung menschlicher Bedürfnisse tauglich sein, sie müssen auf eine Nachfrage treffen und sie müssen knapp sein, also einen Preis erzielen können. Medien erfüllen alle drei Bedingungen und sind damit (zumindest auch) ökonomische Güter.

2. In der ökonomischen Theorie werden mehrere Arten von Gütern unterschieden. Als Hauptdimensionen, die alle von Relevanz auch für den Bereich der Medien sind, lassen sich nennen:

- die Materialität von Gütern - materielle vs. immaterielle Güter, Sachgüter vs. Dienstleistungen;

- die Verbundenheit von Gütern, die auf der Angebots- oder der Nachfrageseite vorliegen kann;

- die Marktfähigkeit von Gütern. Handelt es sich um öffentliche oder private Güter, um meritorische Güter oder um Güter mit externen Effekten?

- die Möglichkeit des Konsumenten, den Nutzen eines Guts vor dem Konsum (Inspektionsgüter), nach dem Konsum (Erfahrungsgüter) oder gar nicht (Vertrauensgüter) zu erkennen.

3. Die Zuordnung von Medien zu den Güterarten muss zwischen Medieninhalt als dem eigentlich nutzenstiftenden Gut und Medienträger unterscheiden. Medieninhalte sind immaterielle Güter mit der Charakteristik von Dienstleistungen. Sie sind öffentliche Güter mit externen Effekten und teilweise meritorischem Charakter. Und sie sind komplexe Erfahrungs- und Vertrauensgüter, deren Nutzen vom Rezipienten ex ante nicht beurteilt werden kann. Medienträger sind überwiegend materielle, also Sachgüter mit Privatguteigenschaften. Einzige Ausnahme: Rundfunkfrequenzen, die ein öffentliches Gut sind. Medienkopien auf materiellen Trägern lassen sich als Sachgüter mit Dienstleistungsfunktion charakterisieren und als eine vergleichsweise frühe Form der Mutation tertiärer Dienste in sekundäre Güter (Fourastié) begreifen. Medienkopien auf immateriellen Trägern sind reine öffentliche Güter. An der Gutspezifik der Medieninhalte ändert sich in beiden Fällen nichts.

4. Dienstleistungen lassen sich definieren als immaterielle Wirtschaftsgüter, die unter Einsatz externer Produktionsfaktoren für fremden Bedarf produziert werden. Die entscheidenden Unterschiede zwischen Dienstleistungs- und Sachgüterproduktion sind: ein zweiphasiger Produktionsprozess von Dienstleistungen und die Abhängigkeit ihrer Endproduktion von der „Mitarbeit" des Dienstleistungsnehmers . Dienstleistungsproduzenten, zu denen auch die Medien zählen, können keine fertigen Produkte anbieten, sondern nur Leistungsversprechen, für deren Realisierung der koordinierte Einsatz von Produktionsfaktoren des Anbieters wie Nachfragers erforderlich ist (bei Medien: Zeit, Aufmerksamkeit, Nutzungsbereitschaft, Nutzungskompetenz etc. des Rezipienten). Da Dienstleistungen erst nach ihrem Absatz endproduziert werden können, sind sie je nach Komplexitätsgrad den Erfahrungs- oder Vertrauensgütern zuzurechnen. Medien sind also auch aufgrund ihrer Dienstleistungscharakteristik Erfahrungs- oder Vertrauensgüter.

5. Voll marktfähige private Güter sind durch zwei Kriterien gekennzeichnet: Konsumrivalität und Ausschlussmöglichkeit. Öffentliche Güter lassen sich in drei Gruppen einteilen je nachdem, ob beide Kriterien nicht gegeben sind (reine öffentliche Güter) oder jeweils eines der Kriterien nicht vorliegt: Club- bzw. Allmendegüter. Bis auf das terrestrisch und unverzerrt verbreitete Fernsehen, das ein reines öffentliches Gut darstellt, sind Medien Clubgüter, also öffentliche Güter im engeren Sinn. Die Zuordnung zu den Gruppen öffentlicher Güter ist allerdings kein unveränderliches Datum, sie ist abhängig vom Stand der Technik, von der betrachteten Gruppe, von der Organisationsform bzw. dem institutionellen Arrangement und damit letztlich auch von gesellschaftlichen Zielvorstellungen. Auch die Frage,

welches der beiden Kriterien für die Unterscheidung öffentlicher von privaten Gütern ausschlaggebend sei, ist unter Ökonomen nicht eindeutig entschieden.

6. Reine öffentliche Güter sind nicht marktfähig, Clubgüter sind es nur mit suboptimalem Ergebnis. Der Markt versagt wegen des Freeriderverhaltens des Homo Oeconomicus, dessen individuelle Kosten-Nutzen-Kalküle eine marktmäßige Finanzierung von Kollektivgütern verhindern, selbst wenn das Kollektivgut von allen gewünscht wird. Produktion und Bereitstellung öffentlicher Güter sind daher nur finanzierbar

-   durch Zwang, Beispiel Rundfunkgebühren oder Steuern;

-   durch selektive Anreize für den potentiellen Freerider, die ihn zur Kostenübernahme auch für das Kollektivgut veranlassen. Beispiel: an speziellen Zielgruppeninteressen orientierte Medienangebote.

-   Als dritte Finanzierungsform von Bedeutung im Bereich der Medien kommt die Werbung hinzu.
    Die spezifischen Finanzierungsformen terrestrisch verbreiteten Rundfunks sind aus seinen ökonomischen Guteigenschaften erklärbar.

7. Medien gelten, wenigstens zum Teil, als meritorische Güter. Das gilt insbesondere für die informierenden und die journalistischen Medien, deren Produktion und Konsum in Demokratien gesellschaftlich erwünscht sind. Die in ihren „publizistischen Funktionen" umschriebenen Leistungserwartungen an die Medien zur Deckung meritorischer Bedürfnisse sind Basis ihrer verfassungsrechtlichen Sonderstellung. Meritorische Bedürfnisse werden z.B. mit mangelnden Beurteilungsmöglichkeiten des Güternutzens und dadurch verzerrten (Markt-)Präferenzen des Konsumenten begründet. Meritorische Güter sollen so letztendlich rationales Handeln des Individuums ermöglichen. Grundsätzlich widersprechen meritorische Güter, deren Kennzeichen die Nicht-Übereinstimmung mit am Markt bekundeten Konsumentenpräferenzen ist, der Marktlogik. Das Marktergebnis wird nach Produktion und Konsum also suboptimal sein, gemessen an einem definierten gesellschaftlich Optimum. Die Existenz meritorischer Bedürfnisse ist in der Ökonomie nicht umstritten, kontrovers diskutiert ist die Frage, wer diese Bedürfnisse definiert und wer darüber entscheidet, mit welchen Gütern von wem und wie finanziert diese Bedürfnisse gedeckt werden.

8. Medien als öffentliche Güter sind auch Güter mit externen Effekten. Externe Effekte sind Vor- oder Nachteile, die unbeteiligten Dritten durch marktliche Interaktionsprozesse entstehen, ohne dass eine kostenmäßige Kompensation erfolgt. Der von Medien beförderte Prozess öffentlicher Meinungsbildung, in den rezipierte Medieninformationen als Inputs einfließen, ist ein externer Effekt. Der gesellschaftliche Nutzen der Medieninformationsgüter geht über den individuellen Nutzen für den Rezipienten hinaus. Hinzu kommen individuelle und soziale Netzwerkexternalitäten. Der Marktmechanismus berücksichtigt solche positiven (oder negativen: Umweltverschmutzung) Nutzendiskrepanzen nicht, er versagt zumindest partiell.

9. Medien sind komplexe Erfahrungs- oder Vertrauensgüter. Diese Einordnung ergibt sich bereits aus ihrer Dienstleistungscharakteristik. Das bedeutet, dass Kenntnis und Bewertung ihrer Qualität und ihres Nutzens für den Rezipienten vor dem Konsumakt nicht möglich sind, erschwert allenfalls erst danach oder auch gar nicht. Damit ist ein rationaler, dem ökonomischen Verhaltensmodell entsprechender Umgang mit Mediengütern deutlich erschwert oder auch unmöglich. Zahlungsbereitschaft für Medien darf daher nicht als Ausdruck von

Präferenzen hinsichtlich der Produktqualität gewertet werden. Die Informationsasymmetrie zwischen Medienproduzent und Medienkonsument zu Lasten des Rezipienten begründet Ausbeutungsgefahren.

10. Sind Medien in der Nachfrage verbunden, können sie in einem Verhältnis der Komplementarität oder der Substitution stehen. Die Frage nach dem Grad ihrer Substituierbarkeit ist für die Abgrenzung von Medienmärkten und die Bestimmung der jeweils herrschenden Wettbewerbsbeziehungen relevant. Aus der PKW liegen zwei prominente Ansätze zu den Substitutionsbeziehungen von Medien vor: das Rieplsche Gesetz und die These von der funktionalen Reorganisation der Mediennutzung. Medien sind zweifelsfrei keine in der Nachfrage unverbundenen Güter, aber die Substitutionsbeziehungen sind offenbar differenziert und sie müssen getrennt nach Medieninhalten und Medienkanälen oder –trägern bestimmt werden.

11. Im Angebot verbundene Güter sind Kuppelprodukte, wobei die ökonomische und die medienökonomische Definition voneinander abweichen. Medien sind Kuppelprodukte in mehrfacher Hinsicht und der Begriff meint hier die bewusste Zusammenfügung einzelner Güter und Gestaltung zu einem Güterbündel, dem Kuppelprodukt. Medien, sofern sie sich auch aus Werbung finanzieren, sind Kuppelprodukte aus einem redaktionellen und einem Werbeteil, sie sind Kuppelprodukte aus öffentlichen und meritorischen Gütern sowie selektiven Anreizen mit Privatgutcharakter für die anvisierten Rezipienten, sie sind schließlich ein Kuppelprodukt aus immateriellen Medieninhalten und - zumeist - materiellem Träger. Die Koppelung einer Kopie des Medieninhalts als öffentliches Gut mit dem Träger als Privatgut macht aus Medien erst ein marktfähiges Gut. Als öffentliches Gut ist der Medieninhalt eine vom Anbieter gestaltbare Mischung immaterieller Güter, die eine problemlose Integration auch von Werbung erlaubt. Die Kuppelproduktion ist weiter mit einer Reihe ökonomischer Vorteile auch im Vertrieb und Konsum verbunden.

12. Die Guteigenschaften des Kuppelprodukts sind auf dem Rezipienten- und auf dem Werbemarkt nicht identisch. Auf dem Rezipientenmarkt sind redaktioneller Teil und auch Werbung eine Mischung aus öffentlichen Gütern mit und ohne Meritorik sowie selektiven Anreizen. Auf dem Werbemarkt ist der redaktionelle Teil kein ökonomisches Gut, da hier keine Nachfrage danach besteht und auch keine Zahlungsbereitschaft. Die Werbewirtschaft ist nicht Konsument des redaktionellen Teils. Der für Werbezwecke bereitgestellte Trägerteil hat auf dem Werbemarkt Privatgutcharakter, denn es besteht Konsumrivalität und das Ausschlussprinzip ist durchsetzbar.

13. Der redaktionelle Teil des Medienprodukts ist auf dem Werbemarkt ein Produktionsfaktor für den Medienproduzenten. Das mit Hilfe dieses Produktionsfaktors produzierte und dort gehandelte Gut sind Kontaktchancen mit dem Medienpublikum. Zugangschancen zu einem Publikum für Werbebotschaften können vor allem periodische Medien offerieren. Der Leistungsnachweis erfolgt über die Forschung.

5. Spezifische Bedingungen der Medienproduktion

Produktion und Distribution von Medien sind durch eine Reihe sehr spezifischer Bedingungen geprägt, die in diesem Kapitel erörtert werden. Dabei geht es hier nur um die Schichten und Ebenen der Produktion, die einem Zugriff mit Hilfe allgemeiner ökonomischer Theorien zugänglich sind. Matthias Maier (2001) stellt ja zu Recht die Frage, was eine Theorie der Medienproduktion modellieren sollte, gehören auch das Verhalten der Zuschauer, die Medienwirkungen oder die durch Medien vermittelte Weltsicht dazu? Eine spezielle Theorie der Medienproduktion wird dies wohl so weitgehend wie möglich einzubeziehen versuchen. Sie ist zur Zeit aber noch nicht entwickelt, so dass der Zugriff hier auf die rein ökonomische Perspektive verengt bleibt.

Zunächst einmal geht es um die ökonomische Begrifflichkeit und ihre Anwendung auf den Bereich der Medien (5.1), dann um die gesamtwirtschaftlichen Bedingungen kultureller Produktion, die auch für die Medienproduktion kennzeichnend sind, nicht jedoch für die Mediendistribution (5.2). Aus der Güterspezifik von Medien ergibt sich eine spezifische Kostenstruktur, die für beide Märkte der Produktion von Medienleistungen gilt, sich für die einzelnen Mediengattungen aber dennoch unterschiedlich darstellt. Das wird in 5.3 diskutiert. Medien gelten aus einer ganzen Reihe von Gründen als risikoreicher Geschäftsbereich. Diese Gründe werden in 5.4 erörtert. Dabei werden vor allem zwei Phänomene, die als Hauptgründe der Risikobehaftetheit von Medien gelten, näher analysiert: die prinzipielle Unsicherheit der Nachfrage (5.4.1) und der Innovationszwang unter zeitlichen Restriktionen (5.4.2). Für die Produktion von Medien bzw. Medienpublika lassen sich zwei verschiedene „Logiken" unterscheiden. Damit beschäftigt sich Teilkapitel 5.5. Schließlich geht es in einem letzten Teilkapitel (5.6) um den Einfluss technischen Wandels auf die Medienproduktion in Unterscheidung dieses Einflusses auf die Produktion von Werken und auf die Distribution von Werkkopien.

5.1 Zur ökonomischen Begrifflichkeit: Produktion und Produktivität

Der ökonomische Ort der Erstellung und des Absatzes, also der Produktion von materiellen (Sachgütern) und von immateriellen Gütern (Dienstleistungen) ist der Betrieb bzw. die Unternehmung. Güter stehen ja in der Regel nicht einfach in der Form, in der sie der menschlichen Bedürfnisbefriedigung dienen, zur Verfügung, sondern sie werden unter Einsatz von Produktionsfaktoren: Arbeitskraft, Kapital, Rohstoffe, auch Zeit (Samuelson/Nordhaus 1998, 133) produziert. Produktion im wirtschaftlichen Sinne meint die Tätigkeit der Werterhöhung von Gütern (Maleri 1994, 116). Dieser Prozess der geregelten Einbringung von Produktionsfaktoren mit dem Ziel der Wertschöpfung wird in der Ökonomie in der Regel als Wert- oder Wertschöpfungskette dargestellt. Für den Bereich der Medien kann diese Wertschöpfungskette – bei aller Heterogenität der Medien – wie in Abbildung 5.1 dargestellt werden (wobei die für die Dienstleistungsproduktion benötigten externen Produktionsfaktoren des Rezipienten: Aufmerksamkeit, Zuwendung, Zeit etc. zu ergänzen wären).

Welches Produktionsergebnis mit einer gegebenen Menge an Produktionsfaktoren erzielt werden kann, hängt vom Stand der Technik und dem Produktions-Know-how ab. Die Beziehung zwischen Faktoreinsatz und Produktionsmenge nennen die Ökonomen Produktionsfunktion. „Die Produktionsfunktion sagt aus, welche maximale Produktionsmenge bei gegebenem

Faktoreinsatz erzielt werden kann. Sie gilt jeweils für einen gegebenen Stand der Technik und des technologischen Know-hows" (Samuelson/Nordhaus 1998, 128). Es gibt Millionen solcher Produktionsfunktionen in einer Wirtschaft, denn für jedes der Sachgüter und jede der Dienstleistungen gilt jeweils eine eigene, die durch technischen Wandel und Verbesserungen im Produktions-Know-how zudem schnell veraltet.

Abbildung 5.1: Wertkette in Medienunternehmen

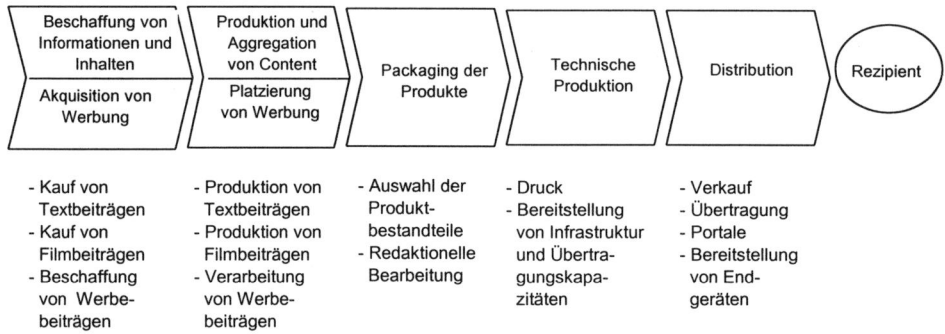

Quelle: Wirtz 2003b, S. 55.

Produktivität nun misst das Verhältnis von Output zu Input. Sie setzt die Produktionsmenge mit dem gewichteten Durchschnitt der eingesetzten Produktionsfaktoren in Beziehung oder sie misst den Produktionswert je Faktoreinheit, also z.B. wie viele Brötchen werden je Arbeitsstunde produziert. Dass das Ergebnis deutlich anders aussehen wird, je nachdem, ob in einer Bäckerei die Brötchen nach alter Handwerkertradition noch komplett hergestellt oder in einer Großbäckerei arbeitsteilig und mit vielseitiger Maschinenausstattung produziert und in den Backautomaten der Filialen dann gebacken und verkauft werden, bedarf keiner großen Erläuterung. Massenproduktion und die damit zumeist verbundenen Skaleneffekte waren die wichtigsten Antriebsfaktoren des Wirtschaftswachstums der Industriegesellschaften. Skaleneffekte meint die Auswirkungen auf die Outputmenge, wenn alle Produktionsfaktoren im gleichen Verhältnis erhöht oder reduziert werden. Man unterscheidet steigende Skalenerträge, wenn die Outputmenge überproportional zum zusätzlichen Faktoreinsatz steigt, sinkende und proportionale, wenn sie in geringerem oder im gleichen Verhältnis wächst. Steigende Skalenerträge meint also nichts anderes, als dass die durchschnittlichen Produktionskosten eines Gutes mit steigender Produktionsmenge sinken, ein Phänomen, das für Medien als Informationsgüter von großer Bedeutung ist.

Massenproduktion ermöglichende Techniken setzen andererseits häufig gewisse Mindestgrößen voraus, damit Skaleneffekte wirksam werden können, weil fixe Kosten entstehen (vgl. 5.3.1). Karl Bücher (1922b) hat das „Gesetz der Massenproduktion" ja schon sehr früh am Beispiel des Buchdrucks beschrieben. Der mittelalterliche Buchschreiber in der Schreibstube des Klosters verursachte fast nur variable Kosten, nämlich die von seiner Schreibgeschwindigkeit bestimmten Arbeitszeitkosten. Als der Buchdruck mit Setzmaschine und mechanischer Vervielfältigung erfunden wurde, traten fixe Kosten – für Anschaffung, Unterhalt etc. der Maschinen – auf, die zur Amortisation einer Mindestproduktion bedurften. Man hatte rasch erkannt, wie Bücher (ebenda, 97) schreibt, „dass das Druckverfahren erst bei ganzen ‚Auflagen', nicht schon bei einzelnen Exemplaren vorteilhaft sei. Noch heute (also in der ersten Dekade des 20. Jahrhunderts, als der 1910 veröffentlichte Artikel geschrieben wurde – MLK) sind – auch bei Anwendung der Setzmaschine – die Herstellungskosten bei ein, zwei oder fünf Exemplaren relativ höher, als wenn die Produktion auf handschriftlichem Wege oder mit der Schreibmaschine erfolgt. Braucht man mehr als diese Zahl, etwa bis zu 100 oder 200 Exemplare, so wird man sich eines der vielfältigen mechanischen Vervielfältigungsapparate bedienen, und erst wenn die Zahl der Exemplare 300 übersteigt, zum Buchdruckverfahren greifen (...) auch beim Buchdruck nehmen (...) die relativen Herstellungskosten mit dem Wachsen der Auflagen ab". Die Wirtschaftlichkeit der geschilderten Buchproduktionsverfahren, genauer müsste man von Buchvervielfältigungsverfahren sprechen, hängt also von der Outputmenge ab. Skalenerträge des – im Vergleich technisch höchstentwickelten – Buchdruckverfahrens in Form sinkender Herstellungskosten pro Stück werden wegen der hohen, fix anfallenden Investitionen erst relativ spät wirksam, das heißt die anderen Inputs der Buchvervielfältigung müssen ebenfalls erst deutlich erhöht werden. Produktivitätsgewinne der Verfahren beruhen dabei im wesentlichen auf der Ersetzung des Produktionsfaktors Arbeit durch Kapital und Technik.

Technologischer Fortschritt und die Techniken der Massenproduktion führten vielfach zu wenigstens leicht steigenden Skalenerträgen der Produktion und insgesamt in den letzten hundert Jahren zu deutlichen Produktivitätssteigerungen der westlichen Industriegesellschaften. Die Entwicklung verlief allerdings nicht in allen wirtschaftlichen Sektoren gleich und die hier interessierende Frage ist, wie sich die Produktivitätsentwicklung für die Massenmedien darstellt.

Generell wird in der Ökonomie unter Produktion nicht nur die technische Fertigung des ökonomischen Guts verstanden, sondern alle Aktionen der betrieblichen Tätigkeit der Werterhöhung von Gütern, also alle Vorgänge der Beschaffung, Herstellung, Lagerung und des Absatzes von Gütern einschließlich Finanzierung (Maleri 1994, 116). Bei Medien lassen sich drei relevante Produktionsebenen klar unterscheiden, die Kruse (1996, 26) als Produktions- oder Inputebene, als publizistische Ebene der Medienobjekte und als Distributionsebene bezeichnet. Abbildung 5.2a stellt diese „sektorale Struktur" einmal für Presse und Rundfunk dar, die man auch als verkürzte Version der Medienwertschöpfungskette lesen kann. Deren zwei erste Stufen entsprechen der Produktionsebene, Packaging der publizistischen Ebene, technische Produktion und Distribution der Distributionsebene.

Berücksichtigt man die bereits ausführlich erörterte Dienstleistungscharakteristik von Medien, müssen die drei Produktionsebenen um eine vierte ergänzt werden. Die drei von Kruse dargestellten Produktionsebenen betreffen die Produktion der Leistungsbereitschaft durch Kombination der internen Produktionsfaktoren, also Phase 1 der Dienstleistungsproduktion. Damit die Dienstleistung tatsächlich erbracht werden kann, ist als vierte Ebene Phase 2 der Dienstleistungsproduktion erforderlich, in der Anbieter und Nachfrager kooperieren und die externen Produktionsfaktoren des Dienstleistungsnehmers der Kombination hinzugefügt werden. Man könnte dies als die Ergebnisebene oder Ebene der Dienstleistungserbringung bezeichnen. Zwischen Ebene drei und Ebene vier muss der Absatz erfolgen, hier des Leistungsversprechens des medialen Dienstleistungsanbieters. Diese erweiterte sektorale oder Produktionsstruktur von Medien als Dienstleistungen ist in Abbildung 5.2b darstellt.

Abbildung 5.2a: Sektorale Struktur der Medien

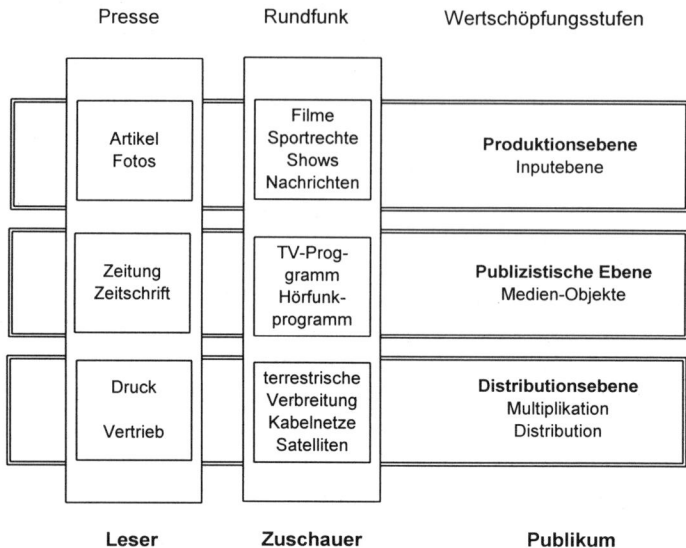

Quelle: Kruse 1996, S. 26.

Abbildung 5.2b: Produktionsebenen von Medien als Dienstleistung

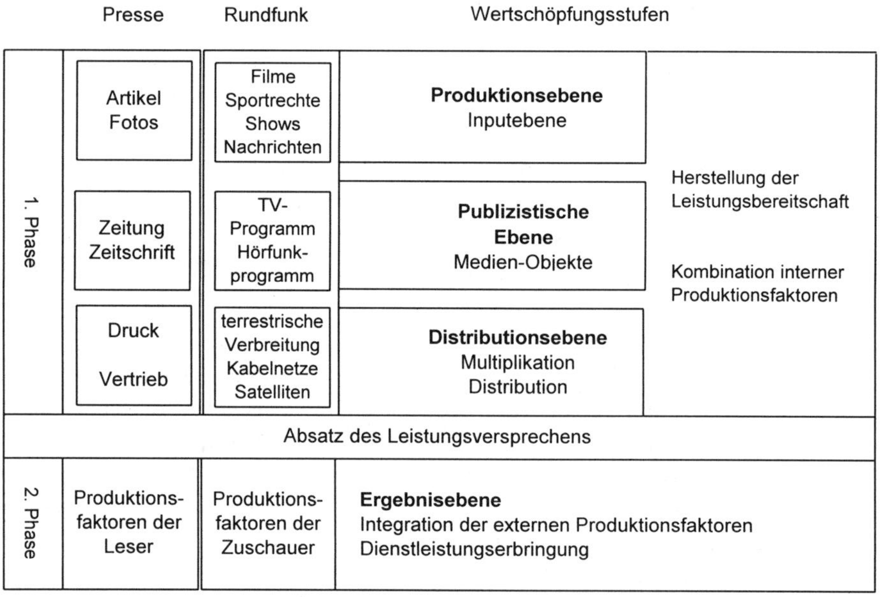

Versucht man die drei Ebenen der Produktion der Leistungsbereitschaft den gängigen betrieblichen Tätigkeiten der Produktion zuzuordnen, dann ist das für die Produktions- und die Distributionsebene ohne Schwierigkeit. Die publizistische Ebene hingegen ist mit keinem der Begriffe exakt zu beschreiben, es ist eine Art ‚Sortimenterfunktion', der Zusammenbau der beschafften und hergestellten Inputs zu einem Medienobjekt als Kuppelprodukt, also dem eigentlichen Leistungsangebot für den Konsumenten auf den Medienmärkten. Man könnte auch von einer Produktionsebene der zweiten Stufe sprechen, nämlich der Produktion der First Copy bzw. eines Masterpiece, die dann über Prozesse der Multiplikation als Kopien distribuiert werden sollen.

Die Unterscheidung dieser Ebenen spielt für die ökonomische Analyse der Medien immer wieder eine Rolle. Wir haben sie bei Fragen wie der einer Definition des relevanten Marktes oder dem Grad vertikaler Integration als Merkmal der Marktstruktur bereits kurz angesprochen. Vertikale Integration meint ja, dass mindestens zwei oder alle drei Stufen der Produktion des Leistungsversprechens in einem Unternehmen vereinigt sind. Auch für die hier interessierende Frage nach der Produktivitätsentwicklung ist die Unterscheidung dieser Ebenen sinnvoll

5.2   Das „ökonomische Dilemma" der Kulturproduktion

Medien gehören zweifellos dem gesellschaftlichen Bereich der Kultur zu, wobei Differenzierungen des Bereichs in Hoch- und Populärkultur sie wohl überwiegend dem zweiten Kulturtyp zuweisen (vgl. zu den nachfolgenden Ausführungen Kiefer 1998a). Auch wenn hier nicht der Ort für eine detaillierte Diskussion dieser Differenzierung ist, so scheint doch der Hinweis sinnvoll, dass es der Tendenz nach die Unterscheidung in E (Ernst)- und U (Unterhaltungs)-Kultur ist, in ‚hohe' und ‚niedrige' Kunst, zwei Sphären, so Adorno (1968) für den Bereich der Musik, die schon lange „getrennt und verflochten" sind. Für beide Bereiche sind Talent und handwerkliches Können erforderlich, das Unterscheidende ist die strukturelle Komplexität (Wahl-Ziegler 1978).

Die wirtschaftlichen Rahmenbedingungen der Kulturproduktion sind seit dem kulturökonomischen Klassiker von Baumol/Bowen (1966) als „ökonomisches Dilemma" oder „Kostenkrankheit" der Kulturproduktion (Frey/Busenhart/Serna 1994) bekannt. Sie gelten als unumstritten wirksam vor allem für kulturelle Institutionen wie Schauspiel, Musiktheater, Ballett (Wahl-Ziegler 1978), lassen sich aber auch auf mediale Formen der Kulturproduktion übertragen (Baumol/Baumol 1984), ja Baumol (1967) hat sie als Charakteristik von Dienstleistungen generell angesehen (vgl. auch Häußermann/Siebel 1995, 44ff.).

Ausgangspunkt der Analyse von Baumol/Bowen waren die ständigen und stetig zunehmenden finanziellen Schwierigkeiten der darstellenden Künste in den USA, aber nicht nur dort. Ziel ihrer Analyse war es, die Ursachen dieser Schwierigkeiten aus wirtschaftswissenschaftlicher Sicht abzuklären. Als Hauptfaktor des ökonomischen Dilemmas der Kunst- und Kulturproduktion erkannten Baumol/Bowen den mangelnden Produktivitätszuwachs in diesem Dienstleistungssektor. Während die Produktivität dank neuer Techniken, Massenproduktion, Arbeitsersatz durch Kapital, besser ausgebildeten Arbeitskräfte, mehr Know how gesamtwirtschaftlich im Verlauf des 20. Jahrhunderts ständig stieg, hatten die darstellenden Künste daran kaum Teil. Die Aufführung eines Schubert-Quartetts von 45 Minuten Dauer erfordert insgesamt drei Mann-Stunden, daran hat sich seit Schuberts Zeiten nichts geändert und weder Technik noch Kapital können die dafür erforderliche menschliche Arbeit ersetzen. Das ökonomische Problem für die Künste nun ist, dass sie relativ zur Gesamtwirtschaft immer teurer werden, die „Kostenkrankheit" damit ein strukturelles, ja ein sich verschärfendes und kein vorübergehendes Problem ist. Produktivitätszuwachs in anderen, von Baumol/Bowen als „progressiv" bezeichneten Sektoren vor allem der Güterproduktion erlaubt steigende Löhne und sinkende Arbeitszeiten, und dies, ohne dass sich der Anteil der Arbeits- an den Gesamtkosten der Produktion erhöht. Bei stagnierender Produktivität ist dieser Ausgleich hingegen nicht möglich. Gemessen an den progressiven Sektoren einer Volkswirtschaft wird der „nichtprogressive" künstlerische Sektor folglich immer teurer, da er an der allgemeinen Lohn- und Einkommensentwicklung ja notwendig teilnimmt. Nähme er nicht daran Teil, würde das eine kontinuierliche relative Verarmung der Arbeitskräfte in diesem Sektor bedeuten mit nicht nur erheblichen sozialpolitischen Problemen als Folge, sondern langfristig wohl auch dem Ende jeder künstlerischen Produktion.

Das von Baumol/Bowen diagnostizierte ökonomische Dilemma ist nicht nur auf die künstlerische Produktion generell übertragbar, es gilt mehr oder weniger ausgeprägt für alle Dienstleistungen, die im wesentlichen auf menschlicher, durch Kapital und Technik nicht oder kaum substituierbarer Arbeitsleistung ruhen, wie z.B. das Bildungs- oder Gesundheitssystem (Towse 1997). Dabei ist allerdings zwischen der eigentlich künstlerischen, wissenschaftlichen oder kulturellen Produktion und Formen ihrer Distribution zu unterscheiden. Die Produktivität eines Drehbuchautors, Schriftstellers, Regisseurs oder Malers stagniert, gemessen an der gesamtwirtschaftlichen Produktivitätsentwicklung. Zwar wurden schon früh Formen der Rationalisierung und Produktivitätssteigerung auch der künstlerischen Produktion entwickelt (Erichsen 1994). Die Malerwerkstätten z.B. eines Rubens oder Ghirlandajos lassen sich als solche Versuche begreifen (Drey 1910). In diesen Mal-Manufakturen wurde das vom jeweiligen Meister erfundene innovative und kreative Verfahren des Malens, das von der Umwelt der Kunstexperten und Kunstkäufer als solches (an)erkannt worden war und auf entsprechende Nachfrage stieß, von den Gehilfen des Meisters übernommen und ausgeführt. Die Gemäldefertigung konnte so arbeitsteilig rationalisiert und die Produktivität deutlich gesteigert werden. Auch die Genreproduktion stellt eine frühe Form rationalisierter Bilderfabrikation dar (vgl. Hinz 1994). Diese Genrebilder wurden, wie Dry am Beispiel der Wiener Bildermanufakturen beschreibt, fast industriell gefertigt. Heute sind die großen und kleinen Produktionsgesellschaften wie EndeMol, Bavaria München oder die Hollywoodstudios solche Manufakturen, die so dicht wie möglich Anschluss an die Produktivität einer industriellen Fertigung, hier eben von Serien, Filmen, Talkshows etc. suchen. Aber da „für jede neue Outputeinheit ein neues Bündel von Inputs zusammengestellt" werden muss, jeder neue Film, jede neue Serienfolge ein Unikat ist, spielen Größenvorteile in der Filmproduktion, wie Wieland (1994, 217f.) feststellt, noch immer kaum eine Rolle. Der Produktionsbereich ist, so Wieland, einen Begriff von Vogel (1986, 48) aufgreifend, eine Art von ,Cottage Industry', auch wenn eine anhaltende Konzentrationsentwicklung registriert wird (vgl. KEK 2004, 172f.) . Heinrich (1999, 161) verweist darauf, dass es eine vor allem personalkostenintensive Produktion ist, Spezialisierungs- und Lerneffekte der Beschäftigten eher gering sind, jedoch Größenvorteile in der Finanzierung, Vermarktung und Risikostreuung bestehen.

Während im Bereich der Produktion die Möglichkeiten des Produktivitätszuwachses also begrenzt bleiben, solange man dafür menschliche Arbeitsleistung, Kreativität und künstlerisches Können benötigt, sieht das im Bereich der Distribution zum Teil völlig anders aus. Von zentraler Bedeutung für die Produktivitätsentwicklung von Dienstleistungen ist ja, ob das Uno-actu-Prinzip aufgelöst werden kann oder nicht. Wenn es aufgelöst werden kann, schreiben Häußermann/Siebel (1995, 143) Daniel Bell zitierend, kann das „Spiel zwischen Personen" jederzeit zu einem „Spiel zwischen Person und Automat" werden. „Vom Sprachunterricht in der Klasse zum Sprachlabor ohne Lehrer (...); vom Konzert zum Radio und zur CD-Platte; von der Theateraufführung über Kino und Fernsehen zur Videokassette (...); und schließlich zu den Möglichkeiten der Breitband-Kommunikationsnetze, mit deren Hilfe jede Art von Informations- und Unterhaltungsangebote für jeden Teilnehmer jederzeit auf Abruf verfügbar gemacht werden kann" (Scharpf 1986, 16). Fourastiés Mutation tertiärer Dienste in sekundäre Güter wird hier beschrieben, die Verdinglichung, Verstofflichung immaterieller Dienstleistungen. Kommunikative Leistungen, Paradebeispiel für das Uno-actu-Prinzip der Dienstleistungstätigkeit, werden in die Form von Industriegütern (CDs, Videokassetten) gegossen.

Die oben beschriebene Entwicklung: Konzert – Radio – CD oder: Theateraufführung – Kino – Fernsehen – Videokassette zeigt die stufenweise Aufhebung erst der örtlichen, dann auch der zeitlichen Dimension des Uno-actu-Prinzips. Bei beiden Beispielen kann man in der Entwicklung noch einen Schritt zurückgehen, schon der Einsatz des Notenblatts und des Textbuchs bedeutete eine materiale Zwischenstufe zwischen Komponist bzw. Autor und Publikum und damit Auflösung bzw. Verlagerung des Uno-actu-Prinzips. Das Uno-actu-Prinzip ist damit historisch höchst wandelbar. Seine teilweise und schließlich völlige Auflösung ermöglicht im Dienstleistungsbereich Produktivitätsgewinne, vor allem durch die dann realisierbaren Multiplikations- und Distributionsformen, das gilt auch und insbesondere für die Medien. „Durch die Aufhebung des Uno-actu-Prinzips werden auch in den ‚mentalen', verbraucherbezogenen Dienstleistungen Produktivitätssteigerungen möglich, die denen im industriellen Sektor mindestens gleichkommen oder sie sogar noch übertreffen" (Scharpf 1986, 17).

Mit dem Aufkommen der Massenmedien – Presse, Kino, Hörfunk, Fernsehen – hat die Distribution kommunikativer Dienstleistungen einen säkularen Produktivitätszuwachs erfahren. Das lässt sich am Beispiel einer Schauspielproduktion deutlich machen. Wenn wir einen Aufwand für die Produktion (Rechte, Ausstattung und Kostüme, Honorar für Regie, Schauspieler und sonstiges künstlerisches Personal etc.) von einer Million DM (oder EURO) unterstellen, dann kann diese Produktion, wenn sie erfolgreich 100 mal bei einer Platzkapazität von 1000 Sitzen im Theater aufgeführt wird, beachtliche 100 000 Zuschauer einsammeln, rein rechnerisch liegen die durchschnittlichen Produktionskosten je Zuschauer bei DM 10. Allerdings macht jede Aufführung erneut den Rückgriff auf menschliche Arbeitsleistung notwendig, es kommen beachtliche Aufführungskosten hinzu, das ökonomische Dilemma dieser Form von Kulturreproduktion und -distribution greift. Dieselbe Schauspielproduktion, ausgestrahlt im Fernsehen, erreicht bei der Erstausstrahlung im ARD-Programm vielleicht zwei bis drei Millionen Zuschauer, bei den Wiederholungen in den Dritten Programmen vielleicht noch einmal ein Publikum gleicher Größe. Gehen wir von insgesamt 5 Millionen Zuschauern aus, liegen die durchschnittlichen Produktionskosten je Zuschauer hier bei DM 0,20 und die Aufführungskosten sind nahe Null. Es ist unmittelbar einsichtig, dass die Auflösung der örtlichen Dimension des Uno-actu-Prinzips, wie sie die Verbreitung im Fernsehen ja darstellt, einen enormen Produktivitätszuwachs ermöglicht, diese Distributionsform aus ökonomischer Sicht also ungleich effizienter als die traditionale der Theateraufführung ist.

Massenmedien verfügen primär über eine hohe und – durch technischen Fortschritt wie besseres Know-how – weiter steigende distributive Produktivität. Medienunternehmen, insbesondere wenn sie erwerbswirtschaftlich organisiert sind, werden folglich versuchen, diese ihre spezifische, nämlich distributive Produktivität voll auszuschöpfen. Dass nicht die Produktion von Programmen sondern von Publikum der Geschäftsbereich der Fernsehindustrie ist, darauf haben die amerikanischen Medienökonomen Owen, Beebe und Manning (1974) mit Blick auf das kommerzielle US-Fernsehen schon früh aufmerksam gemacht und Owen/Wildman (1992, 3) wiederholen diese Erkenntnis, indem sie schreiben: „The first and most serious mistake that an analyst of television industry can make is to assume that advertising-supported television broadcasters are in business to broadcast programms. They are not. Broadcasters are in the business of producing *audiences*. These audiences, or means of access to them, are sold to advertisers. The product of a television station is measured in dimensions of people and time". Auch wenn hier die spezifische Finanzierungsform kommerziellen terrestrischen Fernsehens modifizierend mit hineinspielt, so ist doch generell die Aussage gültig, dass die Produktion von Publika der primäre ökonomische Tätigkeitsbereich der Massenmedien ist, Publika, oder in der Terminologie der Dienstleistungsökonomik „Kooperationspartner" für selbst- oder fremdproduzierte kulturelle oder auch werbliche Dienstleistungen, die dank der distributiven Produktivität medialer Verbreitung nun nach Millionen zählen. Diese Einschätzung steht in Widerspruch zu Heinrich (1999, 332), der die Rundfunkproduktion, also die Veranstaltung von Rundfunkprogrammen, für den „operativen Kern" von Rundfunkunternehmen hält.

Das ökonomische Dilemma gilt nach wie vor und sich verschärfend für den Bereich der künstlerisch-kreativen Produktion, Reproduktion und Verbreitung, der auf menschliche Arbeitsleistung angewiesen ist. Allerdings zeichnen sich, vor allem wohl für den Bereich der populärkulturellen Produktion, mit der Computersimulation (vgl. Everschor 1996) und den Möglichkeiten virtueller Realität (Anweiler 1998) auch hier Produktivitätssteigerungen ab (vgl. 5.6). Soweit es jedoch gelang, das Uno-actu-Prinzip teilweise oder ganz aufzulösen, kam es im Bereich der Distribution kommunikativer und kultureller Dienstleistungen zu enormer Produktivitätssteigerung. Dieser Prozess scheint noch nicht abgeschlossen, die neuen I-K-Techniken versprechen einen weiteren Produktivitätsschub.

Für die ökonomische Analyse der Medien und die Erklärung der sich verändernden Medienumwelt ist die Berücksichtigung dieser unterschiedlichen Produktivitätsentwicklung von Produktion und Distribution medialer Dienstleistungen ganz zentral. Schon die frühen Massenmedien Buch und Presse lassen sich ja, wie schon erwähnt, als Mutationen immaterieller Dienstleistungen in materielle Sachgüter begreifen, zur Steigerung und Ausschöpfung distributiver Produktivität. Auch viele der heutigen Entwicklungen im Medienbereich dienen diesem Ziel. Und die spezifischen Produktionsbedingungen von Medien spielen dabei eine zentrale Rolle.

5.3   Die Kostenstruktur von Medien

5.3.1   Fixe und variable Kosten

Kosten sind der in Geld bewertete ‚Verzehr' von Produktionsfaktoren (Arbeitsleistungen, Betriebsmittel, Rohstoffe etc.) einschließlich Dienstleistungen Dritter, die als Inputs in Erstellung und Absatz materieller und immaterieller Güter eingehen. ‚Verzehr' meint dabei nicht Vernichtung, sondern Umformung von Produktionsfaktoren in andere Güter im Rahmen der betrieblichen Leistungserstellung. Unterschieden werden u.a. variable und fixe Kosten. Von fixen Kosten spricht die Betriebswirtschaftslehre (vgl. Wöhe 1990, 539), wenn eine Kostenart auf Veränderungen des Beschäftigungsgrades und damit des Output an produzierten Gütern nicht reagiert (wie z.B. Abschreibungen für Investitionen, Fremdkapitalzinsen, Gehälter der Geschäftsführung oder der Redaktion); von variablen Kosten, wenn diese auf Veränderungen des Beschäftigungsgrades und damit der Ausbringungsmenge reagieren und sich proportional, progressiv oder degressiv verändern. Rohstoffe und Betriebsmittel, Energie- und Transportkosten, die Druck- und Vertriebskosten der Printmedien rechnen zumeist zu den variablen Kosten.

Die Tatsache, dass Medieninhalte Kollektivguteigenschaften haben, also unteilbar sind und sich im Konsum nicht verbrauchen, hat eine spezifische Kostenstruktur zur Folge. Der entscheidende Unterschied zu Konsumgütern des alltäglichen Bedarfs ist der sehr hohe Anteil der Fixkosten an den Gesamtkosten. Die Fixkosten fallen vor allem für die Produktion des immateriellen Medienprodukts und seine erste sozusagen ‚Materialisierung' in der First Copy einer Zeitung bzw. dem Prototyp oder Masterpiece eines audiovisuellen Produkts wie Film oder Fernsehspiel an, die dann, wie Jürgen Heinrich es nennt, im Blaupausenverfahren vervielfältigt werden. Er schreibt zur Zeitungsproduktion (1994, 215): „Wie jede Medienproduktion ist auch die Zeitungsproduktion ‚Blaupausen-Produktion'. Die Zeitung wird täglich als Prototyp neu konzipiert und anschließend vervielfältigt. Die eigentliche journalistische Produktion verbraucht sich dabei nicht, sie stellt auf jeden Fall fixe Kosten der Produktion dar".

Allerdings ist die Unterscheidung in fixe und variable Kosten keine, die „im Wesen" dieser Kosten liegt. Die Frage, ob Kosten zu den fixen oder den variablen zu rechnen sind, hängt im wesentlichen von zwei Faktoren ab:

1. der Länge der Zeitperiode, für die betriebliche Entscheidungen getroffen werden (Entscheidungszeitraum);

2. der Teilbarkeit der Produktionsfaktoren

„Auf ‚lange Sicht' sind alle Kosten variabel" (Wöhe 1990, 547), denn Arbeits- und Lieferverträge können gekündigt. Redaktionen entlassen, Maschinenparks abgeschrieben oder veräußert werden. Die Länge der Zeitperiode, von der die Betrachtung ausgeht bzw. die entscheidungsrelevant ist, spielt also eine wesentliche Rolle für die Definition fixer Kosten. Fixe Kosten entstehen nicht nur durch hohe Investitionen in Sachkapital, sondern auch durch gesetzliche oder vertragliche Bindungen, die einen konstanten Einsatz von Produktionsfaktoren wie z.B. Arbeitsleistungen festangestellter Mitarbeiter über einen bestimmten Zeitraum festschreiben.

Mangelnde Teilbarkeit von Produktionsfaktoren ist ein zweiter wichtiger Grund für die Entstehung von fixen Kosten. Eine auf eine Auflage von täglich mehreren 1ooooo Exemplaren ausgerichtete Zeitungsdruckerei, eine auf das redaktionelle Format z.B. der FAZ ausgerichtete Redaktion mit einem Pulk festangestellter Redakteure, redaktioneller und technischer Mitarbeiter, langfristigen Lieferverträgen mit Nachrichtenagenturen und Bilderdiensten und dem Produktions- und Entscheidungshorizont von einem Tag für den jeweils neuen Prototyp zur Blaupausenproduktion hat einen hohen Anteil an fixen Kosten.

Heinrich (2001, 244) hat anhand der amtlichen Pressestatistik für 1990 einmal zusammengestellt, was in der Zeitungsproduktion als fixe und was als variable Kosten anzusehen ist. Fixe

→ *Hoher Fixkostenanteil*

Fixe
Kosten sind danach: Personalkosten einschließlich der Kosten für freie Mitarbeiter, Kosten für Fremdproduktionen, dazu gehören die bezogenen Nachrichten- und Materndienste mit redaktionellen Teilen, die nicht selbst produziert werden, oder Lizenzgebühren für Fotos z.B., Mieten, Pachten, Steuern, sowie Abschreibungen, Zinsen und Werbung. Dieser Fixkostenanteil liegt durchschnittlich bei 53 Prozent und steigt je nach Umsatzhöhe bis auf 57 Prozent des Umsatzes. Variable Kosten sind vor allem die auflageabhängigen Kosten, also Material-, vor allem Papierkosten, die Kosten des Vertriebs (ohne Zustellerlöhne), Kosten der fremden technischen Herstellung und Reparaturen. Der Anteil dieser variablen Kosten liegt im Durchschnitt bei 34 Prozent, der Rest von gut 10 Prozent der Kosten ist nach Heinrich nicht eindeutig zuordenbar, im Zweifel sind es ebenfalls fixe Kosten. Ein solcher Fixkostenanteil, resümiert Heinrich (ebenda, 243) „kann im gesamtwirtschaftlichen Durchschnitt als recht hoch gelten, auch der Personalkostenanteil übertrifft mit 39,2 Prozent den gesamtwirtschaftlichen Durchschnitt von 19,3 Prozent (..) deutlich. Dies liegt vor allem an der personalkostenintensiven Redaktion. Die Konsequenz eines solch hohen Fixkostenanteils ist eine wettbewerbspolitisch bedenkliche Tendenz zur Monopolisierung des jeweiligen Zeitungsmarktes, weil der Alleinanbieter die größte Fixkostendegression aufweist".

5.3.2   Grenzkosten und Skaleneffekte

Heinrich weist hier auf zwei Konsequenzen dieser Kostenstruktur hin: 1. auf die starke Kostendegression mit steigender Verbreitung des immateriellen Medienprodukts, also auf positive Skaleneffekte bzw. Größenvorteile der Produktion, genauer der Produktion von Kopien, denn bei der Produktion von Werken gelten Skaleneffekte ja als eher gering, und 2. auf die damit verbundene Tendenz zur Monopolisierung von Medienmärkten, also die Tendenz zur horizontalen Konzentration, um diese Größenvorteile der Kopienproduktion auch wahrnehmen zu können. Denn die fixen Kosten für die Produktion des immateriellen Medienprodukts, das heißt der First Copy oder des Prototyps, fallen ja völlig unabhängig von der Zahl der späteren Konsumenten oder Nutzungsakte an. Auf je mehr Köpfe diese fixen Kosten im Multiplikationsverfahren umgelegt werden können, umso größer ist die Kostendegression je Nutzer, die distributive Produktivität zeigt ihre Wirkung.

Beim Fernsehen ist die Kostendegression deshalb noch höher als bei der Presse, weil praktisch keine variablen Kosten, vor allem keine Vervielfältigungs- und Vertriebskosten – von möglicherweise höheren Lizenzgebühren einmal abgesehen – anfallen. Jeder zusätzliche Nutzer des immateriellen Guts verursacht also so gut wie keine zusätzlichen Kosten. Dass liegt daran, dass der Träger, wenn es sich um terrestrische Frequenzen oder Satellitenrundfunk handelt, ja selbst die Eigenschaft eines öffentlichen Guts hat, für jedermann mit Empfangsgerät oder Schüssel also verfügbar ist. Das sieht deutlich anders bei Pay-TV aus. Nimmt man die Kostenstruktur des britischen Pay-TV-Senders BSkyB als Beispiel, dann gewinnen variable Kosten offensichtlich an Gewicht. Es sind vor allem die Kosten der Abonnentengewinnung und -verwaltung, Marketingkosten und Wartungskosten der Dekoderinfrastruktur, die bei BSkyB mit fast einem Drittel der Gesamtkosten zu Buche schlagen (vgl. Schulz u.a. 1999, 47). Eine Einordnung dieser „Transaktionskosten" als variable oder fixe Kosten ist ohne genauere Information schwierig. Der Hinweis von Schulz und Koautoren auf „Bündelungsvorteile" bei diesen Kosten für Programmpakete in einem Vermarktungssystem verweist auf neue Arten auch fixer Kosten, obwohl ein Großteil der Transaktionskosten wohl als variabel anzusehen ist und die Kostenstruktur von Pay-TV sich damit der von Printmedien nähert. Bei der Zeitung steigen zwar die variablen Kosten für Papier, Vertrieb etc. mit Ausdehnung der Blaupausen-Produktion, während sich die hohen Fixkosten auf immer mehr Exemplare verteilen, so dass die Durchschnittskosten sinken. Irgendwann kommt aber der Punkt, da die Druckkapazität oder das Vertriebsnetz nicht mehr ausreichen und mit einem entsprechenden Kostensprung (Öko-nomen sprechen in einem solchen Fall von Sprung- oder intervallfixen Kosten) neu ausgelegt werden müssen, wenn die Auflage weiter ausgedehnt werden soll. Dann können Grenzkosten, hier Kosten für den letzten erreichten Rezipienten, die zumindest beim terrestrischen Fernsehen keine Rolle spielen, und Grenzerlöse aus diesem zusätzlich erreichten Leser bei den Printme-dien durchaus relevant werden.

Das Begriffspaar der Grenzkosten und Grenzerlöse spielt im ökonomischen Denken eine große Rolle. Als Grenzkosten bezeichnet man den Kostenzuwachs, der durch die Produktion der jeweils letzten Mengeneinheit eines Guts entsteht, als Grenzerlöse den Erlöszuwachs, der durch den Verkauf der letzten Mengeneinheit erzielt wird (Wöhe 1990, 578, 653).

Der amerikanische Medienökonom Barry Litman hat die Abhängigkeiten zwischen Aufla-genhöhe und Durchschnittkosten je Einheit Zeitungsexemplar einmal für die wichtigsten Kos-tenarten der Zeitungsproduktion grafisch dargestellt.

Abbildung 5.3: Durchschnittskostenkurven der Zeitungsproduktion nach Kostenarten in Abhängigkeit von der Auflage

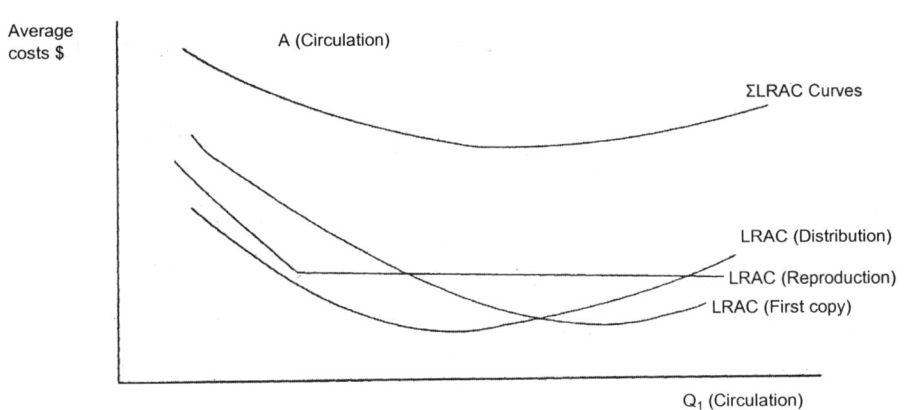

Quelle: Litman 1988, S. 29.

Gezeigt sind in der Abbildung die langfristigen Durchschnittskosten je Einheit, also je Zei-tungsexemplar, mit steigender Auflage für die Gesamtkosten einerseits und dann differenziert nach Vertriebs-, Druck- und First-Copy-Kosten andererseits. Deutlich wird, dass der wichtigs-te, die Durchschnittkosten über weite Bereiche senkende Faktor die First-Copy-Kosten sind. Die Druckkosten senken bis zur Kapazitätsauslastung der Druckerei den Durchschnitt deutlich und bleiben dann konstant. Der Vertrieb erhöht die Kosten bei Überschreiten einer kritischen Grenze wieder, nachdem bis dahin deutlich sinkende Durchschnittkosten gegeben sind. Dass auch die First Copy-Kosten ab einer bestimmten Auflage im Durchschnitt wieder steigen, begründet Litman plausibel damit, dass die für diesen Auflagenzuwachs notwendige Erschließung neuer Leserschichten auch mit redaktionellen Erweiterungen einhergehen muss, z.B. mit einer neuen Lokalredaktion oder mit neuen Spezialseiten und Beilagen, was auf jeden Fall eben auch einen Mehraufwand bedeutet.

Was aus der Grafik Litmans sehr schön deutlich wird ist, dass auch für Printmedien über weite Bereiche Größenvorteile bestehen, die allerdings auch umgekehrt jedes Verlagsunternehmen ökonomisch gesehen zwingen, diese Größenvorteile bis zum Wendepunkt möglichst voll zu nutzen. Das aber bedeutet zum einen, dass der Zwang zur Größe und Konzentration innerhalb bestimmter Grenzen programmiert ist, oder, wie Heinrich eben feststellt, eine Tendenz zur Monopolisierung von Zeitungsmärkten besteht. Das erklärt zum anderen, warum terrestrisches Fernsehen und Presse, soweit sie erwerbswirtschaftlich organisiert sind, einer jeweils anderen Entwicklungstendenz folgten. Im Falle des Fernsehens sind die positiven Skalenerträge nahezu unbegrenzt und am größten bei einem nationalen (oder globalen?) Monopol, weil Distributionskosten und -zeiten dank der Kollektivguteigenschaften auch des Trägers keine Rolle spielen. Bei der Tageszeitung verlief die Entwicklung in Richtung eines Netzwerks lokaler Monopole. Die Sprungkosten der Vervielfältigung und Distribution sowie der Produktionshorizont von einem Tag für ein aktuelles Medium garantierten höchste Skalenerträge offenbar im kleinräumigen Monopol.

Dass die Ausnutzung von Skalenvorteilen im Medienbereich vielfach eine größere Rolle spielt als die Rücksichtnahme auf Leserpräferenzen hinsichtlich eines vielfältigen Medienangebots, wird für Owen/Wildman (1992, 339 FN 1) besonders am Beispiel Tagespresse deutlich: „Daily newspapers provide an example of what can happen when economies of scale are more powerful than readers' demand for diversity. There was a time, 50 years or more ago, when most big cities supported a dozen or more daily newspapers. Each newspaper was specialized, not so much by its coverage, but by the political or ethnic orientation of its editorial style. Gradually the demand by advertisers for inexpensive access to newspaper readers, the ability of publishers to serve varied preferences within the pages of a single newspaper, economomies of scale in newspaper production, and perhaps a certain homogenization of reader preferences led to consolidation of the daily newspaper industry. Today there are few if any cities large enough to support competing daily newspapers in the long term". Beschrieben wird hier die Entwicklung der US-Presse, aber die Beobachtung der beiden amerikanischen Medienökonomen lässt sich bruchlos auf die Entwicklung der Tagespresse in Deutschland und anderen europäischen Ländern übertragen.

Economies of scale haben natürlich eine noch sehr viel größere Bedeutung für die elektronischen Medien, vor allem für terrestrisch oder über Satellit verbreiten Rundfunk. Ökonomisch ist hier nicht nur die Tendenz zur Größe eingebaut, sondern das Monopol als sog. natürliches Monopol gilt als die – wirtschaftlich gesehen – effizienteste Bereitstellungsform. Von einem natürlichen Monopol spricht man dann, wenn die Kosten für die Erstellung jeder zusätzlichen Einheit, also die Grenzkosten, niedriger sind als die Kosten je Einheit der bereits produzierten Menge, die sog. Durchschnittskosten (hier die Durchschnittskosten pro bislang erreichten Rezipienten). Die Gesamtproduktion eines ökonomischen Gutes kann beim natürlichen Monopol folglich am kostengünstigsten von einem einzigen Unternehmen bereitgestellt werden. Beim terrestrischen Fernsehen liegen die Grenzkosten für zusätzlich erreichte Zuschauer stets unter den Durchschnittskosten, da die vorwiegend fix angefallenen Kosten ja auf diese weiteren

Köpfe verteilt werden. Im Falle eines natürlichen Monopols versagt der Markt, denn der Monopolist produziert am billigsten. Jede Produktion in Teilmengen (z.B. mehrere Fernsehanbieter, die für den Rezipienten weitgehend austauschbare Programme anbieten) führt zu höheren Gesamtkosten als die Produktion 'in einer Hand', das Phänomen der Subadditivität ist gegeben (Fritsch/Wein/Ewers 1996, 147). Liegt ein natürliches Monopol vor, sind staatliche Eingriffe in Form öffentlicher Unternehmen oder Regulierung erforderlich (vgl. Kapitel 10). Allerdings sind auch natürliche Monopole nicht unveränderlich „naturgegeben". Technischer Fortschritt aber auch Differenzierung der Konsumentenpräferenzen können unter Umständen zur Aufhebung von natürlichen Monopolen führen, was offensichtlich auch für den Bereich des Rundfunks gilt.

5.3.3 Die Kostenstruktur auf dem Rezipienten- und dem Werbemarkt

Das unterschiedliche Gewicht der Vervielfältigungs- und Verbreitungskosten für Print- und elektronische Medien verdeutlicht noch einmal diese Zusammenstellung, wobei Pay-TV hier noch nicht berücksichtigt ist.

Übersicht 5.1: Produktions-, Vervielfältigungs- u. Verbreitungskosten in Relation zu den Gesamtkosten der Medien 1992 (%)

	Produktions-kosten	Vervielfälti-gungskosten	Verbreitungs-kosten	Verbreitung- u. Vervielfältigungs-kosten gesamt
Abonnementzeitungen	20,0	39,5	19,0	58,5
Zeitschriften	29,5	28,1	6,6	34,7
(1990)	55,9 *	0	9,2	9,2
Privatkomm. Fernsehen (1990)	68,9 *	0	7,1	7,1

* ohne Personal

Quelle: Altmeppen 1996b, S. 266.

Während bei den Abonnementzeitungen die Kostengruppe Vervielfältigung und Verbreitung mit fast 59 Prozent zu Buche schlägt, reduziert sie sich beim (terrestrischen) Fernsehen auf unter 10 Prozent, um bei Pay-TV wegen der hohen Transaktionskosten auf 35 bis 40 Prozent zu steigen, wenn die Kostenstruktur von BSkyB prototypisch sein sollte (vgl. Übersicht 5.2).

Die spezifische Kostenstruktur der Medienproduktion ist nun nicht nur auf dem Rezipienten-, sondern auch auf dem Werbemarkt wirksam. Auf der einen Seite kommt der Werbungtreibende mit steigender Auflage/Reichweite des Mediums in den Genuss sinkender Durchschnittskosten für sein Werbemittel. Denn die Kosten für die Produktion von Anzeigen und Werbespots, die durchaus beachtlich sein können, sind ja wie die First Copy-Kosten fixe Kosten. Der Verlauf der Durchschnittskostenkurve der Werbemittel gleicht der für die First Copy-Kosten. Auf der anderen Seite sinken die 1000-Kontakt-Preise, also die Werbeträgerkosten pro 1000 erreichte Personen, mit steigender Verbreitung, da die Medienunternehmen die Größenvorteile in hohem Maße an die Werbungtreibenden weitergeben (vgl. Heinrich 1994, 223).

Übersicht 5.2: Aufwandsstruktur von BSkyB 1995 bis 1997

Aufwand	1995	1996	1997	1995	1996	1997
	in Mio GBP			in %		
Programmkosten	328,5	420,5	574,4	61,7	61,1	64,4
Distributionskosten	44,6	53,2	62,0	8,4	7,7	7,0
Transaktionskosten	159,6	214,4	255,1	30,0	31,2	28,6
davon:						
Abonnementverwaltung	66,2	94,0	91,9	12,4	13,7	10,3
Marketing	58,6	76,2	102,4	11,0	11,1	11,5
Administration	34,8	44,2	60,8	6,5	6,4	6,8
Gesamtkosten*	532,7	688,1	891,5	100,0	100,0	100,0

* Ende des Geschäftsjahres am 30.6.

Quelle: Schulz u.a. 1999, S. 47.

Medienökonomisch sind die Größenvorteile werbefinanzierter Medien auf der Ertragsseite noch entscheidender als die auf der Kostenseite. Dabei steigen nach amerikanischen Berechnungen die Erträge von Zeitungen aus dem Lesermarkt praktisch parallel zu den Kosten, während die Werbeerträge deutlich überproportional zunehmen. Bei jeder Auflagensteigerung um 100 Prozent steigen sie im Durchschnitt um 128 Prozent (Aiginger/Peneder 1993, 47). Das Phänomen der Auflagen-Anzeigen-Spirale lässt sich aus diesen Größenvorteilen auf der Kosten-, aber vor allem auf der Ertragsseite erklären: sinkende Durchschnittskosten begünstigen, zumindest bis zu einem gewissen Punkt, einen Anstieg der Auflage, weil der Abonnementpreis niedrig liegen kann, steigende Auflage bedeutet mehr Leser und damit sinkende 1000-Kontakt-Preise, die wiederum zu mehr Anzeigen und mehr Einnahmen führen. Damit ermöglichte Investitionen in neue Lokalteile oder Beilagen lassen die Auflage wahrscheinlich weiter steigen, die Spirale beginnt sich zu drehen. Diese Spirale gilt, wie schon erwähnt, für alle werbefinanzierten Medien (vgl. Kapitel 8.3.2.2).

5.4   Risikofaktoren der Medienproduktion

Medien gelten als extrem risikoreicher Geschäftsbereich. So geht man in der Filmwirtschaft z.B. davon aus, dass von zehn großen Spielfilmen nur einer die Kosten wieder hereinspielt, sechs bis sieben ein Verlustgeschäft darstellen und maximal zwei bis drei Filme einen Gewinn abwerfen (Frank 1993, 56). Ganz ähnliche Relationen zwischen medialen Gewinn- und Verlustbringern hat der französische Enzyklopädist Denis Diderot schon 1767 in seiner berühmten Denkschrift zur Lage des Buchhandels (Lettre historique et politique adressé à un magistrat sur le commerce de la librairie) aufgestellt. Nicht nur verwies er dort darauf, dass Bücher, die im Lager einer Buchhandlung herumliegen, also auf keine Nachfrage stoßen, keinen ökonomischen Wert haben, im Gegensatz z.B. zu den nicht abgesetzten Seidenstoffen einer Textilmanufaktur, ein Problem, auf das gleich noch näher einzugehen ist. Er machte auch bereits das hohe Risiko verlegerischen Handelns deutlich, indem er feststellte, „dass am Ende der Rechnung man bei zehn verlegerischen Unternehmungen mit nur einer – und das wäre viel – zu Erfolg kommt, während vier auf Dauer gerade die Kosten einbringen und man mit fünfen Verluste erleidet" (zit. nach Tietzel 1995, 38).

Dass Medien als riskanter Geschäftsbereich gelten hat natürlich einmal damit zu tun, dass die Produktion von Medien sehr teuer ist. So beliefen sich die durchschnittlichen Produktionskosten eines US-Studiofilms im Jahr 2002 auf 58,8 Millionen US $. Wenn man die durchschnittlichen Marketingausgaben mit berücksichtigt, erhöhen sich die Kosten auf 89,4 Millionen $. Die Abweichungen nach oben sind zum Teil enorm, der Film Titanic hatte ein Produktionsbudget von 200 Millionen $ (und erreichte weltweit ein Einspielergebnis von 1,8 Milliarden US $) (vgl. Hennig-Thurau 2003). Auch die Produktion von Fernsehfiktion ist teuer. So lagen die Produktionskosten für eine Stunde hochwertiger Fernsehfiktion Mitte der 1990er Jahre nicht selten bei zwei Millionen DM, für TV-Movies bei über 3,5 Millionen (Kreile 1998, 45). Dabei spielt die sich verschärfende Konkurrenz um die knappen Ressourcen Kreativität und Talent natürlich eine Preistreiber-Rolle. „Während vor 10 Jahren ein Fernsehspiel noch mit 1 bis 1,2 Mio. DM hergestellt werden konnte, muss bei vergleichbarer Qualität heute ein Preis von rund 2 bis 2,3 Mio. DM aufgewandt werden" (Bundesverband Deutscher Fernsehproduzenten 1999, 17). Allein die Entwicklungskosten inklusive Drehbucherstellung können für TV-Movies und hochwertige Mehrteiler bei einer Mio. DM liegen (ebenda, 19).

Kostspielig sind allerdings auch andere Wirtschaftsbereiche. Dass Medien als riskanter Geschäftsbereich gelten, hat ganz spezifische Ursachen, deren wichtigste sind (vgl. auch Collins/Garnham/Locksley 1988):

- die oben diskutierte Kostenstruktur
- die Immaterialität des ökonomischen Guts
- die Unsicherheit der Nachfrage
- diffuse Qualitätsmerkmale
- der stete Zwang zur Innovation
- der kurze Produktlebenszyklus
- zeitliche Synchronisation von Produktion/Distribution und Konsum sowie
- die Knappheit benötigter externer Produktionsfaktoren.

Die enormen Kosten für einen Film wie Titanic fallen wegen der Unteilbarkeit des Medienprodukts als Fixkosten im vollen Umfange an, bevor der Film auf den Markt kommt und Erfolg oder Misserfolg der Produktion sich zeigen, das heißt sie sind nach Fertigstellung des Films in keiner Weise mehr korrigierbar. Der Produzent, der mit den Kosten in Vorlage gehen muss, trägt also ein hohes Risiko. Ähnlich der Verleger, der zudem noch die Kosten für die Produktion der Erstauflage des von ihm verlegten Buchs übernehmen muss.

Dieses Risiko ist nun deshalb besonders hoch, weil das immaterielle Medienprodukt, Film oder Buchmanuskript, zunächst einmal keinen wirtschaftlichen Wert darstellt (vgl. auch Wieland 1994, 224). Es sind ja keine materialen Werte in dem Produkt verarbeitet, wie etwa Gold in einem Schmuckstück, das attraktiv für den potentiellen Käufer zwar durch seine feine Verarbeitung sein soll, aber zumindest immer den jeweils aktuellen Goldpreis wert ist. Oder eben Diderots Seidenstoffe, die einen materialen Wert haben und wenn nicht zu Kleidern, so vielleicht zu Gardinen verarbeitet werden können. Beim immateriellen Medienprodukt fehlt hingegen jeder materiale Input, es sind ja alles geistige, kreative und künstlerische Leistungen, die darin gebündelt und zu einem Leistungsversprechen geordnet sind. Einen wirtschaftlichen Wert erhält dieses Angebot allein durch die Nachfrage, ja es wird, ausgeprägt besonders beim werbefinanzierten Fernsehen, zu einem Wirtschaftsgut erst durch Integration der externen Produktionsfaktoren des Nachfragers. Diese spezielle Konstellation soll hier zunächst erörtert werden.

5.4.1   Externe Produktionsfaktoren als zentrale Knappheiten

Medien sind, wie wir bereits festgestellt haben, überwiegend als Dienstleistung zu qualifizieren. Der Medienproduzent benötigt für die Endkombination und damit die Realisierung seines Leistungsversprechen in der 2. Phase des Produktionsprozesses externe Produktionsfaktoren, über die der Dienstleistungsnehmer verfügt. Dieser muss also, damit die Dienstleistung zustande kommt, bereit sein „mitzuarbeiten und zum Leistungsergebnis beizutragen" (Kuhlmann 2001, 218). Ressourcen, die der Rezipient als Produktionsfaktoren in die Transaktion mit dem Dienstleistungsanbieter einbringen muss, sind bei Medien vor allem Aufmerksamkeit und Zeit. Für die wirtschaftliche Situation der Medien ist diese Dienstleistungscharakteristik, wie schon erwähnt, von unterschiedlicher Bedeutung. Medien, die einen materiellen Träger haben und überwiegend über Marktpreise refinanziert werden wie Buch oder Tonträger, sind davon am wenigsten betroffen und ähneln insoweit eher Sachgütern. Zwar kann auch hier der Dienstleistungsprozess erst durch Beteiligung des Abnehmers in Form der Rezeption abgeschlossen werden, aber die Refinanzierung des Medienprodukts ist davon unabhängig bereits über den Kaufakt erfolgt. Anders stellt sich die Situation schon für den Filmproduzenten dar. Eine Kinokarte kauft man wohl eher selten, um sie anschließend wie ein Buch oder eine CD zunächst ins Regal zu legen. Dem Kauf vorausgehen muss also in der Regel die Bereitschaft, die für die Dienstleistung „Kinofilm" benötigten externen Produktionsfaktoren: Zeit, Präsens, Aufmerksamkeit als Kinobesucher tatsächlich in den Produktionsprozess der Dienstleistung einzubringen, um die Endproduktion zu ermöglichen. Zentrales Anliegen aller am Leistungsversprechen „Kinofilm" als Anbieter Beteiligten muss es also sein, diese Bereitschaft zur „Mitarbeit" des Abnehmers zu wecken, z.B. durch den Einsatz von Stars, Werbung etc.

Wirtschaftlich existenziell wird die Dienstleistungscharakteristik bei Medien, die sich überwiegend oder ganz aus Werbung finanzieren. Dieser Finanzierungsmodus funktioniert ja nur, wenn der Werbewirtschaft – mehr oder weniger exakt und zuverlässig – nachgewiesen werden kann, dass der Dienstleistungsprozess durch Interaktion mit dem Rezipienten tatsächlich stattfinden konnte, ein Nachweis, der in der Regel durch Forschung erbracht wird (vgl. Kapitel 9.2). Gerade für werbefinanzierte Medien und hier insbesondere für die zeitintensiven Programmmedien wie Fernsehen oder Onlinedienste werden die für den Dienstleistungsprozess benötigten externen Produktionsfaktoren dadurch zu zentralen Knappheitsfaktoren. Zeit und Aufmerksamkeit sind Ressourcen, die weder vermehrbar, noch durch andere „Rohstoffe" substituierbar sind. Knappheit, in der Ökonomie, wie schon ausgeführt, verstanden als Asymmetrie zwischen Verfügbarkeit einer Ressource und ihren Verwendungsmöglichkeiten, nimmt zu, wenn die Verwendungsmöglichkeiten steigen. Das aber ist bei jeder Ausweitung und Vervielfältigung des Medienangebots, wie wir sie zur Zeit bei den traditionellen Medien und den Onlinemedien in bislang ungekanntem Ausmaß erleben, der Fall. Die damit ausgelöste „Informationsüberflutung" bestätigt eine Feststellung des Wirtschaftsnobelpreisträgers Herbert Simon, dass „ein Reichtum an Information eine Armut an Aufmerksamkeit erzeugt" (zitiert nach: Shapiro/Varian 1999, 18). Medien ist das Problem der „Armut an Aufmerksamkeit" zwar nicht prinzipiell neu. Sie kämpfen schon seit längerem gegen die Verknappung der für sie existenziellen Produktionsfaktoren. Bislang konnten die Medien dem Dilemma, das menschliche Zeit und Aufmerksamkeit unflexible Größen sind, vor allem dadurch entkommen, dass in der Nachkriegszeit die für den Medienkonsum benötigte Freizeit ständig zunahm (vgl. Berg/Ridder 2002) und dass sie darüber hinaus die Nutzung ihrer Angebote mit anderen Tätigkeiten kompatibel machten (Hörfunk, aber auch Fernsehen, als „Begleitmedium" anderer Tätigkeiten: Zeitschriften zum Durchblättern beim Friseur; vgl. auch Kuhlmann/Wolling 2004), Zeit und Aufmerksamkeit also zwischen Verwendungsmöglichkeiten geteilt werden konnten. Allerdings sind dieser Strategie Grenzen gesetzt, und interaktive Medien erlauben Halb- und Viertelaufmerksamkeiten kaum.

Tendenziell geht die Entwicklung wohl dahin, dass zu zentral knappen Ressourcen der Medienproduktion zunehmend weniger die Faktoren werden, die als Leistungspotentiale vom Anbieter medialer Dienstleistungen einzubringen sind – auch wenn Kreativität hier die zweifellos ebenfalls sehr knappe Ressource ist -, sondern die benötigten Produktionsfaktoren auf Seiten der Medienrezipienten. Gelingt es dem Medienanbieter nicht, sein anvisiertes Publikum zur Kooperation zu bewegen, also die Endproduktion seines Dienstleistung zu ermöglichen, sind die gesamten Kosten für das Leistungsangebot, also für die Produktion des immateriellen Werks und der First Copy verloren, die Endkombination der 2. Produktionsphase kommt nicht zustande, die Dienstleitung kann nicht erstellt und übertragen werden.

Theoretisch hat der Porter'sche Wettbewerbsfaktor „Verhandlungsmacht der Abnehmer" im Medienbereich, wie bei Dienstleistungen allgemein, eine starke Ausprägung. Diese wird allerdings für die Rezipienten durch die Qualitätsintransparenz von medialen Dienstleistungen und speziell durch deren Werbefinanzierung weitgehend unterlaufen, hingegen ist sie beim Abnehmer Werbewirtschaft voll gegeben (vgl. Kapitel 6.3 und 6.4).

Erhöht wird das Risiko für den Produzenten ganz entscheidend durch einen für die Medienproduktion wie für jede Produktion populärkultureller Güter zentralen Faktor, die prinzipielle Unsicherheit der Nachfrage. Diese Unsicherheit der Nachfrage hinwiederum steht in Zusammenhang mit weiteren Besonderheiten kultureller und damit auch medialer Produktion: dem steten Zwang zur Produktinnovation und den diffusen Qualitätsmerkmalen vor allem populärkultureller Produkte. Dieser Zusammenhang soll nun diskutiert werden.

5.4.2 Die Unsicherheit der Nachfrage und ihre Ursachen

Das Streben nach Neuem, neu im Verhältnis zum Alten, zur Tradition, ist ein Gesetz kultureller Produktion generell, dem auch die Aufnahme in die Archive des kulturellen Gedächtnisses, also in Museen und Bibliotheken, folgt (Groys 1992). Für den massenmedialen Produzenten ist dieser Innovationszwang jedoch ein prekärer Balanceakt zwischen verschiedenen Möglichkeiten, sein Geld zu verlieren. Denn was er anstrebt ist ja weniger den Einlass in die kulturellen Archive, sondern primär die Refinanzierung seiner Investition und eine angemessene Verzinsung des eingesetzten Kapitals. Im Gegensatz zu Bibliothekaren und Museumsdirektoren, die wohl relativ klare Vorstellungen von anerkannter kultureller Tradition und dem dazu Neuen und Innovativen haben mögen, ist das massenmediale Publikum hier ein höchst unzuverlässiger Schiedsrichter. Das hat verschiedene Gründe.

Da ist zunächst einmal die Gutspezifik von Medien. Medien generell, massenmediale Produktinnovationen im besonderen, sind reine Erfahrungs- oder Vertrauensgüter. Der potentielle

Konsument kann folglich den Nutzen, den ihm die Mediendienstleistung stiften wird, vor der Einbringung seiner Produktionsfaktoren, also vor dem Rezeptionsakt nur sehr schwer oder gar nicht abschätzen. Er kann nicht ex ante die Qualität der verschiedenen Angebote vergleichen und dann rational entscheiden, welche der Handlungsalternativen – das Fernsehspiel im ersten oder die Diskussionsrunde im zweiten Programm anschauen? etc. – ihm den persönlich größten Nutzen bringen wird. Daher bleibt bei Gütern, deren Nutzen vom Verbraucher nicht ex ante bewertet werden kann, die Nachfrage für den Produzenten immer unsicher, denn diese Nachfrage folgt nicht den Kriterien rationaler Bedürfnisbefriedigung mit Blick auf die Qualität eines Guts. Entscheidend für die Nachfrage werden andere Kriterien, vielleicht situative, vielleicht aktuell emotionale, in jedem Fall Kriterien, die für den Produzenten kaum berechenbar sind.

Auch dass Medienprodukte wie alle kulturellen Angebote zu den Gütern zählen, die für ihre Nutzenstiftung den Aufbau eines „consumption capital" (Stigler/Becker 1977, 78) erfordern (vgl. auch Kapitel 6.3.1.1 und 7.2.1), also den Aufbau von spezifischem Humankapital im Sinne des Erwerbs von Erfahrung, Fertigkeiten und Wissen im Umgang mit diesen Gütern, macht die Nachfrage unsicher und für den Produzenten kaum kalkulierbar. Dieses Consumption capital wird zudem nicht nur durch eigene Erfahrung, sondern auch im Austausch mit anderen erworben, weil sich so die Kosten des Erwerbs reduzieren lassen. So wird z.B. das Phänomen von „Stars" im Unterhaltungsbereich durch die kostenminimierende Übernahme von Consumption capital erklärt, das viele in einer Art Schneeballsystem von anderen übernehmen (Adler 1985). Dass das Starsystem andererseits für Produzenten auch eine Strategie zur Überwindung der Unsicherheit der Nachfrage darstellt, wird in Kapitel 6.2.1.1 erläutert.

Unsicherheit der Nachfrage muss aber auch im Zusammenhang mit dem für den wirtschaftlichen Erfolg populärkultureller, also auch massenmedialer Produktion entscheidenden Qualitätskriterium gesehen werden: Publikumsattraktivität. Dieses diffuse ‚Qualitätskriterium' ist die logische Folge der Erfahrungs-/Vertrauensgutcharakteristik von Mediendienstleistungen und ihrer in den externen Produktionsfaktoren begründeten Heterogenität. Eine Untersuchung zu Erlebnisfaktoren der Fernsehrezeption (vgl. Dehm/Storll 2003) gibt Hinweise zu Dimensionen diese Qualitätskriteriums (Emotionalität, Orientierung, Ausgleich, Zeitvertreib und soziales Erleben), verweist gleichzeitig aber auch auf die Schwierigkeit, daraus Produktionsstrategien für erfolgreiche Mediendienstleistungen abzuleiten, zumal die für einzelne TV-Formate wohl unterschiedlichen Gewichtungen dieser Dimensionen eine Operationalisierung noch erschweren. All dies sind äußerst diffuse Qualitätskriterien, die sich nur sehr begrenzt in Produktionsstrategien umsetzen lassen. Publikumsattraktivität ist, zumal bei Produktinnovationen, ex ante kaum bestimm- und planbar, unterliegt zudem einem raschen Wandel, von Land zu Land, aber auch über die Zeit mit den jeweiligen Zeitgeist- und Geschmacksströmungen. Qualitätsanforderungen z.B. an ein Auto wie niedriger Benzinverbrauch, hoher Sicherheitsstandard, eine Mindestmaß an Komfort sind im Vergleich dazu sehr konkrete, operationalisierbare Anforderungen, ihr Stellenwert kann via Marktforschung bei potentiellen Autokäufern abgefragt und dann in Produktionsstrategien umgesetzt werden.

Natürlich können auch Medienprodukte mit Blick auf ihre Publikumsattraktivität vorher getestet werden und sie werden es auch (vgl. dazu Kapitel 6.2.1.1.; 9.2.2). Die österreichische Zeitschrift News z.B. war ein solches, sorgfältig und mit hohem finanziellen Aufwand vorgetestetes Produkt (Koch 1998). Auch Fernsehproduktionen werden getestet. So sind von den Medienforschern der amerikanischen Networks ausgeklügelte Test entwickelt worden, um das

Risiko eines Flops in einer möglichst frühen Phase der Produktentwicklung zu erkennen und auszuschalten. Ziel dieser Test ist dabei letztendlich „die Zucht neuer Programme aus bewährten alten" (Feger 1998, 240). Die Chancen von Programmideen, sich in diesen Tests zu behaupten und in Produktionen umgesetzt zu werden, sind außerordentlich gering, sie liegen bei weniger als ein Prozent. Und dennoch sind die so durchgetesteten Serien zu über 50 Prozent nicht erfolgreich, das heißt sie erzielen nicht die erwarteten Ratings (Stipp 1987).

Nach Zabel (2004, 418) gibt es zwar branchenintern – hier gemeint das Fernsehen – einen weit reichenden Konsens über kritische Erfolgsfaktoren – hier neuer Fictionformate – deren Gewichtung aber erheblich variieren kann. Solche Faktoren sind:
„die Stringenz und Kohärenz des Sendungskonzepts,
die Qualität der beteiligen Schauspieler/Moderatoren („Stars"),
die weiteren kreativen Beteiligten (vor allem Producer und Autoren),
die Existenz ähnlicher Formate im Ausland,
der Production value als Sichtbarmachung des Budgets,
das Marketing sowie
die investierte Entwicklungszeit (und damit Geld)".

Diese Erfolgsfaktoren geben Hinweise auch auf die Strategien, die zur Bewältigung der mit der Medienproduktion verbundenen Risiken eingeschlagen werden (vgl. Kapitel 6.2.1).

Publikumsattraktivität ist, das zeigt auch die obige Reihung, wenig abhängig von den Produktionskosten. Dem Publikum ist es im Prinzip ziemlich egal, was z.B. ein Hollywoodfilm oder eine Fernsehserie gekostet haben. Das schließt nicht aus, dass mit der Höhe der Herstellungskosten als einem für das Publikum sichtbarem „Production value" geworben wird: Herstellungskosten für spektakuläre Drehorte, aufwendige Special Effects, neuester Stand der Technik und teure Stars stehen für Publikumsattraktivität. Aber das Publikum zahlt nicht differenziert nach Herstellungskosten, es zahlt einen Einheitspreis in Geld und/oder Zeit für die Rezeption und dieser Preis ist an den Produktionskosten nicht orientiert, was auch bedeutet, dass der Preis seine im Marktmodell vorgesehene Steuerungsfunktion nicht übernehmen kann (vgl. Kapitel 8.2). Der Erfolg eines Films hängt damit fast ausschließlich davon ab, wie perfekt er die kulturellen und ästhetischen Präferenzen des Publikums antizipiert und befriedigt (Aksoy/Robins 1992).

Die Anstrengungen, das Risiko kostspieliger Flops durch ausgeklügelte Tests möglichst zu begrenzen, müssen natürlich vor dem Hintergrund gesehen werden, dass nicht nur die Produktionskosten für First Copy oder Masterpiece hoch, fix und nicht korrigierbar sind, sondern dass als Folge der oben diskutierten Kostenstruktur die durchschnittlichen Produktionskosten je Rezipient von der Größe des erreichten Publikums abhängen und diese Größe gleichzeitig die Refinanzierungsmöglichkeiten bestimmt (vgl. Kapitel 8).

Der britische Kommunikationswissenschaftler Jeremy Tunstall hat einmal die Kosten pro Zuschauerstunde für fiktionale Programmformen im Fernsehen mit und ohne (Kritiker)Prestige zusammengestellt.

Übersicht 5.3: Produktionskosten und Kosten je Zuschauerstunde nach Programmformaten im britischen Fernsehen

Format	Audience size	Prestige	Episodes per year	Typical transmission time	Minutes used per day of filming	1992-1993 cost per hour (1000 GBP)	Cost per audience hour (pence)
Soap	large	low	104 or 156	before 8.30 p.m.	15	100-150	1
Continuing series	large-medium	medium	6-15	8 p.m. or after	5	300-800	5-10
Serials (short-series)	medium	high	3-8	9 p.m. or after	3-5	500-700	10-15
Single drama	small	high	1	9 p.m. or after	3-4	400-800	15-25

Quelle: Tunstall 1993, S. 111.

Soaps mit geringem Prestige aber großem Publikum kommen auf Kosten pro Zuschauerstunde von durchschnittlich einem Pence bei absoluten Kosten pro Sendestunde zwischen 100 000 und 150 000 Pfund. Das einzelne Fernsehspiel mit hohem Prestige und kleinem Publikum kostet in der Produktion nicht nur das vier- bis achtfache, die Kosten pro Zuschauerstunde liegen noch einmal deutlich höher. Das einzelne Fernsehspiel ist zudem mit dem höchsten Risiko behaftet. Bei Mini-Serien oder Mehrteilern selbst mit hohem Prestige besteht die Chance, dass das Publikum von Ausstrahlung zu Ausstrahlung wächst, Consumption capital, auch in Orientierung an anderen, z.B. Fernsehkritiken, aufgebaut wird. Dem Fernsehspiel bleibt allenfalls die Wiederholung. Die Zusammenstellung von Tunstall macht so auch deutlich, warum Soaps und langlaufende Serien, Daily Talk-Formate oder neuerdings Casting-Formate die bevorzugten Programmformen eines kommerziellen Rundfunks sind: nicht nur wegen der relativ niedrigen Produktionskosten, sondern weil die Unsicherheit der Nachfrage begrenzt werden kann. Konzepte, die sich als erfolgreich herausstellen, werden in immer neuen Folgen bis zur Abwanderung des Publikums ausgeschlachtet, weniger erfolgreiche nach wenigen Folgen aufgegeben.

Die Ungewissheit der Nachfrage erklärt auch den Befund der amerikanischen Television Economics Forschung, dass kommerzielle Rundfunkveranstalter weniger zur Innovation als zur Imitation und Verdoppelung erfolgreicher Programmkonzepte neigen (vgl. zusammenfassend Owen/Wildman 1992), ein Befund, der auch im dualen Rundfunksystem Deutschlands zu besichtigen ist. Wir werden uns mit dem Problem der Programmduplikation, die ja ein ähnliches Phänomen wie die Konvergenzthese (Schatz/Immer/Marcinkowsky 1989) umschreibt, als Strategie von Rundfunkunternehmen in Konkurrenzsituation noch in Kapitel 6.2 näher befassen, so dass dies hier als Hinweis genügen mag.

Was die Zusammenstellung von Tunstall auch gut deutlich macht ist, dass, wie gerade erwähnt, zwischen den Produktionskosten für ein Programm und der Publikumsnachfrage nach diesem Programm kein direkter Zusammenhang besteht, jedenfalls nicht in dem Sinne: je teurer die Produktion, umso größer das Publikum (vgl. auch Clevé 1999). Mit Programmproduktionskosten je Sendestunde irgendwo um 600 000 Pfund kann man ein großes, ein mittleres oder ein kleines Publikum erreichen, je nachdem, welcher Programmtyp gewählt wird. Dabei bleibt, wie alle Erfahrung lehrt, der tatsächliche Erfolg dennoch jeweils höchst ungewiss. Heinrich (1999, 128) spricht von der „Unbestimmtheit der Input-Output-Relation", der – wie auch immer definierte – Output kann mit steigendem Input zunehmen, abnehmen oder auch konstant bleiben. Geht man davon aus, dass die Kosten je Zuschauerstunde für private Rundfunkunternehmen ein entscheidender Effizienzmaßstab ihres Geschäftsbereichs der Publikumsproduktion sind, dann entsprechen Soap Operas im Tunstalls Vergleich dem Gebot produktiver Effizienz am weitestgehenden. Aber sie können, wenn man die Größe des durchschnittlich erreichten Publikums berücksichtigt, auch allokative Effizienz beanspruchen. Die Nachfrage nach diesem populärkulturellen Format scheint groß. Das Gegenstück zu diesem Musterbeispiel an Effizienz ist das einzelne Fernsehspiel, die Kosten pro Zuschauerstunde können zu den mit Abstand höchsten werden. Während die Produktionskosten pro Stunde sich von anderen Formaten kaum unterscheiden, kann die distributive Produktivität des Mediums hier kaum genutzt werden. Die „kulturellen Codes" (Miège 1989) oder ökonomisch ausgedrückt: das „Consumption capital" für die Nutzung dieses Angebots sind zu wenig verbreitet, um eine ausreichende Kooperation als Dienstleistungsnehmer sicherzustellen.

5.4.3   Innovationen unter zeitlichen Zwängen

Ein jedes Risiko möglichst vermeidendes Verhalten der Medienproduzenten, wie es in Begriffen wie Imitation und Programmduplikation hier bereits aufscheint, steht in widersprüchlichem Zusammenhang mit einer weiteren Charakteristik der Medienproduktion, dem Zwang zur Neuheit, zur Innovation. Massenmedien, schreibt Luhmann (1996, 44) „erzeugen den Bedarf, redundierte Information durch neue Information zu ersetzen: fresh money and new information sind zentrale Motive der modernen Gesellschaftsdynamik". Massenmedien erzeugen nicht nur den Bedarf nach Neuheit, sie unterliegen auch dem Zwang zu ständiger Produktion und Vernichtung von Neuheit. Dieser Zwang zu Innovation und Neuheit gilt vor allem für die aktuelle, journalistische Produktion, aber auch im Bereich von Fiktion und Unterhaltung kann nicht das immer gleiche Produkt präsentiert werden. Neuen Nutzen hat der Verbraucher in der Regel nur von ‚neuer Information', wobei ‚neue Information' natürlich tautologisch ist, so dass man besser sagt, dass neuer Nutzen für den Verbraucher in der Regel nur von neuen Produkten kommt. Das ist unmittelbar einsichtig: die Zeitung von gestern hat in der Regel nur noch Altpapierwert, es sei denn, Historiker oder Archivare sind die Nutzer; die Nachrichtensendung mit Wetterkarte von vorgestern wird jeder Zuschauer für einen schlechten Scherz halten.

Der permanente Zwang zur Neuheit vor allem bei aktuellen Medienprodukten bedeutet ökonomisch, dass diese Produkte eine ausgesprochen kurze Verfallszeit ihres Wertes, also ihres Nutzens für den Verbraucher haben oder anders gesagt, dass der Produktlebenszyklus aus Innovation, Produktion bzw. Reproduktion, Distribution und Konsum stark beschleunigt ist. Das hat eine Reihe von gravierenden ökonomischen Folgen und erhöht noch einmal das Risiko der Medienproduktion.

Eine Zeitung ist so gesehen ein sehr leicht verderbliches Produkt. Theoretisch könnte, wie am Beispiel der Ausschöpfung von Skalenvorteilen schon einmal diskutiert, die First Copy ja einer unbegrenzt großen Zahl von Menschen durch Vervielfältigung verfügbar gemacht werden. Ein Verleger wird seine Druckkapazitäten und sein Vertriebssystem vernünftigerweise aber so auslegen, dass er die produzierte Auflage innerhalb der relevanten Zeitspanne, bei Tageszeitungen weniger als ein Tag, absetzen kann (vgl. zu den Spezifika der Zeitungsdistribution im Detail Geretschläger/Leinschitz 1994). Das Risiko, das in diesem schnellen Wertverfall steck, wird in der Presse traditionell durch vertikale Unternehmensintegration abgefedert, das heißt alle für die termingerechte Produktion und Verbreitung des Produkts wesentlichen Stufen werden in das Unternehmen integriert: Von den eigenen Korrespondenten, die pünktlich berichten, über die Redaktion, die das Produkt nach Zeitplan gestaltet, die eigene Druckerei, die ihre Termine kennt, bis zum eigenen Zustelldienst, der dafür sorgt, dass das täglich neue Produkt frühmorgens im Briefkasten des Abonnenten steckt.

Aber nicht nur die tagesaktuellen Medien, auch Zeitschriften, selbst der Spielfilm im Kino sind – ökonomisch gesehen – relativ leicht verderblich. So werden etwa 60-70 Prozent der Auflage von Zeitschriften am Erscheinungstag gekauft, der überwiegende Rest am Tag danach, aber kaum später. „Aus diesem Grund erklären sich etwa die logistischen Anstrengungen von Spiegel oder Stern (Auslieferung per Hubschrauber bei Schnee/Glatteis), pünktlich an den für den Konsumenten gewohnten Tagen an den Kiosken präsent zu sein – einen Tag später wären die Produkte so gut wie nichts mehr wert" (Ludwig 1994, 178). Wie die einschlägigen Statistiken zeigen, nimmt auch die Nachfrage nach einem Spielfilm im Kino im Zeitablauf sehr schnell ab. Fast 60 Prozent aller Besucher sehen den Spielfilm in den ersten 4 Wochen nach dem Kinostart (Frank 1993, 43). Produzent und Verleih reagieren auf dieses Verhalten, indem sie eine möglichst große Zahl an Kopien möglichst gleichzeitig in möglichst alle Kinos drücken. So startete Independence Day nach Filmecho/Filmwoche die Kinoauswertung in den USA mit 2882 Kopien, das Einspielergebnis lag nach sechs Tagen bei 96 Mio. Dollar. Dass die Produktionskosten innerhalb weniger Tage gedeckt sind, ist allerdings nicht die Regel. Und natürlich stehen Besucherverhalten und zeitbezogene Angebotsstrategien in einer Wechselbeziehung. Aber die Aktualität des Spielfilms gehört für den Kinobesucher ganz offensichtlich auch zu dem Nutzen, den er vom Kinobesuch erwartet.

Auch der Fan der Daily Soap vor dem Fernsehapparat setzt den Produzenten unter Innovationsdruck, denn er will ja nicht die immergleiche Folge sehen, sondern Variationen eines Themas oder Formats. Horkheimer und Adorno (1988, 136) sprechen in ihrem Kulturindustriekapitel vom permanenten „Zwang zu neuen Effekten, die doch ans alte Schema gebunden bleiben (..)". Die Talkshow ist ein gutes Beispiel. Sie ist eine weitgehend formalisierte, serialisierte und warenmäßig produzierte Unterhaltungsform (vgl. Plake 1999), die ihren Neuigkeitswert für den Rezipienten aus dem Wechsel der Personen und Themen bezieht. In dem Sinne ist auch jede Talkshow ein neues Medienprodukt, das doch innerhalb des „alten Schemas" bleibt.

Der Zwang zur Neuheit als Charakteristikum der Medienproduktion unterscheidet Medien von vielen Gütern des alltäglichen Gebrauchs. Wir haben hier ja häufig das Phänomen, dass der Verbraucher das immer gleiche Produkt möchte, weil Qualität, Ausstattung etc. ihm zusagen, er das Preis-Leistungs-Verhältnis angemessen findet usw. Der Markenartikel unter den Konsumgütern macht sich dieses Phänomen zunutze, indem er das Image des immer gleichen Qualitätsprodukts vor allem über Werbung aufbaut und stabilisiert. Die Qualität des immateriellen Medienprodukts liegt für den Rezipienten hingegen darin, dass dessen Symbole und Codes immer neue Inhalte transportieren, wobei allerdings auch Medienmarken Qualitätsversprechen transportieren.

Der Zwang zur Neuheit und Innovation verweist auf ein weiteres Charakteristikum der Medienproduktion, das vor allem die elektronischen Medien betrifft. Die zeitliche Dimension des Uno-actu-Prinzips der Dienstleistung ist hier ja nicht völlig aufgelöst, Distribution, Endproduktion durch externe Produktionsfaktoren und Konsum müssen zeitlich synchronisiert sein. Nachfrage auf dem Zuschauermarkt zur ‚falschen' Zeit, das heißt der vom medialen Produzenten nicht gewählten Distributionszeit, ist ökonomisch wertlos, für ihn jedenfalls nicht vermarktbar. Diese Zeitabhängigkeit des ökonomischen Werts elektronischer Medienprodukte, die sich aus dem Zwang zur zeitlichen Synchronisation ergibt, ist ein elementarer Faktor zum Verständnis des Rundfunks aus ökonomischer Sicht. Das gilt insbesondere für den werbefinanzierten Rundfunk. Denn für die Einnahmen auf dem Werbemarkt zählt nicht das potentielle, das aufgrund seiner Interessenlage eigentlich erreichbare, aber aus irgendwelchen Gründen gerade nicht radiohörende oder fernsehende Publikum, sondern letztlich nur das erreichte, das via Publikumsforschung vermessene, „institutionell effektive" (Ettema/Whitney 1994) Publikum (vgl. dazu Kapitel 9.2). Rundfunkleistungen sind aufgrund des Zwangs zur zeitlichen Synchronisation und Kooperation mit dem Konsumenten nicht in andere Zeiten transferierbar. Ein Werbespot, der für die Primetime mit hoher Zuschauerbeteiligung gebucht wurde, kann nicht einfach in das Vormittagsprogramm verschoben werden, weil in der Primetime kein Platz mehr ist, ohne dass der Spot erheblich an wirtschaftlichem Wert einbüßt, weil das Publikum am Vormittag erfahrungsgemäß kleiner ist. Zuschauer, die sich, für den Veranstalter unerwartet, in großer Zahl in irgendein Programm einschalten, können auf dem Webemarkt im nachhinein als Kontaktchancen nicht mehr monetarisiert werden, die ökonomische Chance ist vertan, wenn die Einschaltpreise für die Spots in dieser oder um diese Sendung zu niedrig angesetzt waren. Die zeitliche Synchronisation von Produktion (auf dem Werbemarkt von Kontaktchancen mit dem Publikum durch dessen „Mitarbeit") und Konsum, hier der Werbebotschaft, ist ein Faktor, der den wirtschaftlichen Erfolg des kommerziellen Rundfunkveranstalters entscheidend mitbestimmt.

Aber auch Nachrichten unterliegen extrem einer Zeitabhängigkeit. Die ökonomische Entwertung einer aktuellen Nachricht beginnt unmittelbar nach dem Ereignis. Generell bedeutet der permanente Zwang zu Innovation und Neuheit medialer Produkte, dass hier nicht nur ein ständiger Innovations-, sondern auch ein ständiger Um- und Entwertungsprozess stattfindet. Im Bereich der Hochkultur werden anerkannte kulturelle Innovationen mit Aufkommen von Neuem Teil der Tradition, was ihren ökonomischen Wert tendenziell eher steigert als schmälert. Im Bereich der Populärkultur, zu dem die Medienproduktion zählt, kommt die Rückstufung von der Innovation zum Altbekannten, Traditionellen hingegen einer ökonomischen Entwertung gleich. Die Verfallszeit ihres ökonomischen Werts ist bei aktuell informierenden Medienprodukten extrem kurz. Aber auch nichtaktuelle Medienprodukte unterliegen, wie das Beispiel Spielfilm zeigt, einem schnellen Entwertungsprozess.

Die Medienproduktion weist also eine ganze Reihe sehr spezieller Bedingungen auf, die grundlegend sind für eine ökonomische Analyse der Medien. Natürlich schwanken die Ausprägungsgrade, in denen diese Bedingungen die Produktion der einzelnen Medien bestimmen. So stellt sich das Buch anders dar als der Film, Zeitung und Zeitschrift anders als Fernsehen und Hörfunk, was zum Teil mit der jeweiligen Trägerspezifik und mit der Art der Verknüpfung von Träger und immateriellem Dienstleistungsangebot zusammenhängt. Wie Medienproduzenten mit diesen sehr spezifischen Produktionsbedingungen umgehen, wird in Kapitel 6.2 behandelt.

5.5   „Logiken" der Medienproduktion

Aufgrund ihrer Gutspezifik ist bei Medienprodukten wie bei allen Kultur- und Informationsgütern zu unterscheiden zwischen dem Werk, also dem immateriellen Gut, das durch geistige, künstlerisch-kreative oder wissenschaftliche Leistung geschaffen wird und dem materiellen Werkstück, der „Kopie", wie Prosi (1971) in Anlehnung an die amerikanische Urheberrechtsterminologie das Buch- oder Zeitungsexemplar als materielle Fassung des Werks bezeichnet. Nun haben vor allem französische Medien- und Kulturökonomen (Flichy 1980, Miège 1987) in der Produktion kultureller Artefakte eine Reihe von „Logiken" unterschieden, von denen zwei hier von besonderem Interesse sind, die „Editorial production" und die „Flow production". In beiden Fällen geht es weniger um die Logik der kreativen Produktion des immateriellen Werkes durch den eigentlichen Schöpfer der geistigen Leistung, den Autor, Filmemacher oder Komponisten, sondern um die Logik der Produktion zweiter Ebene, die Logik der Sortimenterfunktion und der Produktion von Kopien, also die Logik der ökonomischen Verwertung kultureller Produkte. Der Verleger Goethes, Georg Joachim Göschen, hat die – kommerzielle – Logik dieser (zweiten) Ebene einmal treffend umschrieben, als er feststellte: „Ob ein Goethe das Buch geschrieben hat, ob es die höchste Geisteskraft erfordert hat, darauf kann ich als Kaufmann keine Rücksicht nehmen; ein Krämer kann kein Mäzen sein" (zitiert nach Tietzel 1995, 40).

Editoriale Produktion ist nach Miège die spezielle Logik bei der Produktion kultureller Dienstleistungen als materielle Kopien, also sekundärer Güter im Sinne Fourastiés, wie Bücher, Tonträger, Film, Videokassetten, CD-Rom. Die oben beschriebenen Risiken und Unsicherheiten der Medienproduktion sollen durch ein Angebot nach dem Muster des Warenhauses abgefedert werden in der Hoffnung, dass umsatzstarke Produkte umsatzschwache möglichst ausgleichen. Diese Logik ist die ökonomisch rationale Reaktion der Medienproduzenten zweiter Stufe auf die schon von Diderot für die Buchproduktion angesprochene Erfahrung, dass „Bestseller" in einem Verlagsprogramm die Verluste anderer Bücher mitfinanzieren müssen, ebenso wie die „Kassenschlager" im Film- oder Tonträgergeschäft. Da unter den gegebenen Bedingungen der stets unsicheren Nachfrage die Chance, einen Bestseller oder Kassenschlager zu produzieren, mit der Zahl der produzierten Werke steigt, lässt sich das Risiko mit der editorialen Produktionslogik gleich in mehrfacher Weise abfedern. Die Breite des Angebots trägt zur Kapazitätsauslastung der Produktionsmittel und damit zur Deckung der fixen Kosten bei. Sie erlaubt die Risikostreuung und, wenn sich der Bestseller tatsächlich einstellt, die schon von Diderot beschriebene verlegerische Mischkalkulation zwischen wenigen Gewinn- und vielen Verlustbringern.

Flow production ist die spezifische Logik der Rundfunkproduktion, mit Modifikationen aber auch der periodischen Printmedien, insbesondere der Tageszeitung. Es ist die Logik der Produktion von Zuschauerschaften, dem, nach Owen/Wildman, eigentlichen Geschäftsbereich des Rundfunks. Es ist allgemeiner die Logik werbefinanzierter Medien, die ein Publikum dauerhaft gewinnen und an sich binden müssen. Flow production z.B. des Rundfunks ist eine Fließbandproduktion in mehrfacher Hinsicht, den Inhalten nach, die als Soap Operas, Serien, Talkshows etc. fast industriell gefertigt werden (Lilienthal 1996), wie der Verbreitung nach, die fast pausenlos rund um die Uhr erfolgt. Flow production im Rundfunk ist weniger die zeitliche Aneinanderreihung von immateriellen Werken, die jedes einzeln für sich stehen und jeweils ihr Publikum gewinnen sollen, ein Programmverständnis, wie es in der Anfangszeit des Fernsehen zweifellos für den öffentlich-rechtlich organisierten Rundfunk kennzeichnend war. Es ist eher der Programmfluss innerhalb geringer Variationsgrenzen der immer gleichen „Formate" (vgl. auch Radler 1995), die dem Zuschauer die Orientierung und den jederzeitigen Einstieg ermöglichen sollen. Murdock (1998, 239) verweist darauf, dass damit erstmals im europäischen Fernsehen ein klassisches Fordistisches System der Massenproduktion von Programminputs installiert wurde.

Formatierung ist kennzeichnend für die Flow production von Rundfunkprogrammen. Es ist die jeweils über Sendetage und -wochen genau festgelegte Struktur eines Programms. Drei Ebenen der Formatierung lassen sich unterscheiden (vgl. Meckel 1997):
-   Vertikale Strukturierung: Das Gesamtprogramm ist im Tagesverlauf klar nach Programmfunktionen (z.B. Information, Unterhaltung), nach Programmgattungen (z.B. Fiction, Nonfiction) und nach Angebotsformen (z.B. Erstsendung, Wiederholung) gegliedert. Dabei werden Zeitkorridore geschaffen, die antizipierten Bedürfnissen der jeweils angepeilten Zielgruppen folgen, z.B. Information am frühen Abend zwischen 18 und 20 Uhr, davor Serien, danach leichte Unterhaltung.

-   Horizontale Strukturierung. Gleichartige Programmangebote und Zeitkorridore bekommen über die Woche hinweg den gleichen Programmplatz am gleichen Wochentag. Die Daily Soap wird täglich zur selben Zeit ausgestrahlt, es entstehen „Talk-Leisten" und „Informationsschienen". „So weiß der Zuschauer täglich, dass er zu einer bestimmten Zeit ‚sein' Programm einschalten muss, um ein bestimmtes Informations-, Unterhaltungs-, Service- oder Sportangebot zu bekommen" (Meckel, ebenda 478).

-   Interne Strukturierung. Regelmäßige Verweise auf nachfolgende Sendungen sollen den Zuschauer neugierig machen, über Werbeunterbrechungen hinwegleiten und beim jeweils eingeschalteten Kanal halten. Der Programm flow soll durch den „audience flow", also eine über längere Sendestrecken konstante Zuschauerbeteiligung, zum ökonomischen Erfolg gebracht werden.

Die Grundstrukturen einer Formatierung lassen sich auch leicht bei der Tageszeitung erkennen. Wenn Karl Bücher (1981, 248) als Veränderung der Zeitung im 19. Jahrhundert die „bedeutende Erweiterung ihres Stoffbereichs" registriert und die „Gliederung ihres Inhalts nach Interessengruppen: politischer Teil, Feuilleton, Sport, Lokalnachrichten, Vermischtes, Handels- und Börsenteil, Annoncenteil, jeder wieder mit zahlreichen Rubriken, um die Orientierung zu erleichtern", dann wird hier nichts anderes als ein Prozess der Formatierung beschrieben. Die Einteilung der Inhalte nach den klassischen Ressorts in Zeitungsteile, die täglich regelmäßig in einer bestimmten Reihenfolge innerhalb des Zeitungsexemplars platziert sind oder bei größeren Intervallen zumindest jeweils an bestimmten Wochentagen erscheinen, stellen ja auch Formen einer vertikalen und horizontalen Strukturierung dar, die hier medienspezifisch den Raum, bei den Programmmedien hingegen die Zeit betrifft (vgl. dazu Keese 2003). Auch hier sind Leserbindung an das Angebot und der Aufbau von Nutzungsroutinen durch Orientierungshilfen das Ziel der Anstrengung.

Fragt man nach einer medienökonomischen Erklärung dieser unterschiedlichen „Produktionslogiken", scheint ein wichtiger Grund im unterschiedlichen Grad der Auflösung des Uno-actu-Prinzips zu liegen, ein anderer in den damit verbundenen Finanzierungsmöglichkeiten. Bei der editorialen Produktion handelt es sich um materielle Kopien immaterieller Mediendienste, damit ist die örtliche wie zeitliche Dimension des Uno-actu-Prinzips der kulturellen oder informatorischen Dienstleistung überwunden. Die Kopien sind dank des teilbaren Trägers, wenn man das Problem mangelnder Konsumrivalität und die damit verbundene Kopierfähigkeit auch durch Unberechtigte (Raubdrucke) einmal ausklammert, voll marktfähig, das heißt die Refinanzierung der Produktionskosten erfolgt auf Märkten über vom Verbraucher zu entrichtende Preise (vgl. Kapitel 8.2). Editoriale Produktion ist eine Strategie, mit den Risiken verdinglichter medialer Dienstleistungen umzugehen, insbesondere die Refinanzierung durch Risikoausgleich zu sichern.

Auch Flow production ist eine Strategie der Risikobegrenzung, die vor allem die Refinanzierung sichern soll. Da beim terrestrisch verbreiteten Rundfunk die zeitliche Dimension des Uno-actu-Prinzips nicht aufgelöst ist, also der Zwang zur zeitlichen Synchronisation von Vervielfältigung/Distribution und Endproduktion/Konsum besteht, ist vor allem werbefinanzierter Rundfunk auf Techniken der Steuerung von Publikumsströmen angewiesen, die eine Verwertung von Kontaktchancen auf dem Werbemarkt ermöglichen. Eine der wichtigsten dieser Strategien scheint Flow production zu sein. Dabei spielt die Publikumsforschung für diese Technik eine entscheidende Rolle (vgl. Kapitel 9.2). Für den öffentlich-rechtlich organisierten Rundfunk, sofern er nicht oder nur geringfügig aus Werbung finanziert ist, ist Flow production keine ökonomisch relevante Strategie (was institutionelle und evtl. medienpolitische Relevanz im Wettbewerb um Einschaltquoten nicht ausschließt). Auch für Pay-TV, insbesondere Formen von Pay-per-view, ist diese Strategie ökonomisch ohne Bedeutung, da die Refinanzierung nicht auf dem Werbemarkt erfolgt. Das Uno-actu-Prinzip ist bei den Per-view-Formen aufgelöst und nicht mehr die Nutzungszeit der Rezipienten sondern deren Kauf- oder Abonnementbereitschaft ist für die Refinanzierungsmöglichkeiten ökonomisch entscheidend. Das ändert sich in dem Augenblick, da eine Teilfinanzierung auch der Pay-Formen des Rundfunks aus Werbung angestrebt wird. Der Nachweis gegenüber der Werbewirtschaft eines regelmäßig erreichten Publikums bestimmter Größe und Struktur wird dann in ähnlicher Weise wie bei den periodischen Printmedien erforderlich, was dort Formatierung und Flow production begünstigt, beim Rundfunk jedoch, sofern die zeitliche Dimension des Uno-actu-Prinzips noch gegeben ist und er in einer kommerziellen Konkurrenzsituation steht, ökonomisch fast erzwingt. Dabei scheint mit dem Einstieg der „traditionellen" Medien in das Internet als Content Provider die Notwendigkeit einer medienübergreifenden Flow production zu entstehen. Jedenfalls verweist die Nielsen Media Research in ihrem Bericht vom Mai 1999 über die Fernsehnutzung in US-Internet-Haushalten auf einen entsprechenden Nutzen ihrer Daten: „Broadcast and Cable Networks are increasingly wearing two hats by producing both TV and Internet content. As such, they can use this information to better ‚manage' their audiences in getting them to flow from one medium to the other" (ebenda, 77).

Editoriale und Flow production sind Produktionsstrategien der Medienproduzenten auf der publizistischen Ebene. Für ihre Anwendung entscheidend ist der Grad der Verdinglichung medialer Dienstleistungen in ihren Kopien, die daraus resultierenden Finanzierungsmöglichkeiten sowie das gesellschaftlich-wirtschaftliche Umfeld. Strategien der Medienprozenten zur Risikobegrenzung, Sicherung der Refinanzierung und Publikumssteuerung werden in Kapitel 6 noch ausführlicher diskutiert.

5.6 Technischer Wandel und Medienproduktion

Die Unterscheidung von Werk als immateriellem Gut und Kopie als materiellem Werkstück oder immaterieller Verbreitung wie bei Rundfunk, ist hilfreich auch, wenn es um die Frage nach dem Einfluss des technischen Wandels auf die Medienproduktion geht. Technischer Wandel beeinflusst ja beide Bereiche der Medienproduktion, dies wahrscheinlich in unterschiedlicher Art und in unterschiedlichem Ausmaß, so dass er sinnvollerweise auch getrennt zu untersuchen ist.

Unter „technischem Wandel" werden in der wirtschaftswissenschaftlichen Literatur in der Regel zwei verschiedene Sachverhalte subsumiert (vgl. Brodbeck/Hummel 1991, Samuelson/Nordhaus 1998):

- Produktinnovationen.
  Neue oder verbesserte Produkte/Dienstleistungen werden auf den Markt gebracht. Der Einsatz von Computern, Mikroprozessoren, die Digitalisierung sind neuere Technologien, die im Bereich der Kommunikation, der Unterhaltungsindustrien aber auch der Medizin z.B. zahlreiche Produktinnovationen ermöglichten und weiter forcieren.
- Prozessinnovationen.
  Neues technisches Know-how führt zu Verbesserungen, zu einer effizienteren Gestaltung der Produktionsprozesse von Gütern und Dienstleistungen. Die Produktionsfunktion verschiebt sich, ein gegebenes Produkt kann nun zu geringeren Kosten produziert werden bzw. die Produktionsmenge pro Inputeinheit steigt.

Beide Facetten des technischen Wandels lassen sich gerade im Bereich der Medien nicht immer genau auseinander halten. Die effizienteren Distributionsmöglichkeiten für immaterielle Werke, die Medien letztendlich ja darstellen, sind Prozessinnovationen, die aber natürlich Produktinnovationen zur Folge haben. Wenn hier nachfolgend versucht wird, zumindest ansatzweise in beiden Bereichen der Medienproduktion technischen Wandel auf seinen Einfluss hin zu überprüfen, wird das kaum überschneidungsfrei zwischen diesen Facetten möglich sein.

5.6.1 Technischer Wandel und die Produktion von Werken

Die Entwicklung der Tagespresse, wie sie z.B. Otto Groth in seinem Monumentalwerk „Die unerkannte Kulturmacht. Grundlegung der Zeitungswissenschaft" (1960 -1972) oder Karl Bücher in seinen publizistikwissenschaftlichen Schriften (1981) beschrieben haben, ist eine Geschichte der Produkt- und natürlich auch der Prozessinnovationen. Die Entwicklung von der reinen Nachrichten- über die Partei- zur Geschäftspresse, die allmähliche Ausweitung des von der Presse berücksichtigten Stoffbereichs, die den Kreis der Leser ausweiten sollte, die Gliederung der sich ausweitenden Stoff-Fülle in Zeitungsteile, die dem erweiterten Leserkreis den Zugriff erleichterte, die Aufnahme von Werbung in einem Annoncenteil und ihr Ausbau durch Beilagen und Sonderteile, schließlich die Veränderung der Periodizität zu vorwiegend täglicher Erscheinungsweise sind Stationen der Innovation der Dienstleistung Tageszeitung, die natürlich mit den sich verbessernden Möglichkeiten der Zeitungsherstellung, aber auch dem Ausbau des Verkehrswesens und den sozialen Umwälzungen im Rahmen der Industrialisierung gesehen werden müssen. Auch die Einführung von Hörfunk und Fernsehen im 20. Jahrhundert waren Produktinnovationen, von denen die Menschen des 19. Jahrhunderts wohl keinerlei Vorstellung hatten. Wenn man zur Geschichte dieser beiden Medien liest, wie sich die medialen Präsentationsformen erst allmählich entwickelten, weg von den Vorbildern des Konzerts und Vortrags für den Hörfunk (Lersch 1995), dann des Films, der Wochenschau aber auch des Hörfunks für das Fernsehen (Hickethier 1998), dann lassen sich Rückwirkungen der medialen Verbreitungsform als Prozessinnovation auf die Produktion des immateriellen Werks auch hier ablesen.

Sehr viel genauer beschrieben sind die direkten Einwirkungen technischen Wandels auf die Produktion der immateriellen Medienwerke für neuere Produktionstechniken im Rundfunk wie die „Magnetische Aufzeichnung" (MAZ), die „Elektronische Berichterstattung" (EB), „Satellite News Gathering" (SNG) und schließlich „Digital News Gathering" (DNG) (vgl. Weischenberg 1995). Auch wenn diese Techniken streng genommen alle Prozessinnovationen darstellen, die eine effizientere Bereitstellung vor allem der aktuellen Medienprodukte ermöglichen, verändern sie auch die Produktion der Werke. Weischenberg (1995, 52) notiert für den Übergang von der langsamen Filmtechnik mit intensiver Nachbearbeitung zu den beschleunigten, arbeitsverdichtenden Produktionstechniken EB und MAZ: „vorgetäuschte Aktualität und Effekthascherei; Visualisierung auf Kosten journalistischer Sorgfalt; falsche Akzente bei der Einordnung von Ereignissen". Mit DNG ist nach Weischenberg eine völlig neue Dimension des Fernsehjournalismus erreicht. Er hält fest (ebenda, 53):"Ein ‚neuer Fernseh-Journalismus' ist schon durch die technischen Möglichkeiten wie ‚Paint Box' oder ‚Blue Screen' entstanden, die alle möglichen (Unterhaltungs- und Verfremdungs-)Effekte anbieten, aber auch schon nicht mehr der ‚neueste Schrei' sind. Solche visuellen Präsentationsmittel, die veränderte Bildgeschwindigkeiten, ungewöhnliche optische Reize und mit Hilfe von Computeranimationen fiktionale Verfremdungen in virtuellen Räumen erlauben, gehören inzwischen zum ‚Handwerkszeug' in (mehr oder weniger) *politischen* Magazinsendungen; virtuelle Sport-Studios suggerieren, dass die Moderation direkt aus einem riesigen Fußballstadion übertragen wird – alles Schein auch hier".

Ein entscheidender technologischer Sprung für die Produktion immaterieller Medienprodukte scheint, nach allem was dazu bislang bekannt ist, die Digitalisierung zu sein, also die Umwandlung jeder Art von Information (Wort, Bild, Ton) in Null-Eins-Zahlenreihen, die dann im Computer fast unbegrenzt bearbeitet und verändert werden können. Im Bereich der Musik z.B. sind es „Musikmaschinen" (Bickel 1989), High-Tech-Systeme aus Synthesizern oder Samplern und Synchronisationsverfahren, denen der kreative Prozess der Musikproduktion zunehmend übertragen wird, die eine „Maschinisierung immaterieller Prozesse, so genannter geistiger Arbeit oder Kopfarbeit" (Kubicek/Rolf 1986, 17) übernehmen. Die Rationalisierung immaterieller Arbeit, Rationalisierung im Sinne der Ersetzung menschlicher Arbeitskraft, ist ja eine zentrale Wertschöpfungsquelle des postfordistischen Kapitalismus. Eine besondere, „kreative" Kompositionssoftware, in der melodische, rhythmische, harmonische, arrangementtechnische etc. Schemata erfolgreicher Musik analysiert, formalisiert werden und abrufbar sind, sowie Geräte mit „künstlicher Intelligenz" werden eigenständig schöpferisch tätig. „Der moderne Musikcomputer hat nichts mehr zu tun mit herkömmlichen Mitteln der Klangimitation (...) Er imitiert nicht mehr, sondern simuliert mit reproduzierender Technik – und zwar kein Imitat, sondern den Originalklang" (Bickel 1989, 562). Die Variationsmöglichkeiten der einmal eingegebenen musikalischen Informationen sind nahezu unbegrenzt. Die kreativen Leistungen von Komponisten wie Musikern dienen so als Fundus für die Musikmaschinen und werden gleichzeitig durch die Musikcomputer, zumindest für die warenmäßige Produktion von Musik, ersetzt. Das ökonomische Dilemma der Künste ist für die Musikwirtschaft damit deutlich entspannt, wenn nicht gelöst. Für Komponisten und Musiker hingegen bedeutet eine solche Entwicklung Abbau von Möglichkeiten der Einkommenserzielung. Und der Schutz ihrer Eigentums- und Verfügungsrechte (vgl. Kapitel 7.2.2) wird zweifellos weiter erschwert.

Auch in der Produktion audiovisueller Werke scheint die Digitalisierung Möglichkeiten zu bieten, knappe und teure menschliche Leistung durch Computer zu ersetzen, nicht nur in der journalistischen Aussagenproduktion, wie von Weischenberg beobachtet, sondern auch im kreativen und künstlerischen Bereich. Die Vorstufe ließ sich z.B. in dem Film „Contact" von Forrest-Gump-Regisseur Robert Zemeckis besichtigen, als der ehemalige US-Präsident Clinton mittels High-Tech-Manipulationen, die Fernsehbilder von ihm in den Film und in den eigens dafür im Studie aufgebauten Kabinettssaal beförderten, zum unfreiwilligen Mitspieler wurde. Ziel aller Bemühungen aber ist der „Synthespian", der im Computer erzeugte, synthetische Schauspieler. Der Begriff Synthespian (eine Zusammensetzung aus synthetic und thespian) ist seit Ende der 80er Jahre als Warenzeichen der Kleiser-Walczak Construction Corporation geschützt.

Drei Techniken zur Fabrikation fiktiver Bilder haben sich inzwischen herausgebildet (vgl. Freyermuth 1997, dem die Darstellung hier folgt). Evolutionär aufsteigend können oder sollen sie montierte, animierte und schließlich programmierte Synthespians erzeugen. „Das erste, einfachste Verfahren, um im Film zu zeigen, was in Wirklichkeit nie geschah, ist die Veränderung normal gedrehten Bildmaterials ‚von Hand' bzw. Computermaus. Sind die Zelluloidszenen erst einmal digitalisiert – 24 Bilder pro Sekunde, 1440 pro Filmminute, was auf eine Datenmenge von rund 220 Gigabyte für eine durchschnittliche Drei-Minuten-Szene hinausläuft – werden sie Einzelbild für Einzelbild bearbeitet. Das ist natürlich langwierig und teuer (...) Zum Hollywooder Alltag gehört es, am Monitor Seile zu löschen, an denen Stuntmänner hingen oder ein ins Bild geratenes Mikrofon digital ‚auszuradieren'.

Originäre Menschenbilder jedoch werden auf diese Weise nur hergestellt, wenn die Betreffenden beim besten Willen nicht anders vor die Kamera zu bekommen sind: historische Personen wie JFK (...) jugendliche Ebenbilder gealterter Stars (...). Solch simplen Montagemanipulationen verdankt sich auch Clintons Kontakt mit den Schauspielern von Contact". Am programmierten Synthespian für tragende Rollen wird allerdings noch gearbeitet und Millionen von Dollar werden in dessen Entwicklung investiert. „Dabei wird über die Computerbilder ein 3-D-Raster mit Referenzpunkten für Nase, Augen, Mund etc. gelegt. Ihnen entsprechen Sensoren am Körper und im Gesicht eines menschlichen Animators, die dessen Muskelverhalten registrieren. Die so gewonnen Daten setzen den Synthespian in Aktion (...). Als nächster Schritt soll den Synthespians körperlicher Instinkt eingehaucht werden, damit ihre Muskeln und Gewebe auf Bewegungsbefehle anatomisch korrekt reagieren.(...) Das ist teuer und aufwendig. Doch hat man erst einmal einen digitalen Körper, hat man sie alle. Wie die Dinosaurier aus Jurassic Park mit geringem Aufwand für die Flintstones recyclet wurden, wird man auch die Datensammlung, aus der die Physis eines menschlichen Synthespians besteht, beliebig oft kopieren und modifizieren können; man wird den virtuellen Adam mit wenig Aufwand größer, kleiner, dünner, dicker, jünger, älter machen, man wird ihn zur Eva wandeln oder zum Vertreter anderer Rassen". Arnold Schwarzenegger hat seinen Körper bereits scannen und sich die Daten daran per Copyright sichern lassen.

Die Vorteile einer solchen Entwicklung vom „abbildenden Medium zur Bildenden Kunst" (Freyermuth) für die Hollywoodindustrie liegen auf der Hand: der synthetische Schauspieler ist eine unbegrenzt einsetzbare, ermüdungsfreie Arbeitskraft, ein Schauspieler „der nicht krank wird, nicht altert – ein unsterbliches Wesen ohne Launen und Agenten, ohne Gewerkschaftsrechte und Gewinnbeteiligungen". Hier sind es vor allem die zweistelligen Millionengagen für die Stars der Kinoleinwand, die durch die Produktinnovation Synthespian eingespart werden und den Beitrag des unproduktiven Sektors der Künste bei der Erstellung des immateriellen Werks Spielfilm reduzieren sollen. Dass sich eine solche Innovation, sollte sie denn mit befriedigendem Ergebnis realisierbar sein, gerade auch im Bereich der Serienproduktion durchsetzen wird, ist offenkundig.

Die offenbar noch kaum richtig einschätzbaren Möglichkeiten, die die Digitalisierung an Veränderungspotential immaterieller Produktionsprozesse liefert, werden in der PKW vor allem am Beispiel der multimedialen Verwertbarkeit digitalisierter Information diskutiert. Die Ablösung der analogen durch die digitale Signalübertragung hat ja zur Folge, dass sich die Verbindung zwischen immateriellem Werk und materiellem (Papier) oder immateriellem (Funkwellen) Träger lockert und das Werk nicht nur mit wenigen Steuerungssignalen über alle bekannten Träger verbreitet, sondern auch beliebig verändert werden kann. „Die wesentlichen Vorteile von digital vorliegenden Inhalten liegen insbesondere in dem geringeren physischen Speicherbedarf, in der einfacheren Kopierbarkeit ohne Qualitätsverlust, in der flexibleren Nutzbarkeit sowie in der nahezu vollständigen Eliminierung des Gebrauchs- und Lagerverschleißes. Aus diesem Grund können digital vorliegende Inhalte zu äußerst geringen Kosten und nahezu beliebig erzeugt, modularisiert, konfiguriert, modifiziert, medienübergreifend genutzt sowie – auch nachträglich – qualitativ hochwertig bearbeitet werden" (Hess/Schulze 2004, 47). Das Werk ist kein Unikat mehr für nur einen Träger, das nur mit neuen Produktionsaufwand für andere adaptiert werden kann, sondern unmittelbar über alle Träger distribuierbar. Die Möglichkeiten, digitale Informationspartikel zu immer jeweils anders gebündelten und neu etikettierten Paketen zu verschnüren und zu vervielfältigen, sind nahezu unbegrenzt, eine Sortier- und Mehrfachverwertungstechnik, der sich ja vor allem die Spartenprogramme bedienen und die im Internet ein neues Trägermedium findet (vgl. Kapitel 6.2.2).

Eine (heute eher inhaltliche als technische) Voraussetzung, die Mehrfachverwertung eines einmal produzierten immateriellen Werks auch international zu erleichtern, hat der ehemalige Kirch-Mitarbeiter und Filmproduzent Jan Mojto schon 1990 mit Blick auf das Fernsehen beschrieben. „Schon bei der Entwicklung nationaler Projekte muss überlegt werden, welche Programmplätze in den anderen Ländern mit dem Projekt bestückt werden können. So kann der nationale Prime-time-Erfolg durchaus im Ausland am Nachmittag oder Vorabend eine Rolle spielen. Dies bedeutet: Die Programme müssen den unterschiedlichen Time-Slots gerecht werden können. Länge und Inhalt müssen sich den unterschiedlichen Gegebenheiten anpassen. So muss z.B. Brutalität hinzugefügt oder entfernt werden können, ohne den Lauf der zu erzählenden Geschichten zu hemmen". Hier wird das immaterielle Werk bereits vom Unikat zu einem Modulsystem (vgl. auch Kapitel 6.2.2.3). Es soll schon so variabel und gestaltbar produziert werden, dass der Einsatz durch Hinzufügen oder Weglassen von Sequenzen in vielen Medien, auf vielen Märkten und zu allen Tageszeiten, also für alle Zielgruppen möglich wird. Bei digital produzierten Werken ist diese Umwandlung vom Unikat zum Modul technisch problemlos möglich und ökonomisch gewinnsteigernd. Dass unter dem Gesichtspunkt nahezu unbegrenzter Mehrfachverwertung produzierte immaterielle Werke sich in ihrer ästhetischen Struktur und ihrem Komplexitätsgrad verändern werden, ist die wohl notwendige Folge.

5.6.2 Technischer Wandel und die Produktion/Distribution von Kopien

Die Entwicklung der Zeitungen vom Regal der Postmeister zu „fabrikmäßig erzeugten billigen Massenproduktionen" (vgl. Gusti 1908) ist vielfach beschrieben worden (Weischenberg 1995, Pürer/Raabe 1994) und muss hier nicht ausführlich wiederholt werden. Wie der technische Wandel im Verlauf der Jahrhunderte die Produktion der Kopien veränderte, lässt sich an einer Zusammenstellung der verschiedenen Satz- und Drucktechniken, ihrer Leistungsfähigkeit und Effizienz ablesen (vgl. Übersicht 5.4).

Setz- und Druckgeschwindigkeit haben sich seit Gutenbergs Zeiten ungeheuer beschleunigt, der Zeitaufwand für die Herstellung einer Zeitungsseite ist von vielen Stunden auf wenige Sekunden gesunken, der Produktionsprozess hat eine ungeheure Effektivitätssteigerung erfahren. Die enormen Kapazitäten der modernen technischen Systeme der Presseproduktion machen zugleich aber auch den Zwang zum Massenabsatz deutlich, wenn sich die Fixkosten amortisieren und Skaleneffekte der Herstellung realisiert werden sollen. Die Entwicklung der Printmedien einschließlich Buch zu Massenmedien ist also zweifellos kein Zufall, sondern durch die, wie Weischenberg es nennt, „technologischen Imperative" zentral mitbestimmt. Und wenn Hans J. Kleinsteuber (1992, 305) schreibt, dass Medien „ohne Journalismus sehr wohl, ohne Technik aber nicht denkbar" sind, kann man, mit Blick auf den gerade erörterten technologischen Wandel in der Produktion der immateriellen Werke, nur hoffen, dass dies keine prophetische Antizipation medialer Zukunft ist.

Übersicht 5.4: Technische Systeme der Presseproduktion

Jahr der Einführung	Setzgeschwindigkeit (pro Std.)	Druckgeschwindigkeit (pro Std.)	Zeitaufwand pro Zeitungsseite
1440	Handsatz (Blei / bis 1 500 Zeichen)	Handpresse (35 doppelseitige Bögen)	-
1886	Maschinensatz (Blei / bis 6 000 Zeichen)	Hochdruckrotation (72 000 doppelseitige Zeitungen)	ca. 5 Stunden
1932	Perforatorsatz (TTS), Maschinenguß (bis 9 000 Zeichen)	Hochdruckrotation	ca. 3 Stunden
1954	Perforatorsatz, computerunter-stützte Satzherstellung (bis 30 000 Zeichen)	Hochdruckrotation	ca. 1 Stunde
ab 1963	Bildschirmgeräte/Satzrechner mit Fotosatz (bis 5 Mio), mit Lichtsatz (30 Mio Zeichen)	Hochdruck-/Offsetrotation	ca. 1 Minute und weniger

Quelle: Weischenberg 1995, S. 24.

Ein besonderes Problem, dass sich aufgrund der spezifischen Produktionsbedingungen für die Printmedien ergibt und das sich durch den technischen Wandel bislang eher verschärft hatte, ist, dass sie „die gesamte erwartete Nachfragemenge auf Lager nehmen müssen" (Tietzel 1995, 38). Während andere Industrien sich der zeitlichen Nachfragentwicklung durch Veränderungen der Kapazitätsauslastung anpassen können, müssen Medien, darunter eben auch Buchverlage, für die Tietzel das hier ausführt, „die Nachfrage vollständig antizipieren, zudem bei inhomoge-

nen Produkten wie Büchern, von denen man kaum im vorhinein wissen kann, ob sie den Bedürfnissen der Nachfrager entsprechen". Für das Medium Buch scheint sich dieses Problem
durch technischen Wandel nun wieder zu entspannen. Tietzel (ebenda, 39) schreibt: „Die elektronische Textverarbeitung bietet seit einiger Zeit die Möglichkeit, einen Teil der fixen Kosten,
etwa für Satz und Einrichtung bei der Neuauflage eines Buchs einzusparen; der Anreiz, die
Buchproduktion durch mehrere kleine, zeitlich verteilte Auflagen besser der zeitlichen Verteilung des Absatzes anzupassen, ist daher gewachsen, zumal auch das Absatzrisiko bei kleineren
Teilauflagen geringer wird und (variable) Zins- und Lagerkosten gesenkt werden können. Die
Innovation der elektronischen Textverarbeitung lässt also erwarten, dass eine gegebene Ge-
samtauflage in eine Mehrzahl von Teilauflagen zerlegt wird und dass die durchschnittliche
Auflagenhöhe sinken wird". Das Internet mit seiner weltumspannenden Reichweite scheint
hier noch weitergehende Möglichkeiten zu schaffen. Das Stichwort heißt „Books on Demand".
Lingenbrink (Libri), eigentlich ein Grossist, stellte anlässlich der Frankfurter Buchmesse 1998
jedenfalls ein funktionsfähiges Modell dafür vor. Der Kunde ordert per Internet ein Buch – in
der Regel ein weniger gefragtes oder im Handel vergriffenes -, das dann via Datenbank ausge-
druckt, gebunden und dem Besteller zugeschickt wird (Forum Info 2000, 1998). Auch wenn
das wirtschaftliche Schicksal solcher Innovationen erst abgewartet werden muss, scheint der
technische Wandel die Produktionsbedingungen der Printmedienkopien grundlegend zu wandeln. Dabei spielt sicher der im Vergleich zu den anderen Printmedien deutlich längere Produktlebenszyklus des Buchs eine Rolle. Ob eine Deckung der Nachfragemenge in zeitlich gestaffelten Teilauflagen oder gar „on Demand" auch für Zeitungen und Zeitschriften möglich
sein wird, bleibt abzuwarten, erscheint aber auch aufgrund ihres Finanzierungsmodus (Werbe-
teilfinanzierung) eher fraglich. Altmeppen u.a. (1994, 45f) sehen zwar durchaus reale Chancen
für „Szenarien wie die nutzerindividuelle Zeitung", also eine jeweilige elektronische Version
der Zeitung bzw. bestimmter Zeitungsteile wie Wirtschafts- und Börseninformation für bestimmte Nutzergruppen. Eine Finanzierung sei durch Verkauf der elektronischen Seiten an die
werbungteibende Wirtschaft möglich, die ihr Logo oder ihre Werbebotschaften als Fußleiste in
den Bildschirm einblende. Wenn solch ein Szenarium zur „Zeitung" der Zukunft wird, dann
dürfte sich nicht nur die traditionelle Erscheinungsform des Mediums grundlegend ändern,
sondern auch seine Funktion als allgemein informierendes Massenmedium mit vorwiegend
regionalem Bezug. Es wäre eine Entwicklung, die derjenigen der Zeitschriften zum Special-
interest-Medium folgt, den Unterschied zwischen den beiden Medien letztlich aufheben, sie
also zu direkten Konkurrenten um Leser und Werbegelder machen würde. Die ökonomische
Stärke der Zeitung im Medienwettbewerb, stellen Altmeppen und Koautoren an anderer Stelle
(ebenda, 167) fest, ist ihr Selbstverständnis als Vermittlerin lokaler und regionaler Informationsangebote. Es bleibt fraglich, ob diese Stärke durch die Möglichkeiten des technischen Wandels aufgewogen werden wird. Generell aber ist zu erwarten, dass sich durch Digitalisierung
und elektronischen Vertrieb die Vervielfältigungs- und Distributionskosten der Printmedien
(falls sie dann eben noch „Printmedien" sind) deutlich reduzieren lassen. So betrugen (vgl.
Zerdick u.a. 1999, 164) die Vervielfältigungs- und Distributionskosten für Encarta, die digitale
Enzyklopädie von Microsoft als CD-ROMs rd. 1,50 Dollar im Vergleich zu 250 Dollar für die
Buchversion. Erfolgt der Vertrieb über Internet, sind die Grenzkosten für Vervielfältigung und
Verbreitung gleich Null.

Auch der technische Wandel in der Distribution von Audio- und Video-Medien muss an
dieser Stelle nicht im Detail diskutiert werden (vgl. zum technischen Entwicklungsstand digita-

ler optischer und akustischer Speichermedien z.B. Traufetter 1999, Hertz 1999). Er lässt sich unter dem Aspekt der Veränderung der Speicher- und Trägermedien für die Distribution akustischer und audiovisueller immaterieller Werke grob in folgende Punkte zusammenfassen:

- Die Zahl der Distributionskanäle je Mediengattung hat sich im Verlauf des knappen Jahrhunderts seit ihrer Erfindung deutlich erhöht. War das Kino ursprünglich die einzige Distributionsform für das Videomedium Spielfilm, so kann es heute zusätzlich im Fernsehen via terrestrische Frequenz, Kabel oder Satellit, als Videokassette, CD-Rom, DVD und schließlich im Internet verbreitet werden. Ähnlich die Entwicklung bei Audio-Medien. Die Zahl der Kopien und Nutzungsakte hat sich für das einzelne immaterielle Werk damit zumindest potentiell deutlich erhöht.

- Unterscheidet man in Anlehnung an das Multimedia-Vokabular (Booz, Allen & Hamilton 1997) zwischen Stand-alone (Videokassette, CD-Rom, Tonträger) und netzorientierten Vertriebsformen, dann stehen mit Digitaltechnik und Datenkompression bei letzteren weitere enorme Kapazitätsausweitungen an, wobei der Unterschied zwischen in Zukunft je Haushalt verfügbaren 300 oder 500 Fernsehkanälen eher ein relativer ist.

- Die Digitalisierung wird zudem eines der prägendsten ökonomischen Probleme der Rundfunkindustrie lösen: die Nichtanwendbarkeit des Ausschlussprinzips über den Träger Rundfunkfrequenz (vgl. auch Kapitel 8). Eine Verzerrung digitalisierter Signale ist ohne Qualitätseinbußen beim berechtigten Empfänger technisch möglich und ökonomisch unaufwendig. Die bislang eine Wirtschaftlichkeit von Pay-TV stark erschwerenden Inkasso-Probleme sind über die ohnehin für den Empfang digitalisierter Angebote notwendige Set-Top-Box lösbar. Formen der Interaktivität im Multimedia-Zeitalter erlauben differenziertere Pay-TV-Formen (Near Video, evtl. Video on Demand) in Annäherung an das Marktmodell.

- Eine „Volldigitalisierung", also das Signal wird über die komplette Kette von der Produktion im Studio über den Sender bis zum Empfang beim Nutzer digitalisiert, scheint die Überwindung noch eines weiteren Charakteristikums der elektronischen Medien zu ermöglichen: die Blaupausenproduktion. Zumindest technisch wird es möglich, die unveränderte Verteilung des Prototyps an ein Millionenpublikum abzulösen durch Produkte, die nach Zielgruppeninteressen modifiziert werden und jeweils nur von diesen Zielgruppen empfangen oder abgerufen werden können. Diese technologischen Möglichkeiten haben Metaphern wie die vom elektronischen Kiosk beflügelt, um die erwartete Fülle des Angebots und die Auswahlmöglichkeiten der Nutzer zu umschreiben.

- Den Vorteilen der Digitalisierung steht aus Sicht der Produzenten zur Zeit noch als Nachteil die Anfälligkeit digitaler Inhalte für Raubkopien gegenüber. Kopierschutzverfahren und Anpassungen des Urheberschutzes an den Stand der Technik werden diese Gefahren aber wohl schnell einzudämmen versuchen (vgl. auch Kapitel 7.2.2). Für werbefinanzierte Medien ist die Überwindung der Blaupausenproduktion mit dem Nachteil verbunden, dass sich die Verbundvorteile im Vertrieb des Kuppelprodukts aus redaktionellem und werblichem Teil verringern. Heinrich (1999, 54) hält eine „Abkoppelung der Werbung hin zu einer eigenständigen Verbreitungsform von Werbebotschaften" für möglich, da die Kosten der Übertragung digitalisierter Information gering sind und in ihrer Höhe primär von der Informationsmenge abhängen. Für werbe(teil)finanzierte Medien würde eine solche Entwicklung die Refinanzierungsbasis deutlich verschlechtern (vgl. Kapitel 8.3.2)

Die Digitalisierung wird die Produktion, Reproduktion und Distribution von Medien zweifellos in einem bislang noch kaum abschätzbaren Ausmaß verändern. Allerdings weisen Kommunikationswissenschaftler (vgl. Schmid/Kubicek 1994) zu Recht darauf hin, dass der Weg von einem technischen zu einem institutionellen Medium, das von seinen Nutzern erfolgreich in den Alltag integriert wurde, weit und voller Unwägbarkeiten ist. Medienökonomen (vgl. Blind 1997) verweisen z.B. auf die Such- und damit Opportunitätskosten, die bei der individuellen Zusammenstellung einer Online-Zeitung oder eines Fernsehprogramms beim Nutzer anfallen im Gegensatz zu ‚fertigen' Angeboten. Und Technologieberatungsunternehmen schließlich konstatieren, dass sich die technologische Diskussion im Multimedia-Markt „in den letzten Jahren eindeutig von der Frage der Machbarkeit hin zur Frage der Wirtschaftlichkeit verschoben" hat (Booz, Allen & Hamilton 1997, 24). Die Frage der Wirtschaftlichkeit aber scheint bei vielen der möglichen Anwendungen und Konfigurationen noch völlig offen zu sein.

5.7   Zusammenfassung

1. Ökonomische Güter werden in der Regel unter Einsatz von Produktionsfaktoren: Arbeit, Kapital, Rohstoffe, Zeit produziert. Produktion meint diese Tätigkeit der Werterhöhung durch Faktorkombination. Produktivität misst das Verhältnis von Output (an Gütern) zu Input (an Produktionsfaktoren). Ein spezielles Produktivitätsmaß sind Skaleneffekte, die angeben, wie sich die Outputmenge verändert, wenn alle Produktionsfaktoren in gleichem Verhältnis erhöht werden. Man unterscheidet überproportionale, proportionale und sinkende Skaleneffekte. Technischer Fortschritt und Massenproduktion sind vielfach mit steigenden Skalenerträgen verbunden.

2. Bei Medien lassen sich drei relevante Produktionsebenen unterscheiden, die Produktions- oder Inputebene, also die Beschaffung und Herstellung immaterieller Werke, die publizistische Ebene als Produktionsebene zweiter Stufe, die vor allem den Zusammenbau der First Copy zum Kuppelprodukt umfasst, sowie die Distributionsebene, also Verbreitung oder Ausstrahlung. Berücksichtigt man, dass Medien Dienstleistungen sind, muss eine vierte Ebene, nämlich die der Endproduktion durch Einbringung der externen Produktionsfaktoren des Dienstleistungsnehmers hinzugefügt werden. Diese vierte Phase ist, dem Uno-actu-Prinzip folgend, auch die Phase des Konsums bzw. der Rezeption.

3. Die Produktion immaterieller Medienprodukte gehört als Teil des kulturellen Bereichs zu dem – gemessen an der Produktivität der Gesamtwirtschaft – nicht progressiven Sektor einer Volkswirtschaft, weil Arbeitskraft (bislang) durch Kapital und Technik kaum ersetzbar sind. Die Distribution kommunikativer Dienstleistungen hat mit Aufkommen der Massenmedien hingegen einen säkularen Produktivitätszuwachs erfahren. Entscheidend für die distributive Produktivität von Medien wie ihre Refinanzierungsmöglichkeit ist das Ausmaß, in dem das Uno-actu-Prinzip zeitlich und örtlich aufgelöst werden konnte. Generell gilt, dass der primäre ökonomische Tätigkeitsbereich erwerbswirtschaftlich organisierter Medien die Produktion von Publika für immaterielle Werke ist.

4. Kosten als ‚Verzehr' – im Sinne einer Umformung – von Produktionsfaktoren fallen fix und variabel an. Mit dieser Unterscheidung ist gemeint, dass die Höhe der jeweiligen Kosten von Veränderungen der Ausbringungsmenge beeinflusst wird oder nicht. Die Zuordnung zu der einen oder der anderen Kostenart hängt vom Zeitraum ab, der für betriebliche Entscheidungen maßgebend ist und von der Teilbarkeit der Produktionsfaktoren.

5. Die Kostenstruktur von Medien ist gekennzeichnet durch einen hohen Anteil an fixen Kosten. Medieninhalte sind öffentliche Güter und damit unteilbar. Mangelnde Teilbarkeit von Produktionsfaktoren ist Ursache auch der ‚Blaupausenproduktion', bei der die erwartete Nachfrage voll auf Lager genommen werden muss. Der für den betrieblichen Produktionsprozess entscheidungsrelevante Zeitraum ist vor allem bei aktuellen Medien extrem kurz. Variable Kosten sind bei Printmedien vor allem Papier- und Vertriebskosten, die bei elektronischen Medien weitgehend entfallen.

6. Die Kostenstruktur von Medien ist mit positiven Skaleneffekten verbunden und damit auch mit einer Tendenz zur Monopolisierung von Märkten, um diese Skaleneffekte nutzen zu können. Die Situation der maximalen Ausschöpfung von Skaleneffekten stellt sich für Print- und für elektronische Medien jedoch jeweils anders dar. Skaleneffekte der spezifischen Kostenstruktur von Medienprodukten gibt es auch auf dem Werbemarkt, sie erklären u.a. das Phänomen der Auflagen-Anzeigen-Spirale. Medienökonomisch sind die Größenvorteile werbefinanzierter Medien auf der Ertragsseite entscheidender als die auf der Kostenseite.

7. Medien gelten als risikoreicher Geschäftsbereich. Gründe sind der hohe Fixkostenanteil, die ökonomische Wertlosigkeit immaterieller Medienprodukte, wenn die Nachfrage danach ausbleibt und die prinzipielle Unsicherheit dieser Nachfrage. Die Nachfrage bleibt für den Produzenten unsicher, weil Qualität für den Medienkonsumenten ex ante nicht erkennbar ist (Medien als Erfahrungs- und Vertrauensgüter) und weil Medienprodukte als Dienstleistungen durch die Einbringung externer Produktionsfaktoren grundsätzlich heterogen sind. Als Folge entscheidet ein äußerst diffuses Qualitätskriterium: Publikumsattraktivität über die Nachfrage. Publikumsattraktivität ist weder systematisch abhängig von der Höhe der Produktionskosten, noch ex ante via Forschung bestimm- und operationalisierbar. Strategien, der Nachfrageunsicherheit auszuweichen, sind Imitation und Verdoppelung insbesondere mehrteiliger erfolgreicher Formate.

8. Medien sind ein risikoreicher Geschäftsbereich auch, weil sie dem Zwang zur Neuheit und Innovation unterliegen. Medien, vor allem aktuelle Medien, sind leicht verderbliche Produkte, die einen schnellen ökonomischen Entwertungsprozess erfahren, ihr Produktlebenszyklus ist stark beschleunigt. Bei elektronischen Medien, bei denen die zeitliche Dimension des Uno-actu-Prinzips nicht aufgelöst ist, kommt das Erfordernis der zeitlichen Synchronisation von Distribution, Endproduktion durch Einbringen externer Produktionsfaktoren und Konsumption hinzu, was vor allem für den werbefinanzierten Rundfunk ein elementarer ökonomischer Faktor ist.

9. Es lassen sich zwei ‚Logiken' der Medienproduktion unterscheiden, die vor allem Logiken der Produktion zweiter, also der publizistischen Ebene sind und der ökonomischen Verwertung der Kopien kultureller Produkte. Editoral production ist die Logik der Produktion und Refinanzierung materieller Werkkopien, Produktion nach dem Warenhausprinzip mit dem Ziel der Mischkalkulation. Flow production ist die Logik der Produktion von Medienpublika, die Logik vor allem werbefinanzierter Medien. Kennzeichnend ist die Formatierung des Medienangebots. Der permanente Programmfluss hat den ‚audience flow' zum Ziel. Die Logiken sind entscheidend davon geprägt, welche Refinanzierungsmöglichkeiten die Medienproduzenten zweiter Ebene anstreben. Editorial production strebt Refinanzierung vor allem über das Preissystem an, Flow production vor allem aus dem Werbemarkt.

10. Technischer Wandel lässt sich in Produkt- und Prozessinnovation unterteilen, wobei die Unterscheidung für Medien überschneidungsfrei zwar kaum möglich, aber hilfreich ist. Produktinnovation meint neue oder verbesserte Produkte und Dienstleistungen, Prozessinnovation effizientere Verfahren der Produktion. Die Geschichte der Medien lässt sich als eine Geschichte von Produkt- und Prozessinnovationen beschreiben.

11. Die Digitalisierung scheint ein neuer entscheidender technologischer Sprung zu sein, der sowohl die Produktion kultureller Werke wie Formen ihrer Distribution grundlegend verändern könnte. In der Produktion zeichnen sich Möglichkeiten ab, kreativ-schöpferische menschliche Leistungen von Computern mit 'künstlicher Intelligenz' ersetzen zu lassen, was dem bislang im Baumolschen Sinne unproduktiven Sektor kultureller Produktion hohe Produktivitätsgewinne verspricht – auf Kosten des Faktors Arbeit. Außerdem nehmen die Möglichkeiten der Mehrfachverwertung einmal produzierter immaterieller Werke zu, deren Verbindung zum Träger sich lockert und die von einem Unikat zum Modulsystem werden.

12. Technischer Wandel hat bislang schon die Vervielfältigung und Distribution medialer Produkte ungeheuer beschleunigt. Die Digitalisierung verspricht zusätzlich die Überwindung einiger Charakteristika der Medienproduktion: Ablösung der ‚Blaupausenproduktion' durch Produktions- und Vertriebsformen ‚on Demand''; Ermöglichung des Ausschlussprinzips auch bei Trägern mit Kollektivgutcharakter.

6. Wirtschaftliche Akteure

In einer dem methodologischen Individualismus verpflichteten Wissenschaftsdisziplin können Akteure als Handlungseinheit im Prinzip nur Individuen sein. Wenn in diesem Kapitel wirtschaftliche Akteure diskutiert werden und es sich dabei in drei von vier Fällen um korporative Akteure (Unternehmen, Werbewirtschaft, Staat) handelt, dann ist das erklärungsbedürftig. Die Ansätze der Neuen Politischen Ökonomie kritisieren ja gerade den Black-box-Charakter z.B. der neoklassischen Unternehmung, der wie einem Individuum eine einheitliche Interessenlage und Verhaltensweise unterstellt wird, obwohl die Mitglieder der Organisation Unternehmung als Homines Oeconomici primär ihre jeweils eigenen Interessen verfolgen. Der Prinzipal-Agent-Ansatz beschäftigt sich zentral mit den Fragen und Problemen arbeitsteiliger Arbeitnehmer-Arbeitgeber-Beziehungen z.B. in Unternehmen, da Entscheidungen der Organisationsmitglieder ja nicht nur das jeweils eigene Nutzenniveau betreffen. Weitere Anwendungsfelder dieses Ansatzes sind Staat und Bürokratie. Wie schon in Kapitel 3.4.1 angedeutet, können diese Differenzierungen im Rahmen dieses Lehrbuchs aber nicht geleistet werden. Wenn korporative Akteure hier überwiegend wie Individuen dargestellt werden, dann weil dies für die hier zu behandelnden einführenden Fragestellungen eine sinnvolle Vereinfachung erlaubt.

Insgesamt werden vier Akteure diskutiert. Die beiden Hauptakteure in der ökonomischen Theorie: Produzent/Unternehmung einerseits (6.2), der/die hier vor allem mit Blick auf die spezifischen Produktionsbedingungen von Medien und das daraus resultierende Marktverhalten untersucht wird, Konsument/Verbraucher andererseits (6.3), dessen Rolle und Funktion in der ökonomischen Theorie zunächst allgemein, dann in Anwendung auf den Medienbereich diskutiert wird. Werbefinanzierte Medien agieren auf zwei Märkten und haben somit einen zweiten Kundenkreis für mediale Leistungen, die Werbewirtschaft. Akteursrolle, Einflussmöglichkeiten und eine Institutionengenese dieses Akteurs werden in 6.3 behandelt. Schließlich ist auch der Staat als wichtiger ökonomischer Akteur zu begreifen, der in 6.4 vorgestellt wird. Am gesellschaftlichen Bereitstellungsprozess von Medien sind jedoch weitaus mehr Akteure mit sehr unterschiedlichem Einflusspotential beteiligt als die vier hier diskutierten, die allerdings zentral sind. Eine Vorstellung von der Akteursvielfalt vermittelt eine Aufstellung des amerikanischen Kommunikationswissenschaftlers Joseph Turow, die, den Themenkomplex einleitend, in 6.1 diskutiert wird.

6.1 Akteursrollen in der Medienindustrie

In Kapitel 3.4.1 ist bereits die Vorstellung der Ökonomen vom Wirtschaftsgeschehen als Kreislauf von Geld- und Güterströmen diskutiert worden, der von zwei Hauptakteuren in Gang gehalten wird, den Unternehmen als Produzenten, den Haushalten als Konsumenten der wirtschaftlichen Leistungen. Hinzu tritt der Staat, der die Rahmenbedingungen setzt und überwacht. Natürlich ist dies eine modellhafte Vereinfachung auf die wichtigsten Funktionssysteme im Wirtschaftsgeschehen, um deren Beitrag zum Funktionieren des Gesamtsystems idealtypisch beschreiben zu können. Konkret ist eine Vielzahl von sehr unterschiedlichen Funktionsträgern am Prozess des Wirtschaftsgeschehens beteiligt, das gilt insbesondere für den ja stark arbeitsteiligen Produktionsbereich.

Das Konzept des Akteurs als zielorientierte Handlungseinheit, als Mikro- und Makroprozesse intendiert oder unintendiert steuerndes Individuum, spielt in der PKW so gut wie keine systematische Rolle, auch wenn vereinzelte Ansätze vor allem im Bereich der politischen Kommunikation und der Kommunikationspolitik zu registrieren sind (vgl. Jarren 1996a). Stephan Ruß-Mohl (1997) verweist als Erklärung für diese Abstinenz auf die starke Orientierung der jüngeren PKW an der Systemtheorie, die „Akteure wegdefiniert", indem sie Systeme mächtig und Individuen ohnmächtig mache. Dabei hat es, woran Ruß-Mohl erinnert, den Blick auf das Individuum als Akteur ansatzweise durchaus gegeben, z.B. mit Emil Dovifats „publizistischen Persönlichkeiten" (1990). Wenn das Konzept vom Individuum als rationalem Akteur, wie es die ökonomische Theorie kennzeichnet, in der PKW breiteren Eingang gefunden hat, dann allenfalls dort, wo die Ökonomen ihrerseits Vorbehalte und Einschränkungen anmelden, beim Verbraucher, hier dem Rezipienten von Mediendienstleistungen, z.B. im Uses-and-Gratifications-Approach oder dem „Nutzenansatz" (Renckstorf 1989).

Übersicht 6.1:   The Power Roles of a Mass Media Industry

Power Role*	Typical Activities	Leverage
1. Producer	Create material for release to the public via mass media. Set and supervise content and	Control over people and ideas that might get exposure to the public via mass media.
2. Authority	Provide government (or governmentally sanctioined) regulation and arbitration among	Policital and military power.
3. Investor	Contribute money in anticipation of production and purchase of material by clients. Set general conditions for the supply of capital and	Control over monetary resources.
4. Client	Make organizational purchases in support of specific products. Contribute to producers' most direct cash flow in exchange for media	Control over monetary resources.
5. Auxiliary	Provide material supplies to producers.	Control over access to supplies.
6. Creator	Provide producer with talent to conceive and arrange mass media material.	An individual creator's decision to join a production organization.
7. Union	Regulate the provision of personnel to producers. Set work standards; provide worker	Solidarity and threats of work stoppage.
8. Distributor	Select and coordinate dispersal of material to the point of exhibition.	Control over channels by which material can reach exhibition.
9. Exhibitor	Offer material fo public viewing or purchase.	Control over outlets through which the public chooses materials.
10. Linking pin	Move completed mass media material or people representing that material from production firms in one industry to production	Control over access to new markets, new possibilities.
11. Facilitator	Help production firms carry out or evaluate mass media material.	Control over intermediary services.
12. Public advocacy	Demand favorable attention, portrayal, policy support.	Pressure through boycott, appeal to authorities.
13. Public	Purchase and/or attend to distributed messages in an unorganized fashion.	An individual decision to choose or not choose particular content. An individual decision to complain through legal or other channels.

* All but the creator and public power roles are typically carried out by organization.

Quelle: Turow 1992, S. 22.

Der amerikanische Kommunikationswissenschaftler Joseph Turow (1992) hat einmal den Versuch unternommen, die verschiedenen Akteure im Bereich der Medienindustrie, die am Prozess der Produktion, Multiplikation, Distribution und Konsumption von Medien beteiligt sind, zusammenzustellen. Ihn interessiert dabei weniger die ökonomische Funktion dieser Akteure als der Aspekt, welche Kontrollmöglichkeiten die einzelnen Akteure in diesem Prozess über bestimmte Ressourcen haben, über welches Einfluss- und Machtpotential sie damit verfügen (vgl. Übersicht 6.1).

Insgesamt 13 Akteursrollen, Power Roles, wie er sie nennt, hat Turow aufgrund typischer Aktivitäten identifiziert, von denen neun aus dem Bereich der Produktion kommen und die überwiegend von Organisationen gehalten werden. Ausnahmen bilden lediglich die Kreativen und das Publikum, die nicht organisiert sind.

Auch in dieser Aufstellung sind idealtypische Akteursrollen beschrieben, die aber gut verdeutlichen, wie vielfältig die Einflussnahmen auf den Produktionsprozess von Medien sind. Natürlich treten viele der Rollen vor allem aus dem Produktionsbereich auch in Kombination auf, so kann der Produzent auch Investor sein, die Rollen des Distributeurs und des Exhibitors können von einer Organisation wahrgenommen werden, was z.B. dann der Fall ist, wenn Filmverleih und Filmabspiel in einer Hand liegen.

Es geht Turow mit dieser Aufstellung, wie gesagt, weniger um die ökonomische Funktion der einzelnen Akteure, ihn interessiert die Machtverteilung zwischen ihnen im Produktionsprozess von Medien via Ressourcenkontrolle. Denkt man an die Ressourcentheorie und vergegenwärtigt sich, dass die Medienindustrie, bis auf den Ausnahmebereich des öffentlichen Rundfunks, nach den Prinzipien von Marktwirtschaft und Wettbewerb organisiert ist, dann sind damit zentrale Fragen einer politischen Ökonomie der Medien angesprochen. Daher sollen die einzelnen Rollen hier wenigstens kurz diskutiert werden, bevor auf die wirtschaftlichen Hauptakteure dann ausführlicher eingegangen wird.

Zentrale Figur in diesem Zusammenspiel von Organisationen und Individuen bei der Bereitstellung von Medien ist der Produzent, genauer die produzierende Organisation, verstanden vor allem als Produzent der zweiten, der publizistischen Ebene. Er schafft die immateriellen Werke bzw. First Copy oder Masterpiece, die über Medienkanäle dann als Kopien verbreitet werden, er wählt die Inhalte aus und setzt die Produktionsrichtlinien. Die Ressource, über die er verfügt, ist die Zugangskontrolle zu Medien für Menschen mit bestimmten Talenten und Ideen.

Authority meint den Staat und staatliche Stellen mit ihrer Macht, Medien zu regulieren, mit Auflagen zu versehen, mit Sanktionen zu belegen oder auch, wenn man an die Filmförderung denkt, zu subventionieren. Dass die Medienproduktion durch die so gesetzten Rahmenbedingungen stark beeinflusst wird, ist unmittelbar einsichtig.

Die dritte aufgeführte Power Role ist die des Investors. Er kontrolliert, wie auch der Client, die finanziellen Ressourcen der Medienproduktion, genauer müsste man wohl sagen, die privaten Finanzressourcen. Gebühreneinnahmen, wie die des öffentlichen Rundfunks, oder öffentliche Fördermittel sind hier nicht subsumiert. Das ändert aber wenig, zumal in einer zunehmend privatisierten und kommerzialisierten Medienwelt, an der Macht dieser beiden idealtypischen Wächter, Investor und Client, über die den Medien zur Verfügung stehenden Geldmittel. Investoren sind Organisationen, die Kapital für die Produktion von Medien in der Erwartung langfristiger Gewinne bereitstellen und entsprechende Konditionen z.B. in Form von Gewinnbeteiligungen setzen oder aushandeln. Private Equity Firmen, die Teile des insolventen Kirch-Imperiums übernahmen, sind z.B. solche Kapitalgeber. Angesichts des hohen Risikos, das Investoren im Medienbereich eingehen, ist die Macht der Finanziers zu bestimmen, was für die massenmediale Distribution produziert wird und was nicht, kaum zu überschätzen.

Clients meint vor allem die werbungtreibende Wirtschaft als Nachfrager von Mediendienstleistungen auf dem Werbemarkt. Da die Werbewirtschaft in der Regel recht genaue Vorstellungen von dem Publikum hat, das sie über die Medien erreichen möchte und für das sie folglich zu zahlen bereit ist, werden vorwiegend oder ganz aus Werbung finanzierte Medienorganisationen Wünsche ihres finanziell wichtigsten Kunden kaum ignorieren können.

Was hier unter Auxiliary, also Hilfsmittel zusammengefasst ist, spielt im Produktionsprozess von Medien eine nicht zu unterschätzende Rolle. Es meint die ganze technische Ausstattung, das Equipment mit Kameras, Computern, Satellitentranspondern, Tonstudios oder Ü-Wagenpark. Dass diese „Hilfsmittel" und die Kontrolle über den Zugang dazu von einem erheblichen Machtpotential sein können, wurde am Beispiel der Auseinandersetzungen um die Set-Top-Box als „Sesam-öffne-dich!" zur Multimedia-Welt sehr plastisch vorgeführt.

Der Creator ist in der Medienproduktion kaum weniger zentral als der Produzent, bzw. die produzierende Organisation, aber er ist in der Regel weniger sichtbar und weniger mächtig. Zu den Inhabern dieser Rolle im Produktionsprozess von Medien zählen nicht nur der Autor oder Schauspieler, der Lokalreporter, Auslandskorrespondent und Nachrichtenfotograf, sondern auch der Lektor in einem Buchverlag, der Produzent in einer Fernsehanstalt, in einem Filmstudio oder einer Plattenfirma. Es sind Individuen, die ihre Ideen, ihr Talent, ihre Kreativität der produzierenden Organisation für die Produktion von Medieninhalten zu Verfügung stellen und weitgehend darüber entscheiden, wie das immaterielle Werk letztlich aussehen wird. Sichtbar werden sie vor allem, wenn sie Steven Spielberg oder Hans W. Geißendörfer heißen, was ihren Einfluss in der Organisation des Produzenten deutlich erhöht, aber oft auch die Übernahme dieser Rolle durch Gründung einer eigenen Produktionsfirma zur Folge hat.

Dass Gewerkschaften den Produktionsprozess von Medien mitgestalten, wird vor allem immer dann deutlich, wenn sich Arbeitsbedingungen in Reaktion auf technologische Entwicklungen ändern. Die Gewerkschaften handeln die Standards der Arbeitsbedingungen in den Medienorganisationen aus und die Ressourcen, über die sie verfügen, sind Solidarität und Streik.

Der Distributor kontrolliert die Kanäle, über die Medienprodukte bzw. genauer deren Kopien zum Rezipienten gelangen. Rundfunkanstalten sind Distributoren für nicht selbst produziertes Material, das sie auswählen und in ihre Programmmischung integrieren, Zeitungen sind Distributoren für Nachrichtendienste, deren Angebot sie mit Blick auf Kriterien wie Aktualität, Nachrichtenwert und die Standards ihres Blattes sichten. Die Macht der Distributoren, die neben dem Exhibitor am dichtesten an den Refinanzierungsquellen sind, ist groß und scheint eher noch zu wachsen. Janet Wasko (1989, 493) notiert in Abschätzung des Einflusses der neuen I+K-Techniken für die US-Filmwirtschaft, „that the major distributers still hold a dominant position in the production and distribution of popular motion pictures, as well as other cultural products".

Der Unterschied zwischen Distributor und Exhibitor lässt sich am Beispiel Film deutlich machen: der Filmverleih hat die Rolle des Distributoren inne, das Kinoabspiel die des Exhibitors. Der Exhibitor ist zuständig für die Endproduktion der Dienstleistung Kinofilm, die Ko-operation mit dem Filmnutzer. Filmproduzenten und Verleih haben im Laufe der Filmge-schichte viel getan, um die Macht des Exhibitors möglichst zu beschränken: das reicht vom System der Blockbuchung, also der Überlassung nicht einzelner Filme, sondern nur von Film-paketen, natürlich mit dem Ziel, die Kino-Aufführung auch der weniger Erfolg versprechenden Filme sicherzustellen, bis zum Aufkauf der Kinoketten. Die Möglichkeiten von Produzent und Distributor, eine Refinanzierung von Filmen heute nicht mehr nur an der Kinokasse, sondern über eine Vielzahl von Distributionskanälen zu sichern, hat die Machtrelationen zwischen den Akteuren zweifellos zu Lasten des Exhibitors verschoben.

Die Rolle des Distributors und Exhibitors ist auch bei den Printmedien mit Groß- und Ein-zelhandel von Bedeutung. So haben Untersuchungen gezeigt, wie stark der Zugang zum Publi-kum eines bereits produzierten und vervielfältigten Medienprodukts, hier eines Buchs aus ei-nem Kleinverlag, von diesen beiden Rollenträgern mitbestimmt wird (Volpers 1987). In einem weiteren Sinne Distributoren sind aber auch die Rechtehändler, die, wie z.B. der ehemalige Kirchkonzern, die Lizenzen an Film- und Fernsehproduktionen erworben haben, um sie Orga-nisationen der publizistischen Ebene zu höheren Preisen und begrenzter Auswertung anbieten. Im Falle eines erfolgreichen Handels z.B. mit der ARD schlüpft diese in die Rolle des Exhibi-tors. Das Beispiel zeigt vielleicht ganz plastisch, dass diese 13 Power Roles vor allem auch eine heuristische Funktion haben und die systematische Analyse der Beziehungen zwischen den Akteuren im Medienproduktionsprozess erleichtern sollen.

Linking Pin meint alle Aktivitäten, durch die fertige Medienprodukte oder Personen, die diese Produkte repräsentieren, zwischen verschiedenen Medienindustrien oder Medienmärkten bewegt werden. Das können Formen von Cross-Promotion sein: die konzerneigene Zeitschrift druckt ein Interview mit dem Serienhelden des konzerneigenen Fernsehkanals; das kann in Form von Adaptationen kommerziell erfolgreicher Werke erfolgen: der Bestseller-Roman dient als Film- oder Serienvorlage; das kann aber auch die Übernahme des Materials einer PR-Agentur in ein Nachrichtenmedium sein. Die wichtigsten Linking-Pin-Organisationen sind neben den PR-Agenturen die Nachrichtendienste. Beide liefern Rohmaterial für eine anderes Medienprodukt.

Die Rolle eines Facilitators haben Organisationen wie Talent-Agenturen, Consulting-Firmen und Anwaltskanzleien aber auch Forschungsinstitute inne, also Organisationen, die mit produktionsorientierten Dienstleistungen der verschiedensten Art helfen, die Medienprodukti-on in Gang zu bringen, durchzuführen und zu evaluieren. Vor allem die Talent-Agenturen, die ja kreative Kräfte wie Schauspieler, Script-Schreiber oder Komponisten nach allen möglichen Anforderungskriterien ihrer Klienten aus der Medienindustrie vorsortieren und vielfach im ‚Paket' für eine bestimmte Produktion anbieten, spielen eine nicht zu unterschätzende Rolle dabei, wie das Medienprodukt dann letztendlich aussieht. Das gilt auch für die Forschung, mit deren Funktion sich Kapitel 9.2 noch näher beschäftigen wird.

Bleiben als die beiden letzten Rolleninhaber in diesem Schema: Public Advocacy und das Publikum. Public Advocacy meint Publikumsorganisationen, wie sie vor allem in den USA im Kampf um ein weniger triviales, weniger gewalthaltiges und kindgerechteres Fernsehpro-gramm entstanden sind und die zum Teil erheblichen Druck auf das Networkfernsehen ausge-übt haben. Auch in Deutschland gibt es solche Organisationen, die nicht institutionalisiert wie die Rundfunkräte im öffentlich-rechtlichen Fernsehen oder formal organisiert wie die Programmbeiräte einiger privater Sender sind, sondern oft nur auf Zeit entstehen und bestimmte Ansprüche den Medienproduzenten gegenüber durchzusetzen versuchen.

Das Publikum, wie es hier als Rolleninhaber gesehen wird, meint das einzelne Individuum, das zwischen den Medienangeboten auswählt, in der Terminologie der Dienstleistungsökonomik den Träger der externen Produktionsfaktoren, die der Dienstleistungsanbieter benötigt. Das Englische hat hier die hilfreiche Unterscheidung zwischen public und audience. Gemeint ist hier nicht audience, die Zuhörer-, Zuschauerschaft, der bezeichnenderweise keine Power Role zukommt (vgl. auch Kapitel 9.2), sondern das für den Medienproduzenten weitgehend unberechenbare Publikum, das für seine in Kapitel 5.4 diskutierten Risiken verantwortlich ist. Die Macht des Medienpublikums, wie sie die Analogie zum Konsumenten im Marktmodell unterstellt, wird uns in 6.4 noch beschäftigen.

Soweit die Erläuterungen zu diesem Schema, das nicht nur die wahrscheinlich wichtigsten und deutlich unterschiedlich einflussreichen Akteursrollen im Medienbereich aufzeigt, sondern dabei auch eine detaillierte Vorstellung vom arbeitsteiligen Produktionsprozess der Medien vermittelt.

Das Beziehungsgeflecht zwischen den Akteuren wird nachfolgend nicht im Detail aufgearbeitet werden können, so reizvoll das sicher wäre. Vielmehr werden aus ökonomischer Sicht zentrale Akteure zunächst allgemein, dann mit Blick auf die Spezifik des Medienbereichs diskutiert. Die von Turow für den Produktionsbereich extrahierten Akteursrollen werden zum Teil unter den Stichworten Produzent/Unternehmung zusammengefasst und primär aus der Perspektive des Producer/Distributor-Unternehmers diskutiert.

6.2   Produzenten/Unternehmen als wirtschaftlicher Akteur

In Kapitel 3.4 wurde die Unternehmung bereits als ökonomische Institution behandelt. Zur Erinnerung: Sie ist die neben dem Markt zweite zentrale Koordinationsform wirtschaftlichen Handelns und der institutionalisierte Ort der Produktion. Kennzeichnend für eine Wirtschaftsunternehmung sind die autonome Entscheidung über Unternehmensziel und Wege der Zielverwirklichung sowie das Wirtschaftlichkeitsprinzip als Handlungsmaxime. Die Existenz von Unternehmen erklären Ökonomen mit der Ersparnis an Transaktionskosten, die bei marktmäßiger Produktion notwendig anfallen, sowie mit Größenvorteilen der Produktion, also Skalenvorteilen der Massenproduktion. Unternehmen sind effizienzsteigernde Institutionen nur auf unvollkommenen Märkten (Neus 1998, 125), die allerdings die wirtschaftliche Realität bilden.

Von der Unternehmung als Funktion im Wirtschaftsprozess wird in einigen eher heterodoxen Ansätzen der Unternehmer als Akteur unterschieden. Ihm wird in diesen Ansätzen eine zentrale Rolle im Wirtschaftsgeschehen, verstanden als dynamischer Prozess, zugesprochen, die in Konzepten vom „dynamischen" oder „findigen" Unternehmer ihren Ausdruck findet. Auch diese Unterscheidung zwischen Unternehmung und Unternehmer kann hier nicht systematisch berücksichtigt werden. Bei der nachfolgenden Rekonstruktion dessen, was zum unternehmerischen Handeln im Medienbereich bekannt ist, wird daher auf eine genaue Zuordnung zur Unternehmung als Funktion und zum Unternehmer als Akteur verzichtet, ebenso, wie das ,Innenleben' der Unternehmung ausgeblendet bleibt.

In der PKW wird die mangelnde Beschäftigung mit unternehmerischem Handeln im Bereich der erwerbswirtschaftlich bereitgestellten Medien zunehmend als Defizit gesehen. So notiert Hagen (1996, 119), dass zwar viele Phänomene, die die Kommunikationswissenschaft stark beschäftigen wie z.B. Konzentration oder Internationalisierung, Folgen unternehmerischen Handelns seien. „Dennoch hat die Kommunikationswissenschaft – mit Ausnahme der Presse-konzentrationsforschung – Medienunternehmen bislang nur sehr selten untersucht". Hachmeister (1999) registriert, dass Fernsehproduktion ein Prozess offenbar ohne Akteure sei, Schäfers (1998, 99) moniert, dass Medien „weitgehend eigenständig zu agieren" scheinen und für Garnham (1990, 12) „the bibliography on the producers of culture is scandalously empty". Gerade die aktuellen Entwicklungen im Medienbereich würden ein Schließen dieser Lücke dringend erfordern. Kiefer (1997a) sieht in einer Erweiterung der kommunikationswissenschaftlichen (Kommunikator-) Perspektive auf die Unternehmens- und Produzentenebene eine zentrale Forschungsaufgabe einer publizistikwissenschaftlich orientierten Medienökonomie. Knoche (1996b, 114) schließlich hält die Entwicklung einer „kommunikationswissenschaftlichen ‚Theorie der Medienunternehmung'" für dringlich und sachadäquat. Dazu liegt nun auch ein erster Versuch vor (Karmasin 1998), der in Kapitel 3.4.5 kurz diskutiert wurde. Eine knappe Übersicht über betriebs- und volkswirtschaftliche Theorieansätze zur Analyse von Unternehmerhandeln, die auch in die Medienökonomie Eingang gefunden haben, stammt von Wolfgang Seufert (2003).

Abbildung 6.1: **Konzept eines integrierten strategischen Marketings für Medienunternehmen**

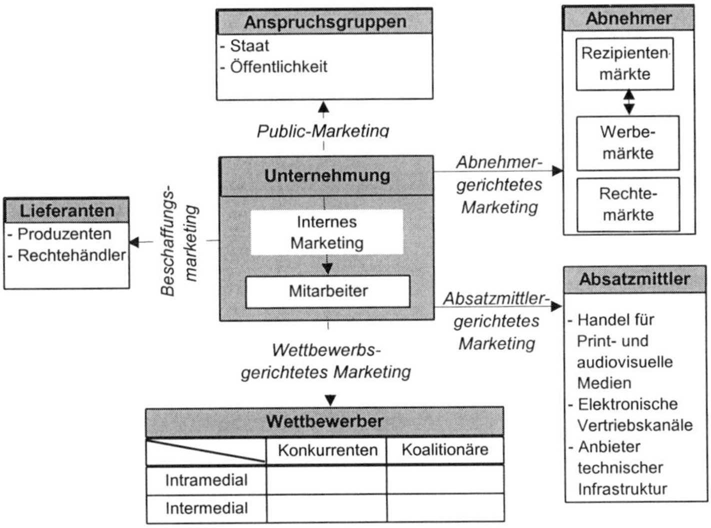

Quelle: Burmann/Nitschke 2003, S. 69.

Die nachfolgenden Kapitel können die konstatierte Lücke nicht schließen. Sie stellen eher den Versuch einer Kompilation dessen dar, was in der Literatur theoretisch und empirisch zum Unternehmerhandeln im Bereich der Medien als Produzenten und Marktakteure bereits angedacht und/oder geprüft wurde. Dabei geht es einmal um Produktions-, zum anderen um Absatz- und

Refinanzierungsstrategien. Dass die Palette strategischen Unternehmerhandelns deutlich breiter ist, macht Abb. 6.1 deutlich.

Strategien von Medienunternehmen richten sich ja nicht nur auf die Abnehmer- und Beschaffungsmärkte, auf Absatzmittler und Wettbewerber, sondern, gerade für Medien sehr zentral, auch auf „Anspruchsgruppen" wie Staat und Öffentlichkeit, in der Grafik als Public Marketing bezeichnet (wobei der Begriff der Public Relations wohl nicht minder treffend ist). Gerade die aktuellen, vor allem durch technischen Wandel ausgelösten Veränderungen auf den Medienmärkten, erhöhen die Komplexität der Geschäfts-, Kunden- und generell Umweltbeziehungen der Unternehmen. Strategisches Marketing wird daher begriffen als zunehmend „individualisiertes, vernetztes und markenfokussiertes Beziehungsmanagement" (Burmann/Nitschke 2003, 68). Dabei gilt die „Medienmarke" als Möglichkeit, bei den verschiedenen Zielgruppen unternehmerischer Marketingstrategien eine feste, unverwechselbare Vorstellung vom Unternehmen und seinen Produkten zu schaffen und insbesondere beim Rezipienten Unsicherheit aufgrund von Informationsmängeln in Vertrauen zu verwandeln, aktuell als Königsweg. Eine starke Marke, so z.B. RTL-Geschäftsführer Gerhard Zeiler (2003, 283) „schafft Aufmerksamkeit und Vertrauen – ist der entscheidende Wettbewerbsvorteil".

Unternehmerische Strategien werden hier also keineswegs erschöpfend und teilweise auch in den anderen Kapiteln (vgl. z.B. Kapitel 9) behandelt. An dieser Stelle werden zunächst Strategien diskutiert, wie Medienproduzenten die spezifischen Risikofaktoren der Medienproduktion abzufedern versuchen (6.2.1). Dann werden Strategien der Schaffung und Ausweitung von Märkten, der Ausschöpfung von Skalen- und Verbundvorteilen sowie der Kostenreduktion und Einnahmenmaximierung diskutiert (6.2.2).

6.2.1   Strategien zur Bewältigung von Risikofaktoren der Medienproduktion

In Kapitel 5 sind spezifische Bedingungen und Risikofaktoren der Medienproduktion diskutiert worden. Die Frage, die sich nun stellt ist, wie Medienunternehmen mit diesen spezifischen Bedingungen umgehen. Dies soll hier getrennt für unterhaltende und informierende Medienangebote behandelt werden. In beiden Fällen gibt es zum einen Besonderheiten in der Organisation des Produktionsprozesses, zum anderen inhaltliche und herstellungsmäßige Routinen, die sich als Strategien der Risikobegrenzung interpretieren lassen. Eine ganz besondere Rolle spielt die Forschung.

6.2.1.1   Strategien bei der Produktion von Medienunterhaltung

Als organisatorische Besonderheit fällt auf, dass die Arbeitnehmer-Arbeitgeber-Beziehungen in der Medienproduktion weniger standardisiert und formalisiert sind als in anderen Industriebereichen (Ettema/Whitney/Wackman 1987). Das hängt natürlich damit zusammen, dass Qualitätsstandards vor allem für die unterhaltende Medienproduktion nur vage vorgeben werden können, hier viel implizites Wissen der Mitarbeiter in die Produktion einfließen muss, dessen Übertragung wiederum eine hohe intrinsische Motivation voraussetzt. Publikumsattraktivität, für den wirtschaftlichen Erfolg populärkultureller Artefakte so entscheidend, lässt sich nicht operationalisieren und in Produktionsanweisungen umsetzten wie z.B. die Qualitätsanforderungen an ein Auto, das im Benzinverbrauch aber nicht in den Sicherheitsstandards sparsam sein soll. Neben der Anweisung gewinnt in wissensintensiven Dienstleistungsunternehmen, zu denen ja auch die Medien zählen, daher der Koordinationsmechanismus „Selbstabstimmung" an Bedeutung und zwar umso mehr, je stärker die Dienstleistung den Charakter von Vertrauensgütern hat (vgl. Osterloh/Boos 2001). Kommunikations- und Kulturwissenschaftler (vgl. DiMaggio 1977) vertreten daher auch die Ansicht, dass sich diese Organisationsformen der Arbeitgeber-Arbeitnehmer-Beziehung in der Medienindustrie besser als Formen von Maklertätigkeit zwischen dem administrativ-kaufmännischen und dem kreativ-künstlerischen Bereich der Medienproduktion kennzeichnen ließen und unterscheiden drei Typen:

1. Die reine Maklertätigkeit. Sie übt z.B. ein Verlagslektor aus, der dank seiner Kompetenz das angebotene Buchmanuskript beurteilt und, falls sein Urteil positiv ausfällt, dann als Vermittlungsinstanz zwischen dem Autor und den administrativen Entscheidungsträgern im Verlag, die ja in der Regel das wirtschaftliche Risiko verantworten, tätig wird.

2. Die unternehmerische Maklertätigkeit (häufig in Form von Profit-Centers). Sie findet man vor allem in Medienmärkten mit scharfem Wettbewerb und mit schnell wechselnden Trends, wie etwa in der Tonträgerindustrie. Bei diesem Maklertyp delegiert das Management der Plattenfirma die Entscheidung über die Produktion eines Titels völlig an den – angestellten – Produzenten, der wiederum dank seiner Kompetenz entscheidet.

3. Die zentralisierte Maklertätigkeit. Sie ist kennzeichnend für weniger turbulente, eher oligopolistische Märkte. Das Beispiel damals und vielleicht auch noch heute: der Produktionsleiter im Fernsehen. Er vertritt einerseits – auf Basis von mehr oder weniger subjektiven Programmtheorien (vgl. zu deren Einbindung in ein Qualitätsmanagement Buß/Gumbl 2000), also Formen impliziten Wissens – dem Drehbuchautor, den Schauspielern und anderen an der Produktion beteiligten externen Kreativen gegenüber den Standpunkt der Entscheidungsträger seines Hauses mit Blick auf das Projekt (Anspruchsniveau, Budget, Zielgruppe etc.), andererseits unterliegt er aber selbst einer relativ starken administrativen Kontrolle (vgl. zum Programmcontrolling bei den öffentlich-rechtlichen Rundfunkanstalten Tebert 2000, Blumers 2000, Metzger/Oehmichen 2000).

Allen drei Maklermodellen ist gemeinsam, dass die Entscheidung über die Produktion eines Medienprodukts nicht unmittelbar durch das administrativ-kaufmännische System eines Unternehmens erfolgt, sondern organisatorisch eine Zwischenstufe eingeschaltet ist, die nach dem gerade diskutierten Rollenschema von Turow dem Creator zugeordnet werden muss. Der Creator als Makler soll durch explizites wie implizites Wissen, persönliche Kompetenz und Professionalität die Unsicherheit der Produktionsentscheidung oder der Entscheidung, Rechte zu erwerben, möglichst minimieren und das ökonomische Risiko eines Fehlschlags begrenzen. Es ist unmittelbar einsichtig, dass diese Makler wichtige – individuelle – Entscheidungsträger im Prozess der Medienproduktion sind. Versucht man die Maklertypen den in Kapitel 5.5 diskutierten Produktionslogiken zuzuordnen, dann sind Makler vom Typ 1 und 2 zweifellos eher mit der editorialen Logik in Zusammenhang zu bringen, Makler vom Typ 3 wären eher für die Flow production zuständig.

Als wichtige Charakteristik der Medienproduktion ist der ständige Zwang zu Neuem erwähnt worden, zu ständigen Innovationen auch in der unterhaltenden Medienproduktion, die in krassem Widerspruch zu den Zielen jedes Unternehmensmanagements steht, die Geschäftstätigkeit möglichst stabil, vorsehbar und steuerbar zu halten. Die Reaktion der Medienproduzenten, Organisationen wie Individuen, auf diese spezifischen Produktionsbedingungen von

Medien war die Entwicklung von Produktionsstrategien, um das Risiko und die Erfolgsunsicherheit der Produktion zu begrenzen. Zwei große Strategiegruppen lassen sich unterscheiden (Turow 1992):

1. inhaltsbezogene und

2. herstellungsbezogene Strategien.

In beiden Fällen geht es um die Entwicklung von Routinen zur Risikobegrenzung.

Eine der wichtigsten inhaltsbezogenen Strategien ist der Rückgriff auf Produktionsformate (vgl. zur geschichtlichen Entwicklung Prokop 1995, für den Bereich der Musikproduktion Negus 1998). Ein Format besteht aus einem weithin anerkannten Bündel an Grundsätzen, wie der Produktionsinput ausgewählt und organisiert wird, im Bereich der Fiktion-Produktion also, wie eine Geschichte erzählt wird. Das betrifft die Umwelt, in der ein Format spielt: der Western eben im wilden Westen, die Arzt-Serie im Krankenhaus und näherer Umgebung, das betrifft die Charaktere und die Plots. Typische Charaktere in einem Western sind der Cowboy, meist einsamer Wolf mit harter Schale aber gutem Kern, der Bankräuber oder sonstige Finsterling, der Sheriff als effizienter oder korrupter Vertreter des Rechts sowie die Grundschullehrerin oder ein anderes weibliches Wesen, für das der Cowboy zarte Empfindungen hegt. Zwischen diesen vier Charakteren kommt es zu Spannungen, die im Plot erzählt und aufgelöst werden. Innerhalb der Formate ist also eine relativ große Variation dieser Elemente möglich, die dem Erfordernis von Neuheit und begrenzter Innovation Rechnung trägt, dennoch läuft die Produktion nach bewährten, auch mit Blick auf die Publikumsattraktivität bewährten Routinen ab. Denn auch für die Rezipienten sind Formate oder altmodischer Genres „mehr oder weniger verfestigte und kollektiv gewusste Definitionen dessen, was (in Medien) ‚eigentlich vorgeht'" (Willems 2000, 219), also, was sie erwarten können und wie es zu nutzen ist, auch wenn diese Deutungsmuster durch die aktuellen Tendenzen der Hybridisierung (Stichwort: Infotainment, Politainment etc.) zunehmend unterlaufen werden (Westerbarkey 2004). Für die produzierende Organisation wie den individuellen Produzenten mindert der Rückgriff auf anerkannte Formate der Fiktion-Produktion nicht nur den Faktor Unsicherheit erheblich, er erleichtert in der Regel auch die Realisierung der Produktion: Budgets werden eher freigegeben für ein relativ erfolgssicheres Format als für ein Avantgarde-Projekt, der Creator oder Makler kann ein getestetes Format gegenüber der Organisation leichter durchsetzen und begründen als eine weitgehend erfolgsunsichere wirkliche Innovation. Formate oder Genres audiovisueller Medien wurden schon sehr früh in der Filmindustrie entwickelt und nach der empirisch wohl zuverlässigsten Methode des Trial and Error getestet (Kaminsky 1985), wobei Ziel immer war, dass das Produkt möglichst vielen gefiel und bei möglichst wenigen Anstoß erregte, vor allem natürlich nicht bei den Rolleninhabern von Authority und Public Advocacy. Aber auch Investoren und Clients dürfen nicht verschreckt werden, was ernsthaft kapitalismus- oder werbekritische Aspekte aus den Produktionen ausschließt und eine tendenziell systembejahende Grundlinie vorschreibt. Horkheimer und Adorno (1988, 142) beschreiben diese jedes Neue und Risikobehaftete ausschließende Strategie kulturindustrieller Produktion durch ständigen Rückgriff auf ökonomisch bewährte Formate sehr genau, wenn sie feststellen: „Das Neue der massenkulturellen Phase gegenüber der spätliberalen ist der Ausschluss des Neuen. Die Maschine rotiert auf der gleichen Stelle. Während sie schon den Konsum bestimmt, scheidet sie das Unerprobte als Risiko aus. Misstrauisch blicken die Filmleute auf jedes Manuskript, dem nicht schon ein Bestseller beruhigend zu Grunde liegt. Darum gerade ist immerzu von idea, novelty und surprise die Rede, dem, was zugleich allvertraut wäre und nie dagewesen. Ihm dient Tempo und Dynamik. Nichts darf beim Alten bleiben, alles muss unablässig laufen, in Bewegung sein. Denn nur der universale Sieg des Rhythmus von mechanischer Produktion und Reproduktion verheißt, dass nichts sich ändert, nichts herauskommt, was nicht passt".

Eng verbunden mit dem Rückgriff auf Formate als Risiko mindernde Produktionsstrategie ist der Einsatz von Stereotypen. Stereotype als Darstellung einer identifizierbaren sozialen Gruppe, die diese Gruppe mit spezifischen Wesens- oder Verhaltensmerkmalen verknüpft, sind eine Art „Informationskonzentrat" (Steininger 2004, 190), eine effiziente Möglichkeit, den Produktionsprozess zu beschleunigen und Risiken zu mindern. Das fängt damit an, dass Produzent und Talent-Agentur z.B. über Stereotype sicher kommunizieren können, beide haben eine Vorstellung, wie eine „typische" Karriere- oder Hausfrau, ein typischer Privatdetektiv oder Neo-Nazi aussehen und agieren können muss. Aber auch Schauspieler, Drehbuchautoren kennen die Regeln, nach denen Stereotype geformt werden. Das alles erleichtert die Produktionsarbeit und sichert eine mehr oder weniger von Routinen bestimmte und damit vorhersagbare Produktqualität. Das Ergebnis sind die warenförmig konfektionierten Angebote an Unterhaltung und Gebrauchsinformation der Kulturindustrie. Auch das Starsystem, wie es vor allem im Hollywood-Kino systematisch ausgebaut wurde, obwohl es keine Erfindung des Kinos ist (Hickethier 1997) und heute auch im Fernsehen oder in der Musikindustrie zu finden, kann als Risiko mindernde Produktionsstrategie eingestuft werden. Der kontinuierliche Publikumserfolg, der einen Darsteller/Entertainer erst zum Star macht, hängt zwar von vielen Faktoren ab, aber zweifellos werden Stars auch „gemacht", ja eine ganze „Starindustrie"(Saxer 1997, 214) dient ihrem Aufbau (vgl. auch Kruse 2001). Der Star dient der Aufmerksamkeitserregung und -steuerung, er ähnelt dem Markenartikel in der Konsumgüterindustrie, enthält wie dieser ein Qualitätsversprechen. Während der Hollywoodstar dem Publikum vor allem den Aufbau von Emotionen ermöglichen soll, lassen sich nach Strobel/Faulstich (1998) bei den eher nationalen Fernsehstars neben diesen „auratischen" auch „affirmative" und „subversive" Stars unterscheiden, womit sich ausdifferenzierenden Rezeptionserwartungen und Rezeptionsweisen entsprochen werden soll.

Weniger unmittelbar schlagen sich die herstellungsbezogenen Strategien der Unsicherheitsbewältigung in den Medienprodukten nieder, obwohl auch sie nicht ohne Einfluss bleiben. Die wichtigste Strategie ist wohl die, Produktionsaufträge nach Track Records zu vergeben, also nach der Zahl der Projekte, die ein Produzent bereits mit Erfolg produziert hat und dem Ruf, den er sich damit in bestimmten Bereichen erworben hat (Kallas 1992). In den USA ist für Track Records die plastische Bezeichnung des Karriere-Portfolios erfunden worden (Ettema/Whitney/Wackman 1987, 756). Ein erfolgreicher Produzent ist nicht nur für die produzierende Organisation ein Risiko mindernder Faktor, es lassen sich, z.B. für einen Film, auch eher Kapitalgeber finden, wenn das Projekt mit einem bekannten Namen verbunden ist und nicht mit dem eines unbekannten Neulings. Denn dieser erfolgreiche Produzent wird nun seinerseits das eigene Risiko wiederum dadurch zu verringern versuchen, dass er sich bemüht, das notwendige kreative Personal aus dem „innersten Zirkel" (Faulkner 1982, referiert bei Ettema u.a. 1987) der Bewährten und Erfolgreichen anzuheuern, was das Risiko eines totalen Fehlschlags noch einmal mindert.

Ähnliche Funktionen haben auch Stars, die nicht nur höheren Publikumserfolg versprechen – auch wenn das Versprechen mitunter nicht eingelöst wird –, die vor allem auch die Fähigkeit haben, Ressourcen zu mobilisieren und zu bündeln. Sie haben als „Marke mit Signalwirkung" eine Katalysator- und Legitimierungsfunktion bei der Ressourcenbereitstellung. „Stars ziehen ebenso reputierte Talente wie Produktions- sowie Promotion- und Advertisingbudgets auf sich" (Gaitanides 2001, 20). Mit Stars verbindet sich die Hoffnung auf so genannte Winner-takes-all-Märkte, auf denen die höchsten Rangplatzinhaber enorme Renten abschöpfen. Denn Stars stehen in einem „Positionsrennen", bei dem der Gewinner die Nachfrage auf sich konzentrieren kann, während alle anderen weitgehend leer ausgehen. So erzielten Filme mit Stars wie Tom Cruise und Jim Carrey zwischen 1992 und 1998 durchschnittliche Einspielergebnisse in Höhe von 32 Millionen Dollar, alle anderen Filme hingegen nur durchschnittlich 9 Millionen (Burman 1998, zitiert nach Gaitanides 2001, 11). Die mit dem Stareinsatz verbundene Hoffnung ist, an die Erfolge der Vergangenheit anknüpfen zu können.

Auf den besonderen Stellenwert der Forschung, den Faktor Unsicherheit der Nachfrage für die Medienproduzenten als Organisationen, also die Medienunternehmen, möglichst zu begrenzen, soll an dieser Stelle wenigstens verwiesen werden (vgl. ausführlich Kapitel 9.2). Dieser Stellenwert der Forschung ist einerseits eine organisatorische Besonderheit vor allem der Rundfunk- und der werbefinanzierten Medien, andererseits muss Forschung aber auch als herstellungsbezogene Strategie der Unsicherheitsbewältigung verstanden werden. Forschung kann im Produktionsprozess von Medien für die Unternehmen ja vier Informationsfunktionen übernehmen: sie dient

1. der Markterkundung nach möglichen neuen Produkten oder neuen Märkten;

2. als Evaluationsstrategie im Entwicklungs- und Produktionsprozess immaterieller Werke mit dem Ziel der Produktoptimierung;

3. als Erfolgskontrolle nicht nur der Distribution von Kopien, sondern so weitgehend wie möglich auch der Endproduktion der Dienstleistung durch Kooperation des Dienstleistungsnehmers. Sie liefert

4. damit auch einen Maßstab für Publikumsattraktivität.

Forschungsergebnisse aus allen vier Funktionsbereichen fließen in die Produktionsentscheidungen der Medienunternehmen unmittelbar ein. Als Beispiel für die erste Funktion kann das bereits erwähnte österreichische Nachrichtenmagazin News gelten, von dem dokumentiert ist, dass es mit Hilfe der Forschung konzipiert wurde (Koch 1998). Dem Start vorausgegangen war eine ziemlich umfängliche Markterkundung – natürlich auch bei den potentiellen clients, den Werbekunden – nach Erfolg versprechenden neuen Konzepten und Ideen. Die Kombination mehrerer getesteter, d. h. vor allem in den USA erfolgreicher Zeitschriftenformate zu einem einzigen Blatt war mit Blick auf die Struktur des wirtschaftlich kleinen österreichischen Zeitschriftenmarktes eine Produktinnovation.

Als Beispiel für die zweite Funktion wurde bereits auf die Versuche der amerikanischen Networks verwiesen, die Erfolgsaussichten von Serien beim Publikum mit einer speziellen Programmforschung in einem möglichst frühen Stadium der Produktion zu testen, um einerseits die Produktionskosten für programmliche Misserfolge zu sparen, andererseits mit Flops gar nicht erst auf dem Markt zu erscheinen, weil diese die Ratings, den Erfolgsmaßstab der Flow production, verderben und die Werbekundschaft verunsichern. Diese Form der Forschung ist offenbar, im Vergleich zu der amerikanischen Praxis, bei den europäischen Fernsehunternehmen noch immer relativ wenig verbreitet (Stipp 1996).

Der dritten Funktion der Forschung dienen die kontinuierliche Fernsehforschung und die regelmäßigen Reichweitenanalyen der periodischen Printmedien und des Hörfunks. In beiden Fällen handelt es sich ja um weithin akzeptierte Konventionen, mit deren Hilfe die Medienindustrie intern wie im Verhältnis zur Werbewirtschaft misst und unter Beweis stellt, dass Phase zwei ihrer Dienstleistungsproduktion realisiert wurde, die benötigten externen Produktionsfaktoren der Rezipienten eingebracht wurden,. Als Maßstab für Publikumsattraktivität beeinflussen die Forschungsergebnisse Produktions- und Distributionsentscheidungen. Allerdings ist dieser Maßstab dafür sehr grob. Reaktionen des Fernsehpublikums sind ja nur in der wenig differenzierten Form von Einschalten/Um- und Ausschalten möglich, wobei man auch hier genau sein sollte: Wenn ich nicht im Panel bin, bei dem die Ratings gemessen werden, kann ich ein- und ausschalten soviel ich will, das ist für die Fernsehorganisation völlig belanglos, ja sie hat nicht einmal Kenntnis davon. Ratings können zudem, wie jeder Fernsehforscher bestätigen wird, von allen möglichen Faktoren und nicht zuletzt dem Wetter abhängen, das sich in einer belgischen Studie als der Faktor herausstellte, der allein die größte Varianz in der Fernsehnutzung erklärte (Roe/Vandenbosch 1996).

Ungeachtet ihres Stellenwerts in den Medienorganisationen scheint die Fähigkeit der Forschung, die prinzipielle Unsicherheit der Medienproduktion zu mildern, insgesamt ziemlich begrenzt, ihr Hauptwert für die Medienunternehmen vor allem in den konsentierten Indikatoren einer Erfolgskontrolle zu liegen. Dabei muss man auch sehen, dass die gerade diskutierten Produktionsroutinen für Produzenten und Kreative ja nicht zuletzt auch eine Entlastungsfunktion haben. Sie brauchen über Publikumsakzeptanz nicht weiter nachzudenken, weil diese Akzeptanz durch den Einsatz der Routinen unterstellbar wird. Forschungsergebnisse, die diese Routinen ernsthaft in Frage stellen, ohne gleichzeitig wiederum routinisierbare neue Produktionsstrategien anzubieten, dürften hier schwerlich viel bewirken.

Das bedeutet allerdings auch, dass Vorstellungen von den Wünschen und Präferenzen des Publikums die Medienproduzenten bei ihrer Arbeit kaum leiten, dass es vielmehr ihre Vorstellungen von einem professionell gemachten und deshalb erfolgreichen Produkt sind. In der Produktionskette sind daher auch Produkt-Image, Vorgesetzte und Kollegen die eigentlichen Orientierungspunkte der Arbeit und nicht die Akzeptanz durch das Publikum. Die relativ dürftigen Vorstellungen von Kreativen und Journalisten von ihrem Publikum, auf die viele einschlägige Studien verweisen, dürften ihre Ursache wesentlich in diesen Routinen haben und in der daraus resultierenden Orientierung im Produktionsprozess primär an professionellen Standards und Qualitätsdefinitionen, in die allenfalls sekundär Vorstellungen über Bedürfnisse und Präferenzen des Publikums einfließen (Vgl. Kapsis 1986). Man muss sich allerdings auch fragen, ob Kreative und Journalisten mit einem besseren Bild von ihrem Publikum tatsächlich etwas anfangen könnten und ob die Medienprodukte dadurch wohl irgendwie verändert würden. Angesichts der gerade besprochenen Routinen dürfte die Antwort eher skeptisch ausfallen. Denn auch ein via Forschung vermitteltes genaueres Bild vom Publikum kann eines der Hauptprobleme der Medienproduktion nicht lösen, die Unsicherheit der Nachfrage, die ja vor allem in der Gutspezifik von Medien begründet ist.

6.2.1.2 Strategien bei der Produktion von Medieninformation

Nach Ettema et al (1987) versuchen Medienorganisationen, die Nachrichten und aktuelle Information produzieren und distribuieren, das Problem der Unsicherheit auf drei Ebenen in den Griff zu bekommen:

1. durch eine bürokratisch organisierte Produktion von Nachrichten und Information,

2. durch Routinen und Konventionen, die dabei zur Anwendung kommen,

3. durch Strategien, innerorganisatorische Konflikte zwischen verschiedenen journalistischen Werten, aber auch zwischen diesen und unternehmerischen Zielen zu managen.

Nachrichtenmedien haben ja ebenso wie die Produzenten von Medienunterhaltung, wenn nicht in noch stärkerem Maße, mit erheblicher Unsicherheit zu kämpfen. Das fängt damit an, dass sehr viel mehr Material zu Nachrichten verarbeitet werden könnte, als tatsächlich für das eigene Medium ausgewählt werden kann. Das schafft prinzipielle Unsicherheit hinsichtlich der „richtigen" Auswahl. Zum anderen herrscht Unsicherheit darüber, wo Nachrichten entstehen werden. Die Organisation, die Nachrichten produziert, muss folglich ex ante Entscheidungen treffen, ob und wo sie z.B. Büros einrichtet, wohin sie Korrespondenten schickt. Und wenn Nachrichten an unerwarteten Orten entstehen, wie es bei Katastrophen, plötzlichen Unruhen an irgendeinem Platz der Welt ja zumeist der Fall ist, herrscht Unsicherheit, ob und mit welcher Umorganisation der vorhandenen Ressourcen man darauf reagieren soll.

Nachrichten, definieren Ettema et al.(1987, 765), sind „the product of bureaucratically strucured organizations. The work of gathering, assembling, and selecting news is left primarily to workers who are relatively low in the hierarchy but who, in Western industrialized countries, are considered professionals and given substantial autonomy". Nach dem Schema von Turow gehören auch Korrespondenten oder Nachrichtenredakteure in die Akteursgruppe der Creators, zählen also zu den – individuellen – Medienproduzenten, nun von Information, die, ähnlich den Maklern in der Unterhaltungsproduktion, durch Professionalität und implizites Wissen einerseits, weitgehende Autonomie andererseits, Unsicherheiten der Medienproduktion auffangen sollen, mit denen sich die produzierende Organisation konfrontiert sieht. Auch hier heißt das inhaltsbezogene Rezept zur Lösung oder zumindest Schmälerung dieser Unsicherheiten: Entwicklung von Routinen oder die „Routinisierung des Unerwarteten" (Tuchman 1973). Denn es gibt ja keine Nachrichten „an sich". „To understand what becomes news we must understand the routines that go into its construction". Für Shoemaker und Reese (1991, 88), von denen dieses Zitat stammt, sind Routinen einer der von ihnen untersuchten Faktoren, die Medieninhalte beeinflussen und formen.

Eine solche Routine als Strategie der Begrenzung von Unsicherheit ist die Entwicklung von Nachrichtentypen oder -formaten, z.B. hard vs. soft news, Blitz- vs. Dauernachrichten. Diese Typisierung legt den professionellen Umgang mit dem Nachrichtenmaterial fest: Blitznachrichten müssen sofort, auch unter erhöhtem Ressourceneinsatz, bearbeitet und publiziert werden, Dauernachrichten sind wichtig genug, dass man das Thema über Tage, Wochen, Monate behandeln wird und den entsprechenden Nachrichtenraum dafür einplant. Diese Typisierungen nehmen in der Regel die Nachrichtenleute im Rahmen ihrer Autonomie vor.

Schon Walter Lippmann (1964, 240f) hat ja auf die Notwendigkeit von Routinen und Standardisierung im Journalismus aufmerksam gemacht. „Ohne Standardisierung, ohne Stereotypen, ohne Routineurteile stürbe der Redakteur bald an Aufregungen". Für die Auswahlvorgänge, „welche Artikel an welcher Stelle mit wie viel Raum und unter welchem Akzent erscheinen sollen" gibt es, so Lippmann, ja keine objektiven Regeln, wohl aber Konventionen. Ein standardisiertes Produkt spare Zeit und Mühe und sei gleichzeitig eine „Teilgarantie gegen Misserfolg".

Routinen zur Bewältigung von Unsicherheit sind auch die in der Kommunikationswissenschaft diskutierten Nachrichtenfaktoren oder Nachrichtenwerte (vgl. auch Luhmann 1996). Mit ihrer Hilfe, also mit Hilfe von Faktoren wie räumliche, politische, kulturelle Nähe, Relevanz oder Zentralität, Prominenz oder Überraschung soll der Journalist instand gesetzt werden, über die Publikationswürdigkeit von Nachrichtenmaterial zu entscheiden. Die für das jeweilige Nachrichtenmedium gültigen Grundregeln des redaktionellen Kurses werden zwar von der Führungsebene der Medienorganisation festgelegt, die diesen Kurs verwirklichenden Routinen aber durch eher informelle Sozialisation in die Organisation vermittelt. So stellt auch Thomas Curtius (1998, 235) als Ergebnis seiner Untersuchung von n-tv fest: „Einen niedergeschriebenen Kriterienkatalog, nach dem Themen für die Berichterstattung ausgewählt werden, gibt es bei n-tv nicht. Die Auswahlentscheidungen scheinen vielmehr so internalisiert, dass die Journalisten sie auf Fragen kaum näher benennen konnten. Als Selektionskriterien gaben die einzelnen Gatekeeper übereinstimmend vielmehr allgemeine, schwer fassbare Kriterien wie ‚die eigene journalistische Erfahrung' und ‚was politisch und gesellschaftlich relevant ist' an".

Eine herstellungsbezogene Strategie, die vor allem die Unsicherheit abbauen soll, dass man am Ort des Geschehens im akuten Fall auch tatsächlich vertreten ist, ist die Inanspruchnahme von, wiederum weitgehend routinisierten, externen Nachrichtenquellen, also vor allem von Diensten der Nachrichtenagenturen. Dass diese Verbindungen zu Zulieferern, natürlich aus Kostengründen, zum Teil so eng sind, dass eine eigenständige Nachrichtenbeschaffung fast ganz entfällt, macht wiederum das Beispiel n-tv deutlich. Die Deutsche Fernsehnachrichten-Agentur DFA „wickelt für n-tv rund 90 Prozent der Berichterstattung aus dem Inland ab sowie fast die gesamte Korrespondententätigkeit im Ausland" (Curtius, ebenda 212).

Dass diese Routinen das Nachrichten-Angebot der Medien nach Form und Inhalt in hohem Maße prägen, muss hier nicht näher erläutert werden. Stattdessen soll etwas ausführlicher noch auf ein zentrales Konzept journalistischer Arbeit eingegangen werden, das das Selbstverständnis von Medienmitarbeitern in Presse und Rundfunk entscheidend prägt, die Objektivität. Die mit diesem Begriff verbundenen Probleme seien hier einmal außer Acht gelassen. Auch das Konzept der Objektivität lässt sich als Routine zur Beseitigung von Unsicherheit begreifen. So fasst z.B. die amerikanische Soziologin Gaye Tuchman (1972, 1973, 1978) Objektivität als routinemäßiges strategisches Ritual auf, das den Journalisten Sicherheit und Arbeitsfähigkeit garantiere. Auch Ettema et al. halten Objektivität für eine Routine, die in Nachrichten produzierenden Organisationen der Effizienz dieser Produktion diene. Um eine Nachrichtenstory objektiv zu erzählen, muss diese in der Regel ja eine Reihe von Kriterien erfüllen, wie zum Beispiel: das Wichtigste steht am Anfang, geschrieben wird in der dritten Person, persönliche Meinungen sollen nicht einfließen oder zumindest kenntlich gemacht werden, Orientierung ausschließlich an den Fakten, Betroffene sollen möglichst zitiert werden, in dem Bericht sollen mehr als nur eine Seite dargestellt werden (Turow 1992, 187). Ein Bericht, eine Story, die diesen Kriterien entspricht, gilt als fair, ausgewogen und neutral, eben als objektiv und das nicht nur unter Journalisten als die Schöpfer solcher Produkte, sondern auch in Medienorganisatio-

nen und in der Öffentlichkeit. Hält sich ein Journalist oder Reporter an diese Objektivitätsrou-
tinen, kann er ziemlich sicher sein, dass seine Geschichte übernommen wird, er nicht um- oder
neuschreiben muss und so mit Blick auf die Deadline in Terminnot gerät. Für die Organisation
bedeutet die Beachtung dieser Routinen nicht nur, dass effizient, sondern – ökonomisch fast
noch wichtiger, wenn man an die schnelle ökonomische Entwertung von aktueller Information
denkt – im vorgegebenen Zeitrahmen gearbeitet wird. Andererseits vermeidet die Organisation
mit solchen Berichten auch jeden Ärger mit betroffenen Parteien oder der Öffentlichkeit generell.

Die Ursprünge der journalistischen Objektivitätsnorm werden von amerikanischen Kommunikationswissenschaftlern daher auch auf solche Überlegungen von Presseunternehmen zurückgeführt, nämlich der Penny press, die in den 1830er Jahren in den USA aufkam. Entstanden ist die Penny press in Reaktion auf die damaligen gesellschaftlichen Veränderungen im
Zuge der Industrialisierung Amerikas und als Herausforderung an die Sixpenny papers, die die
Interessen der wachsenden Arbeiterklasse weitgehend vernachlässigten. Die Penny Press wollte ein Sprachrohr für alle, der Arbeiter wie der Fabrikanten, der Armen wie der Reichen sein,
was auch den ökonomischen Vorteil hatte, Skalenerträge der dank neuer Drucktechniken möglichen Massenproduktion realisieren zu können. Eine Strategie, die dies zu ermöglichen ver-
sprach oder zumindest erleichtern konnte, war die Propagierung des Objektivitäts-Konzepts als
Norm guten Journalismus. Der Grund war vorwiegend strategischer Natur: Das Anliegen,
möglichst alle Schichten der Gesellschaft zu erreichen und bei ihnen als glaubwürdig zu gelten.
Die Lösung war, diese verschiedenen Schichten mit „reinen Fakten" zu versorgen, ihnen „objektive" Mitteilungen zu machen, aber die Meinungsbildung darüber ihnen selbst zu überlassen. Das Ergebnis dieses Balanceaktes zwischen den verschiedenen Interessen von Arbeiter-
und Mittelklasse, Arm und Reich etc. war zwar eine politisch eher farblose Presse vom Typ
„Generalanzeiger", aber „Objektivität" als journalistische Routine und Strategie, ja als Kriterium journalistischer Qualität, wurde erfolgreich installiert.

Dass diese unternehmerische Innovation nicht nur positiv gesehen wird, darauf soll hier
wenigstens verwiesen werden. So sieht Carey (1969) in dem Prozess der Institutionalisierung
dieser journalistischen Norm eine Ent-Intellektualisierung und Technisierung der Rolle des
Journalisten, der mit Einführung dieser Routine weniger intellektuelle als technische Fertigkeiten benötige. Als eine Strategie, Risiko und Unsicherheit der Nachfrage bei informierenden
Medienprodukten zu begrenzen, hat sich das Konzept der Objektivität bei den Produzenten,
Individuen wie Organisationen, jedoch zweifellos erfolgreich durchgesetzt. Aktuelle Entwicklungen im Medienbereich unter sich wandelnden technologischen und Umweltbedingungen
und mit der Tendenz, Medien zunehmend wirtschaftlichen Prioritäten zu unterwerfen, könnten
allerdings eine mögliche Auf- oder Ablösung dieses Konzepts bedeuten. Stichworte, die in
diese Richtung weisen, sind das Vordringen journalistischer Mischformen aus Fakten und
Meinungen, Emotionalisierung und Personalisierung der Berichterstattung (Mast 1998), sowie
die Parzellierung des Medienangebots nach immer enger definierten Interessensgebieten ver-
muteter Leser- und werblicher Zielgruppen. Jedenfalls verweisen Ettema/Whitney (1994, 13)
auf die „Ironie", dass heutige „traditionelle" Werte der journalistischen Produktion, die selbst
Ergebnis von Produktions- und Marketingstrategien einer früheren Geschäftsepoche der Medien sind, als durch neue Strategien der Medienunternehmen gefährdet beklagt werden. Nur

nebenbei bemerkt kann diese „Ironie" auch als Indikator für einen erstaunlich erfolgreichen, Medien übergreifenden Prozess der Internalisierung von Produktionsroutinen gesehen werden.

6.2.2   Marktverhalten und Marktstrategien

In diesem Kapitel soll keine erschöpfende Darstellung der möglichen oder empirisch belegten Marktstrategien von Medienunternehmen versucht werden. Die Literatur zu diesem Thema, zumeist unter dem Label „Management", ist mittlerweile auch für die deutsche Medienbranche sehr umfangreich (vgl. u.a. Friedrichsen 2004, Gundlach 1998, Karmasin/Winter 2000, Sjurts 2002, Siegert 2001a, Wirtz 2003a, 2003b), es gibt Zeitschriften mit diesem Schwerpunkt (z.B. MW Zeitschrift für Medienwirtschaft und Medienmanagement) und an mehreren Fach- und Hochschulen sind Studiengänge speziell zu Medienmanagement eingerichtet worden (vgl. Studienpraktische Hinweise), da in den Medienunternehmen offenbar großer Bedarf an solchen Spezialisten besteht. Hier sollen zunächst knapp und übersichtsartig gängige Strategietypen und Strategiedimensionen dargestellt, und dann ihre Anwendung mit Blick auf die spezifischen Bedingungen der Medienproduktion und Mediendistribution, aber auch auf die aktuelle Situation einer Medienwelt im Umbruch diskutiert werden. Unternehmerhandeln wird zudem in fast allen anderen Kapiteln dieses Buchs diskutiert, die jeweils Facetten davon beleuchten.

6.2.2.1   Strategietypen und Strategiedimensionen

In der betriebswirtschaftlichen Managementlehre lassen sich zwei dominierende Strategiekonzepte unterscheiden: der marktorientierte und der ressourcenorientierte Zugang. Das marktorientierte Konzept baut auf dem Marktstruktur-Marktverhalten-Marktergebnis-Paradigma auf und stellt einen Versuch dar, Struktur, Verhalten und Ergebnis strategisch zu verknüpfen, um Wettbewerbsvorteile beschreiben zu können. Der Ansatz wurde vor allem von Michael E. Porter (1980) entwickelt. Das ressourcenorientierte Konzept führt Unternehmenserfolg vor allem auf die Verfügung über einzigartige Ressourcenbündel zurück, die nicht oder nur schwer imitierbar oder substituierbar sind. Beide Ansätze werden allerdings nicht als sich ausschließend, sondern einander ergänzend verstanden, so dass eine integrative Sicht heute vorherrscht (vgl. Wirtz 2003b, 65f., Sjurts 2002, 18f.).

Marktorientierte Strategien sind im wesentlichen Wettbewerbsstrategien, also der Versuch, sich innerhalb der Branche und gegenüber Konkurrenten möglichst günstig zu platzieren, um Gewinne zu erwirtschaften und die gewinnbringende Position möglichst langfristig zu sichern. Drei Strategietypen lassen sich nach Porter (2000, 37) unterscheiden: Kostenführerschaft, (Produkt-) Differenzierung und die Konzentration auf Schwerpunkte (kosten- oder differenzierungsmäßig). Bei Kostenführerschaft strebt das Unternehmen an, der kostengünstigste Hersteller der Branche zu werden, also billiger als alle anderen zu produzieren, Differenzierung soll in bestimmten Dimensionen zu einmaligen Produkten mit hohem Kundennutzen führen, für den höhere Preise durchsetzbar sind. Konzentration fokussiert die Nische, Marktsegmente mit besonderen Bedürfnissen werden hier bedient. Kostenführerschaft und Differenzierung als Strategien widersprechen einander in der Regel, allerdings verliert diese Regel in der Informations- und Internetökonomie an Bedeutung (vgl. Zerdick u.a. 1999). Die Verfolgung unterschiedlicher Strategietypen bei unterschiedlichen Marktsegmenten innerhalb eines Unternehmens ist am leichtesten in weitgehend getrennten Unternehmenseinheiten realisierbar.

Neben den Strategietypen berücksichtigt z.B. Sjurts (2002) für ihre Analyse der Medienbranche als weitere Strategiedimensionen: strategisches Verhalten, strategischer Weg und Internationalisierungsstrategie. Strategisches Verhalten unterscheidet zwischen einem eher reaktiven oder eher innovativen Verhaltensmuster von Unternehmen. Wettbewerbsstrategien stellen ja nicht nur eine Reaktion auf die Umwelt dar, sondern sind auch Versuche, die Umwelt zu Gunsten der eigenen Unternehmensposition zu gestalten. Strategischer Weg meint das „Grundmuster für Unternehmenswachstum" (Sjurts 2002, 20), das unternehmensintern durch neu aufgebaute Handlungsfelder oder extern erfolgen kann durch Zukäufe von oder Kooperation mit anderen Unternehmen. Diese Strategiedimension war – aus anderer Perspektive – bereits Gegenstand von Kapitel 3.3.5. Internationalisierungsstrategie berücksichtigt den internationalen Wettbewerb, in dem ja auch Medienunternehmen zunehmend stehen. Drei Strategiemuster lassen sich unterscheiden: 1. internationale Strategie. Schwerpunkt bleibt der nationale Heimatmarkt. Internationalisierung erfolgt in Form von Exporten – ein Weg, den Zeitungsverlage häufig gehen. 2. Multinationale Strategie. Gründung von Tochterunternehmen in anderen Ländern, Joint Ventures mit Unternehmen aus anderen Ländern. Strategisches Ziel ist die Anpassung an die kulturellen Gegebenheiten dieser Länder. Ein Konzern wie Bertelsmann z. B. verfolgt diese Strategie. 3. Globale Strategie. Das Unternehmen mit seinen Tochterunternehmen verfolgt eine einheitliche, gegenüber den jeweiligen Landeskulturen indifferente Strategie. Vor allem die größten der Global Players, also AOL Time Warner oder Walt Disney agieren global in diesem Sinne.

Von den hier aufgeführten Strategiedimensionen werden nachfolgend nur einige beispielhaft und mit Blick darauf diskutiert, wie sich Guteigenschaften, Produktionsbedingungen und Finanzierungsmöglichkeiten der Medienbranche darin spiegeln. So ist nach den Analysen von Sjurts (2002) z.B. Kostenführerschaft als Strategietyp auf dem Rezipientenmarkt bei Medien offenbar relativ selten und nur bei Printmedien zu finden, was angesichts einer vollen oder teilweisen Werbefinanzierung allerdings auch kaum verwundern kann. Auf dem Werbemarkt als zweitem Absatzmarkt dürfte dieser Strategietyp dagegen häufig zum Einsatz kommen. Und er wird zweifellos auch auf dem Rezipientenmarkt zunehmen, da in Reaktion auf die Werbekrise aktuell ja rezipientenbasierte Erlösmodelle auch für das private Fernsehen entwickelt werden (vgl. Kapitel 8).

6.2.2.2 Strategien der Produktdifferenzierung

Jürgen Habermas (1978, 200f.)hat im „Strukturwandel der Öffentlichkeit" zwei Funktionen des Marktes für Kulturgüter unterschieden: 1. die ökonomische Funktion der Zugangsermöglichung zu Kulturgütern für immer größere Publika durch geringe Preise und 2. die psychologische Funktion der Zugangserleichterung zu Kulturgütern für immer breitere Schichten durch Komplexitätsreduktion. Ein Beispiel für die erste Funktion ist das Taschenbuch, dessen oft anspruchvolle Inhalte unverändert bleiben, das über niedrige Preise vor allem den ökonomischen und nicht den psychologischen Zugang erleichtert. Ein Beispiel für die zweite Funktion sind Leseringbücher, die durch eine eher am Trivialliteraturschema orientierte Sortimentsstrategie, aber auch durch den Vertriebsweg, der die Schwellenangst vor der Buchhandlung umgeht, vor allem den psychologischen Zugang zum Kulturgut Buch erleichtern.

Was Habermas hier beschreibt, sind einerseits die Vorteile der unternehmensmäßigen Produktion, also die Ausschöpfung von Skalen- und damit Kostenvorteilen bei der Massenproduktion. Es sind andererseits unternehmerische Entscheidungen im Sinne der Differenzierungsstrategie. Taschenbuch oder Halblederband sind Heterogenisierungsstrategien an sich homogener Güter, in diesem Fall Heterogenisierung von Preis und Ausstattung, im Falle des Leseringbuchs auch des Vertriebswegs. Solche Absatzstrategien erweitern die Märkte, die mit Kopien des einmal produzierten immateriellen Werks beliefert werden können. Psychologische Zugangserleichterungen haben in der Regel dasselbe Ziel. Variationen des Zugangs sind aber, wie das Beispiel Elitepresse besonders gut deutlich macht, bei der ja Zugangserschwernisse z.B. durch spezielle Themenwahl und elaborierte Sprache zu beobachten sind, regelmäßig auch Formen der Zielgruppenheterogenisierung, vor allem wenn es sich um werbefinanzierte Medien handelt. Zugangserleichterungen wird ein Medienunternehmen vor allem dann zu verwirklichen versuchen, wenn ein möglichst breites Publikum erreicht werden soll, wie beim werbefinanzierten Privatfernsehen oder der Boulevardzeitung, bei der möglicherweise zugleich Kostenführerschaft angestrebt wird. Zugangserschwernisse, z.B. über hohe Preise, spezielle Inhalte, eine elaborierte Sprache, sollen die Zielgruppe ‚reinhalten'. So ist vom britischen Eliteblatt The Times bekannt, dass es sich in den 1970er Jahren eines Teils seiner Leserschaft, der aus den gesellschaftlichen Nichteliten kam, mit solchen Strategien bewusst zu entledigen suchte, um der Werbewirtschaft eine hochkarätige Zielgruppe anbieten zu können (vgl. Curran/Sparks 1991).

Dass Lesekompetenz im Verlagsbereich als Heterogenisierungsansatz dient, darauf verweisen auch die Ergebnisse einer österreichischen Studie zur Lesekompetenz von Zeitungslesern (Fritz 1992). Lesekompetenz wurde hier in Beziehung zu einzelnen Zeitungstypen gesetzt und es gab deutliche Zusammenhänge: Leser von überregionalen Zeitungen verfügten über eine überdurchschnittliche, Leser der Boulevardpresse über eine unterdurchschnittliche Lesekompetenz. Bei den Lesern der Regionalpresse waren hingegen alle Kompetenzgrade einigermaßen gleichmäßig vertreten. Diese Befunde lassen sich medienökonomisch gut interpretieren: im Falle der überregionalen und der Boulevardpresse wird unterschiedliche Lesekompetenz der Zielgruppe als Differenzierungsstrategie eingesetzt und mit jeweils anderen Relationen der Finanzierung aus Verkaufspreis und Werbung verknüpft (die Boulevardpresse hat in der Regel einen niedrigeren Refinanzierungsanteil aus Werbung). Im Falle der Regionalpresse, die als Werbeträger ja eine möglichst komplette Abdeckung ihres regional definierten relevanten Werbemarktes anstreben muss, ist hingegen die Ausrichtung des Medienprodukts an einer durchschnittlichen Lesekompetenz, die dem größtmöglichen Leserkreis den Zugang ermöglicht, zielführend.

Differenzierungsstrategien sind vor allem für den Bereich der Zeitschriften kennzeichnend, in dem ja eine beeindruckende Titelfülle herrscht. So lag die Zahl der Titel nach der amtlichen deutschen Pressestatistik 1994 (dem letzten Erhebungsjahr) bei 9 093 und die durchschnittlich verbreitete Auflage je Erscheinungstag bei 388 Millionen, ein Zuwachs gegenüber 1980 von 46 bzw. 59 Prozent. Heinrich (2001, 335) hat berechnet, dass ein Bundesbürger, der alles lesen wollte, was als Zeitschrift produziert wird, täglich rund 21000 Seiten lesen müsste. Stark zugenommen seit 1980 hat vor allem die Zahl der Anzeigenblätter (+137%), deutlich gestiegen ist auch das Titelangebot an Publikumszeitschriften (+56%) und Fachzeitschriften (+47%), während die Zahl der politischen Wochenblätter auf 96 Titel zurückgegangen ist (-17%). Im Bereich der (IVW-geprüften vgl. Kapitel 9.2) Publikumszeitschriften ist das Titelwachstum seit Jahren mit sinkenden durchschnittlichen Auflagen je Titel verbunden, eine Entwicklung, von der vor allem Zeitschriften mit hoher Erscheinungsfrequenz (mindestens alle 14 Tage) betroffen sind, deren Titelzahl zudem auch nur unterdurchschnittlich wächst. Für A. Vogel (2002, 467) deutet sich in dieser Entwicklung ein „Strukturwandel des Pressegeschäftes" hin zu Zeitschriften mit geringerer Erscheinungshäufigkeit an. „Hinzu kommen unzählige, einmal erscheinende Sonderhefte, die in einzelnen Objektgruppen sogar periodisch erscheinende Zeitschriften verdrängt haben". Die ständig steigende Titelzahl deutet auf Verlagsstrategien zunehmender Produktdifferenzierung (die mit einem Anstieg publizistischer Vielfalt aber nicht ohne weiteres gleichgesetzt werden kann), auch Nischenstrategien. Die Heterogenisierungsstrategien stoßen aber offenbar bereits auf wirtschaftliche Grenzen. Zwar hat der technische Fortschritt – vor allem auch im Zeitschriftendruck – die Rentabilitätsschwelle für Printmedien gesenkt. Nach einer Analyse von Seufert (2004) ist der Gesamtumsatz der Zeitschriften zwischen 1980 und 1994 jedoch nur um ein Drittel gestiegen und es gibt keine deutliche Tendenz steigender Zahlungsbereitschaft für kleinauflagige Spezialtitel als Folge einer stärkeren Heterogenisierung der Nachfrage.

Die Strategie, Blätter an immer spezielleren Interessen der Leser in ihrer Rolle als Konsumenten oder in ihrer Berufsrolle auszurichten, um so selektive Anreize zu setzen und die Freerider-Mentalität der Leser zu überwinden, stößt auf ökonomische Grenzen nicht nur auf der Kosten-, sondern vor allem auf der Erlösseite. Für die Werbewirtschaft scheint es eine Untergrenze für Auflage und Zielgruppengröße zu geben, die, worauf Seufert zu Recht verweist, auch eine gewisse Skepsis mit Blick auf das Ausdifferenzierungspotential von Online-Publishing aufkommen lässt.

Die im Zeitschriftenbereich voll entfalteten Strategien einer Produktdifferenzierung lassen sich unter mehreren Aspekten diskutieren:
-   es sind Wettbewerbsstrategien im Sinne der monopolistischen Konkurrenz. Gesucht wird die Nische, die vor Preiswettbewerb möglichst schützt und einen relativ sicheren und ruhigen Geschäftsverlauf verspricht;
-   es sind Strategien der Zielgruppenformung durch Setzen von selektiven Anreizen und der unterscheidbaren Positionierung vor allem auch auf dem Werbemarkt (vgl. Kapitel 8.3.2.3)
-   es sind Strategien der Markterweiterung und der Abschöpfung von Verbundvorteilen. Das wird deutlich z.B. an der „Klumpung" von Themenbereichen in den Zeitschriftentiteln der großen Verlagsgruppen. So verlegt Gruner+Jahr u.a. ,Brigitte' und ,Britte Young Miss', ,essen & trinken' und ,schöner essen', ,Eltern' und ,mein Kind und ich'. Hier werden Märkte durch Produktdifferenzierung erweitert und gleichzeitig die Fixkostenbelastung durch Verbundvorteile auch im redaktionellen Bereich reduziert.

Produktdifferenzierung im Rundfunk ist, so Heinrich (1999, 316), „recht schwierig zu implementieren, weil hier nicht ein Produkt angeboten wird, sondern ein täglich wechselndes Produktsortiment, ein Angebot, bei dem nur – und das auch nicht durchgängig – die Angebotsrubriken gleich bleiben, als z.B. Abenteuerfilm, Boulevard-Magazin oder Talk am Nachmittag". Lässt man einmal außer Betracht, dass es sich auch bei Zeitungen und Zeitschriften um periodisch wechselnde, weitgehend einer bestimmten Formatierung folgende Produktsortimente handelt, dann bieten sich für den Rundfunk Spartenprogramme sowie Lokal-/Regionalprogramme als Produktdifferenzierungsmöglichkeit an, die jedoch eine, zumindest für das Fernsehen, wirtschaftlich riskante Nischenstrategie sind, So erzielten die bundesweit ausgestrahlten Sparten- und Zielgruppenprogramme im Fernsehen 2003 Marktanteile zwischen 0,3 (Neun Live) und 4,6 (RTL II) Prozent (Darschin/Gerhard 2004). Weniger risikoreich scheint die Strategie, publikumsattraktive Formate zu Programmmedien auszubauen, die in eine übergeordnete Dachmarke integriert werden, wie es RTL erfolgreich praktiziert (vgl. Zeiler 2003). Die Hauptprogramme schaffen Aufmerksamkeit, Nischenprogramme (wie RTL II) als Teil der „Programmfamilie" profitieren vom Markentransfer (vgl. Siegert 2001a) und schöpfen gleichzeitig die Nischenmärkte ab.

6.2.2.3 Strategien der Ausschöpfung von Skalen- und Verbundvorteilen

Für das Unternehmerhandeln auf Medienmärkten sind die Gütereigenschaften von Medien, ihre Produktionsbedingungen und Finanzierungsmodalitäten ganz entscheidende Größen. Die Gutspezifik, die daraus folgende Kostenstruktur mit hohen Fixkosten für den Prototyp/die First Copy bei stark sinkenden Durchschnittskosten mit steigendem Output und schließlich steigende Skalenerträge bei Werbefinanzierung bauen in die Medienproduktion die Tendenz zur Größe ein und zu einer möglichst vollkommenen Marktabdeckung, sei dieser Markt nun regional, sachlich oder zielgruppenorientiert definiert. Konzentration und Monopolisierung im Bereich der Medien sind das Ergebnis rationalen Unternehmerhandelns in Reaktion auf die spezifischen Produktionsbedingungen in ihrem Geschäftsbereich sowie ihr Ziel der Gewinnmaximierung und langfristigen Gewinnsicherung. Der Monopolist auf dem jeweils relevanten Markt produziert am kostengünstigsten und mit den höchsten Gewinnchancen. Nicht umsonst wurde in den Anfangsjahren des Fernsehens die Lizenz zum Betreiben eines privaten Fernsehkanals in Großbritannien, damals noch ein Verein regionaler Monopolisten, als „Lizenz zum Gelddrucken" bezeichnet. Und die Umsatzrendite der Zeitungsverlage gilt, gemessen am gesamtwirtschaftlichen Durchschnitt, als ungewöhnlich hoch – ein „Indiz für erhebliche Marktzutrittsschranken" (Heinrich 1994, 217). So erscheint nach den Erhebungen von Schütz (2001, 245) in mehr als der Hälfte (56%) aller kreisfreien Städte und Landkreise Deutschlands nur noch eine Tageszeitung, 1954 war das erst bei 15 Prozent aller Städte/Kreise der Fall, die durchschnittliche Zeitungsdichte ist von 2,7 auf 1,6 gefallen.

Die Monopolisierung von Medienmärkten oder die zumindest möglichst vollkommene Abdeckung eines Marktes ist aber nicht die einzige Strategie, die sich für Medienunternehmen aus der spezifischen Güter-, Kosten- und Finanzierungsstruktur ihrer Produkte ergibt, wenn sie ihre Gewinne maximieren wollen. Angesichts der Tatsache, dass die Fixkosten für die Herstellung eines Films, einer Fernsehserie oder einer Zeitungsausgabe hoch sind, ist ein ganzes Bündel von Strategien entwickelt worden, um alle möglichen Skalen- und Verbundvorteile der Medienproduktion zu nutzen. Das Zauberwort dafür heißt Synergien und Ben Bagdikian (1989) hat am Beispiel eines Unternehmens, von ihm Giant Corporation Inc. genannt, einmal beschrieben, wie das funktioniert (vgl. zu den Schwierigkeiten und unerfüllten Synergie-Träumen Negus 1997). Giant Corporation ist ein in allen Medien engagierter Konzern. Eine der konzerneigenen Zeitschriften erwirbt z.B. die Rechte an einem Artikel. Der Artikel hat Erfolg und wird zum Buch ausgeweitet. Der Autor von Artikel und Buch wird in den Zeitschriften und Rundfunkstationen des Konzerns ausführlich interviewt. Auch das Buch wird dank dieser Unterstützung ein Verkaufserfolg. Das erfolgreiche Buch wird zu einem Drehbuch umgearbeitet und in den konzerneigenen Studios wird der entsprechende Film gedreht, der dann, natürlich wiederum mit viel publizistischer Begleitmusik, in den konzerneigenen Kinos läuft. Der Soundtrack des Films kommt als CD der Giant Musikproduktion heraus und der Interpret macht, dank der Titelgeschichten in den Zeitschriften und der Interviews in den Fernsehstationen des Konzerns, eine Blitzkarriere. In den konzerneigenen Radiostationen wird der Titel permanent gespielt und der Verkaufserfolg der CD ist gewaltig. Der Film kommt als Videokassette des Konzerns heraus und wird – mit zeitlichem Abstand – dann auch im konzerneigenen Fernsehen gezeigt. Schließlich werden die Rechte an all diesen Produkten weltweit ausgewertet.

Was Bagdikian in seinem Beispielskonzern als Modell einer mustergültigen Abschöpfung von Skalen- und Verbundvorteilen der Medienproduktion beschreibt, lässt sich auch am Ausbau der Medienkonzerne ablesen, die offenbar solche Abschöpfungsstrategien verfolgen.

Illustrieren lässt sich das am Beispiel der Castingshow ‚Deutschland sucht den Superstar', die RTL ab November 2002 auszustrahlen begann. Dieses Format ist in mehrfacher Hinsicht bemerkenswert, verweist es doch auf eine Reihe von Entwicklungen, die Absatz- und Vermarktungsstrategien der Medienunternehmen in Zukunft wohl zunehmend bestimmen werden (vgl. Köhler/Hess 2004). Zu diesen Entwicklungen gehören:

-   die Produktion nicht von einzelnen Sendungen oder Serien, sondern von ‚Produktfamilien',
-   die Produktion in Unternehmensnetzwerken,
-   die forcierte Erschließung zusätzlicher Erlösquellen neben der Werbung,
-   der Einsatz von Fernsehkanälen überwiegend als Marketinginstrument in komplexen Geschäftsmodellen.

Das Format ‚Deutschland sucht den Superstar' wurde in Großbritannien entwickelt, die Bertelsmann-Tochter Fremantle Media hält die Rechte daran. Fremantle Media zählt zu den dominierenden Produktionsunternehmen in Europa, vermarktet nicht nur Lizenzen von erfolgreichen Formaten, sondern produziert für die jeweiligen nationalen Märkte adaptierte Versionen selbst oder stellt zumindest Know how zur Verfügung. Das gilt natürlich insbesondere für die acht europäischen Länder, in denen die RTL-Goup, einer der Hauptumsatzträger des Bertelsmannkonzerns, der ja weniger als ein Drittel seiner Umsätze noch in Deutschland erwirtschaftet (vgl. Röper 2004), mit 23 Fernsehsendern vertreten ist. Für das Format wurde von RTL eine eigene Dramaturgie entwickelt, deren Struktur sich wie folgt darstellen lässt (vgl. Abbildung 6.2).

Die ‚Produktfamilie' aus zeitlich gestaffelten Fernseh- und Printangeboten, Speichermedien und Onlinediensten sowie Merchandisingartikeln wurde weitgehend innerhalb des Bertelsmannkonzerns produziert. RTL-Chef Gerhard Zeiler (2003, 291) beschreibt, wie das funktioniert: „RTL als Sender, die Grundy Light Entertainment als Produktionsfirma der RTL-Group, als Plattenfirma die BMG und RTL-Enterprise für das übrige Marketing, im Kreis dieser ‚Familie' stimmen wir uns gegenseitig ab". Insgesamt waren 14 Unternehmen zu einem Produktionsnetzwerk verbunden, von denen 12 zum Bertelsmannkonzern gehören, zwei kooperierende Partner außerhalb des Konzerns waren. Abbildung 6.3 stellt das Netzwerk einmal grafisch dar.

Die Koordination des Projekts lag bei RTL, das Magazin zur Show brachte die Bertelsmann-firma Arvato heraus, neben RTL wurden auch VOX und VIVA mit speziellen Magazinen zur Show für den Bereich Fernsehen eingesetzt, neben BMG war auch i2i für den Musikbereich zuständig, Universum-Film kümmerte sich um Zusammenschnitte der Show als DVD- und VHS-Kassetten, RTL New Media um die Onlinemedien, Fremantle und Nineteen Television stellten neben den Rechten ihr Know how aus den Projekten in anderen Ländern zur Verfügung. IP Deutschland schließlich organisierte die Vermarktung der Werbezeiten.

Abbildung 6.2: Markteintritt der verschiedenen Produkte der Produktfamilie

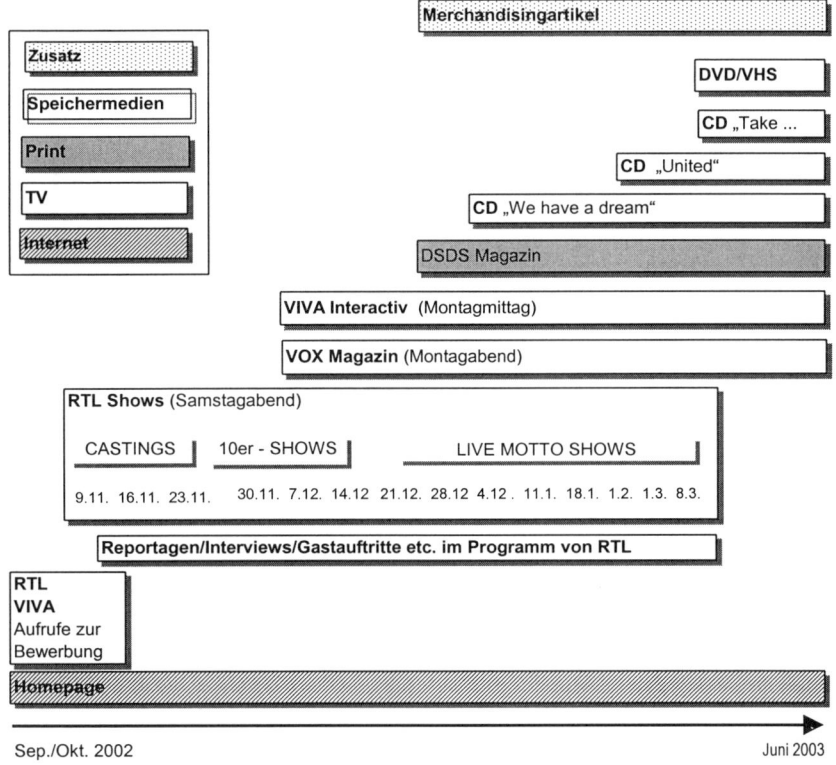

Quelle: Köhler/Hess 2004, S. 35.

Die Wertschöpfungskette dieser ‚Produktfamilie' kommt der von Bagdikian beschriebenen ziemlich nahe. Auch hier wird auf crossmediale Promotion und Verwertung einer Grundidee gesetzt. Hinzu gekommen ist der Einsatz der Onlinemedien, auch die Zahl der Erlösquellen ist erhöht, neben Werbeeinnahmen und Verkaufserlöse treten Call-in-Erlöse, die vor allem durch telefonische Abstimmungen erzielt werden (vgl. Kapitel 8.4). Nach Recherchen des Spiegels (38/2004, 103) sollen es zur Endabstimmung von ‚Deutland sucht den Superstar' etwa 4,5 Millionen Anrufe gewesen sein, die RTL Call-in-Erlöse in Höhe von rund 1,2 Millionen Euro bescherten. Neu ist, dass der aus Sicht der Musikindustrie eher interne Vorgang des Castings hier zu einem medialen Primärprozess wird, der nicht nur hochprofitabel ist, also vom Kostenfaktor zum Erlösbringer mutiert, sondern der auch das Risiko, einen musikalischen Flop auf den Markt zu bringen, durch die vor allem über die Fernsehsender geschaffene Bekanntheit der ‚Stars' deutlich reduziert. Die Singles und Alben zur Sendung erreichten ja Auflagen von jeweils rund einer Million. Das Medium Fernsehen übernimmt in diesem Format zentral eine Promotion- und Marketingfunktion für die ‚Produktfamilie' insgesamt, indem es Aufmerksamkeit, Bindung und Reputation schafft und auf die ‚Familienmitglieder' überträgt.

Abbildung 6.3:   Unternehmensnetzwerk von "Deutschland sucht den Superstar"

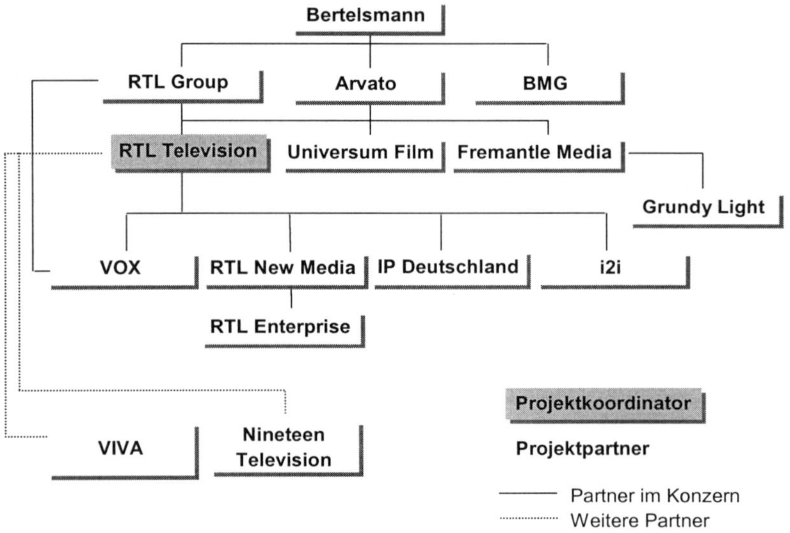

Quelle: Köhler/Hess 2004, S. 33.

Man muss Konzernstrukturen wie die von Bertelsmann und crossmediale Verwertungsmodelle wie das gerade skizzierte vor Augen haben um zu begreifen, wie sich die Produktion von Medien einschließlich Vertrieb und Handel in den letzten 10 bis 20 Jahren auch in Europa in Richtung industrieller Produktion verändert hat. Das kommunikationswissenschaftliche Bild vom Kommunikator, der mit seiner Medienbotschaft in einen wie auch immer vorgestellten Kommunikationsprozess mit seinem Publikum treten möchte, mutet da fast nostalgisch an. Der Ausbau des Bertelsmann- und anderer Medienkonzerne, wie er von Röper (zuletzt 2004) seit der Zulassung privater Rundfunkveranstalter in Deutschland kontinuierlich beobachtet wird, vermittelt einen Eindruck von der Dynamik der Entwicklung. Aber auch das strategische Ziel von Unternehmenswachstum und Diversifikation wird erkennbar: hier werden nicht nur Transaktionskosten minimiert, sondern Verwertungsmöglichkeiten maximiert und Produktionsrisiken begrenzt.

6.2.2.4 Strategien der Kostenreduktion und Einnahmenmaximierung

Die Suche nach Synergieeffekten und Verbundvorteilen quer über alle Mediengrenzen, wie sie aktuell für die Medienindustrie kennzeichnend ist, hat ihre Antriebskraft, das muss man auch sehen, nicht nur in kapitalistischem Gewinnstreben. Hinzu kommt eine explosionsartige Vervielfältigung der Medienkanäle und damit verbunden eine Fragmentierung des Publikums mit Folgen für die Medienfinanzierung (vgl. auch Kapitel 8). Vor allem die Liberalisierung und Privatisierung der Rundfunkmedien, aber auch die Produktdifferenzierungsstrategien der Zeitschriftenverleger, haben zu einer Überversorgung mit Medien geführt. Übersicht 6.2 zeigt einmal die Entwicklung im deutschen Fernsehen und Hörfunk.

Übersicht 6.2: Durchschnittliche Einschaltquoten und durchschnittliche Nutzerzahlen von Hörfunk und Fernsehen

	1980	1990	1993	1994	1996
Hörfunk: Ø Einschaltquote in %[1]	0,32	0,09	0,07	0,06	0,05
Ø Nutzerzahlen[2]	160 000	45 000	35 000	30 000	25 000
Fernsehen: Ø Einschaltquote in %[1]	3,09	1,48	0,67	0,79	0,69
Ø Nutzerzahlen[2]	1 545 000	999 000	335 000	553 000	482 000

1) Jahrenutzungsdauer des Ø Rezipienten, dividiert durch das Programmangebot pro Jahr (x 100).
2) Erwachsene ab 14 Jahren.

Quelle: Heinrich 1999, S. 135 und 460.

So ist die durchschnittliche Einschaltquote, hier berechnet als die Jahresnutzungsdauer pro durchschnittlichen Rezipient dividiert durch das Programmangebot pro Jahr, zwischen 1980 und 1996 beim Hörfunk von 0,32 Prozent auf 0,05 Prozent gefallen, beim Fernsehen von 3,09 auf 0,69 Prozent. Das bedeutet, eine durchschnittliche Programmstunde im Fernsehen wird nicht mehr von über drei, sondern nur noch von wenig mehr als einem halben Prozent des Fernsehpublikums genutzt, eine durchschnittliche Programmstunde im Hörfunk hat nur noch 25.000 statt 160.000 Hörer. „Weit über 99 Prozent der gesamten Produktion", so Heinrich (1999, 135) „sind Streuverluste". Der Kampf um Marktanteile gleicht einem Nullsummenspiel, denn der zeitlich absolut begrenzte Gesamtkonsum verteilt sich lediglich auf mehr und mehr Programme. Aus gesamtwirtschaftlicher Sicht bedeutet dies, dass hier knappe Ressourcen verschwendet werden, aus einzelwirtschaftlicher Sicht verweist diese Entwicklung auf abnehmende Refinanzierungsmöglichkeiten von Rundfunkprodukten bei erwerbswirtschaftlicher Organisation.

Was hier am Beispiel Rundfunk oder des erwähnten Lektüreangebots von 21.000 Zeitschriftenseiten pro Tag zahlenmäßig belegt ist, gilt als Problem der Medienbranche generell. Das schnelle Wachstum der Distributionskanäle fragmentiert das Publikum und damit auch den Finanzierungsfundus aus den traditionellen Quellen Werbung und Preise. Die Einnahmen pro Kanal beginnen dünner zu sprudeln. Gleichzeitig verteuern sich durch Überproduktion und verschärften Wettbewerb auf der Beschaffungsseite die nicht beliebig vermehrbaren Inputs der Medienproduktion, also Honorare für kreatives Spitzenpersonal und publikumsattraktive Schauspieler, Lizenzrechte für Filme oder massenattraktive Sportereignisse wie die Olympischen Spiele. Die Möglichkeiten für die Medienproduzenten, eine Refinanzierung von Medienprodukten über nur einen einzigen Distributionskanal zu erreichen, schwinden. Die Medienunternehmen reagieren auf ihre sich verändernde Umwelt mit einer Reihe von Strategien. Eine davon ist die strengere Unterwerfung der Medienproduktion unter kommerzielle Kalküle, ökonomisch gesprochen, die Steigerung der produktiven und der allokativen Effizienz. Produktive Effizienz bedeutet ja, dass man so billig wie möglich produziert, allokative, dass man genau das zu produzieren versucht, von dem man annimmt, dass es den Präferenzen des Publikums bzw. der angepeilten Zielgruppe entspricht. Denkt man an die Schwierigkeit, Qualitätskriterien von Medienprodukten in Produktionsstrategien umzusetzen und an die prinzipiell unsichere Nachfrage, dann scheint die Steigerung der produktiven Effizienz, also die Strategie der Kostenführerschaft, erfolgssicherer zu sein.

Und in der Tat registriert Heinrich (1996, 175) auf dem deutschen Fernsehmarkt, soweit es den Programm- und Rezipientenmarkt betrifft, Initiativen vor allem in diese Richtung. „Publizistische Qualität – in den Dimensionen Aktualität, Richtigkeit, Relevanz und Vermittlung – zu produzieren ist teuer, verbraucht vor allem journalistische Arbeit, und da die Einnahmen mit wachsender Konkurrenz geteilt werden, muss an der Qualität gespart werden.

Die durchschnittlichen Einnahmen pro Programmstunde sind in Deutschland von 1980 auf 1993 im Hörfunk real auf 26 Prozent und im Fernsehen real auf 28,9 Prozent des ursprünglichen Werts gesunken. Damit müssen auch die Inputs der Medienproduktion billiger werden und Beispiele lassen sich denn auch zahlreich finden:

-    Mehrfachverwertung und Wiederholungen nehmen zu (...)
-    Billige Produktionselemente nehmen zu (....)
-    Billige Qualitätsmerkmale gewinnen an Gewicht (...)".

Wege zur billigeren Produktion sind: statt teurer Eigenrecherche der Rückgriff auf kostenloses PR-Material; statt teurer und riskanter Fernsehspiele vergleichsweise billig eingekaufte oder produzierte Soaps und Serien; statt teurer Unterhaltungsshows billige Studioproduktionen wie Talkshows; statt eines abwechslungsreich gegliederten Mischprogramms Formatradio, standardisiert und vom billigen Mitarbeiter Computer gesteuert.

Eine völlig andere Interpretation vom Kostenwettbewerb liefert Meckel (1999, 133f), die im Kostenbewusstsein des privaten kommerziellen Fernsehens eine Qualitätssicherungsstrategie erkennt: „Kostenbewusstsein heißt daher, in der Regel möglichst günstig zu produzieren, um im Ausnahmefall teuer produzieren zu können und hat damit sehr viel (...) mit Qualität zu tun". Und: „fehlender Kostenwettbewerb (...) führt zu Qualitätsverlust". Es soll an dieser Stelle gar nicht bestritten werden, dass Kostenbewusstsein auch im Journalismus seine Berechtigung hat, nur gibt es im Rahmen der ökonomischen Theorie keine Hinweise auf die unterstellten qualitätsichernden Zusammenhänge. Kostenmanagement, „um an anderer Stelle Perlen ins Programm heben zu können" (Meckel, ebenda 135) wäre aus ökonomischer Sicht eher als renditesichernder Aufbau von Reputationskapital (vgl. dazu Kap. 9.1.2.1) zu interpretieren.

Mehrfachverwertung des einmal fertig gestellten Medienprodukts ist eine Strategie, die Inputs der Medienproduktion je Rezeptionseinheit zu verbilligen, sie ist gleichzeitig aber auch eine Möglichkeit, die distributive Produktivität von Medien systematisch kanalübergreifend zu nutzen (vgl. auch Kapitel 8.2.3). Amerikanische Medienökonomen sprechen bei der kanalübergreifenden Mehrfachverwertung der Medienprodukte von Windowing (Owen/Wildman 1992), andere recht plastisch von Kaskadenstrategie, Heinrich (1999, 123) verweist auf die „weniger entlarvende" Bezeichnung als „Content Management". Gemeint ist in jedem Fall die zeitlich, regional und nach Distributionskanälen mit Blick auf die Handhabung des Ausschlussprinzips gestaffelte Verwertung von Medienprodukten, die heute zunehmend schon auf diese Verwertungskette hin produziert werden (vgl. zu den Strategien, Folge- und Nebenmärkte von Film- und Fernsehproduktionen abzuschöpfen auch Clevé 1998).

Von der Grundidee her ist das nichts Neues. So sind ökonomisch erfolgreiche Schöpfungen schon in den 1950er und 60er Jahren im Medienverbund recycelt worden, was sich an einem prominenten Beispiel, den Peanuts, schön zeigen lässt. Werner Faulstich (1986) hat untersucht, wie der Comic-Strip zunächst durch die Printmedien wanderte, ab den 60er Jahren kommen Fernsehen, Spielfilm, Tonträger, Hörfunk und Theater dazu und natürlich dienen die Figuren auch der Werbung und dem Merchandising. Es handelt sich hierbei um eine Studie, die das Ausmaß des Medienwechsels von zunächst Literatur-, dann Medienbestsellern untersucht. Und obwohl die Untersuchungsperspektive eine medienästhetische und nicht medienökonomische ist, verweisen die Ergebnisse deutlich auch auf den ökonomischen Zusammenhang zwischen wachsendem Medienangebot und steigendem Bedarf der Medienindustrie nach bestsellerverdächtigen Stoffen. Dabei hat sich der Rhythmus des Medienwechsels, wie Faulstich feststellt, rapide verkürzt. Lag die Maximalzeit der Adaptation für ein anderes Medium in den 1950er Jahren noch bei 20 Jahren, hat sie sich in den 90er Jahren auf durchschnittlich zwei Jahre verkürzt, das heißt Medienwechsel und zeitlich gestaffelte Mehrfachverwertung eines immateriellen Werks setzen bereits nach zwei Jahren ein. Faulstich bietet aber auch einen Indikator für die Systematik heutiger Mehrfachverwertung: Noch in den 1970er Jahren waren es Bestseller in dem Medium der Erstveröffentlichung, die dann für die anderen Medien adaptiert wurden. Seit den 1990er Jahren werden Bestseller von Anfang an für die Mehrfachverwertung im Medienverbund konzipiert.

Windowing oder die Kaskadenstrategie meint nun, dass die einzelnen „Windows" der Verwertungskette, also die einzelnen Medien, zeitlich gestaffelt zum Zuge kommen, gestaffelt danach, ob das Ausschlussprinzip und eine damit verbundene Preisdifferenzierung voll durchsetzbar sind oder nicht. Bei der Auswertung eines Spielfilms z.B. rangiert das Kino an erster Stelle in der Kette, denn jeder, der sich den Film anschauen will, muss zahlen. Das Kino ist zwar eine vergleichsweise kostspielige Form der Distribution, aber durch seine Bekanntmachungs- und Werbefunktion unentbehrlich für die weitere wirtschaftliche Karriere des Films bei Fernsehen und Video. Durch die Differenzierung in teure Premierenkinos und sog. Nachspielhäuser wird eine zusätzliche Marktabschöpfung nach Aktualität möglich. Bei Videokassetten und Pay-TV, den nächsten Stufen der Verwertungskette, funktioniert das Ausschlussprinzip schon nicht mehr so gut, aber auch hier ist eine Preisdifferenzierung nach der Aktualität und Attraktivität des Films möglich. Dem folgt dann, nach einigen Jahren zumeist, die Auswertung im Fernsehen, bei dem kein Ausschluss möglich ist. Zerdick u.a. (1999, 60) verweisen darauf, dass in diese traditionelle Verwertungskette dank Digitalisierung und Internet neue Verwertungsstufen eingeschoben werden können: Cyber Cinema und Film Online evtl. noch vor der Kinoausstrahlung, Digitale Video Disc (DVD), die die bisherige Verwertungsstufe: Videokassette ergänzen oder möglicherweise auch ersetzen kann, sowie Video on Demand vor Pay-TV. Rezipienten, die auf die für sie kostenlose Ausstrahlung im Fernsehen warten, werden sich dann wohl noch länger gedulden müssen. Auch die Verwertung auf den Auslandsmärkten ist in diese Kette eingebunden (vgl. auch Mosco 1996, 145).

Während bei dieser Kaskadenverwertung das audiovisuelle Produkt weitgehend unverändert die einzelnen Verwertungsstufen durchläuft, geht die Strategie der Medienkonzerne, bei der Medienproduktion vom Unikat zum Modulsystem zu kommen, schon einen Schritt weiter. Die durch Windowing realisierte zeitliche Differenzierung der Distribution wird durch eine Differenzierung nun auch der Medienprodukte ergänzt. Für diese Strategie wurde in Unterscheidung zum „Windowing" auch bereits ein neuer Begriff geprägt: „Versioning". Gemeint ist die Verbreitung von jeweils den Verwertungszusammenhängen bzw. den Nutzenerwartungen von Rezipientengruppen angepassten Versionen eines Medienprodukts (vgl. Zerdick u.a. 1999, 187f.; Knoche 1999a, 170). In bislang noch gar nicht recht abschätzbaren Maße ausbaubar und perfektionierbar wird diese Strategie offensichtlich erst mit der Digitalisierung der Medienproduktion.

Hier soll schließlich noch kurz auf eine andere Verwertungsstrategie eingegangen werden, die offenbar ebenfalls zunehmend an Bedeutung gewinnt: die Vermarktung von Figuren und Ideen in Form von Lizenzvergaben und Merchandising (vgl. auch Kapitel 8.3.2.3). Ein gut dokumentiertes Beispiel, an dem die Grundzüge dieser Strategie deutlich werden, ist die Vermarktung der RTL-Kindersendung Li-La-Launebär (vgl. zu dem folgenden Hollstein 1994). Hauptlizenzfigur war der Launebär, eine Klappmaulpuppe, die zusammen mit dem Moderator durch die Sendung führte. Die Sendung war eine Eigenproduktion, RTL besaß also die Urheberrechte, so dass die sendereigene Merchandisingabteilung die Vermarktung komplett selbst übernehmen konnte. Das spart Gebühren für die sonst notwendige Vermittlungstätigkeit einer Lizenzagentur (30-50%), RTL konnte den Reinerlös von ca. 10 Prozent des Fabrikabgabepreises für alle Launebär-Lizenzen also voll selbst kassieren. 10 Prozent des Fabrikabgabepreises ist ein Richtwert, denn Lizenzen werden nur gegen Garantiesummen vergeben. Bleibt der erwartete Verkaufserfolg aus, hat der Lizenznehmer und nicht RTL den Schaden. Hollstein (ebenda, 28) gibt einen Überblick über die bis Ende 1992 vergebenen Lizenzen. Die lizenzierten Gegenstände gehen quer durch die kindliche Lebenswelt, vom Bademantel bis zur Körperpflege, vom Plüschtier bis zum Partygeschirr. Aus publizistischer Sicht zweifellos prekär war die aktive Verkaufshilfe, die RTL den lizenzierten und geldbringenden Produkten zuteil werden ließ: zum einen in der sendereigenen Zeitschrift, in der die Produkte intensiv beworben wurden, zum anderen aber im Programm selbst, wo die neuesten Launebär-Produkte durch Verlosungen und Gewinnspiele bekannt gemacht wurden.

Diese Kindersendung war sicher nur ein Fall unter vielen, bei denen versucht wird, mit Lizenzprodukten Einnahmen zu erzielen. Aus ökonomischer Sicht ist die Zusatzverwertung publikumsattraktiver Figuren und Ideen einer Sendung eine rationale Strategie. Aus publizistischer Sicht problematisch wird diese Strategie spätestens allerdings dann, wenn Programme schon unter dem Gesichtspunkt der Verwertbarkeit ihrer Figuren und Ideen als Lizenzprodukte konzipiert und ausgewählt werden. Dass dies im US-amerikanischen Kinderfernsehen der Fall ist, darauf hat der kanadische Kommunikationswissenschaftler Stephen Kline (1991) mit seiner Forschungsarbeit aufmerksam gemacht. Die Liebe der Kinder zu Trickfiguren, Klappmaulpuppen und anderen Phantasiefiguren begünstigt eine Mesalliance von Medien- und Spielzeugindustrie, Kinderbekleidungs- und Süßwarenherstellern. Dabei wandeln sich die Erfolgskriterien für Programme. Erfolgskriterien sind nicht mehr die Größe des erreichten Publikums oder die Struktur der Zielgruppe, geschweige denn der Unterhaltungswert eines Programms für die Zuschauer. Erfolgskriterium eines Programms ist die Zahl neuer Trickfilmcharaktere, die sich im

Lizenz- und Merchandising-Geschäft erfolgreich vermarkten lassen. Programmentscheidungen fallen mit Blick auf die Gewinnerwartungen, die für die beteiligten Industrien bestehen. Dass solche Entwicklungen nicht auf den US-Fernsehmarkt beschränkt bleiben, darf als gesichert unterstellt werden (vgl. Weik 1994).

6.3 Medienkonsumenten als ökonomischer Akteur

Der zweite Hauptakteur des Wirtschaftsgeschehens aus ökonomischer Sicht ist der Haushalt oder Verbraucher, der definitionsgemäß nur konsumiert. In der kommunikationswissenschaftlichen Terminologie ist der Verbraucher/Konsument von Medienprodukten der Rezipient. Aus medienökonomischer Perspektive scheint es sinnvoll, Rezipientenverhalten einmal aus der Sicht der Rollenzuweisungen zu betrachten, die der Verbraucher in der ökonomischen Theorie erhält. So lässt sich abschätzen, ob und inwieweit sich Rezipientenverhalten in allgemeine Verbraucherverhaltensmuster einordnet bzw. ob Besonderheiten bestehen. Dies zu prüfen ist auch deshalb sinnvoll, weil in der medienpolitischen aber auch medienwissenschaftlichen Diskussion ja durchaus mit Metaphern gearbeitet wird, die den wirtschaftlichen Funktionszuweisungen an den Verbraucher entspringen. Die gerade im Zusammenhang mit der Einführung privatwirtschaftlichen Rundfunks oder nun von Multimedia vielbemühte Konsumentensouveränität ist die offensichtlichste Anleihe, aber auch Metaphern wie die vom „Zuschauer als Programmdirektor" vermitteln die Vorstellung eines nachfrageinduzierten Medienangebots.

Da verbraucherbezogene ökonomische Theorien hier bislang nicht erörtert wurden, muss dies erst einmal nachgeholt werden (6.3.1.), was auch bedeutet, dass wir uns noch einmal kurz mit dem ökonomischen Verhaltensmodell auseinandersetzen müssen, um abzuklären, ob und inwieweit diese Annahmen auch für den Konsumenten im allgemeinen (6.3.1.3), den Medienrezipienten im besonderen gelten. Anschließend sind die Besonderheiten zu diskutieren, die sich für die Position des Rezipienten aus der Gutspezifik von Medien ergeben (6.3.2.1). Schließlich stellt sich die Frage, ob sich Rückwirkungen auf den Rezipienten als ökonomischer Akteur auch aus den Modalitäten der Finanzierung von Medien, also bei teilweiser (6.3.2.2) oder völliger Finanzierung aus Werbung (6.3.2.3) ergeben.

6.3.1 Der Verbraucher in der ökonomischen Theorie

6.3.1.1 Annahmen zu Funktion und Verhalten des Verbrauchers als ökonomischer Akteur

Die Annahmen der ökonomischen Verhaltensmodells gelten grundsätzlich für alle Akteure im Wirtschaftsgeschehen, also nicht nur für die Produzenten-, sondern auch für die Konsumentenrolle. Auch für den Verbraucher wird angenommen, dass er grundsätzlich seine eigenen Interessen verfolgt (Eigennutzaxiom) und grundsätzlich versuchen wird, im Rahmen der ihm offen stehenden Alternativen die für ihn maximal befriedigende zu finden, also rational zu entscheiden. Auch der Verbraucher als ökonomischer Akteur ist als Maximierer seines individuellen Nutzens konzipiert.

Die Kategorie des Nutzens ist ja zentral im ökonomischen Theoriegebäude. „Nutzen", warnen Samuelson/Nordhaus (1998, 105), ist hier jedoch kein psychologischer Begriff, sondern „ein wissenschaftliches Konstrukt, das Ökonomen verwenden, um verstehen zu können, wie rational handelnde Konsumenten ihre beschränkten Ressourcen auf die Güter aufteilen, die ihre Bedürfnisse befriedigen. *Im Sinne der Nachfragetheorie sagen wir, dass die Menschen danach trachten, ihren Nutzen zu maximieren, was bedeutet, dass sie jenes Bündel an Konsumgütern wählen, das sie unter allen Möglichkeiten präferieren".* Mit Hilfe des – inhaltlich-materiell undefinierten – Konstrukts Nutzen sollen die beobachtbaren Muster der Nachfrage erklärt, also die Frage beantwortbar werden, ob und warum der Konsument bestimmte Güterbündel anderen Güterbündeln vorzieht.

Für das rationale Konsumentenverhalten gibt es nun eine Reihe von wichtigen Grundsätzen. Einer der wichtigsten ist das schon einmal erwähnte „Gesetz der Nachfrage" (vgl. Kapitel 2.2.2) oder des negativen Nachfrageverlaufs, wie Samuelson/Nordhaus (1998, 69) es etwas plastischer nennen. Es besagt: „Wenn der Preis für eine Ware angehoben wird (und alles andere gleich bleibt), neigen die Käufer dazu, weniger von dieser Ware zu kaufen. Ebenso erhöht sich, wenn der Preis gesenkt wird und alle anderen Einflussfaktoren unverändert bleiben, die nachgefragte Menge". Die Stärke des Rückgangs wird durch die vorhandenen Möglichkeiten einer Substitution des verteuerten Guts durch weitgehend homogene Konkurrenzangebote bestimmt („Substitutionseffekt"), aber auch durch den „Einkommenseffekt" der Preiserhöhung, das heißt wie spürbar diese für den Verbraucher ist und sein Realeinkommen vermindert. Mit diesem Gesetz sind nicht nur monetäre Preisveränderungen gemeint, auch andere Kosten wie z.B. Zeitkosten, psychische oder physische Kosten etc. fallen darunter.

Den Effekt monetärer Preisveränderung misst die Preiselastizität der Nachfrage, das Maß für die Substituierbarkeit ist die Kreuzpreiselastizität der Nachfrage. Preiselastizität der Nachfrage misst, ob und inwieweit sich die nachgefragte Menge nach einem Gut ändert, wenn sich der Preis ändert, genauer: prozentuale Mengenänderung bei Gut A dividiert durch die prozentuale Preisänderung bei Gut B. Man spricht von elastischer und unelastischer Nachfrage, je nachdem, ob die Reaktion der Verbraucher auf Preisänderungen stark oder schwach ausfällt. Will man Auskunft über den Grad der Substituierbarkeit von Gütern, muss man ihre Preiselastizitäten in Beziehung setzen. Nehmen wir an, ein Fachbuch ist als Hardcover und als Taschenbuch verfügbar. Die Kreuzpreiselastizität misst dann näherungsweise, um wie viel Prozent sich die Nachfrage nach dem Taschenbuch ändert, wenn sich der Preis des Hardcovers um ein Prozent verändert. Ist die Kreuzpreiselastizität gleich null, sind die Güter unverbunden und stehen in keinem Wettbewerbsverhältnis. Ist die Kreuzpreiselastizität größer als null, also positiv, sind die Güter substituierbar und stehen im Preiswettbewerb, das heißt Preissenkungen bei dem einen Gut führen zu Nachfragerückgängen bei dem anderen. Bei Gütern mit einer negativen Kreuzpreiselastizität handelt es sich um Komplementärgüter, Preissenkungen bei dem einen Gut beleben die Nachfrage auch nach dem anderen, wie z.B. Preissenkungen bei Computern die Nachfrage nach Software begünstigen. Kreuzpreiselastizitäten sind (theoretisch) entscheidend für die Definition relevanter Märkte, können in der Praxis aber kaum genau ermittelt werden.

Ein anderes, Verbraucherverhalten erklärendes Gesetz ist das vom abnehmenden Grenznutzen. Grenznutzen meint den Nutzen, den eine zusätzliche Einheit eines Gutes – eine weitere Portion Eis, ein weiterer Wintermantel, ein weiteres Auto – stiftet und das Gesetz vom abnehmenden Grenznutzen besagt, dass der Grenznutzen mit zunehmender Menge eines konsumierten Gutes abnimmt. Der Grenznutzen der ersten Einheit, des ersten Glases Wasser, das jemand an einem heißen Tag trinkt, ist am höchsten. Der Grenznutzen jeder weiteren Einheit ist bereits geringer und tendiert bei immer mehr Einheiten schließlich gegen Null, der Sättigungspunkt des Konsums ist erreicht. Der Gesamtnutzen des Konsums einer bestimmten Menge eines Gutes addiert sich also aus den unterschiedlichen Grenznutzenbeiträgen der einzelnen Gütereinheiten.

Es besteht unter Ökonomen allerdings Skepsis, ob die These vom grundsätzlich fallenden Grenznutzen wiederholter Konsumaktivitäten auf alle Formen des Konsums verallgemeinerbar ist (vg. Ramb 1993). Bei musischen, idealistischen und kulturellen Aktivitäten gilt das als eher zweifelhaft. Dies erscheint unmittelbar einleuchtend wenn man berücksichtigt, dass es sich bei diesen Aktivitäten ja zumeist nicht um wiederholten Konsum homogener Güter handelt, sondern von immer wieder neuen Produkten, die als Dienstleistung im „Konsumakt" noch jeweils zusätzlich heterogenisiert werden. Hinzu kommt, dass diese Aktivitäten ja zumeist nicht voraussetzungslos Nutzen stiften, sondern die Nutzenstiftung – die Freude an klassischer Musik, das Wohlbehagen bei der Lektüre eines Buchs, die Anregung durch ein Gemälde z.B. – auf erworbenen Fähigkeiten ruht, den Aufbau von – hier schon in Zusammenhang mit der Nachfrageunsicherheit erwähntem – „Consumption capital" (vgl. Stigler/Becker 1977; Scitovsky 1972, 1978) erfordert, das gleichzeitig Anreize zu weiterem Konsum schafft (vgl. auch Kapitel 7.2.1).

Auch der Bezug auf eine bestimmte Konsumperiode spielt für die Gültigkeit des Gesetzes vom abnehmenden Grenznutzen eine Rolle. Wird die Konsumperiode verkürzt und die Konsumgeschwindigkeit damit erhöht, ist verringerte Grenznutzenstiftung gewissermaßen programmiert. Ein Kino- oder Theaterbesuch pro Woche mag Woche für Woche einen gleichgroßen Wohlbefindensgewinn bescheren, beim täglichen Besuch ist das schon fraglich, insbesondere dann, wenn das Kino- oder Theaterangebot wenig abwechslungsreich ist.

Das Gesetz vom fallenden Grenznutzen bezieht sich in erster Linie auf den wiederholten Konsum eines bestimmten, weitgehend homogenen Gutes. Es ist auf Medienangebote, die ja immer zumindest in Teilen Unikate darstellen, daher nur mit Einschränkungen anwendbar. Aber auch hier kann, wie bei den meisten Gütern, ein Sättigungspunkt unterstellt werden. Das geringe Interesse und die geringe Zahlungsbereitschaft der Bundesbürger für ein Fernsehprogrammangebot jenseits der 30-35 frei empfangbaren Kanäle, wie es Umfragen zur Akzeptanz von Pay-TV immer wieder aufzeigen (vgl. Zimmer 1996, 394), lassen sich mit dem Gesetz vom fallenden Grenznutzen erklären. Weitere, mit dem bereits verfügbaren Angebot weitgehend ähnliche Programme, haben einen geringen Grenznutzen und bieten fallenden Grenzgenuss. Und da jeder Konsum gleichzeitig andere Konsummöglichkeiten verhindert (also zu Opportunitätskosten in Geld und/oder Zeit führt), seine Nutzenstiftung vom rationalen Verbraucher folglich mit dem Nutzen alternativer Konsumaktivitäten verglichen wird, fällt die Wahl zwischen Konsumalternativen hier eben in der Regel zu Ungunsten weiterer Programmangebote aus.

Beide Gesetze zum Nachfrageverhalten verweisen darauf, dass an den Verbraucher als rationaler Homo Oeconomicus vergleichsweise hohe Anforderungen gestellt werden. Ramb (1993, 11) spricht daher auch vom „Leid der Konsumfreuden", von „Mühsal, Schaden und Entscheidungszwängen". Zum „Leid der Konsumfreuden" zählen 1. das Leid der Güterbeschaffung, denn fast alles muss produziert werden (durch Unternehmen, Arbeitnehmer aber auch Haushalte, wie wir noch sehen werden), jede Konsumhandlung benötigt einen Ermöglichungsaufwand (entweder Geld oder Material und Arbeit und zumindest Zeit) sowie 2. das Leid der Opportunitätskosten, weil jeder Konsum gleichzeitig andere Konsummöglichkeiten verhindert, für jede Konsumperiode ein Wahlzwang zwischen alternativen Möglichkeiten (Fernsehabend oder Kinobesuch z.B.) besteht. Beides zusammen könnte man mit Ramb auch als Schadensstiftung des Konsums bezeichnen. Das Problem für den Verbraucher nun ist, dass er, um rational entscheiden zu können, das Ausmaß an Schadensstiftung, die mit bestimmten Konsumalternativen verbunden ist, erkennen muss. Er muss als Homo Oeconomicus also den Grenznutzen der verschiedenen Konsumalternativen mit deren Grenzleid vergleichen und seine Konsummenge und -kombination, wenn sie optimal sein soll, so wählen, dass Grenznutzen und Grenzleid jeder Alternative einander entsprechen. Dass der Verbraucher sich, gemessen an den erheblichen Anstrengungen, die ihm die ökonomische Theorie abfordert, in der Regel allerdings als eher unvollkommener Homo Oeconomicus erweist (vgl. 6.3.1.3), kann da kaum verwundern.

Diese Anforderungen an das rationale Konsumverhalten des Verbrauchers hängen mit der ihm von der ökonomischen Theorie zugewiesenen Rolle und Machtposition im Marktgeschehen zusammen. Nach den Vorstellungen der ökonomischen Theorie ist ja der Konsument der Souverän im Marktgeschehen. Das Angebot der Produzenten soll den Präferenzen der Verbraucher folgen, die diese über Zahlungsbereitschaft für die einzelnen Güter und Dienste signalisieren. Diese Annahmen sind im Konzept von der Konsumentensouveränität gefasst. Dieses Konzept geht nicht nur von der Vorstellung des mündigen Bürgers aus, der selbst am besten weiß und entscheidet, was ihm nutzt, sondern auch von dem in seiner Rolle als Verbraucher mit Marktmacht ausgestatteten Individuum, das auf dem Markt auch durchsetzen kann, was ihm am besten dünkt. Diese Marktmacht ruht auf der Zahlungsbereitschaft des Konsumenten und seiner Möglichkeit, diese zu dosieren oder auch zu verweigern. Der Verbraucher verfügt also, der in Kapitel 2.2.2 diskutierten kybernetischen Vorstellung vom Markt als Steuerungs- und Finanzierungssystem entsprechend, über einen finanziellen Sanktionsmechanismus, um im Marktgeschehen seine Präferenzen durchsetzen zu können. Wirtschaftlichen Erfolg soll zumindest langfristig nur der Produzent haben, der sich an den Präferenzen der Konsumenten orientiert, wer dauerhaft daran vorbeiproduziert soll irgendwann aufgeben müssen. Zahlungsbereitschaft oder eben deren Mangel sind für den Produzenten Informationen über die Art und Intensität der Verbraucherpräferenzen, denen er seine Produkte optimal anpassen muss, wenn er am Markt Gewinne erzielen will. Der Marktmechanismus enthält also eine im Konzept der Konsumentensouveränität gefasste institutionelle Sicherung, dass der Schumpetersche soziale Sinn der Produktion trotz Profitmotiv der Unternehmer nicht verfehlt, sondern mehr oder weniger weitgehend verwirklicht wird.

Wichtigste Voraussetzung für das Funktionieren dieses Modells sind direkte ökonomische Austauschbeziehungen zwischen Produzent und Konsument, die in der Regel monetärer Art sind und über das Preissystem gesteuert werden. Ein Problem im Zusammenhang mit Medien, sofern sie ganz oder teilweise werbefinanziert sind, wird hier also schon sichtbar, das später diskutiert werden soll. Von dem gerade skizzierten Modell des rational das Marktangebot steuernden und so seinen Nutzen maximierenden Verbrauchers ist allerdings auch die ökonomische Theorie heute ein Stück weit abgerückt, weil sie zu viele Abweichungen von ihren Verhaltensannahmen feststellen musste. Bevor hier die Unvollkommenheiten des Verbrauchers als Homo Oeconomicus ausführlicher diskutiert werden, soll allerdings noch ein Ansatz kurz vorgestellt werden, der die Dichotomie der Akteursrollen von Produzent und Konsument auflöst.

6.3.1.2 Haushalte als Produzenten nicht marktfähiger Güter

Der Ansatz stammt von Gary S. Becker (1993). Becker kommt über die Erkenntnis, dass die Nicht-Arbeitszeit die Arbeitszeit (Zeit der Erwerbsarbeit) deutlich übertrifft und die Allokation und Effizienz der Nicht-Arbeitszeit für die ökonomische Wohlfahrt einer Gesellschaft vielleicht wichtiger sei als die der Arbeitszeit, zu einer Reformulierung auch der ökonomischen Theorie des Haushalts. Haushalte werden nicht länger nur als passive Konsumenten von am Markt erworbenen Gütern und Diensten verstanden, sondern als aktive Produzenten. Haushalte kombinieren Marktgüter, Zeit von Haushaltmitgliedern, deren Ausbildung, Fähigkeiten und Human Capital sowie andere Kontext-Variablen, um daraus nicht marktfähige Güter bzw. „Basisgüter" (Homann/Pies 1991, 83) wie Gesundheit, Zufriedenheit und Geborgenheit, Belehrung und Aufklärung oder Unterhaltung zu produzieren. Haushalte werden so als „kleine Fabrik" verstanden, die aus am Markt erworbenen Gütern (goods) als Inputs und unter Verwendung weiterer familiärer Inputs (Zeit, Know how etc.) die „primären Objekte der Konsumwahl, aus denen ein unmittelbarer Nutzen bezogen wird" produziert, von Becker (ebenda 149) als „commodities" bezeichnet. Der Haushalt kauft, wie Heinrich (1994, 17) schreibt, „Fernsehen und Flaschenbier, um daraus Unterhaltung zu produzieren". Oder: Das Buch ist ein Marktgut. Um damit das Haushaltsgut bzw. die commodity „Lektüre zu produzieren, bedarf es außer dem Buch: Zeit zum Lesen, die Fähigkeit zu lesen, oft eines umfangreichen spezifischen Hintergrundwissens, wenn man an Fachbücher denkt, also einer spezifischen Humankapitalausstattung, vielleicht einer Brille und eines Sessels" (Tietzel 1995, 11f). Der von dem Haushaltsgut Lektüre erwartete und gestiftete Nutzen sind Information, Belehrung oder Unterhaltung und das Marktgut „Buch" ist nur einer unter vielen notwendigen Inputs, die zusammen diesen Nutzen produzieren/stiften. Marktgüter und Präferenzen werden durch die Einführung des Konzepts von haushaltsbezogener aktiver Nutzenproduktion, also der Produktion von Basisgütern, entkoppelt. Der individuelle Nutzen wird damit nicht mehr durch Markt-, sondern durch Basisgüter bestimmt (vgl. Homann/Pies ebenda). Die neoklassische Annahme, dass Güter unmittelbar und ohne jeden Umweg Nutzen stiften, trifft offenbar nur in den seltensten Fällen zu.

Die Unterscheidung zwischen „goods" und „commodities" ist von Becker so gesetzt, die Begriffe sind in der Ökonomie nicht eindeutig definiert. Wichtig ist, dass nach diesem Ansatz Marktgüter als Inputs verstanden werden, die in den Produktionsprozess des Nicht-Marktsektors eingehen. Die Konsumentennachfrage nach Marktgütern ist damit eine abgeleitete Nachfrage, durchaus ähnlich der von Unternehmen nach Produktionsfaktoren. Das „Budget" der Haushalte ist um zumindest ein Zeitbudget erweitert, neben monetären Einkommens- werden Zeitrestriktionen berücksichtigt, die ja vor allem im Umgang mit Medien eine kritische Rolle spielen. Commodities haben entsprechend einen Schattenpreis, der sich im wesentlichen aus dem Preis für Marktgüter und für die Zeit zusammensetzt. Eine andere Erweiterung des Haushalts"bugdets" ist die eines Humankapitals, über das die Haushaltsmitglieder verfügen (oder auch nicht).

Wie fast alles in der Welt der Wissenschaft, ruht auch dieser Ansatz „auf den Schultern von Riesen" (Merton 1989), hat Becker theoretische Vorläufer, deren Überlegungen er erweiterte. So gehört die in Kapitel 4.1.2 bereits erwähnte Diskussion, ob Güter oder spezifische Leistungen von Gütern (Beispiel: Heizöl) vom Konsumenten nachgefragt werden, in diesen Kontext. Aber auch die mit dem Komplex Dienstleistungen insgesamt verbundene Diskussion gehört in diesen Zusammenhang. Ähnlichkeiten der Konzepte „Haushaltsgüter" und „Produktion von Dienstleistungen" sind ja nicht zu übersehen.

Mit diesem Ansatz lässt sich auch eine Kritik Hans Alberts an der neoklassischen Verbrauchertheorie zum Teil entschärfen. Gerade für den Bereich der Medien ist Alberts Kritik (1998, 178ff.) grundsätzlich zuzustimmen, dass die neoklassische Theorie der Konsumnachfrage ihr Blickfeld in problematischer Weise einschränke. Behandelt werden von ihr ja im wesentlichen nur der Erwerb von Gütern bzw. die diesbezüglichen Marktentscheidungen. Der Bereich des Konsums, so Albert, umfasse aber sehr viel mehr: in objektiver Hinsicht neben dem Erwerb auch den Besitz von Gütern und ihren Ge- und Verbrauch zu bestimmten Zwecken; in subjektiver Hinsicht sei zu unterscheiden zwischen Bedürfnissen, die auf Befriedigung drängen, Präferenzen für bestimmte Güter und Marktentscheidungen, die zu Besitzänderungen führen, sowie Informationen und Situationswahrnehmungen, die Marktentscheidungen mitbestimmen. Die neoklassische Theorie, so Albert (ebenda 180), behandle nur „die Peripherie des oben skizzierten Konsumbereichs", indem sie Bedürfnisse mit Präferenzen und diese mit Marktentscheidungen gleichsetze. Die Konsumproblematik sei so de facto auf Marktprobleme reduziert. Man kann die Kritik Alberts leicht nachvollziehen, wenn man an das Beispiel der Tageszeitung denkt: allein der Erwerb eines Zeitungsexemplars und selbst ein Abonnement sagen noch nichts darüber aus, ob die Zeitung überhaupt oder welche Teile gelesen werden, ob tatsächlich eine Präferenz für diese Zeitung besteht oder die Marktentscheidung vielleicht von Gewohnheiten bestimmt ist oder von der Tatsache, dass am Ort nur eine Tageszeitung existiert und sie sagen schon gar nichts aus über die Befriedigung von, hier wahrscheinlich publizistischen, Bedürfnissen des Zeitungskäufers.

In Beckers Ansatz wird Konsum gegenüber der klassischen neoliberalen Verengung schon deutlich erweitert interpretiert: er ist Austausch von Geld gegen goods (Marktgüter und Dienstleistungen) und Nutzenerwerb aus diesen Gütern oder Dienstleistungen unter Hinzufügen weiterer Inputs. Dabei wird die Nachfrage nach einem Marktgut (Buch oder Zeitung) abgeleitet aus seiner Verwendung bei der Produktion eines grundlegenderen Guts (Lektüre zur Unterhaltung oder als Informationsaufnahme), dem die eigentliche Präferenz gilt und das den vom Marktgut (mit)gestifteten Nutzen (Information, Belehrung oder Unterhaltung) bestimmt.

Becker verweist auf zwei empirische Anwendungsfelder seines Ansatzes, die gerade auch für die medienökonomische Analyse der Nutzung von Medien zutreffend sind: die Analyse von Aktivitäten, in denen der Einsatz von Nichtmarkt-Zeit einen relativ breiten Raum einnimmt und die Analyse des Zusammenhangs zwischen der Produktivität von Nicht-Marktzeit und Humankapital.

Die Rezeption von Medien erfordert beides, einen hohen Input an Zeit und an Humankapital (Kulturtechniken) und die Ergebnisse der Medienforschung (Stichwort: Knowledge-gap-Forschung) verweisen auf deutliche Zusammenhänge zwischen dem „Nutzen", den Medien stiften und der Humankapitalausstattung des Nutzers. Medien sind aber auch Zeit-Sparer (in dieser Hinsicht dem Staubsauger oder der Tiefkühlkost durchaus vergleichbar), die bequeme Inputs für die eigentlich angestrebte commodity: sei es Zeitvertreib, sei es Unterhaltung, sei es Informiertsein oder über Gesprächsstoff verfügen, bereitstellen (siehe auch Neverla 1991). In beiden Funktionen von Medien, als Verbraucher und als Sparer von Zeit, könnte eine analoge Anwendung von Beckers Überlegungen auf den Bereich der Mediennutzung zu fruchtbaren

Einsichten führen. Wichtig gerade für die ökonomische Analyse von Medien ist aber auch die mit diesem Ansatz vollzogene Entkoppelung von Präferenzen und Marktgütern.

6.3.1.3 Der Verbraucher – ein unvollkommener Homo Oeconomicus

Wie schon erwähnt, ist die ökonomische Theorie von ihrem Modell des rational seinen individuellen Nutzen maximierenden und so auch rational das Marktangebot steuernden Verbrauchers heute ein Stück weit abgerückt. Sie musste bei diesem zweiten Hauptakteur zu viele Abweichungen, Anomalien wie die Ökonomen sagen, mit Blick auf ihre Verhaltensannahmen feststellen (vgl. Kirchgässner 1993; Eichenberger/Frey 1993). Diese Abweichungen sind für Medien und Informationsgüter von besonderer Bedeutung.

Die wichtigste dieser Abweichungen ist das Konzept der eingeschränkten Rationalität (Simon 1955, 1957), also die schon einmal kurz erwähnte Annahme, dass das Individuum grundsätzlich unvollständig über seine Situation und seine Handlungsmöglichkeiten informiert ist und dass es auch nur über eine beschränkte Informationsverarbeitungskapazität verfügt. Das Ergebnis dieser Einschränkung ist der Homo Oeconomicus als Satisficer statt Maximierer, der eben nicht nach der maximal nutzenstiftenden Alternative sucht, sondern sich auch mit einer hinreichend zufrieden stellenden Zweit- oder Drittlösung begnügt. Das Ergebnis ist andererseits auch die Entwicklung von internen Entscheidungsregeln in Form von Faustregeln und Routinen. Es sind Regeln für „Standardsituationen", also für eine ganze Klasse von Situationen, Regeln, die sich zwar nicht in jedem Einzelfall, aber doch im allgemeinen bei der Verfolgung des Eigeninteresses bewährt haben. Dabei wird angenommen, dass bei unvollständiger Information und eingeschränkter Informationsverarbeitungskapazität, also bei geringer Markttransparenz, aber auch bei eingeschränkter Konkurrenz auf einem Markt die Neigung des Verbrauchers zunimmt, sich als Satisficer zu verhalten (vgl. Kirchgässner 1993). Mit diesen Einschränkungen werden wir uns in 6.3.2 noch näher beschäftigen.

Eine andere Erweiterung des ökonomischen Verhaltensmodells ist die Annahme, die im Zusammenhang mit meritorischen Gütern schon erwähnt wurde, dass das Individuum nicht, wie in dem Modell eigentlich unterstellt, nur eine einzige Präferenzordnung hat, sondern dass „verschiedene Entscheidungssituationen zu unterschiedlichen Präferenzordnungen führen" (Erlei 1992, 35, der sich hier auf Brennan/Lomansky 1983 bezieht). Erlei unterscheidet drei Arten von Entscheidungssituationen und drei Arten von Präferenzen:

- untergeordnete Marktpräferenzen, die für Entscheidungen mit direkt anschließender Handlung und direkten Auswirkungen auf den Entscheidenden zuständig sind,
- übergeordnete Präferenzen für Entscheidungen ohne direkte individuelle Auswirkungen, die sog. reflektiven Präferenzen, Metapräferenzen, mit denen Marktpräferenzen bewertet werden, zu denen aber auch ethische Präferenzen zählen, sowie
- politische Präferenzen, ebenfalls ohne direkte Auswirkungen, die aber z.B. den Wähler in der Wahlkabine leiten.

Im Grundsatz bedeutet das Anerkennen von mehreren Präferenzordnungen auch die Anerkenntnis von mehreren Rationalitäten, die menschliches Handeln je nach Entscheidungssituation leiten, wie es die politische Ökonomie, vor allem der Public Choice Ansatz fordern.

So ist es für den Homo Oeconomicus eigentlich wenig rational zur Wahl zu gehen – es kostet Zeit, bringt evtl. Unbequemlichkeiten der Organisation mit sich und die Stimme des einzelnen Wählers hat kaum Gewicht für den Wahlausgang und die nachfolgende Politik. Dass dennoch die Wahlbeteiligung in Demokratien wie Deutschland recht hoch ist, muss einer anderen als der individuellen Rationalität des ökonomischen Prinzips zu danken seien.

Oder man denke an den hohen Stellenwert, den Rezipienten in der Regel den Informations- und Bildungsangeboten der Medien einräumen, selbst aber vor allem Unterhaltungsangebote nutzen. Meist wird dieser Befund aus der Rezeptionsforschung mit der sozialen Erwünschtheit bestimmter Verhaltensweisen erklärt, die der Rezipient im Interview berücksichtigt. Er lässt sich aber auch als Ergebnis verschiedener Präferenzordnungen des Befragten in verschiedenen Entscheidungssituationen erklären: reflektive oder Metapräferenzen kommen im Interview zum Zuge, wenn das befragte Individuum überlegt, welche Präferenzen es haben sollte und Markt- präferenzen dominieren in der aktuellen Entscheidungssituation des Fernsehabends, wenn es darum geht, das (kurzfristige) Wohlbehagen möglichst positiv zu beeinflussen. Ähnlich argu- mentiert auch Kops (1998, 49f), der in diesem Zusammenhang von „intransitiven" Präferenzen der Rezipienten spricht und darin einen Marktmangel sieht. Downs (1968) verweist mit Blick auf das politische Informationsverhalten auf einen generellen Konflikt zwischen individueller und sozialer Rationalität, ein Problem, dem wir im Zusammenhang mit der Bereitstellung öf- fentlicher Güter bereits begegnet sind. Für den einzelnen Rezipienten ist es rational, den Auf- wand für politische Information möglichst klein zu halten, da er – wie der Wähler – weiß, dass er als Individuum kaum eine Chance hat, die Politik der Regierung zu beeinflussen. Gemäß individueller Rationalität wird er folglich nicht einmal die ihm ohne Geldaufwand zur Verfü- gung stehende Information voll nutzen, da dies viel Zeit beansprucht, sondern sich „rational ignorant" verhalten. Der Konflikt entsteht, so Downs (ebenda, 240), weil „1. rationale Bürger wollen, dass die Demokratie gut funktioniert, um in den Genuss ihrer Vorteile zu gelangen, und sie funktioniert dann am besten, wenn die Bürgerschaft gut informiert ist; 2. vom Stand- punkt des Individuums (...) es irrational (ist), gut informiert zu sein". Der Konflikt entsteht, weil die Ziele, die die Menschen als Individuen anstreben, jenen Zielen widersprechen, die sie als Mitglieder der Gesellschaft anstreben. Die Erklärung für die Entstehung dieses Konflikts kennen wir bereits: die Vorteile einer gut funktionierenden Demokratie sind ein öffentliches Gut, also unteilbar und für alle wirksam, für gut und für schlecht informierte Bürger. Das schafft den Anreiz, sich als „informativer Freerider" zu verhalten, Informationsprogramme oder Bildungsangebote zwar überzeugt für grundsätzlich wichtig zu halten, selbst aber eher den Marktpräferenzen folgend Unterhaltungsangebote zu nutzen. Wir hatte im Zusammenhang der Diskussion über meritorische Güter schon über die Vorstellung vom „planner" und „doer" ge- sprochen, Tietzel (1988, 55) spricht plastisch von „Präferenzen für verschiedene Egos", die zum Teil eben rivalisieren. Der Gang zur Wahlurne oder die regelmäßige Nutzung von Infor- mationsangeboten lässt sich dann auch als Beispiel für die „Theorie des Selbst-Managements" (vgl. Schelling 1978, Thaler/Shefrin 1981) erklären, also als den Versuch eines Menschen, „ei- nes seiner Egos auf Dauer und allein handlungsleitend zu machen"(Tietzel, ebenda 57; vgl. auch Kirsch 1995).

Festgestellt wurde auch ein unterschiedliches Verhalten der Informationssuche mit Blick auf die verschiedenen Präferenzordnungen. Bei den untergeordneten, den Marktpräferenzen begnügt man sich häufig mit eher anekdotischer, beiläufig gewonnener Information, im Falle der übergeordneten reflektiven, politischen und Verfassungspräferenzen werden stärker seriöse Quellen, z.B. auch statistische Daten zur Information herangezogen. Wir werden uns nachfolgend etwas ausführlicher mit dem Programmwahlverhalten der Fernsehrezipienten beschäftigen, das annahmegemäß ja ein wenigstens begrenzt rationales sein müsste. Alle Untersuchungen bestätigen aber eine wenig ausgeprägte Suche nach Informationen über die Programmalternativen, was wiederum darauf verweist, dass die konkrete Nutzung von Medien wohl eher durch die untergeordneten Präferenzen bestimmt wird.

Eine weitere Abweichung vom ökonomischen Verhaltensmodell wird unter dem Stichwort „Framing" diskutiert. Im Prinzip geht die Ökonomie ja von wohlstrukturierten und umfassend definierten Entscheidungssituationen aus. Das Individuum muss nur noch die seinen Nutzen maximierende Alternative quasi ausrechnen, nämlich unter Berücksichtigung der Opportunitätskosten, also des Nutzens der zweit- oder drittbesten Lösungen, der ihm mit der Entscheidung für die beste Alternative entgeht. Tatsächlich steht das Individuum aber zumeist vor dem Problem, dass es seine Entscheidungssituation überhaupt erst strukturieren muss, also die Situation selbst und seine Handlungsalternativen definieren muss. Lindenberg (1993) unterscheidet folglich zwei theoretische Ansätze, je nachdem, ob „Framing" bei der Definition und Strukturierung der Entscheidungssituation oder bei der Bewertung der alternativen Handlungsmöglichkeiten stattfindet. Frames können z.B. moralische Normen oder Metapräferenzen sein, interne Verhaltensregeln, Erfahrungs- und Wahrnehmungsmuster oder Gemütsverfassungen, wie sie ja auch bei der Mediennutzung als Selektionsroutinen und -motive bekannt sind. So lassen sich mediale Formate und Genres als Frames definieren, die erkennbar machen, „ob man sich informieren, amüsieren oder animieren lassen soll" (Westerbarkey 2004, 197). Frames können aber auch die für die Situationsdefinition oder -bewertung relevanten Informationen und ihr sprachlicher Rahmen bilden. So haben Tests gezeigt, für Kommunikationswissenschaftler wohl weniger überraschend als für Ökonomen, dass die Einschätzung bestimmter Therapien sich signifikant verändert, je nachdem ob, bei objektiv gleicher Information, die Überlebens- oder die Sterberate betont wird. Damit kommt natürlich die Werbung in den Blick, die ja ständig Situationsdefinitionen bzw. -bewertungen in einem von ihr erwünschten Sinne vorzugeben versucht, also Frames setzten möchte. Und Werbung spielt ja auch im Bereich der Medien, als Werbung für Medien und Medienprodukte, eine immer wichtigere Rolle. Aus ökonomischer Sicht werden durch Werbung weniger Präferenzen verändert, allenfalls kurzfristig Marktpräferenzen, sondern der Informationsstand über die Entscheidungssituation und die Handlungsmöglichkeiten wird verändert. Dabei geht es beim Konzept des Framing weniger um korrekte oder falsche Information, sondern um mit dem Therapiebeispiel angedeutete Möglichkeiten wirtschaftlicher Ausbeutung. Diese Ausbeutungsmöglichkeiten sind bei asymmetrischer Information von Produzent und Verbraucher über Produktqualitäten hochkomplexer Dienstleistungen, wie sie die Medien darstellen, natürlich besonders groß. In das Konzept des Framings fällt nicht nur die Wirtschaftswerbung, auch der wachsende Bereich der PR muss unter diesem Aspekt diskutiert werden (vgl. dazu auch Hartwig 1998).

Weitere Abweichungen vom ökonomischen Verhaltensmodell werden im Effekt „versunkener Kosten" und im „Besitzeffekt" gesehen. Versunkene Kosten meint in der Vergangenheit getätigte Aufwendungen, die in aktuelle Kosten-Nutzen-Überlegungen, die ja nur zukunftsbezogen erfolgen sollen, eher modellwidrig eingehen. Also: der Theaterabonnent nutzt die einmal bezahlte und jetzt angebotene Leistung und investiert zusätzlich Zeit, obwohl er zum aktuellen

Zeitpunkt gar keine Lust zum Theaterbesuch hat. Dass alle Institutionen, die mit Abonnements oder fixen Mitgliedsbeiträgen, wie Zeitungen oder Buchgemeinschaften, arbeiten, auf diesen nachfragesichernden Effekt setzen, muss nicht weiter betont werden. Versunkene Kosten können aber auch aufgewendete Zeit sein, Fortsetzungsromane oder Mehrteiler im Fernsehen setzen auf diesen Effekt. Der „Besitzeffekt" meint, dass sich Menschen ungern wieder von etwas trennen, was sie einmal haben, die Nutzenbewertung also durch den Besitz verzerrt ist. Ein Beispiel für Ausbeutungsversuche dieser Anomalie sind kostenlose Probeabonnements von Zeitungen und Zeitschriften. Natürlich soll sich der Leser auch über die Qualität des Blattes informieren, aber vor allem soll die über den Besitzeffekt erhöhte Zahlungsbereitschaft nach Ablauf der Gratisgabe abgeschöpft werden.

Ein letztes Stichwort zum Thema Anomalien des Homo Oeconomicus ist das Phänomen der Selbstbindung. Ein Theaterabonnement kann auch als Form der Selbstbindung interpretiert werden. Man setzt sich mit einem Abonnement freiwillig dem Effekt versunkener Kosten aus, weil man den regelmäßigen Besuch kultureller Veranstaltungen für wertvoll erachtet, das heißt man versucht das alltägliche Handeln an den übergeordneten Präferenzen zu orientieren bzw. eines seiner Egos handlungsleitend zu machen. Baurmann (1996, 383ff.) hat zur Erklärung des Phänomens der Selbstbindung und damit eines normengebundenen Verhaltens die Unterscheidung zwischen dem situativen und dem dispositionellen Nutzenmaximierer eingeführt. Der situative entspricht dem klassischen Modell des Homo Oeconomicus, der in jeder Handlungssituation und zu jedem Handlungszeitpunkt neu die Alternative bestimmen und auswählen muss, die ihm den größten Nutzen verspricht. Der dispositionelle Nutzenmaximierer verfügt im Gegensatz zum situativen dagegen über die Fähigkeit, Handlungen an eine Norm zu binden, „wenn auf diesem Wege sein subjektiver Nutzen besser zu realisieren ist als auf dem Weg einer einzelfallbezogenen Folgenorientierung" (Baurmann, ebenda 307).

Natürlich können diese Abweichungen von den Annahmen des ökonomischen Verhaltensmodells auch beim Produzenten vorkommen. So könnte ein privater Fernsehveranstalter ja durchaus als eine Form der Selbstbindung auf Unterbrechung von Sendungen durch Werbung verzichten oder auf die Ausstrahlung von Fernsehgewalt, weil dies seinen reflektiven Präferenzen widerspricht. Auch der Aufbau von Reputation z.B. (vgl. auch Kapitel 9.1.2) durch ein Unternehmen lässt sich so erklären. Für den Homo Oeconomicus als situativer Nutzenmaximierer ist ein „guter Ruf" kein Kapital, für den dispositionellen Nutzenmaximierer ist eine Investition in die Zukunft im Sinne der Investition in die eigene Reputation nicht nur möglich, sondern auch zweckmäßig (vgl. Baurmann, ebenda 383). Insgesamt wird beim Produzenten aber eher modellgemäßes Verhalten erwartet und beobachtet, das heißt das ökonomische Verhaltensmodell gilt Ökonomen als fruchtbarer zur Rekonstruktion und Erklärung des Produzenten- als zur Erklärung des Konsumentenverhaltens. Begründet wird das damit, dass die „typische Interessenlage" des Geschäftsmannes weniger diffus ist als die des Konsumenten (Meyer 1993). Das geschäftliche Interesse sei meist sehr konkret, die Motivation gerichteter, als z.B. das Vergnügungs- und Bildungsinteresse des Theaterbesuchers. Der entgangene Nutzen eines Theaterabends, der nicht den Erwartungen entsprach oder einer Diskussionsrunde im Fernsehen, die nur langweilig war, lässt sich für den Zuschauer kaum abschätzen, Umsatzverluste des Geschäftsmannes sind hingegen sehr konkrete Größen.

Prinzipiell unterscheiden Ökonomen zwischen Hoch- und Niedrigkostensituationen. Die Folgekosten einer nichtoptimalen Entscheidung werden bei der Situationsdefinition vom betreffenden Individuum in dem einen Fall als hoch, in dem anderen als niedrig bewertet. Abbildung 6.4 stellt einmal schematisch das Entscheidungsmodell dar.

Abbildung 6.4: Situationsabhängiges Entscheidungsmodell

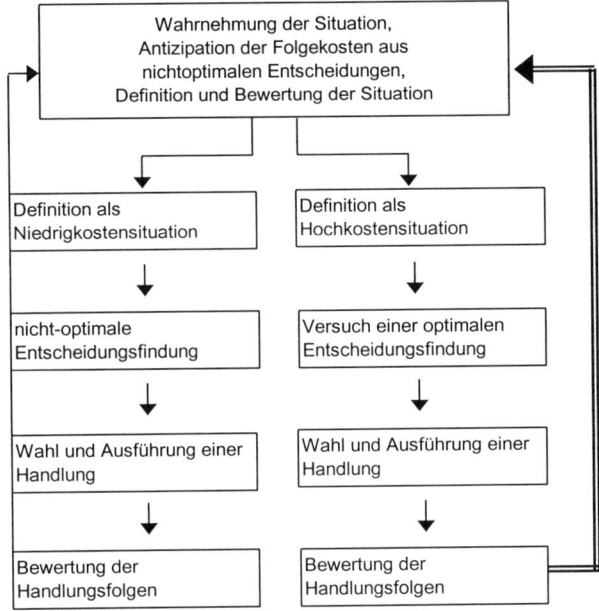

Anmerkung: (=) Die doppelte Linie soll verdeutlichen, dass der Rückkopplungseffekt im Falle einer Hochkostensituation größere Bedeutung hat.

Quelle: Jäckel 1992, S. 255.

Die doppelte Linie soll andeuten, dass der Rückkoppelungseffekt der Folgekostenbewertung bei einer Hochkostensituation deutlich stärker ist, dass auf dem Entscheider hier also erheblicher Druck liegt, optimal zu entscheiden. Die Abbildung ist dem Versuch Michael Jäckels (1992) entnommen, mit Hilfe des situationsbedingten Entscheidungsmodells Mediennutzung zu erklären, die er als Niedrigkostensituation sieht. Auch Renckstorf (1989, 1992) rekurriert in seinem handlungstheoretisch orientierten Ansatz der Kommunikationsforschung auf ein solches Modell differenzierender Situations- oder Problemdefinition, die routinemäßiges bzw. nichtroutinemäßiges Verhalten der Medienrezipienten auslöse.

In der ökonomischen Theorie werden die Abweichungen vom ökonomischen Verhaltensmodell vor allem bei Definition einer Situation als Niedrigkostensituation erwartet, was in der Konsumentenrolle offenbar häufiger geschieht als in der Produzentenrolle. So verweisen Bernholz/Breyer (1994, 185) darauf, dass Wähler in ihrer Rolle als Produzenten (Arbeitnehmer oder Kapitalgeber z.B.) mehrheitlich relativ gut informiert sind, nicht jedoch in ihrer Rolle als Konsumenten. Denn es lohne sich für die „Konsumenten in der Regel nicht, sich z.B. über die Ursachen von Preiserhöhungen für einzelne Konsumgüter zu informieren, da die notwendigen

Informationskosten in keinem Verhältnis zu den möglichen Nachteilen für das Haushaltsbudget" stehen.

Die Annahmen des ökonomischen Verhaltensmodells lassen sich also nur mit Einschränkungen auf den Konsumenten übertragen, wobei Ökonomen die grundsätzliche Gültigkeit des Verhaltensmodells allerdings auch hier nicht in Frage stellen, es eben nur erweitern.

6.3.2   Die Position des Medienkonsumenten als ökonomischer Akteur

Eine genauere Prüfung der Aktions- und Reaktionsmöglichkeiten des Medienrezipienten als Akteur im Marktgeschehen, also die Prüfung, ob er und welche „Verhandlungsmacht" er im Sinne der Porterschen Wettbewerbsfaktoren hat, muss zunächst einmal bei der Frage ansetzen, ob und mit welchem Gewicht der Rezipient eigentlich der entscheidende Marktpartner für den Medienproduzenten ist. Die besondere Rolle, die Werbung im Medienmarkt spielt, kommt hier also zum Tragen. Berücksichtigt man den jeweiligen Finanzierungsbeitrag der Werbung zur Produktion von Medien, dann lassen sich grob drei Gruppen unterscheiden:

1. Medien, die voll über vom Verbraucher zu zahlende Marktpreise finanziert werden. Das sind im wesentlichen Buch und Tonträger, eingeschränkt Spielfilm, wenn man Product-Placement in den Filmen und die Kinowerbung einmal außer Betracht lässt. Hinzu käme Pay-TV und Pay-Radio, sofern sie keine Teilfinanzierung aus Werbung, wie z.B. in den USA, versuchen.

2. Medien, die teilweise vom Verbraucher über nicht kostendeckende Marktpreise, teilweise über den Werbemarkt finanziert werden. Das sind im wesentlichen Publikums- und weite Teile der Fachzeitschriften, Tages- und Wochenzeitungen. Eine besondere Variante ist der öffentliche, aus Gebühren und Werbung finanzierte Rundfunk. Er ist ein Sonderfall deswegen, weil die Gebühr zwar, wie der Preis, die Finanzierung des Güterangebots sichern soll, die pauschalierte Gebühr, anders als der Preis, aber keine Konsumentenpräferenzen transportiert. Im Gegenteil, die Pauschalierung soll die Orientierung am Sachziel, also am Programmauftrag und nicht an der Nachfrage sicherstellen (vgl. Kapitel 8.4; 10.3).

3. Medien, die – noch – voll oder vorwiegend über den Werbemarkt finanziert werden, im wesentlichen privatwirtschaftlich organisierter Rundfunk, aber auch Anzeigenblätter bzw. Gratisanzeiger.

Diese drei Gruppen von Medien werden nachfolgend getrennt mit Blick auf die Frage diskutiert, welche Position und welches Einflusspotential der Medienkonsument als ökonomischer Akteur hier hat. Onlinemedien lassen sich in diese Dreiteilung nicht ohne weiteres einfügen: zum Teil erfolgt ja noch eine Querfinanzierung der Anbieter aus anderen Geschäftsbereichen. Die Interaktivität schafft für den Onlinenutzer (wie auch -anbieter) zudem andere Voraussetzungen, ebenso die Fülle und geringe Transparenz des Angebots und der Informationsquellen aber auch andere Abhängigkeiten, wie z.B. die von Suchmaschinen und Portalen. Die Frage, ob die Verhandlungsmacht der Onlinenutzer im Vergleich zu ihrer Position als Rezipienten „traditioneller" Medien größer oder kleiner ist, kann hier nicht abschließend diskutiert werden. Die grundsätzlich schwache Marktposition des Abnehmers von Informationsgütern, wie sie nachfolgend für die Mediengruppe 1 beschrieben wird, ist in vollem Umfang aber wohl auch für Onlinenutzer kennzeichnend.

6.3.2.1 Die ökonomische Position des Medienkonsumenten bei voll über Marktpreise finanzierten Medien

Vollen Einfluss auf das Marktgeschehen im Sinne der ökonomischen Theorie hat der Rezipient nur bei Medien der Gruppe 1. Aber auch für diese Gruppe gilt, dass Medien, wie diskutiert, als ökonomische Güter eine Reihe von Besonderheiten aufweisen, die nicht nur ihre volle Marktfähigkeit generell in Frage stellen, sondern auch die Position des Konsumenten im Vergleich zu den Annahmen des Marktmodells deutlich schwächen.

Grundsätzlich setzen Markmodell und rationales Konsumentenverhalten die Möglichkeit der ex-ante Beurteilung der Qualität von Gütern voraus. Wenn der Verbraucher die ihm zugedachte Rolle, das Marktangebot seinen Präferenzen gemäß über die von ihm dosierbare Zahlungsbereitschaft zu steuern, ausüben können soll, dann muss er die Qualität der Güter und ihre Übereinstimmung mit seinen Präferenzen vor der Kaufentscheidung sicher beurteilen können. Denn nur dann kann er Zahlungsbereitschaft oder eben deren Verweigerung als finanziellen Sanktionsmechanismus einsetzen und seine Marktmacht ausüben. Wenn er diese Übereinstimmung erst nach dem Kauf, wie bei Erfahrungsgütern, feststellen oder, wie bei Vertrauensgütern, überhaupt nicht prüfen kann, ist seine Marktposition deutlich geschwächt. Damit ist auch die institutionelle Sicherung des sozialen Sinns der ökonomischen Tätigkeit Produktion gelockert oder gar aufgehoben, denn Refinanzierungs- und Gewinnmöglichkeiten von Unternehmen sind nicht mehr direkt abhängig vom Grad der Bedürfnisbefriedigung der Konsumenten. Das Konzept der Konsumentensouveränität, das ja eine Art „demokratischer" Kontrolle auch von Märkten darstellt, indem es sie Wahlakten, hier eben wirtschaftlicher Art, unterwirft, wird unterlaufen.

Medien nun sind reine Erfahrungs-, Informationsmedien Vertrauensgüter, beides sind Dienstleistungen. Das hat für die Position des Rezipienten eine Reihe gravierender Konsequenzen. So besteht zwischen Produzent und Konsument immer

1. eine Informationsasymmetrie hinsichtlich der Qualität von Medienangeboten, die für den Medienkonsumenten immer

2. mangelnde Markttransparenz zur Folge hat, was rationales Wahlverhalten Medien gegenüber deutlich erschwert und

3. eine Durchsetzung von Präferenzen durch Dosierung von Zahlungsbereitschaft auf Medienmärkten faktisch unmöglich macht.

Informationsasymmetrie und mangelnde Markttransparenz begünstigen die Neigung der Medienkonsumenten zum Satisficing, also zum sich Zufriedengeben mit zweit- und drittbesten Alternativen. Die ökonomische Theorie geht, wie erwähnt, davon aus, dass bei mangelnder Markttransparenz, bei Unsicherheit, wie sie hinsichtlich der Qualität von Mediendiensten immer vorliegt, bei hohen Kosten der Informationssuche, Kosten in Geld, aber auch in Form von Zeit, wie sie die vergleichende Lektüre mehrerer Bücher oder Zeitungen erfordert, aber auch bei eingeschränktem Wettbewerb, wie er auf Medienmärkten häufig gegeben ist, das Wirtschaftssubjekt sein Anspruchsniveau senkt und auch nichtoptimale Lösungen akzeptiert. Es wählt unter den ihm leicht zugänglichen Alternativen eine hinreichend akzeptable.

Es gibt im Bereich der Medien zahlreiche Hinweise auf dieses Phänomen. Michael Jäckel (1996) hat z.B. für den Bereich des Fernsehens eine Reihe von Befunden zusammengetragen, die sich dem Konzept des Satisficing zuordnen lassen. So beziehen Zuschauer keineswegs, wie es für ein rationales Wahlverhalten erforderlich wäre, das gesamte Programmangebot in ihren Auswahl- und Entscheidungsprozeß über das zu nutzende Programm ein und die Bewertung programmlicher Alternativen folgt Routinen und Regeln, die entlang wenig elaborierter Dimensionen entwickelt zu sein scheinen. Auch die im Zusammenhang mit Marktzutrittsbarrieren bei Zeitungen diskutierte Nachfrageträgheit der Leser lässt sich als Satisficing interpretieren. Man bleibt bei der bekannten, hinreichend akzeptablen Alternative, weil die Qualitätsbeurteilung der Newcomer-Zeitung schwierig und zeitaufwendig ist. Und auch die im Rahmen der amerikanischen Television Economics-Forschung (vgl. zusammenfassend Müller 1979, Owen/ Beebe/Manning 1974) festgestellte Neigung der Zuschauer, auf ein sog. Commondenominator-Programm als Programm 2. oder 3. Wahl auszuweichen, wenn ein Programm der 1. Wahl nur mit erheblichem Suchaufwand auffindbar ist, lässt sich diesem Konzept zuordnen. Bei halbwegs akzeptablen Angeboten hört das sehr aufwendige, vor allem extrem zeitaufwendige Bemühen um Markttransparenz bei den Medienrezipienten offenbar schnell auf.

Bei mangelnder Markttransparenz ist der Verbraucher vielfach auf andere Orientierungshilfen für seine Auswahlentscheidungen angewiesen (vgl. dazu näher Kapitel 9.1.2 und 9.3). Die Kritik (Literatur-, Film-, Fernsehkritik) ist z.B. eine solche Hilfe, die sich als Transaktionskosten sparendes Instrument mit dem Rezensionswesen und der Literaturkritik bereits früh herausgebildet hat, um die unvollkommene Information des Literaturnachfragers zumindest teilweise auszugleichen. „Oft dienen auch die Reputation eines Autors (...) oder die Bildung von Bücherreihen als einer direkten Information funktionsäquivalente Signale für bestimmte Merkmale der Qualität von Büchern" (Tietzel 1995, 26). Die Positionierung z.B. eines Blattes als „Qualitätszeitung" – trotz ausgeprägter Qualitätsintransparenz für den Rezipienten – lässt sich ökonomisch mit der Theorie der Reputationsmechanismen (vgl. Klein/Leffler 1981, Shapiro 1983) erklären und Jürgen Heinrich und Frank Lobigs zeigen, wie und warum das aus ihrer Sicht funktioniert (Heinrich/Lobis 2003, Lobigs 2004). In all diesen Fällen wird deutlich, wie stark der Rezipient in seinem wählerischen Umgang mit den Medien auf Vertrauen angewiesen ist: in einen Kritiker, einen Autor, die Reihenphilosophie eines Verlages, die Reputation eines Anbieters, in den Journalismus generell, der ja ein System der, bei aller Selektivität und Kontingenz, als sozial verbindlich ausgewiesenen Fremdbeobachtung darstellt (vgl. Kohring 2004). Folglich stellen „Glaubwürdigkeit" und „Vertrauen" auch „zentrale Wettbewerbsparameter beim Wettbewerb der Informations- und Meinungsanbieter dar, um die Aufmerksamkeit und Akzeptanz beim Publikum zu erreichen" (Gundlach 1998, 56). ‚Vertrauensbildende' Wettbewerbs- und Marketingstrategien spielen dementsprechend auf den Rezipientenmärkten eine herausragende Rolle, um Vertrauenskapital aufzubauen.

Aus dem Informationsverhalten von Organisationen (O'Reilly 1983) weiß man, dass beim Auswahl- und Bewertungsverhalten gegenüber Informationsgütern neben dem Vertrauen in die Informationsquelle u.a. auch leichte Zugänglichkeit, Kompaktheit und leichte Verständlichkeit der Information, persönlicher Kontakt zum Informanten oder die Macht des Informanten eine große Rolle spielen, alles Kriterien, die Rationalität im Sinne des ökonomischen Verhaltensmodells nicht beanspruchen können und die beim Medienrezipienten eine sicher noch ungleich gewichtigere Rolle spielen.

Ein für den Verbraucher und seine Orientierung wichtiges Marktsignal ist die Werbung, die auch für den Bereich der Medien eine zunehmend wichtige Konsumsteuerungsfunktion übernimmt (vgl. Brosius/Steger 1997). Marktsignale können allerdings, vor allem bei Informationsasymmetrie zwischen Produzent und Konsument hinsichtlich der Qualität von Gütern, durchaus strategisch eingesetzt werden und den Nachfrager über die Qualität bewusst täuschen (Williamson 1990, 335). Es sind vor allem die Institutionenökonomen mit ihrer realistischen Annahme des opportunistischen Homo Oeconomicus, der zum eigenen Vorteil die Schädigung Dritter bewusst in Kauf nimmt (Neus 1998, 11), die diese Möglichkeit einer Ausbeutung von Informationsasymmetrien immer wieder betonen. Ohne diese Möglichkeit im Medienbereich hier näher qualifizieren zu wollen, verweist sie doch auf die grundsätzlich schwache Position des Medienrezipienten als ökonomischer Akteur selbst dann, wenn sich Medien voll über vom Rezipienten aufzubringende Marktpreise finanzieren.

Unterstrichen wird diese im Vergleich zum Konzept der Konsumentensouveränität schwache Position des Medienkonsumenten durch die mangelnde Macht, Präferenzen über das Sanktionsmittel Zahlungsbereitschaft durchzusetzen. Da für den Medienkonsumenten eine Qualitätsbeurteilung der Angebote ex ante nicht möglich ist, kann er auch deren Übereinstimmung mit seinen Präferenzen ex ante nicht prüfen und das Ergebnis via Zahlungsbereitschaft oder deren Verweigerung dem Produzenten/Anbieter signalisieren. Zahlungsbereitschaft ist hier, wie bei allen Erfahrungs- bzw. Vertrauensgütern, darauf wurde bereits hingewiesen, nicht als Ausdruck von Präferenzen zu werten (Kunz 1985). Denn es ist auch hier davon auszugehen, dass ein Teil der Medienkonsumenten noch Erfahrungen mit den angebotenen Diensten sammelt und das abschließende Urteil vielleicht negativ ausfällt. Prinzipiell lassen sich diese Überlegungen zur Zahlungsbereitschaft auch auf andere, als Indikator für Rezipientenpräferenzen gehandelte Maßstäbe übertragen, wie z.B. die Einschaltquoten im Fernsehen. Auch die Quote transportiert keine Information über die Präferenzen der Zuschauer und schon gar nicht über die Übereinstimmung von Programmangebot und Zuschauerpräferenzen (vgl. Kapitel 9.2).

Zusammenfassend gilt, dass die Position des Medienrezipienten als ökonomischer Akteur grundsätzlich deutlich schwächer ist als die im Marktmodell vorgesehene Position des Verbrauchers, die ja auf Güter abstellt, deren Qualität vom Konsumenten ex ante relativ sicher bestimmbar ist. Wie bei allen komplexen Dienstleistungen, ist diese Voraussetzung auch bei Medien nicht gegeben. Dieser Befund ist völlig unabhängig von einer möglichen Werbefinanzierung, die das Problem mangelnder Konsumenten- bzw. Rezipientenmacht allerdings noch deutlich verschärft.

6.3.2.2 Die ökonomische Position des Medienkonsumenten bei teilweise über Marktpreise, teilweise über Werbung finanzierten Medien

Bei der zweiten Gruppe von Medien kommt zu der oben diskutierten grundsätzlichen Schwäche der Marktposition des Medienkonsumenten durch die Gutspezifik von Medien nun noch das Faktum hinzu, dass der Rezipient diese Medien häufig zu deutlich weniger als 50 Prozent finanziert. Tageszeitungen finanzieren sich durchschnittlich zu 60 Prozent aus dem Werbemarkt, Publikumszeitschriften zu durchschnittlich 40 Prozent, wobei die Anteile der Werbemarktfinanzierung aber auch deutlich höher liegen können. In Übersicht 6.3 ist einmal für einzelne Mediengattungen und einzelne Medien der unterschiedliche Grad ihrer Finanzierung 1992 über Marktpreise auf dem Rezipientenmarkt und über Einnahmen aus dem Werbemarkt zusammengestellt (vgl. Übersicht 6.3).

Übersicht 6.3: Medienfinanzierung über Marktpreise und Werbung (1992)

Medium/Produkt	Finanzierungsanteile in % aus Verkauf	Werbung	Mengenanteil Werbung am Gesamtumfang in %
Buch	100	0	0
Kinofilm	100	0	0
Pay-TV	100	0	0
konfessionelle Zeitschriften (inkl. Subventionen)	90	10	5
taz (Tageszeitung)	85	15	5
Publikumszeitschriften	60	40	20-40
Wissenschaftliche Zeitschriften	55	45	5-20
Bild	50	50	30-40
Die Zeit	44	56	48
Tageszeitungen (Deutschland)	36	64	37
Der Spiegel	35	65	50
stern	35	65	40
Los Angeles Times	18	82	
Anzeigenblätter	0	100	100
Privatfernsehen	0	100	max. 15

Quelle: Ludwig 1996, S. 85.

Die Zusammenstellung, bei der es sich natürlich zum Teil um Schätzungen handelt, weil verlässliche Daten häufig nicht vorliegen (vgl. zur Datenlage für medienökonomische Forschung und zur Diskrepanz zwischen Erkenntnisinteresse und Datenzugang Kopper 2002), macht deutlich, dass sich vor allem die periodischen Printmedien in einerseits deutlichem, andererseits aber auch stark unterschiedlichem Umfang aus Werbung finanzieren. Darauf und auf einige Konsequenzen dieser Finanzierungsform wird in Kapitel 8.3 näher einzugehen sein. Hier geht es zunächst einmal darum, das Gewicht der Werbung als eine Quelle der Finanzierung von Medien abzuschätzen, um sich so der Frage nähern zu können, was dies für die Position des Medienkonsumenten auf dem Rezipientenmarkt bedeutet. Es bestehen hier ja monetäre Austauschbeziehungen auf zwei Märkten, auf dem Rezipientenmarkt zwischen Produzent und Medienkonsument, auf dem Werbemarkt zwischen Produzent und Werbewirtschaft und der Produzent ist – von der oben diskutierten prinzipiellen Schwäche der Marktposition des Medienkonsumenten hier einmal abstrahiert – zwei, seine wirtschaftlichen Aktivitäten beeinflussenden Marktpartnern, die Präferenzen durchzusetzen versuchen, ausgesetzt. Das jeweilige Einflusspotential dieser Marktpartner wird nicht zuletzt von der Höhe ihres Beitrags zur Refinanzierung der Medienproduktion abhängen.

Grundsätzlich wird die ohnehin schwache Position des Rezipienten als Marktpartner des Medienproduzenten durch eine Teilfinanzierung aus Werbung weiter unterminiert. Die Frage, um die es nachfolgend geht, ist daher, ob und inwieweit unter diesen Bedingungen die Annahme überhaupt aufrechtzuerhalten ist, dass das Medienangebot den Präferenzen des Medienkonsumenten folgt. Inwieweit kann der Rezipient für eine Zahlungsbereitschaft, die häufig ja weniger als die Hälfte der Medieneinnahmen ausmacht, ein seinen Interessen und Bedürfnissen entsprechendes Angebot erwarten? Inwieweit ist gar ein Angebot an den Leser als Staatsbürger zu erwarten, dass den normierten Aufgaben der Medien entspricht? Walter Lippmann (1964,

220f.) hat ja bereits, wie er es nannte, auf diese „Anomalie unserer Zivilisation" mit Blick auf die Zeitungen hingewiesen, die in dem Auseinanderklaffen zwischen Anspruch an die Medien und Zahlungsbereitschaft für die Medien besteht – auf der individuellen wie der sozialen Ebene. „Wir erwarten von der Zeitung, dass sie uns mit Wahrheit beliefert, wie unangenehm diese auch sein mag". Aber: „Niemand denkt auch nur einen Augenblick daran, dass er für seine Zeitung zahlen müsste. Er erwartet von den Quellen der Wahrheit, dass sie von allein sprudeln (...)". Und: „Eine freie Presse bedeutet (...) in der Einstellung der Leser, dass die Zeitungen praktisch hergeschenkt werden". Welches Angebot ist unter diesen, heute wie zu Lippmanns Zeiten unverändert gültigen Bedingungen also zu erwarten?

Betrachten wir zunächst den Zeitschriftenmarkt. Hier spricht die wachsende Zahl der Titel und die starke Zunahme der Zeitschriften für spezielle Interessen prima facie für eine Durchsetzung von Leserpräferenzen. Der Hobbygärtner, der Hobbykoch, die Hobbyschneiderin werden genauso mit einem eigenen Blatt bedient wie der Katzen- oder Kunstfreund, der Laien-Börsianer oder Golfspieler. Dass es sich dabei um für bestimmte Branchen jeweils interessante Zielgruppen handelt, die so ohne große Streuverluste werblich angesprochen werden können, wirft allerdings die Frage auf, wer der eigentliche Impulsgeber für die Entwicklung dieser neuen Zeitschriften ist: eine stark interessierte Leserschaft, die so ihre Präferenzen durchsetzt? Oder eine Werbeindustrie, die Zielgruppen schätzt, die nach Produktinteresse vorsortiert sind (Kraft 1995) und/oder das Streben eines Verlegers, der sein Blatt in den relativ ruhigen Hafen der monopolistischen Konkurrenz zu bekommen versucht? Die Frage lässt sich ohne genauere Analyse und empirisches Material kaum im Sinne eines Entweder-Oder beantworten und wird auch fallweise jeweils differenzierte Antworten erfordern.

Aber ein Vergleich mit der Tagespresse kann einige Hinweise geben und zeigt, dass die Verbraucher- bzw. Leserpräferenzen eine zumindest unterschiedliche, wirtschaftlichen Interessen aber offenbar immer nachgeordnete Rolle spielen. Vor allem im Bereich der Lokal- und Regionalpresse, wo Wettbewerb im Verlauf der Nachkriegsentwicklung stark eingeschränkt wurde und weiter eingeschränkt wird (vgl. die kontinuierlichen Untersuchungen von Schütz, zuletzt 2001), entspricht die Tendenz der Verbraucher zum Satisficing in offenbar ‚glücklicher Weise' den wirtschaftlichen Belangen des Verlegers. Der Verleger oder Verlagsmanager muss, angesichts des Interesses der Werbungtreibenden an möglichst kompletter Abdeckung des regional definierten relevanten Marktes und der von seiner Marktposition bestimmten Auflagen-Anzeigen-Spirale (vgl. Kapitel 8.3.2.2), versuchen, in seinem Verbreitungsgebiet möglichst der Einzige oder zumindest der Größte zu sein. Das Konzept „Generalanzeiger" oder „Vielfalt in der Zeitung" ist offenbar die Chance, um auf beiden Märkten erfolgreich zu agieren: Der Leser als Satisficer sucht sich aus dem nach dem Warenhausmuster gebildeten Blatt heraus, was ihn interessiert, Politik, Sport oder den Lokalteil und ist zufrieden, die Werbung bekommt maximale Reichweiten und der Verleger maximiert seinen Gewinn.

Auch in diesem Zusammenhang ist die bereits erwähnte österreichische Studie zur Lesekompetenz (Fritz 1992) von Interesse. Sieht man sich ihre Ergebnisse unter dem uns hier interessierenden Aspekt an, dann lassen sie sich wie folgt interpretieren: auf dem ja deutlich größeren und wirtschaftlich potenteren überregionalen Zeitungsmarkt kann der Leser seine primäre Präferenz, Zugang zu den Inhalten einer Zeitung gemäß seiner Lesekompetenz zu erhalten, durchsetzen. Auf den kleineren Regionalzeitungsmärkten ist die Durchsetzung dieser Primärpräferenz nur noch in der Form möglich, dass das Anspruchsniveau der Zeitung auf eine durchschnittliche Lesekompetenz abstellt, die einen möglichst breiten Zugang zu ihren Inhalten erlaubt. Leser mit überdurchschnittlicher wie mit unterdurchschnittlicher Lesekompetenz müssen sich diesem Medienprodukt gegenüber als Satisficer verhalten.

Die Durchsetzung von Leserpräferenzen stößt also an Grenzen, die der Werbemarkt setzt. So gibt es international gesehen eine ganze Reihe von Qualitätszeitungen mit vergleichsweise kleiner Auflage, aber einer für die Werbung hochinteressanten Leserschaft aus den gesellschaftlichen Eliten. Aber es gibt, soweit bekannt, keine Qualitätszeitung, mit dann wahrscheinlich ebenfalls kleiner Auflage, die sich unter Berücksichtigung von Faktoren wie Lesekompetenz und speziellen Interessen der Lebenssituation an Nicht-Eliten als Zielpublikum wendet. Der britische Kommunikationswissenschaftler Colin Sparks (1992) hat mit seinen Analysen des britischen Zeitungsmarktes darauf hingewiesen, dass Leser, deren Präferenzen ein solches Qualitätsblatt folgen würde, selbst auf einem Wettbewerbsmarkt vernachlässigt werden. Zur Zeit der Analyse gab es in Großbritannien elf national verbreitete Morgenzeitungen, für Europa, mit einem durchgehend hohen Grad der Pressekonzentration, eine rare Ausnahmeerscheinung. Aber selbst unter diesen fast modellgemäßen Marktbedingungen wird eine Lesergruppe tendenziell ausgegrenzt. Es sind die „serious poor", wie Sparks die Gruppe nennt, Personen mit geringem sozialen Status aber Interesse an seriöser Zeitungsinformation, die mit der Segmentierung des britischen Zeitungsmarktes in die Typen Elite- und Massenpresse kein Angebot finden. Die Elitepresse verweigert durch hohe Preise und elaborierte Sprache den Zugang zur Information, die Massenpresse bietet seriöse Information von allgemeiner Relevanz nicht an, da ihre Kernzielgruppe dadurch zum Kauf des Blattes nicht zu bewegen ist. Dieser Befund verweist auf die letztendlich selbst auf einem Wettbewerbsmarkt entscheidende Bedeutung der Werbung als Medienfinanzierungsquelle, ob Rezipientenpräferenzen Berücksichtigung finden oder nicht.

Schon Max Weber (1988a, 436) hat ja auf die in der Wirtschaft einmalige Situation verwiesen, die sich aus der Doppelfinanzierung der Presse ergibt, als er feststellte: „eine Zeitung kann nie zu viele Inserenten haben, aber – und das im Gegensatz zu jedem anderen Warenverkäufer – zu viele Käufer, dann nämlich, wenn sie nicht in der Lage ist, den Insertionspreis so zu steigern, dass er die Kosten der immer weiter sich ausdehnenden Auflage deckt". Das ist vor allem dann zu erwarten, wenn es die informationshungrigen Habenichtse sind, die die Auflage aufblähen, ohne dass die werbungtreibende Wirtschaft bereit ist, für den Zugang zu dieser Lesergruppe zu zahlen. Das bereits erwähnte Beispiel der britischen Qualitätszeitung The Times, die sich als gezielte Unternehmensstrategie eines Teils ihrer Leserschaft zu entledigen versuchte, weil dieser Teil nicht den Vorstellungen ihrer Werbekunden entsprach, bestätigt die Webersche Feststellung.

Allerdings kann von Medieninhalten als öffentlichen Gütern im Prinzip niemand ausgeschlossen werden, wenn diese unverzerrt sind und der Ausschluss über den Träger nicht klappt. Wenn die unerwünschten Leser der Times trotz Bezugspreiserhöhung treu bleiben, wird es kompliziert. Hier helfen selektive Anreize, bei der Times negativ, in der Regel sonst eher positiv gesetzt. Sie sind eine inhaltliche Strategie der Publikumsgewinnung aber auch -formung. Bei der Times bestand die Strategie der Leserschaftsformung in einer noch stärkeren Elaborierung der Sprache, was Nichtelitelesern den Zugang zu den Inhalten erschwerte, und in der Vernachlässigung aller Human-Touch- und Unterhaltungsaspekte im Spektrum der angebotenen Inhalte, weil diese von Nichteliten stärker geschätzt werden als von Eliten. Generell gilt der

Versuch, „durch gezielte Kommunikationspolitik einzelne Zielgruppen anzusprechen und dadurch für den Anzeigenkunden erwünschte Leserschaften zu ‚erzeugen' jedoch bei den Verlagsmanagern als schwierig" (Büchelhofer u.a. 1994, 433). Das Problem selektiver Anreize als Strategie der Zielgruppenformung ist natürlich vor allem beim werbefinanzierten Fernsehen virulent, weil bei terrestrischer oder Satellitenverbreitung ein Ausschluss über den Träger überhaupt nicht möglich ist.

Man kann für diese 2. Gruppe von Medien damit festhalten, dass – abgesehen natürlich von der grundsätzlich schwachen Marktposition durch die Gutspezifik von Medien – der Rezipient seine Präferenzen nur stark eingeschränkt durchsetzen kann und diese Durchsetzung zudem von seinem sozioökonomischen Status und der damit verbundenen Attraktivität für die Werbewirtschaft deutlich abhängig ist. Hoher Status sichert in gewissem Umfang eine Orientierung der Produzentenentscheidungen an den Verbraucherpräferenzen, mittlerer Status sichert im Rahmen des von Produzenten- und Werbewirtschaftsinteressen begrenzten Angebots zumindest akzeptable Alternativen für den Satisficer, niedriger Status ist (auch hier) ein Indikator, dass soziale und hier kommunikative Teilhabeansprüche nicht erfolgreich durchgesetzt werden können.

6.3.2.3 Die ökonomische Position des Medienkonsumenten bei voll über Werbung finanzierten Medien

Die 3. Gruppe von Medien, die der ausschließlich über den Werbemarkt finanzierten, soll hier am Beispiel des Fernsehens, genauer des sog. Free-TV diskutiert werden, Fernsehen in privater und erwerbswirtschaftlicher Regie.

Der Mythos vom souveränen Konsumenten auch im Bereich der Medien endet endgültig beim voll werbefinanzierten Fernsehen. Klassische ökonomische, sprich monetäre Austauschbeziehungen zwischen Produzent und Konsument im Sinne des Marktmodells bestehen hier nicht mehr. Im Dreiecksverhältnis von Fernsehanbieter, Rezipient und Werbewirtschaft kommt der Fernsehrezipient für die Refinanzierung des von ihm nachgefragten Medienproduktes direkt überhaupt nicht mehr auf, sondern in vollem Umfang der Nachfrager auf dem zweiten Markt, die Werbewirtschaft. „Da das Privatfernsehen den Zuschauer nichts kostet, hat dieser auch keinen Anspruch darauf, es zu formen" (Willemsen 1993, 53). Richtig an dieser Feststellung ist, dass der Fernsehkonsument keine direkten Zahlungen in Geld an den Fernsehproduzenten oder -veranstalter für die Inanspruchnahme seiner Dienste leistet. Folglich kann er auch nicht die dem Konsumenten im Marktmodell zugedachte Steuerungsfunktion des Angebots via Zahlungsbereitschaft übernehmen. Falsch an der Feststellung ist, dass Privatfernsehen für den Zuschauer kostenlos sei: er entrichtet zwar keinen Marktpreis, aber er zahlt indirekt als Konsument der beworbenen Produkte, denn, wie Jürgen Heinrich (1994, 211) richtig feststellt, macht Werbung zwar die Medien billig, aber die Konsumgüter teuer. Und er liefert dem medialen Dienstleistungsproduzenten die benötigten externen Produktionsfaktoren, die diesem eine Refinanzierung auf dem Werbemarkt erst ermöglichen.

Welche Rolle also spielt der Rezipient beim werbefinanzierten Fernsehen, da er die ökonomische Akteursrolle offensichtlich nicht innehat (vgl. dazu auch Kapitel 9.2.1)? Und wie funktioniert das Ganze eigentlich? Man muss sich für den Versuch einer Abklärung dieser Fragen wohl folgendes klarmachen (vgl. auch Kapitel 8.3):

1. Die Tatsache, dass terrestrisches aber auch Satellitenfernsehen ökonomisch ein reines öffentliches Gut ist, also weder Konsumrivalität existiert noch das Ausschlussprinzip mit ö-
   konomisch vernünftigem Aufwand, Digitalfernsehen und seine Möglichkeiten hier einmal
   außer Acht gelassen, durchsetzbar ist, zwingt den kommerziellen Veranstalter, seine clients
   nicht unter den Rezipienten, sondern auf dem Werbemarkt zu suchen. Natürlich muss er für
   die erwarteten Werbegelder eine Leistung bieten, nämlich den verlässlichen Zugang der
   Werbebotschaften zu einem Publikum, das nach Größe und Struktur den Vorstellungen seiner Werbekunden entspricht. Das Problem ist, wie er dieses definierte Publikum dauerhaft
   gewinnen kann.

2. Die Zauberformel zur Lösung dieses Problems heißt aus ökonomischer Sicht „selektive
   Anreize". Wie die Times ihre unerwünschten Leser zu vertreiben versuchte, wird der kommerzielle Rundfunkveranstalter, nun als positive Strategie der Publikumsgewinnung, versuchen ein Programm anzubieten, das den individuellen Bedürfnissen der von ihm anvisierten Zielgruppen möglichst optimal entspricht, unter Vernachlässigung der Bedürfnisse aller nicht erwünschten Zuschauergruppen. Das Programm dient als Köder für die Kooperation der werblich interessanten Bevölkerungsgruppen und ihre möglichst dauerhafte
   Bindung an seinen Kanal. Dass die Strategie im Detail unsicher und risikobehaftet ist, liegt
   nicht nur daran, dass operationalisierbare Qualitätskriterien, die einen Publikumserfolg zuverlässig garantieren, weitgehend fehlen. Es hat ganz zentral auch damit zu tun, dass Fernsehen

3. aus der Sicht seiner Rezipienten als Niedrigkostensituation zu verstehen ist. Das aber heißt,
   wie schon diskutiert, die persönlichen Folgen einer falschen (Programm)Entscheidung werden als gering erachtet, der entgangene Gewinn an Vergnügen und Unterhaltung, gar an
   Bildung und Aufklärung, ist für den Rezipienten bei einem Überangebot des Erfahrungsbzw. Vertrauensgutes Fernsehen zudem schwer bis gar nicht abschätzbar.

Für die Hypothese von der Fernsehnutzung als Niedrigkostensituation gibt es eine Reihe von
Indizien auch aus der kommunikationswissenschaftlichen Forschung. Insbesondere die schon
kurz diskutierten Ergebnisse zum Programmwahlverhalten von Fernsehzuschauern können als
Bestätigung dieser Hypothese interpretiert werden, wenn man den Uses- and Gratifications-
Ansatz als kommunikationswissenschaftliche Variante des ökonomischen Verhaltensmodells
versteht. Die Annahmen dieses Ansatzes: 1. des aktiven Publikums, 2. der Intentionalität der
Mediennutzung, 3. der Abwägung der unterschiedlichen Gratifikationsquellen und 4. das Verständnis von Mediennutzung als soziales Handeln, das sich an individuellen Bedürfnissen und
Interessen orientiert, legen eine Übertragung des ökonomischen Verhaltensmodells auf den
Bereich der Mediennutzung jedenfalls nahe (Jäckel 1992, 247). Geht man also von den Vorstellungen des Uses- and Gratifications-Ansatzes aus, dann müssten die Rezipienten eigentlich
elaborierte Suchstrategien entwickeln, mit denen sie Programme auswählen, zumal bei einer
ständig steigenden Programmfülle. Eine solche Annahme des selektiven und bewussten Um-
gangs mit dem Medium Fernsehen wird durch die Angaben der deutschen Bundesbürger zu
ihren Fernsehgewohnheiten und zu ihrem Programmwahlverhalten allerdings nicht bestätigt.
Nur ein knappes Viertel sieht nach eigenen Angaben selektiv, die Mehrheit der Befragten
schaltet den Fernsehapparat aus Gewohnheit oder irgendwann ein oder sieht nebenbei fern
(vgl. Stiftung Lesen 1993). Vor allem auch der hohe und offenbar steigende Anteil der „Nebenbeinutzung" von Fernsehen (vgl. Kuhlmann/Wolling 2004) ist ein Indikator, dass Fernse-

hen den meisten Zuschauern nicht nur als leicht und anspruchslos (Weidemann 1989), sondern ebenso auch mit wenig Kosten verbunden erscheint.

Der Umgang mit dem Fernsehen, soweit er aus der Forschung bekannt ist, lässt sich kaum als Versuch interpretieren, das große Programmangebot rational zu bewältigen im Sinne eines Abwägens der erwartbaren Gratifikationen. Natürlich besteht das Problem der mangelnden Transparenz eines großen Angebots an Erfahrungsgütern. Aber dieses Problem wird durch die Standardisierung vieler Angebote und die Formatierung der Programme auch wieder etwas entschärft. Der Rezipient verfügt über Erfahrungsschemata, die durch die Programmschemata der einzelnen Anbieter zusätzlich abgestützt werden. Dabei muss man auch berücksichtigen, dass die für das Fernsehen heute überwiegend gültige Produktionslogik der Flow production Selektivität der Zuschauer geradezu behindert und zu unterlaufen versucht. Bei einem endlosen Fluss eines nach Zielgruppenkriterien und Zeitkorridoren über Tage und Wochen und mit geringen Variationen auch kanalübergreifend genormten Programmangebots bedarf es keines kostspieligen, weil zeitintensiven Such- und Bewertungsaufwands von Seiten des Rezipienten, der „aus Erfahrung" grob abschätzen kann, was ihn erwartet. Der Verzicht auf Markttransparenz und Selektivität ist dann als eine Form „rationaler Ignoranz" (Aranson 1989/1990) zu interpretieren, da der Aufwand für vollständige Informiertheit zu hoch ist im Vergleich zu dem damit gewinnbaren Ertrag.

Es gibt ja mit Blick auf dieses rational-ignorante Verhalten des Rezipienten vor allem in der amerikanischen Kommunikationswissenschaft die Vorstellung von einem völlig problemlosen Umgang mit dem Fernsehen als einem Bündel von Programmalternativen. Zillman und Bryant (1985) haben ein solches Modell konstruiert, wo die Programmwahl dem Zufall überlassen bleibt, spontan und von äußerst kurzfristigen Nutzenkalkülen geleitet erfolgt, wo Präferenzen, zumindest auf das Programm gerichtete Präferenzen, auch im Sinne von Marktpräferenzen offenbar keine Rolle spielen. Der Zapper lässt sich als der prototypische Vertreter dieses Programmwahlverhaltens verstehen.

Alles dies verweist darauf, dass der Rezipient Fernsehnutzung als Niedrigkostensituation bewertet. Diese Bewertung schließt ein, dass der ja unleugbare Zeitverbrauch durch fernsehen, der ökonomisch als Kosten zu betrachten ist, vom Rezipienten so nicht bewertet wird. Ökonomen berechnen die Opportunitätskosten des Zeitverbrauchs für bestimmte Tätigkeiten normalerweise dadurch, dass sie fragen, welches Einkommen man in dieser Zeit hätte erzielen können, wenn man diese Zeit eben zum Geldverdienen genutzt hätte (vgl. Bievert, Held 1995). Natürlich ist kaum zu erwarten, dass solche Berechnungen in die Situationsbewertung von Fernsehnutzung eingehen. Der Zeitverbrauch ist jedoch zweifellos da, offensichtlich aber ohne so bewertet zu werden. Irene Neverla (1991) kommt aufgrund ihrer Forschung zu dem überraschenden Schluss, dass Fernsehen bei seinen Rezipienten nicht als Zeit verschlingendes, sondern als „zeitsparsames Medium" gilt. Es bedarf, schreibt sie, die Befunde zum Programmwahlverhalten und der Nebenbeinutzung damit bestätigend, aus der Sicht der Nutzer „keiner aufwendigen Informations-, Planungs- und Entscheidungsleistungen im Vorfeld, in der präkommunikativen Phase", also vor der eigentlichen Nutzung des Mediums. Und in der kommunikativen Phase der Fernsehnutzung gelte Fernsehen geradezu als „zeitreiches" Medium, weil es u.a. eine Zeitverdichtung durch Paralleltätigkeiten erlaubt. Als Zeitverlust gilt nur das „Hängen bleiben" vor der Mattscheibe, wenn die allzeitige Verfügbarkeit über das Medium in Verführbarkeit durch das Medium umschlägt. Mit dieser positiven Zeitbilanz der Fernsehnutzung korrespondieren erste Befunde zu einem positiven Zusammenhang zwischen Fernsehkonsum und Freizeitzufriedenheit (vgl. Jegen/Frey 2004). Beckers gerade diskutierter Ansatz vom Haushalt als Produzent nicht marktfähiger Güter bietet wahrscheinlich eine interessante Interpretationsmöglichkeit dieser Befunde, die hier aber nicht weiter verfolgt werden kann.

Die Bewertung als Niedrigkostensituation bedeutet schließlich auch, dass die Refinanzierung der Werbeeinnahmen des Fernsehens durch den Verbraucher, der über die Produktpreise seinen Beitrag leisten muss, nicht reflektiert wird.

Die Bewertung als Niedrigkostensituation hat aus ökonomischer Sicht zur Folge, dass nichtoptimale Lösungen akzeptiert werden und auf die Durchsetzung von Präferenzen verzichtet wird. Beim Fernsehen wird dieses Verhalten offenbar noch dadurch begünstigt, dass die auf das Medium bezogenen Interessen und Präferenzen, stärker noch als bei anderen Medien wie z.B. dem Buch, relativ ungerichtet sind, sich innerhalb eines weiten Präferenzrahmens für Spaß, Unterhaltung, Entspannung und aktuelle Information, angenehmen Zeitvertreib, Erleben und Wohlbehagen bewegen (vgl. Berghaus 1994; Staab/Hocker 1994, Dehm/Storll2003). Das führt zu wenig Widerstand, wenn ein Medienprodukt als zwar nicht optimal erlebt wird, aber eben noch als halbwegs passabel im Rahmen weiter Freizeitinteressen.

Für den privaten Rundfunkveranstalter, der mittels selektiver Anreize als Programmköder ja ein bestimmtes Publikum erreichen und binden möchte, ist dies Erschwernis und Erleichterung zugleich. Das kommerzielle Kalkül des werbefinanzierten Fernsehveranstalters erfordete eigentlich eine präzise Kalkulation im Setzen selektiver Anreize, um das werblich interessante Publikum quasi auszusortieren. Das ist angesichts der recht diffusen Programmpräferenzen, der Bewertung der Fernsehnutzung als Niedrigkostensituation und der Neigung zum Satisficing aber offensichtlich gar nicht so einfach zu realisieren. Der Ausweg ist, worauf eben auch die Befunde der amerikanischen Television Economics Forschung verweisen, auf Sendungen „zweiter Wahl" der Zuschauer zu setzen, auf Programme des kleinsten gemeinsamen Nenners (Rothenberg 1962 hat den Begriff der „lowest common denominator"-Programme geprägt), die möglichst viele Zuschauer aus der Zielgruppe noch akzeptieren.

Der Mangel an differenzierten Kenntnissen über fernsehbezogene Publikumspräferenzen, möglicherweise auch der faktische Mangel an solch differenzierten Präferenzen, wenn man an Fernsehen als Tätigkeit an sich denkt (vgl. Hirsch 1980 mit der Unterscheidung zwischen „watching television" und „watching programs"), sowie die geringen Möglichkeiten des Ausschlusses von Nichtmitgliedern der Zielgruppe, haben, wenn man das so nennen will, zu einem Kompromiss zwischen Fernsehen und Werbewirtschaft zu Lasten des Publikums geführt. Innerhalb sehr grober Zielgruppendefinitionen – vor allem nach dem Lebensalter – wird maximale Ausschöpfung angestrebt, was mit Programmen zweiter Wahl noch am ehesten gelingt. Das bedeutet einerseits die weitgehende Vernachlässigung der Präferenzen von Personen außerhalb der Zielgruppe (die Serie wird abgesetzt, wenn sie Erfolg in der falschen Zielgruppe hat), das bedeutet andererseits aber auch die Vernachlässigung aller speziellen oder 1. Wahl-Präferenzen innerhalb der Zielgruppe.

Aus gesellschaftlicher Sicht verweist diese Situation auf eine mit Wohlfahrtseinbußen verbundene gesamtwirtschaftliche Fehlallokation zumindest auf dem Rezipientenmarkt. Aus der einzelwirtschaftlichen Sicht des privaten Rundfunkveranstalters aber auch des Werbungtreibenden scheint dieser Kompromiss hingegen zu funktionieren. Hohe Werbeaufwendungen und wachsende Umsätze der werbefinanzierten Veranstalter, zumindest bis ins Jahr 2000, sind dafür ein handfester Indikator.

6.4 Die Werbewirtschaft als ökonomischer Akteur

Es geht in diesem Kapitel nun um den zweiten Nachfrager nach Mediendiensten auf dem zweiten dem Medienproduzenten für die Refinanzierung seiner Programmproduktion offen stehenden Markt. Eine Vorstellung von der Größenordnung dieses Marktes vermitteln von Heinrich (2003) berechnete Zahlen. Mit einem Umsatzvolumen 2001 von gut 60 Mrd. DM und knapp 190.000 Beschäftigten ist das gesamtwirtschaftliche Gewicht des Werbesektors dem der aktuell-journalistischen Medien durchaus vergleichbar. Diese finanzieren sich, sofern privatwirtschaftlich organisiert, zu 55 bis 100 Prozent aus diesem Markt, bei einem Mengenanteil, also Seiten-/Zeitanteil der Werbung, von 10 bis 15 Prozent bei den elektronischen Medien, bis zu 35 Prozent bei den Printmedien. Drei Viertel des Netto-Werbemarktes entfallen auf die klassischen Massenmedien, allerdings mit fallender Tendenz. Ohne Massenmedien wäre die Werbung kaum darstellbar. Ohne Werbung klafften große Finanzierungslücken bei der redaktionellen Produktion.

Wie bereits erwähnt, hat ja schon Max Weber auf die „vollständig eigenartige Stellung" der Presse verwiesen, weil sie, wie er schreibt (1988a, 436) „im Gegensatz zu jedem anderen Geschäft zwei ganz verschiedene Arten von ‚Kunden' hat". Auch andere Vorläufer der PKW wie Karl Bücher oder Walter Lippmann haben auf die besonderen bis problematischen Aspekte einer Pressefinanzierung aus dem Werbemarkt aufmerksam gemacht. Dennoch blieb die Beschäftigung der für Medien und öffentliche Kommunikation zuständigen Wissenschaftsdisziplin, der PKW, mit der Werbung, wie Ulrich Saxer schon1987 feststellte, bislang eher marginal.

Aber auch die Ökonomie hat sich mit der von Weber konstatierten „eigenartigen Stellung" des Geschäftsunternehmens Presse oder werbefinanzierter Medien generell kaum auseinandergesetzt. Monographien wie die von Günter Schweiger und Gertraud Schrattenecker (1995) sind Einführungen in die Werbung als Teilgebiet der Betriebswirtschaftslehre, es gibt eine vielfältige Literatur zur Werbepraxis, in der Medien allerdings nur in ihrer Funktion als Werbeträger thematisiert werden.

In dem nachfolgenden Kapitel wird es um die Abklärung von vor allem drei Fragen gehen. In einem ersten Punkt wird die Position der Werbewirtschaft als ökonomischer Akteur und ‚Gegenspieler' der Medienproduzenten im Vergleich zur Position des Rezipienten untersucht (6.4.1), darauf folgt eine Abklärung des Einflusses, den der Kunde Werbung auf das Medienangebot eher strukturell als intentional ausübt (6.4.2). In beiden Punkten wird also der Wettbewerbsfaktor „Verhandlungsmacht" dieses zweiten Abnehmers von Mediendiensten einzuschätzen versucht. In einem dritten Punkt wird die Frage behandelt, wie es zur Ausbildung dieser „völlig eigenartigen Stellung" der Presse hat kommen können, also ob und wie sich das Aufkommen dieses zweiten Kundenkreises wohl erklären lässt (6.4.3). Während bei den beiden ersten Punkten mit den bereits bekannten medienökonomischen Modellen und Analyseansätzen gearbeitet wird, handelt es sich bei dem dritten um eine Art wirtschaftshistorischen Exkurs. Es ist der Versuch einer Bestimmung von Akteuren in dem Prozess der Institutionalisierung von Werbung als Finanzierungsquelle periodischer Medien.

6.4.1   Ein mächtiger Akteur auf dem Werbemarkt

Für die nachfolgenden Überlegungen wird auf eine Unterscheidung zwischen Werbeagenturen und werbungtreibender Wirtschaft zugunsten des umfassenden Begriffs der Werbewirtschaft verzichtet. Beide Akteure auf dem Werbemarkt, ob sie nun in eigenem oder in fremdem Auftrag handeln, sind Kunden der werbefinanzierten Medien. Dabei mögen die Agenturen, als Mittler, aber auch Gatekeeper der Werbeeinnahmemöglichkeiten von Medien, der vielleicht noch einflussreichere Nachfrager nach medialen Diensten auf dem Werbemarkt sein als die werbungtreibenden Unternehmen selbst.

Es scheint sinnvoll, für die hier zu behandelnde Frage bereits Bekanntes kurz zu repetieren. Werbefinanzierte Medien sind ein Kuppelprodukt aus publizistisch-redaktionellen und werblichen Dienstleistungen, wobei der medienökonomische Begriff des Kuppelprodukts die aktive Koppelung unterschiedlicher Güter durch den Produzenten zu einem Produkt meint. Der publizistisch-redaktionelle Teil dieses Kuppelprodukts ist auf dem Werbemarkt kein ökonomisches Gut, denn es besteht keine Nachfrage danach, die Werbewirtschaft ist nicht Abnehmer des publizistisch-redaktionellen Güter- und Dienstebündels. Der Werbeteil des Kuppelprodukts, genauer: der für Werbezwecke bereitgestellte Trägerteil, also der Anzeigenraum der Zeitung oder die Sendezeit für Werbespots auf einer bestimmten Frequenz, haben auf dem Werbemarkt Privatgutcharakter. Es besteht Konsumrivalität und das Ausschlussprinzip funktioniert. Die Medienleistungen auf dem Werbemarkt sind also, im Gegensatz zum Rezipientenmarkt, voll marktfähig. Das auf dem Werbemarkt gehandelte ökonomische Gut sind Kontaktchancen mit einem Publikum. Der publizistisch-redaktionelle Teil als Dienstleistungsangebot auf dem Rezipientenmarkt soll ein Publikum möglichst aus den werblich interessanten Zielgruppen schaffen, der Werbung so den Zugang zu diesem Publikum ermöglichen und gleichzeitig auch die Aufmerksamkeit und Bereitschaft des Publikums für die Rezeption der Werbebotschaften miterzeugen.

Die starke Position des Konsumenten im Marktmodell hat, wir haben das ausführlich diskutiert, entscheidend damit zu tun, dass nur bei Zahlungswilligkeit des Nachfragers der Produzent die ihm entstandenen Kosten decken kann, Zahlungswilligkeit also Voraussetzung seiner wirtschaftlichen Existenz ist. Prinzipiell gilt das für beide Absatzmärkte werbefinanzierter Medien, auch wenn der Werbemarkt eigentlich ein Zwischenprodukt-Markt ist. Die Präferenzen der Werbewirtschaft richten sich auf die Zugangsmöglichkeiten zu von ihr definierten Zielgruppen, die vom Medienunternehmer mit Hilfe eines Programmangebots auf dem Rezipientenmarkt geschaffen werden. Die so immer gegebene Möglichkeit der indirekten Beeinflussung des Angebots auf dem Rezipientenmarkt durch Kundenpräferenzen auf dem Werbemarkt hängt in ihrer konkreten Ausgestaltung von zweierlei ab: 1. dem Finanzierungsanteil, den die beiden Kundenkreise dem Medienproduzenten leisten und 2. ihrer jeweiligen Durchsetzungsfähigkeit und Marktmacht gegenüber dem Produzenten.

Wie bereits diskutiert, ist bei ausschließlich werbefinanzierten Medien die in der ökonomischen Theorie institutionell über Zahlungsbereitschaft gesicherte Einflussnahme des Verbrauchers auf das ihm offerierte Angebot auf dem Rezipientenmarkt nicht gegeben. Über finanzielle Sanktionspotentiale, seine Präferenzen durchzusetzen, verfügt ausschließlich der Kunde auf dem Werbemarkt, denn nur dort erzielt der Rundfunkunternehmer Einnahmen. Bei teilweise werbefinanzierten Medien gibt es zwei Souveräne auf den zwei Märkten des Mediums, deren jeweilige Einflussmöglichkeiten von den oben genannten Bedingungen abhängen.

Es gibt nicht sehr viele Hinweise, ob und wie sich die Finanzierungsanteile zwischen diesen beiden Souveränen im Laufe der Medienentwicklung verschoben haben. Einen Eindruck davon für die Tagespresse vermittelt diese Übersicht über die Veränderung der Erlösstrukturen.

Übersicht 6.4: Erlösstruktur der Zeitungen* in Deutschland

	Erlöse aus Vertrieb in %	Anzeigen in %	gesamt
1938	63	37	100
1954	53	47	100
1961	40	60	100
1990	36	64	100
1995	35	65	100
2000	35,5	64,5	100
2003	44	56	100

* 1938-1961: Zeitungen gesamt; 1990-2003 Abonnementzeitungen (altes Bundesgebiet).

Quelle: 1938-1961: Arndt 1967, S. 15; 1990-2003: BDZV.

Bei allen Problemen, die mit der Datenbasis bei solchen langfristigen Vergleichen immer verbunden sind, verweist diese Zahlenreihe doch auf eins: eine Umkehr in den Relationen der Erlösstruktur von Zeitungen im letzten Jahrhundert. Während Ende der 1930er Jahre offenbar erst gut ein Drittel der Erlöse aus dem Geschäft mit den Anzeigen kam, Mitte der 1950er Jahre knapp die Hälfte, waren es seit 1990 schließlich rd. zwei Drittel. Entsprechend gesunken ist der Finanzierungsanteil aus dem Vertrieb, also die Refinanzierung aus dem Rezipientenmarkt (auch wenn sich die seit 2001 schwächelnde Werbekonjunktur in den Relationen 2003 bemerkbar macht). Es ist unwahrscheinlich, dass so deutliche Verschiebungen in den Finanzierungsrelationen aus den beiden Märkten ohne Einfluss auf das Medienprodukt geblieben sein könnten.

Hat die Werbewirtschaft also schon von ihrem Finanzierungsbeitrag her eine starke Position gegenüber Produzenten werbefinanzierter Medien, dann muss weiter gesehen werden, dass die mit Blick auf die Einflussmöglichkeiten des Medienkonsumenten diskutierten Marktunvollkommenheiten und Anomalien auf den Werbemarkt und seine Akteure nicht zutreffen. Markttransparenz ist hier grundsätzlich möglich, die Tausend-Kontakt-Preise dienen diesem Zweck (vgl. Kapitel 9.2.). Für die Werbewirtschaft sind als Orientierungsgröße auf dem Werbemarkt ja weniger die absoluten Preise entscheidend als die relativen bezogen auf 1000 erreichte Zuschauer oder Leser. Diese Praxis der Werbewirtschaft verweist darauf, dass Medien als Werbeträger auf dem relevanten Werbemarkt primär im Preiswettbewerb stehen. Spot- oder Anzeigenpreise werden von den Anbietern auf dem Werbemarkt so kalkuliert, dass sie bei den mit Hilfe der Forschung „prognostizierbaren Reichweiten einen wettbewerbsfähigen Tausend-Kontakt-Preis ergeben" (Heinrich 1999, 504). Von den Nachfragern wird Werberaum folglich bei dem Sender oder der Regionalzeitung gekauft, die die niedrigsten Tausend-Kontakt-Preise in der werblich anvisierten Zielgruppe anbieten können, was weniger von der absoluten Höhe der Werbepreise, als von der erzielten Reichweite bestimmt wird. Dieser geschäftsentscheidende Maßstab sichert ein hohes Maß an Markttransparenz. Damit dürfte auch die Neigung zum Satisficing bei dem Kunden Werbung, bei dem es sich ja in der Regel um professionelle Unternehmen handelt, nicht sehr ausgeprägt sein.

Die Dienstleistung des Medienproduzenten für den Kunden auf dem Werbemarkt ist, im Gegensatz zu der auf dem Rezipientenmarkt, keine konsum- sondern eine produktionsorientierte, die dem Werbungtreibenden wiederum als Input für das eigene, nun konsumorientierte Dienstleistungsangebot auf dem Rezipientenmarkt dient. Sie ist damit auch kein Erfahrungs- oder Vertrauensgut im Sinne der ökonomischen Gütertheorie, selbst wenn man eine prinzipielle Unsicherheit des Informationssystems Medienforschung (vgl. Kapitel 9.2) anerkennt. Denn der Werbungtreibende kennt die Konventionen, nach denen die Forschungs-„Währungen" festgelegt und vergleichbar gemacht werden, er bestimmt sie in der Regel zentral mit (Kiefer 1999). Über die Qualität der Medienleistung „Kontaktchancen" besteht also keine prinzipielle Unsicherheit, allenfalls mangelnde Informiertheit. Die in 6.3.1 ausführlicher diskutierten „Anomalien" des Verbrauchers aus der Sicht des ökonomischen Verhaltensmodells treffen auf den Kunden werbefinanzierter Medienunternehmen auf dem Werbemarkt also nicht zu.

Auf die grundsätzlich schwächere Position des – in der Regel nicht organisierten – Verbrauchers im Vergleich zu Organisationen weisen auch Ökonomen deutlich hin. So macht Williamson (1990, 335) z.B. darauf aufmerksam, dass in großen Organisationen Einkäufe und Vertragsverhandlungen in der Regel wohlinformierten Spezialisten übertragen sind. Dadurch, so Williamson, „verringern sich Informationsasymmetrien zwischen den Partnern erheblich. Einzelne Verbraucher hingegen können nicht in derselben Weise delegieren und verlassen sich daher zur Ermittlung von Produkteigenschaften viel stärker auf Marktsignale. Markennamen und Werbung dienen Signalzwecken. Aber die Signale können und werden zuweilen strategisch eingesetzt werden". Auch werbungtreibende Unternehmen und Werbeagenturen sind Organisationen mit wohlinformierten Spezialisten.

Dem Medienunternehmen steht auf dem Werbemarkt, anders als auf dem Rezipientenmarkt, also ein gleichwertiger Partner gegenüber, ähnlich gut informiert, durch Marktsignale und -strategien wenig beeindruckbar, der seine Präferenzen und Ziele, aber auch seine Marktmacht genau kennt und einsetzt. Dies schon deshalb, weil er seine Situation, im Gegensatz zum Rezipienten, wohl überwiegend als Hochkostensituation definiert. Werbekampagnen kosten in der Regel viel Geld und eine gute Reputation, z.B. als Werbeagentur, ist schnell ruiniert.

Um das hier wenigstens kurz einzuschieben: diese Abschätzung der Marktmacht und nachfolgend der Einflussmöglichkeiten des Kunden Werbung auf das Medienangebot meint die Wirtschaftswerbung, vor allem die sog. Markenartikelwerbung, die den Löwenanteil der Werbung im Fernsehen, in Publikumszeitschriften, überregionalen Zeitungen und im Kino stellt (vgl. Kapitel 8.3.1.2). Der Werbekunde, der als Individuum in der Rubrikenwerbung der Zeitung seine neue Wohnung sucht oder sein altes Auto verkaufen möchte, trägt zwar auch sein Scherflein zur Finanzierung der Zeitung bei, er ist hier aber grundsätzlich nicht gemeint. Hier geht es um den professionellen Werbekunden, der sich über die Ware, die er kauft, nämlich Zugangschancen zum Publikum, genau informiert, da er diese ja wiederum als Input in die eigene Produktion, die Schaffung von Aufmerksamkeit für seine Werbebotschaft, verwendet, und der von daher auch sehr konkrete Vorstellungen hat, wo seine Präferenzen liegen. Diese Präferenzen richten sich allerdings nicht oder allenfalls sekundär auf Medieninhalte, sie richten sich auf Publikumsstrukturen und Publikumsgröße. Er möchte möglichst kostengünstig und möglichst vollständig bestimmte Zielgruppen erreichen – mit welchen Medieninhalten das Medienunternehmen ihm den Zugang dazu verschafft, ist ihm im Prinzip ziemlich egal. Natürlich gibt es bevorzugte und weniger bevorzugte Zielgruppen und es gibt Bevölkerungsgruppen, wie die Armen oder Alten, für die der Werbekunde gar nicht zu zahlen bereit ist. Und natürlich soll das Programm oder redaktionelle Umfeld die positive Aufnahme der Werbebotschaft nicht behindern, sondern unterstützen und möglichst integrieren. Der Kunde Werbung übt also weniger direkt, als über seine wirtschaftlichen Ziele und sein Geschäftsgebaren Einfluss auf die Medieninhalte aus, auch wenn diese ihm im Prinzip egal sind.

6.4.2   Der Einfluss der Werbung auf das Medienangebot

Wie lässt sich dieser Einfluss beschreiben? Ben Bagdikian (1987) hat diese indirekte Wirkung der Werbung auf die Medien in den USA einmal als eine dreifache beschrieben: sie beeinflusse die äußere Form der Medien, sie verändere die Struktur der Inhalte und sie verenge die Zielgruppen der Medien, also das Publikum, das von den Medien bedient wird.

Der erste Punkt meint vor allem die Umfangausweitungen der Presse, primär zu Gunsten des Anzeigenteils, aber auch die Angebotsvermehrung und die Zerlegung des Angebots in Special-interest- und Spartenofferten. Der zweite Punkt spricht an, was hier in Anlehnung an Habermas (1978, 200), als „psychologische Zugangserleichterung" zu Medien bereits diskutiert wurde. Nachdem die Werbung als Einnahmequelle entdeckt worden war, so Bagdikian (ebenda, 247), „wurden die Fernsehprogramme nach und nach verändert. Sie wurden leichter konsumierbar, oberflächlicher, auf Fiktion konzentriert – ohne dass sie die Zuschauer dabei zu sehr vereinnahmen sollten, was den Kaufanreizen der begleitenden Werbung abträglich sein könnte". Wenn man sich die Entwicklung der Fernsehprogramme in Deutschland seit Einführung des dualen Fernsehsystems anschaut, soweit diese Entwicklung anhand von regelmäßigen Programmstrukturanalysen (vgl. z.B. die kontinuierliche Forschung von Krüger 2001, 2004) auf einer verallgemeinerungsfähigen Basis deutlich wird, dann werden die Beobachtungen Bagdikians weitestgehend bestätigt. Der dritte Punkt schließlich meint die Ausrichtung der medialen Inhalte an den Interessen bestimmter Zielgruppen, die Orientierung vor allem an den 14-49jährigen als der von der Werbewirtschaft bevorzugten Zielgruppe, weil es bei den Jüngeren oft am Geld hapert und die Älteren als in ihren Konsumgewohnheiten eingeschliffen und kaum beeinflussbar gelten. Und in der Tat sind ja zahlreiche Fälle aus dem Fernsehen bekannt, dass Programme trotz hoher Einschaltquoten vom Bildschirm verschwinden, weil sie die ‚falschen' Bevölkerungsgruppen erreichten, ein zu junges oder – noch schlimmer – ein zu altes Publikum (vgl. zur Programmselektion werbefinanzierten Fernsehens auch Hallenberger 1998 sowie Pethig 1998).

Der Haupteinfluss der Werbung auf das Medienangebot, der weniger intentionaler denn struktureller Art ist, scheint also ein doppelter und auf den ersten Blick eher paradoxer zu sein: nämlich Ausweitung und Verengung gleichzeitig.

Ausweitung meint hier vor allem die Vervielfältigung des Medienangebots, wie wir es für die Zeitschriftenpresse als Produktdifferenzierungsstrategie bereits diskutiert haben. Die Zahl der Blätter mit überwiegend universeller und politischer Information für ein breites Publikum ist zurückgegangen, die der Special-interest-Zeitschriften (spezielle Information für den Rezipienten als Konsument), der Fachzeitschriften (spezielle Information für den Rezipienten in seiner Berufsrolle) sowie der PR-Zeitschriften deutlich gestiegen. Das Titelwachstum konzentriert sich also auf Blätter, die über bestimmte Konsum- und Produktinteressen definierte Zielgruppen erreichen oder institutionelle Interessen als PR unmittelbar vertreten, während das Angebot an Titeln mit einem breiten Informationsangebot für den Rezipienten in seiner Rolle als Staatsbürger zurückgeht. Das Angebot wird also nicht nur deutlich ausgeweitet, es wird auch gleichzeitig Partikularinteressen folgend parzelliert. Dabei wird das Mischungsverhältnis zwischen öffentlichen Gütern und selektiven Anreizen, zwischen meritorischen und nicht meritorischen Gütern im Kuppelprodukt Zeitschrift von den Verlagen entsprechend umgestaltet.

Eine deutliche Ausweitung des Angebots gibt es auch auf dem Rundfunkmarkt. So hat sich die Zahl der Hörfunkprogramme von 36 im Jahre 1984 auf 237 im Jahre 1998 erhöht, die Gesamtsendezeit des Mediums lag 1996 bei 1.906.092 Stunden pro Jahr oder 5222 Stunden pro Tag (Heinrich 1999, 364f.). Die Entwicklung im Fernsehen wird deutlich wenn man sich vergegenwärtigt, dass es bis 1984 ein Angebot an zwei nationalen Fernsehprogrammen, ARD und ZDF, sowie fünf Regionalprogrammen der ARD gab. 1997 stellt sich das Fernsehangebot nach den Recherchen von Heinrich wie folgt dar:

Übersicht 6.5: Fernsehprogramme in Deutschland 1997

	Zahl	Sendezeit[1]
A. Private Programme[2]	293	872
1. Bundesweite Programme, davon	24	571
1.1 Vollprogramme	6	144
1.2 Spartenprogramme	13	315
1.3 Pay-Programme	3	64
1.4 Einkaufsprogramme	2	48
2. Landesweite Programme (Fensterprogramme für RTL u. SAT.1)	15	6
3. Ballungsraumprogramme	14	295
4. Lokale Programme[3]	ca. 240	k.A.
B. Öffentlich-rechtliche Programme	28	333
1. Bundesweite Programme, davon	15	316
1.1 Vollprogramme	3	72
1.2 Spartenprogramme	4	61
1.3 Dritte Programme	8	183
2. Regionale Programme (regionale Vorabendprogramme)	13	17
C. Fernsehsektor gesamt	321	1 205

1)   Ø tägliche Sendezeit in Stunden.
2)   Ohne dctp u. Kanal 4, deren zahlreiche Fensterprogramme im Programm von RTL, SAT.1 u. VOX enthalten sind.
3)   Diese Lokalprogramme senden meist mit sehr geringer Reichweite und geringer Senderzeit.

Quelle: Heinrich 1999, S. 449.

Nicht berücksichtigt sind in der Aufstellung ausländische Programme, die in Deutschland empfangen werden können, sowie die rund 60 offenen Kanäle. Nimmt man nur die bundesweiten Programme als Indikator für die Entwicklung, dann hat sich das Programmangebot von 2 auf 39 erhöht, deutlich geringer, aber immer noch beachtlich, ist die Zahl der Vollprogramme gestiegen. Dabei wird die Zunahme öffentlich-rechtlicher bundesweiter Angebote allerdings vor allem durch die Verbreitung der Dritten Programme über Satellit getragen, die 1984 ja nur regional ausgestrahlt wurden. Man darf bei solchen Vergleichen, und das gilt für alle Medien, auch das Hinzutreten der fünf neuen Bundesländer nicht übersehen, das natürlich eine entsprechende Ausweitung des Medienangebots auslöste. Aber auch diese Einschränkungen berücksichtigt, ist die Zunahme des Angebots deutlich, zumal wenn man bedenkt, dass die Sendezeit des Mediums 1984 bei 70 bis 80 Stunden pro Tag lag und 1997 bei im Durchschnitt 1 200 Stunden pro Tag. Ob sich all diese Programme und Anbieter langfristig werden halten können, ist eine ganz andere Frage. Dass die Entwicklung trotz ‚Werbekrise' seit dem Rückgang der Werbeaufwendungen 2001 dynamisch weitergeht, machen aktuelle Zahlen der KEK (2004, 68f.) deutlich: danach gab es im Dezember 2003 53 private Fernsehprogramme mit bundesweiter Lizenz, darunter 12 Lizenzen für die selbst veranstalteten Pay-TV- und Pay-per-View-Programme von Premiere im Rahmen des Bouquet-Angebots.

Medienökonomisch erklärbar ist diese Angebotswucherung, die, wie in 6.2.2.3 bereits diskutiert, zu einer Überversorgung aber auch zu einer Fragmentierung des Refinanzierungsfundus führt, mit der weitgehenden Entkoppelung von Medienproduktionskosten und Bedarfsdeckung auf dem Rezipientenmarkt einerseits und Refinanzierungsmöglichkeiten auf dem Werbemarkt andererseits. Solange die Werbewirtschaft die auf dem Rezipientenmarkt geschaffenen Kontaktmöglichkeiten zu Preisen nachfragt, die dem Medienproduzenten Deckung der für die Produktion des redaktionellen Teils entstandenen Kosten erlauben und solange die Rezipienten immer mehr Medien, die ihnen weit unter Entstehungskosten angeboten werden, mehr oder weniger beiläufig rezipieren, solange steht einer weiteren Ausdehnung des Medienangebots nichts im Wege.

Verengung auf der anderen Seite als struktureller Einfluss der Werbung auf das Medienangebot lässt sich am Beispiel werbefinanziertes Privatfernsehen in mehrfacher Hinsicht aufzeigen:

1. Der wirtschaftliche Zwang für den privatwirtschaftlichen Rundfunkveranstalter, kontinuierlich ein Publikum bestimmter Größe und Struktur nachweisen zu müssen, begünstigt den Einsatz serieller Programme im Rahmen der Flow production und verengt das Spektrum der Formate.

2. Die Forderung der Werbewirtschaft nach einem werbefreundlichen Umfeld schließt den Bereich gesellschafts- und sozialkritischer oder kontroverser Themen weitgehend aus der Berichterstattung aus und verengt das Spektrum der Inhalte.

3. Die Forderung nach maximaler Reichweite in der Zielgruppe lässt sich vor allem mit Programmen zweiter Wahl aus dem Bereich leichter Unterhaltung erfüllen, unter weitgehendem Verzicht auf alles Unbequeme und Anspruchsvolle, also auch hier eine Veränderung und Verengung des Kuppelprodukts zu Lasten vor allem meritorischer Güter.

4. Die Honorierung allein von Kontaktchancen mit einem von der Werbewirtschaft definierten Teil der Bevölkerung verengt das als „effektiv" definierte Publikum (vgl. Kapitel 9.2) und führt zu einer programmlichen Diskriminierung aller Bevölkerungsgruppen, die als werblich nicht interessant gelten.

Auf einen programmstrukturellen Effekt, der nicht ohne inhaltliche Konsequenzen bleibt, verweisen die kontinuierlichen Programmanalysen im Auftrag der ARD/ZDF-Medienkommission (vgl. Krüger 2001): die Zerstückelung des Programms in immer kleinere Einheiten, um kommerzielle Werbung und Eigenwerbung unterbringen zu können. Zwei Tage aus den Jahren

Abbildung 6.5: Fragmentierung des Programmablaufs 1991 bei ARD/Das Erste, ZDF, RTL und SAT.1

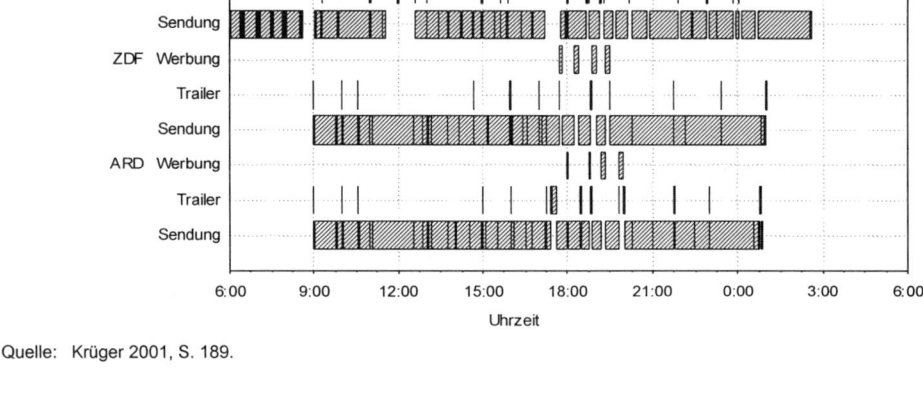

Quelle: Krüger 2001, S. 189.

Abbildung 6.6: Fragmentierung des Programmablaufs 2000 bei ARD/Das Erste, ZDF, RTL und SAT.1

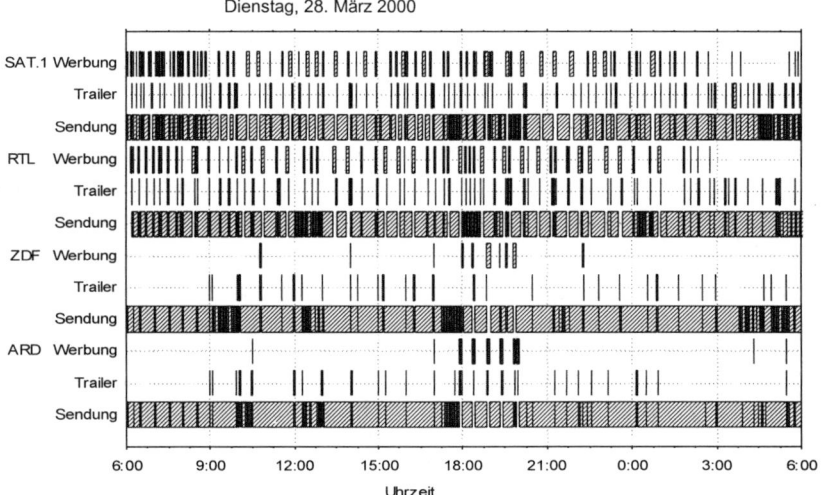

Quelle: Krüger 2001, S. 190.

1991 und 2000 wurden für einen exemplarischen Vergleich ausgewertet. Programmeinheiten, in den Abbildungen markiert durch senkrechte Striche, ergeben sich durch natürliche Grenzen der Sendungen, vor allem aber durch Werbunterbrechungen im fremden oder eigenen Interesse. Der Vergleich der beiden exemplarischen Wochentage bedarf keiner Kommentierung. Klar ist auch, dass in einem zerstückelten Programm wie dem von RTL und SAT.1 komplexe Themen, die Zeit für ihre Entfaltung benötigen und Konzentration beim Zuschauer erfordern, keine Chance haben.

Man sollte für eine Beurteilung dieser Entwicklungen allerdings nicht die Werbewirtschaft als Buhmann zeichnen und missbrauchen, denn Werbung ist Teil eines „cultural apparatus" (Schudson 1981,11). Erst im Zusammenspiel ihrer und der Interessen der Produzenten werbefinanzierter Medien, die auf beiden Seiten kommerzielle Interessen sind, funktionieren diese Mechanismen (vgl. auch zu „Grenzöffnungen" und Bedeutungsverlusten des „Trennungsgrundsatzes" zwischen redaktionellem und Werbeteil Mast 1997, Neverla/Walch 1994, Baerns 2004). Stephan Ruß-Mohl (1992, 115) hat dieses Zusammenspiel kommerzieller Interessen und die strukturellen Wirkungen der Werbefinanzierung auf das Medienangebot einmal für die amerikanische Presse beschrieben. „Die krude These, die Werbebranche entscheide deshalb letztlich darüber, was in der Zeitung stehe, hat Eingeweihten zwar immer nur ein Lächeln entlockt. Sie hat nie gestimmt und wird auch in Zukunft nicht richtiger. Dass die Werbewirtschaft indes auf sublime Weise mitsteuert, worüber die Zeitungen berichten, wird sich künftig in allen Zeitungshäusern kaum noch bestreiten lassen, in denen sich Marketing-Strategen weiter durchsetzen. Paradoxerweise gilt das für Qualitätszeitungen, die, wie die New York Times, die journalistischen Maßstäbe setzen, fast ebenso wie für jene zahlreichen zweit- und drittklassigen Presseprodukte, die längst zu reinen Renditeobjekten degeneriert sind. Mit dem Rüstzeug, das die Marktforschung liefert, erwachsen den Verlegern nicht nur neue Möglichkeiten, Zeitungen den Leserwünschen entsprechend zu gestalten. Es wächst auch der Druck und die Versuchung, vermehrt dem Gusto und den Bedürfnissen der Inserenten Rechung zu tragen. ‚Wäre es zu Beginn der achtziger Jahre nur darum gegangen, mehr Zeitungen zu verkaufen – die Liste der vom Tod ereilten Blätter wäre ein ganzes Stück kürzer', meint Marketing-Experte Conrad C. Fink, um gleich hinzuzufügen, was aus seiner Sicht Verlagsleiter heutzutage zuvörderst anzubieten haben sollten: ‚Lösungen für die Probleme der Anzeigenwirtschaft'".

Ökonomisch gesehen verhält sich die Werbewirtschaft als Kunde auf dem Werbemarkt nicht nur rational, sondern auch ihrer Akteursrolle und Marktmacht gemäß, wenn sie ihre Präferenzen so weitgehend wie möglich gegenüber dem Medienproduzenten durchzusetzen versucht. Heinrich (1999, 584) spricht von einem „werblich definierten Zielgruppenjournalismus; Medien, Medienformate, Medienstrukturen und Medieninhalte werden tendenziell den Wünschen der werbungtreibenden Wirtschaft angepasst". In dem von Ruß-Mohl beschriebenen Beispiel hat die Werbewirtschaft sich als Souverän durchgesetzt. Das Medium dient der Lösung ihrer Probleme, der Leser mit seinen individuellen und sozialen Bedürfnissen ist, auch als Zeitungskäufer, aus Sicht des Verlagsleiters endgültig in die zweite Reihe gerückt.

6.4.3   Versuch einer Institutionengenese der Werbung

Die historischen Daten zur Geschichte der Werbung sind weitgehend bekannt (vgl. z.B. Büchli 1966, 1975). Hier geht es jedoch um den Versuch, die Entstehung und Institutionalisierung des zweiten Kundenkreises der Medien und von Werbung als Medienfinanzierungsquelle zu rekonstruieren und dabei insbesondere auch abzuklären, ob und welche wirtschaftliche(n) Akteure dabei eine Rolle spielten. Da der Versuch aus institutionenökonomischer Sicht unternommen werden soll, scheint auch hier eine kurze Repetition von bereits Bekanntem sinnvoll, was bedeutet, sich einiges aus Kapitel 3.1 noch einmal in Erinnerung zu rufen.

Institutionen definieren und begrenzen die Handlungs- und Wahlmöglichkeiten der Mitglieder einer Gesellschaft. Sie sind aber, insbesondere als sekundäre Institutionen einer relativ niedrigen Stufe in der Institutionenhierarchie, durch diese Mitglieder auch gestaltbar, z.B. durch allmähliche Lockerung, dann stillschweigende Ignorierung einer Regel und schließlich Ersetzung der alten durch eine neue Regel. Für solche Prozesse des Institutionenwandels gibt es viele Beispiele, eines von vielen ist die Entwicklung der akademischen Bildung und der Berufstätigkeit von Frauen. Eine wichtige Rolle im Wandel von Institutionen spielen Organisationen. Lassen sich Institutionen als Chancen verstehen, die eine Gesellschaft ihren Mitgliedern bietet, so werden Organisationen geschaffen, um diese Chancen nutzen zu können. Douglass North (1988, 1992), der vor allem mit seinen historischen Forschungen zur Entstehung und zum Wandel von wirtschaftlichen Institutionen bekannt geworden ist, hält die Organisationen, also z.B. die Unternehmen, für einen entscheidenden Faktor institutionellen Wandels. Veränderungen gehen in kleinsten Schritten vor sich und rühren daher, schreibt North (1992, 8f.), „dass Unternehmer in politischen und ökonomischen Organisationen erkennen, dass sie größere Erfolge erzielen könnten, wenn sie den gegebenen institutionellen Rahmen irgendwie marginal verändern.(....) Im Zuge ihrer Entwicklung verändern die Organisationen (so) die Institutionen". Diese aktive Rolle der Organisationen für die Entstehung neuer bzw. den Wandel alter Institutionen scheint ein wichtiger Erklärungsansatz, wie Werbung überhaupt zu einer Institution und zu einer institutionalisierten Finanzierungsquelle periodischer Medien werden konnte.

Die Möglichkeit einer Finanzierung der privatwirtschaftlichen Presse aus dem Anzeigengeschäft wurde in Deutschland formal 1850 mit Wegfall des staatlichen Anzeigenmonopol institutionalisiert. Diesem Wegfall waren offensichtlich deutliche Lockerungen des Monopols vorangegangen (Reumann 1968), weil die beteiligten Organisationen, die Presseunternehmen und die Werbungtreibenden, vor allem aber auch die sich etablierenden Werbeagenturen, ein wirtschaftliches Interesse daran hatten. Auch in den USA, Großbritannien oder Frankreich findet ein Auf- und Ausbau von Werbung und Mediensystem vor allem in der 2. Hälfte des 19. Jahrhunderts statt. Welche Voraussetzungen waren nun aber erforderlich, damit sich Werbung als Instrument der Absatzförderung gesellschaftlich durchsetzen und den aufstrebenden Massenmedien gleichzeitig als Finanzierungsquelle dienen konnte? Der amerikanische Wirtschaftswissenschaftler Julian L. Simon hat in einer 1970 veröffentlichten Monographie der Werbung einige dieser Voraussetzungen aufgelistet: Arbeitsteilige Organisation einer Gesellschaft; Wohlstand der Gesellschaft über die Befriedigung von Subsistenzbedürfnissen hinaus; Massenproduktion von Konsumgütern; räumliche Distanzen zwischen Produzent und Konsument bei Transportmöglichkeiten, um diese Distanzen zu überwinden; ein Mindestmaß an Verstädterung und Agglomeration; Monetarisierung des Wirtschaftssystems; ein Mindestgrad an Alphabetisierung der Bevölkerung; individuelle Eigentumsrechte bei Produzenten und Konsumenten; weitgehend entpersönlichte, vertragsmäßige Geschäftsbeziehungen und das Rationalitätsprinzip als Handlungsmaxime zumindest der Geschäftswelt; ein Mindestmaß an Differenzierung der Bedürfnisse und Wünsche und schließlich auf Seiten des Produzenten auch der Wille, sich des Absatzmittels Werbung zu bedienen und entsprechende Fertigkeiten zu entwickeln.

Bis auf diesen letzten Punkt beschreiben die von Simon aufgelisteten Kriterien nicht nur Voraussetzungen für eine Institutionalisierung von Werbung, sondern für das Aufkommen der Industriegesellschaft wie der Massenmedien überhaupt. Die Institution der Werbung ist also, wie auch das Aufkommen der Massenmedien, mit dieser Entwicklungs- und Organisationsform des Wirtschaftssystems eng verknüpft. Dabei scheint gerade der letzte von Simon angeführte Punkt, der Wille der Produzenten, sich der Werbung zu bedienen und entsprechende Fertigkeiten auszubilden, zunächst eine eher verzögernde Rolle im Institutionalisierungsprozess von Werbung gespielt zu haben. So berichtet Werner Sombart (1919) in seiner Wirtschaftsgeschichte des 19. Jahrhunderts, dass bis weit in das 19. Jahrhundert hinein bei vornehmen Handelshäusern und standesbewussten Fabrikanten eine Abneigung selbst gegen einfachste Geschäftsanzeigen bestand. Reklame galt als „unanständig" (Habermas 1978, 227), denn eine gute Ware verkaufe sich von selbst (Geese/Kimpel 1982).

Der amerikanische Medienökonom Michael Schudson (1984) nennt zwei Akteure, die in den USA vor allem seit Mitte des 19. Jahrhunderts Werbung für die Werbung machten: die damals aufkommenden Werbeagenturen und die Medien. Von 1840 bis 1870, zitiert Schudson (ebenda, 170) den amerikanischen Werbehistoriker Ralph Hower, sei es Hauptaufgabe der Werbeagenturen gewesen, „to promote the general use of advertising". Die aktive Überzeugungsarbeit für die Idee der Werbung wurde aber natürlich auch über die 1870er Jahre fortgesetzt. So war zentrales Anliegen der 1876 gegründeten Vierteljahreszeitschrift The Advertiser's Guide, die Geschäftswelt an die wirtschaftliche Vorteile regelmäßiger Werbung zu erinnern. Die erste von den Werbeagenturen zu bewältigende Werbeaufgabe war es also, fasst Schudson zusammen, „to sell the idea of advertising to business".

Die Geschichte der Werbung zeigt also deutlich, dass zur Ausschöpfung gesellschaftlicher Spielräume geschaffene Organisationen wie die Werbeagenturen ganz offensichtlich versuchten, eine Institutionalisierung der Werbung in der aufkommenden Industriegesellschaft voranzutreiben. Aber auch die Medien, die in der Werbung offenbar schnell eine lukrative Einnahmequelle erkannten, engagierten sich in der aktiven Überzeugungsarbeit für den Einsatz der Werbung im allgemeinen und in ihrem Blatt im speziellen. So nutzten Zeitungen z.B. die „Ohren", also die Ecken der Titelseite ihres Blattes für Botschaften an ihre potentielle Werbeklientel nach dem Motto: es zahlt sich aus, regelmäßig bei uns zu werben, sonst würde es Ihr Konkurrent nicht tun (Schudson ebenda, 172).

Das Interesse der beiden Unternehmenstypen, die sich im Verlauf des 19.Jahrhunderts in ihrer modernen Form herauszubilden begannen, nämlich der periodischen Pressemedien und der Werbeagenturen, die mit einer Institutionalisierung von Werbung verbundenen wirtschaftlichen Chancen möglichst voll nutzen und ausschöpfen zu können, ist also erkennbar gegeben. Auch die von Simon aufgelisteten Voraussetzungen werden, wie bekannt, in Folge der technischen, wirtschaftlichen und gesellschaftlichen Innovationen und der damit verbundenen Umwälzungen im Laufe des 19. Jahrhunderts zunehmend geschaffen. Wie aber lässt sich der Siegeszug der Werbung bei dem ja zunächst offenbar recht zögerlichen Hauptakteur, der werbungtreibenden Wirtschaft erklären? Die Überzeugungsarbeit von Agenturen und Massenmedien allein kann es kaum gewesen sein, die diesen – kostspieligen – Gesinnungswandel bewirkt hat, zumal der Erfolg einzelner Werbeaktivitäten damals, nicht anders als heute, nur selten isoliert bestimmbar war. Beniger (1986) bietet eine Erklärung an, warum die heutigen Hauptkunden auf dem Werbemarkt, die Produzenten von Konsumgütern und Dienstleistungen, ein genuines organisatorisches Interesse u.a. an der Werbung entwickelten. In seinem Versuch, die Ursprünge einer gesellschaftlichen Entwicklung aufzuzeigen, die wir heute unter dem Begriff der „Informationsgesellschaft" zusammenfassen, kann Beniger nachweisen, dass in Folge der Industriellen Revolution des 19. Jahrhunderts das Problem der Kontrolle, und vorgelagert das der Information, in der Wirtschaft eine zunehmend größere Rolle spielte und auf Lösungen drängte. Das Problem lässt sich knapp wie folgt beschreiben: wenn die durch technische Innovationen, wie vor allem die Erfindung der Dampfmaschine aber auch den Ausbau der Eisenbahn, eröffneten Chancen einer historisch revolutionären Beschleunigung der Produktion genutzt werden sollten, mussten Probleme der Information und Kontrolle und darauf fußend der Organisation auf den verschiedensten Ebenen des Wirtschaftsprozesses gelöst werden. Im Bereich der Produktion verlangten die neuen technischen Möglichkeiten eine daran angepasste Organisation des Arbeitsprozesses, aber auch der Unternehmensstrukturen, eine Entwicklung, die im Taylorismus kulminierte. Der Bereich der Distribution von massenhaft gefertigten Konsumgütern an einen nicht mehr nur lokalen und/oder bekannten Kreis von Abnehmern musste infrastrukturell und organisatorisch auf- und so ausgebaut werden, dass er den sich beschleunigenden Produktionsausstoß aufnehmen konnte. Schließlich, und hier kommen Werbung und Marketing ins Spiel, musste die Ebene des Konsums mit Informations- und Absatzstrategien so weitgehend wie möglich unter Kontrolle gebracht und auch stimuliert werden, um die erhofften langfristigen Kapitalrenditen letztlich auch einfahren zu können. Die Entwicklung zum gesellschaftlichen Produktionssystem des Fordismus setzte ein.

Im Zusammenhang mit der hier interessierenden Frage nach der Institutionalisierung der Werbung gehören zu den auf dieser dritten Ebene des Absatzes und Konsums wichtigen Innovationen:

- die Entwicklung von Markennamen, die innerhalb einer Produktgruppe wie Zucker oder Mehl das eigene Angebot von anderen erst unterscheidbar und damit auch bewerbbar machen,
- die Entwicklung abgepackter Ware, bei der die Packung selbst zum Werbeträger wird, aber auch ein in Werbekampagnen nutzbares Distinktionskriterium darstellt und nicht zuletzt
- die Entdeckung, dass sich mit Hilfe der Werbung Absatzmärkte für neue Produkte aufbauen ließen.

Berühmtestes Beispiel in der amerikanischen Werbegeschichte ist wohl der Erfolg von Quaker Oats, die mit einer für damalige Verhältnisse beispiellosen nationalen Marketing- und Werbekampagne die Frühstücksgewohnheiten der Amerikaner innerhalb weniger Jahre veränderten (vgl. Schudson 1984, 164 ff., Beniger 1986, 265 ff.).

Für den Konsumgüterproduzenten des mittleren 19. Jahrhunderts mag es zunächst unmittelbar wenig einsichtig gewesen sein, dass ihm zusätzliche Aufwendungen für Werbung einzelwirtschaftliche Vorteile garantieren sollten. Werner Sombart (1919, 226f) berichtet in seiner Wirtschaftsgeschichte, dass die Werbung oder die Reklame, wie sie damals hieß, ihre Entstehung und „ihre Weihen", wie er schreibt, zwar dem Detailhandel verdanke, der so die vorrätigen Waren und die Verkaufspreise bekannt machte, dass sie Ende des 19. Jahrhunderts aber vor allem für den Produzenten selbst zur wirtschaftlichen Lebensbedingung geworden sei. „Kein Geschäftsmann kann sich ihr mehr entziehen: bei Strafe des Untergangs. Es gibt genug Leute, die auch ohne Reklame groß geworden sind, die aber jetzt mit einem Male zu ihrem eigenen Erstaunen gewahr werden, dass ihr Geschäft nicht mehr so vorwärts geht, wie ehedem. Sie bemerken, dass neben ihnen jüngere Elemente in die Höhe gekommen sind, die rücksichtslos alle Mittel einer gerissenen Geschäftsführung angewandt haben, und dass unter diesen nicht zuletzt eine draufgängerische Reklame sich als wirksam erwiesen hat. So ist es gekommen, dass heute sich niemand mehr der Reklame entziehen kann, und darin liegt ihre grundsätzliche Bedeutung". Werbung ist, wie der Soziologe Theodor Geiger formulierte, zu „einer im Wirtschaftssystem selbst beruhenden realen Notwendigkeit" geworden (zitiert nach Geissler/Pöttker 1987, 331).

Der Institutionalisierungsprozess der Werbung in der deutschen Volkswirtschaft war also offensichtlich gegen Ende des 19. Jahrhunderts abgeschlossen. Wer als Unternehmer die Zeichen der Zeit nicht erkannte und die institutionell eröffneten Chancen im Sinne seines Organisationszwecks nicht nutzte, rührte an seine wirtschaftliche Existenz. Das galt zu dieser Zeit nicht mehr nur für Werbeagenturen und Medien als Werbeträger, sondern auch für die Produzenten von Konsumgütern und Dienstleistungen, bzw. für die Händler damit. Werbung als wirtschaftliche Aktivität war eine sozial, hier wirtschaftlich sanktionierbare Erwartung geworden. Die entscheidenden Akteure in diesem Prozess der Institutionalisierung einer heute selbstverständlichen Form von Marktkommunikation waren ganz im Sinne der Theorie von North Organisationen, die sich eröffnende wirtschaftliche Chancen nutzten: die sich früh bildenden Agenturen, denen sich ein Feld wirtschaftlicher Aktivität erschloss, die periodischen Printmedien, die Finanzierungs- und Gewinnmöglichkeiten durch Erschließung eines zweiten Absatzmarktes erkannten, schließlich die Werbungtreibenden, die Konsummärkte und Marktstellung zu erobern und zu sichern hofften.

Welche Rolle mögen die Rezipienten in diesem Prozess der Institutionalisierung einer zweiten Finanzierungsquelle periodischer Medien gespielt haben? Zweifellos wurde vielen der Zugang zu den neuen Massenblättern durch die niedrigen Copy-Preise erleichtert oder erst ermöglicht, die Massenproduktion und Werbefinanzierung einerseits erlaubten, letztere wohl auch erzwang. Das mag Duldung und Akzeptanz des kommerziellen Eindringlings Werbung begünstigt haben, der damals sicher auch durchgängiger als heute noch eine Informations- und Bekanntmachungsfunktion für den Leser über die schöne neue Warenwelt hatte. Kaum vorstellbar ist hingegen eine Akteursrolle des damaligen Zeitungskäufers und Lesers im Sinne des Marktmodells, also dass er an dem Institutionalisierungsprozess aktiv mitwirkte, indem er Präferenzen für Werbung und niedrige Copy-Preise durchsetzte. Die weitgehende Ohnmacht des Medienrezipienten als ökonomischer Akteur ist keine Erscheinung der Jetztzeit, sondern kennzeichnet die Medienentwicklung von Anbeginn.

6.5   Der Staat als – auch – ökonomischer Akteur

In Turows Aufstellung der Power Roles im Sektor der Medienindustrie fehlt auch der Staat (Authority) nicht, der über politische und exekutive Macht verfüge und als dessen Hauptfelder einer Aktivität im Medienbereich Turow die Regulierung und schiedsrichterliche Entscheidungsfindung benennt. Der Staat hat die Macht, Medienunternehmen zu regulieren, mit Auflagen zu versehen, mit Sanktionen zu belegen oder auch zu fördern. Betrachtet man den Mediensektor unter dem Aspekt der Macht und Machtverteilung, darf auch der Staat mit seinen Eingriffsmöglichkeiten nicht fehlen, die in Demokratien wie Deutschland durch die verfassungsrechtlich verbürgte Presse- und Rundfunkfreiheit allerdings begrenzt sind. Diese Eingriffsmöglichkeiten machen den Staat gleichzeitig aber auch zum ökonomischen Akteur, der zwar nur in Ausnahmefällen selbst wirtschaftlich tätig wird, aber das Markt- und Wirtschaftsgeschehen doch deutlich beeinflusst. Die Akteursrolle ist hier ein wenig anders gefasst als bei den bislang behandelten Produzenten und Nachfragern auf dem Rezipienten- oder Werbemarkt. Während diese aus Sicht der ökonomischen Theorie primär ihre individuellen oder einzelwirtschaftlichen Interessen verfolgen, soll der Staat dem „öffentlichen Interesse" oder dem „Gemeinwohl" dienen, die Belange der Gesamtheit der Bürger einer Gesellschaft vertreten. „Das öffentliche Interesse ist das privaten Interessen übergeordnete Interesse, weshalb man auch von Gesamt- oder Gemeininteresse, Gemeinwohl, Allgemeinwohl oder öffentlicher Wohlfahrt spricht" (Eichhorn 1983, 73). Dabei können sich öffentliches Interesse und private Interessen ergänzen oder auch ausschließen.

Die Frage, wieweit staatliche Kontrolle und staatlicher Einfluss auch bei der Wirtschaft gehen sollen oder dürfen, ist seit Jahrhunderten Gegenstand heftiger Kontroverse. Die in den 1980er Jahren einsetzende Deregulierungspolitik war mit einer Tendenz zum minimalistischen Staat verbunden, zum ‚schlanken Staat', der sich zurückhält und wenig einmischt. Heute mehren sich wieder die Stimmen, die vor zu viel staatlicher Abstinenz warnen und auf die Notwendigkeit dieser institutionellen Infrastruktur für das Wirtschaftssystem verweisen. So der Stanford-Professor und Wirtschaftsnobelpreis-Träger Joseph E. Stiglitz (1998). Stiglitz plädiert für die Überwindung des Konzepts vom minimalistischen Staat und für neue Ideen und einen neuen Konsens zur Rolle des Staates. Dies scheint auch angesichts des aktuellen Phänomens der Globalisierung sinnvoll. Handlungsmöglichkeiten zumindest der Nationalstaaten werden dadurch zwar eingeschränkt, allerdings ist die staatliche Regelungs- und Steuerungskompetenz je nach Art und Objektbereich davon sehr unterschiedlich betroffen (Scharpf 1998).

Dass ein Mindestmaß an Staat notwendige Voraussetzung für eine blühende Wirtschaft und für Wohlstand ist, das ist allerdings eine sehr frühe ökonomische Erkenntnis, die ja bereits Adam Smith in seinem „Wohlstand der Nationen" formuliert hatte.

6.5.1   Der Staat – was ist das eigentlich?

Wie schon bei der Unternehmung stellt sich natürlich als erstes die Frage, was der Staat, aus ökonomischer Sicht, eigentlich ist. In Abbildung 6.7 sind die Elemente des Staates einmal zusammengestellt.

Zum Staat im engeren Sinne zählen die Gebietskörperschaften wie Bund, Länder und Gemeinden aber auch die supranationalen Organisationen wie die Europäische Union. Zum Staat im weiteren Sinne gehören die sog. Parafisken, wie z.B. die allgemeine Renten- und Krankenversicherung, Sonderfonds, wie der in Deutschland z.B. im Zusammenhang mit den Altlasten der DDR gebildete und öffentlich-rechtliche Unternehmen, wie die Zentralbanken oder kommunale Versorgungsunternehmen. Auch der öffentlich-rechtliche Rundfunk oder die Landesmedienanstalten gehören zu den Parafisken und damit zum Staat im weiteren Sinn. Daneben treten dann noch öffentliche Unternehmen in privatrechtlicher Form, z.B. in Form einer Aktiengesellschaft, wobei der Staat ein mehr oder weniger großes Aktienpaket hält. Aber die Grenzen zum Privatsektor sind hier schon fließend. Zum Staat zählt aber auch das Normengerüst, das die Organisationen des Staates im engeren und weiteren Sinne zusammenhält und Regeln (in Form der Verfassung, von Gesetzen und Verordnungen) festlegt, nach denen kollektive Entscheidungen getroffen werden. Belebt wird der Staat, der zunächst einmal ja eine Abstraktion ist, durch die Menschen, die ihm als Staatsbürger angehören. Diese wirken in unterschiedlichem Maße aktiv im Staate mit (als Wähler oder als Abgeordnete, als Beamte oder als Vertreter einer Interessengruppe z.B.), sind aber auch im unterschiedlichen Maße passiv vom Staat betroffen (durch Gebote und Verbote, als Steuerzahler, Transferempfänger oder Nutzer öffentlicher Dienstleistungen). „Die Rahmenbedingungen, in denen die Staatbürger leben, (...) (sind) die Institutionen des Staates" (Blankart 1994, 7).

Abbildung 6.7: Die Elemente des Staates

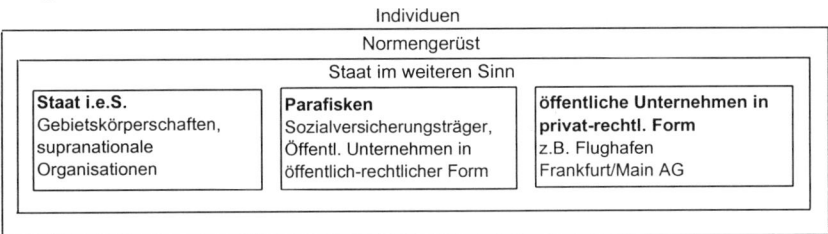

Quelle: Blankart 1994, S. 61.

Ökonomen erklären auch die Entstehung bzw. Existenz des Staates aus dem ökonomischen Rationalitätskalkül. Würde der Staat nicht existieren, gäbe es keine Institutionen, die den eigenen Freiheitsbereich vor Übergriffen schützen. Ohne Regeln für das menschliche Zusammenleben käme es zu „jenem elenden Zustand des Krieges aller gegen alle", wie ihn Thomas Hobbes im Leviathan (1965, 133) schon vor über 300 Jahren beschrieben hat. Der Rechtsstaat grenzt die Freiheitsspielräume der Individuen gegeneinander ab und schafft Rechtssicherheit. Insbesondere die Eigentumsordnung als maßgebliche soziale Institution des Wirtschaftslebens bedarf, wie Adam Smith schon hervorhob, des staatlichen Schutzes. Die Knappheit aller oder doch der meisten Güter und Ressourcen macht in jeder Gesellschaft ja eine soziale Regelung der jeweiligen Verfügungsrechte über sie erforderlich. Verfügungs- und Nutzungsrechte sind, wie vor allem die Property Rights-Theoretiker betonen, sozial regulierte Beziehungen (Meyer 1983), die im Rechtsstaat festgelegt und durch die Zwangsmittel des modernen Staates mehr oder weniger erfolgreich gesichert werden (vgl. auch Kapitel 7.2.2).

Ohne Staat könnten Gesellschaften aber auch kaum gemeinsame Ziele erreichen, gemeinsame Anliegen wie die Bereitstellung von Kollektivgütern verwirklichen. Denn in einer Welt „rationaler Egoisten" (Watrin 1993) gibt es viele „Rationalitätenfallen" (individuelle vs. kollektive Rationalität), die im klassischen Modell des Gefangenen-Dilemmas (vgl. die beispielhafte Diskussion des Dilemmas in Kapitel 7.3.2) beschrieben werden und die den Weg zu wechselseitig vorteilhafter Kooperation versperren. Auch zur Formulierung langfristiger Zielsetzungen einer Gesellschaft wie z.B. die Berücksichtigung der Rechte künftiger Generationen beim Umgang mit den Ressourcen, ist staatliches Handeln erforderlich, weil private Unternehmen eine eher kurzfristige Planungsperspektive verfolgen.

Grundsätzlich (vgl. Frey 1977, 24ff., Frey/Kirchgässner 1994, 85ff.) lassen sich vier gesellschaftliche Entscheidungssysteme unterscheiden (vgl. auch Kapitel 7)

- Markt- und Preissystem
- Demokratie (Abstimmungen)
- Hierarchie (bürokratische Organisation)
- Verhandlungssysteme,

die für die Erreichung der verschiedenen gesellschaftlichen Ziele wie Allokationseffizienz, Verteilungsgerechtigkeit oder Wirtschaftswachstum unterschiedlich geeignet sind. Strebt man ein Maximum an Zielerreichung an, muss entschieden und festgelegt werden, welche Ziele mit welchem Entscheidungssystem am besten verwirklicht werden. Wer aber soll in einer dem methodologischen Individualismus verpflichteten Theorie wie der Ökonomik dies tun, der „wohlwollende Diktator"? Eine Lösung des Problems bietet die gedankliche Konstruktion vom Verfassungsvertrag, die Frey (1977, 31, vgl. auch Rawls 1979) wie folgt beschreibt: „Die Individuen schließen im ‚*Urzustand*', in dem sie noch keine Kenntnisse über ihre zukünftige eigene wirtschaftliche und gesellschaftliche Position und nicht einmal über ihre Präferenzen haben, einen *Vertrag*. Diese Konstruktion erlaubt die Beibehaltung des nutzenmaximierenden Individuums als maßgebender Entscheidungsträger, zwingt es jedoch zu einer objektivierten Betrachtung der Vor- und Nachteile der verschiedenen Entscheidungssysteme. In diesem Vertrag wird festgelegt, welche Entscheidungsmechanismen für die kollektiv durchzuführenden Tätigkeiten verwendet werden sollen. Darüber hinaus müssen sich die Vertragschließenden darüber einigen, mit welchen Mehrheiten die zukünftigen demokratischen Entscheidungen gefällt werden sollen. Dieser Vertrag, der die grundsätzlichen Elemente der gesellschaftlichen Entscheidungen regelt und deshalb als *Verfassung* bezeichnet werden kann, beruht auf freiwilliger Basis. Er kommt somit nur bei Einstimmigkeit zustande".

Die Vorstellungen der Verfassungsökonomik (vgl. Kapitel 2.3.1) vom freiwilligen Gesellschaftsvertrag zwischen den Individuen, die ein Kollektiv bilden (Brennan/Buchanan 1993), liefern die „logische Erklärung und damit grundsätzliche Rechtfertigung für den Staat als oberste gesellschaftliche Leitungs- und Kontrollinstanz" (Eschenburg 1980, 187). Die im Gesellschaftsvertrag niedergelegten Regeln sollen die Überwindung sozialer Dilemmata ermöglichen.

In der Regel wird zwischen Rechtsstaat, der die Freiheitsspielräume der Individuen gegeneinander abgrenzt und schützt, und Leistungsstaat unterschieden (Blankart, ebenda 39f)

Der Leistungsstaat enthält die Regeln kollektiver Entscheidungsfindung oder anders gesagt, die Bedingungen, unter denen die Individuen gemeinsame Beschlüsse akzeptieren müssen.

6.5.2 Funktionen des Staates

Aus ökonomischer Sicht (Samuelson/Nordhaus, ebenda 355) erfüllt der moderne (Wohlfahrts)Staat vier volkswirtschaftliche Funktionen:

- er korrigiert Marktversagen,
- er ist für die Umverteilung von Ressourcen und Einkommen verantwortlich,
- er betreibt eine makroökonomische Stabilisierungspolitik (...)
- er handelt mit anderen Staaten in beiderseitigem Interesse liegende Abkommen aus.

Die mikroökonomische Seite staatlicher Politik (Punkt 1 und 2) verfolgt das Ziel einer sozial erwünschten Ressourcenallokation, und staatliches Eingreifen wird immer dann erforderlich, wenn die Grenzen der invisible hand des Marktmechanismus deutlich werden und Marktversagen korrigiert werden muss.

Alle Formen von Marktversagen spielen, wir wissen das bereits, im Bereich der Medien eine große Rolle, deren Kostenstruktur eine Tendenz zur Monopolbildung begünstigt, die als immaterielle Güter öffentliche Guteigenschaften haben und überwiegend nur durch einen materiellen Träger marktfähig werden, die Güter mit externen Effekten sind und mit Blick auf die ihnen zugewiesenen Informations- und Meinungsbildungsfunktionen meritorischen Charakter haben.

Gerade am Bereich der meritorischen bzw. demeritorischen Güter wird aber auch deutlich, dass die Aufgabenverteilung zwischen Staat und Privatwirtschaft kaum objektiv-wissenschaftlich festzulegen ist, sondern dass sie normativ-politisch entschieden werden muss. Jede „Gemeinwohlkonzeption basiert letztlich auf gesellschaftlichen Normen und ist immer das Ergebnis einer *politischen* Entscheidung, die aufgrund ihrer Normativität auch umstritten sein kann" (Cox 1996, 15). Es steht also keineswegs a priori fest, was unter „öffentlichem Interesse", dem das Staatshandeln dienen soll, zu verstehen ist, und die Vorstellungen davon unterliegen einem Wandel und verändern die gesellschaftliche Wertschätzung öffentlicher Dienstleistungen, machen diese evtl. sogar obsolet.

Als Interventionsstrategien des Staates bei Formen von Marktversagen zählen Samuelson/Nordhaus (ebenda, 221) auf (vgl. auch Kapitel 10):

- Antitrustpolitik zur Bekämpfung von Marktmacht bei unvollkommenem Wettbewerb: ein bestimmtes Verhalten (Preisabsprachen) wird verboten bzw. bestimmte Marktstrukturen (Monopole) werden untersagt;

- gezielte Förderung des Wettbewerbs: Abbau von Marktzutrittsbarrieren, Subventionen oder Steuererleichterungen für Newcomer;

- Regulierung: Verhaltensbeeinflussung von Unternehmen durch ordnungspolitische Maßnahmen. Während die Antitrustpolitik bestimmt, was Unternehmen nicht tun dürfen, legt die Regulierung fest, was sie tun müssen. Spezielle Behörden, wie z.B. die Landesmedienanstalten im Bereich des privaten Rundfunks, werden geschaffen, um Regulierungstatbestände zu kontrollieren und durchzusetzen.

- staatliches Eigentum an den kontrollierten Bereichen. Diese Interventionsmöglichkeit wird vor allem bei natürlichen Monopolen (Wasser-, Stromversorgung) genutzt. Aber: gerade in den letzten Jahren wurde staatliches Eigentum vielfach durch Privatisierung plus Regulierung (Post, Bahn, kommunale Versorgungsbetriebe) abgelöst. Die öffentlich-rechtlichen Rundfunkanstalten zählen zu diesem Interventionsbereich.

- Preiskontrollen: spielen vor allem in Kriegszeiten, aber auch bei der Privatisierung ehemals staatlicher Monopole eine Rolle (Telekom-Gebühren),

- Steuern. Sie sollen einerseits die Einkommensverteilung korrigieren, andererseits aber auch Produktionsmengen (z.B. halber Mehrwertsteuersatz für Bücher) und Konsum (höhere Steuer auf Zigaretten oder Benzin) steuern und schließlich Monopolgewinne abschöpfen.

Gerade Interventionsstrategien wie Steuern und Preiskontrollen verweisen darauf, dass regulierendes staatliches Handeln nicht nur Marktversagen korrigieren soll, sondern dass es dabei auch um gesellschaftliche Wohlfahrtsoptimierung geht (Himmelmann 1983). Der Markt- und

Wettbewerbsmechanismus hat mit Blick auf das Ziel gesellschaftlicher Wohlfahrtsoptimierung ja durchaus einige Schwachstellen. Selbst wenn der Mechanismus funktioniert, optimiert er ja nur das Angebot privater Güter und „die effiziente Nutzung der mit Knappheitspreisen gehandelten Produktionsfaktoren". Das aber bedeutet, dass „unter Wettbewerbsdruck Produktionsfaktoren verschleudert (werden MLK), die als natürliche oder kulturelle ‚Gemeinschaftsgüter' zwar den individuellen Nutzen mehren, aber keinen (oder keinen ihrer sozialen Wertschätzung entsprechenden) Marktpreis haben – mit der Folge, dass gerade die Steigerung marktwirtschaftlicher Effizienz wohlfahrtsmindernd wirken kann" (Scharpf 1998, 42). Die Umwelt, aber auch der kulturelle Bereich bieten sich als Beispiele dafür an. Cox (1996,18) listet folgende Schwachstellen des Markt- und Wettbewerbsmechanismus auf:

- Der Markt selektiert die Nachfrage nach Kaufkraft, die jedoch ungleich verteilt ist. Nichtkaufkräftige Nachfrage wird auch dort ausgeschlossen, wo Angebot und Konsum im öffentlichen Interesse liegen.

- Das Marktangebot ist das Ergebnis privatwirtschaftlicher Rentabilitätskalküle. Die Inkaufnahme von Verlusten kann bei bestimmten Gütern und Diensten jedoch im öffentlichen Interesse liegen.

- Das Marktangebot richtet sich nach den bekundeten individuellen Präferenzen der Nachfrager, ungeachtet der Tatsache, dass sich diese Präferenzstruktur aufgrund vielfältiger Restriktionen bildet. Öffentliche Dienstleistungen können die private Nachfrage in eine gesellschaftlich erwünschte Richtung lenken.

Staatliche Intervention und öffentliche Dienstleistungen versuchen diese Schwachstellen des Markt- und Preissystems mit dem Ziel gesellschaftlicher Wohlfahrtsoptimierung auszugleichen. Dabei geht es nach Himmelmann (1983, 56) insbesondere auch um eine „Korrektur der Machtverteilung zwischen Konsumenten und Produzenten". Das Prinzip staatlicher Regulierung sei „im Kern die gesellschaftliche Interessenkanalisierung. Staatliche Regulierung dient einerseits dem Schutz der Konsumenten vor den Produzenten, andererseits dem Schutz der Produzenten untereinander".

Übernimmt man diese Schutzziele staatlicher Regulierung und überträgt sie auf den Bereich der Medien, dann dienen die öffentlich-rechtlichen Rundfunkanstalten (vgl. Kapitel 10.2) zweifellos direkt dem Schutz der Konsumenten. Begründen lässt sich der Konsumentenschutz mit Angebots- und/oder Nachfragemängeln. Angebotsmängel sollen korrigiert werden, indem die oben diskutierten Schwachstellen des Marktes für den Kernbereich der öffentlichen Aufgabe der Rundfunkanstalten ausgeschaltet werden und den öffentlichen Medienproduzenten ein am Gemeinwohl orientiertes Sachziel vorgegeben wird. Man kann aber auch argumentieren, dass die in 6.3 diskutierte grundsätzlich schwache Position des Medienkonsumenten zu Nachfragemängeln führt, „die sich als Folge gutspezifischer Besonderheiten (mangelnde Erkennbarkeit qualitätsbeeinflussender Merkmale) und fehlerhafter Entscheidungsverfahren (Externalitäten und intransitive Präferenzen) einstellen" (Kops 1997, 158) und korrigierendes staatliches Eingreifen begründen und rechtfertigen. Beim privatwirtschaftlich organisierten und regulierten Rundfunk kommt der Konsumentenschutz direkt nur noch abgeschwächt zur Geltung, z.B. in der Werberegulierung, während die Vorschriften zur Konzentrationsbegrenzung dem Produzentenschutz und nur indirekt – über das Modell der außenpluralen Vielfaltsicherung – dem Konsumentenschutz dienen. Bei den Printmedien ist eine staatliche Intervention im Sinne eines direkten Konsumentenschutzes gar nicht gegeben.

6.5.3 Die These vom Staatsversagen

Ebenso wenig wie der Markt kann der Staat einen quasi naturgegebenen, unbefragten Vertrauensvorschuss beanspruchen. Skepsis gegenüber staatlichem Handeln ist dabei keineswegs neu, sie wird heute nur anders begründet. Von Staatsversagen sprechen Ökonomen, wenn es zu Fehlallokationen kommt, die durch staatliches Handeln oder Unterlassen hervorgerufen werden. Frey/Kirchgässner (1994, 139) unterscheiden dabei zwischen Politik- und Verwaltungsversagen.

„Das *Politikversagen* führt zu einer falschen Funktionsweise des demokratischen Entscheidungsmechanismus;

das *Verwaltungsversagen* besteht in einem unzweckmäßigen Funktionieren der staatlichen Verwaltung".

Für die Frage nach dem kleineren Übel, Markt- oder Staatsversagen, geben sie zu bedenken, dass alle gesellschaftlichen Entscheidungsmechanismen unvollkommen sind und die Vor- und Nachteile jeweils verglichen werden müssen. „Es sollte nicht davon ausgegangen werden, dass der Staat bei Marktversagen alles besser gestaltet, ebenso wenig, dass der Staat prinzipiell alles schlechter macht".

Samuelson/Nordhaus (1998, 345) geben aus ökonomischer Sicht zwei Hauptgründe für das Phänomen des Staatsversagens an: „den bürokratischen Imperativ und die kurzfristigen Zeithorizonte". Bürokratischer Imperativ meint, dass Politiker und Amtsinhaber nicht nur dem Gemeinwohl dienen, sondern, selbst Homines Oeconomici, häufig auch eigene Ziele und Zwecke verfolgen wie Machtgewinn oder Wiederwahl, ein Problem, mit dem sich vor allem die Agency-Theorie beschäftigt. Kurzfristige Zeithorizonte politischen Planens und Entscheidens werden nicht zuletzt durch die kurzen Wahlperioden begünstigt.

Heinrich (2001,76) verweist als Begründung für Staatsversagen:

-   auf Informationsprobleme. Die Marktversagensgründe wie effektiven Wege zu ihrer Lösung müssten für staatliches Handeln bekannt sein, ein Wissen, das dem Staat und seinen Organen häufig oder auch prinzipiell nicht zur Verfügung steht.
-   auf Interessensprobleme, die weitgehend dem „bürokratischen Imperativ" bei Samuelson/Nordhaus entsprechen.
-   auf bürokratische Ineffizienz, die als produktive Ineffizienz vor allem öffentliche Unternehmen betreffe.

Himmelmann (1983, 58f) begründet Staatsversagen mit den zahlreichen intervenierenden Variablen, denen staatliche Entscheidungsabläufe ausgesetzt sind: innerparteilicher Willens- und parlamentarischer Koalitionsbildung, interessenverbandlichen Einflusspolitiken und föderalistischer Politikverflechtung. Politikformulierung und Politikdurchsetzung entwickeln sich aus dieser Sicht zu einem „pluralistisch-politischen Kompromiss", der als systematisches Kennzeichen wohlfahrtsstaatlicher Politik anzusehen sei. Dies umso mehr als die klassischen Steuerungsressourcen des Staates an Steuerungskraft verlieren: die klassische Ressource Geld zur Subventionierung gewünschter Strukturen wird knapp, Modifikationen von Rechtregeln als wichtige Ressource zur Neuverteilung von Interessens- und Vorteilspositionen stoßen wegen exponentiell wachsender Komplexität der zu regelnden Materien an Grenzen, was symbolische Politik (Sarcinelli 1987) begünstigt. Ein Verständnis von Politik als „Gruppenkonflikt, als Mechanismus der Konfliktregulierung mit hohem Konsensbedarf" (vgl. auch Kapitel 10.5) ist nach Himmelmann der realistische Gegenpol zum Rationalitätsideal der Politik, wie es insbesondere Max Weber unterstellt hat. Ein Phänomen wie „Staatsversagen" ist unter diesen Bedingungen wenig verwunderlich.

6.6   Zusammenfassung

1. Das Konzept des Akteurs als zielorientierte Handlungseinheit sozialer Prozesse spielt in der PKW keine systematische Rolle außer im Uses-and-Gratifications-Ansatz, der in seinen Annahmen weitgehend dem ökonomischen Verhaltensmodell folgt. Gerade zur Erklärung von Verbraucherverhalten wird das Modell von Ökonomen jedoch vielfältig modifiziert. Eine Analyse von Akteurrollen im Medienbereich verweist auf eine Vielzahl von Akteuren vor allem im arbeitsteiligen Produktions- und Distributionsprozess. Diese Akteurrollen werden überwiegend von Organisationen gehalten. Zentrale Rollen im Produktions- und Distributionsbereich von Medien lassen sich zum Akteur des Medienproduzenten bzw. Medienunternehmens bündeln.

2. Das Produzenten- und Unternehmerhandeln im Medienbereich wird von den spezifischen Produktionsbedingen und Risikofaktoren in diesem Wirtschaftssektor deutlich bestimmt. Es lassen sich zum einen Strategien erkennen, die die Risikofaktoren der Medienproduktion abzufedern versuchen, zum anderen marktorientierte Strategien mit dem Ziel, aus der Gutspezifik von Medien resultierende wirtschaftliche Möglichkeiten voll auszuschöpfen, um maximale Refinanzierung und Rendite zu sichern.

3. Bei den Strategien zur Bewältigung der Risikofaktoren der Medienproduktion lassen sich organisatorische, inhalts- und herstellungsbezogene Strategien unterscheiden, das gilt – mit Variationen – gleichermaßen für die Produktion von Medienunterhaltung wie Medieninformation.
    Als organisationsbezogene Strategie ist die Einschaltung eines relativ autonomen Creators (Makler als Produzent oder Nachrichtenredakteur z.B.) zwischen den administrativ-kaufmännischen Bereich des Unternehmens und die Ebene der immateriellen Werkproduktion zu verstehen, der mittels Kompetenz über die Aufnahme des Werks oder der Information in die Kopienproduktion entscheidet. Als inhaltsbezogene Strategie muss z.B. die Entwicklung von Formaten oder Genres begriffen werden, die eine Routinisierung der Produktionsabläufe auch mit Blick auf getestete Publikumsattraktivität der Produkte erlaubt und gleichzeitig die notwendige inhaltliche Variation der Formate, also die Schaffung begrenzt neuer Produkte ermöglicht. Formate sind im Unterhaltungs- wie im Informationsbereich entwickelt worden. Als herstellungsbezogene Strategie im Bereich der Unterhaltung ist die Vergabe von Produktionsaufträgen nach Track Records, im Informationsbereich die Inanspruchnahme von Nachrichtenagenturen anzusehen. In dem einen Fall soll der bisherige Erfolg eines renommierten Produzenten den Erfolg der eigenen Produktion sichern, in dem anderen der Rückgriff auf überregional oder weltweit agierende Nachrichtenproduzenten die aktuelle Berichterstattung ‚aus aller Welt' garantieren. Objektivität als journalistische Norm lässt sich als Strategie begreifen, die sowohl inhalts- wie herstellungsbezogene Routinisierung und Risikoabfederung ermöglicht. Auch Forschung dient u.a. der Eindämmung von Risiken der Medienproduktion.

4. Die Strategien zur Ausschöpfung gutspezifischer Vorteile und damit verbundener Refinanzierungsmöglichkeiten sind vielfältig. Produktdifferenzierung durch Heterogenisierung der Werkkopien dient vor allem der Erweiterung von Märkten, durch Heterogenisierung auch der Werke der Zielgruppenformung und der Vermeidung von Preiswettbewerb. Eine zentrale Strategie ist die Ausschöpfung von Skalenvorteilen im Sinne größtmöglicher Marktabdeckung und von Verbundvorteilen vor allem durch Mehrfachverwertung einmal produzierter Werke auf möglichst vielen Kanälen. „Windowing" bzw. neuerdings „Versioning" sind solche Strategien, die gleichzeitig die maximale Ausschöpfung von Refinanzierungsmöglichkeiten anstreben. Der Ausbau von Medienunternehmen zu vertikal integrierten Multimediakonzernen bzw. zu Unternehmensnetzwerken folgt dem strategischen Ziel der systematischen Abschöpfung von Skalen- und Verbundvorteilen, aber auch der Erschließung neuer Erlösquellen. Die Suche nach Synergieeffekten und Verbundvorteilen muss auch als Folge der wachsenden Überversorgung mit Medien gesehen werden, die nicht nur das Publikum, sondern auch die Refinanzierungsquellen fragmentiert. Medienunternehmen reagieren darauf durch Steigerung der produktiven Effizienz und durch Ausbau neuer Einnahmequellen wie Licensing, Merchandising, Call-Ins, deren erwartete Ergiebigkeit zum mit über die Produktion entscheidenden Kriterium wird.

5. Ein zweiter zentraler ökonomischer Akteur sind Haushalte/Verbraucher, analog in der Terminologie der PKW der Rezipient. Für das rationale Konsumentenverhalten in Orientierung am Modell des Homo Oeconomicus gibt es eine Reihe von Annahmen, zu denen das „Gesetz der Nachfrage" und das „Gesetz vom abnehmenden Grenznutzen" zählen. Das Gesetz der Nachfrage, das Mengenreaktionen bei Gut A auf Preisveränderungen bei Gut B je nach dem Grad der Verbundenheit dieser Güter postuliert, ist anwendbar auch auf den Bereich der Medien. Das Gesetz vom abnehmenden Grenznutzen, das abnehmenden Nutzen zusätzlicher Konsumeinheiten eines bestimmten Guts für den Verbraucher postuliert, ist auf Medien als Dienstleistungen und grundsätzlich heterogene Güter nur mit Einschränkungen anwendbar. Rationales Verbraucherverhalten ist mit erheblichen Anforderungen an den Konsumenten verbunden, der dem Konzept der Konsumentensouveränität folgend ja über seine wohldosierte Zahlungsbereitschaft Marktmacht gegenüber dem Produzenten zur Durchsetzung seiner Präferenzen ausüben soll. Voraussetzung dieser Marktmacht sind ökonomische Austauschbeziehungen mit dem Produzenten.

6. Ein gerade für den Bereich der Medien interessanter Ansatz löst die Dichotomie der Akteursrollen von Produzent/Unternehmen, der/das nur produziert und Haushalt/Verbraucher, der nur konsumiert, auf. Marktgüter stiften danach häufig nicht unmittelbaren Nutzen, sondern sind Inputs zur haushaltsmäßigen Produktion von nicht marktfähigen Gütern, denen eigentlich die Präferenz gilt. Andere familiäre Inputs sind Zeit und Humankapital der Haushaltsmitglieder. Nachfrage nach einem Marktgut ist dann die aus seiner Verwendung für die Produktion eines nicht marktfähigen Guts abgeleitete Nachfrage. Die problematische Verengung des Konsumbegriffs durch die neoklassische Theorie, die diesen auf Marktentscheidungen reduziert, wird hier gemildert.

7. Der Verbraucher und verstärkt der Medienrezipient ist ein nur sehr unvollkommener Homo Oeconomicus, dessen Verhalten den Annahmen dieses Modells vielfach nicht entspricht. So verhält er sich häufig als Satisficer statt Maximierer, das heißt begnügt sich mit zufrieden stellenden Lösungen statt die beste Alternative zu suchen. Das Konzept der eingeschränkten Rationalität bietet die Erklärung dafür, geringe Markttransparenz, Erschwernis

der Nutzenbewertung, eingeschränkter Wettbewerb begünstigen das Verhalten als Satificer. Der Verbraucher hat auch nicht, wie im Modell des Homo Oeconomicus unterstellt, nur eine einzige Präferenzordnung, sondern verschiedene für verschiedene Entscheidungssituationen, z.B. Marktpräferenzen und reflektive oder Metapräferenzen. Unterschiede zwischen Alltagshandeln und Bewertung des Handelns lassen sich so erklären. Weitere Stichworte zu Abweichungen vom modellgemäßen Verbraucherverhalten sind „Framing", „Selbstbindung", „versunkene Kosten" und „Besitzeffekt". Generell gilt das ökonomische Verhaltensmodell als erklärungsmächtiger in „Hochkostensituationen", die häufiger beim Produzenten, seltener beim Verbraucher vorkommen.

8. Die Abschätzung der Position des Rezipienten als ökonomischer Akteur muss die teilweise Finanzierung von Medien aus zwei Märkten berücksichtigen. Der entscheidende Marktpartner für den Produzenten ist der Rezipient nur bei voll über Marktpreise finanzierten Medien, bei teilweise aus Werbung finanzierten stehen dem Produzenten zwei Souveräne gegenüber, die modellgemäß ihre Präferenzen via Zahlungsbereitschaft durchsetzen sollen, bei voll werbefinanzierten Medien ist der entscheidende Marktpartner des Produzenten nicht der Rezipient, sondern die Werbewirtschaft.

9. Eine dem Verbraucher als ökonomischer Akteur vergleichbare Position hat der Rezipient nur im Fall der voll über Marktpreise finanzierten Medien, wobei die diskutierten Abweichungen vom ökonomischen Verhaltensmodell hier noch verstärkt auftreten. Medien als komplexe Dienstleistungen und damit Erfahrungs- bzw. Vertrauensgüter, die damit verbundene Informationsasymmetrie zu Lasten des Rezipienten sowie sein Mangel an Markttransparenz begünstigen die Neigung zum Satisficing, für die es zahlreiche empirische Belege gibt. Der Rezipient benötigt für sein Wahlverhalten Orientierungshilfen, die von der Medienkritik, aber auch der Werbung geliefert werden und in jedem Fall Vertrauen statt rationales Abwägen bedeuten. Zahlungsbereitschaft kann als Sanktionsmittel zur Durchsetzung von Präferenzen nicht effektiv eingesetzt werden, sie ist damit auch nicht Ausdruck von Rezipientenpräferenzen.

10. Die grundsätzlich schwache Position des Rezipienten als ökonomischer Akteur wird durch die Werbefinanzierung von Medien weiter ausgehöhlt. Bei Teilfinanzierung aus Werbung scheint die Durchsetzung von Rezipientenpräferenzen weitgehend abhängig vom sozioökonomischen Status und der werblichen Attraktivität der Rezipientengruppe. Präferenzen von Eliten, die als werblich interessante Zielgruppe via selektive Anreize an das Medium gebunden werden sollen, werden vom Medienproduzenten berücksichtigt, bei Rezipienten mit mittlerem sozioökonomischen Status setzt der Medienproduzent auf ein Verhalten als Satisficer, ‚elitäre' Präferenzen von Rezipienten mit niedrigen sozioökonomischen Status werden nicht bedient.

11. Bei voll werbefinanzierten Medien wie dem kommerziellen Rundfunk spielt der Rezipient keine dem Verbraucher in der ökonomischen Theorie vergleichbare Rolle, denn es bestehen auf dem Publikumsmarkt keine direkten ökonomischen Austauschbeziehungen zwischen Produzent und Rezipient. Für den Produzent ist die Möglichkeit, Refinanzierung seiner Programmproduktionskosten auf dem Werbemarkt zu erzielen mit der Notwendigkeit verknüpft, ein werblich interessantes Publikum zur Kooperation zu gewinnen. Die oben diskutierten „Anomalien" des Verbrauchers, die beim Medienrezipienten noch verstärkt sind, stehen diesem Bemühen jedoch erheblich entgegen. Fernsehen wird vom Rezipienten of-

fensichtlich als Niedrigkostensituation interpretiert, was die Neigung zum Satisficing und zum wenig rationalen Umgang damit noch erhöht. Selektive Anreize des Produzenten zur Schaffung werblich interessanter Publika sind nicht nur schwer kalkulierbar, sie sind bei diesem Rezipientenverhalten auch wenig effektiv.

12. Im Gegensatz zum Rezipienten ist die Werbewirtschaft als zweiter Nachfrager nach medialen Dienstleistungen ein mächtiger Akteur. Das hängt nicht nur mit ihrem offenbar steigenden Finanzierungsanteil der Medienproduktion zusammen, sondern vor allem auch damit, dass die Unvollkommenheiten und Anomalien, wie sie den Medienrezipienten kennzeichnen, bei diesem Marktpartner des Medienproduzenten nicht auftreten. Es besteht ein hohes Maß an Markttransparenz auf dem Werbemarkt, die Neigung zum Satisficing ist bei der Werbewirtschaft, die ja eine produktionsorientierte Dienstleistung nachfragt, gering, sie ist ähnlich gut informiert wie der Anbieter dieser Dienstleistung und im Gegensatz zum Rezipienten definiert dieser Akteur seine Situation als Hoch- und nicht als Niedrigkostensituation.

13. Der Einfluss der Werbung auf das Medienangebot scheint weniger ein intentionaler als ein indirekt, über ökonomische Ziele und Geschäftsgebaren dieses Marktpartners des Medienproduzenten vermittelter und damit struktureller zu sein. Dieser Einfluss betrifft die Form, die Inhalte und das Publikum von Medien. Der Effekt ist ein eher paradoxer: Ausweitung und Verengung gleichzeitig. Ausweitung vor allem durch Differenzierungsstrategien und Parzellierung des Medienangebots nach Zielgruppenkriterien der Werbung; Verengung der Inhalte durch Konzentration auf erfolgreiche Formate, „psychologische Zugangserleichterung" und Entmeritorisierung; Verengung aber auch des anvisierten Publikums auf für die Werbewirtschaft interessante Zielgruppen, die für den Medienproduzenten zum allein „effektiven" Publikum werden. Möglich ist diese Einflussnahme der Werbung auf die Medienproduktion nur im Zusammenspiel der kommerziellen Interessen beider Akteure auf dem Werbemarkt, von Produzent und Abnehmer der dort produktionsorientierten Dienstleistungen.

14. Der Versuch einer Institutionengenese der Werbung verweist auf zwei frühe Hauptakteure, die ca. ab Mitte des 19. Jahrhunderts institutionell eröffnete Chancen zum eigenen wirtschaftlichen Vorteil zu nutzen versuchten: Werbeagenturen und periodische Printmedien. Die aktive Überzeugungsarbeit dieser beiden Hauptakteure richtet sich auf den zunächst deutlich zögerlichen dritten Akteur: die werbungtreibende Wirtschaft. Probleme des kontrollierten Absatzes massenhaft gefertigter Konsumgüter und Entdeckungen von Distinktionskriterien der eigenen Ware gegenüber Konkurrenzangeboten wie Markenname, abgepackte Waren, schließlich die Erkenntnis, dass sich mit Hilfe der Werbung Absatzmärkte für neue Produkte aufbauen lassen, begünstigten die Akzeptanz von Werbung beim dritten Akteur. Ende des 19. Jahrhunderts war der Institutionalisierungsprozess der Werbung weitgehend abgeschlossen, denn sie war zu einer wirtschaftlich sanktionierbaren Erwartung geworden. Offenbar keine aktive Rolle spielte in diesem Prozess der Medienkonsument, auch wenn ihm die Institutionalisierung dieser Medienfinanzierungsquelle niedrigere Copy-Preise brachte und Werbung in dieser frühen Phase wohl noch überwiegend eine Informations- und Bekanntmachungsfunktion hatte.

15. Der Staat mit seiner Macht, Medien zu regulieren, ist ebenfalls als ökonomischer Akteur zu begreifen, der idealtypisch aber nicht eigene Interessen verfolgen, sondern dem „Gemein-

wohl" dienen soll. Ökonomen erklären die Existenz des Staates aus dem Rationalitätskalkül. Ohne Staat könnten Gesellschaften keine gemeinsamen Ziele erreichen. Individuen, die ein Kollektiv bilden, schließen folglich einen freiwilligen Gesellschaftsvertrag, in dem Entscheidungsmechanismen für kollektiv durchzuführende Tätigkeiten und Mehrheiten festgelegt werden, mit denen Entscheidungen getroffen werden. Der Rechtsstaat grenzt Freiheitsspielräume der Individuen gegeneinander ab und schafft Rechtssicherheit. Der Leistungsstaat repräsentiert die Regeln kollektiver Entscheidungsfindung.

16. Der Staat hat vier volkswirtschaftliche Funktionen: Korrektur von Marktversagen, Umverteilung von Ressourcen und Einkommen, Stabilisierungspolitik und internationale Vertretung des Kollektivs. Vor allem die Formen von Marktversagen spielen im Bereich der Medien eine große Rolle. Dem Staat steht bei Marktversagen ein Bündel an Interventionsstrategien zur Verfügung. Allerdings ist die Aufgabenteilung zwischen Staat und Privatwirtschaft kaum objektiv-wissenschaftlich, sondern nur normativ-politisch festzulegen und damit immer kontrovers diskutiert. Regulierendes staatliches Handeln dient immer auch dem Ziel gesellschaftlicher Wohlfahrtsoptimierung und der Korrektur von Machtverteilungen. Wie vom Marktversagen, so spricht die Ökonomik auch vom Staatsversagen als einer Fehlallokation, die durch staatliches Handeln oder Unterlassen hervorgerufen wurde. Als Hauptgründe dafür gelten: Informationsprobleme (staatliches Handeln setzt Wissen voraus, das zumeist nicht vorliegt); der bürokratische Imperativ (auch Politiker und Bürokraten sind Homines Oeconomici) und kurzfristige Zeithorizonte (die von Wahlperioden vorgegeben werden). Die Frage, welches das kleinere Übel sei, Markt- oder Staatsversagen, ist nur durch Vergleich der Vor- und Nachteile in der jeweils speziellen Situation beantwortbar.

7. Wirtschaftliche Entscheidungs- und Steuerungssysteme aus ökonomischer Sicht

Will man die Funktionsweise und die Ergebnisse eines sozialen Systems wie der Wirtschaft oder der Publizistik erklären, muss man Merkmale auswählen und kennzeichnen, die dafür als wesentlich erachtet werden, also insbesondere seine Steuerungs- und Entscheidungsmechanismen identifizieren und analysieren. Die Politische Ökonomie versteht sich als eine wissenschaftliche Disziplin, die primär die Steuerungssysteme gesellschaftlicher Ordnungen untersucht und sich darin grundsätzlich von der Soziologie (und wohl auch von der Kommunikationswissenschaft) unterscheidet, die primär die Lebenswelt der sozialen Zusammenhänge und allenfalls nebenbei auch Steuerungssysteme betrachtet (Herder-Dorneich 1995a). Nachfolgend werden wirtschaftliche Entscheidungs- und Steuerungssysteme in Unterscheidung von den politischen, die in Kapitel 10 behandelt werden, aus ökonomischer Sicht diskutiert. In einem ersten Punkt (7.1) wird der Stand der ökonomischen Diskussion über Steuerungssysteme knapp referiert, dem folgt die Darstellung einzelner Entscheidungs- und Steuerungsmechanismen. Für die Zwecke dieses Lehrbuch scheint eine differenzierende wie selektive Betrachtung gängiger wirtschaftlicher Steuerungssysteme sinnvoll. So wird der Markt als Steuerungssystem in zwei Punkten abgehandelt: Eigennutz und Eigentum (7.2) und Wettbewerb (7.3). Im ersten Punkt sollen einige grundlegende Vorstellungen der Ökonomik vom Funktionieren des Entscheidungs- und Steuerungssystems Markt noch einmal zusammengetragen und ergänzt werden. Die Bedeutung des Phänomens Wettbewerb auch in der kommunikationswissenschaftlichen und politischen Diskussion legt eine ausführlichere Darstellung dieses Steuerungssystems in und von Märkten nahe. Auf die Darstellung des Preissystems und seine markträumende Funktion unter den Bedingungen der vollkommenen Konkurrenz wird an dieser Stelle hingegen verzichtet. Das Preissystem wird, soweit es für medienökonomische Fragestellungen relevant erscheint, in Kapitel 8 diskutiert. Das dritte und vierte Teilkapitel, Hierarchie/Bürokratie (7.4), und Verhandlungssysteme (7.5), folgen eingeführten Einteilungen. Auf eine Diskussion des Steuerungsmechanismus Demokratie/Abstimmung wird hier verzichtet, da sich in einer repräsentativen Demokratie kaum Besonderheiten für den Bereich der Medien ergeben. Historisch einmalig blieb bislang in Deutschland das Beispiel aus Bayern. Hier wurde die Festschreibung der öffentlich-rechtlichen Organisationsform von Rundfunk in der Bayerischen Verfassung durch ein Volksbegehren erzwungen (vgl. Bausch 1980). Moral/Ethik ist zwar kein im engeren Sinn ökonomisches, sondern ein gesellschaftlich-normatives Steuerungssystem, das von Ökonomen (z.B. Lindblom 1983, 37,) allerdings als einer unter mehreren Mechanismen angesehen wird, der „ein verinnerlichtes Kontroll- und Steuerungssystem darstellt". Für die Medien mit ihrer verfassungsrechtlichen Sonderstellung ist dieser Mechanismus von besonderer Relevanz. Von daher erscheint die Sicht der Ökonomen auf dieses Steuerungssystem hier auch von besonderem Interesse, was die Aufnahme in dieses Kapitel (7.6) begründet.

7.1 Zum Stand der Diskussion über Steuerungssysteme

Wenn dieses Kapitel mit wirtschaftliche Entscheidungs- und Steuerungssysteme überschrieben ist, dann folgen die darunter subsumierten Systeme, wie oben begründet, vielleicht nicht ganz der ökonomischen Tradition, sofern es diese überhaupt gibt. Denn wie Jeitziner/Kleinewefers

(1995, 81f.) feststellen, besteht zwar Einigkeit unter den Ökonomen, dass Steuerungssysteme ein Kernbereich jeder Wirtschaftsordnung sind, aber damit höre die Einigkeit dann auch schon auf. Gestritten werde darüber „was der genaue Inhalt des Steuerungssystems sei, bzw. ob man überhaupt von *einem* Steuerungssystem reden könne oder ob man nicht vielmehr von *mehreren* Steuerungssystemen sprechen müsse. In diesem Fall ist dann wieder die genaue Zahl umstritten. In der Literatur werden vor allem die Zahlen zwei (Dualismus), drei, vier, fünf oder viele bzw. beliebig viele (Pluralismus) genannt". Bei diesem Stand der Diskussion und Erkenntnis ist es nach Ansicht der beiden Autoren völlig vom Untersuchungszweck abhängig und streng genommen beliebig, welche Zahl von Steuerungsmechanismen man zur Beschreibung der Realität für erforderlich hält.

Ausgelöst wurde die Diskussion über Steuerungssysteme durch Walter Eucken (1989), einem der Begründer des Freiburger Ordoliberalismus, der zwischen Marktwirtschaft mit einem sich dezentral selbst steuernden Marktsystem und Planwirtschaft mit einem zentral gesteuerten Planungssystem unterschied (Dualismus). Wir haben in diesem Lehrbuch auch schon Einteilungen in drei (Markt, Anweisung, Abstimmung, vgl. Kapitel 3.2.1) und vier (Markt- und Preissystem, Demokratie, Hierarchie und Verhandlungssystem, vgl. Kapitel 6.5.1) Steuerungssysteme kurz erwähnt, wobei Anweisung und Hierarchie, Abstimmung und Demokratie die jeweils selben Verfahren meinen und als vierter Steuerungsmechanismus Verhandlungssystem oder auch Kollektivverhandlung hinzukommt. Gerade an diesem letztgenannten Entscheidungs- und Steuerungssystem, dem wir in Kapitel 10.5 wieder begegnen werden, wird deutlich, dass nicht nur die Zahl der Systeme, sondern auch ihre Zuordnung zu den wirtschaftlichen oder den politischen keineswegs eindeutig ist, sie zum Teil eben in beiden sozialen Feldern zum Einsatz kommen.

Die Politische Ökonomie und hier insbesondere die Verfassungsökonomik gehen davon aus, dass die Entscheidungs- und Steuerungssysteme in zentralen Bereichen einer Gesellschaft auf der Ebene des Grundkonsenses von Individuen und Gruppen ausgewählt und festgelegt werden. Dafür erforderlich ist allerdings, dass die Vorzüge und Nachteile der einzelnen Systeme zumindest ansatzweise bekannt sind, was wiederum Beurteilungskriterien voraussetzt. Frey (1977, 29) nennt als Kriterien der Beurteilung: Allokationseffizienz, Verteilungsgerechtigkeit, konjunkturelle Stabilisierung und Wirtschaftswachstum. Von Interesse seien weiter die Schnelligkeit der Entscheidungsbildung und die Transaktionskosten des Entscheidungsverfahrens.

Es ist heute in der Politischen Ökonomie umstritten, ob diese Kriterien ausreichend oder die richtigen sind, um Entscheidungs- und Steuerungssysteme in ihrer Funktionsweise vergleichend beurteilen zu können (Clapham 1995, 57). Für eine Übertragung des Ansatzes auf den Bereich der Medien müssten zudem zweifellos Beurteilungskriterien der Steuerungssysteme und ihrer Funktionsweise aus kommunikationswissenschaftlicher Sicht entwickelt werden (vgl. zu Problemen der Steuerungs- und Regelungsmöglichkeiten in Informationsgesellschaften Imhof, Jarren, Blum 1999). Unabhängig davon scheint es sinnvoll, dass Medienökonomie zunächst einmal wenigstens das in ihren Wissensbestand integriert, was aus ökonomischer Sicht über Steuerungssysteme bekannt ist oder auch kontrovers diskutiert wird. Auch wenn eine spezifische kommunikationswissenschaftliche Abschätzung der Vor- und Nachteile gesellschaftlicher Steuerungssysteme mangels relevanter Kriterien (noch) nicht möglich ist, so gibt die ökonomische Sicht darauf doch erste Hinweise.

7.2   Eigennutz und Eigentum

Will man Steuerungssysteme analysieren, bedarf es dazu eines methodologisch-analytischen Apparats. Nach Jeitziner/Kleinewefers (ebenda, 90) bieten sich aus ökonomischer Sicht drei analytische Grundfiguren dafür an:

1. der methodologische Individualismus;
2. eine Theorie des Individualverhaltens und
3. eine Theorie der Interaktion.

Methodologischer Individualismus meint, wie hier schon ausführlich diskutiert, dass kollektive Phänomene (wie Pressekonzentration oder Massenarbeitslosigkeit) grundsätzlich mit dem Verhalten von Individuen erklärt werden. Aktionen von Kollektiven oder Aggregaten (wie Unternehmen, Parteien, Staat) werden auf das Handeln der Akteure in den Aggregaten einerseits und das Aggregationsverfahren andererseits zurückgeführt.

Die Theorie des Individualverhaltens geht von der ökonomischen Grundhypothese aus, dass Individuen Nutzenmaximierung unter Restriktionen anstreben, wie sie im Modell des Homo Oeconomicus zusammenfassend formuliert ist.

Als Theorie der Interaktion, also der Koordination und Subordination des individuellen Verhaltens einer Vielzahl von Akteuren, verweisen die Autoren auf eine Theorie des Tauschs: „alles ist den individuellen Nutzen der Beteiligten erhöhender Tausch".

Auch wenn die Tauschtheorie das Marktgeschehen nicht voll abbildet – neben Tauschbeziehungen gibt es ja eben auch Wettbewerbsverhältnisse und das Problem von Marktmacht wird in dieser Sicht völlig ignoriert (Eickhof 1995, Leipold 1995) -, so ist der Ansatz von Jeitziner/Kleinewefers für unsere Zwecke doch nützlich, weil er die analytischen Grundfiguren des ökonomischen Denkens noch einmal verdeutlicht.

7.2.1   Das eigeninteressierte, rationale Individuum als Systemfunktion

Adam Smith hat als Lösung der Frage, die die Politische Ökonomie seit den Klassikern des Liberalismus beschäftigt, nämlich wie freie Menschen gewaltfrei miteinander verkehren und gleichzeitig die Wohlfahrt aller steigern könnten, den Tausch zwischen eigeninteressierten, auf Eigennutz bedachten Individuen auf dem Markt vorgeschlagen. Der Markt ist seiner Konstruktionsidee nach eine Ordnung,

- „in welcher der eine seine Wohlfahrt erhöht, indem und weil er einen Beitrag zur Wohlfahrt anderer leistet;
- in welcher der einzelne Leistungen im Dienste der Wohlfahrt von Menschen erbringt, die ihm gleichgültig sind, gegenüber denen er also zu schenkender Hingabe – wenigstens in der Regel – keinen Anlass sieht" (Kirsch 1993, 23).

Adam Smith hat den Grundgedanken der Marktwirtschaft: Tausch zwischen eigeninteressierten, auf Eigennutz bedachten Individuen statt mildtätigem Schenken in seinem hier (vgl. Kapitel 1.3.3) bereits zitierten berühmten Beispiel vom Metzger, Brauer und Bäcker verdeutlicht. Im Mittelpunkt der Beziehung zwischen Metzger, Bäcker oder Brauer und ihren jeweiligen Kunden steht nicht der Mensch, sondern die Ware und das dafür zu entrichtende Geld. Für die je

individuelle Wohlfahrt der beiden Marktpartner sind nicht ihre persönlichen Qualitäten, sondern die des Tauschs entscheidend, dass der eine hat und abzugeben bereit ist, was der andere
benötigt, aber auch zu bezahlen gewillt und in der Lage ist.

Der Tausch als Interaktionsform eigeninteressierter Individuen setzt allerdings Regeln voraus, die den einzelnen Tauschakt übersteigend interindividuell gültig und beidseitig akzeptiert
sein müssen. Metzger, Bäcker und Brauer tragen zur Wohlfahrt der anderen bei, indem sie ihre
eigenen, hier unternehmerischen Ziele der Gewinnerwirtschaftung verfolgen. Das Streben nach
Gewinn sorgt für eine effiziente, also möglichst kostengünstige und umfassende Lebensmittel-
versorgung. Der Metzger macht Würstchen, schreibt Kirsch (1993, 221) „weil er ein Einkommen erzielen, nicht aber, weil er zur Volksernährung beitragen will", der Metzger soll allerdings auch „nur dann sein Geld verdienen, wenn er einen Beitrag zur Ernährung leistet, wie ihn
die Kunden wünschen". Und dass bei der Lebensmittelproduktion zum Beispiel Hygieneregeln
beachtet werden müssen, auch wenn sie Kosten verursachen, dafür müssen gesetzliche Auflagen oder berufständische Normen, also Institutionen sorgen.

Es wird deutlich, dass die Ökonomik von einer systematischen Entkoppelung von individuellen Handlungen und gesellschaftlichen Folgen dieser Handlungen ausgeht. Nach den Annahmen des ökonomischen Verhaltensmodells sucht der einzelne Akteur seinen individuellen
Vorteil und dieses Vorteilsstreben, in der Produzentenrolle bei der Einnahmenerzielung, in der
Konsumentenrolle bei der Bedürfnisbefriedigung, sichert den effizienten Einsatz knapper gesellschaftlicher Ressourcen. Dieses individuelle Vorteilsstreben, das krassen Egoismus und
Opportunismus, also Vorteilswahrnehmung auch unter Inkaufnahme einer Schädigung Dritter,
nicht ausschließt, wird als relativ verlässliche Ausgangshypothese für menschliches Verhalten
angenommen. Regeln und Institutionen müssen das Eigeninteresse des Homo Oeconomicus,
bzw. genauer die Realisierung dieses Eigeninteresses, auf ein sozial verträgliches Maß zurück-
stutzen, wobei dieses Maß selbstverständlich immer umstritten ist. Institutionen wie zum Beispiel die Wirtschaftordnung eines Landes öffnen und schließen Handlungsräume und schaffen
Anreizsysteme unter Berücksichtigung der Ausgangshypothese vom eigeninteressierten Individuum, wodurch das kollektive Ergebnis im sozial gewünschten Sinne beeinflusst und gesteuert
werden soll.

Was aus dem Zitat Adam Smith's und den Ausführungen dazu deutlich wird ist, dass Metzger oder Bäcker ihrer Intention nach nicht im Dienste der Volksernährung tätig sind, nicht zum
Wohle der Konsumenten oder der Gesellschaft als Ganzes Würstchen oder Brot produzieren,
sondern des eigenen Vorteils wegen. Schumpeters (1993) Hinweis auf die Produktion und die
damit ermöglichte Befriedigung von Bedürfnissen als Nebenprodukt der unternehmerischen
Erzielung von Profiten wird hier wieder deutlich. Daraus folgt auch, dass aus dieser Sicht
Appelle an das individuelle Wohlverhalten von Unternehmen im Sinne einer Berücksichtigung
ihrer sozialen Funktion quasi systemfremd (wenn auch nicht überflüssig und an Voraussetzungen gebunden, vgl. 7.5) sind. Ein Absicherung der gesellschaftlichen Zweckerfüllung ökonomischer Tätigkeit durch soziale Verantwortlichkeit der individuellen Akteure dafür ist in
diesem Modell nicht vorgesehen. „Der systematische Ort der Moral", schreibt der Wirtschaft-
ethiker Karl Homann (Homann/Blome-Drees 1992, 20), „ist die Rahmenordnung". Das hier in
den für alle gültigen Regeln fixierte institutionelle Arrangement muss sozial unerwünschte
Zustände und Dilemmata aufzulösen versuchen. Wir werden darauf noch näher eingehen.

Was bedeutet dieses Konzept vom eigeninteressierten, rational seinen individuellen Vorteil verfolgenden Individuum als Movens des wirtschaftlichen Geschehens übertragen auf den Bereich der Medien? Eines ist zumindest für die Produktionsseite zum Beispiel der Presse klar: nicht die viel beanspruchte verlegerische Verantwortung für die öffentliche Aufgabe der Presse ist aus ökonomischer Sicht eine Art Garantie für deren Erfüllung, sondern verlegerisches Eigeninteresse und unternehmerisches Vorteilsstreben sollen – gesteuert über geeignete Institutionen – den Wohlstand der Gesellschaft sichern. Wohlstand aus ökonomischer Sicht meint allerdings eine allein an ökonomischen Kriterien, also vor allem an produktiver und allokativer Effizienz orientierte optimale Versorgung mit medialen Angeboten. Die bewusst auf ökonomische Kriterien konzentrierte oder auch verkürzte Sicht einer optimalen Versorgung zum Beispiel auch mit Medien wird vielleicht an einer Bemerkung Ludwig von Mises (1958, 63 zit. nach Tietzel 1995, 14) deutlich, der feststellte: „Der Kapitalismus hat die Massen so wohlhabend gemacht, dass sie imstande sind, Bücher und Zeitschriften zu kaufen (...). Es ist nicht Schuld des Kapitalismus, dass der gewöhnliche Mensch die ungewöhnlichen Bücher nicht schätzt". Optimalität im ökonomischen Sinn kann nun allerdings kaum ungeprüft mit ‚publizistischer Optimalität' gleichgesetzt, also als Erfüllung der öffentlichen Aufgabe der Medien gewertet werden, wie auch immer diese definiert und für eine solche Prüfung operationalisiert sei.

Es scheint gerade für medienökonomische Fragen sinnvoll näher zu prüfen, was sich hinter dem Eigeninteresse, das der rationale Homo Oeconomicus als Systemfunktion maximal zu realisieren versucht, verbirgt. Dafür ist eine Differenzierung nach den Rollen als Produzent und als Konsument, die ja fast alle Menschen gleichzeitig innehaben, hilfreich und ebenso die Erinnerung an das Kreislaufmodell aus Geld- und Güterströmen, als das der Wirtschaftsprozess gedacht wird. Produzenten (als Unternehmer oder Arbeitnehmer) erzielen Einkommen, das sie dem Rationalprinzip folgend zu maximieren versuchen. Das Eigeninteresse des Homo Oeconomicus in dieser Systemfunktion richtet sich primär auf die monetäre Seite des Kreislaufmodells. Konsumenten (zu denen ja auch die Unternehmer gehören) erwerben Güter und Dienstleistungen mit dem Ziel der Bedürfnisbefriedigung. Das Eigeninteresse in dieser Systemfunktion richtet sich also primär auf die warenmäßige Seite des Kreislaufmodells und dient der Steigerung des individuellen Wohlbefindens.

Bedürfnisbefriedigung in einer Marktwirtschaft ist regelmäßig mit Einkommen und Vermögen verbunden und „die Befriedigung der meisten, wenn nicht aller Bedürfnisse lässt sich mit hohem Einkommen und mit großem Vermögen besser erreichen, womit auch Wohltätigkeit eingeschlossen ist" (Neus 1998, 6). Die meisten Ökonomen (Ramb 1993, Neus 1998) verstehen unter Bedürfnis sehr allgemein den Wunsch eines Menschen nach Steigerung des persönlichen Wohlbefindens. „Der Mensch agiert insgesamt mit dem Ziel, in einem von ihm überschauten Zeitraum ein maximales Ausmaß an Wohlbefinden zu erreichen" (Ramb 1993, 5). In der Rolle als Produzent muss dem dann logischerweise das Ziel eines maximalen Einkommens (Geldeinkommen, aber auch Sachgüter und evtl. Aufbau von Humankapital) entsprechen, ein noch verhältnismäßig leicht zu bestimmendes und mit Blick auf den Grad der Zielerreichung zu wägendes Ziel. Wie aber definiert sich Wohlbefinden?

Kirsch (1993) verweist auf die diesbezügliche Begrenztheit der ökonomischen Fragestellung, wenn in der Wirtschaftstheorie und auch in der Neuen Politischen Ökonomie die Befriedigung der Bedürfnisse zwar als Kernproblem angesehen wird, die Bedürfnisse selbst aber als problemlose Daten verstanden werden. Nach wie vor gehe die Wirtschaftstheorie gemeinhin davon aus, „dass sich ihr Problem darin erschöpft, die knappen Ressourcen im Dienste der Befriedigung *gegebener* Bedürfnisse zu allozieren. Nicht aber geht die Wirtschaftstheorie davon aus, das die Wohlfahrt auch verfehlt werden kann, weil man keine oder die falschen Bedürfnisse hat" (Kirsch, ebenda 179). Theodor W. Adornos (1963) berühmte Frage mit Blick auf die Medien, ob das Publikum wollen könne, erfährt hier eine Aktualisierung aus ökonomischer Sicht, der nachzugehen sich mit Blick auf die Medien und ihre spezifischen Guteigenschaften einschließlich der Konsequenzen für den Rezipienten vielleicht lohnt. Dabei sollen an dieser Stelle Medien als Privatgüter behandelt werden, der ganze Komplex ihrer externen Effekte und darauf gerichteter Kollektivbedürfnisse hier ausgeklammert bleiben.

Kirsch, dem hier weitgehend gefolgt wird, stellt zunächst fest, dass Bedürfnisse, zumindest in ihrer konkreten Ausprägung, nicht angeboren, sondern erworben sind. Das Bedürfnis nach Nahrung oder Wärme ist angeboren, aber das konkrete Bedürfnis richtet sich – außer vielleicht in Extremsituationen – nicht auf Nahrung oder Wärme schlechthin, sondern auf Müsli oder Schweinebraten, Kaminfeuer oder Wintermantel. Also, wie werden Bedürfnisse erworben, woher weiß ich, was mir fehlt und was mein Wohlbefinden steigern könnte? Nach Kirsch (ebenda, 181) entsteht ein konkretes Bedürfnis erst dann, wenn zweierlei zusammentrifft, das Unbehagen, dass etwas fehlt und das Instrumentalwissen, wie das Unbehagen beseitigt werden kann. „*Erst das Instrumentalwissen erlaubt, ein vages Unbehagen in ein konkretes Bedürfnis zu transformieren. Das Unbehagen ist handlungsmotivierend; das Instrumentalwissen ist handlungsorientierend*". Übersicht 7.1 fasst die Zusammenhänge von Unbehagenen und erworbenem Instrumentalwissen zusammen.

Übersicht 7.1: Zusammenhänge von Unbehagen, Instrumentalwissen und Bedürfnis

Unbehagen	+ Instrumentalwissen	= Bedürfnis
handlungsmotivierend	handlungsorientierend	
diffus-vage	konkret-präzise	
"Mir fehlt etwas"	"Dies bzw. jenes hat diesen bzw. jenen Einfluss auf mein (Un-)Behagen"	"Ich will das"

Quelle: Kirsch 1993, S. 182.

Daraus ergibt sich die logische Folge, dass Bedürfnisse und die über die Bedürfnisbefriedigung erzielbare Wohlfahrt zentral auch vom Erwerb von Instrumentalwissen abhängen. Insbesondere muss das Instrumentalwissen den Vergleich von Handlungsalternativen zur Beseitigung von Unbehagen und der damit erzielbaren Wohlfahrtssteigerungen ermöglichen, also zum Beispiel ob dem Unbehagen der Langeweile besser durch den Besuch bei Freunden, durch Lektüre des schon lange bereitliegenden Buchs oder durch Platznehmen vor dem Fernsehgerät zu entkommen ist. Die Möglichkeit, dass jemand sein Wohlfahrtsmaximum verpasst, besteht nicht nur darin, dass er knappe Ressourcen bei der Befriedigung bestimmter Bedürfnisse uneffizient einsetzt, sondern auch darin, dass er sie – möglicherweise durchaus effizient – zur Befriedigung ‚falscher' Bedürfnisse einsetzt. Die Aneignung von Instrumentalwissen erweitert die Möglichkeiten, das Wohlbehagen zu steigern, liefert zusätzliche Instrumente, Unbehagen zu beseitigen, schafft neue Bedürfnisse und damit die Möglichkeit für das Individuum, dem Rationalkalkül gemäß jenes Bedürfnis zu wählen und zu befriedigen, das den vergleichsweise größten Wohlbehagensgewinn verspricht. Die Wohlfahrt des einzelnen ist damit auch eine Funktion seiner Bedürfnisfähigkeit und diese wiederum abhängig vom erworbenen Instrumentalwissen.

Gerade für Medien und für kulturelle Dienstleistungen insgesamt als Erfahrungsgüter ist der Aspekt des Instrumentalwissens, das zusammen mit dem Unbehagen erst ein konkretes Bedürfnis formt, ein wichtiger Hinweis zur Entstehung von darauf gerichteten Bedürfnissen und Präferenzen. Der Erwerb von Instrumentalwissen ist ja nicht kostenlos, er ist gerade bei Erfahrungsgütern mit zumindest hohen Zeitkosten verbunden. Und er ist bei den einzelnen Gütern auch unterschiedlich komplex und langwierig. Um herauszubekommen, welche Wohlbehagenssteigerung durch ein Tasse Kaffee oder durch einen Hitlisten-Schlager erzielbar ist, bedarf es keines langen Prozesses des Wissenserwerbs. Das Wohlfahrtssteigerungspotential dieser Alternativen ist schnell erschöpft und ausgelotet. Anders bei komplexen kulturellen Gütern. Stigler und Becker (1977) haben sich, wie in Kapitel 6.3.1 knapp diskutiert, mit der Frage auseinandergesetzt, warum das in der Ökonomie weitgehend gültige Gesetz vom abnehmenden Grenznutzen bei klassischer Musik (‚good' music) offenbar keine Gültigkeit hat. Denn je mehr Musik jemand hört, umso größer ist das Bedürfnis danach, umso stärker die Präferenz dafür, umso eher wird der Konsum auch in Zukunft weiter ansteigen oder zumindest gleich bleiben (vgl. dazu auch Frank/Maletzke/Müller-Sachse 1991, die Zusammenhänge dieser Art auch für Theater, Malerei/bildende Kunst, Literatur und selbst den Kinofilm feststellten). Die medienökonomische Erklärung: der Grenznutzen jeder weiteren Konsumeinheit nimmt nicht ab, wie bei jedem weiteren Glas Wasser, sondern zu, weil aus Lärm und Geräusch für den ungeübten Hörer Musik für den geübten Hörer wird, der ihre Strukturen und Qualitäten zunehmend erkennen und goutieren kann. Durch wiederholtes Hören baut er „consumption capital" auf, wie es Stigler/Becker (ebenda 78) nennen, also Humankapital im Bereich Musik. Er erweitert seine Bedürfnis- und Genussfähigkeit, erwirbt ein zusätzliches Instrument, um Unbehagen abzubauen und sein Wohlbehagen zu maximieren. Kirsch (ebenda 195) unterscheidet dabei den „Liebhaber" vom „Genießer". Der Liebhaber versucht durch gegenwärtigen Konsum seine zukünftige Genussfähigkeit zu steigern, also sein Instrumentalwissen zu erweitern. Der Genießer beschränkt sich beim gegenwärtigen Konsum auf den Genuss, den ihm seine gegenwärtige Genussfähigkeit erlaubt. Versucht man eine Übertragung dieser Differenzierung auf die Medien, dann sind Liebhaber wohl vor allem im Bereich der Literatur, der Musik, des Films auch des Fernseh- und Hörspiels zu finden. Der überwiegende Teil des Medienpublikums scheint jedoch eher zu den Genießern zu zählen, die über den möglichen instrumentellen Wert der Medienprodukte wenig hinzuzulernen gewillt sind.

Die Frage nach der Funktionalität des Steuerungsmechanismus rationales Eigeninteresse zur Wohlfahrtsmaximierung kann generell wohl nicht losgelöst von der Frage diskutiert werden, ob und inwieweit gewährleistet ist, dass die Bürger zu ihren Bedürfnissen finden. Das gilt verstärkt für den Bereich der Medien. Eine positive Antwort auf diese Frage erscheint hier nicht nur mit Blick auf kollektive, sondern selbst auch auf individuelle Bedürfnisse mehr als fraglich.

7.2.2   Eigentumsrechte als notwendige Voraussetzung des Marktes

Wenn wir das Marktgeschehen mit Jeitziner/Kleinewefers als Tausch begreifen, dann setzt das nicht nur marktfähige Waren und Dienstleistungen voraus, deren Tauschrelationen durch Preise in Geld transparent und unmittelbar vergleichbar sind (was die Transaktionskosten des Tauschs in einzigartiger Weise senkt), es setzt auch einen gewissen Standardisierungs- und Privatisierungsgrad der getauschten Güter und Güterbündel voraus. Abnehmende Standardisierung erhöht die Transaktionskosten und erschwert die Kontrolle der Tauschrelationen. Private Eigentumsrechte sind Voraussetzung, dass ein Markt überhaupt existieren kann. Bei öffentlichen Gütern, Gütern mit externen Effekten versagt der Markt am mangelnden Privatisierungsgrad, das heißt Kosten und Nutzen können nicht voll internalisiert und in die Tauschrelation eingebracht werden, wie das bei privaten Gütern unterstellt wird.

Private Eigentumsrechte sind die Basis der kapitalistischen Marktwirtschaft. Die „Möglichkeit des einzelnen, Kapital zu besitzen und daraus Nutzen zu ziehen, gibt dem Kapitalismus seinen Namen" (Samuelson/Nordhaus 1998, 58). Privateigentum wird in neoliberaler Sicht als Bedingung der Freiheit gesehen (vgl. Röpke 1958, 135), denn es schafft horizontale (Abgrenzung der individuellen Sphäre der Entscheidung und Verantwortung gegen diejenige der anderen Individuen) und vertikale Grenzen (Schutz der individuellen Sphäre gegenüber der politischen Gewalt).

Allerdings spielt die Eigentumsordnung in der neoklassischen ökonomischen Theorie bislang noch eher eine randständige Rolle. Ursächlich dafür ist vor allem die Trennung zwischen Wirtschaftstheorie, Recht und Soziologie, die lange Zeit das neoklassische ökonomische Denken beherrschte. Ursächlich mögen aber auch Überlegungen sein, wie Coase (1988c) sie in einem Aufsatz formulierte und die als Coase-Theorem in die ökonomische Literatur eingingen (vgl. Neus 1998, 102f.). Danach ist die ex-ante-Verteilung von Verfügungsrechten in einer Gesellschaft irrelevant, weil bei einer ineffizienten Verteilung solange mit Verfügungsrechten gehandelt wird, bis keine weiteren Vorteile mehr erzielt werden können. Annäherung an eine effiziente Verteilung soll also in erster Linie von den Individuen durch privatvertragliche Regelungen gesucht werden. Nur wenn eine effiziente Allokation über den Markt faktisch nicht möglich ist, gewinnt die ex-ante-Verteilung an Gewicht. Offensichtliche Probleme bei diesem Ansatz sind, dass ein effizienter Handel mit Verfügungsrechten an einer ungleichen Vermögens- und Machtverteilung scheitern kann oder, dass heute schon die Verfügungsrechte künftiger Generationen gehandelt werden, die an dem Deal nicht teilhaben können, ein Problem, das vor allem die Umweltökonomik beschäftigt.

Die eher beiläufige Behandlung der Eigentumsordnung in der neoklassischen Theorie kommentiert ein Vertreter des Property Rights-Ansatzes (Meyer 1983, 2), dass man offenbar der Auffassung sei, „man könne eine brauchbare Wirtschaftstheorie entwickeln, die sozusagen nichts als die ,reine Logik' des kapitalistischen Systems beschreibt. Getrennt davon seien Untersuchungen der jeweiligen sozialen Institutionen vorzunehmen; diese sollten am besten von Wirtschaftshistorikern durchgeführt werden". Es versteht sich, dass die Vertreter der Institutionenökonomik und speziell des Property Rights-Ansatzes diese Ansicht nicht teilen. In ihrer Sicht ist die Eigentumsordnung eine für das Wirtschaftsleben maßgebliche soziale Institution, ihre Ansätze rücken gerade die soziale Dimension der ökonomischen Güterwelt, die in der Neoklassik ja weitgehend ausgeklammert bleibt, wieder in das Blickfeld. Eigentums-, Verfügungs- und Nutzungsrechte sind danach sozial regulierte Beziehungen, und sie spiegeln „eine soziale (Macht)Relation zwischen Personen in Bezug auf Güterverwendungen" (Meyer, ebenda 19). Der Grundgedanke der Verfassungsökonomik geht noch weiter: danach werden in der Verfassung private Eigentumsrechte und eine Sanktionsinstanz erst entwickelt und festgeschrieben. „Individuelle Eigentumsrechte sind kollektiv anerkannte und durchsetzungsfähige Handlungsbefugnisse, die zugleich den anderen Akteuren Handlungsbeschränkungen auferlegen". Individuelle Freiheit bleibt damit „systematisch auf kollektive Voraussetzungen angewiesen" (Homann/Kirchner 1995, 199).

Die Knappheit der Güter und Ressourcen macht in jeder Gesellschaft eine soziale Regelung der jeweiligen Verfügungsrechte erforderlich. Private Verfügungsrechte von Personen an Gütern (Private Property Rights) umfassen, wie in Kapitel 2.3.1 schon erwähnt, zumeist ein Bündel an Rechten:

- Entscheidungsrechte über die Güterverwendung;
- alleinige Verantwortlichkeit für die Folgen der Verwendung;
- das Recht auf freie Übertragbarkeit der Rechte.

Tauschobjekt auf dem Markt sind nicht nur Güter, sondern vor allem die Rechte an Gütern, Verfügungsrechte über Nutzleistungen aller Art. Sachgüter enthalten ganze Komplexe von Nutzleistungen, Rechte, wie zum Beispiel das Mietrecht oder das Vervielfältigungsrecht literarischer Werke beziehen sich auf partielle Nutzleistungen und definieren die wirtschaftlich relevanten Nutzungsrechte. Die Property Rights-Theorie unterscheidet folglich zwischen „effektivem" und „spezifischem" Gut. Das spezifische Gut ist durch technische und physische Merkmale gekennzeichnet, das effektive zusätzlich durch die daran bestehenden Verfügungsrechte (Furubutn/Pejovich 1974).

Das immaterielle Werk eines Autors zum Beispiel ist ein spezifisches Gut, das durch Urheber-, Vervielfältigungs- und Verbreitungsrecht geschützte Werk ist das effektive. Eine wirtschaftliche Nutzung des immateriellen und öffentlichen Guts „literarisches Werk", bei dem ja keine Konsumrivalität besteht und die Grenzkosten der Vervielfältigung für den Nutzer, sobald der Autor sein Werk veröffentlicht hat, gleich Null sind, macht eine gesetzliche Definition der Property Rights des Autors notwendig, um eine Preisbildung für literarische Werke und ihre Nutzung zu ermöglichen (vgl. Franz 1991). Da das Einkommen eines Autors in der Regel von der Zahl der verkauften Kopien seines Werkes abhängt, ist es wichtig, dass er nicht nur als Urheber geschützt ist, sondern dass auch die ausschließlichen Vervielfältigungs- und Verbreitungsrechte seiner Werke bei ihm liegen.

Natürlich könnte er die Distribution von Kopien seines Werks, zum Beispiel im Selbstverlag, selbst übernehmen. In der Regel überlässt er diese Aufgabe aber einem spezialisierten Produzenten und Distributeur, dem Verleger. Wie der Autor als Anbieter auf dem Markt für Werke muss auch der Verleger als Anbieter auf dem Markt für literarische Kopien urheberrechtlich geschützt sein, um dem in Deutschland bis zum Ende des 18. Jahrhunderts virulenten Problem der Raubdrucke zu entgehen. Abbildung 7.1 fasst die heute existierenden Persönlichkeits- und Verwertungsrechte des Autors literarischer Werke einmal zusammen (vgl. Abbildung 7.1).

Der Kampf um Urheberrechte und verwandte Schutzrechte an Werken von Wissenschaft und Kunst in Deutschland war lang (vgl. Tietzel 1995). Heinrich Heine hat das einmal zu dem folgenden Stoßseufzer veranlasst: „Möge auch einmal für Deutschland die Stunde schlagen, wo geistiges Eigentum des Schriftstellers ebenso ernsthaft anerkannt werde wie das baumwollene Eigentum des Nachtmützenfabrikanten. Dichter werden bei uns als Nachtigallen betrachtet, denen nur die Luft angehöre; sie sind rechtlos, wahrhaft vogelfrei!" (zit. nach Franz 1991, 101).

Abbildung 7.1: Property Rights des Autors an literarischen Werken

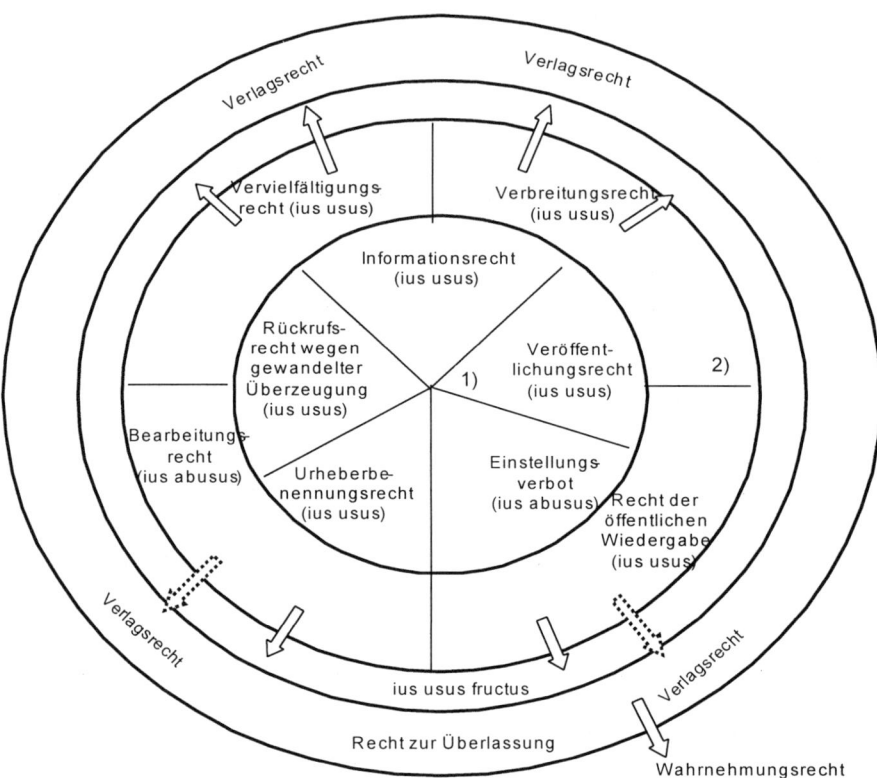

Es waren vor allem die Verleger, die den Kampf vorangetrieben haben, weniger die einzelgängerischen Autoren. Das Problem für den Gesetzgeber, der die Kollektivgutproblematik durch Rechtsetzung lösen muss, gerade im literarisch-kulturellen Bereich ist das einer Güterabwägung zwischen dem Anspruch der Urheber auf die Privatisierung des Gewinns aus ihrem Ressourceneinsatz (an Human und anderem Kapital) und den positiven externen Effekten, die für die Allgemeinheit von Kunst und Kultur als Kollektivgut ausgehen.

Verfügungsrechte gelten aus ökonomischer Sicht ja auch als Anreizstruktur für den Homo Oeconomicus, der zum Beispiel als Unternehmer aus seinem privaten Kapital auch privaten Gewinn erzielen will und nur dann in einen Markt eintreten wird, wenn dies im Prinzip möglich ist. Auch die Urheberrechte sollen materielle Anreize für Autoren und andere Kultur- und Wissensproduzenten bieten, ihren Output zu steigern. Und dass dieses Steuerungssystem via materielle Anreize nicht nur bei Unternehmern sondern auch bei Autoren wirkt, die ebenfalls privaten Gewinn aus eingesetztem Kapital, hier eben aus einem mit Talent und Können, Lebenszeitaufwand und Anstrengung geschaffenen Werk, ziehen wollen, dafür gibt es Belege aus höchsten Autorenkreisen. So war Goethe offenbar erst durch ein günstiges Angebot seines Verlegers Cotta zu bewegen, den „Faust" zu vollenden. Dieses Angebot ging auf einen Brief Schillers zurück, den dieser am 24. März 1800 an Cotta schrieb: „Ich fürchte, Goethe lässt seinen Faust, an dem schon so viel gemacht ist, ganz liegen, wenn er nicht von außen und durch verlockende Offerten veranlasst wird, sich noch einmal an diese große Arbeit zu machen und sie zu vollenden (...) Er rechnet freilich auf einen großen Profit, weil er weiß, dass man in Deutschland auf dieses Werk sehr gespannt ist. Sie können ihn, das bin ich überzeugt, durch glänzende Anerbietung dahin bringen, dieses Werk in diesem Sommer auszuarbeiten" (zit. nach Röpke 1958, 204). Goethe als Homo Oeconomicus, der sich durch ein hohes Honorar als Anreizstruktur bewegen lässt, die Unlust an der Werkvollendung gegen den Wohlbehagensgewinn durch höheres Einkommen noch einmal rational abzuwägen. Die extrinsischen Anreize wirkten, wie man weiß, erfolgreich, als die intrinsische Motivation des Dichterfürsten offenbar stark nachgelassen hatte.

Eine Änderung des Inhalts und/oder Umfangs von Rechten an Ressourcen ändert auch die Struktur ihres Werts, einige Ressourcen werden höher, andere niedriger bewertet werden. Ein wichtiges Gebiet für den Property Rights-Ansatz ist daher auch die systematische Untersuchung der Zusammenhänge von Inhalt und Umfang der Rechte an Ressourcen einerseits und der Art der dadurch bewirkten Ressourcenverwendung andererseits. Für Medien könnte eine Analyse in Analogie zu diesem Ansatz viel versprechend sein. Die Frage Max Webers wäre dafür zu reformulieren: was bedeutet es für die normierte öffentliche Aufgabe der Medien, dass überwiegend Private Property Rights daran bestehen. Und normativ gefragt: durch welche Ausgestaltung der Property Rights ist die Erfüllung dieser Aufgabe am ehesten sicherzustellen?

Property Rights müssen allerdings auch mit Blick auf den technischen Fortschritt immer wieder einer Prüfung unterzogen werden, das gilt insbesondere für den Schutz des geistigen Eigentums. So machten neue Verwertungsmöglichkeiten und neue Techniken der Vervielfältigung 1965 ein neues Urheberrecht erforderlich, 1985 wurde eine Geräte- und Betreiberabgabe für die sich ständig verbilligenden Kopierer festgelegt, die von der „Verwertungsgesellschaft Wort" eingesammelt und an Autoren und Verlage verteilt wird. Nach einem Urteil des Bundesgerichtshofs ist auch eine Abgabe auf Faxgeräte fällig.

Mit Blick auf die neuen I+K-Techniken legte die Kommission der Europäischen Gemeinschaften 1995 ein „Grünbuch: Urheberrecht und verwandte Schutzrechte in der Informationsgesellschaft" vor, das einerseits eine Harmonisierung dieses rechtlichen Bereichs in Europa, andererseits seine Anpassung an den informationstechnologischen Fortschritt anstrebt. Im September 2003 trat das „Gesetz zur Regelung des Urheberrechts in der Informationsgesellschaft" in Kraft, das die EG- Richtlinie in deutsches Recht überführte. Danach ist u.a. das unberechtigte Anbieten oder Verbreiten von Daten – wie Musik, Filme, Software, Computerspiele – zum Download im Internet strafbar, das betrifft auch Tauschbörsen und Peer-to-Peer-Dienste. Wer den Kopierschutz zum Beispiel von Computerspielen knackt, muss mit Schadensersatzforderungen der Rechteinhaber rechnen, „Anti-Kopierschutz"-Programme oder –Geräte dürfen nicht verkauft werden.

Zuvor hatte sich eine Enquête-Kommission des Deutschen Bundestags mit der Materie befasst. In ihren Zweiten Zwischenbericht zum Thema „Neue Medien und Urheberrecht" (Deutscher Bundestag 1997) fasste sie das urheberrechtlich Neuartige an den neuen Informationstechniken wie folgt zusammen:

- „Digitale Speicher- und Kommunikationstechniken erlauben anders als die überkommenen sequentiellen Strukturen den zielgenauen Zugriff auf jeden Punkt eines gespeicherten und individuell abrufbaren Werkes. Wer ein Schaubild aus einem Buch benötigt, muss sich nicht mehr den gesamten Band besorgen.

- Eine Möglichkeit zur interaktiven Kommunikation wird eröffnet, sei es zwischen den Netzteilnehmern, sei es zwischen diesen und dem sog. Service-Provider.

- Veränderungen und Kombinationen von Werken, auch deren Entstellung, werden mühelos möglich. Sie können in dieser veränderten Form auch wieder in ein Netz eingegeben und von Dritten abgerufen werden.

- Aufgrund hoher Investitionskosten sind neue Dienste zum Teil auf grenzüberschreitende Anwendung bis hin zu einer globalen Vermarktung angelegt. Dies kann mit dem überkommenen Territorialitätsprinzip, was den Schutzbereich von geistigem Eigentum anbelangt, in Kollision geraten (...).

- Bei digitaler Speicherung und Übertragung erfolgen sämtliche Angebote im gleichen technischen Format, an demselben Bildschirm, ohne irgendeinen Qualitätsverlust. Die Frage einer privaten Vervielfältigung, die obendrein kaum Kosten macht, erhält so eine völlig neue Dimension. Die Rechtepiraterie wird zum Kinderspiel.

- Kompression und Speicherung von Werken werden auf kleinstem Raum möglich.

- Die Technik macht die Entwicklung von Kopierschutzsystemen und innerhalb von Datenbanken die Feststellung konkret-individueller Nutzungen möglich. Man spricht von Urheberrechtsmanagementsystemen (...).

- Die auf dem Felde des Urheberrechtsschutzes hoch entwickelte internationale Kooperation und Rechtsangleichung erhält einen zusätzlichen Impuls aus der häufigen Notwendigkeit, mindestens Sinnfälligkeit, für solche Systeme einheitliche Standards vorzusehen".

Die digitalen Techniken schaffen Kontrollverluste, aber auch neue Kontrollmöglichkeiten für den Rechteinhaber (vgl. dazu auch Geser 1999) und sie schaffen weniger neue Werke als neue Formen der Werknutzung, neue Nutzungsarten. Eine dieser Nutzungsarten wird Pay-TV sein, das ja die Durchsetzung von Private Property Rights nun auch an der Verbreitung audiovisueller Produkte im Rundfunkbereich darstellt. Bislang haben die mangelnden Ausschlussmöglichkeiten beim Träger Rundfunkfrequenz bzw. bei Satellitenverbreitung aufgrund der Güterspezifik der Träger diese Durchsetzung verhindert, was bei privatwirtschaftlicher Bereitstellung die Refinanzierung über den Werbemarkt erforderlich machte (vgl. Kapitel 4, Kapitel 8). Dank der Manipulationsmöglichkeiten digitalisierter Werke, zu denen ja auch die Signalverzerrung gehört, können Vervielfältigungs- und Verbreitungsrechte nun auch auf dem Markt der Kopien geltend gemacht werden, das heißt die Rezipienten werden entsprechende Entgelte an den Produzenten und an den Distributeur audiovisueller Produkte entrichten müssen.

7.3   Wettbewerb

Wettbewerb wurde in Kapitel 3.3 schon unter dem Stichwort „ökonomische Institution" behandelt. Hier geht es nun um Wettbewerb als Steuerungssystem, um den näheren Blick darauf, wie und warum dieses Institut als ein den Wirtschaftsprozess steuerndes Arrangement verstanden werden kann. Auch wenn die Perspektive jeweils eine andere ist, sind kleinere Überschneidungen zwischen den Kapiteln unvermeidbar, das gilt insbesondere für die – Überlegungen aus Kapitel 3.3 zusammenfassende – Einleitung zum Thema, die auch die kommunikationswissenschaftliche Sicht darauf noch einmal knapp referiert.

Der Markt, um das hier also kurz zu wiederholen, ist der zentrale Koordinationsmechanismus, der die vielfältigen, dezentralen wirtschaftlichen Entscheidungen der Mitglieder einer Gesellschaft koordiniert und die Zuweisung knapper Ressourcen in die verschiedenen Verwendungsalternativen mit Hilfe des Preissystems so steuert, dass der Gesamtbedarf einer Gesellschaft, so die Annahme, gedeckt wird. Zu über Märkte gesteuerten Wirtschaftssystemen gehört nicht nur der Tausch, sondern unabdingbar auch der Wettbewerb. Er ist sozusagen die Hauptspielregel, die das Zusammentreffen der eigeninteressierten wirtschaftlichen Akteure auf dem Markt bestimmt oder zumindest bestimmen soll. Und diese Spielregel gilt auch für die privatwirtschaftlich organisierten Medien.

Historisch, auch darauf wurde hier schon kurz verwiesen, haben die Forderungen nach Markt- und Wettbewerbsfreiheit, wie sie für marktwirtschaftliche Ordnungen gestellt werden, und nach Pressefreiheit, die für demokratische Medien eingefordert wird, dieselben Wurzeln in der Aufklärung. Diese gemeinsame Wurzel schlägt sich heute noch in der verbreiteten Annahme nieder, dass eine Zielharmonie von Wettbewerbs- und Pressefreiheit bestehe in dem Sinne, dass der Wettbewerb einer Vielzahl unabhängiger Anbieter von Medien Meinungsvielfalt und publizistische Vielfalt generell zur Folge habe. Dies ist die Annahme des Modells von Außenpluralität des Mediensystems. Kommunikationswissenschaftliche Studien konnten diese Annahme bislang allerdings nicht bestätigen, zumal sie als Einzelfallstudien zu durchaus unterschiedlichen Befunden kamen. Das mag auch daran liegen, dass diese Studien vorwiegend vom Medienprodukt ausgingen, das an Referenzsystemen wie dem lokalen Kommunikationsraum (Langenbucher 1980) oder dem Angebot von Wettbewerbszeitungen (Schönbach 1980) gemessen wurde. Auch entsprechende amerikanische Studien (McCombs 1987, Lacy 1988a, zusammenfassend Entman 1985) konnten die Vielfalt stiftende Kraft des Wettbewerbs nicht bestätigten, machten aber deutlich, dass Wettbewerb als Prozess analysiert, dass nach Intensitätsgraden von Wettbewerb und nach aufkommendem, bestehendem und schwindendem Wettbewerb differenziert werden muss (vgl. auch Kapitel 3.2.5).

Der Steuerungsmechanismus, der hier diskutiert werden soll, ist der ökonomische Wettbewerb. Die Kommunikationswissenschaft kennt, auch das wurde schon erwähnt, daneben noch den Begriff des publizistischen Wettbewerbs, neuerdings auch den des Aufmerksamkeitswettbewerbs, wobei sie zumindest den ersteren – für den Aufmerksamkeitswettbewerb ist diese Frage noch gar nicht gestellt – als eigenständiges Phänomen begreift, allerdings ohne dass eine theoretische oder systematisch-empirische Abgrenzung zum ökonomischen Wettbewerb vorliegt. Ökonomen (Hoppmann 1988, Kantzenbach 1988, Braun 1990) gehen davon aus, dass Wettbewerb ein ganzheitliches Phänomen ist, das man zwar analytisch in einen ökonomischen und einen publizistischen Teilprozess aufspalten könne, der reale Wirkungszusammenhang sei jedoch ein einheitlicher und die Wettbewerbswirkungen seien immer ökonomisch fundiert. Da es zum publizistischen wie Aufmerksamkeitswettbewerb keine kommunikationswissenschaftlichen Theorien und auch keine Forschung gibt (vgl. zu Bestimmungen und Abgrenzungsversuchen Heinrich 2001, 84ff., Czygan/Kallfaß 2003), soll das Phänomen hier nicht weiter verfolgt werden. Sinnvoll ist es dagegen sicherlich, sich den ökonomischen Wettbewerb, der im Bereich der Medien zweifellos an Bedeutung gewinnt, als Steuerungsmechanismus aus ökonomischer Sicht einmal genauer anzuschauen.

7.3.1   Wettbewerb als obligate Spielregel

Marktwirtschaftliche Ordnungen, um das noch einmal zu betonen, sind dezentrale Planungs- und Entscheidungssysteme, die über bestimmte Anreizsysteme koordiniert werden. Das marktwirtschaftliche Konzept lässt sich wohl am besten in der Unterscheidung von Spielregeln und Spielzügen beschreiben, Spielregeln als Rahmenordnung einer Marktwirtschaft, durch die ein Erreichen der gesellschaftlichen und nicht nur der ökonomischen Ziele gesichert werden soll, und Spielzügen als Handlungen der Individuen innerhalb dieser Rahmenordnung (Homann/Blome-Drees 1992). Zu diesen Spielregeln gehört in einer Marktwirtschaft auch das Streben nach Gewinn und der Wille zum Wettbewerb.

Marktwirtschaftlicher Wettbewerb als Spielregel und Steuerungssystem wird als institutionelles Arrangement verstanden, dem zwei wesentliche Aufgaben zugewiesen sind: es ist eine Veranstaltung zur Stimulierung von Leistung und es ist eine Veranstaltung zur Steuerung und Ordnung des Wirtschaftsprozesses. Röpke (1958, 136) spricht von der „Doppelnatur" des Wettbewerbs, dem die zwei Kardinalprobleme jedes Wirtschaftssystems zur Lösung übertragen sind, die Lösung „des Problems des ständigen Antriebs zur Höchstleistung und des anderen Problems der ständigen harmonischen Ordnung und Steuerung des Wirtschaftsprozesses. Sprungfeder und zugleich Regulator zu sein, das ist die Rolle, die dem Wettbewerb in der Marktwirtschaft zugewiesen ist(..)". Wettbewerb als Antrieb zur Höchstleistung soll die Leistungsfähigen stimulieren, indem er ihnen zum Beispiel als Pionierunternehmer mit Innovationen der verschiedensten Art die Erwirtschaftung und Aneignung von temporären Monopolrenten in Form von Gewinnen ermöglicht, und er soll jeden Marktteilnehmer zwingen, innerhalb der Spielregeln jede Möglichkeit zu nutzen, die ihm Vorteile gegenüber der Konkurrenz verschafft. Die Marktteilnehmer sollen und müssen, wenn sie der Gefahr des wirtschaftlichen Ruins entgehen wollen, Gewinne machen. Gewinn und Wettbewerb dienen in marktwirtschaftlichen Ordnungen „der Steuerung der Wirtschaft, nicht der Gerechtigkeit" (Homann/Blome-Drees, ebenda 25) und auch nicht irgendwelchen anderen außerökonomischen gesellschaftlichen Zielen. Man sollte sich diese ausschließlich wirtschaftliche Steuerungsfunktion des Wettbewerbs aus Sicht der Ökonomik als Kommunikationswissenschaftler voll bewusst machen, denn sie stellt die medienpolitische These, dass Wettbewerb der Medien Meinungsvielfalt generiere, grundsätzlich in Frage.

Gewinne stellen funktional ein Anreizsystem für Investitionen und Innovationen dar und sie haben Signalfunktion für einen potentiellen Marktteilnehmer, in einen Markt auch tatsächlich ein-, hier also zum Wettbewerb anzutreten. Wenn ein Pay-TV- Kanal mit einem bestimmten Angebot hohe Gewinne erzielt, wird sich bald ein Konkurrent einfinden, wenn der Erstanbieter tief in den roten Zahlen steckt, wird die Konkurrenz wohl erst einmal abwarten – Gewinn oder Verlust als positiver oder negativer Anreiz zu wirtschaftlichem Handeln.

Wettbewerb ist, wie Röpke (1979, 87) einmal formulierte, kein „Naturgewächs", sondern „ein höchst gebrechliches Kunstprodukt der Zivilisation". Dieses Zivilisationsprodukt, notwendig für die Zähmung und Kanalisierung des Eigeninteresses, wie es das ökonomische Verhaltensmodell unterstellt, ist den Marktpartnern keineswegs bequem, denn es übt Zwang aus und stellt ein Risiko dar. Wettbewerbsfreiheit als Kollektivgut bedarf daher auch des Schutzes. Wettbewerbsrecht ist seiner Funktion nach ja Schutz der Wettbewerbsfreiheit für alle und

Schutz vor privater Wirtschaftsmacht, die dann entsteht, wenn es einem Unternehmen gelingt, den Wettbewerb auszuschalten.

Den Individuen wird in einer marktwirtschaftlichen Ordnung alles in allem ein Verhalten abverlangt, das ziemlich strapaziös und unbequem ist, weil es Flexibilität und ständige Anpassung verlangt und dabei risikoreich ist. Dieses Verhalten umfasst: Gewinnstreben, rationale Verfolgung des Eigeninteresses, also individuelles Vorteilsstreben und Wettbewerbsverhalten. Begründet werden diese Verhaltensanforderungen an die Individuen mit der gesamtwirtschaftlichen Leistungssteigerung, die damit verbunden sei. Die individuellen Akteure sollen im Wettbewerb ihre individuellen Ziele unter Ausschöpfung aller institutionell gewährten Möglichkeiten verfolgen und so die Leistungsfähigkeit der Wirschaft insgesamt steigern. Ihre Spielzüge sind von moralischen Forderungen entlastet, verbindlich ist dagegen die Einhaltung der Spielregeln. Die Spielregeln und die sie begründenden institutionellen Arrangements müssen gesellschaftlich unerwünschte Ergebnisse des individuellen Handelns verhindern. Das individuelle Verhalten selbst ist, wenn es den Verhaltensanforderungen im Rahmen der Spielregeln entspricht, aus ökonomischer Sicht moralfrei.

Wenn man das Verständnis der Ökonomen vom Steuerungssystem Wettbewerb zusammenfassen will muss man festhalten, dass

1. Wettbewerb eine künstlich etablierte soziale Veranstaltung ist, mit der
2. das individuelle Gewinnstreben zur wirtschaftlichen Effizienz- und Leistungssteigerung benutzt, aber auch gleichzeitig kanalisiert und auf sozial verträgliche Grenzen zurückgestutzt werden soll, so dass
3. eine Steuerung und Harmonisierung des Wirtschaftsprozesses erfolgt.
4. Rivalität, wechselseitige Abhängigkeit der Marktteilnehmer und erwerbsorientiertes, auf jeden Fall individuelles Vorteilsstreben kennzeichnen den ökonomischen Wettbewerb. Selbst wenn das eine oder andere Individuum nicht originär von Gewinnstreben und Konkurrenzdenken geleitet wird, weil es vielleicht moralische Bedenken hat, wird es als Marktteilnehmer in dieses Schema bei Strafe des wirtschaftlichen Ruins gezwungen, natürlich vor allem in der Rolle des Produzenten.

7.3.2 Wettbewerb als Gefangenendilemma

Das wird verständlicher, wenn man sich klarmacht, dass Wettbewerb ein institutionelles Arrangement ist, das die Konkurrenten in die spieltheoretische Konstellation des Gefangenendilemmas zwingt (Scharpf 1998, Homann/Blome-Drees 1992). Der Topos des Gefangendilemmas spielt in der ökonomischen Theorie eine relativ große Rolle, weil sich darin verdeutlichen lässt, dass unter bestimmten Bedingungen individuelle Rationalität verhindert, dass ein kollektiv optimales Ergebnis erreicht wird. Allerdings sagt das Vorliegen eines Gefangenen- oder sozialen Dilemmas an sich noch nichts über seine normative Wünschbarkeit aus, denn die Etablierung wie die Überwindung können Mittel zur Realisierung politischer Ziele sein (Pies 1993, 187). Ein Beispiel für die soziale Etablierung einer Gefangenendilemmasituation ist der Wettbewerb als Spielregel von Marktwirtschaften mit dem Ziel, „dass die Spielzüge in einer kollektiven Selbstschädigung der Anbieter resultieren – zum Wohle der Nachfrager, der Konsumenten" (Homann/Blome-Drees, ebenda 32).

Eine Gefangenendilemmasituation ist dadurch gekennzeichnet, dass zwei oder mehr Individuen, die sich als Homines Oeconomici verhalten, ein gemeinsames Ziel nicht erreichen, obwohl dies prinzipiell möglich wäre. Illustriert wird diese Situation in der Regel am Beispiel zweier Untersuchungshäftlinge, was die Namensgebung erklärt. Den beiden Gefangenen A und B wird eine gemeinsame Straftat vorgeworfen, und der untersuchende Richter konfrontiert sie mit einer bestimmten Situation. Die beiden Gefangenen werden vor die Wahl gestellt, entweder die ihnen zur Last gelegte Straftat zu gestehen oder zu leugnen. Wenn einer der Gefangenen gesteht, so der Richter, soll eine Kronzeugenregelung greifen und er straffrei davonkommen. Wer von den beiden Gefangenen leugnet, soll eine Höchststrafe von, sagen wir, 10 Jahren erhalten. Gestehen beide Gefangene, entfällt die Kronzeugenregelung und es gibt lediglich einen Abschlag auf die Höchststrafe. Leugnen beide Gefangenen, kann das Urteil mangels Beweisen lediglich bei zwei Jahren für jeden der Angeklagten liegen, was aber nur der Richter weiß und nicht seine gefangenen Mitspieler. Mit den Informationen über Kronzeugenregelung und Höchststrafe werden die beiden Gefangenen wieder in ihre Zellen geschickt und jeder Kontakt zwischen ihnen unterbunden, so dass Verständigungen und Absprachen nicht möglich sind.

Abbildung 7.2: Das Gefangenendilemma

		B: leugnen	B: gestehen
A	leugnen	[I] 2,2*	[II] 10,0
A	gestehen	[III] 0,10	[IV] 9,9

* Lesebeispiel: zwei Jahre Gefängnis für A und zwei Jahre Gefängnis für B.

Quelle: In Anlehnung an Pies 1993, S. 162.

Aus der Konstellation von je zwei Optionen für A und B ergeben sich vier mögliche Fälle, die in Abbildung 7.2 dargestellt sind. Beide leugnen und kommen dann jeweils mit zwei Jahren Haft davon (I Quadrant). A leugnet, B gesteht, A erhält 10 Jahre aufgebrummt, B geht als Kronzeuge frei nach Hause (II). B leugnet, A gesteht, die Konstellation ist genau umgekehrt (III). Schließlich beide gestehen und erhalten jeweils 9 Jahre Haft (IV). Die Situation, die der Richter mit seinen selektiven Informationen institutionell herbeigeführt hat, enthält für den Homo oeconomicus starke Anreize zu gestehen. Beide Gefangenen würden zwar prinzipiell besser dastehen, wenn sie sich solidarisch verhielten und nicht gestehen würden, aber für jeden von ihnen ist der individuelle Anreiz sehr stark, auf die Kronzeugenregelung zu spekulieren. Wenn sich beide nun gemäß den Modellannahmen des Homo Oeconomicus verhalten und den eigenen Nutzen zu maximieren suchen, verfehlen sie die für sie beide, also kollektiv beste Lösung des I. Quadranten und landen mit je neun Jahren für beide im IV. Quadranten (vgl. Abbildung 7.2).

Das Gefangenendilemma beschreibt eine Situation strategischer Interdependenz, das heißt das Ergebnis ist nicht Gegenstand nur der eigenen Wahlentscheidung, sondern kommt durch eine Kombination individueller Entscheidungen zustande. Die Anreize sind dabei so gesetzt, dass die Gefangenen in rationaler Verfolgung ihres Eigeninteresses gegen ihre eigenen Interessen verstoßen. „Die Situation wird für sie zu einer ‚sozialen Falle'" (Pies, ebenda 167).

Der Wettbewerb ist so eine soziale Falle für die Anbieter. „Beim Wettbewerb zwischen den Unternehmen sollen die Verbraucher privater Güter die begünstigten Dritten sein – und wenn man die Verluste bei den Produzenten nicht rechnet, oder sie im Vergleich dazu für geringer hält, wird man darin einen utilitaristischen Wohlfahrtsgewinn sehen" (Scharpf, ebenda 46). Durch die Spielregeln der Marktwirtschaft werden die Anbieter gezwungen, miteinander zu konkurrieren und so gegen ihre kollektiven Interessen zu verstoßen, zum Beispiel ihr Interesse an möglichst hohen Preisen und Gewinnen, die durch Preiskonkurrenz verunmöglicht werden. Wettbewerb als Entdeckungsverfahren, merkt Scharpf an (ebenda 46, FN 5) „betont die von der Hoffnung auf Monopolrenten getriebene Suche der Produzenten nach besseren oder kostengünstigeren Angeboten; das Gefangenendilemma beschreibt den Mechanismus, durch den Monopolrenten zugunsten der Konkurrenten wieder wegkonkurrenziert werden".

Allerdings ist die Verhaltenskanalisierung durch die Institutionalisierung einer Dilemmasituation im Wettbewerb, die eine kollektive Selbstschädigung der Anbieter geradezu erzwingt (Preiskartelle sind schließlich untersagt und Monopole müssen „contestable", also angreifbar sein), auch mit Problemen verbunden. Der Wettbewerb kann nicht zwischen mangelnder Leistung und moralischer Zurückhaltung unterscheiden, zum Beispiel bei Waffengeschäften, bei der Umweltverschmutzung oder der Gewalt in Kinderprogrammen. „Wer sich nicht an die Regeln des Wettbewerbs hält – und das heißt für die Marktanbieter im Prinzip nichts anderes als Gewinnmaximierung -, der wird mit wirtschaftlichem Ruin bestraft, und das unabhängig davon, ob er im Wettbewerb nicht mithalten konnte oder aus moralischen Gründen nicht mithalten wollte" (Homann/Blome-Drees, ebenda 34).

Die Wettbewerbslogik gilt prinzipiell auch für privatwirtschaftlich organisierte Medienunternehmen. Sie mag für einen lokalen Zeitungsverleger in Erstanbieterposition weniger zwingend sein und Raum für eine Berücksichtigung auch publizistischer neben den ökonomischen Zielen lassen. Im Bereich der Publikumspresse oder des privaten Fernsehens ist die Konkurrenz hingegen hart und die Logik des ökonomischen Wettbewerbs nicht zu umgehen, ob das dem einzelnen Medienunternehmer nun gefällt oder nicht. Bei privatwirtschaftlich organisierten Medien stellt sich außerdem die Frage nach dem begünstigten Dritten. Zweifellos hat die kapitalistische Produktionsweise mit dem Institut des Wettbewerbs als Gefangenendilemma die Medien ungeheuer verbilligt und die Rezipienten so insgesamt begünstigt, wie Ludwig von Mises feststellte. Die Frage ist nur, was diesen materiellen Gewinnen an immateriellen Gegenposten in Gestalt möglicher Verluste gegenübersteht. Wilhelm Röpke (1958, 149) hat diese Frage einmal mit Blick auf die Zeitungen gestellt: „Nirgends sind – um nur ein Beispiel zu nennen – die Vorteile der Massenproduktion größer als im Zeitungswesen, und wenn nur noch wenige Zeitungsunternehmungen bestehen, so sind sie gewiss imstande, ein Maximum bedruckten Papiers zu einem Minimum an Rappen und Pfennigen zu verkaufen, während sich doch die Frage aufzwingt, was in diesen Zeitungen steht und was eine so zusammengeballte Macht für Kultur und Freiheit bedeutet".

7.4   Hierarchie/Bürokratie

Hierarchisch-administrative Entscheidungssysteme finden sich vor allem in bürokratischen Organisationen. Bürokratische Entscheidungen werden mittels formalisierter hierarchischer Verfahren getroffen, wie sie heute nicht nur im staatlichen Bereich, sondern auch in den privaten Großunternehmen eine wichtige Rolle spielen. Hierarchie ist durch „formalisierte Befehlsketten von oben nach unten, durch pyramidenförmigen Aufbau und vertikale Spezialisierung" gekennzeichnet (Frey 1977, 27).

Nach Max Weber (1980, 570) ist Bürokratisierung das spezifische Mittel, um (widerständiges) „'Gemeinschaftshandeln' in rational geordnetes ‚Gesellschaftshandeln' zu überführen". Es ist „ein Machtmittel allererstens Ranges für den, der über den bürokratischen Apparat verfügt". Nach Frey (ebenda) dringt Bürokratie als Entscheidungssystem immer weiter vor und es ließe sich auch „in der Tat nur schwer vorstellen, wie manche Entscheidungen in unserer modernen Gesellschaft auf andere Weise vernünftig getroffen werden könnten". Er verweist hier als Beispiel auf die Regelung des Straßenverkehrs, in dem hierarchische Entscheidungen durch Polizist oder Verkehrsampel getroffen werden und die Anwendung des Preissystems oder der Abstimmung zwischen den Autofahrern, wer die Kreuzung als erster durchfahren darf, sinnvoll kaum vorstellbar ist. Das Beispiel illustriert die Anwendungsbreite bürokratischer Entscheidungssysteme, klammert den Weberschen Machtaspekt allerdings völlig aus (wenn man von der Möglichkeit verkehrspolitischer Willkür einmal abstrahiert). Gerade der Hinweis auf das Vordringen von Hierarchie und Bürokratie als Entscheidungs- und Steuerungssystem auch im Bereich der Wirtschaft in Form von Großunternehmen verweist aber auch auf (Wirtschafts)Machtverschiebungen. Das soll hier etwas näher diskutiert werden

Die Koordination individueller wirtschaftlicher Entscheidungen durch den Markt- und Preismechanismus wird beim Steuerungssystem Hierarchie/Bürokratie durch das Weisungsprinzips ersetzt. Dies setzt zweierlei voraus (vgl. Neus 1998, 115): einen Koordinator, der über die Verwendung der Produktionsfaktoren zentral entscheidet und Inhaber von Ressourcen (Kapital, Arbeitskraft, Rohstoffe), die sich den Weisungen des Koordinators unterwerfen. Der amerikanische Wirtschaftshistoriker Alfred Chandler (1997) hat den Weg von der „invisible hand" der Marktkoordination zur „visible hand", so der Titel seines Buches, des Managements moderner Wirtschaftskonzerne am Beispiel der amerikanischen Wirtschaft einmal beschrieben. Chandler kritisiert dabei zentrale Annahmen der neoklassischen ökonomischen Theorie, die immer noch davon ausginge, „that the processes of production and distribution are managed, or at least should be managed, by small traditional enterprises regulated by the invisible hand of the market" (ebenda, 4). Großunternehmen würden diese traditionellen kleinen Unternehmen jedoch zunehmend ersetzen, wenn Produktivitäts- und Gewinnsteigerungen dadurch ermöglicht werden und das sei dank neuer Technologien und expandierender Märkte in immer mehr Branchen möglich. Es setze allerdings voraus, dass Manager (als Koordinatoren) die Funktion von

Markt- und Preismechanismus übernehmen, die unsichtbare durch die sichtbar steuernde Hand abgelöst wird.

Nach Chandler blieb die Entwicklung zum modernen Großunternehmen dort aus oder setzte erst verzögert ein, wo technologisch bedingter Produktionszuwachs ausblieb und die Märkte klein und spezialisiert blieben. Die ersten Großunternehmen modernen Typs waren bezeichnenderweise die Eisenbahn- und Telegrafengesellschaften.

Überträgt man die Erkenntnisse Chandlers auf die heutige Situation der Medien, dann lässt sich die weltweite Konzentrations- und Fusionswelle als nachholende Entwicklung in Richtung hierarchisch-bürokratischer Steuerungssysteme begreifen, ausgelöst durch die neuen I+K-Techniken und die Ausweitung von Märkten durch Deregulierung und Globalisierung. Aus ökonomischer Sicht gehörten Medienbetriebe wie Buch- und Presseverlage, Film- und Fernsehunternehmen bislang ja allenfalls zum mittelständischen Bereich, zur „cottage industry" (Vogel 1986), mit vergleichsweise geringem Produktivitätsfortschritt. Das wird sich ändern und der Prozess ist bereits voll im Gang.

Nach Chandler hat die Herrschaft der „visible hand" der Hierarchie unvollständigen Wettbewerb und eine Fehlallokation von Ressourcen zur Folge. Frey wirft dem Steuerungsmechanismus Hierarchie und Bürokratie ungenügende Effizienz, mangelnde Flexibilität und Innovationsfreude, Langsamkeit und die Tendenz, Entscheidungen auszuweichen oder zu verlagern, vor. Schulte-Hillen (1993) hat die Umorganisation des Verlagsunternehmens Gruner+Jahr von einer Matrixorganisation (Fachbereiche wie Vertrieb oder Anzeigen waren zentral für alle Titel zuständig) in eine Linienorganisation von Profit-Centers (einzelne Verlagsgruppen mit allen Funktionen als Unternehmen im Unternehmen) mit der zunehmenden Bürokratisierung publizistischer Großunternehmen begründet und als Versuch, die Vorteile des mittelständischen Verlagsunternehmens (Kundennähe, Kenntnis des Marktes, schnelle, innovative Reaktion auf dessen Veränderung) in das Großunternehmen zu integrieren.

Eine andere Strategie, die Nachteile hierarchischer Steuerungssysteme für das moderne Großunternehmen zu minimieren, wird unter dem Begriff des „Outsourcing" diskutiert. Gemeint ist damit in der Essenz eine Entwicklung, die Piore und Sabel (1984) als „The Second Industrial Divide" erstmals ausführlicher beschrieben und die sich als Teil des Übergangs vom „Fordismus" mit vertikal integrierten Großunternehmen und Massenproduktion zum „Postfordismus" mit flexiblen, selbständigen, kleineren Unternehmen und einer flexiblen und spezialisierten Produktion interpretierten lässt (vgl. auch Kiefer 2004a). Großunternehmen ziehen sich auf strategisch wichtige und Kernbereiche zurück, weniger wichtige und/oder auch hochriskante wie zum Beispiel die stets erfolgsunsichere Produktion von audiovisuellen Werken werden ausgelagert und spezialisierten, flexiblen, kleinen Unternehmen übertragen, die ihre Dienstleistungen auf den horizontalen Produktionsstufen vermarkten müssen (vgl. zur Entwicklung auf dem deutschen Fernsehmarkt Feder 1993, Kresse 1994, im kommerziellen Fernsehsektor Großbritanniens Ursell 1998). In gewissem Umfang also die Inthronisation wiederum der invisible hand als Koordinationsmechanismus, allerdings vor allem für die neuen kleinen Unternehmen. Denn an der Macht der Großunternehmen ändert diese neuen Produktionsweise wenig, wie Aksoy/Robins (1992) am Beispiel der Hollywood-Multis zeigen. Der Schlüssel für die Refinanzierungs- und Gewinnmöglichkeiten im Bereich der audiovisuellen Produktion liegt in der Distribution, also auf dem Markt der Kopien und nicht auf dem der Werkproduktion. Auf dem Markt der Kopien, der Distribution aber behalten die Hollywood-Multis ihre dominante

Marktposition und bauen sie weiter aus. Das Ergebnis nach Aksoy/Robins (ebenda, 11): „The emerging industrial structure is made up of a very small number of very large companies which dominate the market through their position as gatekeepers of the distribution of filmed entertainment on a global scale".

7.5   Verhandlungssysteme

Das Verhandlungssystem als Steuerungsmechanismus ist zwischen Markt und Hierarchie/Bürokratie angesiedelt und ein wirtschaftlicher wie ein politischer Mechanismus. Als gesellschaftlicher Koordinations- und Entscheidungsmechanismus wird das Verhandlungssystem in der politikwissenschaftlichen und wirtschaftspolitischen Diskussion vor allem mit dem Begriff des Korporatismus verknüpft, das heißt Interessengruppen werden in den Prozess (wirtschafts-)politischer Entscheidungsfindung eingebunden (vgl. auch Kapitel 10.5). Ausgangspunkt bilden in der Regel gesellschaftliche Probleme, die von keinem der beteiligten Akteure (Regierung, Unternehmensverbände, Gewerkschaften z.B.) erfolgreich gelöst werden können. Beispiele sind die Konzertierte Aktion in den 1960er/70er Jahren oder der Aufbau Ost zu Beginn der 1990er. Korporatismus gilt als eine Steuerungsstrategie des modernen Interventions- und Wohlfahrtsstaates (Arlt 1998).

Korporatistische Verhandlungssysteme finden sich vor allem in Gebieten, die staatlicher Regulierung besonders ausgeprägt unterliegen, also bei Marktordnungen wie zum Beispiel der des Rundfunkmarktes, bei Berufsordnungen (z.B. freie Berufe) und bei als dringlich angesehenen gesellschaftlichen Problemen wie Gesundheitsversorgung oder Vollbeschäftigung. Dabei entscheidet der Staat letztlich über eine Regulierungsform oder Rechtsänderung nicht mehr hoheitlich-autonom, sondern im Einvernehmen mit den betroffenen Akteuren. Als ein Beispiel für korporatistische Entscheidungsfindung im Medienbereich kann das „Aushandeln" der Vorschriften zur Sicherung der Meinungsvielfalt im Dritten Änderungsvertrag zum Rundfunkstaatsvertrag von 1996 verstanden werden, also die Neuregelung zur Begrenzung der Konzentration im Bereich der privaten Rundfunks (vgl. auch Kapitel 10.5.1). Ein Beispiel aus dem Bereich der Umweltpolitik sind die von der rot-grünen Regierungskoalition vereinbarte Ausstieg aus der Atomenergie und der sich anschließende Realisierungsprozess.

Erklärt wird die wachsende Bedeutung von korporatistischen Verhandlungen als Steuerungssystem mit der wachsenden Komplexität moderner Gesellschaften und einer Fragmentierung der Macht, wobei allerdings umstritten ist, ob dadurch die Problemlösungsfähigkeit des politischen Systems insgesamt steigt (Hoffmann 1998). Denn die Teilnahme am korporatistischen Verhandlungssystem und Interessenausgleich ist nicht zuletzt abhängig von der Organisierbarkeit der Teilnehmer und ihrer Ressourcenstärke. Nur schwer organisierbare gesellschaftliche Gruppen wie Konsumenten, auch Medienkonsumenten oder Steuerzahler, sind nicht adäquat vertreten, so dass häufig eine Einigung auf ihre Kosten erfolgt (Frey/Kirchgässner 1994, 208). Die Einigung erfolgt zudem häufig auf dem Niveau des kleinsten gemeinsamen Nenners, so dass einschneidende Reformen sich kaum durchsetzen lassen.

Verhandlungen als Entscheidungsfindungssystem finden in fast allen Bereichen der Wirtschaft Anwendung, vor allem dann, wenn diese nicht durch starke Konkurrenz gekennzeichnet sind. Ein Beispiel sind die Tarifverhandlungen zwischen Arbeitgeber- und Arbeitnehmerverbänden der einzelnen Branchen, bei denen es auf jeder Markt- oder Verhandlungsseite nur einen Teilnehmer gibt. Kooperation ist grundsätzlich für beide lohnend. Das zentrale Merkmal der Situation ist das Fehlen von Wettbewerb und dass eine Kooperation nicht zustande kommt, wenn sich die beiden nicht einigen (Neus 1998, 65). Die Alternative zur Einigung besteht im Verzicht auf jede Kooperation (hier: Streik und Aussperrung).

Verhandlungen, die mit Umverteilungen zwischen den verhandelnden Parteien verbunden sind, sind in der Regel sehr konfliktträchtig. Deshalb ist es sinnvoll, insbesondere bei sich wiederholenden Verhandlungssituationen, generelle Regeln zu vereinbaren, wie ein Lösung herbeigeführt werden soll. Gemeinsame Wertvorstellungen erleichtern es, einen Verhandlungserfolg zu erzielen und das Hinzuziehen eines neutralen Konfliktmittlers kann einen wichtigen Beitrag leisten, dass Verhandlungen erfolgreich abgeschlossen werden.

Auch Formen von Public Relations, wie sie vor allem von Burkart/Probst (1991) mit dem Ansatz der verständigungsorientierten Öffentlichkeitsarbeit entwickelt wurden, können als Verhandlungssystem begriffen werden. Es geht in der Regel um die Bereitstellung eine Kollektivguts (Umweltschutz, Landschaftsschutz, Schutz vor Lärmbelästigung etc.), die zu Konflikten zwischen Unternehmen und betroffenen Bürgern führt. Auch hier ist die Zahl der Verhandlungspartner in der Regel klein (weil sich die durch die angestrebten Maßnahmen des Unternehmens, zum Beispiel Ausbau eines Flughafens, Betroffenen als kleine Gruppe nach der Logik des kollektiven Handelns (Olson 1992) zu Bürgerinitiativen zusammenschließen, also organisieren) und es besteht ein Anreiz, Konsens durch Verhandlungen zu erzielen. Allerdings ist auch der Anreiz zu strategischem Verhalten groß.

7.6   Moral/Ethik

Vielleicht ist die Klarstellung vorab nützlich, dass Moral als die normative Vorstellung vom ‚guten Leben' der Regulierung von Konflikten in einer Gesellschaft dient, der Ethik als Theoriegebäude den wissenschaftlichen Weg weisen soll, wie das möglich ist.

Fragen einer Journalisten- oder Medienethik haben in der deutschen Kommunikationswissenschaft jahrzehntelang kaum eine Rolle gespielt und sind erst seit Mitte der 1980er Jahre (wieder) in ihr wissenschaftliches Blickfeld gerückt. Dabei stehen sich zwei Lager, wie Weischenberg (1992, 191ff.) schreibt, recht unversöhnlich gegenüber: Autoren, die einer normativ-ontologischen Ausrichtung verpflichtet sind und Maßstäbe oder Werte wie ‚Wahrheit' absolut setzen, die sie an journalistischen Individuen festmachen. Und Anhänger, die einen empirisch-analytischen Ansatz vertreten, die eine konsequente Abkehr vom normativ-ontologischen Denken in Reaktion auf den Wertepluralismus moderner Gesellschaften fordern und Kommunikationsethik als primär von Institutionen und Organisationen zu garantierendes Regelungssystem (Saxer 1996a) verstehen. „Die einen", so Weischenberg, „(z.B. Boventer 1984, Oberreuter 1985 ‚als Vertreter des normativ-ontologischen Ansatzes' – MLK) werfen den anderen (z.B. Rühl ‚als Vertreter des analytisch-empirischen Ansatzes' – MLK) vor, sie nähmen das Individuum völlig aus dem Blickpunkt und entzögen durch einen ‚entpersönlichten' Journalismus dem ethischen Diskurs die Basis. Die anderen (z.B. Spinner 1988, Rühl 1990) werfen den einen (z.B. Boventer) vor, ihre Journalistenethik sei Sonntagsphilosophie und mit ihrem Mangel an theoretischer und methodischer Stringenz wissenschaftlich nicht ernst zu nehmen. Brückenschläge, die der empirisch-analytische Ansatz über die Einführung von ‚Achtung' als moralische Münze moderner Handlungssysteme versucht, werden vom normativ-ontologischen Ansatz als nicht plausible Volte aufgefasst (vgl. Wilke 1987)". Diese Debatte, schlussfolgert Weischenberg (ebenda 195), „führt letztlich zu unbefriedigenden Ergebnissen, weil es so offenbar nicht gelingt, für die individuelle wie systemische Verantwortung bei der Aussagengestaltung gemeinsame theoretische Begründungen und praktische Maßstäbe zu finden" (vgl. zur Theoriedebatte auch Pürer 1992).

Auch wenn in der PKW die Notwendigkeit einer integrativen Ethikkonzeption erkannt und eine Lösung des Problems durch Gründung z.B. einer Fachgruppe Kommunikations- und Medienethik sowie ein 1997 ins Leben gerufenes „Netzwerk Medienethik" vorangetrieben wird (vgl. Debatin 2002), so bleibt doch fraglich, in welcher Form der Dissens einvernehmlich aufgelöst werden kann. Es ist neben der grundsätzlichen Kontroverse über eine handlungs- oder systemtheoretische Verankerung ja auch ein Dissens über alle grundsätzlichen Ebenen der moralisch-ethischen Diskussion, nämlich

- wo die Moral im System Publizistik anzusiedeln sei,
- wie Ethik als „Reflexionstheorie der Moral" (Luhmann 1990, 20) vorzugehen habe, top down, „von den moralischen Prinzipien zur Beurteilung der in Frage stehenden Handlungsnorm" (Haller/Holzhey 1992, 15), oder bottom up, „von der Eigenlogik der jeweiligen ethischen Regelungssphäre" (Saxer 1996a, 110),
- welcher Ethik-Typ (utilitaristische vs. Werteethik, Situations- vs. Prinzipienethik, Gesinnungs- vs. Verantwortungsethik) als der vorrangige zu gelten habe und schließlich,
- ob es sich bei Journalismus- und Medienethik um eine deontologische Pflicht- oder eine teleologische Zielethik handle.

Auch vor dem Hintergrund dieser äußerst kontroversen Ethikdebatte in der PKW mit notwendig unbefriedigenden Ergebnissen mag es hilfreich sein, die Sicht der Ökonomie auf Moral und Ethik kennen zu lernen. Unterschiedliche Standpunkte gibt es auch dort (vgl. zu den verschiednen Konzepten von Wirtschaftsethik Karmasin 1996, insb. Kapitel 4). Hier soll sich die Darstellung, da es in diesem Kapitel ja um Steuerungssysteme geht, auf Wirtschaftsethik als Ordnungsethik und die ökonomische Erklärung von Moral beschränken, Gebiete vor allem der Neuen Politischen Ökonomie.

Einer der wichtigsten Unterschiede zwischen Ökonomie und anderen sozialwissenschaftlichen Disziplinen ist, wie schon an anderer Stelle ausgeführt, die strikte Trennung im ökonomischen Denken zwischen Präferenzen und Restriktionen. Präferenzen werden als gegeben und allenfalls langfristig wandelbar betrachtet, Veränderungen im menschlichen Verhalten nicht mit Präferenzänderungen, sondern mit Veränderungen der Restriktionen erklärt. Moralvorstellungen eines Menschen, also Normen der Individualethik, werden dem Komplex der Präferenzen zugerechnet. Sie bilden, wie Homann und Kirchner (1995, 198) schreiben „gewissermaßen Kurzfassungen oder internalisierte Faustregeln langer ökonomischer Kalkulationen". Moralische Normen sind, den Annahmen der ökonomischen Theorie der Moral folgend, ein öffentliches Gut, das, wie Kollektivgüter generell, besonderen Produktions- und Erhaltungsbedingungen unterliegt. Moralische Normen sind „Investitionen in die Kooperation zwischen Menschen, die außerordentliche Produktionsvorteile für alle bringen kann und soll" (Homann 1992, 9), denn sie schaffen die Verlässlichkeit der Verhaltenserwartungen.

In der Verfassungsökonomik werden moralische Normen als Kontrakte rationaler Egoisten rekonstruiert, wobei der Rationalitätsbegriff allerdings deutlich erweitert ist (vgl. dazu z.B.

Kirsch 1995). Die Bürger einer Demokratie legen im Grundkonsens selbst und gemeinsam fest, nach welchen Regeln sie miteinander umgehen wollen, um bestimmte Grundwerte zu erreichen und Vorstellungen vom ‚guten Leben' verwirklichen zu können. Internes normatives Kriterium ist der Konsens der Betroffenen. Die normative Beurteilung menschlichen Verhaltens ist danach nicht länger auf Handlungsresultate, sondern auf die Handlungsregeln gerichtet (Brennan/Buchanan 1993). Über Regeländerungen müssen sich die Bürger im öffentlichen Diskurs verständigen. Ergänzt werden diese Vorstellungen von einer Regelhierarchie, alle Regeln sind, so Buchanan (1988) in einem berühmten Aufsatz mit diesem Titel, „relativly absolute absolutes" (Vanberg/Buchanan 1991). Das bedeutet aber auch, dass sie im Laufe der Zeit dem Wandel unterliegen können (Brennan/Buchanan 1993, 100)

Aus dieser Perspektive erscheinen Regeln als sedimentierte Moral. Markiert wird hier der „Übergang von einer individualethischen Tugendlehre zu einer ordnungsethischen Institutionentheorie, die nicht die handlungsmotivierenden Tugenden, sondern die handlungsregulierenden Regeln ins Zentrum der Betrachtung rückt" (Pies 1993, 87). Angelegt ist die Logik, moralische Handlungsintentionen durch Regeln zu substituieren, bereits im Konzept von Adam Smith, der den Wohlstand aller ja nicht vom Wohlwollen der einzelnen abhängig machen, sondern durch geeignet strukturierte Handlungssituationen sichern wollte.

Regeln sind nicht nur sedimentierte Moral, sie haben auch einen normativen Sinn, denn sie sind friedensstiftend und dienen der Integration der Individuen in die Gesellschaft. Allerdings ist das an einige Voraussetzungen gebunden (vgl. Homann/Blome-Drees 1992, 27):

- Regeln müssen für alle gleich sein, sie müssen wettbewerbsneutral sein.
- Regeln müssen bekannt und anerkannt sein.
- Regeln müssen durchgesetzt werden und die Durchsetzungsinstanz muss neutral sein.
- Regeln müssen zeitlich eine gewisse Stabilität aufweisen. Regeländerungen müssen förmlich und öffentlich sein.
- Fairness-Appelle im Sinne der Individualethik werden nicht überflüssig, aber sie bedürfen der institutionellen Unterstützung und der Absicherung gegen Ausbeutung.

Die Regeln sind so zu gestalten, dass individuelles moralische Verhalten möglich wird. Oder anders gesagt, die (individuellen) Kosten moralischen Verhaltens müssen für den einzelnen gering sein (Kirchgässner 1993).

Begründet wird die Fokusverschiebung von den individuellen Tugenden zu den friedensstiftenden Regeln mit der Zunahme sozialer Dilemmastrukturen auf allen Ebenen der Gesellschaft. „Die Moral der modernen Welt kann immer weniger in den unmittelbar handlungsleitenden Motiven der Akteure und ihren individuellen Tugenden liegen. Die in Face-to-Face-Beziehungen sinnvollen Ermunterungen und Ermahnungen zu moralischem Verhalten finden in modernen Gesellschaften mit anonymen Austauschbeziehungen und einer Vervielfältigung von Abhängigkeiten durch Forcierung von Dilemmastrukturen in *sanktionsfähigen Ordnungen und der Etablierung entsprechender Opportunitätskostenstrukturen* das funktionale Äquivalent" (Homann/Kirchner 1995, 206).

Die Zunahme sozialer Dilemmasituationen und die damit verbundenen Abhängigkeiten/Interdependenzen, wie sie im Gefangenendilemma deutlich werden, erhöhen die Gefahr der Ausbeutung. In Face-to-Face-Beziehungen kann diese Gefahr durch Moral und individuelle

Tugend relativ leicht gebannt werden, da für den Betroffenen entsprechende Kontroll- und Sanktionsmöglichkeiten bestehen. In anonymen Großgesellschaften ist das nur durch Regeln auf den verschiedenen Ebenen möglich. Die logische Konsequenz aus dieser Situation fassen Homann/Blome-Drees (1992, 35) zu dem schon einmal erwähnten Diktum zusammen: „Der systematische Ort der Moral in einer Marktwirtschaft ist die Rahmenordnung".

Angesichts der Dilemmastrukturen sind moralische Probleme der Wirtschaft systematisch kollektiver Natur, können also auch nicht vom einzelnen, sondern nur kollektiv gelöst werden. Die Spielregeln einer Wirtschaftsordnung müssen moralisch sein, für den einzelnen ist lediglich deren Einhaltung verbindlich. Die Überwindung oder der produktive Einsatz von Gefangenendilemmasituationen soll und kann nicht mittels moralischer Appelle, die auf den „ethischen Willen" (Koslowski 1991, 134f.) der Beteiligten abzielen, erfolgen, weil das nur dann funktioniert, wenn sich ausnahmslos alle Beteiligten zur gleichen Zeit via interne Gewissensentscheidung über die Struktur externer Verhaltensanreize hinwegsetzen.

Die ökonomische Handlungslogik soll also nicht verändert, sondern im Sinne der Moral steuernd eingesetzt werden. Daher kann nach Homann/Kirchner (ebenda 196) Moral in der modernen Gesellschaft „nur *entlang den Anreizen* realisiert werden, nicht gegen sie; die entsprechende Ethik muss eine *Anreizethik* sein". Sie muss die Verhaltensannahmen des Homo Oeconomicus berücksichtigen. Sie muss berücksichtigen, dass der Defektierer, der in einer Gefangenendilemmasituation individueller Rationalität folgend zum Beispiel als Umweltverschmutzer oder Aggressor aus der sozial erwünschten Kooperation ausbricht, ja dass schon der potentielle Defektierer in der Asymmetrie der Gefangenendilemmastruktur alle anderen zu einem Verhalten zwingt, das aus den Annahmen des ökonomischen Verhaltensmodells erklärbar ist, völlig unabhängig von den je individuellen moralischen Vorstellungen der anderen. Ökonomik ist nach Homann/Kirchner keine Verhaltens-, sondern eine Situationstheorie. Situationen aber lassen sich durch eine entsprechende Ordnungstheorie gestalten, über Regeln, Anreize oder Opportunitätskosten zum Beispiel für den potentiellen Defektierer.

Mit Rawls (1979, 20) wird die Gesellschaft als „ein Unternehmen zur Förderung des gegenseitigen Vorteils" interpretiert, wobei die Steuerung in Richtung dieses Vorteils durch entsprechend gestaltete Anreize für den Homo Oeconomicus erfolgt. Denn, so Homann/Kirchner (ebenda 206): „Nur die Sicherung des im Vertrag zugestandenen Anteils an den Kooperationsgewinnen macht rationale Akteure bereit, ihr Wissen und Engagement, die wichtigsten Produktionsfaktoren, in die gesellschaftliche Kooperation einzubringen".

Wenn „sozialer Sinn" und das „treibende Motiv" wirtschaftlicher Tätigkeit, wie Schumpeter (1993, 448) feststellt, auseinander fallen, weil das Motiv der Profit, der soziale Sinn die Befriedigung menschlicher Bedürfnisse ist, dann ist die Erreichung dieses sozialen Ziels mit einer Steuerung über individuelle Moral kaum sicherzustellen, hingegen deutlich Erfolg versprechender ist eine Steuerung durch Restriktionen und durch Anreize, die das Profitmotiv einkalkulieren.

Überträgt man diese Vorstellungen und Überlegungen auf den Bereich der Medien, dann wäre, Grundkonsens über die moralischen Anforderungen der Gesellschaft an die Medien vorausgesetzt, der Individualethik (journalistische Ethik, publizistische Verantwortung des Verlegers) allenfalls eine sekundäre und subsidiäre Steuerungsfunktion einzuräumen. Individualethische Normen werden nicht überflüssig, das publizistisch gute Handeln soll erstrebenswert bleiben, aber es muss durch institutionelle Regelungen abgestützt und ermöglicht werden. Die primäre Steuerungsfunktion kommt dann den den „sozialen Sinn" von Medien in der modernen Gesellschaft sichernden Regeln zu. Kommunikationsethik als Regelungssystem konzeptualisiert, wie es Saxer vorschlägt, kommt den hier skizzierten Vorstellungen der Neuen Politischen Ökonomie sehr nahe. In einem solchen Regelungssystem müssen allerdings sehr komplexe und spezifische Dilemmastrukturen überwunden oder fruchtbar gemacht werden, die sich aus der Doppelrolle der Medien als publizistische und wirtschaftliche Institutionen und Organisationen ergeben. Kommunikationsethik als Regelungssystem muss, als notwendig teleologischer Ansatz, fragen, wie das Mediensystem gestaltet und evtl. verändert werden kann, damit das Ergebnis als Ganzes moralisch, also mit Blick auf die konsentierten gesellschaftlichen Anforderungen an die Medien, befriedigend ist. Hilfreich ist dabei die Vorstellung von einer Regelungshierarchie, wie sie Homann/Kirchner für die Ordnungsethik generell entwerfen, die auf das Kommunikationssystem aber übertragbar erscheint und die nicht nur die Berücksichtigung der jeweiligen Situationszusammenhänge erlaubt, sondern auch auf die Interdependenzen der Regelungsebenen verweist.

Abbildung 7.3: Regelhierarchie

Verfassung
einfaches Gesetz
Verordnung /Satzung
Gesellschaftsvertrag/Unternehmensverfassung
Vertragsnetz
relationaler Vertrag zwischen Akteuren
Einfacher Austauschvertrag

Quelle: Homann/Kirchner 1995, S. 202.

Übernimmt man den Begriff der „Anreizethik", dann müssen die Anreize auf den verschiedenen Regelungsebenen so gesetzt werden, dass sie den Homo Oeconomicus vor allem als Akteur im publizistischen System stimulieren, ohne allerdings sein Agieren als ökonomischer Akteur ernsthaft zu behindern. Es wäre also ein kombiniertes Anreizsystem zu entwickeln, das Moralvorstellungen aus beiden gesellschaftlichen Systemen verknüpft und die „eingebaute Schizophrenie" (Weischenberg 1992, 170) der Medien überwindet. Ob und wie das möglich ist, muss hier allerdings eine offene Frage bleiben.

7.7   Zusammenfassung

1. Politische Ökonomie versteht sich als wissenschaftliche Disziplin, die vor allem Entscheidungs- und Steuerungssysteme gesellschaftlicher Ordnungen untersucht. Allerdings herrscht Einigkeit weder darüber, was genau ein Steuerungssystem ist, noch wie viele davon es gibt. Relativ häufig geht man von vier Steuerungssystemen aus: Markt- und Preissystem, Hierarchie, Demokratie bzw. Abstimmung und Verhandlungssysteme. Da nach den Vorstellungen der Verfassungsökonomik die Entscheidungs- und Steuerungssysteme einer Gesellschaft von deren Mitgliedern im Gesellschaftsvertrag festgelegt werden, müssen Funktionsweise sowie Vor- und Nachteile der einzelnen Systeme wenigstens ansatzweise bekannt sein, wobei letzteres Beurteilungskriterien voraussetzt. Für eine Abschätzung von

Vor- und Nachteilen der Systeme mit Blick auf Medien und deren gesellschaftlich normierte Funktionen müssten neben ökonomischen auch publizistische Beurteilungskriterien vorliegen, die allerdings systematisch erst entwickelt werden müssten.

2. Die vergleichende Analyse von Entscheidungs- und Steuerungssystemen bedarf eines methodologisch-analytischen Apparats. Aus ökonomischer Sicht bieten sich dafür an: der methodologische Individualismus, das ökonomische Verhaltensmodell und eine Theorie des Tauschs, die menschliche Interaktion allerdings nur zum Teil abbildet.

3. Der Markt als dezentrales Entscheidungs- und Steuerungssystem ist als eine Ordnung des Tauschs zwischen eigeninteressierten Individuen zu verstehen. Jeder erhöht in Verfolgung seines eigenen Vorteils nicht nur die eigene, sondern auch die Wohlfahrt anderer, obwohl diese ihm gleichgültig sind. Die gesellschaftlichen Folgen eigeninteressierten Handelns sind von den Motiven dieses Handelns also entkoppelt. Das eigeninteressierte Handeln ist jedoch regelgebunden, das heißt Institutionen müssen es sozialverträglich kanalisieren und die Erreichung gesellschaftlicher Ziele sichern. Der „systematische Ort der Moral ist die Rahmenordnung" einer Gesellschaft.

4. Eigeninteresse als individuelles Hauptmotiv menschlicher Interaktion richtet sich in der Rolle des Homo Oeconomicus als Produzent oder Arbeitnehmer auf Einkommen und Vermögen, in der Rolle als Konsument auf Güter und Dienstleistungen mit dem Ziel der Bedürfnisbefriedigung und der Steigerung des Wohlbefindens. Die Neoklassik sieht Bedürfnisse weitgehend als gegeben an, Vertreter der Politischen Ökonomie verweisen darauf, dass Bedürfnisse in ihrer konkreten Ausformung erworbene Bedürfnisse sind. Für ein konkretes Bedürfnis ist zweierlei erforderlich: ein Unbehagen, dass etwas fehle und ein erworbenes Instrumentalwissen, wie das Unbehagen zu beseitigen ist. Individuelle Wohlfahrt ist damit eine Funktion auch der Bedürfnisfähigkeit von Individuen. Gerade im Bereich medialer und kulturelle Dienstleistungen als Erfahrungsgüter sind Überlegungen zum erworbenen Instrumentalwissen, zu Consumption capital und erworbener Bedürfnis- und Genussfähigkeit relevant.

5. Die Markt- und damit Tauschfähigkeit von Gütern setzt ein Mindestmaß an Standardisierung und Privatisierung voraus. Standardisierung erleichtert die Festlegung und Kontrolle von Tauschrelationen (Preise), Privatisierung bedeutet, dass Kosten und Nutzen in die Tauschrelationen voll internalisiert sind. Tauschobjekte auf dem Markt sind aber nicht nur Güter, sondern vor allem Rechte an Gütern.

6. Private Eigentumsrechte sind die Basis der kapitalistischen Marktwirtschaft. Es sind sozial regulierte Beziehungen, die auch soziale Machtrelationen in Bezug auf die Güterverwendung spiegeln. Die Eigentumsordnung spielt in der neoklassischen Theorie eine eher randständige Rolle, während die politische Ökonomie sie als maßgebliche soziale Institution begreift, die Verfügungsrechte über knappe Güter regelt. Der Property Rights-Ansatz unterscheidet daher auch zwischen spezifischem und effektivem Gut. Während das spezifische Gut seine technischen Eigenschaften meint, umfasst das effektive zusätzlich die daran bestehenden Verfügungsrechte.

7. Dass Eigentumsrechte sozial regulierte Beziehungen sind, wird an den Schutzrechten der Produzenten und Distributeure kultureller Werke besonders deutlich, dem Urheber-, Vervielfältigungs- und Verbreitungsrecht. Ohne gesetzliche Definition der Eigentums- und Verfügungsrechte an immateriellen Werken, ihren Kopien und deren Verbreitung wäre eine

wirtschaftliche Nutzung zum Beispiel literarischer Werke kaum möglich. Für den Gesetz-geber stellt sich dabei das Problem einer Güterabwägung zwischen den Ansprüchen des Produzenten auf Gewinn und den positiven externen Effekten kultureller Produktion. Dabei sollen Verfügungsrechte auch hier als Anreizsystem zur Steigerung der – hier eben kulturellen – Produktion dienen. Property Rights bedürfen der Überprüfung mit Blick auf den technischen Fortschritt. Neue technische Verwertungs- und Vervielfältigungsmöglich-keiten kultureller Produkte haben schon mehrfach zu Modifikationen des Urheberrechts ge-führt. Die Möglichkeiten der Digitalisierung und Vernetzung machen weitere Anpassungen erforderlich .

8. Hauptspielregel für den marktmäßigen Tausch zwischen eigeninteressierten Individuen ist der Wettbewerb. Daneben steht das Streben nach Gewinn. Wettbewerb als Hauptspielregel soll zwei Aufgaben übernehmen: den ständigen Antrieb der Akteure zu Höchstleistungen und die Steuerung des Wirtschaftsprozesses. Wettbewerb gilt als institutionelles Arrange-ment zur Stimulierung wie Kanalisierung des Eigeninteresses, Wettbewerbsfreiheit ist ein Kollektivgut. Gewinn ist funktional ein Anreizsystem für Innovation und Investition. Wett-bewerb und Gewinnstreben als Spielregeln sollen die Leistungsfähigkeit des Wirtschafts-systems steigern. Sie sind für die Individuen strapaziös, unbequem und risikoreich.

9. Wettbewerb lässt sich als institutionelles Arrangement nach der spieltheoretischen Konstel-lation des Gefangenendilemmas begreifen. Rationale Verfolgung des Eigeninteresses durch die Anbieter (im Wettbewerb möglichst erfolgreicher als die Konkurrenz zu sein) führt zu kollektiver Selbstschädigung (statt möglichst hoher Gewinne für alle mindert Preiskonkur-renz die Gewinnspannen bei allen) zum Wohle des Konsumenten. Die strategische Interde-pendenz des Anreizsystems wird zur ‚sozialen Falle'. Wettbewerb ist als sozial erwünschte Dilemmasituation zu begreifen, die allerdings auch nicht ohne Probleme ist, weil Wettbe-werb nicht zwischen mangelnder Leistung und moralischer Zurückhaltung unterscheiden kann. Das Problem ist für Medien von besonderer Relevanz, ebenso die Frage nach dem begünstigten Dritten sowie Art und Umfang der Begünstigung, wenn man materiellem Ge-winn mögliche kulturelle Verluste gegenüberstellt.

10. In hierarchisch-bürokratischen Steuerungssystemen werden Entscheidungen mittels forma-lisierter hierarchischer Verfahren getroffen. Dezentrale marktliche Koordination wird durch das Weisungsprinzip ersetzt, die ‚invisible hand' des Marktes durch die ‚visible hand' des Koordinators oder Managers abgelöst, der nun zentral über die Verwendung von Produkti-onsfaktoren entscheidet. Die Entwicklung zum modernen Großunternehmen bedeutet auch eine (Wirtschafts)Machtverschiebung. Sie blieb vor allem dort aus, wo der technologisch bedingte Produktionszuwachs gering blieb, so auch im Medienbereich. Die neuen I+K-Techniken und Deregulierung werden hier eine nachholende Entwicklung auslösen. Hierar-chisch-bürokratische Steuerungssysteme haben mit Ineffizienzen verschiedenster Art zu kämpfen. ‚Outsourcing' oder die unternehmensinterne Organisation von ‚Profit-Centers' sind Strategien, Ineffizienzen auszuweichen.

11. Verhandlungssysteme als Entscheidungs- und Steuerungssysteme sind zwischen Markt und Hierarchie/Bürokratie angelegt. Der Staat entscheidet über eine Regulierung oder Rechts-änderung nicht mehr hoheitlich-autonom, sondern im Einvernehmen mit den betroffenen Akteuren. Gründe für die wachsende Bedeutung dieses Steuerungssystems sind die zuneh-mende Komplexität der Gesellschaften und die Fragmentierung der Macht. Die zu lösenden

gesellschaftlichen Probleme können von keinem der beteiligten Akteure mehr im Alleingang bewältigt werden. Hauptnachteil dieses Steuerungssystems ist, dass die Teilnahme am Verhandlungs- und Interessenausgleichsprozess von der Organisierbarkeit Betroffener und ihrer Ressourcenstärke abhängig ist. Beispiele für korporatistische Verhandlungen als Steuerungssystem lassen sich im Bereich der Mediengesetzgebung und in Formen von PR finden.

12. Moral/Ethik sind keine wirtschaftlichen, sondern gesellschaftlich-normative Entscheidungs- und Steuerungssysteme, die in der PKW oder auch in der Ökonomie kontrovers diskutiert werden und hier vor allem als Ordnungsethik interessieren. Moralvorstellungen, also die Normen der Individualethik, zählen in der Ökonomik zum Komplex der Präferenzen. Moralische Normen als Institutionen werden als Kontrakte rationaler Egoisten begriffen, die diese im Gesellschaftsvertrag festlegen. Dabei wird die individualethische Tugendlehre durch eine ordnungsethische Institutionentheorie ersetzt, der normative Fokus von den Handlungsmotiven auf die Handlungsregeln verschoben. Der normative Sinn der in Regeln sedimentierten Moral ist ihre friedensstiftende Funktion, die allerdings nicht voraussetzungslos ist. Begründet wird die Fokusverschiebung von den Tugenden zu den Regeln mit der Zunahme sozialer Dilemmastrukturen in den modernen Gesellschaften. Diese Strukturen sind kollektiver Natur und können nur kollektiv gelöst werden, wobei eine entsprechende Ethik als „Anreizethik" die Verhaltensannahmen des Homo Oeconomicus berücksichtigen muss.

13. Die ordnungsethischen Vorstellungen der Ökonomik weisen deutliche Parallelen zum empirisch-analytischen Ansatz der PKW auf, der Kommunikationsethik als primär von Institutionen und Organisationen zu garantierendes Regelsystem versteht. Die Verwirklichung des sozialen Sinns von Medien, das heißt ihre publizistische Aufgabenstellung, muss danach prinzipiell über Regeln gesichert werden, individualethische Normen haben eine subsidiäre Steuerungsfunktion. Kommunikationsethik als Regelungssystem muss die Dilemmastrukturen berücksichtigen, die sich aus der Doppelrolle der Medien als publizistische Institution und wirtschaftliche Organisation ergeben, wobei ordnungsethische Vorstellungen von einer Regelungshierarchie hier hilfreich sind.

8. Finanzierungssysteme von Medien

In Kapitel 6 sind am Beispiel einer Zusammenstellung von Joseph Turow Akteursrollen in der Medienindustrie diskutiert worden. Dabei ging es um „power roles", also um die Machtressourcen und Einflussmöglichkeiten der einzelnen Akteure im Prozess der Medienproduktion. Zwei dieser Akteure hatten die Kontrolle über die monetären Ressourcen, „investor" und „client". Wenn nachfolgend die Finanzierungsformen und -systeme von Medien dargestellt werden, wird ein Aspekt völlig ausgeklammert bleiben: die Anschub- oder Erstfinanzierung von Medien durch Investitionen zumeist privaten, manchmal, wie im Falle des öffentlichen Rundfunks, auch öffentlichen Kapitals. Die Rolle der Medien-Investoren wird also weitgehend unberücksichtigt bleiben. Nicht weil sie unwichtig wäre, im Gegenteil. Schon Bagdikian (1980, 64) hat ja auf die Bedeutung dieses „masters" verwiesen, als er feststellte: „Instead of the single master so celebrated in the rhetoric of the industry – the reader – there are in fact three masters – the reader, the advertiser, and the stockmarket" (vgl. zur Anwendung des Prinzipal-Agent-Konzepts auf diesen „master" Siegert 2001b). Die regelmäßigen Meldungen über mehrstellige Millionen- und manchmal auch Milliardenbeträge, mit denen im Bereich der Medien und der neuen Kommunikationstechniken jongliert wird, verweisen darauf, dass Investoren, die diese enormen Beträge bereitstellen, hier zunehmend Macht zuwachsen muss. Die direkte Beteiligung von Banken an Medienunternehmen, der Börsengang von Fernsehveranstaltern, die Finanzierung von Spielfilmen mit venture capital, das Interesse von Private–Equity-Firmen, also internationalen Finanzinvestoren, an sanierungsbedürftigen Medienunternehmen, wie sie als Finanzpartner von Haim Saban bei der Übernahme der insolventen Kirch-Media auf dem deutschen Fernsehmarkt erstmals auftraten, all das sind Indikatoren, dass im Sektor der Medien Kapitalverwertungsinteressen an Bedeutung gewinnen (vgl. zur Rolle von Kapitalverwertungsinteressen im Strukturwandel der Medienindustrie: Knoche 1999a). Aber das Geldgewerbe war schon immer diskret und entsprechend wenig Konkretes weiß man über die Power Role des Akteurs Investor. Daher muss auf die Behandlung dieses zweifellos sehr interessanten Aspekts der Medienfinanzierung hier leider verzichtet werden.

Der hier zu behandelnde Bereich muss also eingeschränkt und damit auch präzisiert werden: es geht primär um Refinanzierungsformen und Refinanzierungssysteme von Medien. Der Verweis Max Webers auf die Besonderheit der Presse, die, im Gegensatz zu jedem anderen privaten Geschäftsunternehmen, zwei Arten von Kunden habe und damit eben auch zwei Arten von Finanzierungsquellen, gilt ja nicht nur für alle teilweise werbefinanzierten Medien, er hebt auch die Einmaligkeit dieser Erscheinung im Wirtschaftsleben hervor, die sich, wenn man Formen des Sponsoring berücksichtigt, in der kulturellen Produktion allerdings immer weiter ausbreitet. Die Möglichkeiten und Formen der Medienfinanzierung sind damit jedoch noch keineswegs erschöpft. Im einzelnen sollen hier diskutiert werden: das Preissystem als der marktübliche Mechanismus einer Refinanzierung der Güterproduktion und seine Funktionsfähigkeit im Bereich der Medien (8.2); die Werbefinanzierung, wobei auch die ökonomische Sicht auf die Werbung diskutiert wird (8.3); sonstige marktmäßige Refinanzierungsquellen, die von den Medienanbietern offenbar zunehmend erprobt und erschlossen werden (8.4); und schließlich die Finanzierung über Gebühren als eine der wichtigsten Formen kollektiver Finanzierung (8.5). Bevor jedoch diese einzelnen Finanzierungssysteme von Medien hier näher behandelt werden, erscheint es sinnvoll, sich zunächst einen Überblick über die Strukturen der Medienfinanzierung heute zu verschaffen.

8.1   Formen und Strukturen der Medienfinanzierung

In dieser Übersicht sind die Bereitstellungs- und überwiegenden Finanzierungsformen von Medien im weitesten Sinne einmal zusammengestellt.

Übersicht 8.1:   Bereitstellungs- und Finanzierungsformen von Medien

| Medium | Angebotsbereitstellung/überwiegende Finanzierung | | |
| | staatlich beeinflusst | marktmäßig | |
	Gebühren/Subventionen	Preise/Publikumsmarkt	Preise/Werbemarkt
Bücher		X	
Zeitungen		X	X
Zeitschriften		X	X
Anzeigenblatt			X
Theater	X	(X)	(X)
Privattheater		X	(X)
Kinofilm	(X)	X	(X)
Öffentlicher Rundfunk	X		(X)
Privates Free-TV		(X)	X
Pay-TV		X	(X)
Tonträger		X	
Onlinemedien		(X)	X

Quelle: In Anlehnung an Ludwig 1996, S. 82.

Bereitstellungs- und Finanzierungsform stehen bei Medien in unmittelbaren Zusammenhang, weil Medien ja ökonomische Güter sehr spezifischer Art sind. Ist das Ausschlussprinzip über das Trägermedium zu ökonomisch vernünftigen Kosten durchsetzbar, kann das Medienprodukt, oder genauer: können seine Kopien über den Markt bereitgestellt werden. Die Refinanzierung erfolgt über den Preis.

Dabei sind allerdings, wie wir spätestens seit Max Weber wissen und die Zusammenstellung ja auch andeutet, zwei Märkte für jeweils verschiedene Produkte und Nachfrager zu unterscheiden, der Rezipienten- und der Werbemarkt, die jeweils völlig anderen Bedingungen unterliegen. Das Problem einer mangelnden Ausschlussmöglichkeit stellt sich nur für den Rezipientenmarkt als dem – zumindest aus publizistikwissenschaftlicher Sicht – Primärmarkt für Medienprodukte, nicht jedoch auf dem Sekundärmarkt Werbung. Ist das Ausschlussprinzip auf diesem Primärmarkt nicht durchsetzbar, kann das Publikum zur Refinanzierung der Medienprodukte über den Marktmechanismus nicht direkt herangezogen werden, andere Finanzierungsformen sind erforderlich, z.B. Gebühren. Der Rezipient wird, wie im Falle des öffentlich-rechtlichen Rundfunks, von Staats wegen zur Zahlung eines Leistungsentgelts verpflichtet, wenn er, z.B. durch die Anschaffung eines Rundfunkgerätes, signalisiert, dass er von dem Programmangebot des Rundfunks Gebrauch machen möchte. Oder der Staat stellt Subventionen bereit, was allerdings bedeutet, dass nicht direkt der Konsument der Medienleistung die Finanzierung übernimmt, sondern die Allgemeinheit der Steuerzahler. Springt bei mangelndem Ausschlussprinzip auf dem Rezipientenmarkt nicht der Staat ein, indem er die Medienfinanzierung direkt übernimmt oder durch Regulierung sichert, bleibt als weitere Finanzierungsmöglichkeit von Gewicht die Werbung (vgl. zu normativen und positiven Aspekten alternativer Finanzierungsformen des Fernsehens Runkel 1998).

Die Zuordnung der Refinanzierungsquellen zu den einzelnen Medien in Übersicht 8.1 erfolgt nach den Schwerpunkten der Refinanzierung, die Kreuze in Klammern verweisen auf zusätzliche Erlösquellen, deren Gewicht aber zumeist nicht genau bestimmbar ist. Wie die Aufstellung zeigt, finanzieren sich offenbar nur noch zwei Medien, Buch und Tonträger, ganz über Marktpreise auf dem Publikumsmarkt, alle anderen Medien beanspruchen auch den Werbemarkt. Der Spielfilm nimmt insofern eine Sonderrolle ein, das er über drei Finanzierungsquellen verfügt. Product Placement, die auffällig-unauffällige, auf jeden Fall entgeltliche Integration von Markenprodukten in die Ausstattung und Spielhandlung, stellt beim Spielfilm traditionell eine nicht unbedeutende Nebenerwerbsquelle aus dem Werbemarkt dar, zusätzlich fließen dem Medium aber auch öffentliche Mittel aus der Filmförderung zu. Und über den traditionellen Hauptvertriebsweg des Spielfilms, das Kino, erfolgt eine Finanzierung nicht nur über Marktpreise, sondern noch einmal über Werbung.

Das einzige Printmedium, das sich ausschließlich über den Werbemarkt finanziert, ist das Anzeigenblatt. Der Verzicht auf das – wie bei Zeitungen – ja durchaus durchsetzbare Ausschlussprinzip ist wohl primär als Konkurrenzstrategie zur Lokal- und Regionalpresse mit dem Ziel der Abschöpfung lokaler Werbemärkte zu begreifen, aber auch in der weitgehenden Suspension eines redaktionellen Teils im Sinne der klassischen Zeitungsressorts begründet. Eine ausschließliche Zuordnung des privatwirtschaftlichen Rundfunks zu einer 100%igen Finanzierung aus dem Werbemarkt stimmt heute nicht mehr. Abgesehen von Pay-TV, das sich überwiegend aus direkten Zuschauerentgelten, häufig in Kombination mit Einnahmen aus Werbung, finanziert, versuchen auch die sog. Free-TV-Anbieter neue Erlösquellen zu erschließen, z.B. in Form von Call-in-Erlösen aus Sendungen mit Gewinnspielen.

Man muss eine solche Aufstellung eher als Systematisierungsversuch der verschiedenen, keineswegs erschöpfend aufgeführten Formen der Medienfinanzierung verstehen, der letztlich das eigene Nachdenken anregen soll. So differenzieren Zerdick u.a.(1999, 25) in ihrer Systematik der Erlösformen für Informationsprodukte und Medien z.B. zwischen direkten und indirekten Formen der Medienfinanzierung, die einen „Baukasten" der Erlösmöglichkeiten darstellen. Indirekte Formen meint vor allem Werbung (Erlösquelle: Unternehmen) und Subventionen („Erlös"quelle: Staat), direkte meint Entgelte der Nachfrager, die nutzungsabhängig (Pay-per-View) oder nutzungsunabhängig erhoben werden können, hier wieder in Unterscheidung von Einmalzahlungen, z.B. Lizenzgebühren oder Einzelverkaufspreis und regelmäßig wiederkehrenden Zahlungen wie Abonnement oder Rundfunkgebühren. Zeitungen z.B. finanzieren sich nach dieser Systematik aus nutzungsabhängigen (Einzelverkaufspreis) wie nutzungsunabhängigen (Abonnement) direkten Entgelten, indirekt aus Werbung und, da Printprodukte einen verringerten Umsatzsteuersatz zahlen, indirekt auch über den Staat. Abb.8.1 fasst die Erlösquellen von Medien noch einmal systematisch zusammen (vgl. Abbildung 8.1).

Es ist eine Systematisierung, woher Einnahmen für Medien kommen. Erfasst sind Zahlungen, die von Personen oder Institutionen aus den unterschiedenen vier Sektoren: Rezipienten-, Werbe-, Rechtemarkt und Staat an die Medienunternehmen fließen. Erlösquelle ist dabei nicht gleichzusetzen mit demjenigen, der „den Erlös wirtschaftlich trägt. Das würde dazu führen, dass lediglich Konsumenten oder Steuerzahler als Erlösquelle übrig blieben" (Wirtz 2003b, 59). Denn die Werbeaufwendungen der Unternehmen werden letztlich ja von den Konsumenten der beworbenen Produkte, Subventionen von den Steuerzahlern, Aufwendungen der öffentlichen Anstalten für Filmrechte z.B. und damit Einnahmen der Filmwirtschaft aus dem Rechtemarkt, von den Gebührenzahlern wirtschaftlich getragen. Dies bleibt hier also unberücksichtigt.

Abbildung 8.1:   Systematik der Erlösformen

Quelle: Wirtz 2003b, Abb. S. 60.

Die Systematik verweist auf eine Vielzahl von Erlösquellen und Zahlungsformen, die sich weiter zu differenzieren scheinen. So gewinnen auf dem Rezipientenmarkt, nicht zuletzt als Folge der Onlinemedien, Zahlungen für den Zugang an Bedeutung, z.B. in Form von Anmeldegebühren oder für den Erwerb von technischem Gerät wie dem Decoder des Pay-TV-Veranstalters. Die Unterscheidung in transaktionsabhängige (Pay-per-View, Einzelverkauf von Printprodukten) und transaktionsunabhängigen (Pay-TV-Abonnement, Zeitungsabonnement) Formen von Entgelten erhält mit dem Aufkommen des sog. Transaktionsfernsehens eine neue Variante in Form von Call-in-Erlösen, die in 8.4 näher diskutiert werden. Auch die „sonstigen" Erlöse aus dem Rezipientenmarkt gewinnen offenbar an Bedeutung. Merchandising (ebenso die Lizenzvergabe auf dem Rechtemarkt) ist, wie am Beispiel der RTL-Sendung Li-La-Launebär deutlich wurde, eine Erlösmaximierungsstrategie, die schon bei der Produktion von Medienprodukten häufig mitberücksichtigt wird und – neben anderen Funktionen – wachsende Bedeutung als Refinanzierungsquelle bekommt. Entgeltpflichtige Dienstleistungen, wie Archivrecherchen, bieten z.B. die Onlinemedien von Zeitungen und Zeitschriften an, aber auch die Vermarktung von sog. Content-Modulen aus den verschiedenen Titeln einer Verlagsgruppe wird als „Content-Mangement" systematisch zur Erlösquelle ausgebaut (vgl. Loosen 2001). Auch auf dem Werbemarkt werden von den Medien „sonstige" Erlösformen neben den bekannten Varianten der Werbung erschlossen. Teleshopping gehört hierher, bei dem von den werbenden Unternehmen Provisionen für vermittelte Käufe und Transaktionen gezalt werden Auch im Internet sind Provisionen für Transaktionen, die über Medien-Links zustande kamen, üblich. Folglich beginnen Medienunternehmen „technische Plattformen aufzubauen, die Online-Transaktionen für Partnerunternehmen anbahnen und ausführen können. Das Partnerunternehmen zahlt dem Plattformanbieter für jede getätigte Transaktion einen bestimmten Betrag (z.B. 3% des Umsatzes)" (Schumann, Hess 2000, 45). Vermarkten lassen sich aber auch nach verschiedenen Gesichtspunkten aufbereitete Nutzerdaten („Data Mining"), die in einer digitalisierten und vernetzten Medienwelt immer informationsreicher anfallen (vgl. Lehnung 2002). Allerdings bestehen datenschutzrechtliche Grenzen.

Gebühren sind in Abb. 8.1 dem Sektor Staat zugeordnet. Wirtz (2003b, 62) begründet diese Zuordnung u.a. damit, dass der Rezipient nicht direkt an das Medienunternehmen zahlt, sondern an eine „staatliche Einzugsstelle (...), welche die Erlöse an die öffentlich-rechtlichen Medienunternehmen weiterleitet. Aus diesem Grund kann als Ort der Erlöserzielung nicht der Rezipientenmarkt angesehen werden". Auch wenn diese Begründung nicht ganz stimmt – die Gebühreneinzugszentrale GEZ ist eine Gemeinschaftseinrichtung von ARD und ZDF –, so besteht über die Zuordnung doch Konsens, Gebühren gelten als eine Form staatlicher Medienfinanzierung (vgl. 8.5).

Auf den Rechtemärkten treten Medienunternehmen als Nachfrager wie als Anbieter auf und als Anbieter stehen sie in Konkurrenz zu den Inhalteproduzenten und zum Rechtehandel. Die Vermarktung von Eigenproduktionen oder von zuvor erworbenen Rechten scheint angesichts der Kanalvermehrung wachsende ökonomische Bedeutung als Erlösquelle zu gewinnen.

Deutlich wird mit solchen Differenzierungen auf jeden Fall, dass sich die meisten Medien nicht aus nur einer Quelle und selten direkt über ihre jeweiligen Konsumenten auf dem Publikumsmarkt finanzieren, wie es dem Marktmodell entspräche, sondern – und dies offenbar zunehmend – dass sie verschiedene Einnahmequellen anzuzapfen versuchen.

Man kann diese steigende Tendenz der Medien, sich über eine Vielzahl von Quellen zu finanzieren, als Indikator für ein Dilemma ansehen, das in Kapitel 5.2 unter dem Stichwort „Das ökonomische Dilemma der Kulturproduktion" diskutiert wurde und das den im Vergleich zu anderen Wirtschaftsbereichen unterdurchschnittlichen Produktivitätszuwachs in der kulturellen Produktion problematisiert. Die durch Technik und Kapital ermöglichten Produktivitätssteigerungen der Medien betreffen ja primär die Distribution von Kopien und weniger die Produktion von Werken, obwohl die Technik offenbar auch dort Arbeitskräfte zu ersetzen beginnt. Für das uns hier interessierende Faktum, dass Medien offenbar immer mehr Finanzierungsquellen anzuzapfen versuchen, ist das von Baumol/Bowen entdeckte ökonomische Dilemma künstlerisch-kultureller Produktion aber sicher nur ein Faktor unter mehreren, dessen Gewicht in einer näheren Analyse erst bestimmt werden müsste. Andere Faktoren sind zweifellos der sich im Mediensektor verschärfende Wettbewerb, insbesondere die damit verbundenen Preissteigerungen auf den Beschaffungsmärkten, wie dem für Sport- oder Filmrechte, die sich abzeichnenden Grenzen massenmedialer Werbung, die Notwendigkeit des Einstiegs in die neuen Informations- und Kommunikationstechnologien und der damit verbundene erhebliche Kapitalaufwand sowie last but not least die Fragmentierung des Publikums als eine Folge der auch von den Medien selbst und von massenmedialer Werbung mit verursachten Geschmacks- und Bedürfnisdifferenzierung sowie die Fragmentierung der Einnahmequellen durch Kanalvermehrung.

In der Zusammenstellung von Finanzierungsformen der Medien fällt auf, dass sich diese für Printmedien sehr unterschiedlich darstellen. Den Gegenpol zu den zu 100 Prozent aus dem Werbemarkt finanzierten Anzeigenblättern stellt vom Finanzierungsmodus das Buch, das sich allein aus dem Rezipientenmarkt finanzieren muss oder kann, während Zeitungen und Zeitschriften jeweils beide Finanzierungsquellen anzapfen. Dem Buch ist der – vor allem als Taschenbuch versuchte – Einstieg in den Werbemarkt nie recht gelungen. Das hängt zweifellos damit zusammen, dass erst die Periodizität von Medien ihre Eignung als Werbeträger begründet. Die Periodizität ermöglicht die Bildung und den Aufbau eines mehr oder weniger permanent nachfragenden Publikums, über dessen Struktur und Zusammensetzung der Werbewirtschaft via Forschung dann Auskunft erteilt werden kann (vgl. Kapitel 9.2). Erst mit einem solchen permanenten Publikum lassen sich Kontaktchancen für die geschalteten Anzeigen (oder im Rundfunk: Spots) begründen. Andererseits fehlt dem Buch offensichtlich sowohl die für Product-Placement notwendige Aura als auch der Event-Charakter von Theater und Kunstausstellungen, der Sponsoren anlockt.

Bei den Rundfunkmedien gewinnt die marktmäßige Verwertung von Programmvermögen und Programmrechten als Refinanzierungsquelle zunehmend an Bedeutung. So soll die BBC nach Vorstellungen der britischen Regierung zu einem Programmanbieter von internationalem Format werden und mit diesen kommerziellen Aktivitäten nicht nur die britische Programmproduktionsindustrie fördern, sondern den Zuwachs ihrer Finanzmittel über die indexierte Gebühr hinaus sozusagen selber in die Hand nehmen. Was bei der BBC und anderen öffentlichen Anstalten bislang unter dem Etikett der „kommerziellen Randnutzung" eher vernachlässigt als gepflegt wurde, soll nun zu einem finanziellen Standbein ausgebaut werden. Dabei scheint sich als neue Spielart auf dem Rechtemarkt der Formathandel zu etablieren, also die Vermarktung nicht von Rechten am fertigen Programm, sondern an Programmkonzepten oder Programmideen. Diese neue Verwertungsform hat zum Ziel, Medienprodukte in einen globalen Markenartikel zu verwandeln, indem Erscheinungsbild und Qualität dieser Formate, wie bei Coca Cola, auf allen Märkten gleich sein müssen, gleichzeitig die nationalen Adaptionen aber kulturelle Besonderheiten der jeweiligen Märkte berücksichtigen können. Aufgekommen ist der Formathandel vor allem mit den Gameshows, europäische Medienunternehmen wie die Bertelsmann-Tochter FremantleMedia sind in dem Geschäft zentrale Akteure. Derzeit wird das Marktvolumen dieser Spielart auf dem Rechtemarkt auf 500 Mio. Euro allein in Westeuropa geschätzt (vgl. dazu genauer Hallenberger 2004).

Für den öffentlichen Rundfunk entbehren kommerzielle Vermarktungsstrategien seiner Produktionen oder Programmkonzepte nicht eines grundsätzlichen Zielkonflikts: will der öffentliche Rundfunk seiner nationalkulturellen Qualitätsverpflichtung nachkommen, engt er die internationale Vermarktbarkeit seiner Programme im Zweifelsfall erheblich ein; macht er die internationale Vermarktbarkeit zur Richtschnur seiner Programmproduktion, muss er seine nationale Versorgungsaufgabe hintanstellen. Ein Ausweg aus diesem Konflikt ist bislang jedenfalls nicht gefunden.

8.2   Das Preissystem als Refinanzierungsmechanismus auf dem Rezipientenmarkt

8.2.1   Preise in der ökonomischen Theorie

In einem Marktsystem, schreiben Samuelson/Nordhaus (1998, 51) „hat alles seinen Preis, nämlich den Wert der Ware, ausgedrückt in Geld. Die Preise stellen dabei jene Bedingungen dar, zu welchen die Haushalte und Unternehmen bereit sind, bestimmte Waren auszutauschen". Systematisch haben Preise (ebenso wie Kosten) allerdings nichts mit Geld zu tun, auch wenn es häufig zweckmäßig ist, Preise und Kosten in Geld auszudrücken. Geld als allgemein anerkanntes Zahlungsmittel hat ja den großen Vorzug, für eine Fülle von Handlungsmöglichkeiten zu stehen. Geld erfüllt in der Marktwirtschaft drei zentrale Funktionen: es ist allgemein akzeptiertes Tauschmittel, es ist Wertaufbewahrungsmittel und es ist Recheneinheit. Jeder Vergleich von Alternativen, jeder Tausch erfordert einen Maßstab, den die Recheneinheit Geld darstellt (vgl. zu den Geldfunktionen Homann/Suchanek 2000, 316ff.)

Preise ebenso wie (Opportunitäts-) Kosten können allerdings weit mehr als nur Geld bedeuten, nämlich z.B. eine zu erbringende Leistung, aufzuwendende Zeit oder Verzicht auf anderes. Zu unterscheiden von subjektiven Preisen als individuelle Bewertungen von Handlungsalternativen sind die in Geld ausgedrückten, also objektivierten Preise, wie sie auf Märkten zu beobachten sind (ebenda, 250).

Das Preissystem als Netzwerk objektivierter Preise ist in der ökonomischen Theorie der entscheidende Mechanismus, der eine marktmäßige Bereitstellung von Gütern und Dienstleistungen erst ermöglicht, weil Preise mehrere zentrale Funktionen erfüllen.

Eine erste Funktion ist die der Koordination von Produzenten- und Konsumentenentscheidungen. In Marktwirtschaften als dezentral gesteuerten Entscheidungssystemen treffen Produzenten, vielleicht aufgrund von Marktforschungsergebnissen, Produktionsentscheidungen und machen Angebote an den Markt, also an potentielle Verbraucher, Konsumenten fällen vor dem Hintergrund ihrer individuellen Lebenslagen Konsumentscheidungen. Der zentrale Mechanismus, der diese dezentralen und individuellen Entscheidungen, ökonomisch gesprochen, der Angebot und Nachfrage koordiniert, ist der Preis.

Der Preis kann diese Koordinationsfunktion ausüben, weil er zweitens im marktwirtschaftlichen Geschehen eine Informationsfunktion hat (vgl. auch Kapitel 9.1.1). Heinrich (1999, 600) spricht vom Preis als „optimalem Informationskonzentrat". Der Preis informiert den potentiellen Käufer eines bestimmten Produkts, z.B. eines Autos einer bestimmten Marke und Ausstattung, wie viel seines Einkommens er zur Kompensation des Ressourcenverbrauchs für die Produktion dieses Autos opfern muss, wenn er es besitzen will. Er kann nun in einen Nutzenvergleich eintreten, ob der Wagen ihm das wert ist oder nicht. Das Preissystem mit dem Medium Geld als Maßstab für den wirtschaftlichen Wert eines Gutes liefert „quantitativ präzisierte Tauschrelationen mit derselben Dimension", was die Marktgüter unmittelbar vergleichbar macht und ein Höchstmaß an Transparenz und Kalkulierbarkeit gewährt (Jeitziner/Kleinewefers 1995, 101). Gleichzeitig misst der Marktpreis eines Gutes „den (alternativ erwarteten) Wert *aller* knappen Ressourcen, die zu seiner Erzeugung erforderlich sind", und stellt so sicher, dass diese Ressourcenbenutzung oder -abnutzung angemessen, also gemessen an den alternativen Ertragsmöglichkeiten, entschädigt wird (Meyer 1983, 16). Das Preissystem sichert so zusätzlich ein Höchstmaß an Interdependenz, wie sie ja in den Komplementär- und Substitutionsbeziehungen zwischen Gütern und im Maß der Kreuzpreiselastizität (vgl. Kapitel 6.3.1.1) sichtbar wird. Aber auch der Autoproduzent erhält über den am Markt erzielbaren Preis Informationen, vor allem über Art und Intensität der Konsumentenpräferenzen, z.B. über Ausstattungswünsche oder ein auch das Auto betreffendes Umweltbewusstsein, die er in Produktionsentscheidungen umsetzen kann oder soll.

In der ökonomischen Theorie sichern die Marktpreise so ein Feedback zwischen den in der Regel anonymen Marktpartnern. Preise drücken einerseits die relative Wertschätzung eines Guts durch die Konsumenten aus und signalisieren andererseits die anteiligen Produktionskosten, also den Ressourcenverbrauch des Produzenten für diese letzte Einheit, die vom Konsumenten, wenn er das Gut haben will, auszugleichen sind.

Damit erfüllen Preise eine dritte und entscheidende Funktion: sie sichern dem Produzenten die Refinanzierung der für die Produktion von Gütern und Dienstleistungen entstandenen Kosten, die sein Verbleiben am Markt erst ermöglicht.

In der medienökonomischen Literatur werden nun allerdings mit Blick auf die Medien Vorbehalte an der beanspruchten Funktionsfähigkeit von Marktpreisen angemeldet. Diese Vorbehalte betreffen sowohl die Feedback-Funktion von Marktpreisen wie die Refinanzierungsfunktion.

8.2.2   Vorbehalte gegenüber der Informationsfunktion von Preisen bei Medien

So ist mehr als zweifelhaft, ob ein Transfer von Verbraucherpräferenzen und die Umsetzung in Signale für Produktionsentscheidungen via Marktpreise bei Medien gelingt. Das Thema wurde schon in Kapitel 6.3.2.1 mit Blick auf die Besonderheiten von Medien als ökonomische Güter und die daraus resultierende schwache Marktposition des Medienrezipienten diskutiert und soll hier mit Blick auf die Funktionsfähigkeit von Medienpreisen ergänzt werden.

Die medienökonomischen Vorbehalte leuchten ziemlich schnell ein, wenn man sich einmal die durchschnittlichen Kostenanteile von Honoraren, Produktion, Vertrieb und Gewinnen ansieht, wie sie z.B. den Einzelhandelspreis von Tonträgern bestimmen. Nach einer Kostenschätzung für die Neuproduktion einer CD entfallen von dem Einzelhandelspreis zwischen 12 und 16 US$ 13 bis 19 Prozent auf die Herstellung des immateriellen Produkts als dem eigentlichen Objekt von Käuferpräferenzen sowie seine Fixierung auf einen materiellen Träger. Der beachtliche Rest von über 80 Prozent des Einzelhandelspreises sind Kosten für Vertrieb, Marketing, Werbung und Gewinne (vgl. Hummel 2003, 447). Ähnlich ist die Situation offensichtlich beim Buch. Ludwig (1998, 329) weist in der Kalkulation eines Hardcover-Romans des Rowohlt Verlages ein Honorar für den Autor von 10 Prozent des Verkaufspreises aus, das bei der Taschenbuchausgabe dann auf 6,1 Prozent sinkt. Es fällt schwer, bei so geringen Kostenanteilen für das eigentliche Präferenzobjekt an die angebotssteuernde Funktion dieser Präferenzen zu glauben. Angesichts dieser Zahlen klingt aber auch die Kritik von Schreiber (1974, 24), dass alle Schriftsteller heute einen Bestseller schreiben wollten, ziemlich hart. Nach Schreibers Ansicht suchen alle Schriftsteller „nach Stoffen, die möglichst auch ein Fernsehspiel, eine Bühnenfassung, eine Verfilmung, zumindest aber Zündstoff für die Diskussion über ein gerade aktuelles Thema hergeben. So erscheinen immer gleich ganze Schübe von Buchtypen derselben Sorte, etwa: kritische Aufbereitung von Trivialthemen, Mafia-Romane, Knast-Romane, Homosexuellen-Romane". Was Schreiber hier kritisiert, ist der Autor als Homo Oeconomicus, der die immaterielle Guteigenschaft des einmal geschaffenen Werkes zur Aufbesserung seines Einkommens zu nutzen versucht und – angesichts geringer Refinanzierung aus einem Trägermedium – Mehrfachverwertung statt Neuproduktion im Blick hat. Die relativ schwache Signalwirkung des Konsumentenentgelts wird hier ganz offensichtlich von anderen Kalkulationen des Produzenten immaterieller Werke überlagert.

Betrachtet man das dritte, mehr oder weniger ganz über Marktpreise finanzierte Medium, den Spielfilm, dann kommen auch hier von dem Preis, den der Konsument zahlen muss, allenfalls 10 Prozent dem Produzenten des immateriellen Werkes zugute und der Transfer von Verbraucherpräferenzen zum Produzenten ist aus ökonomischer Sicht keineswegs perfekt. So erhält vom Kinoeintrittspreis, den der Besucher zu entrichten hat, der Kinobetreiber etwa 60 Prozent, um damit die Kosten des Kinobetriebs zu decken, etwa 30 Prozent gehen an den Verleih, der damit Kopierkosten, Werbung und evtl. Synchronisation bezahlt, durchschnittlich etwa 10 Prozent entfallen auf den Produzenten zur Refinanzierung des Films. Eine filmökonomische Studie (Frank 1993) hat einmal die Frage geprüft, inwieweit man bei den unterschiedlichen Auswertungsformen von Spielfilmen noch von einer direkten Beziehung zwischen Filmproduzent und Filmkonsument ausgehen könne, was ja voraussetzt, dass bei allen Formen der marktlichen Filmverwertung ein unverzerrter Präferenztransfer stattfindet, das heißt dass sich die Nachfrage der Kinobetreiber, der Videothekare, der Fernsehveranstalter nach Spielfilmen aus der Nachfrage der Konsumenten ableitet und Signalcharakter für den Produzenten hat. Für Kino, Video und Pay-TV kommt die Studie zu dem Ergebnis, dass ein schwacher Präferenztransfer stattfindet, da über Preisdifferenzierungen die Zahlungsbereitschaft den einzelnen Filmen zurechenbar ist. Bei Pay-TV gilt das natürlich im stärkeren Maße für Pay-per-View, also die Einzelabrechnung pro gesehenen Film, als für das pauschalierte Angebot. Anders sieht es bei werbe- und gebührenfinanziertem Fernsehen aus. Hier bestehen keine ökonomischen Mechanismen, die zu einer Koppelung von Konsumentenpräferenzen und Produzentenhandeln führen.

Preise verlieren auch viel von ihrer in der ökonomischen Theorie unterstellten Informations- und Steuerungsfunktion, wenn man sich an den Ansatz von Gary S. Becker erinnert, wonach Marktgüter lediglich Inputs für die Produktion von nicht marktfähigen Haushaltsgütern als den eigentlichen Nutzenstiftern und Präferenzobjekten sind. Das Verhalten des Bücherkäufers z.B. wird danach, anders als beim Buchproduzenten, weniger vom Preis für das Marktgut Buch als vom Preis für das Haushaltsgut "Belehrung und Unterhaltung" bestimmt, in den neben dem Marktpreis auch die Opportunitätskosten für die Lektürezeit mit einfließen. Preise für das Marktgut und Preise für das Haushaltsgut müssen sich keineswegs immer in dieselbe Richtung entwickeln. Wenn die Einkommen, aber auch deren Verwendungsmöglichkeiten, steigen, werden auch die Opportunitätskosten für die Lektürezeit höher und das bedeutet, auch bei unveränderten Preisen für das Marktgut Buch steigt der Preis für das Haushaltsgut „Belehrung und Unterhaltung". Tietzel (1995, 85) schlussfolgert daher bündig: „Kurz: Bücherpreise sind keine guten Indikatoren der Preise des Haushaltsguts ‚Belehrung und Unterhaltung'".

8.2.3   Mängel der Refinanzierungsfunktion von Preisen bei Medien

Medien haben aber auch Schwierigkeiten mit der Refinanzierungsfunktion des Preissystems.

So gilt die Marktpreisbildung und -durchsetzung als ein zentrales Problem der Tonträgerindustrie. „Das zentrale Problem der Musikwirtschaft sind dabei die Schwierigkeiten der Marktpreisbildung für ihre Produkte. Selbst die Marktpreisbildung für den physischen Träger dieses Produkts ist durch die ubiquitäre Nutzbarkeit von Musik beeinträchtigt. Ließe sich Musik gleichsam endemisch an die Träger Schallplatte, MusiCassette und Compact Disc binden, würde ein marktwirtschaftlicher Wettbewerb alle erforderlichen Steuerungselemente bereitstellen. Musik ist aber nicht mit Dosenmilch und Waschmittel vergleichbar. Sie ist ein geistige Schöpfung und kein dingliches Produkt" (Zombik 1987, 447). Einerseits muss der Verkauf bespielter Tonträger die Refinanzierung des Musikangebots sichern und nur 10 Prozent aller CDs sind im Durchschnitt profitabel. Andererseits beeinträchtigen die öffentlichen Guteigenschaften musikalischer Werke die Durchsetzung der für eine Refinanzierung erforderlichen Marktpreise. Diese traditionellen Probleme der Musikindustrie haben sich durch die Digitalisierung und das Internet noch einmal erheblich verschärft. Die Musikindustrie verliert über wichtige Teile ihrer Wertschöpfungskette die Kontrolle (Inhalte lösen sich vom Träger, Property Rights sind im Internet noch schwerer durchsetzbar, zwischen Künstlern und Konsumenten findet der Austausch zum Teil direkt und auch mit wechselnden Rollen statt). Sie hat aber ein den veränderten Bedingungen (Stichwort: Peer-to-Peer-Netzwerke)angepasstes Geschäftsmodell noch nicht entwickelt (vgl. zur aktuellen Situation Hess 2003, Hummel 2003). Stein/Jakob (2003, 479) sehen eine Zukunft für die Majors der Musikindustrie vor allem dann, wenn sie sich „von einem Einprodukt- (CD) und Einkanalunternehmen (Absatz über Einzelhandel) hin zu einem Mehrproduktunternehmen mit einem integrierten Multikanalvertrieb" entwickeln. Als Musterbeispiel für das Geschäftsmodell der Zukunft (auch) der Musikindustrie gilt ihnen „Deutschland sucht den Superstar", weil hier Kernanforderungen wie: Mehrproduktunternehmen, Multikanalvertrieb, crossmediale Kooperation, Projektplanung über mehrere Plattformen, Zielgruppenfokussierung, Agieren in Partnernetzwerken u.a. bereits realisiert wurden (vgl. 8.4 und Kapitel 6.2.2.3).

Übersicht 8.2: Möglichkeiten der Beschaffung von Werkkopien beim Medium Buch

1. Kauf
      1.1   individuell
      1.2   gemeinschaftlich (z.B. Lesegesellschaften)
2. Leihe
      2.1   privat (z.B. Ausleihe unter Bekannten)
      2.2   organisiert (z.B. Leihbibliotheken und Büchereien jeglicher Art)
3. Selbsterstellen von Kopien (z.B. durch Abschrift oder Fotokopien)

Quelle: Tietzel 1995, S. 108.

Das Problem der Preisbildung und -durchsetzung stellt sich auch für das Buch. Beobachter formulieren als Eindruck, „dass der Bücherpreis seit je von einer Art Nebel umhüllt, eine Art Geheimwissenschaft zu sein scheint, die dem Laien verschlossen ist" (Göpfert 1977, 121, zit. nach Tietzel 1995, 86). Dieser Nebel umhüllt nach Tietzel beides, „die zutreffende *Erklärung* der Preisbildung am Literaturmarkt und die *historische Entwicklung* der (relativen) Bücherpreise" (ebenda, 86). Unter dem Gesichtspunkt der Refinanzierungsfunktion von Preisen ist es sinnvoll, sich die Möglichkeiten zu vergegenwärtigen, die neben dem Kauf bestehen, sich Werkkopien z.B. eines Buches zu verschaffen (vgl. Übersicht 8.2).

Jede dieser Möglichkeiten, an Werkkopien zu kommen, ist für den Leser mit unterschiedlichen Kosten verbunden. Dass die Preise für das stets gleiche immaterielle Werk je nach Kopienart (Kaufpreis, Leihgebühr, Kopierkosten) differieren und differieren können, ist mit Präferenzen der Leser für die Eigenschaften der jeweiligen Träger erklärbar – gebundener Band statt Loseblattsammlung an Kopien, das Exemplar im Bücherschrank statt des abgegriffenen aus der Leihbibliothek. Neue Informationsträger, also Möglichkeiten der Herstellung von Werkkopien, verändern die relativen Preise und führen zu Umschichtungen der Nachfrage. Die Preisbildungssituation ist also eine völlig andere als bei privaten Gütern wie z.B. Auto oder Wein. Der Marktpreis kann nur einen Teil zur Refinanzierung des Medienproduktes Buch beitragen, dessen Höhe zudem unsicher ist. Bibliotheksgroschen und Kopierabgabe sind zusätzliche, nicht marktmäßige Refinanzierungsformen, private Nutzungsformen folgen dem Freerider-Modell und bleiben ohne Kostenbeteiligung.

Auch beim Film sind die Refinanzierungsquellen der Produktion des immateriellen Werkes vielfältig, wobei die Möglichkeit, das Ausschlussprinzip durchzusetzen auch hier deutlich variiert. Die ökonomische Verwertung von Spielfilmen folgt, wie in Kapitel 6.2.2.3 bereits diskutiert, einer Auswertungskette, deren Reihenfolge durch die Möglichkeit des Ausschlusses von Freeridern bestimmt wird. Typisch ist die zeitlich gestaffelte Auswertungsabfolge: Kino, Video und Bildplatte, Pay-TV, Free-TV bzw. gebührenfinanziertes Fernsehen. Beim Kino ist das Ausschlussprinzip voll durchsetzbar, bei Video und Pay-TV ist es bereits eingeschränkt, denn Familienangehörige und Freunde des Käufers können die erworbene Kopie mit konsumieren, bei Free-TV und gebührenfinanziertem Fernsehen ist ein Ausschluss nicht möglich. Entsprechend variieren in den jeweiligen Auswertungsstufen die erzielbaren Erlöse je Konsument. Sie sind beim Kino am höchsten, weil jeder Konsumakt bezahlt werden muss. Das Recht, den Film mit anderen gemeinsam anzuschauen, ist zwar im Kaufpreis der Videokassetten (oder in der Leihgebühr des Videothekars) berücksichtigt und damit auch abgegolten, aber nicht jeder Nutzungsakt kann hier in den Preis eingehen, so dass die erzielbaren Erlöse je Kopf hier niedriger als im Kino sind. Beim Pay-per-Channel-TV ist das vom Käuferhaushalt zu leistende monatliche Entgelt pauschaliert und damit losgelöst von der Zahl der Nutzungsakte der Haushaltsmitglieder, die je Konsumakt erzielbaren Erlöse also wahrscheinlich noch geringer als bei der Videoauswertung.

Die zeitliche Staffelung der ökonomischen Auswertungsmöglichkeiten eines Films ist nun der Versuch einer Optimierung der erzielbaren Erlöse pro Konsumakt auf den einzelnen Verwertungsstufen unter Berücksichtigung des Faktums, dass die Nachfrage auf diesen Stufen im Zeitablauf schnell abnimmt (vgl. dazu auch Kapitel 5.4.2). So sehen durchschnittlich fast drei Viertel der Besucher eines Spielfilm im Kino diesen in den ersten sechs Wochen nach der Uraufführung (Frank 1993, 49). Abbildung 8.2 zeigt einmal die schnell abnehmende Nachfrage nach einem Spielfilm im Kino im Zeitablauf.

Frank führt als Erklärung für diese Nachfragekurve, die sich von der in der Regel glockenförmigen Entwicklung der Neukäufe eines Produkts im Zeitablauf deutlich unterscheidet (vgl. dagegen den Verlauf der Kurve in Abb.3.5), u.a. die Aktualität an, die für den Filmbesucher

Abbildung 8.2:   Kinonachfrage im Zeitablauf

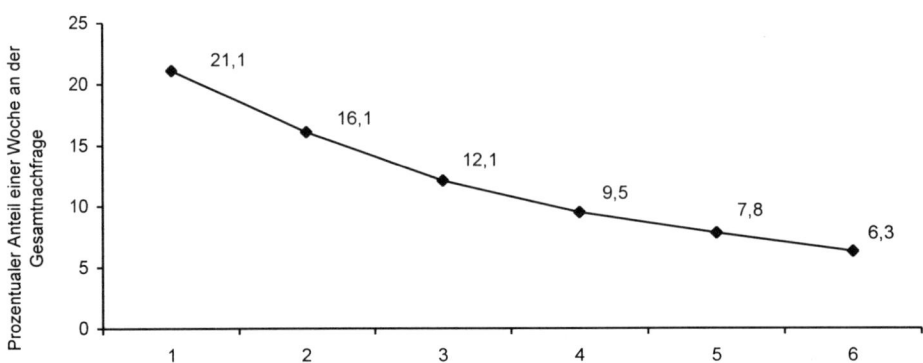

offenbar nutzenstiftend ist. Andere Gründe sind, dass hier, anders als bei anderen Gütern, die in der Regel nur einmal gekauft werden, keine Erwartung einer weiteren Produktausreifung besteht (wie vielleicht bei einem neuen Autotyp) und die Kosten der Information über die Qualität des Filmangebots hoch sind im Vergleich zu den Kinoeintrittspreisen. Auch für die anderen Verwertungsstufen muss von einer im Zeitablauf sinkenden Nachfrage ausgegangen werden. So zeigen amerikanische Untersuchungen, dass die Einschaltquoten im Fernsehen mit dem Alter der Filme sinken. Der Versuch, maximale Erlöse für einen Film durch Optimierung der Verwertungsmöglichkeiten zu erreichen, muss also auch die Opportunitätskosten berücksichtigen, die ein zu früher Einstieg in die nächste Stufe der Kette verursacht, wenn Kinobesucher z.B. verloren gehen, weil das Videoangebot zu früh auf dem Markt ist. Owen/Wildman geben die folgenden Richtwerte für den Einstieg in die verschiedenen Verwertungsmöglichkeiten (Windows) in Monaten nach der Uraufführung an, die auf eine Planung der wirtschaftlichen Verwertung eines Spielfilms von mindestens sechs Jahren verweisen.

Übersicht 8.3:   Release windows for U.S. theatrical films in the late 1980s

Window	Months from initial release
Theaters	0-4 +
Overseas theaters	4-18 +
Home video	6-30 +
Overseas home video	9-24 +
First cable run	12-36 +
Broadcast networks	36-60
Overseas broadcasters	48-60
Second cable run	66-72 +
Syndication to local television stations	72 +

Quelle: Owen/Wildman 1992, S. 30.

Nimmt man die US-Filmindustrie als Beispiel, dann ist die quantitative Bedeutung der einzelnen Verwertungsstufen für die Gesamterlöse der Industrie sehr unterschiedlich. Nach einer Schätzung (Frank 1993, 7) entfielen 1990 gut ein Drittel der Gesamterlöse auf die Kinoeinnahmen, über 40 Prozent kamen aus dem Video- und Bildplattenmarkt, Pay-TV steuerte 1990 rd. 10 Prozent bei, vom Free-TV kam mit gut 12 Prozent der Einnahmen etwas mehr. Nicht berücksichtigt in dieser Schätzung sind crossmediale Auswertungs- und Merchandisingstrategien. So ist die „Erstaufführung eines Films im Kino häufig von der Markteinführung von Merchandisingprodukten (z.B. T-Shirts, Stofftiere, Action-Figuren) begleitet. Parallel werden Elemente des Films in anderen Medien ausgewertet (z.B. die Geschichte des Films als ‚Buch zum Film', die Musik als Soundtrack-CD und zentrale dramaturgische Themen als Video-/PC-Spiel), wobei die Einnahmen aus diesen Auswertungsformen die der eigentlichen Kinoauswertung deutlich übersteigen können (z.B. bei STAR WARS)" (Hennig-Thurau 2003, 369f.).

Die für den Produzenten/Verleiher auf den einzelnen Verwertungsstufen erzielbaren Gewinnmargen pro Konsument zeigt Übersicht 8.4.

Übersicht 8.4: Prices and net revenues from theatrical feature film distribution 1984

Media	Effective retail price per viewer	Net producer/distributor revenue per viewer (excluding advertising)
Theaters	$3.50	$1.00
Prerecorded video cassettes		
Sales[1]	6.25-12.50	1.87-3.75
Rentals[2]	1.33	.28-.42
Pay-per-view cable TV[3]		
Monthly subscription	1.00-1.25	.50-.62
Pay cable TV/STV[4]	1.00	.20
Network broadcast TV[5]		.05
Syndicated broadcast TV[6]		.01

1) $50 retail price, 4 to 8 viewers per purchased tape.
2) $4 retail price, 3 viewers per rental transaction; 12 to 18 rental transaction per tape.
3) $3-$4 charge per household, 3 viewers per household.
4) $10 monthly charge, 2 viewers each for 5 new theatrical movies per month.
5) Three runs, 15 average rating per run, 2 viewers per household for each run.
6) Ten runs, 4 average rating per run, 2 viewers per household for each run.

Quelle: Owen, Wildman 1992, S. 37.

Die Angaben beruhen natürlich weitgehend auf Schätzungen, geben aber doch einen Eindruck von der Bedeutung der einzelnen Stufen als Refinanzierungsquellen und Hinweise auf die deutlich unterschiedlichen Kosten für den Konsumenten, je nachdem auf welcher Verwertungsstufe er Kopien des immateriellen Werkes rezipiert. Pro Konsument am teuersten sind Kaufkassetten, gefolgt vom Kinobesuch. Beide Verwertungsarten sichern dem Produzenten/Verleiher auch die höchsten Nettoerlöse pro Kopf.

Aber nicht nur die Konsumentenpreise und Produzentengewinne sind in den einzelnen Windows sehr unterschiedlich, sondern auch die Preisfindung ist es. Den Vorstellungen der Ökonomie vom Funktionieren des Preismechanismus entspricht bislang (das mag sich mit Pay-per-View-TV und anderen, durch die Digitalisierung und das Internet ermöglichten Abrufformen von einzelnen Werken ändern) nur der Videomarkt. Hier bestimmen ein wettbewerbliches Angebot und eine hoch preiselastische Nachfrage weitgehend den Preis. Beim Kino, dessen Eintrittspreise ja pauschaliert sind, bildet sich der Preis in der Regel nicht in Reaktion auf eine (ebenfalls preiselastische) Nachfrage des Filmpublikums, z.B. im Sinne höherer Preise für besonders publikumsattraktive Filme, sondern ist „Gegenstand des Filmbestellvertrages zwischen Kino und Verleiher" (Frank 1993, 39). Auch der Preis für die Filmausstrahlung im Fernsehen wird zwischen Rechteinhaber und Fernsehveranstalter ausgehandelt und Reaktionen des Konsumenten fließen allenfalls als Berücksichtigung der erwarteten Zuschauerattraktivität des Film (neben der Wettbewerbssituation auf dem Programmmarkt) in die Preisbildung ein.

Die Refinanzierung immaterieller Werke des Mediums Film erfolgt – bislang am etabliertesten von allen Medien – über mehrere Märkte, auf denen die Funktionsfähigkeit des Preissystems, Nutzungsakte der Endverbraucher bzw. Filmrezipienten zur Kostendeckung heranzuziehen, allerdings deutlich unterschiedlich ist. Die starke Querfinanzierung erfolgloser durch erfolgreiche Filme im kolportierten Verhältnis von 7 zu 1, wonach also der wirtschaftliche Erfolg eines Films die Verluste von sieben anderen Spielfilmen wettmachen muss (v. Schorlemer 1993, 540), hängt offensichtlich nicht nur mit den in Kapitel 5 diskutierten Besonderheiten und Risiken kultureller und medialer Produktion zusammen, sondern auch mit deren Refinanzierungssystem. Paketverkäufe und Outputdeals, die zur Abnahme von publikumsattraktiven und weniger attraktiven Werken verpflichten und die in der Filmindustrie zunehmend an Bedeutung gewinnen, dienen nicht zuletzt wohl auch dazu, dieses Querfinanzierungsrisiko zumindest zum Teil von den Produzenten auf die Distributeure der verschiedenen Verwertungsstufen zu verlagern.

Dass der Preismechanismus als Refinanzierungssystem im Bereich der Medien nur eingeschränkt funktionsfähig ist, hat natürlich auch etwas mit der mangelnden Qualitätstransparenz von Medien als Erfahrungs- bzw. Vertrauensgüter zu tun. Wenn Qualität für den Verbraucher nur mit hohen Such- und Informationskosten oder, wie bei Vertrauensgütern, gar nicht erkennbar ist, ist der Verbraucher auch nicht bereit, den in der Regel höheren Preis für bessere Qualität zu bezahlen. Ökonomen sprechen hier vom Akerlof-Prozess (Akerlof 1970) oder der „adversen Auslese" (Fritsch/Wein/Ewers 1996, 214f), wonach bei mangelnder Qualitätstransparenz schlechte Qualität die gute zu verdrängen beginnt, weil der Produzent der guten Qualität diese über das Preissystem nicht finanzieren kann (vgl. Kapitel 9.1.2). Der Markt versagt im Hinblick auf die Qualität der Produkte (Heinrich 1996). Medien zählen zweifellos zu den sog. Akerlof-Gütern, sind also komplexe Erfahrungsgüter, wenn nicht Vertrauensgüter, soweit es das immaterielle Werk betrifft und nicht Ausstattungsfragen der Kopien. Preisdifferenzierungen z.B. auf dem Buchmarkt zielen ja vor allem auf relevante Dimensionen der Kopien, wie Ausstattung, Vertriebsart, Vertriebsort etc. bei unverändertem materiellen Werk. Die Marktpreisbildung mit Blick auf das Werk wird für den Medienproduzenten also auch deshalb zum Problem, weil der potentielle Konsument seine Zahlungsbereitschaft dafür als öffentliches Gut (keine Konsumrivalität) nicht nur nicht offen legen will, sondern mangels Qualitätstransparenz auch nicht kann. Die Preisbildung vollzieht sich „im Nebel", nicht nur beim Buch, sondern offenbar bei allen Medien.

Einen seltenen Fall der Offenlegung von Zahlungsbereitschaft stellt das taz-Modell der gesplitteten Preispolitik und der freiwilligen Selbsteinstufung in die jeweilige Preiskategorie durch die Leser dar (vgl. Ludwig 1998, 288ff.). Die tageszeitung, taz, die sich als alternative Zeitung versteht und die sich deutlich unterdurchschnittlich aus Werbung und überwiegend aus Vertriebserlösen finanziert (Finanzierungsanteil 2002: 72 Prozent, vgl. taz vom 23./24.11. 2002), hat 1993 zum Abbau ihrer Verluste eine dreifache Differenzierung ihres monatlichen Abonnementpreises eingeführt: den „Solidaritäts-Preis" von 31 DM, den „Leider-Leider-Preis" von 41 DM und den „politischen Preis" von 51 DM, den die Abonnenten, je nach wirtschaftlicher Lage, selbst wählen können. 1995 entfielen auf den Solidaritäts-Preis 25,4 Prozent der Abonnements, auf den Leider-Leider-Preis 32,9 Prozent und auf den politischen Preis 41,7 Prozent. Die Kosten pro verkauftes Exemplar lagen 1994 im Durchschnitt bei 1,61 DM. Die unterste Preisgruppe zahlte dafür 1,24 DM, die mittlere 1,64 und die Abonnenten zum politischen Preis 2,04 DM. Das Modell der taz ist offensichtlich erfolgreich, jedenfalls wies sie nach regelmäßigen Verlusten in den Vorjahren 1994 ein ausgeglichenes Ergebnis aus. Das taz-Modell hat allerdings weniger mit Preisdifferenzierung im ökonomischen Sinne zu tun, es ähnelt eher kollektiven Finanzierungsformen, z.B. in Form von – gestaffelten – Mitgliedsbeiträgen, oder nicht-marktlichen privaten Finanzierungsformen wie Spenden.

Preisdifferenzierung im ökonomischen Sinn liegt dagegen bei Tageszeitungen vor, wenn diese in Reaktion auf ihre Wettbewerbssituation (Monopolstellung oder Wettbewerb) und unter Berücksichtigung des Kaufkraftniveaus der Bevölkerung für weitestgehend identische Produkte unterschiedliche Preise nehmen. Dabei lassen sich, wie Dieter Stürzebecher (1995, 607) in seiner Untersuchung feststellt, die unterschiedlichen Preise nur in den wenigsten Fällen durch unterschiedliche publizistische Leistungen legitimieren. „Gespaltene Vertriebspreise gehen häufig einher mit unterschiedlichen redaktionellen Leistungen – aber eben nicht in einer Weise, die mit der Richtung der Preisdifferenzierung konform ginge. Für vergleichsweise weniger Geld bekommen Leser (in Wettbewerbsmärkten – MLK) nicht etwa eine schlechtere, sondern überwiegend sogar eine bessere, also im Lokalteil umfangreichere, differenziertere und servicefreundlichere Zeitung ins Haus, verglichen mit Lesern jeweils derselben Zeitung, die, weil sie in Gebieten ohne örtliche Konkurrenz leben, höhere Abonnementpreise zu bezahlen haben". Die Leser werden also, je nach Wettbewerbssituation der Zeitung, ungleich behandelt. Dass sie es sich gefallen lassen, hat zweifellos mit Informationsasymmetrien zu ihren Lasten zu tun. Das Beispiel macht allerdings eine weitere Funktion des Preissystems deutlich: Preise sind auch ein Wettbewerbsfaktor. Und diese Funktion ist im unternehmerischen Entscheiden mitunter wichtiger, als ihre Refinanzierungsfunktion.

8.3 Werbung als Refinanzierungssystem von Medien

Es geht in diesem Kapitel vor allem um eine Zusammenfassung und Ergänzung dessen, was an verschiedenen Stellen dieses Buchs schon ausgeführt wurde. Werbefinanzierte Medien sprengen das Theoriegebäude der klassischen Ökonomie, ja der Stellenwert und der wirtschaftliche Nutzen der Werbung selbst sind bei den Ökonomen umstritten. Von daher scheint es sinnvoll, die kontroverse Sicht der Ökonomen auf die Werbung als Mittel der Absatzförderung zunächst einmal etwas näher darzustellen (8.3.1), bevor der Blick auf ihre Finanzierungsfunktion für Medien fokussiert wird (8.3.2).

8.3.1 Werbung in ökonomischer Sicht

8.3.1.1 Werbung als Nullsummenspiel?

In Kapitel 6.4.3 war versucht worden, die Entstehung der Werbung zu einer Institution wirtschafts- und sozialgeschichtlich nachzuzeichnen. Werbung bzw. Reklame im Sinne des Versuchs einer „*Massenbeeinflussung* (...) mit *Hilfe besonderer Werbemittel*" wie Zeitungsinserate oder Rundfunkspots mit dem Ziel, „den potentiellen Nachfrager zum Kauf des angebotenen Gutes zu veranlassen" (Wöhe 1990, 688f.) stellt sich ja als ein historisch relativ junges Phänomen dar, dessen Aufkommen an die Entwicklung der modernen Industriegesellschaft eng gekoppelt ist. „Der technische Fortschritt und zahlreiche bedeutende Erfindungen machten es möglich, Güter in großer Menge zu produzieren. Diesem drastisch gestiegenen Angebot stand anfangs jedoch nur eine geringfügig wachsende Nachfrage gegenüber. Dadurch waren die Produzenten gezwungen, alle erdenklichen Maßnahmen zur Steigerung der Nachfrage zu ergreifen. Dies und eine Reihe von Erfindungen in Hinblick auf Gestaltungs- und Verbreitungsmöglichkeiten von Werbemitteln bewirkten den Aufschwung der Werbung in ihrer heutigen Form" (Schweiger/Schrattenecker 1995, 3). Zu den „Erfindungen" oder Entdeckungen findiger Zeitungsunternehmer Anfang/Mitte des 19. Jahrhunderts gehörte auch die Möglichkeit, Anzeigen für Produzenten in die Zeitungen aufzunehmen und sich so eine zweite Finanzierungsquelle zu erschließen. Wie die Geschichte der Werbung zeigt, hatte das neue Instrument wirtschaftlicher Massenbeeinflussung zunächst Akzeptanzprobleme, weniger bei den Organisationen, die den institutionell eröffneten Handlungsfreiraum zum eigenen Vorteil schnell erkannten wie eben Zeitungsverleger oder die aufkommenden Werbeagenturen, sondern auf Seiten der Produzenten, die ihre Abneigung gegen die kostspielige Innovation erst allmählich überwanden. Wenn Werner Sombart (1919, 226) in seiner Wirtschaftsgeschichte des 19. Jahrhunderts feststellt, dass sich an dessen Ende kein Geschäftmann mehr der Reklame entziehen konnte, „bei Strafe des Untergangs", dann beschreibt er damit nicht nur die erfolgreiche Institutionalisierung der Werbung, sondern auch ihre Entwicklung zu einem Gefangenendilemma für die Produzenten. Alle Produzenten ständen ohne Werbung wirtschaftlich wahrscheinlich besser da, aber keiner kann ausbrechen aus der einzelwirtschaftlichen Rationalität, dass Werbung Nachfrage für die eigenen Produkte schafft oder zu schaffen verspricht, weil es keinen Schutz vor Defektierern gibt. Werbung im Wirtschaftssystem fortgeschrittener Industriegesellschaften ist, ähnlich wie der Wettbewerb (vgl. Kapitel 7.2.2), von dem sie ja eine Form darstellt, eine „soziale Falle", die aber, im Gegensatz zum Wettbewerb, für weite Bereiche der Werbung nicht unbestritten als effizienzsteigernd für die Gesamtwirtschaft gilt. „Zwar wird nicht bezweifelt, dass einzelne Anbieter eines Gutes durch Werbung ihren Absatz oder ihren Anteil am gesamten Absatz erhöhen können. Fraglich ist jedoch, in welchem Ausmaß dies auf Kosten anderer Anbieter des gleichen Gutes oder ähnlicher Güter geschieht, mithin eine *kompensatorische*, das heißt sich gegenseitig aufhebende *Wirkung von Werbemaßnahmen* vorliegt" (Schumann 1984, 61). Was hier angedeutet wird, ist die Möglichkeit eines äußerst kostspieligen (Nettowerbeumsätze der erfassten Werbeträger 2002 in Deutschland: 20,1 Mrd. Euro) Nullsummenspiels mit Blick auf die gesamtwirtschaftlich effiziente Verwendung von Ressourcen. Auch Sohmen (1971, 18f.) führt als „traditionelles Hauptargument von Nationalökonomen *gegen* die Reklame" an , dass sich die Werbeanstrengungen gegenseitig neutralisieren, „die Steigerung der *Gesamt*nachfrage durch Reklame für den betreffenden Wirtschaftszweig also in der Regel kaum ins Gewicht fällt". Für Heinrich (1999, 560) ist ein Beweis, dass Werbung allenfalls begrenzt wirkt, die Beobachtung, „dass 85 Prozent der jährlich neu in die Regale des Handels drängenden Produkte sich als nicht vermarktbar erweisen – trotz aller Werbung".

Vor allem aus neoklassischer Sicht und unter den Gleichgewichtsannahmen des vollkommenen Wettbewerbs ist Werbung entweder sinnlose Verschwendung und herausgeworfenes Geld (das sehen einige Ökonomen z.B. auch für politische Wahlkampfausgaben so, vgl. Pommerehne/Lafay 1983, 21), oder sie gilt als Ergebnis bzw. auch als Ergebnis monopolistischer Marktkontrolle (vgl. dazu Kirzner 1978). Jules Backman (1971, 52) hat allerdings darauf verwiesen, dass die neoklassische Kritik der Werbung als „Verschwendung" eigentlich das angreift, was allgemein für den Wettbewerb typisch sei. Denn Wettbewerb bringe „erhebliche Doppeläufigkeit und ‚Verschwendung' mit sich. Die Beispiele reichen von der Überzahl der Tankstellen an einer großen Straßenkreuzung über das Nebeneinander von Forschungseinrichtungen und den in Wachstumsperioden entstehenden Überkapazitäten bis zur Anhäufung zu großer Lagerbestände".

8.3.1.2 Markenartikelwerbung als Objekt kontroverser Diskussion

Sieht man sich den Katalog positiver und negativer Effekte an, die der Wirtschaftswerbung aus ökonomischer Sicht zugeschrieben werden (vgl. Simon 1970, Sohmen 1971, Kirzner 1978, Schmitz 1990), dann wird dieser Eindruck eines Nullsummenspiels verstärkt. An positiven Effekten werden reklamiert:

- Werbung senke die Preise (durch den so ermöglichten Massenabsatz);
- Werbung ermögliche die Einführung neuer Produkte;
- Werbung ermögliche durch Produktinformation eine effiziente Verbraucherentscheidung;
- Werbung verhindere Marktmacht, indem sie aggressive Konkurrenz unterstütze;
- Werbung stimuliere den Konsum und so das Leistungsniveau der Gesamtwirtschaft;
- Werbung stimuliere die Vielfalt der Bedürfnisse und erhöhe so auch die Lebensfreude;
- Werbung stimuliere die Pluralität einer Gesellschaft;
- Werbung finanziere die Massenmedien.

In ziemlich genau dieselben Richtungen, wenn auch mit umgekehrten Vorzeichen, gehen die Vorwürfe negativer Effekte:

- Werbung erhöhe die Preise;
- Werbung beeinträchtige die Verbraucherentscheidungen durch irrelevante Information;
- Werbung führe zur Konzentration ökonomischer Macht, da sie den (Leistungs-) Wettbewerb behindere;
- Werbung sei eine Verschwendung ökonomischer Ressourcen;
- Werbung beschleunige den Wirtschaftskreislauf;
- Werbung sei Auslöser unsinniger Käufe;
- Werbung verletze den Geschmack, mache falsche Versprechungen, lüge und verzerre die persönliche Werteskala.

Die weitgehende Parallelität von Lob und Tadel verweist darauf, dass diese Zuweisungen offenbar weniger empirisch als normativ begründet sind und dass vor allem Differenzierung nottut.

So gibt es hinsichtlich der ökonomischen und wohl auch gesellschaftlichen Nützlichkeit von Stellenanzeigen z.B. keine Kontroversen (die publizistische Bewertung mag dennoch anders ausfallen). In einer arbeitsteiligen und mobilen Gesellschaft haben sie eine nützliche, transaktionskostenarme Koordinationsfunktion zwischen Anbietern und Nachfragern von Arbeitsplätzen. Ökonomisch überwiegend positiv bewertet werden im Prinzip auch die Rubrikenwerbung in Tageszeitungen, Veranstaltungshinweise oder Anzeigenwerbung des Einzelhandels, weil unterstellt wird, dass sich der Informationsstand des Verbrauchers bei geringen Kosten der Informationsbeschaffung dadurch erhöht. „Die Tatsache, dass ein Großteil der Verkäufe von Gebrauchtwagen über den Anzeigenteil von Zeitungen abgewickelt wird und nicht über Gebrauchtwagenmärkte oder -basare spricht für die Transaktionskostenreduktion durch Medien" (Jenöffy-Lochau 1997, 23). Medien, aber eben auch Werbung in Medien, lassen sich ökonomisch als Institutionen begreifen, die Transaktionskosten reduzieren.

Der eigentlich – auch unter Ökonomen – kontrovers diskutierte Bereich der Werbung ist die so genannte Markenartikelwerbung, also der Löwenanteil der Werbung im Fernsehen, in Publikumszeitschriften, in überregionalen Zeitungen und im Kino. Markenartikelwerbung ist Konsumgüterwerbung, vorwiegend für technisch weitgehend homogene Produkte wie Waschmittel, Margarine, Zigaretten, Duschgels oder Softdrinks. Es sind Produkte mit einer Reihe gemeinsamer Merkmale: sie werden regelmäßig gekauft, es sind ausgereifte Produkte, deren qualitative Entwicklung weitgehend als abgeschlossen gilt und es gibt wenige Anbieter, die sich in oligopolistischer Konkurrenz gegenüberstehen (vgl. Wöhe 1990, 689). Markenartikel sind Produkte, deren Herkunft durch eine entsprechende Kennzeichnung (Markenname, Logo etc.) offen gelegt wird und die eine gleich bleibende, allenfalls verbesserte Qualität garantieren. So soll Vertrauen des Käufers in die Produkte des Anbieters geschaffen und gebunden werden. Probleme, die gerade mit Blick auf die Markenartikelwerbung immer wieder einmal öffentlich diskutiert werden, betreffen die oben aufgezählten Effekte: erhöht oder senkt die Werbung für Markenartikel die Preise der Produkte? Erhöht oder vermindert sie den Informationsstand und damit die Markttransparenz des Verbrauchers? Fördert oder mindert sie die Konzentration im Bereich der Konsumgüterindustrie?

In Deutschland wurde Mitte der 1970er Jahre von der Kommission für wirtschaftlichen und gesellschaftlichen Wandel ein Gutachten mit Blick auf diese Fragestellungen in Auftrag gegeben. Bezeichnend, wenn auch nicht überraschend nach den unterschiedlichen bis gegensätzlichen Urteilen über Werbung auch unter Ökonomen ist, dass die Gutachter auch hier zu keinem einheitlichen Votum kamen. Es gab zwar keine uneingeschränkt positive Bewertung der Markenartikelwerbung in den zwei getrennten Gutachten, sondern eine deutliche und eine stärker relativierende Problematisierung. Nach dem einen Gutachten (Blume/Müller 1976, 139f.)

- hat Markenartikelwerbung eher preiserhöhende als preissenkende Wirkung, weil sie via Präferenzaufbau und -verfestigung dem Anbieter Spielraum für die Gestaltung der Preise schafft;

- mindert Markenartikelwerbung durch Produktdifferenzierung eher die Markttransparenz für den Verbraucher, als dass sie sie erhöht;

- ist der Informationswert der Werbung insgesamt gering, da ein Großteil eben für ausgereifte Produkte stattfindet, die wiederholt gekauft werden, die der Verbraucher also irgendwann kennt;

- Behindert Werbung, zumindest in oligopolistischen Märkten, eher den Marktzutritt als dass sie ihn erleichtert, wirkt tendenziell also eher konzentrationsfördernd.

Das zweite Gutachten (Röper 1976) stellt diese Befunde nicht grundsätzlich in Frage, betont jedoch, dass Werbung nur ein Baustein im Marketingkonzept von Unternehmen sei, was die ihr zuschreibbaren Effekte relativiere. Das Argument lässt sich in der Tat kaum entkräften, wenn man sich das Arsenal an Marketinginstrumenten anschaut, mit denen Unternehmen den Markt zu beeinflussen und ihren Absatz zu erhöhen versuchen.

Abbildung 8.3: Marketingpolitiken und Marketinginstrumente

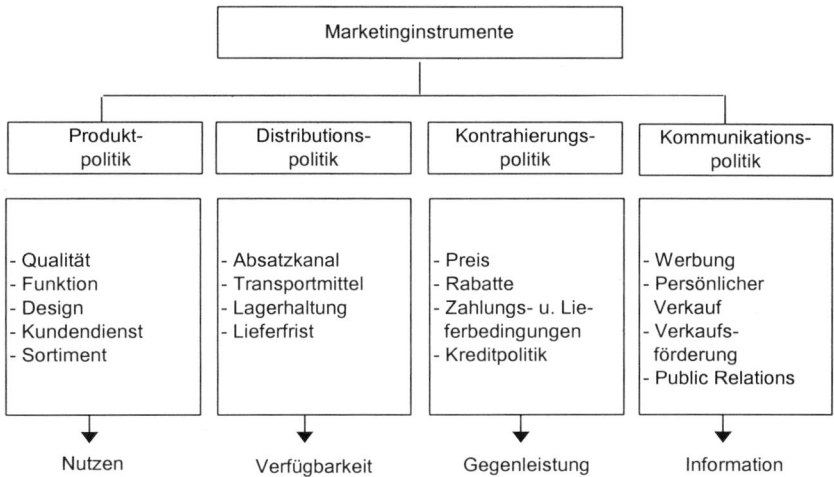

Quelle: Schweiger/Schrattenecker 1995, S. 28.

Auch Medienunternehmen bedienen sich offensichtlich zunehmend dieses Arsenals. So zählen die Massenmedien heute zu den werbeintensivsten Branchen überhaupt (Heffler 2004). Eine besondere Spielart ist die Eigenwerbung, die, vor allem bei den elektronischen Medien, als Eigenwerbung on air in Form von Trailern, Teaser, Cross Promotion etc. die Programme immer stärker zerstückelt (vgl. Krüger 2001)

8.3.1.3 Zur Wirkung von Werbung aus ökonomischer Sicht

Gerade die Positionierung von Werbung als eines von vielen, wenn auch vielleicht das sichtbarste, unter den Marketinginstrumenten erklärt wohl auch, worum zur ökonomischen Wirkung von Werbung so gut wie keine gesicherten Erkenntnisse vorliegen und das Henry Ford, oder einem anderen Industrieboss, zugeschriebene Bonmot, er wisse zwar, dass die Hälfte seiner Werbeaufwendungen zum Fenster hinausgeworfen sei, er wisse nur nicht welche Hälfte, den Wissenstand nach wie vor einigermaßen repräsentiert. So ist die einzige Wirkung der Werbung, die als einigermaßen gesichert gilt (Sohmen 1971, 22), ihr Potential, auf einem relativ homogenen Markt, wie eben für Zigaretten oder Waschmittel, bei entsprechendem Werbeaufwand Nachfrageströme von einem Produkt auf ein anderes umleiten zu können, wobei die Nachfrage insgesamt weitgehend konstant bleibt. Aber auch dies wird eher als Ausnahme gesehen und der regelmäßigere Fall scheint zu sein, dass sich das werbliche Trommelfeuer weitgehend neutralisiert. Gesamtwirtschaftlich wird also kein Produktionszuwachs erzielt, streng genommen eine Fehlallokation von Ressourcen, einzelwirtschaftlich ist es jedoch rational mitzutrommeln, solange es die Konkurrenz tut, weil sonst Marktanteils- und Absatzverluste drohen.

Erklären lässt sich die geringe Wirkung von Werbung durch Informationsüberlastung und daraus folgend selektiver Wahrnehmung und rational ignorantem Verhalten der Verbraucher. Informationsüberlastung meint den „Anteil nicht beachteter Information an der insgesamt angebotenen" (Kirchler 1999, 222). Sie lag Anfang der 1990er Jahre nach Berechnungen von Kroeber-Riel (1991) für massenmediale Werbung bei rund 95 Prozent, das heißt dass maximal 5 Prozent der Werbebotschaften die Verbraucher erreichten. Der Rest, so Kroeber-Riel (1992, 87) „landet unbeachtet auf dem Müll". Wenn man berücksichtigt, dass sich die Werbeaufwendungen seit Anfang der 1990er Jahre fast verdoppelt haben, dürfte die Quote der werblichen Informationsüberlastung heute noch höher liegen. Das bereits erwähnte Konzept der „rationalen Ignoranz" kann als ökonomische Fassung des Konzepts „selektiver Wahrnehmung" in der PKW verstanden werden. Danach filtern rationale Individuen aus der Menge insgesamt verfügbarer Information nach Nutzen/Kosten-Gesichtspunkten eine Teilmenge heraus, das heißt sie wählen Signale, deren erwarteter Nutzen die Rezeptionskosten (z. B. in Form von Zeit) übersteigt und ignorieren alle anderen. Das Konzept selektiver Wahrnehmung ist eng verknüpft mit dem der Aufmerksamkeit. Es entspricht dabei in der Unterscheidung von Franck (1998, 28f.) eher „attention", dem zielgerichteten, den Gegenstand herausheben Achtgeben, als „awareness", einem Zustand eher ungerichteter Aufmerksamkeit. Die schwierige Aufgabe der Werbung, die sie mit offenbar nach wie vor nur mäßigem Erfolg bewältigt, scheint zu sein, „awareness", die Medien als Werbeträger erzeugen, in „attention" für die Werbebotschaft umzuwandeln, also die Barrieren selektiver Wahrnehmung und rationaler Ignoranz gegen alle Informationsüberlastung zu überwinden, und zwar in der Regel, ohne dass der Beworbene durch einen subjektiven „Nutzen" für seine Aufmerksamkeit und Kooperation in der Endproduktionsphase der werblichen Dienstleistung kompensiert wird (Große Holtfort 2000, 22, spricht daher auch von der Erzeugung von Aufmerksamkeit als einem Externalitätenproblem).

Die eher kritische ökonomische Sicht auf die sektoralen und gesamtwirtschaftlichen Wirkungen zumindest eines Teils der Werbung, auf den allerdings der Hauptteil der Aufwendungen entfällt, soll hier wenigstens kurz ergänzt werden durch die kontroverse Diskussion hinsichtlich der Wirkungen der Werbung auf den Konsumenten. Das für Ökonomen kritische Stichwort ist „Konsumentensouveränität" und die Frage ist, ob die Konsumentensouveränität durch Werbung mit dem erklärten Ziel, systematisch die Präferenzstruktur der Konsumenten zu Gunsten der eigenen Produkte zu verschieben, verletzt wird. Schumann (1984, 61) unterscheidet zwischen informierender und nicht informierender Werbung, die allerdings in der Praxis schwer gegeneinander abgrenzbar seien, und hebt hervor, „dass informierende Werbung nicht als Schaffung künstlicher Bedürfnisse zu sehen ist, sondern unter dem Gesichtspunkt, dass sie dem Konsumenten die Möglichkeit vermittelt, vorhandene latente Bedürfnisse in das Bewusstsein zu rücken und/oder eine grobe Struktur von Bedürfnissen auszudifferenzieren und damit den Spielraum für souveräne Konsumentenentscheidungen zu erweitern". Wöhe (1990, 690) weist jede Kritik an der Werbung mit dem Hinweis auf die wirtschaftliche Entscheidungsfreiheit sowohl im Bereich der Unternehmen (was der hier aufgestellten These von der Werbung als Gefangenendilemmasituation widerspricht) als auch im Bereich der Konsumentenentscheidungen zurück. Röper (1976, 312f.) unterscheidet zwischen „kundigen" und „unkundigen" Verbrauchern und verweist darauf, dass der „kundige Verbraucher" sich als „weitgehend resistent gegen ‚Manipulation' und suggestive Beeinflussungsversuche" zeige, als eher „unkundig" müssten „Jugendliche, Altersschwache und Unerfahrene – wie Zuwanderer aus planwirtschaftlich organisierten Volkswirtschaften" gelten. Kroeber-Riehl (1992, 611) hingegen fordert, sich einer normativen Bewertung der Werbung zu stellen. So seien „Werbewissenschaftler zwar bereit, Techniken zur Beeinflussung des Marketing zu entwickeln, sie wollen aber einige peinliche Konsequenzen der Werbung, wie die gezielte Beeinträchtigung der menschlichen Entscheidungsfreiheit und die Konditionierung des Menschen im Dienste des Marketing, nicht wahrhaben. *Man will manipulieren, aber nicht in den Ruf des Manipulierers kommen*". Die Wirtschafts- und Sozialwissenschaften als empirische Wissenschaften sollten die Wirklichkeit so erfassen wollen, wie sie ist. Andererseits müsse man sich um die Verwertung seines Wissens kümmern, was primäre Werturteile unumgänglich mache. Kroeber-Riehl fordert daher programmatisch:

- „die metaphysische Annahme von der ‚Willensfreiheit' des Menschen aufzugeben,

- die durch Werbung ausgeübte Willensbeeinflussung (Macht) ohne Schönfärberei beim Namen zu nennen und zu untersuchen,

- die gesellschaftlichen Folgen der Werbung zu werten und dabei die Wertmaßstäbe offen zu legen,

- für eine Missbrauchsgesetzgebung einzutreten, die den Konsumenten vor einer zu weitgehenden Beeinflussung schützt".

Mit Blick auf die in Kapitel 6.3 diskutierte systematisch schwache Position des Medienkonsumenten und die Tatsache, dass die Medien selbst zu einer der werbeintensivsten Branchen avancierten, erscheinen diese Forderungen doppelt bedenkenswert und Anlass genug, das von Saxer (1987) konstatierte eher marginale Interesse der Kommunikationswissenschaft an der Werbung zu stimulieren. Hinzu kommen Bedenken der wenigen Ökonomen, die sich mit dem Thema Medien und Werbung befasst haben wie Sohmen (1971, 26), ob die Medien „durch ein volkswirtschaftlich wie gesellschaftspolitisch eher bedenkliches Finanzierungsinstrument subventioniert werden" sollten. Diese Frage ist kommunikationswissenschaftlich vor allem deshalb relevant, weil es primär die journalistischen, aktuell informierenden, den Prozess der Meinungsbildung ermöglichenden und formenden Medien sind, die sich diese Finanzierungsquelle erschließen konnten und weil, wie Schudson (1981, 11) anmerkt, Werbung als Teil des „cultural apparatus(...) cannot help but promote and reinforce the values and visions of Western capitalist society". Wenn auch nur die Möglichkeit besteht, dass die Medienfinanzierungsquelle Werbung die Medieninhalte direkt und indirekt beeinflusst – woran wenig Zweifel anzumelden sind (vgl. Kapitel 6.4.2) –, dann stellt sich z.B. die Frage nach der Objektivität der Medien auch in diesem Kontext.

8.3.2 Werbung als Finanzierungsquelle von Medien

8.3.2.1 Kurze Zusammenfassung bereits behandelter Aspekte einer Werbefinanzierung von Medien

Das Thema Werbung als Finanzierungsquelle von Medien ist bereits in Kapitel 4.3 angeschnitten worden. Dort ging es um die ökonomischen Guteigenschaften von Medien, die eine Zusammenfügung zu Kuppelprodukten ermöglichen, in die auch Werbung in Form von Inseraten oder Rundfunkspots problemlos integriert werden kann. Die zwei Märkte, auf denen privatwirtschaftlich organisierte Medien überwiegend ihre Einnahmen erzielen, der Publikums- und der Werbemarkt, unterscheiden sich dabei deutlich in ihrer Funktionsfähigkeit. Der Werbemarkt, auf dem Medien ein privates Gut, nämlich Raum und/oder Zeit in ihrem Kuppelprodukt anbieten, ist voll funktionsfähig insoweit, dass das Ausschlussprinzip gegenüber den Werbungtreibenden anwendbar ist und der Preismechanismus die ihm zugeschriebenen Funktionen weitgehend übernehmen kann. Der Wert des Trägerraumes für Werbung bestimmt sich nach den via Medienforschung ermittelten Kontaktchancen mit einem Publikum, dem eigentlichen Objekt von Präferenzen der Werbewirtschaft. Der Publikumsmarkt, auf dem Medien Kopien immaterieller, teilweise meritorischer Güter und selektiver Anreize anbieten, ist allenfalls eingeschränkt funktionsfähig. Sofern auch der Träger der Kopien die Eigenschaften eines öffentlichen Gutes hat, wie der terrestrisch verbreitete Rundfunk (und die Probleme einer Verschlüsselung und des Inkassos technisch und ökonomisch nicht zufrieden stellend gelöst sind, wie es jetzt erst die Digitalisierung verspricht), versagt der Publikumsmarkt, eine Refinanzierung der Medienproduktionskosten über das Preissystem ist hier nicht möglich, andere Finanzierungsformen, z.B. aus Werbung, sind erforderlich.

Auch in Kapitel 6.3 und 6.4 wurden Aspekte des Themas Werbung als Finanzierungsquelle von Medien bereits behandelt, wobei es hier vor allem darum ging, die Einflussmöglichkeiten der beiden Akteure Konsument und Werbewirtschaft auf das Medienangebot, zentral auch in Abhängigkeit von ihrem jeweiligen Finanzierungsanteil zur Medienproduktion, zu bestimmen. Während sich beim Konsumenten die Annahmen des Homo Oeconomicus ohnehin als nur begrenzt zutreffend erweisen und die Werbefinanzierung von Medien den Konsumenten auf dem Publikumsmarkt, gemessen an den Vorstellungen von der Konsumentensouveränität, zusätzlich weiter oder ganz entmachtet, ist die Werbewirtschaft ein modellgemäßer und mächtiger Akteur. Von diesem Akteur ist anzunehmen, dass er seine Präferenzen, die primär die Kontaktchancen auf dem Publikumsmarkt betreffen und allenfalls sekundär-instrumentell das Privatgut „Raum im Kuppelprodukt", durchzusetzen versucht.

Probleme einer Werbefinanzierung von Medien wurden schließlich auch in Kapitel 5.3 kurz angesprochen. Die spezifische Kostenstruktur von Medien mit einem hohen Anteil an Fixkosten und entsprechenden Größenvorteilen der Produktion ist ja nicht nur auf dem Rezipienten-, sondern auch auf dem Werbemarkt gegeben. Mit steigender Auflage/Reichweite eines Mediums in seinem relevanten Markt kommt der Werbungtreibende nicht nur in den Genuss sinkender Durchschnittskosten für seine kostspieligen Werbemittel. Bei gegebenem Einschaltpreis sinken auch die Kosten für 1000 Kontakte, das Vergleichsmaß auf dem Werbemarkt, ein Vorteil, den werbefinanzierte Medien aus Wettbewerbsgründen zum großen Teil an ihre Werbekunden weitergeben. Das gleich noch näher zu behandelnde Phänomen, das in der PKW als Auflagen-Anzeigen-Spirale bekannt ist, erklärt sich aus diesen Zusammenhängen.

Das, was zum Problemfeld: Werbung als Finanzierungssystem von Medien bereits erarbeitet worden ist und oben zusammenfassend kurz repetiert wurde, soll in diesem Kapitel um zwei Aspekte ergänzt werden. Zum einen bedarf das gerade erwähnte Phänomen der Auflagen-Anzeigen-Spirale einer näheren Betrachtung. Zum anderen sind Strategien, die Medienfinanzierungsquelle Werbung zum Sprudeln zu bringen, zu untersuchen.

8.3.2.2 Das Phänomen der Auflagen-Anzeigen-Spirale

Die Auflagen-Anzeigen-Spirale ist ein Modell, das die interdependenten Wirkungen von Entwicklungen auf dem Leser- und dem Werbemarkt zu beschreiben versucht. Es lässt sich wie folgt darstellen (vgl. Stahmer 1995, 153f.): Ausgangspunkt ist eine Auflagensteigerung einer Zeitung, Resultat vielleicht einer zufälligen Erhöhung der Lesernachfrage. Diese beeinflusst die Gewinn- und Erlössituation der Zeitung auf mehreren Ebenen: es lassen sich Größenvorteile der Produktion realisieren, das heißt die Stückkosten je Zeitungsexemplar sinken. Es sinken, bei konstanten Insertionspreisen, aber auch die Tausenderpreise für die Werbewirtschaft, woraus sich in der Regel eine stärkere Nachfrage nach Anzeigenraum ergibt. Heinrich (2001, 241) spricht hier vom „Mengeneffekt", denn der Mehrverkauf von Anzeigen steigert den Gewinn ja ohne Erhöhung der Insertionspreise. In der Regel werden die Preise für die Werbewirtschaft nach einiger Zeit aber an die gestiegene Auflage angepasst, was den Gewinn noch einmal direkt steigert (Preiseffekt). Der so realisierte Gewinn lässt sich nun für eine Verbesserung des Medienproduktes einsetzen (Einführung neuer Spezialseiten, Ausweitung der Lokalberichterstattung etc.). Die so verbesserte publizistische Qualität lockt neue Leser an, die, wenn sie zu Käufern werden, die Auflage erneut steigen lassen. Die Spirale beginnt sich zu drehen. Die Zusammenhänge sind in Abbildung 8.4 dargestellt.

Abbildung 8.4:   Auflagen-Anzeigen-Spirale

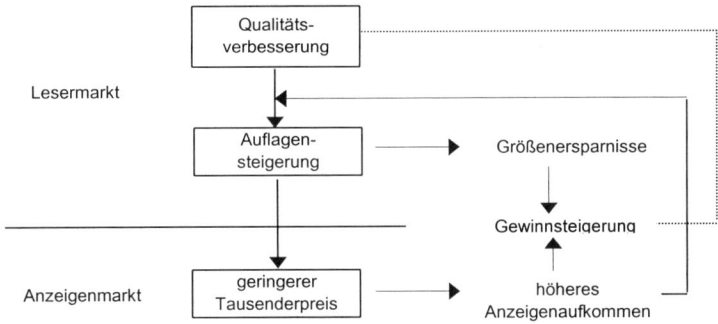

Quelle: Stahmer 1995, S. 154.

Die Interdependenz von Leser- und Anzeigenmarkt lässt aber auch eine Abwärtsspirale zu, in dem Sinne, dass sinkende Auflage nicht nur die Stückkosten erhöht, sondern auch das Anzeigengeschäft verschlechtert, beides die Erlössituation beeinträchtigt, was Kostensenkungen erzwingt. „Es entsteht eine Spirale des Niedergangs, die wechselseitig durch Verringerung des Werbeaufkommens, Einschränkungen des publizistischen Aufwands, Senkung der Vertriebsauflage und erneuter Minderung des Werbeaufkommens gekennzeichnet ist" (Witte 1984, 75).

Mit der Auflagen-Anzeigen-Spirale werden vor allem auch die Konzentrationstendenzen auf dem Zeitungsmarkt begründet. Das Phänomen bedarf also näherer Analyse. Abstrahiert man zunächst einmal von Schwächen des Modells, so scheinen für die Spirale vor allem zwei Faktoren ursächlich:

-   Die spezifische „Kuppelproduktion", wonach die zu einem Zeitungsexemplar zusammengefügten Teile, nämlich redaktioneller und Anzeigenteil, wirtschaftlich so miteinander verknüpft sind, „dass der Erfolg am Lesermarkt den Erfolg am Anzeigenmarkt beeinflusst und ggf. vice versa" (Stahmer ebenda, 152). Heinrich (1994, 212) hält unter der Überschrift:

„Die kumulative Dynamik der Einnahmen" dazu fest: „Die Konsequenz der Verbundproduktion für den Leser- und den Werbemarkt zugleich ist eine kumulativ-dynamische Verknüpfung von Nachfragesteigerung und Gewinn, die als relativ einzigartig gilt".

-   Die kumulative Dynamik wiederum hängt wesentlich mit den unterschiedlichen Gewinnre-
    lationen, gemessen am Umsatz, auf dem Leser- und dem Anzeigenmarkt zusammen. Hein-
    rich hat einmal, bezogen auf ein „Monatsstück" (ein Zeitungsexemplar für einen Monat)
    der regionalen Abonnementzeitungen, die, wie er es nennt, Subvention des Text- durch den
    Anzeigenteil kalkuliert. Das Ergebnis zeigt Übersicht 8.5.

Übersicht 8.5:   Finanzierungsanteile von Text- und Anzeigenteil einer Zeitung

Kalkulation der "Werbesubvention" für das Monatsstück 1990
(in DM und in % des Gesamtumsatzes / bzw. der Gesamtkosten)

Gesamt-Umsatz	60,41	100,0 %
Gesamt-Kosten	56,79	94,0 %
Gesamt-Gewinn	3,62	6,0 %
Text-Umsatz	20,23	33,5 %
Text-Kosten	35,49	62,5 % der Kosten
Text-Gewinn	-15,26	-25,3 %
Anzeigen-Umsatz	40,17	66,5 %
Anzeigen-Kosten	21,29	37,5 % der Kosten
Anzeigen-Gewinn	18,88	31,3 %

Quelle: Heinrich 1994, S. 212.

Danach trägt der Umsatz aus dem Lesermarkt (Text-Umsatz) mit 20,23 DM nur zu 57 Prozent
zur Deckung der Kosten für den redaktionellen Teil in Höhe von 35,49 DM pro Monatsstück
bei, der Verlust liegt mit 15,26 DM bei 43 Prozent. Genau umgekehrt sieht die Kalkulation für
den Anzeigenteil aus. Die Umsätze aus dem Anzeigenmarkt in Höhe von 40,17 DM stellen mit
18,88 DM zu 47 Prozent Gewinne dar, zur Kostendeckung reichen 21,29 DM, das sind 53 Prozent der Umsätze. Auch wenn solche Beispielsrechnungen, wie Heinrich betont, nur „Eckwer-
te" darstellen, weil Zusammenhänge nicht differenziert genug erfasst werden können, so machen sie doch die kumulative Dynamik in der Gewinnentwicklung einer Zeitung deutlich, die
von einer durch steigende Auflage induzierten steigenden Nachfrage nach Anzeigenraum ausgeht. Die von Ruß-Mohl (1992) hier bereits zitierte Aussage eines amerikanischen Marketing-
experten, dass es bei dem Tod amerikanischer Zeitungen in den 1980er Jahren letztlich nicht
darum gegangen sei, mehr Zeitungsexemplare auf dem Lesermarkt, sondern mehr Anzeigen
auf dem Werbemarkt zu verkaufen, gewinnt vor dem Hintergrund der Kalkulation von Heinrich eine hohe Plausibilität. Wenn in der Gesamtkalkulation der redaktionelle Teil Verluste von
25,3 Prozent einfährt, die nur durch die Gewinne aus dem Werbemarkt in Höhe von 31,3 Prozent ausgeglichen werden können und unter dem Strich einen Gewinn von 6 Prozent vom Gesamtumsatz ermöglichen, dann sind Lesergewinne wahrlich nur unter dem Aspekt ihrer möglichen Anreizfunktion für mehr Anzeigenverkäufe ökonomisch interessant.

Die Auflagen-Anzeigen-Spirale ist als Modell, das die interdependenten und dynamischen
Beziehungen zwischen Leser- und Anzeigenmarkt der Zeitungen abzubilden vermag, weitgehend unbestritten (vgl. Kantzenbach/Greiffenberg 1980, Schütz 1997), wenn auch die Annahmen zum Teil der Präzisierung bedürfen. So ist insbesondere fraglich, ob eine verbesserte Ge-

winnsituation der Zeitung immer zu einer Qualitätsverbesserung der Zeitung führt und noch fraglicher ist, ob diese von bisherigen Nichtlesern des Blattes wahrgenommen wird und Bezugsimpulse auslöst. In den weitgehend gesättigten Zeitungsmärkten sind neue Leser für ein Blatt ja überwiegend nur auf Kosten der Konkurrenz zu gewinnen. Wenn man berücksichtigt, dass Zeitungen Erfahrungsgüter sind, die vergleichende Lektüre zur Feststellung von Unterschieden der Qualität zeitaufwendig ist, die Leser-Blatt-Bindung als hoch und die Nachfragebeweglichkeit auf den Lesermärkten als niedrig gilt, was sich als Form des Satisficing interpretieren lässt (vgl. Kapitel 6.3.2), dann sind einige Zweifel an dem zwangsläufigen Automatismus der Spirale anzumelden. Heinrich verweist zudem darauf, dass Nachfragesteigerungen durch Verbesserung der Produktqualität keine Besonderheit sind, er kappt die „Spirale" damit sozusagen auf den unteren Bereich der Grafik, wonach ein Anstieg der Auflage auf dem Lesermarkt zu einem kumulativ-dynamischen Anstieg der Gewinne aus dem Anzeigenmarkt und damit auch der Gesamtgewinne einer Zeitung führt.

Die Auflagen-Anzeigen-Spirale gilt der Grundidee nach nicht nur für Zeitungen, sondern auch für Zeitschriften (Stahmer ebenda 157), ja für alle werbefinanzierten Medien. Ein Anstieg der Reichweite eines kommerziellen Fernsehsenders bzw. des „Marktanteils" unter Berücksichtigung des Zeitaufwandes löst weitgehend ähnliche Mengen- und Preiseffekte aus, hier allerdings nur, wenn der Anstieg in einer werblich interessanten Zielgruppe erfolgt, eine Einschränkung, die insbesondere bei Regional- und Lokalzeitungen eine deutlich geringere Rolle spielt. Wie stark im Bereich des Fernsehens die Umsetzung von Marktanteilen auf dem Zuschauermarkt in entsprechende Erlösanteile auf dem Werbemarkt davon abhängig ist, dass die werblich interessante Zielgruppe erreicht wird, macht diese Berechnung von Heinrich deutlich.

Übersicht 8.6: Kongruenz von Werbemarkt und Zuschauermarkt 1993

	ARD	ZDF	RTL	SAT.1	ProSieben	DSF	Kabelkanal
Marktausschöpfung[1)]	36,1	40,6	205,4	175,3	160,3	100,0	40,0
1) Werbemarktanteil in Prozent des Zuschauermarktanteils.

Quelle: Heinrich 1994a, S. 305.

Der 1993 kommerziell erfolgreichste Sender war RTL, dessen Erlösanteil am Werbegeschäft seinen Marktanteil am Zuschauermarkt um 205 Prozent übertraf, während Kabelkanal sein Zuschauerpotential nur zu 40 Prozent in klingende Münze umsetzen konnte, ein Ergebnis, das zweifellos auch damit zu tun hat, dass die Werbewirtschaft generell den Marktführer auf dem relevanten Werbemarkt bevorzugt. Albarran (1996, 154) notiert zu dieser Präferenz der Werbewirtschaft für den Zeitungsmarkt: „Advertisers will tend to place more dollars in the paper that attracts the most readers, thus the ‚second' paper in the market will receive a disproportional lower share of advertising dollars. As the leader attracts more readers and advertisers over time, the second paper faces a downward-sloping circulation spiral". Diese Tendenz der Werbewirtschaft zum Marktführer ist im Rundfunkbereich allerdings für diesen nicht immer voll abschöpfbar. Denn im Gegensatz zu den Printmedien unterliegt der Werbeumfang bei den Rundfunkmedien in der Regel einer Limitierung durch den Gesetzgeber, so dass die Nachfrage die Angebotsmöglichkeiten häufig übersteig. Das erlaubt dann auch Zweit- und Drittanbietern ein wirtschaftliches Überleben (vgl. Heinrich 1999, 283). Für die geringen Ausschöpfungsquoten der öffentlich-rechtlichen Sender ARD und ZDF sind offensichtlich „falsche" Zielgruppen der oder ein Hauptgrund, und natürlich spielen auch die Limitierung und die tageszeitliche Begrenzung der Werbung eine Rolle.

8.3.2.3 Strategien zur Erschließung der Finanzierungsquelle Werbung

Ernst-Joachim Mestmäcker (1979, 26), langjähriges Mitglied der deutschen Monopolkommission, hielt als Resümee seiner Erfahrungen mit Verlagskonzentration und Wettbewerbstrategien auf den Zeitungsmärkten fest: „Der hohe Beitrag des Anzeigenaufkommens zu den Erträgen der Tageszeitungen hat Rückwirkungen auf die Gestaltung der redaktionellen Teile. Ein Kuppelprodukt, das bei Abonnementszeitungen etwa 70 Prozent, bei Straßenverkaufszeitungen über 50 Prozent des Gesamterlöses erbringt, kann unternehmerisch nicht als Nebenprodukt betrachtet werden. Es wird als solches geplant und produziert. Das zeigt besonders die Einführung von Zeitungteilen zur Erschließung von Absatzmärkten". In der Tat scheint die Strategie, über redaktionelle Erweiterungen Leser wie Inserenten zu gewinnen, eine der ältesten Strategien des Zeitungsgewerbes zu sein. So hat ja schon Karl Bücher (1981), wie hier mehrfach erwähnt, auf die bedeutende Erweiterung der Stoffbereiche verwiesen, die Zeitungen im Laufe des 19. Jahrhunderts allmählich abzudecken begannen, wobei ihm das unternehmerische Kalkül der Erschließung nicht nur von Leser-, sondern auch von Werbemärkten dabei völlig klar war. Auch die Einführung von Zeitungsbeilagen, die in größeren periodischen Abständen bestimmte Themenbereiche ausführlicher behandeln, ist, wie die Beobachtungen Büchers zeigen, keine neue Erfindung, sondern eine heute allenfalls verbreiteter genutzte Strategie, in Grenzverwischung zu den Zeitschriften der Werbewirtschaft ein nach Produktinteressen vorsortiertes Zielpublikum von Kapitalanlegern oder Eigenheimerbauern z.B. anbieten zu können.

Letztlich muss man wohl auch die Unterscheidung von Zeitungsmärkten, wie sie heute in der Publizistikwissenschaft üblich ist, als Ergebnis der Schaffung von Anzeigenmärkten begreifen. Beim Verbreitungsgebiet vor allem der Lokalzeitung ist das unmittelbar einsichtig: Verbreitungsgebiet und regional definierter Werbemarkt sind deckungsgleich. Bei überregionalen Blättern kommt die Vertriebsmethode als zusätzliches Differenzierungskriterium hinzu, also Abonnement oder Straßenverkauf, die, zumindest hierzulande, auch das Anspruchsniveau der Zeitung und damit die Schichtzugehörigkeit der anvisierten Leserschaft signalisiert. Zeitungen wie Die Welt und die Bildzeitung aus einem Verlagshaus, beide überregional verbreitet, mit klar konturierten Profilen als Abonnement- bzw. als Straßenverkaufszeitung, kommen sich als Werbeträger auf keinen Fall in die Quere, schöpfen zusammen aber sicher einen beachtlichen Teil des überregionalen Marktes für Zeitungsanzeigen ab. Unmittelbar einsichtig ist der Zusammenhang auch bei der Einrichtung von Lokal- und Regionalausgaben einer Zeitung. Hier werden Anzeigenmärkte geschaffen und, falls sie lukrativ sind, so auch gleich verhindert, dass Konkurrenz sich angezogen fühlen könnte.

Strategien zur Erschließung der Finanzierungsquelle Werbung sind bei werbefinanzierten Medien von allgemeinen Absatz- und Produktdifferenzierungsstrategien der Medienunternehmen kaum zu trennen. Das wird – bislang – vor allem auf dem Zeitschriftenmarkt deutlich. Auch von Zeitschriftenverlegern, die 1990 im Durchschnitt 54 Prozent der Umsätze ihres Mediums auf dem Werbemarkt erzielten (Stahmer 1995, 171), muss dieser Umsatzanteil unternehmerisch geplant und produziert werden, und das beste Beispiel sind die Zielgruppen- und die Special-interest-Zeitschriften. Die hier schon wiederholt angesprochene Zunahme von Blättern, die den Leser mit ihn persönlich interessierenden Informationen in seiner Rolle als Konsument oder seiner Berufrolle bedienen, ist ja nicht nur Reaktion auf eine sich differenzierende und individualisierende Gesellschaft, sondern vor allem auch eine Möglichkeit, werblich attraktive Zielgruppen zu schaffen. Wenn es gelingt mit dem Medium eine Leserschaft zu binden, die nicht nur in der Sozialstruktur und vielleicht noch nach sozialpsychologischen Kriterien, wie sie vor allem von Publikumstypologien (vgl. Gleich 1996, Pepels 1997, Böhler 1995) herausgearbeitet werden, den Anforderungen der Werbewirtschaft entspricht, sondern die sich darüber hinaus auch noch durch ein spezifisches Produkt- oder Konsuminteresse auszeichnet, dann ist ein für die Werbewirtschaft unterscheidbarer Werbeträger geschaffen, der zudem noch den Vorteil hat, sich in der wettbewerblich etwas ruhigeren Nische monopolistischer Konkurrenz zu bewegen. Die Werbung schätzt Medien, so Jörn Kraft (1995), „die ihr die Verbraucher schon nach Warengruppen vorsortieren (...). Also finden wir heute drei oder vier Zeitschriften für allgemein interessierte Zeitgenossen, aber drei- oder vierhundert für Leute mit konsumträchtigen Nebentätigkeiten". Dabei wird das Mischungsverhältnis im redaktionellen Teil des Mediums vom Verleger bewusst zu Gunsten der selektiven Anreize verschoben, Zeitschriften für Hobbyköche oder Laienbörsianer stellen ja fast ausschließlich nur noch selektive Anreize bereit. Heinrich (1999, 45) spricht von „Werbeumfeldjournalismus".

Ökonomisch verweist das auf Erhöhung der allokativen Effizienz, gerade das Beispiel Zeitschriftenentwicklung legt jedoch die Vermutung nahe, dass die Vervielfältigung des Medienangebots primär den Zielgruppenpräferenzen der Werbewirtschaft folgt. Konsumgüterwerbung richtet sich ja heute kaum mehr an jedermann, sondern in erster Linie an die bestehende Kundschaft (Degen 1995), die bei der Stange gehalten werden soll oder an Leute mit Produktinteresse bzw. bei denen es vermutet werden kann. Eine Schweizer Studie (Saxer/Landolt 1995, 107f.), die durch Medien und Werbung vermittelte mit realen Lebensstil- und Freizeitmodellen verglich, kommt daher auch zu dem aufschlussreichen Fazit, dass eine Medienstrategie erfolgreich auf dem Publikums- wie auf dem Werbemarkt vor allem dann ist, wenn sie „*systemisch* den Konsum als wesentliches Element des modernen Freizeit-Lebensstils gebührend berücksichtigt" – was meint, in ihrem redaktionellen Teil gebührend berücksichtigt – „und sich damit eine lukrative Verbindung mit der Werbewirtschaft sichert". Wenn es einem Medienprodukt gelingt, mit seinem redaktionellen Angebot die Brücke zum Konsum bestimmter Produkte und Dienstleistungen des Massenbedarfs zu schlagen, was ja insbesondere die Special-interest-Zeitschriften versuchen, scheint der Werbemarkt fast unbegrenzt aufnahmefähig. Dass dies aus ökonomischer Sicht eine ineffiziente Allokation von Ressourcen ist, solange die Präferenzen der Werbewirtschaft mit Blick auf das Medienpublikum von den Präferenzen des Publikums mit Blick auf das Medienangebot abweichen, wie Owen/Wildman (1992, 92) in Hinblick auf das werbefinanzierte Fernsehen feststellen, scheint dabei kein Hinderungsgrund für die Expansion des Medienangebots zu sein.

Ökonomisch erklärbar ist das nur mit der Entkoppelung von Produktionskosten und Refinanzierungsmöglichkeit, die eine Medienfinanzierung ganz oder teilweise aus Werbung ja darstellt. Die Insertionspreise für die Werbewirtschaft spiegeln die Produktionskosten für das Medienprodukt nicht wider, sondern werden nach Attraktivität und Ausschöpfung der werblichen Zielgruppe, also nach deren Wert auf dem Werbemarkt gebildet. Aber auch die dem Rezipienten als Käufer von Medienprodukten abverlangten Preise stellen nicht die anteiligen Kosten der

Medienproduktion dar, da aus dem Werbemarkt „querfinanziert" wird, um die anvisierte Zielgruppe durch nicht zu hohe Preise möglichst ausschöpfen zu können.

Im Gegensatz zur Zeitschriftenpresse, die als Werbeträger zunehmend Reichweitenoptimierung innerhalb eng definierter Zielgruppen betreibt, ist das werbefinanzierte Fernsehen z. Zt. noch ein Reichweitenmedium, werblich interessant allerdings vor allem mit hohem Marktanteil in der relativ grob definierten Zielgruppe der 14- bis 49-Jährigen. Die einzige Möglichkeit, den Marktanteil zu steigern und die Finanzierungsquelle Werbung durch mehr Werbeeinschaltungen auf „klassische" Weise zum Sprudeln zu bringen, sind – besser als von der Konkurrenz gesetzte – selektive Anreize, eine ziemlich erfolgsunsichere Strategie (vgl. Kapitel 6.3.2.3). Die strategische Situation wird sich bei Spartenkanälen, sofern diese ein entsprechend großes Publikum anzuziehen vermögen, der bei Special-interest-Zeitschriften annähern, vor allem wenn Zuschauerentgelte nicht nur eine zweite Finanzierungsquelle stellen, sondern auch ein Mittel der Zielgruppenformung. Allerdings sind unmittelbare Vergleiche zwischen den beiden Medien problematisch, nicht zuletzt aufgrund ihrer unterschiedlichen Periodizität.

Daneben scheinen neue (oder wieder entdeckte) Formen einer Finanzierung vor allem der audiovisuellen Medien aus dem Werbemarkt an Bedeutung zu gewinnen, darunter vor allem auch Formen programmintegrierter Werbung. Gemeint sind Sponsoring, das hierzulande rundfunkrechtlich verbotene Product-Placement (zu den davon unberührten Praktiken vgl. Lilienthal 1998) und Licensing bzw. Merchandising. Alle Finanzierungsformen entsprechen dem Prinzip der Gegenseitigkeit, stellen also ein Entgelt für eine werbliche Gegenleistung dar. „Sponsoring ist eine spezifische Form der Verwertung kultureller Leistungen, indem diese zum Vehikel für den Transport von Mitteilungen an das (...) Publikum gemacht werden.(...) Konkret bietet die Kultureinrichtung dem Sponsor eine Art Werbefläche an, die er seinerseits (einvernehmlich) für seine Imagewerbung (...) nutzen kann" (Bendixen 1998, 240). Nach Heinrich (1999, 548) erzielten die deutschen Fernsehsender 1996 Bruttoumsätze aus Sponsoring in Höhe von 102 Mio. DM, im Vergleich zu 6,9 Mrd. DM, die als Nettoeinnahmen aus der Fernsehwerbung flossen. Product-Placement ist der „Ersatz eines No-Name-Produkts in der Spielhandlung eines Films oder einer TV-Serie durch einen Markenartikel" (Auer/Diederichs 1991, 17) und Heinrich (1999, 549) zitiert Schätzungen, dass zwischen 100 und 200 Mio. DM in Deutschland dafür ausgegeben werden. Licensing oder Merchandising, die Begriffe sind nicht völlig deckungsgleich, werden aber häufig alternativ verwendet, meint das einträgliche Nebengeschäft mit Rechten an Markennamen, Zeichentrick- oder Filmfiguren, Fernsehserien, Events oder bekannten Persönlichkeiten. Umsatzzahlen sind dazu kaum verfügbar.

Bei den wenigsten dieser neuen „Kommunikationsmaßnahmen" handelt es sich um brandneue Ideen, sondern um zumeist schon recht betagte Erfindungen findiger Medienproduzenten, die seit den 1980er Jahren aber systematisch entwickelt und professionalisiert zu werden scheinen. Product-Placement gab es schon in den alten Ufa-Filmen und Licensing gilt spätestens seit der Erfindung von Walt Disneys Micky Mouse als einträgliche Nebenerwerbsquelle. Professionalisierung bedeutet dabei vor allem, dass Medienprodukte heute systematisch auf die Ausschöpfung dieser Möglichkeiten hin konzipiert werden.

Während Sponsoring als eine dieser neuen kommerziellen Einnahmenquellen noch dem klassischen Muster folgt, dass die Werbebotschaft dem redaktionellen Teil des Medienprodukts erkennbar hinzugefügt wird, der Trennungsgrundsatz von Programm und Werbung also eingehalten wird, ist dies bei anderen der neuen Formen nicht mehr der Fall, z.B. bei Product-

Placement und weiten Bereichen des Licensing (Auer/Diederichs 1991, Hollstein 1994, Weik 1994). Die aus kommunikationswissenschaftlicher Sicht relevanteste Veränderung scheint dabei zu sein, dass Werbung zunehmend vom Medienträger in die Medieninhalte verlagert wird, die zwei Teile des Kuppelprodukts „werbefinanziertes Medium" zu einem einzigen Teil verschmelzen. Diese Entwicklung zeichnet sich tendenziell schon mit den Special-interest-Zeitschriften ab. Diese finanzieren sich nach den Befunden der oben erwähnten Studie von Saxer/Landolt (ebenda 108) ja zunehmend „von der Überredung zum Konsumieren. Lebensstilmuster stellen da *eine fast ideale Verbindung von Redaktions- und Insertionsteil* dar; in diesen wird wieder verschmolzen, was im Verlaufe einer langwierigen Entwicklung der publizistischen Kultur im Sinne größerer Transparenz des publizistischen Angebots allmählich abgegrenzt wurde, eben ein generellen Interessen verpflichteter Teil und einer im Dienste von zahlenden partikulären Interessen".

Die Praktiken beim Licensing gehen offenbar noch ein Stück weiter, wenn Comic-Figuren und Serienhelden nicht zuletzt mit Blick darauf geschaffen werden, welche neuen Produktlinien und Absatzmärkte sich damit für den das Medienprodukt finanzierenden Spielzeugfabrikanten z.B. entwickeln lassen. Die schon einmal kurz erwähnte Forschungsarbeit von Stephen Kline (1991) zeigt am Beispiel des US-Fernsehens, wie Kinderprogramme in wachsendem Maße diesen Verwertungsstrategien unterworfen werden. Die erste Maßnahme ist, dass Kinderprogramme mit Realitätsbezug aus den Fernsehprogrammen verschwinden und durch Trickfilme und Fantasy-Programme ersetzt werden, mit denen sich die neuen Verwertungsstrategien besser verwirklichen lassen. Für die Produktionsentscheidung wichtigstes Kriterium eines Programms ist nicht mehr die erwartete Publikumsgröße, sondern die Zahl neuer Trickfilmcharaktere, deren Rechte sich mit Gewinn verkaufen lassen. „In vielfacher Weise ist die Fähigkeit eines Programms, ein Produkt auf den Markt zu bringen, zu trennen von seiner Popularität als Unterhaltungssendung" (Kline 1991,226). Auch in Deutschland ist das Geschäft mit den Lizenzen ein Teil der Finanzierung von Kinderprogrammen. „Die frühzeitige Vergabe der weltweiten Spielzeugrechte an einen großen Spielzeughersteller leistet einen ganz beträchtlichen Beitrag zur Finanzierung der TV-Produktion" (Weik 1994, 82). Ein wichtiger Baustein, so Weik weiter, sei dabei „die Produktion einer Spielzeuglinie, die zeitgleich mit dem Ausstrahlungsstart auf den Markt kommt und weiteren Produkten den Markt bereitet".

Die Verlagerung der Werbeimpulse möglichst in den redaktionellen Teil bzw. in das audiovisuelle Produkt hat offensichtlich mehrere Antriebskräfte. So soll einmal das autonome Ignorieren der werblichen Anliegen des Finanziers durch das Publikum mittels Fernbedienung unterbunden werden. Dem dienen z.B. auch Laufbänder mit Werbung während des Programms. Zum anderen wird die Digitalisierung den Zusammenhang zwischen Medieninhalten und Medienträger generell weiter lockern. Die Fragmentierung des Publikums zwingt zur Mehrfachverwertung von Medieninhalten, die nun auf verschiedenen Medienträgern ihr Publikum, aber auch ihre Werbegelder einsammeln müssen. All dies begünstigt eine Entwicklung, die Werbebotschaften möglichst unlösbar mit den Medieninhalten zu verknüpfen. „Der Trend geht eindeutig hin zu programmintegrierter Werbung", stellt denn auch einer der Direktoren der über die Einhaltung der staatsvertraglichen Werbevorschriften wachenden Landesmedienanstalten fest (taz vom 20./21.2.1999). Wie diese ihre Aufgabe, die Einhaltung des Trennungsgrundsatzes zu gewährleisten, in Zukunft werden lösen können, ist eine offene Frage. Für die

Medienpraxis vermag dieses „Leitbild von gestern" nach den Recherchen von Baerns (2004, 41) „handlungsleitende Wirkung ... nicht ausreichend zu entfalten".

Die aktuellen Entwicklungen stellen aber auch Definitionsversuche der Werbung wie den von Schmidt (1991, vgl. auch Kapitel 4.3.2) in Frage, die auf das Moment der zwangfreien Aufmerksamkeit abstellen und die noch die „klassischen" Werbemethoden in Respektierung des Trennungsgrundsatzes im Blick haben. Strategien der programmintegrierten Werbung setzen das Moment der Freiwilligkeit und Zwanglosigkeit außer Kraft und nähern sich der Manipulation.

8.4   Sonstige marktmäßige Erlösformen

Die Möglichkeiten kommerzieller Fernsehveranstalter einer direkten Finanzierung aus dem Rezipientenmarkt blieben bislang beschränkt. Pay-TV hat auf stark besetzten Fernsehmärkten wie z.B. dem deutschen Schwierigkeiten, sich in größerem Umfang durchzusetzen, die Zahlungsbereitschaft für weitere Angebote bei ohnehin reichlicher „kostenloser" Versorgung ist beim Publikum offenbar gering. Die Verbilligung der Telefonkosten und die Entwicklung des Handys zum persönlich offenbar wichtigsten Kommunikationsmittel überhaupt, zumindest bei den jüngeren Generationen, scheinen hier nun neue Möglichkeiten zu eröffnen. Und natürlich stimuliert die Aussicht auf ein evtl. anhaltend niedrigeres Wachstum der Werbefernsehmärkte in der Zukunft als in der Vergangenheit das Nachdenken über neue Geschäftsmodelle in der Branche. Der „Fernseh"-Sender Neun Live könnte sich als das Grundmuster eines neuen und offenbar erfolgreichen Geschäftsmodells erweisen, die Castingshow ‚Deutschland sucht den Superstar' eine deutlich erweiterte und differenzierte Variante dieses Grundmusters darstellen.

Neun Live verdient sein Geld mit Telefongewinnspielen. Einfache Fragen, anfeuernde Moderatoren und die Aussicht auf Gewinn von mehreren hundert oder tausend Euro lassen offenbar Millionen zum Hörer oder zum Handy greifen. Die pro Anruf zu zahlende Telefongebühr teilen sich die beteiligten Telefongesellschaften und der Sender. Nach Recherchen des Spiegels (Nr. 38/2004, 102) erzielte Neun Live 2003 einen Umsatz von 78,7 Millionen Euro. Da das Programm wenig kostet, soll die Umsatzrendite bei 37 Prozent liegen, was einen Gewinn vor Steuern 2003 von 29 Millionen Euro bedeutet. Fast alle Sender versuchen inzwischen, Neun Live kopierend, zumindest über bestimmte Sendestrecken Call-in-Erlöse mit Hilfe von Gewinnspielen zu erzielen. Eine deutlich avancierte Strategie, diese Erlösquelle neben anderen in ein komplexes Geschäftsmodell zu integrieren, lässt sich an der schon in Kapitel 6.2.2.3 diskutierten RTL-Sendung ‚Deutschland sucht den Superstar' ablesen. Call-in-Erlöse aus den Abstimmungen über die Kandidaten in den insgesamt 15 Castingshows waren eine wichtige Umsatzsäule – neben Werbung, CD- und DVD-Verkäufen sowie Einnahmen aus Merchandisingartikeln. Der Spiegel (ebenda) kolportiert 4.5 Millionen Anrufe allein zur Endabstimmung in der Sendung von 8. 3. 03 mit 1,2 Millionen Euro Call-in-Erlösen für RTL. Die Sendung gehörte mit 12,5 Millionen Zuschauern und einem Marktanteil von 40 Prozent zu den zehn meistgesehenen Sendungen des Jahres 2003 (Darschin/Gerhard 2004). Rein rechnerisch beteiligte sich gut jeder dritte Zuschauer an der Abstimmung.

Die Sendung mit ihrem Erfolg kann als Musterbeispiel dafür dienen, wo Möglichkeiten neuer Wachstumsimpulse für die Branche gesehen werden.

1. Der Zuschauer muss zum Fan werden, vom mehr oder weniger zufälligen, gelangweilten und gleichgültigen Nachfrager auf dem Rezipientenmarkt zum Mitglied einer – formatfokussierten – Fan-Community. Dass und wie RTL diese Strategie schon seit langem verfolgt, wird am Beispiel Formel-1-Rennen deutlich, die RTL-Chef Zeiler (2003, 287) so beschreibt (und die gleichzeitig auch als eine Strategie der Formatverlängerung und Formatstreckung gelesen werden kann, um steigende Programm- und Rechtekosten abzufangen). „Es reicht allerdings nicht, das nackte Ereignis (Wettkampf) live in die Wohnstuben flimmern zu lassen. Man muss Zuschauer zu Fans machen (...) Als RTL 1985 mit seiner Berichterstattung begann, interessierten sich nur ein paar hunderttausend Zuschauer für den schnellen Sport. Bis dahin wurden Formel-1-Rennen nur hin und wieder live übertragen (...) Heute gibt es in der Saison nicht nur alle 14 Tage ein Rennen live zu sehen, sondern der Zuschauer erlebt ein Rennwochenende. Training, Warm-up, Qualifikation, Grand-Prix, Vor- und Nachberichterstattung. Der Zuschauer ist immer auf der Höhe des Geschehens. Und auch in der Zeit zwischen den Rennen bleibt er in Kontakt und wird in unseren Magazinen und Nachrichtensendungen über das Neuste aus der Formel 1 informiert". Die Castingshow folgt einem weitgehend ähnlichem Muster. Göttlich (2004,133) spricht von „Kult-Marketing-Strategien" zur Schaffung von „Event-Gemeinschaften", die den „Ausbau des Fernsehens in Richtung eines Multimedia Event- und Ereignisangebots" signalisieren.

2. Der Zuschauer muss zum mitwirkenden Akteur werden, indem er das Geschehen auf dem Bildschirm mit beeinflussen kann oder es zumindest glaubt. Diese Mitwirkung dient nicht nur dem Aufbau und der Festigung des Community-Gedankens, sie sorgt gleichzeitig eben auch für hohe Call-in-Erlöse. Stammzuschauer mit einer hohen Bindung an das Format und hoher Konzentration bei dessen Rezeption sind außerdem auch eine werblich sehr interessante Zielgruppe. Interaktivität, Fan-Clubs etc. erlauben zudem das Sammeln von Information über den Zuschauer und damit die Überwindung von dessen Anonymität. „Data-Mining", verstanden als die „Aufbereitung von Daten zu Wissen (...), die durch Nutzertransaktionen jedweder Art (Telefongespräche, Fragebogen, Gewinnspiele) anfallen" (Zerdick u.a., 1999, 168) kann hier im Interesse auch der eigenen Programmplanung und Formatentwicklung betrieben werden.

Strategisches Ziel ist der Rollenwechsel oder genauer die Rollenerweiterung vom Zuschauer als Quotenbringer zum profitablen Kunden, der auch zur direkten Erlösquelle wird. Die Beratungsfirma Detecon & Diebold (2004) hat dazu ein Gutachten vorgelegt und empfiehlt als handlungsleitende Wegweiser aus der allgemeinen Managementlehre das Customer-Value-Konzept und Customer-Relationship-Management. Das erste ist ein Maß für die Werte, die sich mit einem Menschen durch Vermarktung aller seiner Aktivitäten, hier eben aller im Zusammenhang mit einem Fernsehformat stehenden, abschöpfen lassen. Das zweite meint die „Ausrichtung aller unternehmerischen Strukturen, Prozesse und Aktivitäten (...) darauf (...), profitable Kundenbeziehungen zu identifizieren, zu begründen, zu intensivieren und bei nicht mehr gegebener Vorteilhaftigkeit zu beenden" (Krafft/Götz 2003, 340). Ein senderspezifisches Customer-Value-Konzept, so die Beratungsfirma (Detecon & Diebold 2004, 13/41) „sollte das Potential nach Zielgruppen und Nutzungsbereichen untergliedern und ein Entwicklungskonzept zur Steigerung der Kundenprofitabilität, entlang konkreter Maßnahmen des Customer-Relationship-Mangements (CRM) formulieren". Zentrale Kriterien dafür sind die mobilisierbare und über eine längere Zeit haltbare Zuschauerbindung sowie, damit verbunden, der Teilnahmeaufwand, den der Zuschauer zu betreiben bereit ist. Das Format ‚Deutschland sucht den Superstar' erzielte bei beiden Kriterien offenbar höchste Werte.

Natürlich eigenen sich nicht alle Programminhalte und alle Nutzungszeiten oder –bereiche für formatfokussierte Strategien, wie sie diese Castingshow repräsentiert. Die Möglichkeit, neben der Werbung zusätzliche Einnahmen zu lukrieren, variiert also stark, was einen Mix unterschiedlicher Unternehmensstrategien im „senderspezifischen Customer-Value-Konzept" erfordert, z.B. Kostenführerschaft (also möglichst niedrige Programmkosten im Sinne produktiver Effizienz) bei erwartbarer Hintergrundnutzung am Tag, Reichweitenmaximierung bei medienfokussierter Nutzung in der Primetime, (crossmediale) Erlösmaximierung beim Fan-TV, wie es das Castingformat vorgemacht hat.

Mittelfristig wird ein Erlösanteil des „Free-TV" aus dem Zuschauermarkt von rund 30 Prozent für realistisch gehalten, was in absoluten Zahlen einen Milliarden-Markt bedeutet.

8.5   Gebühren als Finanzierungssystem

Gebühren als eine Form staatlicher Medienfinanzierung findet man nur beim Rundfunk. Sie sind eine Abgabe, die zur Finanzierung des öffentlich-rechtlichen Rundfunks in Deutschland, aber auch in anderen Ländern Europas erhoben wird. Staatliche Rundfunkfinanzierung muss als Teil der Rundfunkpolitik verstanden werden, in welcher der Staat durch die Einrichtung gemeinwirtschaftlicher Institutionen, wie es die öffentlich-rechtlichen Rundfunkanstalten sind, Einfluss auf das Programmangebot nehmen will (vgl. Kapitel 10.3). Natürlich stehen hinter den unterschiedlichen Organisationsformen von Rundfunk – öffentliche Bereitstellung und Finanzierung einerseits, privatwirtschaftliche Bereitstellung und Finanzierung andererseits – auch jeweils andere Gesellschaftskonzepte. Die öffentliche Organisationsform ist dem Konzept der pluralistischen Demokratie und dem Sozialstaatsgedanken verpflichtet, die privatwirtschaftliche einem liberalistischen Wirtschafts- und Gesellschaftsverständnis. Die Veranstaltung von Rundfunk wird in dem einen Fall als öffentliche Aufgabe verstanden, was eine kollektive Finanzierung voraussetzt und rechtfertigt, im anderen Fall als wirtschaftliches Betätigungsfeld, das weitgehend den Gesetzen des Marktes unterliegt.

In der finanzwissenschaftlichen Systematik sind Gebühren normalerweise Abgaben für individuell zurechenbare öffentliche Leistungen. Eine Gebühr impliziert einen Anspruch auf Gegenleistung, also ich zahle die Gebühr und erhalte dafür z.B. die Beglaubigung einer Urkunde. Kollektivgüter wie die Landesverteidigung oder öffentliche Sicherheit, die ja nicht individuell zurechenbar sind, werden normalerweise aus dem allgemeinen Steueraufkommen und nicht aus Gebühren finanziert. Beim Kollektivgut Rundfunk wird die Zurechenbarkeit jedoch insoweit als gewährleistet angesehen, als die Gebührenpflicht an dem für den Rundfunkempfang notwendigen Komplementärgut anknüpft, also dem Empfangsgerät. Die Bemessung von Gebühren erfolgt in der Regel nach dem Äquivalenzprinzip, das heißt zurechenbare öffentliche Leistungen sollen von den eigentlichen Nutzern bezahlt werden. Dabei handelt es sich normalerweise um eine kostenmäßige Äquivalenz, das heißt jeder soll die Kosten tragen, die er mit seinem Konsum verursacht. Das Prinzip der kostenmäßigen Äquivalenz liegt ja auch der Idee der Marktpreise zugrunde. Bei der Rundfunkgebühr handelt es sich nun allerdings um eine pauschalierte Gebühr, was den Äquivalenzcharakter einschränkt.

Schmitz (1990) hält die Rundfunkgebühr aus einer Reihe von finanzwissenschaftlichen Gründen nicht für eine Gebühr, sondern für eine Steuer. Auch wenn die Frage der finanzwissenschaftlichen Differenzierung zwischen Gebühr und Steuer im Rahmen dieser Einführung in medienökonomische Fragestellungen vielleicht nachrangig erscheint, so sind die von Schmitz genannten Begründungen für seine Einordnung doch nicht ohne Interesse, denn sie ermöglichen ein besseres Verständnis der für Deutschland gültigen staatlichen Finanzierungsform des öffentlich-rechtlichen Rundfunks.

Für Schmitz (1990, 303f.) ist die Rundfunkgebühr eine Steuer schon von „ihrer Funktion her, nämlich die Finanzierung eines aus gesamtgesellschaftlicher Sicht wünschenswerten Programmangebots, dessen Produktion aus allokations- und demokratietheoretischen Gründen vom Markt allein nicht gewährleistet ist". Seine Begründung, die vor allem auf die mangelnde Äquivalenz zielt:

- die tatsächliche Inanspruchnahme von Rundfunkdienstleistungen ist für die Gebührenpflicht unerheblich. Das zeigt sich schon daran, dass Besitzer eines Fernsehgeräts auch die Hörfunkgebühr (Grundgebühr) bezahlen müssen, selbst dann, wenn kein Radiogerät im Haushalt vorhanden ist;

- die bundesweit einheitliche Rundfunkgebühr ignoriert die Skaleneffekte der Rundfunkanstalten in den bevölkerungsreichen Ländern in Form sinkender durchschnittlicher Programmkosten;

- die Gebührenbefreiung für sozial Schwache enthält eine soziale Umverteilungskomponente; der Finanzausgleich zwischen – bezogen auf ihr Gebührenzahlerpotential – großen und kleinen Rundfunkanstalten hat eine interregionale Umverteilung zum Ziel;

- der Nutzen des öffentlich-rechtlichen Angebots geht über die Zahl der gebührenpflichtigen Teilnehmer hinaus. Die angestrebte Erhöhung des gesellschaftlichen Informationsniveaus und höhere Rationalität kollektiver Entscheidungen bleiben nicht (und sollen auch nicht) auf den Kreis der gebührenpflichtigen Teilnehmer begrenzt (bleiben).

Nach Schmitz (ebenda, 308) ist die Rundfunkgebühr daher als „zweckgebundene Steuer auf ein spezielles Gut anzusehen".

Gebühr oder Steuer, festzuhalten bleibt, dass zur Finanzierung der Bereitstellung von Rundfunk laut Rundfunkgebührenstaatsvertrag die Besitzer von Rundfunkempfangsgeräten herangezogen werden, also die Haushalte, die mit dem Besitz der komplementären technischen Einrichtungen ihr Interesse an den Rundfunkdienstleistungen signalisieren. Die Gruppe der Leistungsträger, also die Gruppe derer, die die Bereitstellung von Rundfunk finanziert, ist von daher weitgehend deckungsgleich mit der Gruppe der Leistungsempfänger, die den direkten Nutzen hat. Indirekter Nutzen fließt allen Staatsbürgern, sprich der Gesellschaft zu, da Rundfunk als Medium der Information und Meinungsbildung eine demokratie- und staatserhaltende Funktion hat.

Ein ökonomische Rückkoppelung zwischen Anbieter und Nutzer wie bei den über das Preissystem finanzierten Medien, auch bei Pay-TV, gibt es bei der staatlichen Finanzierung, sei sie Steuer oder Gebühr, jedoch nicht. Die pauschalierte Gebühr transportiert keine Publikumspräferenzen. Die Steuerungsfunktion des Angebots liegt bei politischen und administrativen Gremien, die idealtypisch die Allgemeinheit repräsentieren sollen, sie liegt nicht beim Konsumenten der Rundfunkprogramme. Auf der anderen Seite verhindert die pauschalierte Gebühr, dass einzelwirtschaftliche Rentabilitätsüberlegungen mit Blick auf die einzelnen Angebote im gebührenfinanzierten Rundfunk Platz greifen, wie es bei Pay-TV notwendig der Fall ist.

Mit Blick auf das Konzept des gesellschaftlichen Integrationsrundfunks ist die Finanzierung von Rundfunk über eine Pauschalgebühr auch ökonomisch eine optimale Lösung: es gibt zwar Allokationsineffizienzen, weil es keinen Präferenztransfer vom Konsumenten zum Produzenten gibt, diese Ineffizienzen müssen aber als politisch gewollt interpretiert werden (Ospel 1988). Denn das Programmangebot soll ja primär gemeinwohlorientiert sein und nicht ausgerichtet an individuellen Interessen.

Die Erhebungskosten für die Pauschalgebühr sind vergleichsweise gering. Der Prozess der Gebührenanpassung an die im Zeitablauf veränderte Kosten- und Wettbewerbssituation des öffentlich-rechtlichen Rundfunks ist hingegen durch hohen Zeit- und Verwaltungsaufwand gekennzeichnet und gilt als politisiert. 1975 haben die für Rundfunkfragen zuständigen Länder die „Kommission zur Ermittlung des Finanzbedarfs der Rundfunkanstalten" (KEF) ins Leben gerufen, die in zweijährigem Rhythmus einen Bericht vorlegt. Ausmaß, Zeitpunkt und Laufzeit einer Gebührenerhöhung werden dann in Verhandlungen zwischen den Ministerpräsidenten der Länder festgelegt und bedürfen der Zustimmung durch die Länderparlamente.

Für den Verbraucher herrscht beim Gebührensystem insoweit Kostentransparenz, dass er seine finanzielle Belastung kennt, im Gegensatz zum werbefinanzierten Fernsehen, bei dem die direkte oder indirekte Refinanzierung der Aufwendungen der werbungtreibenden Wirtschaft über die Produktpreise für den Verbraucher undurchsichtig bleibt.

Die Finanzierung ist zweckgebunden und zielgerichtet, sie dient der Erfüllung des Rundfunkauftrags und sie entspricht dem Äquivalenzprinzip zumindest soweit, dass nur diejenigen zahlen, die mit der Anschaffung eines Rundfunkempfangsgerätes auch ein Interesse am Konsum von Rundfunkleistungen bekunden. Dabei muss man heute im dualen Rundfunksystem allerdings dahingehend präzisieren, dass der Gebührenzahler die Ermöglichung eines vielfältigen Informationsangebots und die Ermöglichung freier Meinungsbildung finanziert, auch dann, wenn er selbst an diesem Prozess kaum teilnehmen sollte, weil er z.B. nur noch die Unterhaltungsangebote des Privatfernsehens konsumiert.

8.6   Zusammenfassung

1. Die in der Wirtschaft reguläre Form, die Kosten für die Güterproduktion zu refinanzieren, ist der Preis. Marktpreise sichern den Produzenten einen angemessenen Ausgleich der für die Produktion eingesetzten Ressourcen. Medien können von diesem Refinanzierungssystem (z.Zt. noch) nur dann Gebrauch machen, wenn die Kopien des immateriellen Werks über einen Träger vertrieben werden, der die Durchsetzung des Ausschlussprinzips erlaubt. Ist das nicht oder nur eingeschränkt möglich, müssen andere oder zusätzliche Finanzierungsformen gefunden werden. Die wichtigsten sind Formen kollektiver Finanzierung wie z.B. die Rundfunkgebühren und Formen der Finanzierung über einen anderen Markt, vor allem über den Werbemarkt. Alle medialen und kulturellen Dienstleistungen finanzieren sich heute aus mehreren Quellen. Unterscheiden lassen sich marktgebundene und nichtmarktgebundene, private und kollektive Finanzierungsformen.

2. Die Funktionsfähigkeit von Marktpreisen, wie sie die ökonomische Theorie mit der Koordinations-, der Informations- und der Refinanzierungsfunktion von Preisen unterstellt, ist bei Medien selbst dann mit Skepsis zu betrachten, wenn Preise ihr Hauptfinanzierungssystem sind. So ist die Informationsfunktion bei Medien als Erfahrungsgütern skeptisch zu betrachten. Der Präferenztransfer vom Konsumenten zum Produzenten via Marktpreise scheint aus mehreren Gründen nur eingeschränkt und schwach stattzufinden. Darauf verweist auch der geringe Anteil, den die Produzenten des immateriellen Werks vom Marktpreis erhalten. Preise für das Marktgut und Preise für das damit zu produzierende Haushaltsgut als das eigentliche Objekt der Präferenz des Konsumenten sind zudem nicht identisch.

3. Auch die Refinanzierungsfunktion weist Mängel auf. So ist die Marktpreisbildung und -durchsetzung wegen der öffentlichen Guteigenschaften des immateriellen Werks ein zentrales Problem der Medienindustrie. Werkkopien können ja nicht nur über den Markt gegen Entrichten des Marktpreises erworben werden, sondern z.B. auch als Mitschnitte, via Internet-Tauschbörse oder als Photokopien. Der Marktpreis kann die Refinanzierung daher nur z.T. sichern, kollektive Finanzierungsformen wie Bibliotheksgroschen oder Kopierabgabe treten teilweise hinzu. Das Beispiel Film mit der dort praktizierten Verwertungskette zeigt am deutlichsten, wie die Medienproduzenten eine Vielzahl an Refinanzierungsmöglichkeiten vom Marktpreis bis zur Rechteverwertung in komplexen Geschäftsmodellen nutzen. Die Konsumentenkosten wie die Produzentenerlöse je Konsumakt variieren deutlich bei den einzelnen Verwertungsstufen, was letztlich den ökonomischen Entwertungsprozess medialer Produkte im Zeitverlauf spiegelt. Andere Medienbereiche, wie z.B. die Musikindustrie, scheinen ähnlich komplexe Modelle zu entwickeln.

4. Die Funktionsfähigkeit von Marktpreisen wird auch durch die Gutspezifik von Medien als Erfahrungs- und Vertrauensgüter und die damit verbundene mangelnde Qualitätstransparenz für den Konsumenten eingeschränkt. Offenlegung von Zahlungsbereitschaft z.B. für eine bestimmte Qualität von Medienprodukten, ist dem Konsumenten daher nicht möglich, die Folge ist „adverse Auslese" auf dem Rezipientenmarkt zu Lasten von Qualität. Umgekehrt sind unterschiedliche Preise bei Medien auch kein Hinweis auf unterschiedliche Qualität des immateriellen Werks, allenfalls der Werkkopien. Gespaltene Vertriebspreise der Tagespresse sind Reaktionen auf die jeweilige Wettbewerbssituation und beuten bei mangelnder Markttransparenz und weitgehend gegebener Informationsasymmetrie die Leser aus.

5. Werbung lässt sich wie der Wettbewerb als eine Situation des Gefangenendilemmas begreifen, die aus ökonomischer Sicht hier aber nicht als Effizienz steigernd für die Gesamtwirtschaft gilt. Nimmt man die ökonomische Erkenntnis als gesichert, dass Werbung in der heutigen Industriegesellschaft zwar Nachfrage zwischen Anbietern umleiten, aber nicht die Gesamtnachfrage erhöhen kann, dann handelt es sich gesamtwirtschaftlich aus ökonomischer Sicht um Verschwendung. Neben der ökonomischen Kritik an der Werbung als Verschwendung spielt die mögliche Verletzung der Konsumentensouveränität durch Werbung eine kritische Rolle. Insgesamt gilt Werbung aus ökonomischer Sicht als ein eher bedenkliches Finanzierungsinstrument von Medien.

6. Während Ökonomen Werbung allgemein als tendenziell konzentrationsfördernd einstufen, ist sie es als Medienfinanzierungsquelle unbestritten. Die Erklärung dafür ist das Phänomen

der Auflagen-Anzeigen-Spirale, die die interdependenten und dynamischen Beziehungen zwischen Leser- und Anzeigenmarkt der Zeitung modellmäßig abbildet, die aber nicht nur für Zeitungen, sondern für werbefinanzierte Medien generell gilt. Erklärende Faktoren sind die Kuppelproduktion werbefinanzierter Medien, die Erfolge auf dem Lesermarkt mit Erfolgen auf dem Werbemarkt verknüpft; die unterschiedlichen Gewinnrelationen auf den beiden Märkten, die bei Nachfragesteigerungen auf dem Lesermarkt zu überproportionalen Gewinnsteigerungen auf dem Werbemarkt führen und schließlich die Vorliebe der Werbewirtschaft für den – kostengünstigen – Marktführer.

7. Die kumulativen Gewinnsteigerungen auf dem Werbemarkt bei steigender Reichweite auf dem Rezipientenmarkt lassen sich an den Relationen der Kostendeckung des redaktionellen und des Werbeteils aus den jeweiligen Märkten ablesen. Während der Umsatz aus dem Lesermarkt die Kosten des redaktionellen Teils des Kuppelprodukts durchschnittlich nur zu gut der Hälfte (57%) deckt, sind die Kosten des Werbeteils bereits mit gut der Hälfte (53%) des Umsatzes aus dem Werbemarkt ausgeglichen, knapp die Hälfte des Umsatzes (47%) steht als Gewinn zur Deckung der Verluste beim redaktionellen Teil zur Verfügung. Diese Relationen begründen nicht nur den konzentrationsfördernden Effekt von Werbung als Finanzierungsquelle von Medien, die solche Skaleneffekte auf dem Werbemarkt möglichst voll auszuschöpfen versuchen, sie zeigen auch, dass Lesergewinne ökonomisch nur unter dem Aspekt ihrer Anreizfunktion für mehr Werbeaufträge interessant sind. Systematisch liegt bei werbefinanzierten Medien eine Entkoppelung von Produktionskosten und Refinanzierungsmöglichkeiten, also Einnahmen- und Gewinnmöglichkeiten vor.

8. Das Phänomen der Auflagen-Anzeigen-Spirale mit seinen Annahmen: mehr Auflage – mehr (Werbe)Einnahmen – mehr Gewinn – Verbesserung des Medienprodukts – mehr Auflage – mehr (Werbe)Einnahmen- mehr Gewinn etc. kann in der unterstellten Spiralwirkung jedoch nicht als zwangsläufiger Automatismus gelten. Unbestritten ist, dass Reichweitengewinne die Leistungen auf dem Werbemarkt verbilligen und in der Regel dort zu mehr Nachfrage führen. Zweifelhaft ist, ob Gewinne in jedem Fall zu Verbesserungen des Medienprodukts führen und wenn ja, dass diese vom Rezipienten, der ja einem Erfahrungsbzw. Vertrauensgut gegenübersteht, auch tatsächlich wahrgenommen werden und Kaufimpulse auslösen.

9. Die kumulativ-dynamische Verknüpfung von Nachfragesteigerung auf dem Rezipienten- und Gewinnen auf dem Werbemarkt hat schon früh unternehmerische Strategien zur Abschöpfung dieser Möglichkeiten ausgelöst. So ist die schon von Karl Bücher beobachtete Einführung von Zeitungsteilen und Zeitungsbeilagen eine dieser Strategien. Die Abschöpfung der Medienfinanzierungsquelle Werbung muss ja unternehmerisch geplant und produziert werden. Die heutigen Zeitungsmärkte lassen sich so verstehen und das beste Beispiel sind Special-interest-Zeitschriften. Mit Hilfe eines spezifischen Produkt- und Konsuminteresses der Rezipienten wird eine werblich interessante Zielgruppe geschaffen, wobei redaktioneller und Werbeteil fließend ineinander übergehen können. Spartenprogramme werden diesem Beispiel, soweit möglich, zu folgen versuchen.

10. Die geplante und produzierte Abschöpfung von Refinanzierungsmöglichkeiten aus dem Werbemarkt umfasst zunehmend auch neue (oder wiederentdeckte) Formen neben Anzeigen und Rundfunkspots wie: Sponsoring, Poduct-Placement, Licensing und Merchandising. Unverkennbar ist ein Trend zur „programmintegrierten" Werbung, also zu Werbeformen,

die die Trennung von redaktionellem und Werbeteil aufheben. Die Gründe für diese Entwicklung sind vielfältig und einer der wichtigsten wohl die nachlassende Verknüpfung von Medieninhalten und Medienträgern. Licensing übt dabei unter den neuen Refinanzierungsformen den offenbar unmittelbarsten Einfluss auf die Medienproduktion aus, wenn das Geschäft mit den Lizenzen zum über die Produktion entscheidenden Kriterien wird. Angesichts dieser Entwicklungen bedürfen bisherige Definitionen der Werbung von Seiten der PKW, sofern sie auf Freiwilligkeit und Zwanglosigkeit abstellen, der Überprüfung.

11. Der technische Wandel und die in den letzten Jahren sichtbar gewordenen Grenzen des Werbemarktes stimulieren die Suche privater Medienproduzenten nach Geschäftsmodellen, die zusätzliche Erlöse am Markt außerhalb der Werbung zu realisieren erlauben. Call-in-Erlöse z.B. aus Telefongewinnspielen scheinen einen Weg für elektronische Medien zu eröffnen. In Castingformaten wie ,Deutschland sucht den Superstar' werden Call-in-Erlöse Teil eines komplexen Verwertungsprozesses, in dem die zu einer Fan- und Eventgemeinschaft verwandelte Zuschauerschaft mit crossmedialen Strategien als Erlösquelle „abgeschöpft" wird. Für den Mediensektor mit Blick auf den Rezipienten neue Begriffe sind Customer Value und Customer-Relationship Management.

12. Gebühren als eine Form kollektiver Finanzierung sind finanzwissenschaftlich Abgaben für individuell zurechenbare öffentliche Leistungen, wobei kostenmäßige Äquivalenz angestrebt wird. Die Rundfunkgebühr entspricht dieser Definition nicht, insbesondere das Äquivalenzprinzip ist bei einer pauschalierten Gebühr, wie sie für die Nutzung von Rundfunkdiensten erhoben wird, nur eingeschränkt beachtet. Ökonomen halten die Rundfunkgebühr daher zum Teil nicht für eine Gebühr sondern für eine zweckgebundene Steuer auf ein spezielles öffentliches Gut.

13. Unabhängig von diesem finanzwissenschaftlichen Disput bleibt für die Rundfunkgebühr als Finanzierungssystem des als öffentliches Unternehmen mit einer öffentlichen Aufgabe organisierten Rundfunks festzuhalten, dass das Äquivalenzprinzip insofern berücksichtigt ist, dass nur diejenigen zur Finanzierung herangezogen werden, die durch Anschaffung des Komplementärguts, eines Rundfunkgeräts, ihr Interesse an der Bereitstellung des öffentlichen Guts signalisiert haben. Es gibt jedoch keine ökonomische Rückkoppelung für einen Präferenztransfer, so dass die Steuerungsfunktion des Angebots nicht beim Konsumenten mit seinen individuellen Bedürfnissen, sondern beim Anbieter und seinen die Gesellschaft repräsentierenden Gremien liegt.

9.   Informationssysteme im Bereich der Medien

Medien sind selbst eines der mächtigsten Informationssysteme der modernen Gesellschaft. In dem nachfolgen Kapitel geht es allerdings weniger um diese mediale Informationsfunktion, sondern um die Rolle, die Information als Steuerungssystem wirtschaftlicher Entscheidungen innehat oder ihr zugeschrieben wird. Information und ihre Verteilung spielen in der ökonomischen Theorie eine sehr unterschiedliche Rolle, wobei Informationsmängel als Ursache von Marktversagen weitgehend unbestritten sind. Diese je nach Schule unterschiedliche Sicht auf Informationsprobleme und Möglichkeiten des Abbaus von Informationsasymmetrien werden in 9.1 diskutiert. Die spezifischen Guteigenschaften von Medien und daraus resultierende Besonderheiten ihrer marktlichen Bereitstellung sind auch mit spezifischen Informationsproblemen für die Produzenten wie die Konsumenten medialer Werke verbunden, die hier einschließlich der Lösungsversuche dargestellt werden. Eine für die Lösung der Produzentenprobleme vor allem werbe(teil)finanzierter Medien entscheidende Strategie ist die Forschung, deren Funktionen und Grenzen in 9.2 erörtert werden. Die Informationsprobleme des Medienkonsumenten und ihre prinzipielle Unlösbarkeit werden in 9.3 behandelt.

9.1   Information und Informationsmängel in der ökonomischen Theorie

9.1.1   Preise als Informationssystem für Wirtschaftssubjekte

In Kapitel 8.2.1 ist bereits deutlich geworden, dass in den ökonomischen Modellen dem Preis die zentrale Informations- und Koordinationsfunktion zukommt. Das Preissystem informiert über den mit der Produktion eines Gutes verbundenen Verbrauch an gesellschaftlichen Ressourcen und beliefert den Konsumenten so mit Informationen über den Wert eines Gutes, den Produzenten beliefert es mit Informationen über Präferenzen potentieller Verbraucher und ermöglicht beiden über den Maßstab Geld den unmittelbaren Vergleich von Marktgütern. Information, ihre Beschaffung und Verteilung, spielen darüber hinaus in der Ökonomik jedoch eine je nach „Schule" sehr unterschiedliche Rolle.

So haben sie in der neoklassischen Gleichgewichtstheorie von Märkten keine eigenständige Bedeutung. Eine zentrale Annahme der Theorie vom vollkommenen Wettbewerb und der unsichtbaren Hand, die Märkte ins Gleichgewicht bringen, ist ja, dass alle wirtschaftlichen Akteure vollkommen informiert sind und autonom auf der Basis gleicher Informationsstände entscheiden. Der Preis bildet alle für den jeweiligen Markt relevanten Informationen ab. Unter den Bedingungen des vollkommenen Wettbewerbs, den es allerdings nie gab und nie geben wird (Samuelson/Nordhaus 1998, 328), werden gleichartige Güter zu einheitlichen Preisen getauscht. Informationen sind kostenlos, weil ausschließlich über das Preissystem vermittelt. Folglich ergeben sich durch die Modellannahmen der neoklassischen Wirtschaftstheorie „nur sehr geringe Probleme hinsichtlich der Verteilung von marktlich relevanten Informationen zwischen den Wirtschaftssubjekten und der Beschaffung von Informationen für Produktions-, Konsum- und Tauschentscheidungen" (Picot/Reichwald/Wiegand 1998, 25). Allerdings ist die Modellwelt des vollkommenen Wettbewerbs auch für die orthodoxen Vertreter der neoklassischen Theorie kein Abbild der Realität. Zu den unbestrittenen Ursachen von Marktversagen gehören Informationsmängel, die anschließend ausführlicher erörtert werden.

Für Ansätze wie die „österreichische Schule", zu deren Vertretern v. Hayek, Schumpeter oder Kirzner zählen, Ansätze, die das Marktgeschehen als Prozess begreifen und zu erklären versuchen, ist die ungleiche Verteilung von Wissen in der Gesellschaft hingegen ein zentraler Ausgangspunkt. So ist Wettbewerb als Entdeckungsverfahren in der Konzeption von Friedrich A. v. Hayek (1996b, 119) ja ein „Verfahren zur Entdeckung von Tatsachen (...), die ohne sein Bestehen entweder unbekannt bleiben oder doch zumindest nicht genutzt werden würden". Wettbewerb ist u. a. ein Verfahren, durch das unter den Individuen verstreut vorhandene Wissenstücke entdeckt und genutzt werden können. Nach von Hayek (ebenda, 124) ist das in der Neoklassik gebräuchliche Verfahren absurd, „das von einer Situation ausgeht, in der alle wesentlichen Umstände als bekannt vorausgesetzt sind – einem *Zustand*, den die Theorie merkwürdigerweise vollkommenen Wettbewerb nennt, in dem aber für die *Tätigkeit*, die wir Wettbewerb nennen, keine Gelegenheit mehr besteht und von der vielmehr vorausgesetzt wird, dass sie ihre Funktion bereits erfüllt hat".

Neben dem Wettbewerb als Entdeckungsverfahren auch von Wissen spielt für diese Schule das Preissystem eine wichtige, aber etwas anders als in der Neoklassik gefasste Rolle. Denn es sind vor allem Preisänderungen, die im Konzept v. Hayeks den wirtschaftlichen Akteuren die Informationen zur Verfügung stellen, die sie zur Anpassung ihrer Handlungen an veränderte Bedingungen benötigen. „Das marktliche Preissystem stellt sich als ein wirkungsvolles Rationalisierungsinstrument für Information und Kommunikation zum Zwecke der Koordination unter sich wandelnden Gegebenheiten dar" (Picot u.a 1998, 27). Verbraucher entdecken, dass sie Güter, vielleicht in einem anderen Laden, hätten billiger kaufen können, Unternehmer entdecken, dass sie ihre Produkte mit geringfügigen Modifikationen besser verkaufen könnten. Mit der Annahme vollständigen Wissens, so Kirzner (1978, 53), wie in der Theorie des vollkommenen Wettbewerbs, wird „jede Möglichkeit für besseres Wissen beseitigt". Wie in der orthodoxen Theorie ist das Preissystem auch hier ein zentrales Informationssystem, das nun jedoch unvollständig informierte Wirtschaftssubjekte über Veränderungen ihrer wirtschaftlichen Umwelt informiert und damit zwingt, ihre Planungen zu überprüfen. Dabei schwankt der Informationsgehalt von Preisen situationsbedingt. Er ist höher, wenn der Nachfrager von stark unterschiedlichen Preisen ausgehen muss, niedriger, wenn die Preise als weitgehend einheitlich bekannt sind (Babe 1994, 50).

Auch Konzepte vom Unternehmer als einem der Hauptakteure im Wirtschaftsgeschehen wie Schumpeters „dynamischer" oder Kirzners „findiger" Unternehmer sind unter der Annahme vollständiger Information aller Marktteilnehmer nicht konzipierbar. Beide Konzepte gehen ja gerade von Informationslücken und Ungleichverteilungen von Wissen in der Gesellschaft aus, die es vom Unternehmer zu entdecken, als Gewinnchance zu erkennen und zu nutzen gilt. Beide Konzepte begreifen Information letztlich als „enabling resources that inform and shape and catalyse other resources" (Paquet 1994, 37).

Einig ist die herrschende Lehre heute über die Existenz von Informationsmängeln, die die Funktionsfähigkeit von Märkten beeinträchtigen oder zum Versagen von Märkten führen. Dabei wird zwischen Unsicherheit und Unkenntnis unterschieden und für beide entwickelten sich in den letzten Jahrzehnten eigenständige theoretische Ansätze. Unsicherheit bezieht sich auf Entscheidungen, die die Zukunft betreffen und sie kann auch mit hohem Informationsaufwand nicht völlig beseitigt werden, z.B. ob der Ressourceneinsatz für einen Spielfilm nach Drehbuch und Konzept A oder B höhere Gewinne bringen wird, ob die Konjunktur sich kurzfristig erholen wird oder nicht. Bei Unkenntnis liegen hingegen Mängel in der Information vor, die durch Informationsbeschaffung beseitigt werden können. Im Gegensatz zur Unsicherheit „individuals can attempt to *overcome* their ignorance by ‚informational' actions designed to generate or otherwise acquire new knowledge before a final decision is made" (Hirshleifer/Riley 1992, 2). Nachfolgend geht es vor allem um diese zweite Art von Informationsmängeln der Wirtschafts-subjekte, um die Formen von Unkenntnis, sowie die Möglichkeiten und Strategien ihrer Über-windung.

9.1.2   Informationsmängel und Marktversagen

Fritsch/Wein/Ewers (1996, 211 ff.) unterscheiden folgende Formen der Unkenntnis:

-   Qualitätsunkenntnis, die Akteure können die Qualität eines Gutes nicht oder schlecht ein-schätzen;

-   Nutzenunkenntnis, die Nachfrager können zwar die Qualität beurteilen, schätzen aber den Nutzen eines Gutes falsch ein;

-   Preisunkenntnis, die Akteure können den „markträumenden" Preis, also den Preis, zu dem Angebot und Nachfrage perfekt übereinstimmen, nicht oder nur schwer bestimmen.

Mit Bezug auf Medien sind alle drei Formen von Unkenntnis relevant und müssen hier knapp diskutiert werden, wobei auf frühere Kapitel verwiesen werden kann.

9.1.2.1   Qualitätsunkenntnis und asymmetrische Information

Qualitätsunkenntnis und eine asymmetrische Verteilung von Information hinsichtlich der Qua-lität eines Gutes sind deutlich abhängig davon, um welche Art Gut es sich handelt, ein homo-genes Such- oder Inspektionsgut, ein Erfahrungsgut oder ein Glaubens- bzw. Vertrauensgut.

Abbildung 9.1:   Informationsasymmetrie bei den verschiedenen Gütertypen

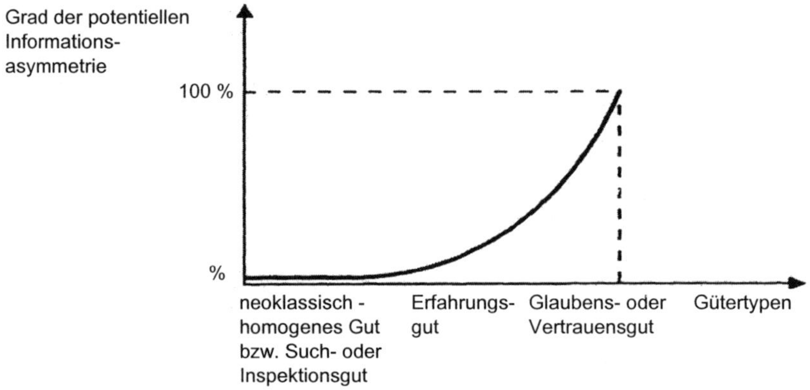

Quelle: Fritsch u.a. 1996, S. 213.

Den mit der Güterart steigenden Grad der Informationsasymmetrie hinsichtlich der Gutqualität verdeutlicht Abbildung 9.1.

Medien zählen aus ökonomischer Sicht unbestritten zu den Erfahrungs-, überwiegend zu den Glaubens- bzw. Vertrauensgütern, insbesondere wenn es sich um Informationsmedien handelt (vgl. Kapitel 4.2.3). Das bedeutet, dass beim Rezipienten ein erhebliches Maß an Qualitätsunkenntnis besteht, eine Beurteilung der Qualität von Medienprodukten für ihn nur erschwert und allenfalls nach dem Konsum, bei Medien, die den Vertrauensgütern zuzurechnen sind, gar nicht möglich ist. Als mögliche Folgen dieser aus der Gutspezifik herleitbaren Informationsasymmetrie zwischen Produzent und Verbraucher diskutieren Ökonomen zwei Konsequenzen, die auch im Zusammenhang mit den Prinzipal Agent-Problemen relevant sind (vgl. Kapitel 2.3.1), da hier ja ebenfalls Informationsprobleme und damit Spielräume für Opportunismus bestehen:

- adverse selection (adverse Auslese) und
- moral hazard (moralisches Risiko).

Adverse Auslese, das wurde in Kapitel 8.2.3 bereits kurz diskutiert, meint einen Prozess im marktlichen Geschehen zu Lasten von Qualität. Da der Verbraucher Unterschiede in der Qualität von Produkten vor dem Kauf nicht erkennen kann, ist er nicht in der Lage, seine Zahlungsbereitschaft an der von ihm präferierten Qualität auszurichten. Das bedeutet, er ist auch kaum bereit, die in der Regel höheren Kosten des Produzenten höherer Qualität zu tragen. Dem qualitätsbewussten Produzenten drohen folglich Verluste. Der sog. Akerlof-Prozess setzt ein, das heißt die angebotene Qualität der Güter sinkt solange, bis letztendlich nur noch mindere Qualität angeboten wird, der Markt versagt in Hinblick auf die Produktqualität.

Moralisches Risiko ist die Folge der Unkenntnis über das vertragsgemäße Verhalten eines Transaktionspartners nach Vertragsabschluß bei längeren Geschäftbeziehungen. Musterbeispiel: Versicherungen. Der Abschluss einer Versicherung verringert den Anreiz, Vorsorge gegen den Eintritt des Versicherungsfalls zu treffen (Kirchgässner 1991, 76 ff). Aber auch für einen Verleger könnte es profitabel sein, den Abonnenten mindere journalistische Qualität zum Preis einer Qualitätszeitung zu liefern (vgl. zu möglichen Schutzmechanismen Lobigs 2004).

Welche Möglichkeiten gibt es nun, dem Problem der Informationsasymmetrie zwischen Produzent und Konsument bei Erfahrungs- und Vertrauensgütern zu begegnen? Ökonomen sehen eine Reihe von marktlichen Lösungen, fehlende oder qualitativ unzulängliche Information auf Seiten der Konsumenten auszugleichen, die Abbildung 9.2 darstellt. Wenn sich diese jedoch als unzureichend erweisen, sind staatliche Eingriffe erforderlich.

„Screening" meint das Einholen von Information über die Marktgegenseite. Rezipienten lesen Filmkritiken oder Buchbesprechungen, informieren sich über die Qualität einer bestimmen CD-Einspielung usw. Bei aktuellen, vor allem Medien mit kurzer Periodizität und bei Medien wie Tageszeitung oder Fernsehen, die ein täglich neues Produktbündel anbieten, ist Screening im Sinne einer ex-Ante-Qualitätsbeurteilung allerdings kaum mehr möglich. Informationen werden zudem nur solange gesucht und nachgefragt, wie der erwartete zusätzliche Nutzen die entsprechenden zusätzlichen Kosten übersteigt. Wir wissen aus Kapitel 6.3 bereits, dass der Verbraucher im allgemeinen und der Medienrezipient im besonderen nur sehr eingeschränkt dem Modell des Homo Oeconomicus entsprechen, der solche rationalen Kalküle natürlich anstellt. Für den Medienrezipienten kommt hinzu, dass eine Bewertung der Informationskosten vor dem Hintergrund des Nutzens einer optimierten Entscheidung eigentlich voraussetzt, dass der Nutzen der alternativen Angebote richtig eingeschätzt werden kann, also keine Nutzenunkenntnis vorliegt. Fritsch u.a. (ebenda 228f.) vertreten die These, dass „die Gefahr der Unterschätzung anfallender Nutzen bei immateriellen Gütern größer ist als bei materiellen" und verweisen auf die Lehrbuchbeispiele Bildung oder Gesundheitsvorsorge, bei denen der Aspekt der Langfristigkeit in dem Sinne, dass sich der Nutzen erst langfristig erschließt, eine zusätzliche Rolle spielt. Medien sind immaterielle Güter, noch dazu in ihrer Eigenschaft als Informationsgüter im weitesten Sinne sehr komplexe, und die Frage ihres langfristigen Nutzens für das jeweilige Individuum ist, wenn man an die widersprüchlichen Befunde aus der Wirkungsforschung denkt, offenbar auch für die Experten noch weitgehend offen.

Abbildung 9.2: Marktliche Lösungen für das Problem der Informationsasymmetrie

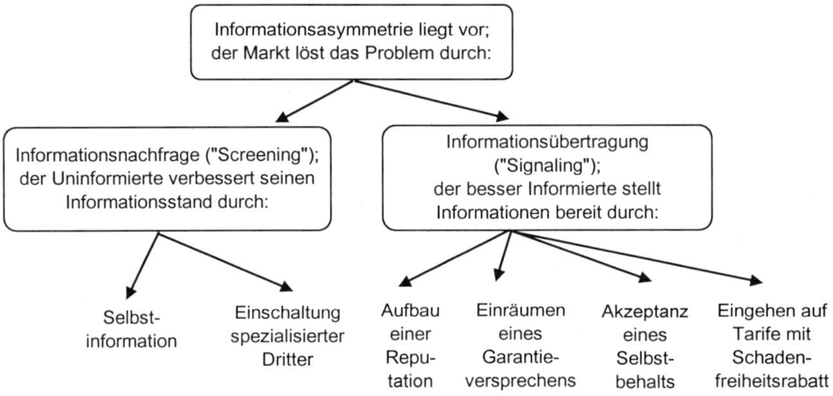

Quelle: Fritsch u.a. 1996, S. 219.

Formen der Informationseinholung über Medien wie die Lektüre von Kritiken entspricht schon der zweiten Screening-Möglichkeit, dem Einschalten spezialisierter Dritter. Programmkritiken in Zeitungen und Zeitschriften dienen dem transaktionskostenarmen Abbau von Informationsmängeln des Rezipienten durch spezialisierte Dritte. Ihre Brauchbarkeit wird allerdings häufig dadurch eingeschränkt, dass sie nicht Vorauskritiken sind. Sie liefern dem Rezipienten Informationen für zukünftige Nutzungsakte wohl vor allem bei Mehrteilern und Serien, aber auch bei Wiederholungen. Auch eine Stiftung Medientest, wie sie von der Weizsäcker-Kommission (Groebel u.a. 1995) vorgeschlagen wurde, wäre dem Spezialistenmodell zurechenbar, wobei die Informationen über die Medienprodukte hier kollektiv bereitgestellt würden, also durch eine damit beauftragte und aus öffentlichen Mitteln finanzierte Institution (vergleichbar der Stiftung Warentest, die Informationsmängel der Konsumenten ja im Bereich der Konsumgüter abbauen helfen soll).

„Signaling" meint die Bereitstellung von Information durch die besser informierte Marktseite. Ausgangspunkt ist die Überlegung, dass es für beide Marktseiten vorteilhaft ist, wenn Informationsmängel abgebaut und die Funktionsfähigkeit von Märkten erhöht wird. Abbildung 9.2 weist als wichtigste Signaling-Instrumente zum Abbau von Informationsdefiziten auf Seiten des Verbrauchers durch Produzenten und Unternehmen den Reputationsaufbau und Garantieversprechen aus, zum Abbau von Informationsdefiziten auf Seiten der Unternehmen mit

Blick auf zukünftiges Verhalten der Verbraucher (moral hazard) Selbstbehalt, also Formen der Selbstbeteiligung und Schadensfreiheitsrabatte.

In unserem Zusammenhang interessieren vor allem die beiden Instrumente zum Abbau von Informationsmängeln auf Seiten des Verbrauchers.

Aus ökonomischer Sicht hat der Aufbau einer Reputation „den Charakter einer Investition, die es ermöglicht, hohe Qualität gewinnbringend zu vermarkten und einen höheren als den kostendeckenden Preis (‚Reputationsprämie') zu erzielen (Fritsch u.a., ebenda 222). Reputation ist eine Form der Selbstbindung (vgl. Kapitel 6.3.1.3), die vor allem in anonymen und mobilen Gesellschaften an Bedeutung gewinnt (Baurmann 1996, 386). Der Reputationsmechanismus ist aus Sicht der Institutionenökonomie ein sich selbst durchsetzender Vertrag, da es sich für keine der beteiligten Parteien lohnt, von den expliziten oder impliziten Vereinbarungen abzuweichen (vgl. zur Anwendung auf Qualitätszeitungen Heinrich/Lobigs 2003, Lobigs 2004). Allerdings warnen Institutionsökonomen (vgl. Erlei u.a. 1999, 233) „eindringlich vor einem allzu naiven Vertrauen in seine Wirksamkeit". Der Reputationsmechanismus funktioniert umso eher, je häufiger ein Produkt gekauft wird, je einfacher die Qualität nach dem Kauf feststellbar ist, je länger ein Anbieter am Markt zu bleiben beabsichtigt. Sind alle drei Bedingungen gegeben, kann der Konsument vergleichsweise sicher sein, dass trotz der bestehenden Informationsasymmetrie der für eine bestimmte Qualität bekannte Anbieter diese Qualität auch liefert. Der Markenartikel ist dafür ein Beispiel. Reputation ist zweifellos eine Strategie, die auch im Medienbereich eine Rolle spielt, z.B. im Verlagswesen, und die mit steigendem Medienangebot als Differenzierungskriterium zusätzlich an Bedeutung gewinnen wird. So sind es ja vor allem auch die Rundfunkanbieter, ob öffentlich-rechtlich oder privat organisiert, die die „Medienmarke" als zentralen Wettbewerbsparameter im Kampf um Aufmerksamkeit entdecken (vgl. z.B. Tamm 2003, Zeiler 2003).

Davon unberührt bleibt natürlich das Faktum, dass „Qualität" vom Anbieter definiert wird, vom Rezipienten kaum feststellbar und kontrollierbar ist und die Qualitätsvorstellungen und -dimensionen von beiden erst einmal aufeinander abgestimmt werden müssten, was kein leichtes Unterfangen ist.

Mit einem Garantieversprechen (über das gesetzlich vorgeschriebene Maß) signalisiert der Produzent, dass er um stets hohe Qualität bemüht ist. Eine Übertragung einklagbarer Garantieversprechen auf den Bereich der Medien ist jedoch nur eingeschränkt vorstellbar, z.B. mit Blick auf Trägerqualitäten. Die weitgehende Unmöglichkeit für den Rezipienten, die Qualität von Medienprodukten zuverlässig zu erkennen, lässt Garantieversprechen, wenn sie nicht ausschließlich strategischer Absicht dienen, ins Leere laufen.

Ein medienspezifischer Ansatz zur Lösung des Problems von Informationsasymmetrien könnte der Medienjournalismus sein, also die kritische Berichterstattung von Medien über die eigene Branche und deren Angebote. Entsprechende Forschung (vgl. z.B. Fengler/Ruß-Mohl 2004) zeigt jedoch, dass Interessen der Mediennutzer im Kalkül von Medienjournalisten kaum eine Rolle spielen, dass Kollegenorientierung und – im Zeitalter zunehmender Medienverflechtungen – Rücksichten auf die Erwartungen und Belange des Arbeitgebers dominieren. Medienjournalismus konzentriert sich zudem weitgehend auf die Presse, wird auch dort nur von einer Minderheit (acht Prozent der Publizistischen Einheiten) professionell betrieben, gilt vor allem dem Fernsehen und beschränkt sich funktional gesehen weitgehend auf Programmservice, Promotion und Werbung (vgl. Krüger/Müller-Sachse 1998)

Wenn die hier diskutierten marktlichen Lösungen zum Abbau von Informationsasymmetrien nicht erfolgreich sind, z.B. weil Qualitäts- und Nutzenunkenntnis dadurch nicht beseitigt werden können, bleiben nur staatliche Eingriffe. Bei Ver- und Gebrauchsgütern sind das z.B. Verpflichtungen für den Produzenten zur Information (über Verfallsdatum, Inhaltsstoffe, mit dem Konsum verbundene Gefahren etc.), Garantieverpflichtungen und die Bereitstellung von Produktinformationen für den Verbraucher nach dem Muster Warentest. Es sind aber auch den Anbietern auferlegte Mindeststandards der Qualität und an eine Mindestqualifikation gebundene Zulassungsbeschränkungen z.B. für Handwerksbetriebe und freie Berufe. Beide möglichen Ansätze, die Informationsasymmetrie im Bereich der Medien zwischen Anbieter und Rezipient abzubauen, sind sicher noch nicht ausreichend getestet. Während der Weg über Informationsverpflichtungen für den Anbieter wegen der Komplexität von Medien als Informationsgüter im weitesten Sinne schwierig realisierbar ist und sich wohl eher auf Einzelaspekte, wie z.B. die Deklarierung von Werbung oder die Hinweise auf Brutalität erstrecken wird, sind Mindeststandards und Zulassungsbeschränkungen zumindest im Bereich der elektronischen Medien bereits erprobte, aber bislang offenbar nicht sonderlich erfolgreiche (Kruse 1996, Lange 1991, Röper 1996b) staatliche Eingriffsmöglichkeiten (vgl. auch Kapitel 10).

9.1.2.2 Nutzenunkenntnis

Nutzenunkenntnis im Sinne mangelnder Beurteilungsfähigkeit nicht nur der Qualität von Medienprodukten sondern auch ihres Nutzens ist schon mehrfach angesprochen worden. Qualitätsunkenntnis schließt Nutzenunkenntnis logisch eigentlich ein, es sei denn, der Nutzen erschließt sich erst langfristig. Bei Medien und Kulturgütern im allgemeinen kommt als ein weiterer Punkt hinzu, dass Nutzengewinn aus ihrem Konsum, zumal wenn es sich um komplexe elitekulturelle oder Informationsgüter handelt, nicht voraussetzungslos ist. In Kapitel 6.3.1.1 wurde im Rahmen der Diskussion des Gesetzes vom abnehmenden Grenznutzen darauf hingewiesen, dass dessen Gültigkeit bei kulturellen oder musischen Tätigkeiten von Ökonomen skeptisch beurteilt wird, weil die Nutzenstiftung, z.B. die Freude an klassischer Musik, auf erworbenen Fähigkeiten ruht. Stigler und Becker haben in ihrem berühmt gewordenen Aufsatz aus dem Jahr 1977 die Frage, warum bei bestimmten Produkten, wie z.B. klassischer Musik, der Konsum im Zeitverlauf eher steigt als zurückgeht, der Grenznutzen also eher zu- als abnimmt, mit dem Aufbau eines spezifischen Humankapitals beantwortet. Auf das Phänomen selbst hatte am Beispiel „good music" schon ein halbes Jahrhundert zuvor Alfred Marshall aufmerksam gemacht, es jedoch, damit gegen die ökonomische Axiomatik verstoßend, mit einem Geschmacks- bzw. Präferenzwandel erklärt. Stigler und Becker (ebenda 78) dagegen: „The essence of our explanation lies in the accumulation of what might be termed ‚consumption capital' by the consumer, and we distinguish ‚beneficial' addiction like Marshall's good music from ‚harmful' addiction like heroin" (ebenda 78). Nutzenunkenntnis kann danach auch am Mangel an entsprechendem Humankapital liegen, was vor allem dann relevant wird, wenn der Nutzen z.B. von Bildung oder staatsbürgerlicher Informiertheit nicht ausschließlich individuell definiert werden kann, weil die Güter Bildung und staatsbürgerliche Information eben auch Eigenschaften eines Kollektivguts haben und hier positive Externalitäten bestehen.

Die Lösung des Problems ist zweifellos schwierig. Und anders als beim immateriellen Gut Bildung, bei dem einer systematischen Fehleinschätzung des Nutzens und der Gefahr daraus folgenden Unterkonsums bis zu einem gewissen Grad durch die Schulpflicht begegnet werden kann, ist ein derartiger Konsumzwang bei medialen Informations- und Bildungsangeboten nicht vorstellbar. Und dass die Beseitigung von Informationsmängeln im Sinne einer Nutzenunkenntnis durch eine wettbewerbliche Medienordnung möglich wäre, scheint mehr als fraglich.

9.1.2.3   Preisunkenntnis

Die Bestimmung von Marktpreisen, haben wir in Kapitel 8.2.3 von einem Vertreter der Tonträgerindustrie erfahren, ist ein zentrales Problem der Musikwirtschaft, aber eben nicht nur dort. Die Medienindustrie insgesamt, sofern sie sich ausschließlich über Marktpreise finanziert, kämpft mit dem Problem einer Marktpreisbildung, die ihr auf dem Kopienmarkt trotz des öffentlichen Gutcharakters ihrer immateriellen Werke die Refinanzierung von Produktion, Vervielfältigung und Distribution sichert. Das Problem gilt für alle Informationsgüter im weitesten Sinne, die alle zwischen den extremen Polen rein privater (nur der Autor kennt sein Werk) und rein öffentlicher Information („die Spatzen pfeifen es von den Dächern") anzusiedeln sind. „*Publication* is the conversion from private to public status. All dissimination, even confidential communication to a single other person, involves some loss of privacy and thus of any value attaching thereto. (It would be possible to transmit purely private information only if a technologie were to emerge whereby *forgetting* could be reliably effectuated. Then, for a price, I might give you some news while arranging to forget it myself)" (Hirshleifer/Riley 1992, 169). Heinrich (1999, 29) zitiert die Prognos AG, die Schwierigkeiten der Vermarktung von Information, hier von Konjunkturprognosen, sehr plastisch beschreibt. Die Nachfrage nach solchen Prognosen war zunächst sehr groß und ungedeckt und die Produzenten waren bereit, recht viel dafür zu bezahlen. Dann nahm sich die Presse der Sache an, denn die „Konjunkturprognosen interessierten allgemein. Und sehr rasch geschah etwas, was man als das ‚Absinken des Kulturgutes' bezeichnen kann: Das Kulturgut Prognose, Konjunkturprognose, sank auf eine immer breitere Öffentlichkeit ab. Und damit wurde es mehr und mehr zu einem Public Good. Es wurde immer wertloser – aus der Sicht der Produzenten gesehen. Für den einzelnen Konsumenten mag es noch wertvoll gewesen sein, aber für den Produzenten wurde dieses Produkt sehr fragwürdig, weil es plötzlich durch die Informationsvermittlung überall verfügbar war".

Wie soll bei einer solchen Ausgangssituation der Preis sicher bestimmt werden? Die Feststellung von der Preisbildung "im Nebel", wie sie für die Buchpreisbildung konstatiert wurde, verweist auf die deutlichen Informationsmängel, die für eine Preisbildung auf dem Markt der Kopien bestehen für eine letztendlich nicht exklusiv übereigenbare Information.

9.2   Forschung als Informationssystem von Medienproduzenten

Marktpreise als das aus ökonomischer Sicht zentrale Informationssystem der Wirtschaftssubjekte reichen in den heutigen voll entwickelten Wettbewerbsgesellschaften für die Entscheidungsbildung der Produzenten bei weitem nicht mehr aus. Produzenten müssen sich heute ja vorwiegend auf „Käufermärkten" durchsetzen und behaupten, also Märkten, auf denen die

Käufer die bessere Position haben und die Verkäufer nach Abnehmern für ihre Produkte, sprich nach Käufern suchen müssen (Kotler u.a.1999, 34). Das reichhaltige Instrumentarium des Marketings dient diesem Ziel. Seine Funktion ist, Bedürfnisse und Wünsche potentieller Käufer zu erkennen, auch zu wecken, entsprechend zweckmäßige Produkte zu entwickeln, zu bewerben und abzusetzen, also zusammenfassend: Nachfrage nicht als gegeben zu nehmen, sondern im Unternehmensinteresse aktiv zu managen. Werbung als Mittel der Verkaufsförderung gehört ebenso zu diesem Instrumentarium, wie eine systematische Informationsbeschaffung und -aufbereitung mit Blick auf alle für das Unternehmen relevanten Umweltfelder, insbesondere bestehende und neue Absatzmärkte. Eine zentrale Funktion kommt dabei der Marktforschung zu. „Sie liefert Prognosen für Marktpotentiale und künftige Marktanteile. Sie untersucht Kundenzufriedenheit und Kaufabsichten. Marketing ohne Marktforschung wäre undenkbar" (Kotler u.a, ebenda 238).

Auch Medienunternehmen betreiben in diesem Sinne als Teil ihrer Marketingaktivitäten Marktforschung. Forschung hat für Medien, sofern sie werbe(teil)finanziert sind, einen davon aber noch deutlich anderen Stellenwert. Für werbefinanzierte Medien reicht weder das Informationssystem der Marktpreise aus bzw. steht ihnen, wenn sie sich voll aus Werbung finanzieren, auf dem Rezipientenmarkt gar nicht zur Verfügung, noch reicht das gängige Repertoire der Marktforschung. Zentrales Informationssystem über Verbreitung und Nutzung der Medienprodukte auf dem Publikumsmarkt ist hier eine sehr spezielle und kontinuierliche Forschung (vgl. dazu auch Gleich 1996). Die Medienunternehmen benötigen diese Informationen für ihren Qualitätsnachweis als Werbeträger, was nicht ausschließt, dass sie Forschung auch mit dem Ziel einer Produktoptimierung im Sinne besserer Anpassung an Rezipientenpräferenzen betreiben. Der deutliche Unterschied im Forschungsaufwand, der für werbefinanzierte Medien wie Zeitungen und Zeitschriften sowie die Rundfunkmedien kontinuierlich betrieben wird und den eher vereinzelten Studien, die z.B. zum Medium Buch oder Film in großen zeitlichen Abständen durchgeführt werden, verweist jedoch auf einen systematisch anderen Stellenwert der Forschung für die Medien je nach Finanzierungsmodus. Für Medien, die sich über Marktpreise finanzieren, unterscheidet sich der Stellenwert der Marktforschung kaum von dem bei anderen Produzenten komplexer Dienstleistungen. Für Medien, die sich ganz oder teilweise aus Werbung finanzieren, ist Forschung das über ihren Erfolg auf dem Werbemarkt entscheidende Informationssystem.

Um die Funktion der Forschung als Informationssystem für die Produzenten erster und zweiter Ebene werbe(teil)finanzierter Medien zu verstehen, ist es sinnvoll, sich zunächst mit einem scheinbar selbstverständlichen Begriff auseinanderzusetzen, dem des Publikums (9.2.1). Was ist ein Publikum? Die Frage, die sich anschließt, ist die nach den Funktionen der Forschung (9.2.2), warum benötigen Medien dieses Informationssystem, wenn sie sich aus Werbung finanzieren wollen. Schließlich geht es um die Frage, wie Forschung als Informationssystem organisiert ist (9.2.3) und abschließend (9.2.4) darum, welche Informationen über die Nachfrager auf dem Rezipientenmarkt und ihre Präferenzen diese Forschung liefern kann (die Darstellung folgt weitgehend Kiefer 1999).

Die Ausführungen werden sich schwerpunktmäßig auf das Fernsehen beziehen. Das hat mehrere Vorteile: 1. unterschiedliche Finanzierungsformen eines Mediums (Marktpreise bei Pay-TV, Werbung und Gebühren) können in die Betrachtung einbezogen werden. 2. Fernsehen als Zeitmedium, also als Medium, das die ihm von einem Publikum gewidmete Zeit als Kontaktchance auf dem Werbemarkt anbietet, lässt die Spezifik von Forschung als Informationssystem besonders deutlich hervortreten. 3. Absatzzahlen, wie sie für Bücher oder Tonträger, aber auch für Zeitungen oder Zeitschriften vorliegen, gibt es zumindest für terrestrisch verbreitetes und unverschlüsseltes Fernsehen nicht.

Die Situation ist also anders als bei den aus Werbung teilfinanzierten Printmedien.

Die von IVW, also der Informationsgemeinschaft zur Feststellung der Verbreitung von Werbeträgern e.V., geprüften Auflagen der Printmedien sind letztendlich ja nichts anderes als Absatzstatistiken, wie sie auch andere Branchen kennen, wenn auch mit weniger Gewicht für das künftige Geschäft. Dass Auflagen IVW-geprüft sind bedeutet, dass die Zahlen der gekauften und der verbreiteten Exemplare eines Printmediums nach konsentierten Kriterien ermittelt und bekannt gemacht werden, die einen Vergleich der Medien als Werbeträger auf dem Werbemarkt erlauben. Absatzzahlen allein genügen aber auch bei den Printmedien nicht, weil aufgrund der mangelnden Konsumrivalität die Leserschaft zumeist größer ist als die Käuferschaft und weil die Werbewirtschaft in der Regel nicht nur wissen will, wie viele, sondern auch welche Personen sie mit ihren Inseraten (wahrscheinlich) erreicht.

9.2.1 Konzepte vom Publikum

In dem schlichtesten, aber nach wie vor wohl am weitesten verbreiteten Modell vom medial vermittelten Kommunikationsprozess, wie es 1948 als erster der amerikanische Soziologe Harold D. Lasswell formulierte (vgl. Pürer 1993, 25), hat das Publikum seinen definierten Platz. Es ist der Empfänger der Botschaft/Aussage, die ein Kommunikator über ein Medium verbreitet und damit beabsichtigte oder unbeabsichtigte Wirkungen erzielt oder auch nicht. Die kommunikationswissenschaftlichen Vorstellungen vom Kommunikationsprozess haben sich in der Zwischenzeit zwar deutlich differenziert, aber die vorherrschende theoretische Funktion des Medienpublikums ist nach wie vor „zu empfangen", wobei sich in Referenz an den wissenschaftlichen Differenzierungsprozess zahlreiche Umschreibungen wie: selektiv zuwenden, Gratifikationen erhalten, sozialisiert werden, ritualisiert teilnehmen etc. eingebürgert haben (Ettema/Whitney 1994).

Im Gegensatz zu der recht klar umrissenen Funktion des Publikums ist die definitorische Fassung des Funktionsträgers weit weniger eindeutig, wenn man sich nicht damit begnügen will, dass die „Summe der Empfänger publizistischer Aussagen (..) allgemein als Publikum" bezeichnet wird (Pürer 1993, 57). Das hat sicher damit zu tun, dass der aus anderen Kontexten, nämlich der Welt des Theaters und des Live-Spektakels übernommene Begriff als Metapher die massenmedialen kommunikativen Beziehungen kaum angemessen umgreift (McQuail 1994). Auch die Unterscheidung zwischen Präsenzpublikum und dispersem Publikum hilft da wenig weiter, denn das Medienpublikum „exists nowhere; it inhabits no real space, only positions within analytic discourse" (Allor 1988, 228). Wer oder was also ist „das Publikum", hier das Rundfunkpublikum?

Einer der Gründe für die Abstraktheit und definitorische Vagheit des Publikumsbegriffs ist zweifellos, dass das Medienpublikum nicht direkt beobachtbar ist, was insbesondere für die Rundfunkmedien gilt. Es war auch wahrscheinlich nie und wird immer weniger ein identifizierbares soziales Kollektiv (McQuail 1994), sondern konstituiert sich immer wieder neu durch Interaktion mit medialen Dienstleistungsangeboten. Letztlich ist das Medienpublikum ein Kon-

strukt. Dieser Konstrukt-Charakter erklärt die Vielfalt und Unterschiedlichkeit von Publikums-
konzepten, die von kommunikationswissenschaftlichen Forschungstraditionen und -richtungen
deutlich beeinflusst sind. Denn „sichtbar" wird das Medienpublikum erst durch entsprechende
Forschung und was sich dem Blick öffnet, ist durch die Fokussierung spezifischer Problemstellungen bestimmt.

McQuail (1994, 294ff.) unterscheidet drei Ansätze der Kommunikationswissenschaft, sich
dem Konstrukt Medienpublikum forscherisch zu nähern:

Übersicht 9.1: Three audience research traditions compared

	Structural	Behavioural	Cultural
Main aims	Describe composition; enumerate; relate to society	Explain and predict choices, reactions, effects	Understand meaning of content received and use in context
Main data	Social-demographic; media and time use	Motives: acts of choice; reactions	Perceptions of meaning; social and cultural context
Main methods	Survey and statistical analyses	Survey, experiment; mental measurement	Ethnography; qualitative

Quelle: McQuail 1994, S. 298.

- Die strukturalistische Tradition mit dem Ziel, Größe und Struktur des Medienpublikums
  möglichst genau zu beschreiben und in Relation zur Gesamtbevölkerung zu setzten.

- Die behavioristische Tradition, die vor allem Effekte von Mediennutzung auf Medienpublika, aber auch Motive der Mediennutzung und Gratifikationserwartungen zu analysieren versucht.

- Die sozial-kulturelle Tradition als historisch jüngster Ansatz, der die Bedeutungszuweisun-
  gen zu Medientexten, auch Mediennutzung durch unterschiedliche Publikumsgruppen in
  unterschiedlichen sozialen und kulturellen Kontexten abklären will.

Von diesen drei Ansätzen bestimmen die erste und die zweite Forschungstradition heute (noch)
weit überwiegend die Forschungspraxis. Das vorherrschende Konzept vom Medienpublikum
basiert dabei auf der Annahme, dass potentiell jedermann, also die Gesamtheit der Mitglieder
einer Gesellschaft bzw. das „generelle Publikum" das Medienpublikum darstelle.

Ablesbar sind Vorstellungen von der „Öffentlichkeit" als Medienpublikum auch an Konzepten der Kommunikationspolitik. Am Beispiel der amerikanischen Kommunikationspolitik
unterscheiden Webster/Phalen (1994) drei Publikumskonzepte, die ohne Schwierigkeiten auch
in der deutschen medienpolitischen Diskussion und Forschungspraxis zu lokalisieren sind.

- Das erste Konzept beruht auf dem Medienwirkungsmodell bzw. steht in behavioristischer
  Tradition und begreift das Publikum als Opfer oder positiv gewendet: als Objekt staatlicher
  Fürsorge. Das Medienpublikum wird hier als Gesamtheit der Staatsbürger verstanden, in
  der es schutzwürdige Interessen und schutzbedürftige Gruppen gibt. Mindestens drei Möglichkeiten einer Schädigung/Benachteiligung des Staatsbürger-Publikums durch Medien
  werden gesehen: durch ein Angebot an sozial unerwünschten Inhalten (Beispiel: Pornogra-
  phie und Gewalt), durch Vorenthalten sozial erwünschter Inhalte (Beispiel: Minderheitenprogramme, Angebote aus Bereichen der Hochkultur) und durch mangelnde Inanspruchnahme oder Rezeption sozial erwünschter Inhalte (Beispiel: Unterhaltungs- statt Informati-

onsnutzung bei Angebotserweiterung). Während bei den Möglichkeiten eins und zwei regulierende Eingriffe des Staates im Interesse seiner Bürger und der Gesellschaft möglich sind und ansatzweise auch erfolgen, laufen paternalistische Schutzgesten bei der Möglichkeit der „Selbstschädigung" des Staatsbürger-Publikums im Multimediazeitalter weitgehend ins Leere. Medienkonsum gesellschaftlich erwünschter Inhalte lässt sich nicht verordnen.

- Das zweite von Webster/Phalen herausgearbeitete Konzept folgt dem Marktmodell und steht in der strukturalistischen Tradition. Es begreift das Publikum als rational handelnde Individuen, die wohlinformiert ihre eigenen Interessen verfolgen und Präferenzen durchsetzen. Das Medienpublikum wird hier als Gesamtheit souveräner Medienkonsumenten konstruiert, die selbst am besten wissen, was ihnen frommt. Ein Mediensystem, dass ihre individuellen Interessen und Präferenzen bedient, dient auch dem öffentlichen Interesse, wie ja auch ein so funktionierender Markt die allgemeine (ökonomische) Wohlfahrt sichert.

- Das dritte von Webster/Phalen extrahierte kommunikationspolitische Publikumskonzept steht zu den beiden anderen Modellen des Publikums zwar in einem gewissen Widerspruch, was die Koexistenz aber nicht stört. Es ist das Konzept vom Publikum als Ware, als „coin of exchange" (ebenda, 29). Dies ist die Konzeptualisierung des Medienpublikums vor allem der sich über Werbung finanzierenden Medienorganisationen, aber auch der Rechtehandel, der ja die zu erwartende Größe des Publikums bei der Preisbildung berücksichtigt, folgt diesem Modell. Der Widerspruch zum Marktmodell ergibt sich daraus, dass – ökonomisch gesehen – ja nicht der Rezipient werbefinanzierter Rundfunkprogramme die Rolle des souveränen, weil zahlenden Konsumenten innehat, sondern der Werbekunde. Übereinstimmend mit dem Marktmodell ist das Verständnis vom Publikum als Aggregat individueller Medienkonsumenten, das hier aber in der Regel nicht die Gesamtheit meint, sondern Teilaggregate einer sozioökonomisch oder anders definierten Qualität. Voraussetzungen für eine Konzeptualisierung des Medienpublikums als Tauschmittel sind, dass Medienpublika einen ökonomischen Wert haben, der z.B. über Größe und Struktur des Publikums bestimmbar ist, dass kommerzielle Medien ökonomisch wertvolle Publika schaffen und mit den Kontakten dazu handeln dürfen und dass ein werbefinanziertes Mediensystem als im öffentlichen Interesse liegend oder zumindest als nicht dagegen verstoßend bewertet wird. Der latente Konflikt mit dem Konzept des Publikums als Objekt staatlicher Fürsorge wird in der Medienpolitik vor allem dann manifest, wenn es um schutzbedürftige Gruppen, wie z.B. Kinder, geht.

Alle drei von Webster/Phalen extrahierten Publikumskonzepte sind auch in der deutschen medienpolitischen Diskussion virulent.

Während in der Kommunikationspolitik Konzepte vom Medienpublikum als Gesamtheit der Staatsbürger oder Konsumenten vorherrschen, ist der Blick der Medienorganisationen auf ihr Publikum ein deutlich anderer. Dort geht es im Multimediazeitalter nicht mehr um das allgemeine, sondern um das „institutionell effektive Publikum" (Ettema/Whitney 1994, 5), also das Publikum, das soziale Bedeutung und/oder ökonomischen Wert für die Medienorganisation hat. Es geht um das via Forschung – vorwiegend in strukturalistischer Tradition – ge- und vermessene Publikum und es geht weniger um dessen Ähnlichkeiten mit oder Abweichungen von der Gesamtbevölkerung, als um die Übereinstimmung nach Größe, Sozialstruktur und anderen definierten Qualitäten mit den Vorstellungen der Medienorganisation von ihrem Publikum.

Medienpublika „existieren" aus Sicht der Medienorganisationen nicht, sondern sie werden „gemacht" (Nightingale 1986, vgl. auch Noelle-Neumann 1995). Den Nachweis, dass es einer Medienorganisation gelungen ist, ein Medienpublikum bestimmter Qualität zu schaffen, muss die Forschung erbringen, da dieser Nachweis anders nicht möglich ist.

Publikumsforschung konstituiert also letztlich das Medienpublikum als Konstrukt von sozialer und ökonomischer Relevanz für die Medienorganisation, konstituiert in Form des „gemessenen" Publikums also erst die institutionell effektive „coin of exchange". Die Bedeutung sozialwissenschaftlicher Forschung für den Medienbereich wird unmittelbar einsichtig. Es wird aber auch klar, dass vor allem mit der sog. Standardforschung der Rundfunk- und der Printmedien keine „real existierenden Medienpublika" abgebildet, sondern soziale Konventionen (Miller 1994) etabliert werden, deren konkrete Ausgestaltung nicht nur vom Stand der Forschung, sondern auch von den Interessen und der Macht der am Aushandeln der Konvention Beteiligten bestimmt wird.

9.2.2 Funktionen der Publikumsforschung

Historisch ist die Publikumsforschung ein Kind vor allem der kommerziellen Organisation von Medien und ihrer Werbefinanzierung. Böhme-Dürr (1995) demonstriert das am Beispiel des amerikanischen Verlegers Joseph Pulitzer, der als einer der ersten erkannte, dass der Verkauf von Anzeigenraum in Abhängigkeit von der Leserzahl nachprüfbarer Fakten bedarf. Folglich machte er die Auflagenhöhe der von ihm 1883 gekauften Tageszeitung „New York World" regelmäßig auf ihrer ersten Seite publik. Systematisch ist die Publikumsforschung ein Teil der „Control Revolution" (Beniger 1986), die Information zur immer wichtiger werdenden Ressource macht und die Umwandlung der Industrie- in Informationsgesellschaften vorantreibt. Die mit Fortschreiten und Beschleunigung der industriellen Produktion schon früh im 19. Jahrhundert sichtbar gewordenen Probleme der Information und Steuerung erreichten schließlich auch die Absatzmärkte. Techniken für ein Marktfeedback, wie Absatzstatistiken oder Marktforschung, aber auch für eine Marktbeeinflussung wie Marketing und Werbung wurden entwickelt und begannen sich durchzusetzen. Die Institutionalisierung der Publikumsforschung ist Teil dieses bis heute anhaltenden Versuchs der verschiedensten Akteure, das Konsumenten-, aber auch z.B. das Wählerverhalten durch, dank Innovationen in der Datengewinnung wie Datenverarbeitung, immer präzisere Information unter Kontrolle zu bekommen. Systemtheoretisch orientierte Kommunikationswissenschaftler begreifen Publikumsforschung daher auch als reflexiven Mechanismus (Saxer 1986), sofern die Forschung von den Medienorganisationen selbst initiiert ist (Siegert 1993). „Die Publikumsforschung stellt offenbar eine bestimmte Form der Kommunikation über Kommunikation dar, zum Zwecke der besseren Steuerung derselben" (Saxer 1986,108). Susan T. Eastman (1998) beschreibt dieses Bemühen um Kontrolle und Steuerung plastisch als „tug of war" zwischen „aktivem Publikum" und „aktiver Industrie". Die Positionen der Kombattanten in diesem Tauziehen, die einerseits um Autonomie (Publikum), andererseits um Steuerungspotentiale (Rundfunkindustrie) ringen, verändern sich im Rahmen der technologischen Entwicklungen. Als Beispiel nennt Eastman das Aufkommen der Fernbedienung und die Kanalvermehrung durch Kabel und Satellit. Im historischen Vergleich spiegeln nach Eastmans Einschätzung auch die kommunikationswissenschaftlichen Theorien zum Programmwahlverhalten der Zuschauer die jeweilige Position der Kombattanten.

Die Publikumsforschung hat für die Medienorganisation also vor allem eine Beobachtungs- und Steuerungsfunktion. Was allerdings via Publikumsforschung beobachtet und gesteuert werden soll, dürfte von der Organisations- und Finanzierungsform von Medien und dem damit verbundenen Konzept vom Publikum stark beeinflusst sein. Die heute vorherrschende Form der Fernsehforschung einer sekundengenauen Erfassung von Einschaltquoten und Sehbeteiligungen für die einzelnen Programme, wie sie die telemetrischen Messverfahren in Deutschland und Europa darstellen, ist auf die Beobachtungs- und Steuerungsprobleme vor allem des werbefinanzierten Rundfunks ausgerichtet (Stipp 1997). Dass auch der öffentlich-rechtliche Rundfunk diese Art der Forschung, nicht nur in Deutschland, initiiert hat und betreibt, hängt zweifellos mit seiner Teilfinanzierung aus Werbung, aber auch mit der starken Forschungsorientierung an den USA zusammen (Bessler 1980), wo Rundfunk eben von Anfang an kommerziell organisiert und auf Werbefinanzierung angewiesen war.

Für einen Pay-TV-Veranstalter, der sich ausschließlich aus Zuschauerentgelten finanziert, wird sich die Frage stellen, ob er dieses kostspielige Beobachtungsinstrument überhaupt benötigt. Da der Markt und damit auch das Preissystem als Feedbackmechanismus hier, soweit bei Medien eben möglich, funktionieren, werden seine Informations- und Kontrollprobleme weitgehend mit dem üblichen Instrumentarium der Marktforschung zu lösen sein, es sei denn, er strebt eine Teilfinanzierung aus Werbung an. Denn für ihn ist der Konsumakt ökonomisch grundsätzlich mit dem Abonnement seines Kanals oder der Inanspruchnahme seiner Pay-per-view-Offerten abgeschlossen. Wie viel Zeit der Rezipient mit diesen Angeboten verbringt, ob er zwischendurch zu anderen Kanälen wechselt, muss ihn nicht interessieren, weil es für ihn ökonomisch ohne Belang ist.

Das sieht für den werbefinanzierten Rundfunkveranstalter, der ja die seinen Programmofferten gewidmete Seh- oder Hörzeit des Publikums als Kontaktchancen auf dem Werbemarkt verkaufen will, völlig anders aus. Er muss wissen und vor allem seiner Werbekundschaft auch überzeugend darstellen können, wer wann wie lange seine Programme eingeschaltet hat. Diese Information, die ja Grundlage seines Geschäfts ist, kann ihm nur eine die Dimension der Zeit zentral berücksichtigende Publikumsforschung, wie in der Rundfunkforschung allgemein üblich, liefern. Für den werbefinanzierten Rundfunk ist, eben wegen seiner Finanzierungsspezifik, diese Form der Rundfunkforschung unabdingbar.

Das gilt nicht für den öffentlich-rechtlichen Rundfunk. Zwar ist auch für ihn Forschung die einzige Informationsmöglichkeit über sein Publikum und die Akzeptanz seiner Angebote. Aber seine Auftragsgebundenheit und die damit institutionalisierte Freiheit von individuellen Publikumswünschen (vgl. Kapitel 10.3) erfordern eigentlich keine sekundengenaue Bilanzierung der Nutzung. Hier sind Forschungsansätze denkbar, die den Informationsbedürfnissen dieser Organisationsform von Rundfunk besser entsprächen.

Allerdings darf man die strategischen Funktionen der Standardforschung im Rundfunkbereich nicht übersehen, deren Bedeutung im dualen Rundfunksystem ganz offensichtlich wächst. Die im Rahmen der GfK-Forschung ermittelten Ratings und die daraus durch Verknüpfung mit der Dimension Zeit berechenbaren „Marktanteile" (vgl. GfK 1995a, b) sind, ebenso wie die Reichweitenwerte für Printmedien und Hörfunk der Media-Analyse, die konsentierte Form der Erfolgsmessung im Medienbereich. Es sind soziale Konventionen, die, ähnlich wie das Preissystem Marktgüter, hier Kontaktchancen für die Werbewirtschaft zumindest intramedial unmittelbar vergleichbar machen sollen, um Tauschrelationen, wie sie die Tausendkontaktpreise darstellen, quantifizieren zu können. Für die Rundfunkorganisationen, sofern ihr Träger öffentliche Guteigenschaften hat und ihre Programme unverzerrt sind und von allen Personen mit Fernsehgerät empfangen werden können, stellt Forschung die einzige Möglichkeit dar, ihren Erfolg im Sinne eines erreichten Publikums zu messen und unter Beweis zu stellen, organisationsintern, aber vor allem auch in Relation zu konkurrierenden Veranstaltern, gegenüber der Werbewirtschaft und gegenüber der Politik.

Die organisationsinterne Bedeutung der Publikumsforschung als Instrument der Erfolgskontrolle und darauf aufbauend der Programmplanung hat mit der Einführung von Wettbewerb in Form des dualen Systems auch im öffentlich-rechtlichen Rundfunk deutlich zugenommen (Type 1996). Grundsätzlich lässt sich eine dreigeteilte Aufgabenstellung der Rundfunkforschung unterscheiden (Frank 1995): sie dient Aufgaben der Gestaltung des Programms (Produktion erster Ebene) und der Programmplanung (Produktion zweiter Ebene) und sie ist Werbeträgerforschung. Die Forschung zur Gestaltung des Programms, in der Regel Zielgruppen- und Programmspartenforschung – Beispiele sind Bereiche wie Nachrichten, Kinderprogramme oder kulturelle Sendungen – bedarf eigener Ansätze. Sie scheint, jedenfalls gemessen an der ausgebauten Praxis der US-Networks, in Europa noch unterentwickelt zu sein (Stipp 1987 und 1996), ein Eindruck, der allerdings auch daher rühren dürfte, dass diese Forschung kaum öffentlich gemacht wird, bei privaten wie öffentlich-rechtlichen Anbietern aber durchaus existiert (vgl. Schöneberger 1995, Drengberg 1996). Programmplanungs- und Werbeträgerforschung hingegen nutzen vor allem den Datenfundes des GfK-Panels, also der kontinuierlichen Standardforschung für das Medium. Zwar sind die Reaktionsmöglichkeiten des „Publikums" auf die Programmangebote nach der Philosophie dieser Forschung auf die binäre Codierung Einschalten/Ausschalten (bzw. Umschalten) beschränkt, aber dank zunehmend verbesserter Auswertungsmöglichkeiten (leistungsfähigere Computer, verbesserte Software vgl. GfK 1995b, Buß/Darschin 2004) und innovativer Auswertungsstrategien (vgl. Hasebrink/Krotz 1993) scheinen die Erkenntnismöglichkeiten mit Bezug auf das „Publikums"verhalten ständig zu wachsen und verstärkt für Planungsaufgaben genutzt zu werden. Während Saxer (1986, 107), mit Blick vor allem wohl auf den öffentlich-rechtlichen Rundfunk, von Publikumsforschung noch als der „heimlichen Hauptsache" sprach, attestiert ihr Nieland (1996,189) bereits eine „Vormachtstellung" bei der Entwicklung von Programmstrategien durch die Akteure des dualen Rundfunksystems.

Die zunehmende organisationsinterne Bedeutung der Publikumsforschung unter den Wettbewerbsbedingungen eines vervielfältigten Programmangebots, das um die, nach Befunden der Medienforschung (Berg/Ridder 2002), nur unterproportional wachsende Fernsehnutzungszeit des Publikums ringt, muss als Strategie der Unsicherheitsbewältigung begriffen werden. Unsicherheit der Nachfrage ist ja eine prinzipielle Charakteristik der Medienproduktion (vgl. Kapitel 5.4.1), die man zu überwinden oder zumindest zu verringern versucht, indem man die „Voten" des gemessenen Publikums möglichst unmittelbar in die Produktions- und Programmentscheidungen einfließen lässt, um definierte Unternehmensziele, also Quoten und Marktanteile, zu erreichen (vgl. Schöneberger 1995). Wie das im werbefinanzierten Fernsehen, dessen wirtschaftliche Situation ja direkt vom Erreichen dieser Quoten und Marktanteile abhängt, funktioniert, lässt ein Zitat von Jürgen Doetz, ehemaliger Geschäftsführer des privaten Fernsehsenders SAT.1, erahnen. „Wir haben zu jeder einzelnen Sendung, zu jeder einzelnen Sendeminute den geforderten Marktanteil entwickelt, (...) für 365 Tage im Jahr, für jede Sendung, für jeden Tag, für jede Stunde die genaue Marktanteilerwartung, die genaue Werbeverkaufsprognose, die dann am Schluss zu der Jahresprognose führen. Und da wird regelmäßig die Abweichung von den Vorhersagen diskutiert und entschieden, muss eine Sendung raus, muss eine Sendung gefördert werden durch irgendwelche Begleitmaßnahmen" (zit. nach Nieland 1996, 164).

In diesem Zitat zeigt sich bereits die Verschränkung von interner und externer Erfolgskontrolle bzw. -manifestation, die mit Hilfe der Publikumsforschung ermöglicht wird. Für beide auf Publikumsforschung als Erfolgsausweis angewiesenen Organisationsformen von Rundfunk, den öffentlich-rechtlichen wie den werbefinanzierten, ist dies die einzige Möglichkeit, ihre Wettbewerbsposition abzuklären, wobei der primäre Adressat dieser Botschaft nach außen im Falle des werbefinanzierten Rundfunks die Werbewirtschaft ist, im Falle des öffentlich-rechtlichen Rundfunks die Politik und die veröffentlichte Meinung. Dabei hat zunehmend auch die Medienpolitik das strategische Potential der Rundfunkforschung erkannt, das sie nun direkt für Gestaltungsfragen des Mediensystems einsetzt. Ein Beispiel ist die seit 1997 im Rundfunkstaatsvertrag festgeschriebene Konzentrationskontrolle bundesweiter Programmanbieter auf der Basis von Zuschaueranteilen.

Sieht man sich die Forschungsentwicklung im dualen System an, dann ist die dominierende Position einer Forschung, die am Konzept vom Publikum als Medienmarkt orientiert ist, unverkennbar. Das ist für den privaten Rundfunksektor kaum anders zu erwarten, es gilt aber auch für die Forschung des öffentlich-rechtlichen Rundfunks und die der Landesmedienanstalten (vgl. Breunig 1994). Und auch die Forschung nach dem Marktmodell ist überwiegend nicht dem entsprechenden Publikumskonzept verpflichtet, sondern dem Konzept der „coin of exchange", sei es auf dem Werbe-, sei es auf dem politischen Markt.

9.2.3 Forschung als organisiertes soziales System

Die Konstruktion von Medienpublika via Forschung als allgemein anerkannte Konvention ist ein organisiertes soziales System zum kontrollierten Einsatz hochelaborierter sozialwissenschaftlicher Forschungstechniken und -verfahren. Ein solches System zur Ermittlung als glaubwürdig ausgewiesener Tauschrelationen zwischen Medien- und Werbeindustrie löst Informationsasymmetrien zwischen den Marktpartnern auf, spart Transaktionskosten und mindert die Gefahr von Opportunismus (vgl. auch Phalen 1998). Die in Deutschland für die Ermittlung quantifizierbarer Tauschrelationen entscheidenden Organisationen sind die Arbeitsgemeinschaft Media Analyse e.V. (AG.MA) für die Printmedien und den Hörfunk und die Arbeitsgemeinschaft Fernsehforschung (AGF) für das Fernsehen. Während die AG.MA, zunächst als AG.LA (Arbeitsgemeinschaft Leseranalyse), auf eine mittlerweile gut 40jährige Geschichte zurückblicken kann, wurde die AGF 1988 in Reaktion auf die Installation des dualen Rundfunksystems gegründet. In beiden Arbeitsgemeinschaften sind Medienorganisationen, die sowohl auf dem Rezipienten- wie auf dem Werbemarkt agieren, zusammengeschlossen, um die zunächst so simpel klingende Frage: welche Programme (oder Printmedien) werden von welchen Personen genutzt? (GfK-Fernsehforschung 1995b) zu beantworten. Dass die Antwort auf diese Frage je nach Forschungstechniken und Definitionen ganz unterschiedlich ausfallen kann (vgl. für den Bereich der Printmedien Hess 1981), macht die Vielzahl voneinander abweichender sozialwissenschaftlicher Befunde zu scheinbar ähnlichen Sachverhalten deutlich. Es geht in diesen Arbeitsgemeinschaften also darum, Konsenslösungen zu erarbeiten, wie die Konstruktion von Medienpublika vonstatten gehen soll. Das beginnt mit der Definition der Grundgesamtheit, in die Konzepte vom Publikum notwendig einfließen, sowie der Stichprobenbildung, denn die Stichprobe muss ja ein verkleinertes Modell dieser Grundgesamtheit sein, damit Aussagen über deren Verhalten, Einstellungen oder Meinungen gemacht werden können. Es geht um die Erhebungsinstrumente, im Falle des Fernsehens das in einem Panel eingesetzte Messgerät, dessen Leistungsfähigkeit und Exaktheit, im Falle der Printmedien und des Hörfunk um die Befragungstechniken und, ganz entscheidend, um die Definitionen von Nutzung/Nutzer. Und es endet schließlich bei den immer feiner und differenzierter werdenden Auswertungs- und Analysemöglichkeiten. Die Forschungstechniken, die bei den einzelnen Medien eingesetzt werden, unterscheiden sich deutlich. Hier soll, mit Schwerpunkt bei der Organisation, vor allem die Fernsehforschung knapp dargestellt werden (vgl. zur Hörer- und Zuschauerforschung bis 1979: Bessler 1980, zur Entwicklung der Fernsehforschung bis 2003: Buß/Darschin 2004, zu Methoden, Defiziten und Perspektiven der Hörfunkforschung in Deutschland: Gleich 1995, zu Konzepten und Methoden der Printforschung: Hess 1996).

9.2.3.1 Der Aufbau der Fernsehstandardforschung

Fernsehstandardforschung fand seit ihrem Beginn in Deutschland 1963 mit Hilfe eines technischen Messgerätes statt. Zunächst konnte dieses Gerät, der Tammeter, nur die Geräteeinschaltung (ein/aus), den Kanal (1. oder 2. Programm) und die Nutzungszeit (Synchronuhr) erfassen. Das ab 1975 eingesetzte Messgerät Teleskomat ermöglichte, nach zahlreichen Anlaufschwierigkeiten, auch die personenbezogene Messung der Fernsehnutzung, indem die Haushaltsmitglieder sich über Knopfdruck als fernsehend an- und abmeldeten. Das ab 1985 eingesetzte und seitdem technisch ständig verbesserte Messgerät Telecontrol, heute TC # XL, identifiziert nicht nur eine Vielzahl von Kanälen, sondern auch die Videotext- und Videorekordernutzung, wobei alle Ein- und Umschaltvorgänge auf Sekundenbasis erfasst und gespeichert werden. Alle Fernsehgeräte, Videorekorder, Satellitenreceiver im Haushalt sind an das Messgerät angeschlossen. Seit Januar 2003 wird auch die digitale Fernsehnutzung mit Hilfe einer speziellen Set-Top-Box erfasst. Rund sieben Prozent der Haushalte verfügen bereits über diese Empfangstechnik. Auch in Berlin/Potsdam, wo seit August 2003 der terrestrische Empfang digitalisiert ist, wird eine entsprechende Messbox für den DVB-T-Empfang eingesetzt.

Das GfK-Panel besteht seit 2001 aus 5640 Haushalten mit 13.000 Personen, die 72,85 Millionen Personen repräsentieren. Die Fernsehnutzung von Ausländern wird nur eingeschränkt erhoben in 140 Hauhalten, deren „Haupteinkommensbezieher" ein EU-Ausländer ist (vgl. Buß/Darschin 2004, 22)

Wie schon der Teleskomat sind auch die neuen Messgeräte für die Ermittlung des Sehverhaltens der Zuschauer auf deren Mithilfe angewiesen. Die in den Haushalten des Panels lebenden Personen müssen sich über eine zusätzliche Fernbedienung beim Messgerät anmelden, wenn sie anfangen, und abmelden, wenn sie aufhören fernzusehen. Programmauswahl, Umschaltvorgänge und Nutzungszeit werden hingegen automatisch registriert. Die Zuverlässigkeit dieser aktiven Teilnahme der Panelmitglieder wird immer wieder durch sog. interne Coincidental Checks überprüft. Mit Hilfe von Telefonanrufen in den Panelhaushalten wird für genau vorgegebene Zeitspannen ermittelt, ob und welche Fernsehgeräte im Haushalt laufen, welches bzw. welche Programme eingeschaltet sind und welche Person oder Personen gerade fernsehen. Diese Daten werden mit den Angaben laut Messgerät verglichen und die Übereinstimmung geprüft. Bei einem entsprechenden Test 1997 lag die Übereinstimmung nahe 100%, ein Ergebnis, das auch frühere Tests erbrachten (Darkow 1995).

Wichtig für die Aussagekraft der Daten ist die Stichprobe. Nach einer „historisch tradierten Definition" (Darkow 1995, 12) sind Grundgesamtheit, für die die Panel-Stichprobe das verkleinerte Modell liefern soll, Privathaushalte mit mindestens einem Fernsehgerät, deren Haushaltsvorstand bzw. Hauptverdiener der deutschen Sprache mächtig ist und die in diesen Haushalten lebende Bevölkerung (Buß 1994). Die Daten können also „nicht den Anspruch erfüllen, Fernsehnutzung in Deutschland ganz allgemein abzubilden" (Darkow, ebenda). Abgebildet wird ein Ausschnitt davon in der Größenordnung von 90% aller Möglichkeiten.

Die so definierte Grundgesamtheit wiederum ist in ihrer relevanten Struktur aus der Media Analyse der AG.MA bekannt, deren Regeln für die Stichprobenbildung, Strukturvorgaben aber auch für Gewichtungen und Hochrechnungen weitestgehend übernommen werden. Rekrutiert werden die Panelhaushalte in einer mündlichen Befragung. Gesteuert wird die Haushaltsauswahl nicht nur nach soziodemografischen Kriterien (Haushaltsgröße, Alter und Bildung des Haushaltsvorstands, Kinder unter 14 Jahre im Haushalt, Bundesland, Gemeindegrößenklassen), sondern auch nach fernsehnutzungsrelevanten Merkmalen, wie Besitz von Satellitenreceivern. Die Struktur dieses Panels wird mit Hilfe der Daten aus der Media Analyse (vgl. Bergmann 1994) und durch eigene Trenduntersuchungen der AGF ständig kontrolliert und durch Austausch von Panelhaushalten justiert. Über die Haushalte wie die Personen in den Haushalten liegen eine Menge Informationen vor. So wird in einer jährlichen Strukturerhebung z.B. auch nach Urlaubs- und Freizeitgewohnheiten, nach Einstellungen und Verhaltensweisen im Alltag, Produktinteressen und Einkaufsverhalten sowie nach Programminteressen der potentiellen Panelhaushalte und ihrer Haushaltsmitglieder gefragt (Buß 1994).

Die im Messgerät der Panelhaushalte sekundengenau gespeicherten Daten werden jede Nacht über das Telefonnetz in den Rechner der GfK abgerufen. Das Volumen der Messdaten ist durch die sekundengenaue Erfassung auch der personenbezogenen Nutzung und die gestiegene Zahl von Programmen, die nun rund um die Uhr senden, gegenüber den Anfängen 1963 auf das 5000fache explodiert (Buß 1997). Außerdem werden die Daten mit Hilfe einer eigenen Gewichtungsdatei tagtäglich gewichtet. Das Panel wird zwar durch die Stichprobenziehung und den Anwerbungs- und Austauschmodus so angelegt, dass es ein möglichst genaues Abbild der Grundgesamtheit darstellt, aber durch die Bevölkerungsmobilität, den schnellen Wandel der Empfangsbedingungen und kurzzeitige technische Störungen (wie Fehler im Messgerät oder beim Telefonabruf) sind Strukturgewichtungen in Anpassung an Sollvorgaben täglich nötig, wenn auch in relativ engen Grenzen. Die so erhobenen, geprüften und korrigierten Daten zur Beantwortung der Frage, wer wann was wie lange im Fernsehen sich angeschaut hat, werden dann komplexen Auswertungsprozessen unterzogen, von Seiten der GfK, aber auch von Seiten der Auftraggeber und Nutzer.

9.2.3.2 Die AGF – Organ der Konsensfindung

Das hier nur angedeutete komplizierte System einer intern vergleichbaren und konsentierten Konstruktion von Publika für Fernsehkanäle und Programme bedarf der Steuerung, noch dazu, wenn Akteure mit unterschiedlich akzentuierten Interessen die Qualität der Daten akzeptieren sollen. So haben die beiden öffentlich-rechtlichen Systeme, ARD und ZDF, seit 1963 mit Aufnahme des Sendebetriebs durch das ZDF, dieses Forschungsinstrument gemeinsam in Auftrag gegeben, gestaltet und finanziert. 1988 mit Gründung der AGF wurden die beiden privaten Anbieter RTL Plus und SAT.1 gleichberechtigte und gleichverpflichtete Mitauftraggeber. Heute stellt die AGF ein kompliziertes Entscheidungs- und Kontrollsystem dar, in das alle an den Daten interessierten Parteien eingebunden sind und in dem die Konventionen ausgehandelt und die Forschungspraxis der GfK einschließlich der Auswertungsmodalitäten verbindlich geregelt werden.

Abbildung 9.3:   Die Organisation AGF

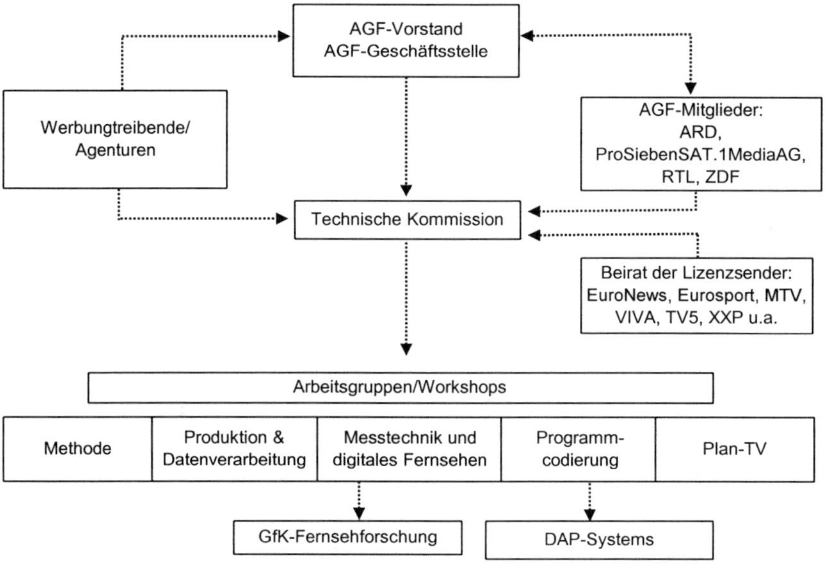

Quelle: Müller 2004, S. 29.

Mitglieder der AGF sind zum Stand 1.12.2003 die vier „Senderfamilien" ARD einschließlich Dritte Programme, ZDF, jeweils hälftig zugerechnet ARTE, 3SAT, Phoenix und KiKa, RTL-Goup mit RTL, RTL II, Super RTL, VOX und ab 1.1.2004 n-tv, sowie die ProSiebenSAT.1 Media AG mit SAT.1, Kabel 1, N24, DSF (bis 31.12.03), Neun Live (ab 1.1.04). Zusammen mit den Lizenzsendern Euronews, Eurosport, MTV, MTV2Pop, Tele5, TV5, VIVA, VIVAplus und XXP liegt der Zuschauermarktanteil der in das AGF-System eingebundenen Sender bei 96 Prozent, das heißt der Fernsehmarkt ist fast komplett abgedeckt (Müller 2004).

Die AGF-Struktur folgt nach organisatorischen Modifikationen heute einem „Familienmodell", das heißt die einzelnen Programme einschließlich der digital verbreiteten werden zu „Senderfamilien" gebündelt, die AGF-Mitglied sind. Jedes Mitglied entsendet einen stimmberechtigten Vertreter in den AGF-Vorstand als oberstes Entscheidungsorgan, der bei allen wesentlichen Entscheidungen einstimmig entscheiden muss. Finanziert werden die Gesamtkosten des Systems, die 2000 bei rd. 35 Mio. DM pro Jahr lagen, über einen für alle Mitgliederfamilien gleichen Sockelbetrag und einen am Marktanteil der Familie orientierten variablen Kostenanteil. Gemäß AGF-Vertrag steht der Beitritt zur AGF allen, den Mitgliedern vergleichbaren

Rundfunkorganisationen grundsätzlich offen, ein Passus, der nicht nur der Akzeptanz des Systems, sondern auch dem Schutz vor kartellrechtlichen Einsprüchen dienen soll (Müller 1997). Neben der Mitgliedschaft besteht die Möglichkeit, Lizenznehmer zu werden, eine kostengünstigere Möglichkeit, die vor allem von Sendern, die keiner Senderfamilie angehören, in Anspruch genommen wird. Sie sind Nutznießer und in begrenztem Umfang auch Mitgestalter und Mitfinanziers des System. Die Lizenznehmer haben einen Beirat gebildet, über den sie in der Technischen Kommission und den Referaten vertreten sind und ihre speziellen Interessen einbringen können. Auch die Werbewirtschaft ist über ihre Verbände GWA (Gesamtverband der Werbeagenturen Deutschlands) und OWM (Organisation der Werbungtreibenden im Markenverband) an der Gestaltung des Systems beteiligt und mit zwei stimmberechtigten Delegierten im AGF-Vorstand vertreten. Bei allen werberelevanten Themen ist Einstimmigkeit nicht nur des Vorstands sondern auch der Werbewirtschaftsvertreter erforderlich. Die Technische Kommission, gebildet aus Medienforschern der AGF-Mitglieder sowie Vertretern der Werbewirtschaft und der Lizenznehmer, ist für alle methodischen Fragen und Vorgaben zuständig und betreut und überwacht letztlich das gesamte Forschungssystem aus Sicht seiner Auftraggeber und Nutzer. Die AGF folgt dem Modell des Joint-Industry-Committee, bei dem alle relevanten Marktpartner (bis auf die Konsumenten/Rezipienten) in die Entscheidungen einbezogen werden. Das führt zwar zu hohem Abstimmungsbedarf, sichert aber auch breite Akzeptanz. In anderen europäischen Ländern ist die Fernsehforschung dagegen häufig nach dem Modell des Media-Owner-Committee organisiert, das heißt hier entscheiden nur die Fernsehveranstalter über den Forschungsprozess. Die Definitionsmacht der AGF im Bereich der Fernsehforschung ist unmittelbar einsichtig. Diese Definitionsmacht erstreckt sich über alle Ebenen des Forschungsprozesses und wird z.B. im Auswertungsbereich besonders deutlich. Im Zeitalter von Personal Computers, die in ihrer Leistungsfähigkeit der von Großrechnern kaum nachstehen, ist eine Dezentralisierung von Auswertungsmöglichkeiten der GfK-Daten nicht nur unvermeidbar, sondern auch ökonomisch sinnvoll. Um Risiken zu vermeiden, die sich durch freie Ausgestaltung von Analysen durch jedermann ergeben, Risiken von Ergebnisdifferenzen (z.B. durch Fehlbedienung oder mangelnde Spezialkenntnisse), die zu Verunsicherung und damit Unterminierung des ‚Währungscharakters' der Daten führen könnten, müssen auch diese Auswertungsmöglichkeiten kontrolliert werden. Folgerichtig gab die AGF die Entwicklung entsprechender Software in Auftrag, die eine „kochbuchartige Anwendung" (Buß 1994, 619) erlauben sollte.

9.2.4   Aussagefähigkeit und Grenzen der standardisierten Medienforschung

Das Erkenntnisinteresse der Standardforschung werbefinanzierter Medien ist weitestgehend auf den Informationsbedarf begrenzt, den die Medien im Wettbewerb als Werbeträger auf dem Werbemarkt mit Blick auf werblich relevante Qualitäten ihres erreichten Publikums haben. Das wird z.B. deutlich, wenn in das Erhebungsprogramm der GfK-Fernsehforschung nun auch Publikumstypologien aufgenommen werden, die in der Konsumforschung breiteste Anwendung finden und für deren Aufnahme vor allem die Werbewirtschaft plädierte (Müller 2000, 6; vgl. zu den programmplanerischen Anwendungsmöglichkeiten Buß/Neuwöhner 1999). Die Forschungsperspektive ist so letztlich durch das Publikumskonzept als „coin of exchange" bestimmt. Dabei haben die Forschungsdaten den Charakter einer – (vor allem auch über die Dimension der Zeit stark) differenzierten – Absatzstatistik auf dem Publikumsmarkt, die auf dem

Werbemarkt Informationen über relevante Input- und Produktionsfaktoren bereitstellt. Berücksichtigt man den Dienstleistungscharakter von Medien, dann liefert diese Forschung Informationen nicht nur zum Absatz von Dienstleistungsversprechen, sondern auch zur Endproduktion der medialen Dienstleistungen durch Einbringung externer Produktionsfaktoren auf Seiten der Rezipienten.

Die Charakterisierung der standardisierten Publikumsforschung als Absatz- und Endproduktionsforschung engt den Rahmen ihrer Aussagefähigkeit auf dem Publikumsmarkt deutlich ein. Bedürfnisse/Wünsche oder Präferenzen der Rezipienten mit Blick auf neue oder andere Medienprodukte sind so nicht zu entdecken. Die Daten sind allerdings, wenn man die Gutspezifik von Fernsehen berücksichtigt, auch nicht als Bestätigung zu werten, dass die auf dem Markt befindlichen Medienprodukte den Bedürfnissen und Wünschen oder Präferenzen ihrer Rezipienten entsprechen (vgl. auch Feger 1998). Die in Kapitel 6.3 diskutierten Anomalien des Medienkonsumenten werden durch diese Art der Forschung ja nicht beseitigt, sondern fließen in ihre Ergebnisse ein (vgl. Kiefer 1998a). Wenn man die erschwerte Qualitäts- und Nutzenbewertung (vgl. auch 9.3) berücksichtigt, wie sie für Medien als immaterielle, teilweise meritorische Güter und Dienstleistungen typisch ist, kann von via Forschung ermittelten Nutzungsakten nicht unmittelbar auf erfüllte Bedürfnisse oder Wünsche des Publikums geschlossen werden.

Das Informationssystem der standardisierten Forschung kann auch die in Kapitel 5.4 diskutierten Risikofaktoren der Medienproduktion kaum begrenzen. Erfolgskriterien wie „Publikumsattraktivität" sind mit dieser Art Forschung kaum näher ermittelbar, weil sie – als Fernsehforschung – Auskunft nur darüber gibt, wer, wann, was, wie lange, wo angeschaut hat, aber nichts über Hintergründe und Motive, situative oder emotionale Kontexte aussagt, ja mit Blick auf die Guteigenschaften von Medien nicht einmal die Prognose des Wiedereinschaltens in das Programm sicher erlaubt.

Diese Art der Forschung liefert relevante Informationen fast ausschließlich für den Medienproduzenten der zweiten, also der publizistischen Stufe, der das Güterbündel, das Medien wie Fernsehen oder Presse sind, zusammenstellt und dabei der Produktionslogik der Flow production folgt. Es ist ein Informationssystem, das der Steuerung von Publikumsströmen im Sinne des Festhaltens, Bindens an den eigenen Kanal dient, der Kontrolle und Justierung dieser Ströme, wie sie der Sat.1-Geschäftsführer als stundenbezogenen Vergleich von Soll- und Istquoten beschrieb. Und es ist ein Mittel der Konkurrenzbeobachtung, insbesondere ihres Programmerfolgs, wie Doetz ebenfalls deutlich macht wenn er darauf verweist, dass sein Sender Leute habe, die nichts anderes machten, „als die Programmentwicklung der anderen Sender zu analysieren. Es ist ein ständiges Beäugen, Belauern der Konkurrenz" (zit. nach Nieland 1996, 164). So ist nicht nur die eigene Marktposition ständig bekannt. Unter den Bedingungen der Flow production mindert das mittels standardisierter Forschung mögliche ständige Beäugen und Belauern auch das Risiko für den Produzenten der zweiten Stufe. Imitation – statt riskanter programmlicher Innovation – als eine der vorherrschenden Strategien zur Risikobegrenzung setzt diese Art kontinuierlicher Information über den Erfolg der Konkurrenz im Vergleich zum eigenen voraus.

9.3 Information als Problem des Medienkonsumenten

Informationsprobleme für den Konsumenten hinsichtlich Qualität und Nutzen gibt es bei allen komplexen Gütern und Dienstleistungen, Medien stellen insoweit also keinen ökonomischen Sonderfall dar. Relevanz gewinnen die Konsequenzen dieser Informationsprobleme bei Medien vor allem mit Blick auf die den Medien zugewiesenen gesellschafts- und demokratietheoretischen Funktionen, deren Erfüllung vom Staatsbürger-Publikum damit letztlich nicht kontrolliert werden kann. Aber auch der überragende Stellenwert der Medien für die Bürger als Freizeitbeschäftigung, Tagesbegleiter und „Fenster zur Welt" verweist darauf, dass Informationsprobleme hier vielleicht anders bewertet werden sollten, als solche beim Autokauf oder Abschluss einer Versicherung z.B.. Aber auch ohne Antwort auf diese Bewertungsfragen sind die Abweichungen von der ökonomischen Norm des „wohlinformierten Akteurs" beim Medienkonsumenten Hinweis auf eine problematische Konstellation.

Die Informationsprobleme, die für den Medienkonsumenten hinsichtlich der Qualität wie des Nutzens von Medienprodukten bestehen, sind hier wiederholt diskutiert worden, ebenso die Konsequenzen, die sich aus ökonomischer Sicht als "Anomalien" – gemessen am Modell des Homo Oeconomicus – im Medienkonsumentenverhalten niederschlagen (vgl. Kapitel 4.2, 6.3, 9.1.2). Stichworte waren:

- Eine ex-ante-Beurteilung der Qualität und des Nutzens von Medienprodukten als Dienstleistungsversprechen ist für den Rezipienten nur deutlich erschwert oder gar nicht möglich. Bei Informationsgütern ist eine ex-ante-Beurteilung prinzipiell unmöglich, denn eine Bewertung von Information setzt die Kenntnis der Information voraus und die ist notwendig mit dem Besitz der Information verbunden (Arrow's Informationsparadoxon). Die Spezifik von Medien als Erfahrungs- bzw. weitestgehend Vertrauensgüter macht rationales Konsumentenverhalten, das die ex-ante-Bewertung der Alternativen im Möglichkeitsraum voraussetzt, unmöglich.

- Die Konsequenz dieser Konstellation ist ein Verhalten des Medienkonsumenten nach dem Konzept der eingeschränkten Rationalität als Satisficer. Da eine Qualitätsbeurteilung von Medienprodukten, sofern sie als Erfahrungsgüter einzustufen sind, selbst ex post nur mit sehr hohen Kosten der Informationsgewinnung, bei Medien als Vertrauensgütern gar nicht möglich ist, wird die Informationssuche zur Gewinnung von Markttransparenz, hier Gewinnung einer Übersicht über das Angebot, das alternativ zur Nutzung zur Verfügung steht, vergleichsweise früh abgebrochen. Der Medienkonsument verhält sich als Satisficer, der sich mit einer hinreichend akzeptablen Offerte begnügt und sich dem ungeprüften Rest des Angebots gegenüber „rational ignorant" verhält.

- Die Erschwernis oder Unmöglichkeit, sich über die Alternativen des Angebots hinreichend zu informieren, begünstigen eine Informationsorientierung an spezialisierten Dritten. Rezensionswesen und Medienkritik sind klassische Formen einer marktmäßigen Lösung oder zumindest Entschärfung der Informationsasymmetrien zwischen Produzent und Konsument im Medienbereich. Programmzeitschriften, sofern sie veranstalterunabhängig sind, erfüllen diese Funktion und im Zeitalter digitalisierter Medien demnächst wohl elektronische Benutzerführungs- oder Navigationssysteme. Auch eine „Stiftung Medientest" gehörte in diesen Lösungskomplex, ob sie nun eine Art freiwilliger Selbstkontrolle der Medien darstellt oder kollektiv institutionalisiert ist.

- Werbung als eine, wenn nicht zur Zeit die wichtigste Form von „Signaling", also Informationsbereitstellung durch den Produzenten/Veranstalter, gewinnt im Medienbereich wachsende Bedeutung. Sie nimmt nicht nur quantitativ deutlich zu, gemessen an den steigenden Aufwendungen der Medienbranche für Werbung und der wachsenden Sendezeit für Programmtrailer und -vorschauen (so verwendeten RTL und SAT.1 2oo3 jeweils mehr als vier Prozent ihrer Gesamtsendezeit für die Eigenprogramm-Werbung, vgl. Krüger 2004), sondern sie gewinnt auch einen qualitativ anderen Stellenwert als Marketing- und Wettbewerbsstrategie der Anbieter. Nach Heinrich (1999, 321) ist die Medienbranche die werbeintensivste Branche überhaupt, deren Werbeaufwand, gemessen am Umsatz, am höchsten liegt. Dies gilt als Indikator für einen ungewöhnlich heftigen Wettbewerb, der vor allem über Werbung ausgetragen wird. Erste Forschung verweist darauf, dass der Kampf der Veranstalter um Zuschauer auch via Werbung nicht ohne Erfolg zu sein scheint. Aus ökonomischer Sicht ist mit einer starken Angewiesenheit des Konsumenten auf Marktsignale des Produzenten allerdings immer auch die Gefahr der Ausbeutung verbunden, die bei Unmöglichkeit der Qualitäts- und Nutzenbeurteilung für den Konsumenten besonders hoch ist (vgl. zum Stellenwert der Medienberichterstattung in Medien als PR- und Absatzförderungsinstrument Knoche 1999c). Werbung wird dann häufig als Substitut für Produktqualität eingesetzt, weil für den Konsumenten oder Rezipienten bei Qualitätsunkenntnis die Höhe der Werbeausgaben als Qualitätssignal gilt (vgl. Heinrich 1999, 607).

- Reputation als funktionsäquivalenter Ersatz für Information über Produktqualitäten beim Medienkonsumenten und damit als vertrauensbildende Maßnahme zwischen Produzent und Konsument spielt bislang noch vor allem bei den Printmedien eine größere Rolle, gewinnt aber auch im Bereich der elektronischen Medien an Bedeutung. Hier läge es vor allem für die öffentlich-rechtlichen Anbieter nahe, bestehende Images beim Publikum als Informations- und Qualitätsanbieter, wie sie Ergebnisse der Medienforschung (vgl. Berens/Kiefer/Meder 1997) eruieren und der Programmauftrag nahe legt, nicht nur in ein Reputationskapital für diese Organisationsform, sondern auch in eine effektive Informations- und Orientierungshilfe für das Publikum umzumünzen.

Die gravierenden Informationsmängel, die auf Seiten des Medienkonsumenten sowohl hinsichtlich der Qualitäten wie des Nutzens von Medienangeboten bestehen, können durch individuelle Informationsanstrengungen des Medienkonsumenten nicht oder nur zum geringsten Teil behoben werden. Von den gerade diskutierten Möglichkeiten der Informationsbereitstellung ist die mit dem geringsten Potential für Ausbeutung eine Bereitstellung durch spezialisierte Dritte, insbesondere wenn sie nach gesellschaftlich konsentierten Kriterien und kollektiv finanziert erfolgt. Ökonomisch rekonstruierbar ist diese Art der Informationsbereitstellung für das Medienpublikum – z.B. durch eine Stiftung Medientest – als Prinzipal-Agent-Beziehung.

Die hier diskutierten Informationsmängel auf Seiten des Medienpublikums, die Informationsasymmetrien zwischen Medienproduzent, Medienveranstalter und Medienrezipienten stellen nicht nur die Funktionsfähigkeit von Medienmärkten in Frage, insbesondere wenn es sich um Märkte für aktuelle und für Informationsmedien handelt, sie lassen auch kommunikationswissenschaftliche Konzepte wie den Uses and Gratifications Approach oder das Konzept vom „aktiven Publikum" als fragwürdig erscheinen. Diese Konzepte unterstellen ja, hierin dem ökonomischen Verhaltensmodell ganz ähnlich, rationales Verhalten bei vollständiger Informiertheit des Rezipienten nicht nur über die Qualitäten, sondern auch über den Nutzen (im Sinne maximaler Bedürfnisbefriedigung) von Medienprodukten, sowie eine Situation, in welcher der Rezipient genau weiß, welche Bedürfnisse oder Probleme er hat und welche Gratifikationen oder welchen Nutzen er sucht (vgl. auch Gleich 1996, 578). So versteht Renckstorf (1989, 319) unter einem „aktiven Publikum" als dem Akteur im Uses and Gratifications Approach folgerichtig „ein Publikum, das um eigene Probleme und Problemlösungen weiß und von den Medien und ihren Informationsangeboten im Sinne subjektiv wahrgenommener Interessen motivierten, zielgerichteten Gebrauch macht".

Auch ein Konzept wie das von Philip Palmgreen (Palmgreen 1984, Palmgreen/Rayburn 1985), das Mediennutzung aus dem Vergleich gesuchter und erhaltener Gratifikationen durch den Rezipienten erklärt, basiert auf diesen Annahmen des rationalen, zielgerichten Verhaltens eines wohlinformierten Individuums.

Abbildung 9.4: Erwartungs-/Bewertungsmodell gesuchter und erhaltener Gratifikationen

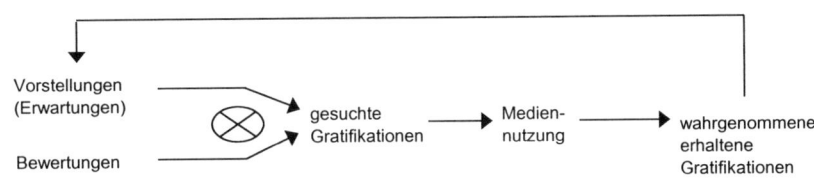

Quelle: Palmgreen 1984, S. 56.

Das Modell ist mit Blick auf die Gutspezifik von Medien aber deshalb interessant, weil es ein Prozessmodell ist, das Lernprozesse modelliert, wie sie mit Erfahrungsgütern wohl immer verbunden sind. Insofern kann es die Entstehung von Präferenzen für bestimmte Mediengattungen oder Medienanbieter erklären, wenn man Jenöffy-Lochau (1997, 97) zustimmt, dass Präferenzen stets „die Informationen vergangener Perioden" sind. Auf Medien als Vertrauensgüter, also vor allem auf Informationsmedien, ist das Modell jedoch nicht anwendbar. Wenn man sich mit der relativ vagen und allgemeinen Beschreibung von Bedürfnissen wie „Informationen über aktuelle Themen und Ereignisse", die Palmgreen (1984, 56) als Beispiel für gesuchte Gratifikationen anführt und die natürlich alle aktuellen Medien bereitstellen, nicht begnügt, sondern berücksichtigt, dass sich Informationsbedürfnisse kaum einfach auf aktuelle, sondern innerhalb dieses Rahmens auf relevante, verständliche, vollständige, richtige etc. Information beziehen, dann ist ein rationaler Vergleich gesuchter und erhaltener Information für den Medienrezipienten nicht möglich.

Adornos (1963) Frage, ob das Publikum wollen kann, die er mit Blick zumindest auf das „Richtige wollen" wegen falscher Bedürfnisse, Orientierung am Vorhandenen und Ich-Schwäche verneinte, müsste vor dem Hintergrund medienökonomischer Erkenntnisse vielleicht so beantwortet werden: Das Publikum kann – vielleicht auch das Richtige – wollen, aber es kann nicht kontrollieren, ob es das auch bekommt und damit auch nicht durchsetzen, was es will.

Die Lösungsmöglichkeiten, die Adorno diskutiert: sachverständige Experten als Anwälte des Publikums sowie Erziehung als langfristige Möglichkeit der Problemreduzierung, Erziehung auch im Sinne einer Stärkung des Widerwillens „sich übers Ohr hauen zu lassen, den Dummen zu spielen" (ebenda, 59), sind jedoch unverändert aktuell. Der Expertenvorschlag gehört in die oben diskutierte Möglichkeit der Milderung von Informationsmängeln auf Seiten des Konsumenten durch Einschaltung von spezialisierten Dritten. Die Möglichkeit „Erziehung" wird heute zurückhaltender unter den Etiketten Medienpädagogik und Medienkompetenz diskutiert. Sie ist medienökonomisch wohl begründbar mit dem Verweis auf die große Bedeutung, die dem Aufbau von Instrumentalwissen und von Consumption Capital gerade im Bereich der kulturellen Güter von Ökonomen, die sich mit kulturökonomischen Fragestellungen beschäftigen, zuerkannt wird. Dabei scheint eine Mahnung von ökonomischer Seite bedenkenswert. Tibor Scitovsky (1972) ist einmal der Frage nachgegangen, warum im wohlhabenden Amerika Kunst und Kultur auf weniger Nachfrage stoßen als in vergleichsweise ärmeren Ländern Europas. Für ihn lag der Fehler im amerikanischen Schulsystem, das vor allem die Fertigkeiten vermittelte, die für das Berufsleben erforderlich sind, nicht jedoch diejenigen, die für Muße und Freizeitgestaltung benötigt werden. Und dies, obwohl, so Scitovsky (ebenda, 64), „the successfull pursuit of leisure and pleasure requires far more learning and a far greater variety of skills than does work". Folglich hat die Freizeit dank wachsender Produktivität der Wirtschaft schneller zugenommen, als die Fähigkeit, mit Freizeit umzugehen.

Medienpädagogik, wenn sie nicht im Normativen stecken bleiben und gleichzeitig die eigenen Grenzen erkennen will, muss aus medienökonomischer Sicht zweierlei zur Kenntnis nehmen: 1. die gravierenden Informationsprobleme des Medienkonsumenten hinsichtlich Qualität und Nutzen von Medienprodukten und die ihm kaum gegebenen Möglichkeiten, diese Probleme zu lösen, 2. das Faktum der nicht voraussetzungslosen Zuwendung zu und Nutzung von kulturellen wie Medienangeboten. Die Informationsmängel des Medienkonsumenten sind medienpädagogisch nicht zu überwinden. Hier müssen kollektive Lösungen der Informationsbereitstellung entwickelt und ihr Gebrauch eingeübt werden. Gezielter ist Medienpädagogik beim Aufbau von kulturellem Consumption Capital einsetzbar. Der Hinweis Ludwig von Mises, „dass der gewöhnliche Mensch die ungewöhnlichen Bücher nicht schätzt" (obwohl er sie sich wirtschaftlich ja durchaus leisten kann), verweist in Anlehnung an Scitovsky auf die Frage, ob sich hier nicht ein Versagen auch des europäischen Bildungssystems andeutet, das zu stark an im Kapitalismus unmittelbar verwertbaren Fähigkeiten seiner Zöglinge orientiert ist. Wenn dem so ist, müsste Medienpädagogik nach anderen Orientierungen für den geforderten Aufbau kulturellen Consumption Capitals suchen.

9.4   Zusammenfassung

1. Information, ihre Beschaffung und Verteilung, haben in der neoklassischen Gleichgewichtstheorie keine eigenständige Bedeutung, da vollkommene Information aller Akteure eine der Grundannahmen des Modells vollkommenen Wettbewerbs ist. Da die Bedingungen der vollkommenen Konkurrenz aber nie gegeben sind, zählen Informationsmängel zu den unbestritten wichtigen Ursachen von Marktversagen. Für Theorien, die das Marktgeschehen als Prozess begreifen, ist die ungleiche Verteilung marktlich relevanter Information ein zentraler Ausgangspunkt, mit dem sich Vorstellungen von Wettbewerb als Entde-

ckungsverfahren, vom dynamischen oder findigen Unternehmer erst entwickeln lassen. Nicht der Preis, sondern Preisänderungen sind dabei die relevanten Informationen.

2. Bei den Informationsmängeln werden Unsicherheit, die zukunftsbezogen ist und durch Informationsaufnahme nicht beseitigt werden kann, von Unkenntnis unterschieden, die einen Mangel an Information darstellt und durch Informationsaufnahme mehr oder weniger weitgehend überwunden werden kann. Unkenntnis kann bestehen im Hinblick auf die Qualität eines Guts, den Nutzen eines Guts oder den 'marträumenden' Preis eines Guts. Alle Formen von Unkenntnis sind für den Bereich der Medien relevant.

3. Qualitätsunkenntnis hängt eng mit der Güterart zusammen und steigt vom Inspektions- über das Erfahrungs- zum Vertrauensgut. Medien als komplexe Erfahrungs- bzw. Vertrauensgüter sind in jedem Fall von einer Informationsasymmetrie zwischen Produzent und Konsument betroffen. Die für Medien relevante Konsequenz daraus ist adverse Auslese, das heißt eine Auslese im Prozess marktlicher Bereitstellung zu Ungunsten von Qualität.

4. Zum Abbau einer Informationsasymmetrie zwischen Produzent und Konsument werden marktliche und nicht marktliche Lösungen diskutiert. Zu den marktlichen Lösungen zählen „Screening", Informationsbeschaffung des weniger Informierten entweder selbst oder durch Einschalten spezialisierter Dritter und „Signaling", Informationsverteilung des besser Informierten, wozu Reputationsaufbau und Garantieversprechen, aber insbesondere auch die Werbung zählen. Versagen die marktlichen Lösungen, sind staatliche Eingriffe erforderlich. Die Möglichkeiten des Screening (Rezensionswesen, Medienkritik, Stiftung Medientest) sind begrenzt und für aktuell informierende Medien kaum gegeben. Auch Signaling kann die Qualitätsunkenntnis des Rezipienten allenfalls mildern, wobei ein strategischer Einsatz kaum auszuschließen ist.

5. Qualitätsunkenntnis schließt Nutzenunkenntnis ein. Nutzenunkenntnis kann aber auch vorliegen, wenn der Nutzen sich erst längerfristig erschließt oder die Nutzenstiftung ein spezifisches Humankapital erfordert und dieses nicht oder nicht ausreichend vorliegt. Gerade bei medialen und kulturellen Dienstleistungen ist die Nutzenerkenntnis nicht voraussetzungslos, weder die des individuellen Nutzens und schon gar nicht die des kollektiven Nutzens positiver Externalitäten z.B. medialer Informations- oder Kulturangebote.
Preisunkenntnis als dritte Form von Unkenntnis gilt als zentrales Problem der Medienindustrie, deren Preisfindung „im Nebel" stattfindet.

6. Marktpreise gelten in der ökonomischen Theorie als zentrales Informationssystem, das für Produzentenentscheidungen heute aber bei weitem nicht mehr ausreicht. Marktforschung ist ein weiteres unverzichtbares Informationssystem, das auch von Medienorganisationen eingesetzt wird. Forschung hat für werbe(teil)finanzierte Medien darüber hinaus aber noch einen systematisch anderen Stellenwert, denn erst mit ihrer Hilfe kann ein Publikum konstituiert und die Daten dazu auf dem Werbemarkt als Qualitätsnachweis für zu erbringende Dienstleistungen eingesetzt werden.

7. Medienpublika sind ein soziales Konstrukt und entsprechend unterschiedliche Konzepte gibt es davon. Mindestens drei Konzepte lassen sich unterscheiden: das Konzept vom Publikum als Opfer (der Medien) oder Objekt staatlicher Fürsorge, das Konzept vom Publikum als Aggregat rationaler Medienkonsumenten in Anlehnung an das Marktmodell und das Konzept vom Publikum als Ware oder „coin of exchange". Während Konzept eins und zwei in der Kommunikationspolitik vorherrschen, ist das dritte Konzept für werbefinanzier-

te Medien kennzeichnend. Generell ist der Blick der Medienorganisation auf das Publikum ein anderer als der kommunikationspolitische. Für die Kommunikationspolitik stellt die Gesamtheit der Bürger das Publikum, für die Medienorganisation zählt das „institutionell effektive", das vor allem ökonomisch relevante und mit Hilfe der Forschung vermessene Publikum.

8. Forschung hat für die Medienorganisation eine Beobachtungs- und Steuerungsfunktion, sie ist eine Strategie der Unsicherheitsbewältigung, vor allem aber der internen Erfolgskontrolle und des externen Erfolgsnachweises. Der Stellenwert der Forschung für die Medienorganisation ist unmittelbar abhängig vom Finanzierungsmodus der von ihr bereitgestellten Medien und am höchsten bei voller Werbefinanzierung. Medienpublika existieren ja nicht, sondern werden gemacht. Die zentrale soziale Konvention zur Konstruktion von Publika ist die Forschung, vor allem in ihrer Ausprägung als ‚Standardforschung' für werbefinanzierte Medien. Die Funktion dieser Forschung ist eine ähnliche wie die des Preissystems, nämlich Tauschrelationen auf dem Werbemarkt zumindest intramedial unmittelbar vergleichbar zu machen. Das setzt eine konsentierte Form der Publikumskonstruktion voraus. Das der Standardforschung zugrunde liegende Publikumskonzept ist das der „coin of exchange".

9. Forschung als soziale Konvention der Publikumskonstruktion ist ein organisiertes soziales System zum kontrollierten Einsatz hochelaborierter sozialwissenschaftlicher Forschungstechniken und -methoden, an dem alle an der Konvention Interessierten (Medienorganisationen, Werbeagenturen, Werbungstreibende) beteiligt sind. Hier werden Konsenslösungen von der Definition der Grundgesamtheit über das Stichproben- und die Erhebungs- oder Messverfahren bis zur Definition der ‚Mediennutzer' und damit des ‚Publikums' und zu den Auswertungs- und Analyseprozeduren erarbeitet. Die Definitionsmacht von Forschungsorganisationen wie die AG.MA oder die AGF im Bereich des Medienkonsums ist kaum zu überschätzen.

10. Die Nutzungsdaten der Standardforschung können ebenso wenig wie Auflagenzahlen von Zeitungen und Zeitschriften oder Absatzzahlen von Büchern als Bestätigung gewertet werden, dass die Medienprodukte allokative Effizienz aufweisen, also den Präferenzen, den Wünschen und Bedürfnissen der Rezipienten entsprechen. Die Guteigenschaften von Medien und die Anomalien von Medienkonsumenten werden ja nicht aufgehoben, sondern fließen in die Ergebnisse auch der Forschung unmittelbar ein. Relevant ist diese Forschung für die Medienorganisationen nicht zur Ermittlung von Rezipientenpräferenzen, sondern zur Steuerung von Publikumsströmen im Rahmen der „flow production", dies vor allem auch im unmittelbaren Vergleich mit der Konkurrenz.

11. Informationsmängel der Konsumenten gelten für alle komplexen Güter und Dienstleistungen, Medien stellen insoweit keinen ökonomischen Sonderfall dar, allerdings gewinnen diese Mängel vor dem Hintergrund der gesellschafts- und demokratietheoretischen Funktionen von Medien eine andere Relevanz. Die Informationsmängel der Medienkonsumenten in Bezug auf Qualität wie Nutzen des Medienangebots sind so gravierend, dass rationales Verhalten im Sinne des ökonomischen Verhaltensmodells für den Medienkonsumenten weitestgehend unmöglich wird. Diese Mängel können durch individuelle Informationsanstrengungen der Medienkonsumenten auch kaum behoben werden und kollektive Lösungen des Problems durch Informationsbereitstellung (z.B. Stiftung Medientest) fehlen. Diese gravierenden Informationsmängel stellen Konzepte der PKW vom „aktiven Publikum"

oder den Uses- and Gratifications-Ansatz grundsätzlich in Frage und sie erfordern genauere Berücksichtigung auch bei medienpädagogischen Überlegungen. Adornos Frage, ob das Publikum wollen kann, ist vor dem Hintergrund medienökonomischer Erkenntnisse nur eine Teilfrage. Wollen kann ‚das Publikum' vielleicht, aber kaum kontrollieren, ob es das Gewollte auch erhält.

10.   Politische Entscheidungs- und Steuerungssysteme aus ökonomischer Sicht

In Kap. 6.5 wurde der Staat als auch ökonomischer Akteur bereits vorgestellt, seine Funktionen kurz diskutiert sowie die These vom Staatsversagen erörtert. In dem nachfolgenden Kapitel geht es um staatlich-politisches Handeln als eines der zentralen gesellschaftlichen Entscheidungs- und Steuerungssysteme aus ökonomischer Sicht, wenn man dem Systemdualismus Markt vs. Staat folgt. Wie in Kap.7 bereits kurz erläutert, ist in der Politischen Ökonomie aber weder der Begriff des Steuerungssystems eindeutig definiert, noch herrscht Einigkeit über die Zahl relevanter Steuerungsmechanismen. Und so sind auch verschiedene Formen zu unterscheiden, in denen staatlich-politisches Handeln steuernd auftreten und notwendig sein kann. Diese Formen lassen sich grob einmal in solche einer direkten und einer indirekten Steuerung aufteilen, man könnte aber auch nach dem Grad der Kooperation zwischen Staat und Privatwirtschaft differenzieren.

In Teilkapitel 10.2 geht es zunächst um die Frage, wann welche Formen politischer Steuerung mit Blick auf vorgelagerte gesellschaftliche Ziele aus ökonomischer Sicht angemessen erscheinen, Formen, die von der direkten öffentlichen Leistungserstellung bis zur Auslagerung von Leistungen des öffentlichen Bereichs in den Markt reichen. Als für den Medien-, genauer den Rundfunkbereich relevante Form direkter öffentlicher Leistungserstellung wird in 10.3 dann das öffentliche Unternehmen in der konkreten Ausgestaltung des öffentlich-rechtlichen Rundfunks in Deutschland ausführlicher diskutiert. Zur Gruppe der indirekten Steuerungsformen zählend, werden in 10.4 Regulierung als staatlich-politische Beeinflussung des Verhaltens privater Unternehmen und in 10.5 Kooperationsformen zwischen Staat und Privaten, darunter Verhandlungssysteme und der Regulierungsvertrag, erörtert. Für ein besseres Verständnis der ökonomischen Sicht auf die Funktionalität und potentielle Effizienz politischer Entscheidungs- und Steuerungssysteme im Bereich der Wirtschaft wird in 10.1 das für die Politische Ökonomie kennzeichnende Verständnis von Politik und Wirtschaft als interdependente Systeme vorgestellt. Dabei wird auch die Frage von Effizienzvergleichen wirtschaftlicher und politischer Steuerungssysteme kurz erörtert.

10.1   Wirtschaft und Politik als interdependente Systeme

Staatlich-politisches Handeln wird aus verfassungsökonomischer Sicht als eines von mindestens zwei oder mehreren gesellschaftlichen Entscheidungsverfahren und Steuerungssystemen verstanden, das vor allem bei Marktversagen und zur Produktion und Bereitstellung öffentlicher Güter notwendig ist. Dabei werden Staat und Wirtschaft in der Neuen Politischen Ökonomie nicht als getrennte, gegeneinander abgeschottete, sondern als interdependente Systeme begriffen. Die Interdependenz und jeweilige teilweise Offenheit der Systeme Politik und Wirtschaft für gegenseitige Eingriffe wird mit der unvollständigen Information der Akteure erklärt. Prototypisch ist die Figur des wirtschaftspolitischen Beraters: Ökonomen vermitteln aufgrund ihres Spezialwissens den politischen Akteuren bislang nicht verfügbare Informationen, die zu einer veränderten politischen Bewertung der Entscheidungsmöglichkeiten führen. „Politisch-ökonomische Systeme sind somit hinsichtlich der Information teilweise offen" (Frey/Kirchgässner 1994, 10).

Von einer ähnlichen Interdependenz aufgrund unvollständiger Information kann man natürlich auch für das politische und das publizistische System ausgehen und die Figur des kommunikationswissenschaftlichen Beraters existiert zwar schon, wie vor allem die großen medienpolitischen Kommissionen (z. B. Kommission zur Untersuchung der Wettbewerbsgleichheit von Presse, Funk/Fernsehen und Film 1967 oder Kommission für den Ausbau des technischen Kommunikationssystems 1976) , aber auch KEK oder KEF deutlich machen, sie hat in der Kommunikationswissenschaft aber noch keinen systematischen Ort.

Die Interdependenz von staatlichem und wirtschaftlichem Sektor einer Gesellschaft lässt sich im Grundmuster grafisch wie in Abbildung 10.1 darstellen.

Abbildung 10.1: Ein politisch-ökonomisches Modell für die Bundesrepublik Deutschland

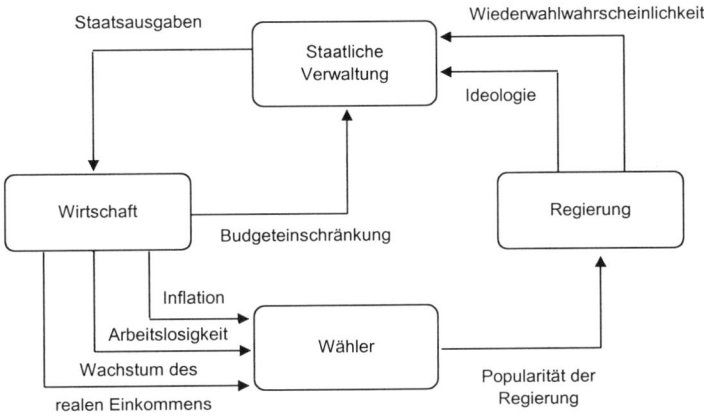

Quelle: Frey/Kirchgässner 1994, S. 15.

Der untere Teil der Grafik stellt den Einfluss wirtschaftlicher Variablen wie Inflationsrate, Arbeitslosenquote etc. auf die "Popularität" der Regierung bei den Wählern dar und damit auf ihre Chance, bei den nächsten Wahlen wieder- oder abgewählt zu werden. Der obere Teil der Grafik skizziert den Einfluss politischer Variablen auf die Wirtschaft. Die regierenden Parteien versuchen mit Hilfe des der Regierung zur Verfügung stehenden wirtschaftspolitischen Instrumentariums ihre Ideologien, zum Beispiel in Form einer angebots- oder einer nachfrageorientierten Politik, durchzusetzen und etwa die Staatsquote zu verringern oder zu erhöhen, wobei Restriktionen, die sich sowohl aus der staatlichen Verwaltung einschließlich gesetzlicher oder vertraglicher Festlegungen als auch aus Budgetbeschränkungen ergeben, dem politischen Handeln Grenzen setzen. Aber immer beeinflusst der politische Bereich die Wirtschaft und umgekehrt, „die Wirtschaftslage beeinflusst den politischen Bereich und dieser beeinflusst wiederum die wirtschaftliche Entwicklung" (Frey/Kirchgässner 1994, 21). Weigel (1987, 188) verweist auf die zwischen öffentlichem und privatem Sektor bestehenden widerstreitenden Interessen, die sich „in dynamischer Betrachtung als Wettbewerb um Verfügungsrechte" interpretieren lassen.

Politische Entscheidungs- und Steuerungssysteme auch im Bereich der Wirtschaft sind vor dem Hintergrund eines interdependenten politisch-ökonomischen Systems in einer Marktwirtschaft also nicht „systemfremd". Geht man mit der Verfassungsökonomik davon aus, dass im Gesellschaftsvertrag die Bürger eines Landes sowohl die Abgrenzung zwischen privat und kollektiv geregeltem Bereich wie die Frage, welche Entscheidungsmechanismen wann und wie zur Anwendung kommen sollen, im Grundsatz geklärt haben, dann geht es im konkreten Fall, wie zum Beispiel Zulassung privater Rundfunkveranstalter neben oder vielleicht auch statt einer öffentlichen Organisation dieses Mediums, nicht mehr um eine prinzipielle, sondern um eine pragmatische Frage, wenn beide Steuerungssysteme laut Grundkonsens möglich sind. Diese pragmatische Frage lautet, welches der Steuerungssysteme Markt oder öffentliche Verwaltung das mit Blick auf gegebene Leistungsziele – wirtschaftliche, im Medienbereich vor allem gesellschaftliche und publizistische Ziele wie Meinungsfreiheit und Meinungspluralismus – geeignetere, effektivere und/oder effizientere ist.

So gibt es im Grundgesetz der Bundesrepublik keinen Vorrang für marktwirtschaftliche oder öffentliche Regelungen. CDU und CSU, die den Privatkapitalismus grundgesetzlich verankern wollten, und SPD, die für eine Verstaatlichung zumindest bestimmter Industriezweige eintrat, konnten sich nicht einigen und ließen die Frage offen (vgl. Frey/Kirchgässner 1994, 114). Beide Steuerungssysteme sind also prinzipiell möglich.

Nun sind schon Vergleiche der ökonomischen Effizienz öffentlicher und privater Produktion und Bereitstellung äußerst schwierig, vom Vergleich publizistisch-sozialer Effizienz, wie sie in einen Vergleich unterschiedlich institutionalisierter Medien einfließen müsste, ganz zu schweigen. Empirische Studien aus dem Bereich der Ökonomie, die unterschiedliche institutionelle Arrangements prüfen, beschränken sich daher in der Regel auf einen Vergleich lediglich der Produktionskosten. Dabei zeigen sich entgegen der weit verbreiteten Annahme von der geringen Effizienz öffentlicher Unternehmen keine Unterschiede zwischen öffentlicher und privater Produktion, wenn genau die gleichen (also homogene) Güter produziert werden und die Rahmenbedingungen für beide Arrangements identisch sind. „Keine Effizienzunterschiede werden vor allem dann festgestellt, wenn es sich um regulierte Bereiche handelt, in denen sich wegen der für beide geltenden gleichen Vorschriften die Manager privater und öffentlicher Firmen in ähnlichen Situationen befinden" (Frey/Kirchgässner 1994, 190). Das legt den Schluss nahe, dass Effizienzunterschiede, wenn sie auftreten, in den Leistungszielen und nicht in den Steuerungsmechanismen begründet sind, ein Punkt, der in 10.3 ausführlicher erörtert wird.

Trotz offensichtlich geringer nachweisbarer Unterschiede in der wirtschaftlichen Effizienz des öffentlichen und des privaten Sektors (vgl. auch Schimmelpfennig 1992) unter gleichen Bedingungen sind in den letzten 20 bis 30 Jahren zahlreiche Reorganisationsmaßnahmen im öffentlichen Sektor erfolgt, die auch in der Kommunikationswissenschaft unter den Stichworten Privatisierung und Deregulierung diskutiert werden (vgl. Kap.1.3.2). Lässt man die Anfang der 1970er Jahre einsetzende ökonomische wie politische Orientierung an neoliberalen Vorstellungen mit der Vision vom „schlanken Staat" (vgl. Kiefer 1997b) einmal außer Betracht, so hat auch der technische Fortschritt Begründungen für staatliche Leistungserstellung vielfach obsolet werden lassen. Natürliche Monopole wie das Telekommunikationsnetz bekamen durch Substitutionstechnologien wie Satelliten und Kabel oder Funktelefonnetze Konkurrenz, öffentliche Güter werden zurechenbar, weil technische Innovationen nun den Ausschluss von Konsumenten erlauben, wie es die Digitalisierung im Bereich des Rundfunks ermöglichen wird. Regulierung und Deregulierung lassen sich aber auch als Ergebnis politischer Auseinandersetzungen zwischen Interessengruppen und Staat bzw. als Ergebnis von Verhandlungen (vgl.10.5) begreifen. Interessengruppen erzeugen Druck auf Politiker, Marktzutrittsbarrieren zu lockern und Deregulierungsmaßnahmen einzuleiten, wie es im Telekommunikationsbereich zum Beispiel geschehen ist. Der Deregulierungs- und Privatisierungsprozess im Bereich der Telekommunikationswirtschaft, schreiben Welfens und Graack (1997, 219), muss in besonderem Maße als „ein Ergebnis unterschiedlicher Einflussnahmen gewertet werden". Die Autoren identifizieren wichtige Interessengruppen, die jeweils eigene Interessen in dem sich ändernden Telekommunikationssektor verfolgten. Abbildung 10.2 fasst die Einflussgruppen auf den politischen Prozess der Deregulierung und Privatisierung des Telekommunikationssektors zusammen.

Abbildung 10.2: Einflussgruppen auf den politischen Prozess der Deregulierung und Privatisierung des Telekommunikationssektors

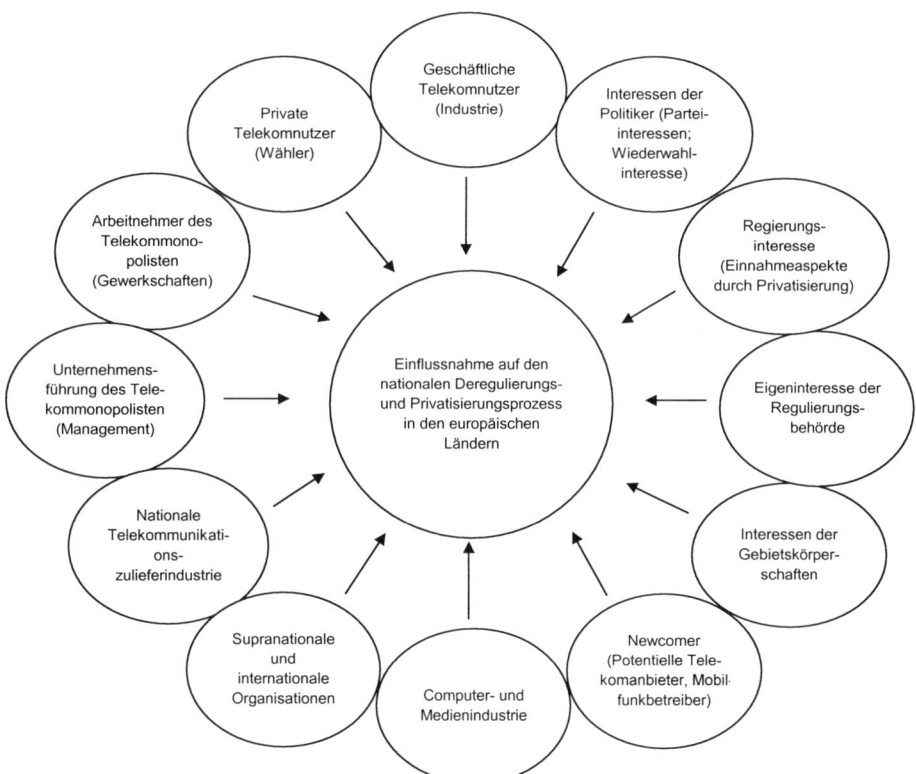

Quelle: Welfens/Graack 1997, S. 220.

Sieht man sich die Gruppen an ist klar, dass die verfolgten Interessen zum Teil widersprüchlich sein mussten. Welfens und Graack unterscheiden daher auch grob zwei Gruppen, die der „Progressiven", die, wie die Computer- und Medienindustrie oder private Mobilfunkbetreiber, eine Deregulierung und Privatisierung unterstützen, weil sie sich davon vor allem Vorteile versprechen, und die der „Konservativen" wie Gewerkschaften und Telekommunikationsbehörden, die Nachteile befürchten. Man sollte sich diese Gruppen allerdings nicht hermetisch geschlossen vorstellen. Im Verlauf der Debatte über eine ordnungspolitische Neuorientierung für den Tele-kommunikationssektor kam es zu durchaus wechselnden Koalitionen.

Interessengruppen werden aber auch politisch aktiv, um Regulierungsmaßnahmen durchzu-setzen oder zu modifizieren. Die ursprünglich von den Printmedien, heute von der privaten Rundfunkindustrie und ihrem Verband VPRT immer wieder erhobene Forderung nach einem Werbeverbot im öffentlich-rechtlichen Rundfunk ist eine solche Strategie. Sie war aber auch bei der Novellierung der Konzentrationsregulierung im Medienbereich deutlich erkennbar (vgl. 10.5.1). Die „gruppenorientierte Theorie der Regulierung und Deregulierung" (Blankart 1994, 422) stellt nicht in Frage, dass Regulierung vor allem dort auftritt, wo Tendenzen zum natürli-chen Monopol und damit zu Marktversagen bestehen. Aber Marktversagen wird nicht als das allein über Regulierung entscheidende Moment angesehen.

Generell kann man in der Neuen Politischen Ökonomie eine normative und eine positive Theorie der Regulierung unterscheiden. Die normative Theorie geht davon aus, dass durch staatliches Eingreifen Marktversagen zumindest teilweise beseitigt und das Gemeinwohl so gesteigert werden kann. Die positive, bekannt auch als Capture Theory, geht davon aus, dass Regulierungsinitiativen vor allem von den zu regulierenden Unternehmen ausgehen, die Phä-nomene wie Markteintritt, Wettbewerb, Preise etc. zu ihren Gunsten beeinflussen möchten. Die positive Theorie bewertet Regulierungshandeln damit ganz anders als die normative Theorie. „Staatliche Regulierung wirkt wettbewerbshemmend und protegiert eine kleine aber einfluss-reiche Gruppe auf Kosten der Allgemeinheit" urteilen Welfen/Graack, (ebenda 219) aus positi-ver Sicht. Die Unterschiede in der normativen und der positiven Einschätzung machen allein schon den Balanceakt deutlich, den in das Marktgeschehen eingreifendes staatliches Handeln zwischen Anspruchsnorm und Wirklichkeitshypothese zu bewältigen hat.

10.2   Möglichkeiten der Organisation öffentlicher Leistungserstellung

Die Frage, die sich schnell stellt ist, nach welchen Kriterien eine (Neu)Organisation öffentli-cher Leistungsprozesse sinnvollerweise erfolgen kann, wenn man nicht den schwierigen Weg empirischer Effizienzvergleiche gehen will. Mindestens vier Möglichkeiten der Organisation bieten sich theoretisch an:

- öffentliche Leistungserstellung durch staatliche oder öffentliche Unternehmen;
- Regulierung des Bereichs;
- Auslagerung von Teilaufgaben in den privaten Sektor;
- Überantwortung der Leistungserstellung an den Markt.

Wolff (1996) bietet zwei Kriterien an, nach denen die Zuordnung zu den vier Organisations-formen erfolgen kann:

1. die strategische Relevanz des Outputs;
2. die Spezifität des Inputs.

Strategische Relevanz des Outputs meint die Bedeutung der Leistung bzw. Teilleistung für die Kernaufgabe der Organisation, bei öffentlicher Organisation, dass „eine Leistung unverzichtba-res Mittel zur Erreichung vorgelagerter politischer Ziele ist" (Wolff, 1996, 249). Bei Rund-funkunternehmen gehört die Programmproduktion der 2. Stufe, also die Planung und Bündelung des Programms zum Paketangebot, zweifellos zu den Kernaufgaben. Offensichtlich gehört nach dem Verständnis des Gesetzgebers wie der Rundfunkveranstalter aber nicht die Produktion 1. Ebene zum Kernbereich, also die eigentliche Programmproduktion, die ja, vor allem im Privatfernsehen, in hohem Maße durch Kauf- und Auftragsproduktionen ersetzt wird (vgl. Zimmer 1998).

Spezifität des Inputs meint die Spezifität von Investitionen. Also, für welche Stufen des politisch definierten Leistungsprozesses sind spezifische Investitionen (Rundfunkfrequenzen oder Fachleute wie Auslandskorrespondenten z.B.) erforderlich. Hohe Spezifität von Investitionen ist immer mit der Gefahr potentieller Ausbeutbarkeit verbunden und daher einer der wichtigsten Gründe für vertikale Integration (Williamson 1990), das gilt auch für öffentliche Unternehmen. Hier spielen auch spezifische Investitionen in Humankapital eine Rolle, insbesondere Fachkenntnisse oder auch künstlerisch-kreative Kompetenzen.

Diese beiden Dimensionen und die sich daraus ergebenden vier Kombinationsmöglichkeiten lassen sich den oben aufgeführten Organisationsalternativen wie in Abbildung 10.3 zuordnen.

Abbildung 10.3: Organisationsformen für öffentliche Leistungsprozesse

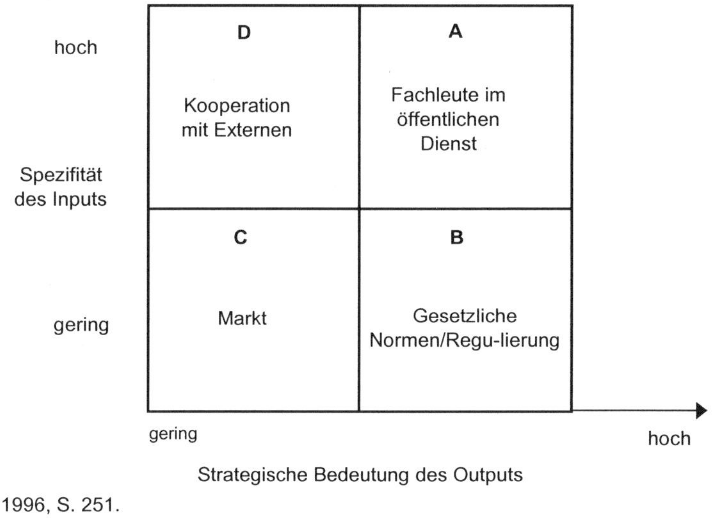

Quelle: Wolff 1996, S. 251.

Sektor A: hohe strategische Bedeutung des Leistungsbereichs für die Kernaufgabe der Organisation sowie hohe Spezifität der Investitionen erfordern öffentliche Leistungserstellung, Fachleute im öffentlichen Dienst werden tätig. Unterstellt man wie oben, dass die Programmproduktion zweiter Stufe zu den Kernaufgaben des Rundfunks gehört, dann wären Mantelprogramme, wie sie zum Beispiel von privaten Hörfunkstationen von ebenfalls privaten Lieferanten bezogen und weitgehend unverändert ausgestrahlt werden (Wöste 1989), mit einer öffentlichen Organisationsform von Hörfunk nicht vereinbar. Diese Praxis verweist gleichzeitig aber auch darauf, dass, zumindest im privaten Rundfunk, offenbar nicht die Produktion des Programms, auch die der zweiten Ebene nicht, zum strategischen Kernbereich zählt, sondern die

Produktion von Kontaktchancen mit dem Publikum und deren Verkauf auf dem Werbemarkt. Das entspricht der bereits zitierten Erkenntnis Owen/Wildmans (1992), die als häufigsten Fehler in Analysen des privaten Fernsehens monieren, dass als dessen Kernbereich die Programm- und nicht die Publikumsproduktion betrachtet werde.

Sektor B: bei strategisch wichtigen Aufgaben von geringer Spezifität bietet sich nach Wolff die Regulierung als Organisationsform an. Nun gibt es private neben öffentlichen Schulen, private neben öffentlichen Rundfunkveranstaltern, was darauf verweist, dass die beiden Kriterien nicht scharf zwischen öffentlicher und privater Produktion/Bereitstellung trennen, sondern eher Abstufungen staatlicher Einflussnahme auf die strategisch relevante Leistungserstellung aufzeigen, wobei sich die Bewertung der Kriterien, wie am Beispiel Rundfunk deutlich wird, im Zeitablauf ändern kann.

Sektor C: Sowohl die Inputspezifik wie die strategische Bedeutung des Outputs sind gering, hier kann die Frage „make or buy?" schnell zu Gunsten des Marktes beantwortet werden. Reinigungs-, einfache Bürodienste zum Beispiel, also Dienstleistungen für die nur unspezifisches Humankapital erforderlich ist, können auf dem Markt nachgefragt werden.

Sektor D: Expertenwissen zum Beispiel ist erforderlich, aber für die Kernaufgabe ist die Bedeutung der Teilleistung gering. Zumeist handelt es sich um Aufgaben, die Projektcharakter haben, wie die Einführung eines neuen Datenverarbeitungssystems, bei dessen Entwicklung und Einführung man mit einem spezialisierten externen Dienstleister zusammenarbeitet. Im Bereich der Medien fallen zum Beispiel Produktionsaufträge an Studios oder freie Korrespondenten in diesen Bereich.

Bezieht man dieses Schema alternativer Organisationsformen von öffentlichen Leistungsbereichen auf den Staat, dann sind, in Unterscheidung zwischen Rechts- und Leistungsstaat, nur die Aufgaben des Leistungsstaates den Feldern B bis D zuordenbar, während die Aufgaben des Rechtsstaates in Feld A gehören. Das Schema kann, wie hier schon knapp angedeutet, hilfreich auch sein für die Frage „make or buy?" innerhalb der öffentlichen Organisation selbst, wenn es um die Frage geht, was unter Sicherstellung des Kernauftrages dem aktuellen Trend des Outsourcing folgend auf den privaten Bereich wie verlagert werden kann.

10.3   Öffentliche Unternehmen

Öffentliche Unternehmen zählen zu den Organisationsmöglichkeiten öffentlicher Leistungserstellung gemäß Feld A der Abbildung 10.3. Die Besonderheiten öffentlich-rechtlicher Organisationsformen sind von der Ökonomie bislang kaum systematisch aufgearbeitet worden (Ausnahmen in: Eichhorn 1989). Das mag, so Siekmann (1996, 282), zum einen an der Vielfalt der Erscheinungsformen (Körperschaft, Anstalt, Stiftung, Verein, Sondervermögen, Eigen- und Regiebetriebe) liegen, zum anderen aber auch daran, dass öffentliche Unternehmen „von betriebwirtschaftlicher Seite kurzer Hand für unbedeutend erklärt (werden), da es vom ökonomischen Standpunkt aus gleichgültig sei, in welcher Form der Staat die von ihm angebotenen Güter und Dienste anbiete". Öffentliche Unternehmen werden aus ökonomischer Sicht nur dann als zulässig angesehen, wenn sie eine besondere öffentliche Aufgabe wahrnehmen. „Rechtsformen des öffentlichen Rechts bedürfen der besonderen Legitimation durch einen öffentlichen Zweck. (...) Wegen dieser öffentlichen Aufgabe müssen öffentlich-rechtlich organisierte Unternehmen gemeinwohlorientiert sein" (Siekmann, ebenda 296). Zudem, so Siekmann weiter (ebenda 297), erfordert das in Art. 20 Abs.1 Grundgesetz verankerte Demokratieprinzip „einen ununterbrochenen Kontroll- und Aufsichtsstrang zu einem Parlament oder einem anderen demokratisch legitimierten Vertretungsorgan".

Wenn hier der Versuch gemacht wird, die öffentliche Organisation von Rundfunk etwas näher zu beleuchten, dann kann das nicht mehr als ein erster Versuch sein, der am plausibelsten wohl im Vergleich zu privaten Rundfunkunternehmen zu bewerkstelligen ist. Im Falle der regulierten privaten Rundfunkunternehmen handelt es sich um die Organisationsform für öffentliche Leistungsprozesse gemäß Feld B der Abbildung 10.3, im Falle der öffentlich-rechtlichen Anstalten um die Organisationsform gemäß Feld A. Die aus der Zuordnung ersichtliche unterschiedliche Bewertung der Inputspezifik durch Politik und Staat beruht offensichtlich primär auf einem technischen Wandel der Infrastruktur. Die Beseitigung des Frequenzmangels war für die Politik das Ende einer als natürliches Monopol interpretierten Situation. Aber auch die Spezifik des Humankapitals für das Erreichen der vorgelagerten gesellschaftlichen und publizistischen Ziele wird, anders als noch in der Gründungsphase des öffentlich-rechtlichen Rundfunks, nun offenbar als gering eingestuft.

10.3.1 Modelle öffentlicher und privater Medieninstitutionalisierung im Vergleich

Man kann öffentliche und private Medienunternehmen als Modelle einer unterschiedlichen Institutionalisierung von Medien begreifen, wie sie Siebert, Peterson und Schramm (1956) als „Four Theories of the Press" skizziert haben. Private Medienunternehmen wären dann dem Liberalismus-Modell zuzuordnen, öffentliche Medienunternehmen dem Sozialverantwortungsmodell. Im ersten Modell haben, dem Marktmodell folgend, das Individuum und seine Bedürfnisse Vorrang vor der Gesellschaft, im zweiten wird eine Verantwortung der Medien gegenüber der Gesellschaft postuliert, gesellschaftliche Bedürfnisse stehen gleichberechtigt neben privaten oder haben sogar Vorrang, was Marktversagen zur Folge hat (vgl. zu den Gründen unter anderem Brown 1996; vgl. zu dem wechselnden Stellenwert von „wants" als individuellen und „needs" als gesellschaftlichen Bedürfnissen in der Rundfunkpolitik Pratten 1998).

Öffentliche und privatwirtschaftliche Medienorganisation unterscheiden sich folglich in vielfältiger Weise in ihren idealtypischen Organisationsprinzipien und Handlungsparametern. In Übersicht 10.1 sind einige der wichtigsten Parameter einmal zusammengestellt, wobei die Gegenüberstellung am Beispiel des Rundfunks in Deutschland erfolgt (vgl. Übersicht 10.1)

Öffentlich-rechtlich organisierte Medien gehören in den Bereich der öffentlichen Wirtschaft. So hat der öffentliche Rundfunk in Deutschland die Rechtsform einer Anstalt des öffentlichen Rechts und ist eine Nonprofit-Organisation. Private Medienunternehmen sind erwerbswirtschaftlich orientiert, also Forprofit-Organisationen. Auch öffentliche Medienorganisationen wie die Rundfunkanstalten sind Unternehmen, welche die ökonomischen Vorteile der hierarchischen Organisation wahrnehmen, allerdings nicht im Sinne privater Kapitalverwertung.

Übersicht 10.1:   Modelle einer Medieninstitutionalisierung am Beispiel Rundfunk

Parameter	privatwirtschaftlich	öffentlich-rechtlich
Organisationsform	erwerbswirtschaftliches Unternehmen, Forprofitorganisation	Anstalt des öffentlichen Rechts, Nonprofitorganisation
Eigentums-/ Verfügungsrechte	privat	öffentlich / kollektiv
Organisationszweck - Sachziel	Einschaltquoten / Publikumsmaximierung in der Zielgruppe	Erfüllung der öffentlichen Aufgabe / Programmauftrag
- Formalziel	Rendite für privates Kapital Gewinnmaximierung	wirtschaftliche Haushaltsführung
- Zielhierarchie	Dominanz Formalziel	Dominanz Sachziel
Dominierendes Normensystem	Ökonomie	Publizistik
Normative Zielsetzung	individuelle Nutzenmaximierung	gesellschaftliche Nutzenmaximierung
Steuerungsmechanismus	Makt und Wettbewerb	öffentliche Aufgabe / Gemeinwohlorientierung
Leistung / Angebot	nachfrageorientiert, marktmäßige Bedarfsdeckung	Auftragsorientierung, Bedarfsdeckung gemäß Sachziel
Versorgungsgrad	gemäß einzelwirtschaftlicher Rentabilität	Vollversorgung als öffentliche Aufgabe
Leistungsempfänger / Adressat	Kunde (Rezipient und/oder Werbekunde)	Rezipient als Bürger (begrenzt: Werbekunde)
Finanzierung	Preissystem Werbung	Gebühren als Kollektivform (eingeschränkt: Werbung)
Effektivitätsmaßstab	Grad der Formalzielerreichung Rentabilität	Grad der Sachzielerreichung
Vielfaltsicherung	Außenpluralismus	Binnenpluralismus
Demokratische Kontrollgremien	externe Organe: - Landesmedienanstalten - KEK - KJM	interne Organe: - Rundfunkrat - Verwaltungsrat
Kostenkontrolle	privat durch Anteilseigner	öffentlich durch externe Organe: - Rechnungshöfe - KEF

Die Begriffe öffentlich und privat verweisen zunächst auf die Trägerschaft, auf die Eigentums- und Verfügungsrechte über knappe Ressourcen. Auf der einen Seite privates Eigentum, private Verfügungs- und Nutzungsrechte an den (Medien)Produktionsmitteln und an den Medien, auf der anderen Seite öffentliches Eigentum und öffentliche Verfügungsrechte. Nach der zentralen Hypothese des Property Rights-Ansatzes beeinflusst die Ausgestaltung der Eigentums- und Verfügungsrechte die Allokation und Nutzung von Gütern auf spezifische Weise. Die Analyse dieser Rechte ist aus institutionenökonomischer Sicht zentral für die Abklärung der Frage, ob ein institutionelles Arrangement mit Blick auf den zu erreichenden gesellschaftlichen Zweck angemessen und rational ist oder nicht. Öffentliche Trägerschaft ist mit der Vorstellung verbunden, dass über die öffentlichen, also nichtprivaten Eigentums- und Verfügungsrechte eine Instrumentalisierung, eine Inpflichtnahme des öffentlichen Unternehmens im Sinne der zugewiesenen öffentlichen Aufgabe erfolgen soll und kann. „Mit der These von der *Instrumental-funktion* öffentlicher Unternehmen wird zum Ausdruck gebracht, dass der Träger das öffentliche Unternehmen als Instrument zur Realisierung vom Träger bzw. mit dessen Einwilligung vorgegebener Ziele, hier öffentlicher Aufgaben einsetzt" (Cox 1990, 203).

Dem öffentliche Unternehmen ist folglich als Organisationszweck ein Sachziel im Sinne der zu erreichenden öffentlichen Aufgabe vorgegeben – im Falle des Rundfunks der Programmauftrag – und es ist gehalten, primär orientiert an diesem Sachziel zu agieren und, zumindest in den Kernbereichen des öffentlichen Leistungsprozesses, nicht markt- oder gar gewinnorientiert. Das Sachziel privatwirtschaftlicher Medienunternehmen, sofern sie reguliert sind wie der Rundfunk, unterscheidet sich de jure nicht von dem öffentlich-rechtlicher Veranstalter. So gilt für private Veranstalter der Rundfunkbegriff gemäß §2 Rundfunkstaatsvertrag (RfStV von 2002) genauso wie für öffentlich-rechtliche. Das Bundesverfassungsgericht (BVerfG) hat in seinen Urteilen immer wieder darauf verwiesen, dass der private Rundfunk normativ das gleiche Sachziel habe wie der öffentlich-rechtliche, nämlich Medium und Faktor im Prozess öffentlicher Meinungsbildung zu sein. Entsprechend ist der Programmauftrag der privaten Anbieter vom Gesetzgeber auch dem der öffentlich-rechtlichen weitgehend ähnlich beschrieben. Das BVerfG hat aber auch hinzugefügt, dass die privaten Anbieter aufgrund ihrer nahezu ausschließlichen Werbefinanzierung diesem Sachziel faktisch nicht in gleicher Weise gerecht werden könnten wie die öffentlich-rechtlichen Anstalten, ohne ihre wirtschaftliche Existenz zu gefährden. Da die Erzielung von Einnahmen aus Werbung, auf die das terrestrische Privatfernsehen angewiesen ist, nachweislich von der erreichten Zuschauerzahl abhängig sei, stünden private Anbieter vor der wirtschaftlichen Notwendigkeit, möglichst massenattraktive Programme zu verbreiten, um hohe Reichweiten zu erzielen. Deshalb könne, so das BVerfG weiter, von privaten Rundfunkunternehmen – im Gegensatz zu den öffentlichen – nicht erwartet werden, dass sie die ganze Breite umfassender Information und Meinungsbildung gewährleisten. Faktisch kommt das BVerfG damit zu einer Umdefinition des Sachziels ganz im Sinne der zitierten Erkenntnis von Owen/Wildman, dass das Kerngeschäft von privatem Rundfunk die Produktion von Zuschauerschaften sei und nicht die Programmproduktion, schon gar nicht die Produktion von Meinungsvielfalt. Sachziel wird die Reichweitenmaximierung in werblich interessanten Zielgruppen, also von auf dem Werbemarkt verwertbaren Kontaktchancen. Das Formalziel der beiden Organisationsformen, wirtschaftliche Haushaltsführung beim öffentlich organisierten, Erwirtschaftung einer angemessenen Rendite beim privatwirtschaftlichen Rundfunk, erhält dadurch einen unterschiedlichen Stellenwert. In der Zielhierarchie des öffentlichen Rundfunks dominiert das Sachziel, in der Zielhierarchie des privaten Rundfunks das Formalziel. Das Sachziel wird hier Mittel zum Zweck, erhält eine instrumentelle Funktion. „Private Unternehmenstätigkeit, die erwerbswirtschaftlich erfolgt, strebt – idealtypisch betrachtet – das Formalziel der Gewinnmaximierung an" (Bräunig 1994, 471) Das aber bedeutet, dass der Programmauftrag, den ja auch der Privatfunk hat, nur soweit erfüllt wird, soweit die Rendite-Erwartungen davon nicht negativ tangiert werden.

Die Dominanz des Formalziels nachhaltiger Gewinnerzielung oder -maximierung bei privatwirtschaftlicher Unternehmensorganisation ist, wie wir wissen, keineswegs ein auf Medien beschränktes Phänomen, sondern entspricht dem ökonomischen Grundverständnis der Entkoppelung von individuellen Handlungsmotiven und sozialem Sinn wirtschaftlicher Tätigkeit. Wie Schumpeter und Bräunig, der zurückhaltender formuliert, sehen auch andere Ökonomen die

Marktversorgung der Verbraucher eher als Nebenprodukt unternehmerischen Erwerbsstrebens. „Man ist versucht zu sagen: Die Unternehmung kann es leider nicht verhindern, dass sie im Verfolgen ihres Strebens nach Gewinn den Markt versorgen muss" (Rieger 1964, 47 zit. nach Engelhardt 1990, 29). Private Medienunternehmen folgen insoweit also nur den allgemeinen Prinzipien marktwirtschaftlichen Handelns.

Zumeist dienen öffentliche Unternehmen der Befriedigung eines infrastrukturellen Basisbedarfs der Bürger an einer sicheren, gleichmäßigen und preiswerten Ver- und Entsorgung, zum Beispiel Versorgung mit Strom, Gas, Wasser, Entsorgung von Abfall und Abwasser, aber auch Versorgung mit Verkehrsleistungen, einem funktionierenden Gesundheitswesen, mit Bildungs- und Ausbildungseinrichtungen (Himmelmann 1992). Auch Medien wie der Rundfunk werden als öffentliche Unternehmen organisiert, um die Befriedigung eines infrastrukturellen Basisbedarfs sicherzustellen, hier an informativen, bildenden und unterhaltenden Medienangeboten, die dem Bürger den Meinungsbildungsprozess ermöglichen und ihn daran beteiligen (vgl. dazu z.B. Langenbucher 1999, der eine Zwischenbilanz des Verhältnisses „Rundfunk und Gesellschaft" im dualen Rundfunksystem zieht). „Das geltende Public-service-Ordnungskonzept des *Bundesverfassungsgerichts* erkennt in der Funktion dieses Massenmediums vom ökonomischen Wettbewerb losgelöste, eigenständige verfassungs- und gesellschaftspolitische Zielsetzungen. Des weiteren wird das Massenmedium Fernsehen als ein Mittel zur Modernisierung und Stabilisierung einer pluralistischen und demokratisch verfassten Gesellschaft angesehen. Die Leistung des Fernsehens wird zu einer infrastrukturellen Dienstleistung bzw. zu einem kollektiven und meritorischen Gut" (Gundlach 1996, 146). In der Rechtsprechung des BVerfG ist diese infrastrukturelle Dienstleistung mit dem Terminus der „Grundversorgung" umschrieben worden, wobei das Gericht gleich klarstellte, dass dies keine Mindest-, sondern eine Vollversorgung meint.

Das öffentliche Rundfunkunternehmen hat die zugewiesene öffentliche Aufgabe in Orientierung am Gemeinwohl, also an kollektiv und vorwiegend meritorisch definierten Bedürfnissen zu erfüllen, auch im Nebeneinander mit privaten Anbietern. Private Anbieter hingegen folgen dem Axiom marktmäßiger Bereitstellung, den individuellen Nutzen ihrer Rezipienten, ihrer Werbekunden, ihrer Anteilseigner zu maximieren, indem sie den Präferenzen – wenn auch mit unterschiedlicher Priorität – ihrer beiden Kundenkreise folgen und die Rendite für die Kapitalgeber maximieren.

Wichtig zu sehen ist, dass sich damit auch die normativen Zielsetzungen der beiden Medienorganisationsformen faktisch unterscheiden. Der Mediensektor liegt , wie ja schon im Zusammenhang der Diskussion über eine „Ökonomisierung" des Mediensystems (vgl. Kap. 1.3.1) festgestellt, im Schnittfeld zweier Regimes mit jeweils unterschiedlichen Normen und Leitwerten. Die Balance der Regimes ist prekär, ihre Normen und Leitwerte sind nicht kompatibel, es bestehen Zielkonflikte. Welches Regime und damit welche Normen im Bereich der Medien die Priorität haben sollen, lässt sich nur gesellschaftlich entscheiden und via Ordnungspolitik durchsetzen, zumal das publizistische Regime dem ökonomischen an Rationalität, Stabilität und Sanktionsstärke offenbar unterlegen ist. Zumindest bei der öffentlichen Medienorganisation ist die gesellschaftliche Entscheidung zu Gunsten einer Priorität des publizistischen Normensystems gefallen. Bei öffentlicher Organisationsform soll das Sachziel verwirklicht und gesellschaftliche Nutzenmaximierung im Bereich der zugewiesenen öffentlichen Aufgabe erreicht werden, normativ gefordert ist also die uneingeschränkte Erfüllung des Vielfaltpostulats und die Qualifizierung des Meinungsbildungsprozesses. Dass publizistische Normen wie die der Vielfalt (vgl. Rager/Weber 1992) und dass den Medien zugewiesene Funktionen im gesellschaftlichen und politischen Raum, wie zum Beispiel die Integrations- oder die Artikulationsfunktion mit einer Fülle von Interpretations- und Bewertungsproblemen verbunden sind, die hier aber nicht näher diskutiert werden können, liegt auf der Hand.

Während bei öffentlicher Organisationsform die Priorität des publizistischen Normensystems als gesellschaftlich erwünscht gesichert werden soll, ist bei privatwirtschaftlicher Medienorganisation diese Prioritätenfestlegung nicht gegeben. Im Gegenteil, die institutionell gewährten Handlungsräume sichern vor allem die Priorität des wirtschaftlichen Normensystems. So behalten Markt und Wettbewerb im privaten Rundfunkbereich trotz Regulierung weitgehend ihre wirtschaftlichen Steuerungsfunktionen, die auf dem Rezipientenmarkt allerdings nur begrenzt, auf dem Werbemarkt hingegen voll wirksam sind. Im Ergebnis ist eine Priorität des publizistischen Normensystems bei privatwirtschaftlicher Medienorganisation damit in doppelter Weise ausgeschlossen:

1. durch die Umkehr der Zielhierarchie und die Unterstellung des (publizistischen) Sachziels unter das (wirtschaftliche) Formalziel sowie
2. durch die zusätzliche Reduzierung des Sachziels auf die Funktionalität als Werbeträger.

Im Prinzip gilt diese doppelte Nachrangigkeit des publizistischen Normensystems für alle privatwirtschaftlich organisierten und überwiegend werbefinanzierten Medien, also nicht nur für den Rundfunk, sondern auch für Zeitungen und Zeitschriften. Und die Umkehr der Zielhierarchie betrifft alle von erwerbswirtschaftlich orientierten, privaten Unternehmen produzierten und distribuierten Medien (wenn man von der Ausnahmeerscheinung des selbstausbeuterischen Alternativ-Verlegers einmal absieht).

Damit das öffentliche Medienunternehmen das vorgegebene Sachziel erreichen kann, kommen die im Medienbereich sonst generell vorherrschenden Steuerungsmechanismen Markt und Wettbewerb für den Kernbereich der öffentlichen Aufgabe nicht zum Zuge. Das Angebot auf dem Rezipientenmarkt soll nicht nachfrage- sondern auftragsorientiert bereitgestellt werden, Bedarfdeckung also gemäß dem Programmauftrag und nicht nach Marktkriterien erfolgen. Auf Märkten, die nicht zum Kernbereich der öffentlichen Aufgabe zählen wie der Beschaffungs- oder der Werbemarkt, spielen Wettbewerb und Preissystem dagegen auch für die öffentlichen Unternehmen durchaus eine Rolle.

Aus all dem ergibt sich, dass die Angebote und Leistungen öffentlicher und privater Medienunternehmen verschiedenen Richtlinien folgen. Für private Medienunternehmen gilt, dass sie sich wie jedes Wirtschaftsunternehmen mit ihrem Angebot an der Nachfrage auf dem Markt orientieren. Sie werden ein Angebot also vor allem dort machen, wo sich im Wettbewerb mit anderen Anbietern Möglichkeiten des Gewinns zeigen. So wird ein Verleger, wenn er plant zum Beispiel eine neue Zeitschrift herauszubringen, sehr genau überlegen, wie seine Gewinnchancen bei den verschiedenen Zeitschriftentypen aussehen, ob mit einem politischen Magazin oder einem Special-interest-Blatt die Erfolgsaussichten größer sind. Und er wird sich, unabhängig von publizistischen und möglicherweise auch seinen persönlichen Bewertungen, für das Angebot entscheiden, das größere Marktchancen bietet. Dabei wird die Werbefinanzierung des Blattes in seinen Überlegungen natürlich eine gewichtige Rolle spielen. Seine Abschätzung der wirtschaftlichen Erfolgsaussichten wird sich also auf beide Märkte beziehen und das Angebot bei überwiegender Werbefinanzierung orientiert vor allem an der Nachfrage auf dem Werbemarkt erfolgen, weniger, oder jedenfalls nicht primär, an der Nachfrage auf dem Rezipientenmarkt. Das gilt prinzipiell auch für regulierte Rundfunkunternehmen, da die Programmauflagen so vage gefasst sind, dass sie weiten Raum für solche unternehmerischen Kalküle lassen. Wieder anders ist die Situation bei privatwirtschaftlichen Medien, die sich voll über Verbraucherpreise finanzieren, wie Pay-TV. Hier folgt das Medienangebot der kaufkräftigen Nachfrage auf dem Rezipientenmarkt. Für öffentliche Unternehmen ist zwingende Richtlinie der Leistungserstellung hingegen das Sachziel. Nicht die Nachfrage der Konsumenten und schon gar nicht die der Werbewirtschaft, sondern die zugewiesene öffentliche Aufgabe soll das Angebot an Leistungen bestimmen.

Neben der am Sachziel orientierten Leistungserbringung ist die Vollversorgung in mehrfacher Hinsicht eine Verpflichtung öffentlicher Unternehmen. Vollversorgung in regionaler Hinsicht: jeder Bürger im Lande soll an dem öffentlichen Angebot teilhaben können, Vollversorgung aber auch im Sinn einer Leistungserbringung in ökonomisch uninteressanten Bereichen, sei es weil die Produktion besonders teuer ist, wie zum Beispiel Fernsehspiele im Vergleich zu Talk-Shows, sei es, weil die Gruppe der an bestimmten Leistungen stark Interessierten klein ist oder wirtschaftlich schwach, so dass ein gewinnorientiertes Unternehmen Leistungen hier nicht erbringen würde. Bei privatwirtschaftlicher Medienorganisation wird der Versorgungsgrad mit Medienleistungen durch Rentabilitätsüberlegungen begrenzt. Was nicht mindestens Kostendeckung erlaubt, wird nicht angeboten, ja kann von einem privaten Medienunternehmen langfristig auch nicht angeboten werden, ohne an dessen wirtschaftliche Existenz zu rühren, es sei denn, Querfinanzierung ist im Rahmen einer Mischkalkulation aus Gewinn- und Verlustbringern möglich und opportun.

Die marktmäßige oder marktferne Organisation von Medien ist letztlich auch mit völlig anderen Vorstellungen vom Leistungsempfänger verbunden und hat eine andere Beziehung zum Rezipienten zur Folge (vgl. auch Kapitel 9.2.1). Das öffentliche Unternehmen stellt ein am Sachziel orientiertes Leistungsangebot bereit, von dem der Bürger Gebrauch machen kann oder nicht. Das privatwirtschaftliche Unternehmen sucht Kunden, die in eine Austauschbeziehung mit ihm eintreten, auf dem Werbemarkt oder als Pay-TV die marktübliche Tauschform: Leistung gegen Geld, auf dem Rezipientenmarkt bei Werbefinanzierung gegen geldwerte Zeit. Das Angebot erfolgt orientiert an Kosten-Nutzen-Kalkülen, Kosten der Dienstleistungsbereitschaft im Vergleich zu der erwarteten Kundenzahl und den so direkt oder indirekt erzielbaren Erlösen. Für einen privaten Fernsehveranstalter, der sich über den Verkauf von Werbezeit in oder zwischen seinen Programmen finanziert, bedeutet dies, dass er prinzipiell versuchen muss, nicht nur die Zahl der Zuschauer, die ihn als Zielgruppen der Werbung ökonomisch interessieren, zu maximieren, sondern er muss auch versuchen, deren Fernsehzeit an seine Programme zu binden und möglichst noch zu erhöhen. Während ein öffentlicher Veranstalter die Entscheidung des Bürgers, generell weniger fernzusehen, als Zeichen von Mündigkeit akzeptieren kann, bedeutet eine solche Mündigkeit für den privaten Veranstalter, dass sich seine Gewinnerwartungen schmälern. Er wird sich also mit Werbekampagnen, Bleiben-Sie-dran-Appellen und anderen Marketingmaßnahmen dagegen zu wehren versuchen.

Ein zentraler Unterschied zwischen öffentlicher und privater Medienorganisation ist die Art ihrer Finanzierung. Hauptfinanzierungsquelle privatwirtschaftlicher Medien sind die am Rezipienten- und/oder Werbemarkt erzielbaren Preise, Hauptfinanzierungsquelle öffentlicher Medien sind Gebühren und nachgeordnet Werbung. In dem einen Fall handelt sich um die auf Märkten übliche Finanzierung über das Preissystem, im anderen Fall um eine Form kollektiver Finanzierung.

In der aktuellen medienpolitischen Diskussion über die Liberalisierung von Rundfunkmärkten spielen Begriffe wie Effektivität und Effizienz immer wieder eine große Rolle, vor allem in dem Sinne, dass beides ungeprüft der öffentlichen Organisationsform von Medien abgesprochen wird. Effektivität bezeichnet aus betriebswirtschaftlicher Sicht den Grad der Zielerreichung. Berücksichtigt man die unterschiedliche Zielhierarchie der beiden Organisationsmodelle von Medien, dann sind öffentliche Rundfunkunternehmen effektiv, wenn sie die ihnen zugewiesene öffentlichen Aufgabe, also den Programmauftrag erfüllen und privatwirtschaftliche Rundfunkunternehmen sind effektiv, wenn sie Gewinne erwirtschaften. Die Effektivität von öffentlichem und privatem Rundfunk ist also keineswegs unmittelbar vergleichbar, ebenso wenig ihre Effizienz. Effizienz misst die Beziehung zwischen Mitteleinsatz und Ergebnis, sie ist also ein Maßzahl für Wirtschaftlichkeit, die wiederum, als Postulat, eines der Definitionskriterien einer Unternehmung ist. Die Effizienz privatwirtschaftlicher Unternehmen ist ablesbar an ihrer Rentabilität, also an der Höhe des Gewinns in Relation zum eingesetzten Kapital. Dieser Effizienzindikator spielt bei öffentlichen Unternehmen aber keine Rolle, denn auch die Teile der öffentlichen Aufgabe, die unrentabel sind, also zu Defiziten führen, müssen erfüllt werden. Aufgrund der unterschiedlichen Zielhierarchie öffentlicher und privater Unternehmen sind Effizienzvergleiche äußerst schwierig, weil eine für beide Organisationsformen gültige Vergleichgrundlage fehlt. Die Anwendung eines einheitlichen Maßstabs für einen Effizienzvergleich würde ja voraussetzen, dass öffentliche und private Unternehmen identische Produkte anbieten. Wird das unterstellt, dann entfällt aber die Rechtfertigung für die öffentliche Bereitstellungsform. „Der in empirischen Effizienzvergleichen übliche Maßstab betriebswirtschaftlicher Produktivitäts- und Rentabilitätskennziffern hat insoweit einen eingebauten ‚bias‘ zu Lasten öffentlicher Gutaspekte, wenn er unterschiedslos auf private und öffentliche Unternehmensaktivitäten angewandt wird" (Engelhardt 1990, 47). Engelhardt (ebenda 49) empfiehlt daher „äußerste Zurückhaltung gegenüber pauschalen Effizienzvergleichen alternativer institutioneller Arrangements zur Bereitstellung privater und öffentlicher (Misch)Güter", wie sie eben auch Medien darstellen. Ähnlich argumentiert auch Heinrich (1999, 343f., 526f.), der einen Vergleich des Ressourcenverbrauchs pro Programmstunde oder Marktanteilspunkt als nicht ausreichend für einen medienpolitischen Effizienzvergleich von öffentlichem und privatem Rundfunk hält.

Die Modelle zur Gewährleistung von Vielfalt sind für die beiden Organisationsformen von Medien sehr unterschiedlich. Die öffentlich-rechtliche Organisationsform folgt dem Modell des Binnenpluralismus, d.h. die Vielfaltsicherung erfolgt organisationsintern durch plural zusammengesetzte Organe der Anstalten, insbesondere die Rundfunk- und Fernsehräte. Dieser Binnenpluralismus in Form interner Entscheidungs- und Kontrollorgane begründet die Vermutung einer statischen Vielfalt in dem Sinne, dass die relevanten gesellschaftlichen Kräfte und Strömungen angemessen zum Ausdruck kommen (was Probleme im Sinne einer Anpassung an und Repräsentation von dynamischer Vielfalt nicht ausschließt). Gleichzeitig sichern diese Gremien die für öffentliche Unternehmen notwendige durchgehende demokratische Kontrolle. Bei privatwirtschaftlicher Medienorganisation ist eine Vielfaltsicherung innerhalb der Organisation nicht gegeben. Der ursprüngliche Versuch, über Anbietergemeinschaften der Rundfunkveranstalter ein Mindestmaß an Vielfalt sozusagen auch „binnenplural" zu sichern, gilt als weitgehend gescheitert und wurde im novellierten Rundfunkstaatsvertrag von 1997 durch andere Maßnahmen ersetzt, wie zum Beispiel die für große Veranstalter obligate Einräumung von Sendezeit an unabhängige Dritte. Die Hauptvielfaltvermutung bei außenpluraler Organisation ruht auf dem Wettbewerb einer Mehrzahl von selbständigen privatwirtschaftlichen Anbietern. Dabei ist die Frage, ob und wenn ja, welche Art von Vielfalt als Ergebnis von Wettbewerb privatwirtschaftlicher Medienunternehmen entsteht, allerdings weitgehend ungelöst. Denn man kann nicht ohne weiteres voraussetzen, „dass Ziele wie ‚Meinungsvielfalt', ‚Minderheitenschutz', ‚Meinungsfreiheit', ‚Ausgewogenheit', ‚Informationsvielfalt' oder ‚gegenseitige Achtung' den tatsächlichen Präferenzen der Nachfrager entsprechen" (Gundlach 1996, 147).

10.3.2   Funktionen öffentlicher Medienorganisation

Die zentrale Funktion öffentlicher Unternehmen ist schon im Vergleich der Medieninstitutionalisierungsmodelle deutlich geworden: öffentliche Medienunternehmen erfüllen eine öffentliche Aufgabe, erbringen eine öffentliche Dienstleistung. Öffentliche Dienstleistung lässt sich allgemein und pragmatisch definieren als „eine Leistung im allgemeinen sozialen und wirtschaftlichen Interesse, die allen Bürgern zugänglich ist, die einen kollektiven, infrastrukturellen Charakter aufweist und für deren Umsetzung eine bestimmte Form der Regulierung oder des öffentlichen Schutzes unerlässlich ist, damit ein Mindestangebot in einer bestimmten Menge und zu einem angemessenen Preis allen Benutzern zur Verfügung gestellt werden kann" (Thiry 1996, 30). Aus ökonomischer Sicht legitimiert wird öffentliche Unternehmertätigkeit durch Marktversagen, das auf produkt- und/oder nachfragespezifischen Mängeln marktlicher Allokation oder auf Mängeln des marktlichen Interaktionsprozesses beruhen kann. Es sind vor allem öffentliche Güter, die von öffentlichen Unternehmen produziert und/oder bereitgestellt werden, von der öffentlichen Sicherheit bis zum öffentlichen Schul-, Bildungs- und Rundfunkwesen, und die zumeist aus Steuergeldern, Gebühren oder Abgaben, jedenfalls kollektiv finanziert werden. Öffentliche Unternehmen dienen dazu „mit unternehmerischen Mitteln wichtige öffentliche Aufgaben wahrzunehmen, die bei ausschließlicher Orientierung am Erwerbsstreben nicht erfüllt würden" (Wissenschaftlicher Beirat 1994, 196).

Schellhaaß (2003) verweist in diesem Zusammenhang auf den Unterschied zwischen einer betriebswirtschaftlichen und der volkswirtschaftlichen Analyse eines Themenfeldes. Aus volkswirtschaftlicher Sicht steht nicht der individuelle Nutzen und dessen Maximierung im Vordergrund, sondern die Funktionsweise und Funktionsfähigkeit des Gesamtsystems, sei es Wirtschaft und/oder Demokratie. Auch das seinen individuellen Nutzen maximierende Individuum muss Systemzusammenhänge, zum Beispiel in Gesundheitssystem- oder Rentenfragen zumindest in Grundzügen kennen, um politisch, zum Beispiel als Wähler, entscheiden oder politische Entscheidungen beurteilen und gegebenenfalls akzeptieren zu können. Schellhaaß (ebenda, 951f.) sprich von „Sozialisationsinhalten", die vom Markt nicht bereitgestellt werden, weil sie zwar einen kollektiven aber keinen (direkten) individuellen Nutzen stiften, vom nutzenmaximierenden Individuum folglich nicht oder nicht ausreichend nachgefragt werden. Damit die kollektiv nützlichen Sozialisationsinhalte die Individuen überhaupt erreichen, müssen sie, zum Beispiel als Rundfunkangebote mit attraktiven Sendungen gekoppelt werden. Ökonomisch geht es um das Problem der Internalisierung externer Effekte. Die institutionelle Lösung im Rundfunkbereich ist die öffentlich-rechtliche Organisationsform: Die Entscheidung über sozialisationsfördernde Inhalte wird vom Staat auf die Rundfunkanstalten verlagert und damit endogenisiert, die Rundfunkgebühr sichert die Produktion der kollektiv nützlichen Sozialisationsinhalte im erforderlichen Umfang. Die Verpflichtung der Anstalten auf Mehrheiten- und Minderheitenprogramme ermöglicht eine Beimischung der Sozialisationsinhalte zu zuschauerattraktiven Angeboten und sichert so deren Rezeption.

Sichergestellt werden soll mit Hilfe der infrastrukturellen Funktion öffentlicher Unternehmen also die gleichmäßige Versorgung aller Bürger mit bestimmten öffentlichen Gütern zu einem einheitlichen „Preis", wie ihn die Pauschalgebühr darstellt. Bei Bereitstellung durch private Unternehmen ist diese gleichmäßige Versorgung nicht gesichert. Der Grund ist die Tendenz erwerbswirtschaftlich orientierter Unternehmen zum „Rosinenpicken". Als „Rosinenpicker" werden solche Wettbewerber bezeichnet, die „eine politisch gewollte Preisstruktur aus privatem Gewinninteresse unterlaufen"(Blankart 1994, 415), medienbezogen variiert: die eine politisch gewollte Angebotsstruktur unterlaufen. Der Wissenschaftliche Beirat der Gesellschaft für öffentliche Wirtschaft beschreibt in einer Stellungnahme wider das Privatisierungsdogma (1994, 203f.) die Strategie des Rosinenpickens. „Durchweg nutzen nämlich die privaten Unternehmer die ‚Marktöffnung' dazu, sich die ‚Rosinen zu picken', sich also auf die besonders lukrativen Geschäfte zu konzentrieren. Dem öffentlichen Unternehmen fällt mit der Zeit die Rolle zu, die unattraktivsten Bereiche des Marktes zu bedienen, damit nicht Bevölkerungsteile unversorgt bleiben. Das öffentliche Unternehmen gerät dadurch in wirtschaftliche Bedrängnis.(...) Schließlich wird die öffentliche Hand gezwungen, sich als vermeintlich unfähiger Anbieter vom Markt zurückzuziehen, und die Verbraucher haben das Nachsehen".

Was der Wissenschaftliche Beirat hier beschreibt, ist ein Unterlaufen der Strategie interner Subventionierung, wie sie für öffentliche Unternehmen typisch ist, durch die Rosinenpicker. Der Programmauftrag des öffentlichen Rundfunks verlangt ja, dass „Rundfunk für alle", auch „Sozialisationsinhalte" für alle angeboten werden und dass, der gesellschaftlichen Integrationsfunktion des Mediums folgend, Mehrheiten- und Minderheitenprogramme zu einem Gesamtangebot gebündelt und aus der Pauschalgebühr finanziert werden. Das aber heißt „allokationstheoretisch betrachtet, das integrierende Gesamtprogrammangebot und die programmstrukturelle Sicherung des Minderheitenschutzes werden durch eine interne Subventionierung zu Lasten der marktfähigen Mehrheitsbedürfnisse ermöglicht" (Gundlach 1996, 175). Aus wirtschaftswissenschaftlicher Sicht vernachlässigt diese Strategie interner Subventionierung das marktliche Äquivalenzprinzip von Preis und Leistung, steht also tendenziell im Konflikt zu einer marktwirtschaftlichen Wettbewerbsordnung und wird von neoliberalen Ökonomen folglich auch entsprechend kritisiert (vgl. z.B. den Kronberger Kreis 1989). Anders sieht die Beurteilung natürlich aus demokratietheoretischer Perspektive aus. Hier folgt die Strategie interner Subventionierung dem Anspruch der Bürger in einem demokratischen Staatswesen auf chancengleiche, jedenfalls nicht kaufkraftabhängige Teilnahme am Meinungsbildungsprozess. Aber auch die gerade diskutierte volkswirtschaftliche Sicht auf das Problem kommt zu anderen Einschätzungen.

Interne Subventionierung ist allerdings nicht auf den öffentlichen Rundfunk bzw. öffentliche Unternehmen generell beschränkt. Die editoriale Logik der Medienproduktion, der vor allem Verleger, Film- und Musikproduzenten folgen, ruht ja wesentlich auf der Strategie einer unternehmerischen Mischkalkulation, bei der Bestseller die nicht marktgängigen Angebote mitfinanzieren. Nach Tietzel (1995, 39) ist das schon von Diderot „angesprochene Problem, dass einige ‚Bestseller' in einem Verlagsprogramm die Verluste anderer Bücher mitfinanzieren müssen, (..) so alt wie der Buchdruck und heute noch so aktuell wie je" (vgl. zu ähnlichen Strategien der Tonträgerindustrie Negus 1998, 365). Und die Neigung von Verlegern, dies als „Ausdruck ihrer uneigennützigen Förderung auch nicht marktgängiger, oder ‚hoher' Literatur zu interpretieren", möge in einigen Fällen durchaus zutreffen, andererseits, so Tietzel weiter, sei es „rational, Verluste, die wegen unvollkommener Kenntnis der Nachfrage entstanden sind, nachträglich noch in Investitionen in das Reputationskapital eines Verlages zu verwandeln, indem man mit Glaubwürdigkeit behauptet, man habe eigene Gewinne der allgemeinen kulturellen Bereicherung durch Produktion von zusätzlichen Büchern geopfert". In dem Zitat wird der Unterschied zwischen öffentlicher und privater interner Subventionierung deutlich, die in dem einen Fall Instrument der Aufgabenerfüllung ist, in dem anderen Teil des Risikos privatwirtschaftlicher Produktion. Aber auch werbefinanzierte Medien subventionieren ja intern den redaktionellen Teil als Angebot auf dem Publikumsmarkt aus den Einnahmen für werbliche Dienstleistungen auf dem Werbemarkt. In all diesen Fällen wird das marktliche Prinzip der Äquivalenz von Preis und Leistung verletzt, dies ist also keine Spezifik nur der öffentlichen Unternehmen.

Neben der strukturpolitischen Instrumentalfunktion öffentlicher Unternehmen, die für den Medienbereich von zentraler Bedeutung ist, spielt auch die wettbewerbspolitische Instrumentalfunktion in der ökonomischen Diskussion über öffentliche Unternehmen eine Rolle. Cox (1990, 213) gibt zwar zu bedenken, dass eine wettbewerbspolitische Instrumentalfunktion, anders als die strukturpolitische, im gesetzlichen Auftrag keines öffentlichen Unternehmens festgeschrieben ist. Von daher erscheint es ihm fruchtbarer, statt von einer Instrumentalfunktion von einer Arbeitshypothese über „Wettbewerbswirkungen durch öffentliche Unternehmen" auszugehen. Denn auch wenn der Träger des öffentlichen Unternehmens, wie im Falle des Rundfunks die Länder, dieses nicht gezielt als Interventionsinstrument in einer real unbefriedigenden Wettbewerbssituation einsetzt, scheint die Annahme von positiven Wettbewerbseffekten des öffentlichen Unternehmens berechtigt, zumal in einer oligopolistischen Situation. Ausgehend vom Konzept des funktionsfähigen Wettbewerbs stellt sich dann die Frage, ob und in welcher Weise öffentliche Unternehmen einen Beitrag zur Erhaltung und Verbesserung der Funktionsfähigkeit von Wettbewerb leisten können. Cox (1988) sieht folgende Möglichkeiten:

- eine aktive, wettbewerbsfördernde Preis-, Konditionen- und Qualitätspolitik des öffentlichen Unternehmens, um dem möglicherweise wenig wettbewerbsintensiven Verhalten privater Marktteilnehmer entgegenzuwirken;

- Innovationsförderung durch die öffentlichen Unternehmen, indem diese die auf der privatwirtschaftlichen Seite „mangelnde Bereitschaft zu risikoreichen Innovationen und Investitionen zu kompensieren versuchen, indem sie entwicklungsfördernd wirken" (Cox, ebenda 75f.).

Beiden Wettbewerbswirkungen öffentlicher Unternehmen muss im Medienbereich, genauer im dualen Rundfunksystem, eine potentiell hohe Relevanz zugesprochen werden. Gundlach (1998) kommt in seiner Analyse der Wettbewerbsfunktionen des öffentlich-rechtlichen Rundfunks zu einer Bestätigung der Instrumental- und der Wettbewerbsfunktion. Er fasst resümierend zur Instrumentalfunktion zusammen (ebenda, 393), dass „der instrumentelle Einsatz der öffentlich-rechtlichen Rundfunkanstalten erforderlich ist, weil die öffentliche Aufgabe des Rundfunks in ihrer konkreten Definition nicht dauerhaft und effizient von rentabilitätsorientierten privaten Fernsehsendern im Wettbewerb wahrgenommen werden kann". Eine Wettbewerbsfunktion des öffentlichen Rundfunks werde vor allem auf den relevanten Märkten sichtbar, auf denen er die öffentliche Aufgabe zu erfüllen habe und gleichzeitig in intensivem Wettbewerb mit den privaten Anbietern stehe (z.B. Information), sie zeige sich im Wettbewerbsverhalten der Anbieter und in den daraus resultierenden Marktergebnissen. Gundlach (ebenda 396) fasst seine Befunde dahingehend zusammen, „dass vermutlich schon durch die bloße Existenz der öffentlich-rechtlichen Rundfunkunternehmen im engen oligopolistischen und wenig zutrittsbedrohten Rundfunkmarkt eine wesentliche Verbesserung der Funktionsfähigkeit des Wettbewerbs eintritt".

Aufgrund der Gutspezifik von Medien sind Medienmärkte gekennzeichnet durch mangelnde Qualitätstransparenz für den Konsumenten. Das führt zu Marktversagen hinsichtlich der Dimension Qualität medialer Produkte, es findet kein Qualitätswettbewerb statt, weil höhere Qualität nicht oder nur schwer refinanziert werden kann (vgl. Heinrich 1996; zu den spezifischen Bedingungen, unter denen dieses Marktversagen geheilt werden kann, Heinrich/Lobigs 2003; Lobigs 2004). Andererseits lässt sich ‚Qualität' der Fernsehleistung nicht ohne weiteres ex ante gesetzlich oder vertraglich festlegen. Qualitätsnormen wie publizistische Vielfalt, Objektivität oder Ausgewogenheit sind nicht nur inhaltlich weitgehend offen und lassen sich nur schwierig operationalisieren, die Beurteilung von ‚Fernsehprogrammqualität' bedürfte zudem eines von außen vorgegebenen und konsentierten Maßstabes, den es bislang nicht gibt. So stellt Bernd Peter Lange (1991, 13f.) als Bilanz der Regulierungsversuche des privaten Rundfunks im dualen System folglich auch fest, dass „alle Versuche, praktikable inhaltliche Vielfaltmaßstäbe zur Beurteilung von Programmschemata bei der Lizenzvergabe oder zur laufenden Programmkontrolle zu entwickeln, gescheitert" sind. Und Gundlach (1996, 186) notiert zum Problem der Qualitätssicherung im Bereich des Rundfunks: „Der Mangel an objektivem Expertenwissen über die gesellschaftspolitisch relevanten Standards sowie das Fehlen einer ausreichenden theoretischen Basis über die Beziehungen zwischen den Fernsehprogrammleistungen und den Kommunikationsbedürfnissen einer modernen pluralistischen, demokratisch verfassten Gesellschaft verstärken zusätzlich die Schwierigkeiten einer Operationalisierung". In dieser Situation spricht vieles dafür, die Leistungskontrolle des privaten Rundfunks „von außen", also über die Landesmedienanstalten, durch einen Qualitätswettbewerb „von innen" als Funktion des öffentlich-rechtlichen Rundfunks zu ergänzen und abzusichern. Auch wenn das von Gundlach (ebenda 183) konstatierte Dilemma zwischen verfassungsrechtlich geschützter Programmautonomie des Rundfunks und Public-service-Verpflichtung als vorgegebener Versorgungsaufgabe besteht – was bedeutet, dass positive Ergebnisse erwartet werden, ohne dass jemand weiß, wie diese im einzelnen aussehen sollen – , so ist die Public-service-Verpflichtung, also die Gemeinwohl- und Sachzielverpflichtung des öffentlichen Rundfunks, wohl nicht zuletzt auch als eine publizistische Qualitätsverpflichtung zu begreifen. Für die Rezipienten bedeutet ein solcher Qualitätswettbewerb durch den öffentlich-rechtlichen Rundfunk, dass ihnen ein Maßstab für Programmqualität an die Hand gegeben wird, der Vergleiche erlaubt und die Möglichkeit einräumt, Verschlechterungen der Programmqualität beim privaten Rundfunk durch „Abwanderung" zu bestrafen (zu den möglichen Kundenreaktionen „Abwanderung" und „Widerspruch" auf Qualitätsverschlechterung einer Firma vgl. Hirschman 1974). Schon diese Möglichkeit des Qualitätsvergleichs und daraus folgender Reaktionen stellt einen Zwang für die privatwirtschaftlichen Anbieter dar, den Qualitätswettbewerb aufrechtzuerhalten (vgl. Kiefer 1996, Gundlach 1998), sie ist aber auch ein Anreiz dazu, weil Qualität sich so rentieren kann.

Der öffentlich-rechtliche Rundfunk übt so, durch seine Verpflichtung auf das Sachziel, eine Wettbewerbskontrollfunktion "von innen" aus und wirkt als publizistisch relevanter Wettbewerbsfaktor.

Auch Innovationsförderung, vor allem im zentralen programmlichen Bereich, könnte ein positiver Wettbewerbseffekt der Existenz öffentlich-rechtlichen Rundfunks neben privatwirtschaftlichen Anbietern sein. Ein solcher Effekt scheint besonders dringlich angesichts der spezifischen Risikofaktoren der Medienproduktion und der Strategien der Medienproduzenten zu ihrer Bewältigung, die eine unverkennbare Tendenz zur Imitation bewährter Konzepte, zur Standardisierung und Stereotypisierung zur Folge haben. Insbesondere im Rahmen der Flow production bedeutet die Entwicklung und Distribution neuer Programmformen und innovativer Medienprodukte für den privatwirtschaftlichen Medienproduzenten erster und zweiter Ebene die Übernahme eines hohen wirtschaftlichen Risikos, wozu er freiwillig kaum bereit sein wird. In dieser Situation kann das öffentliche Rundfunkunternehmen einen programmlichen Innovationswettbewerb stimulieren und den Wettbewerb so insgesamt dynamisieren.

Öffentliche Unternehmen dienen auch der Transaktionskostenersparnis. So werden, wie der Wissenschaftliche Beirat der Gesellschaft für öffentliche Wirtschaft (1994, 201) betont, die durch Deregulierung und Privatisierung erhofften allokativen Vorteile häufig durch steigende Transaktionskosten aufgewogen, Transaktionskosten, die sich aus den zusätzlichen Steuerungs- und Kontrollmaßnahmen ergeben, die durch die Privatisierung notwendig werden. „Deregulierung kann sich auf diese Weise ins Gegenteil, in wachsende Regulierung, verkehren". Ein Effizienzvergleich unterschiedlicher institutioneller Arrangements der Medienproduktion und -distribution müsste auch die damit verbundenen Transaktionskosten berücksichtigen. Es ist eine spannende Frage, welche der beiden "Säulen" des dualen Rundfunksystem, die öffentlich-rechtliche oder die privatwirtschaftliche mit der dazu gehörenden Aufsichtsbürokratie in Form von 15 Landesmedienanstalten und weiteren Kommissionen bei einem solchen Vergleich tatsächlich besser abschneiden würde.

10.4   Staatliche Regulierung

Der Begriff der Regulierung ist außerordentlich vielschichtig und meint je nach ökonomischer Schule ein mehr oder weniger umfassendes ordnungspolitisches Eingreifen des Staates in das Wirtschaftsgeschehen. Kyrer (2001, 41) definiert Regulierung als „alle staatlichen Maßnahmen, welche auf die Beeinflussung von Preisen, Verkaufs- und Produktionsentscheidungen privater Unternehmen ausgerichtet sind und mit welchen das ‚öffentliche Interesse' geschützt werden soll".

Sinnvoll ist die Unterscheidung zwischen Regulierung im engeren und im weiteren Sinn, aber schon da gibt es unterschiedliche Zuordnungen. So versteht Heinrich (1994, 39) unter Regulierung im engeren Sinn „die Verhaltensbeeinflussung von privaten Unternehmen, die in der Regel das Ziel hat, Marktversagen zu vermeiden oder zu korrigieren". Zur Regulierung im weiteren Sinn gehören für ihn dann auch öffentliche Unternehmen, die dem gleichen Ziel dienen. Andrea Grisold (1996, 81) unterscheidet ebenfalls zwischen Regulierung in einer enger und einer weiter gefassten Konzeption. Regulierung im engeren Sinn bezieht sich bei ihr auf staatliches Eingreifen mit dem Ziel einer Beschränkung der unternehmerischen Freiheit in einem bestimmten Wirtschaftssektor, wie zum Beispiel dem Rundfunk, im weiteren Sinne sind darunter alle staatlichen Aktivitäten zu verstehen, die der Handlungsfreiheit der wirtschaftlichen Akteure Grenzen setzen. Zur Regulierung im engeren Sinne zählen danach die öffentlichen Unternehmen und die öffentliche Kontrolle von Privatunternehmen, zur Regulierung im weiteren Sinne gehören auch alle indirekten staatlichen Eingriffe, zum Beispiel über Steuern oder staatliche Strukturpolitik, sei es eine Förderungspolitik wie im Falle des Films oder eine Marktstrukturpolitik wie mit dem Gesetz gegen unlauteren Wettbewerb und der Fusionskontrolle verfolgt, also das gesamte Arsenal staatlicher Interventionsinstrumente. Eine noch weiter gefasste Konzeption von Regulierung umfasst den gesamten institutionellen Rahmen, innerhalb dessen sich die Prozesse von Angebot und Nachfrage abspielen.

Es scheint zweckmäßig, sich bei diesen sehr unterschiedlichen Konzepten von Regulierung nach dem Ziel von staatlichen Eingriffen zu fragen, um so zu sinnvollen Begrenzungen des Regulierungsbegriffs zu kommen. Staatliche Intervention wird aus ökonomischer Sicht begründet mit Marktversagen in einer speziellen Branche oder einem Wirtschaftssektor. Kyrer verweist neben ökonomischen aber auch auf gesellschaftliche oder politische Argumente für Regulierungsentscheidungen. Unter Regulierung sollten, hier Heinrich folgend, sinnvollerweise spezielle Regelungen für eine spezielle Branche verstanden werden, also nicht das Wettbewerbsrecht generell, wohl aber spezielle Wettbewerbsvorschriften für den fraglichen Sektor, wie eben die staatsvertraglichen Vorschriften zur Eindämmung von Konzentration im privaten Rundfunk.

Das Konzept der Regulierung im Sinn einer Verhaltensbeeinflussung privater Unternehmen einer bestimmten Branche wurde aus den USA in die europäische und deutsche ordnungspolitische Diskussion übernommen und vielfach verstanden als eine mögliche „Alternative zur in Europa relativ stärker vertretenen öffentlichen Unternehmung" (Kühne 1983, 97). Typisch für die amerikanische Form der Regulierung ist die aus der öffentlichen Verwaltung ausgegliederte unabhängige „Kommission" als Regulierungsinstanz, wie sie zum Beispiel die Federal Communications Commission (FCC) in den USA als Aufsichtsbehörde über den privaten Rundfunk darstellt. Die Regulierung des privaten Rundfunks in Deutschland folgt weitgehend diesem Modell, wobei die Staatsunabhängigkeit der zum öffentlichen Sektor zählenden Landesmedienanstalten zwingend auch aus dem verfassungsrechtlichen Gebot der staatsfernen Medienorganisation und dem Zensurverbot resultiert.

Natürlich ist regulierendes staatliches Handeln immer umstritten, denn über Notwendigkeit, Ausmaß und Form staatlicher Eingriffe gehen nicht nur die Meinungen der Ökonomen je nach Schule deutlich auseinander, auch die aktiv und passiv Betroffenen sehen das wahrscheinlich jeweils ziemlich unterschiedlich. Das ist insbesondere dann zu erwarten, wenn Regulierung, wie heute im Falle des Rundfunks, primär mit gesellschaftlichen Argumenten begründet wird, weil die Verbreitung von Rundfunkprogrammen als öffentliche Dienstleistung gilt, auch dann, wenn sie durch private Wirtschaftsunternehmen erfolgt, und die Erfüllung dieser öffentlichen Dienstleistung nach der Rechtsprechung des BVerfG nicht den Gesetzen des Marktes überantwortet werden darf. Regulierung verfolgt also ähnliche Ziele wie die öffentlich-rechtliche Organisation des Bereichs: Konsumentenschutz hinsichtlich der Qualität, Vielfalt, Verfügbarkeit, Kontinuität der Angebote, aber auch die Sicherstellung der öffentlichen Aufgabe des Rundfunks durch ein Mindestangebot an meritorischen Leistungen. Samuelson/Nordhaus (1998, 384f.) unterscheiden daher auch zwischen wirtschaftlicher und sozialer Regulierung. Soziale Regulierung ziele darauf ab, Externalitäten, also externe Effekte wirtschaftlicher Aktivitäten zu korrigieren (vgl. auch Bates 1988; Bates/Chambers 1999). Medienregulierung gehört zweifellos in den Bereich der sozialen Regulierung (deutlich erkennbar z.B. am medienbezogenen Jugendschutz). Rundfunkregulierung verfolgt aber auch das Ziel, sozial erwünschte, also positive externe Effekte sicherzustellen. Es sollen nicht nur negative Soll-Werte (wie Jugendschutz, Höchstmaß/Erkennbarkeit von Werbung, Höchstmaß an Konzentration), sondern auch positive, meritorische Soll-Werte (wie Informations- und Meinungsvielfalt, Teilhabechancen am Meinungsbildungsprozess, kulturelle Verantwortung) erreicht werden. Gerade weil sie vorwiegend soziale Regulierung ist, hat „staatliche Steuerung im Medienbereich (...) einen schweren Stand – auch bei konsensfähigen Zielsetzungen wie Jugendschutz" (Vowe 1997, 239).

Erschwerend kommt im Mediensektor noch hinzu, dass staatliche Intervention jede Nähe zu staatlicher Zensur vermeiden muss, was vor allem eine Steuerung publizistischer Inhalte im Sinne des Vielfaltpostulats bei privatwirtschaftlicher Medienorganisation fast unmöglich macht. „Die konstitutionelle Zuweisung einer wie immer definierten öffentlichen Aufgabe räumt den privaten (Print)Medien eine Sonderstellung gegenüber Unternehmen aller anderen Branchen ein: Verlegerische Tätigkeit ist durch die Meinungsäußerungs- bzw. Pressefreiheit geschützt, zusätzlich durch die allgemeine Eigentumsgarantie und Gewerbefreiheit. Konkretes staatliches Gestalten bewegt sich somit in einem komplexen konstitutionellen Bezugssystem: Der Gesetzgeber muss sowohl die wirtschaftspolitische als auch die medienpolitische Priorität für allgemeinverbindlich erklären" (Kopper/Rager 1993, 61). Das aber bedeutet letztlich, dass hier publizistische und ökonomische Normen kollidieren, regulierendes staatliches Handeln immer mit dem einen oder anderen Normensystem in Konflikt gerät und widersprüchliche Wirkungsrichtungen hat. Schellhaaß (2003, 956) verweist als Defizit der dualen Rundfunkordnung auf das Problem, dass es keine konsistente Regelung der Schnittstelle zwischen gebührenfinanziertem öffentlich-rechtlichen System und werbefinanziertem privaten System gebe: „Juristisch geht es um das Konkurrenzverhältnis zwischen Artikel 5 (Kommunikationsfreiheit) und Artikel 12 Grundgesetz (Berufsfreiheit)", das weitgehend ungeklärt sei.

Vor dem Hintergrund dieser konflikthaften Situation wundert es nicht, dass staatliches Handeln im privatwirtschaftlichen Mediensektor möglichst dem Modell des Wirtschaftsliberalismus folgt. „Zielorientierung und Steuerungsverhalten des Staates implizieren einen freien Markt und selbstregulierenden Wettbewerb, obwohl dieser faktisch im Printmedienbereich nicht mehr besteht, wie alle materiellen Details im internationalen Überblick belegen"(Kopper/Rager 1993, 57) Die Bilanz des staatlichen Handelns zur Abwehr von Marktversagen im Bereich der privatwirtschaftlich organisierten Medien und zur Sicherung ihrer gesellschaftlich-publizistischen Funktionen fällt entsprechend dürftig aus. Heinrich (1994, 110) konstatiert: „Angesichts der Fülle der Probleme einer rein marktwirtschaftlich organisierten Medienproduktion ist es erstaunlich, dass regulierende Maßnahmen im Medienbereich die Ausnahme geblieben sind". Medienpolitik, die ja als Steuerungsmechanismus der Politik zur Sicherung vor allem der publizistischen Ziele zu begreifen ist, findet folglich allenfalls im Bereich des Rundfunks und nun neuer Mediendienste statt, mit strengen Regelungen für den öffentlich-rechtlichen, deutlich gemilderten für den privatwirtschaftlichen Bereich. Medienpolitische Regelungen zur Vielfaltsicherung der Presse existieren hingegen nicht. Dem Modell der Außenpluralität folgend, übernimmt allein die Wettbewerbspolitik diese Funktion, indem durch eine, allerdings modifizierte, Fusionskontrolle gesichert werden soll, dass die ohnehin hohe Konzentration nicht noch zunimmt, also eine bzw. die bestehende Vielzahl von unabhängigen

Verlagen erhalten bleibt. Wie Kopper/Rager (1993) auf der Basis einer vergleichenden Studie vier westeuropäischer Länder feststellen, wurde in keinem der untersuchten Länder der Presse-konzentrationsprozess dadurch tatsächlich wirksam aufgehalten.

In der Presse haben, zumindest in Deutschland, allerdings Formen der Selbstregulierung Tradition, die man auch als Regulierungsvertrag (vgl. 10.5.2) interpretieren kann. Beispiele sind das Presse-Grosso-System, das durch die weitgehende Respektierung von Essentials, wie die eigentumsrechtliche Trennung zwischen Verlags-, Grosso- und Einzelhandelsebene, also Verzicht auf unternehmensmäßige Integration dieser Wertschöpfungsstufen, sowie ausgehan-delte Regularien wie Rückgaberecht (Remission), Preisbindung, Neutralitätsverpflichtung etc. eine Distributionsinfrastruktur aufzubauen ermöglichte, die eine flächendeckende, vielfältige und kostengünstige Versorgung der Bevölkerung mit Zeitungen und Zeitschriften sicherstellt (vgl. Haller 2004). Ein anderes Beispiel ist der 1956 – in Reaktion auf ein drohendes Bundes-pressegesetz – gegründete Presserat, der einen Pressekodex entwickelte und dessen Einhaltung überwacht (vgl. Deutscher Presserat 2001). Dass Konflikte in beiden selbstregulierenden Sys-temen immer latent sind und mitunter offen ausbrechen, ist angesichts divergierender Interes-senlagen der beteiligten Parteien zu erwarten. Auch über die Effektivität der Selbstregulie-rungssysteme variieren die Urteile (vgl. z.B. kritisch zum Presserat Rühl/Saxer 1981)

Demokratische Medienpolitik stellt so einen durchaus schwierigen Balanceakt zwischen Medienfreiheit und – mit Blick auf die normativen Anforderungen an die Medien – Sicherung der gesellschaftlichen Funktionsfähigkeit des Mediensystems dar. „Es ist die Aufgabe des Ge-setzgebers, die Bedingungen zu erhalten, unter denen die privatwirtschaftliche Struktur des Verlagswesens mit der öffentlichen Aufgabe der Presse vereinbar bleibt" (Mestmäcker 1979, 29). Das Problem ist, die Konfliktfälle zu erkennen und zu bewältigen. Zumindest die Bewälti-gung ist aus Sicht des Medienpolitikers zweifellos einfacher und schneller, wenn man der Me-dienfreiheit die höhere Priorität einräumt. Schützenhilfe erhält er von verfassungsrechtlicher Seite, wenn Mestmäcker (ebenda, 30) weiter feststellt: „Das Gebot der Staatsunabhängigkeit der Presse begründet einen Vorrang von wirtschaftsrechtlichen vor medienpolitischen Instru-menten zur Abwehr der Gefahren der Marktbeherrschung". Mestmäcker geht es hier zwar um den Vorrang von Entflechtung vor nicht privatwirtschaftlichen Organisationsformen der Presse zur Sicherung ihrer öffentlichen Aufgabe, wie sie in der Hochphase der Pressekonzentration in der Kommunikationswissenschaft diskutiert wurden. Der Mangel an medienpolitischen Rege-lungen im Bereich der Presse zur Vielfaltsicherung wird so aber generell verständlich. Der Le-gitimationsbedarf für jede interventionistische Medienpolitik wäre, auch angesichts der publi-zistischen Macht der Medien, außerordentlich hoch.

Während politische Steuerung im Bereich der Presse sich also ausschließlich auf mehr oder weniger erfolgreiche Maßnahmen zur Begrenzung der Pressekonzentration beschränkt, sind die politischen Steuerungs- und Gestaltungsmöglichkeiten im Bereich des Rundfunks durch den Vorbehalt der Lizenzvergabe deutlich größer. Die Entwicklung in Deutschland zeigt allerdings, dass der so deutlich erweiterte politische Gestaltungsspielraum kaum im Sinne einer am publi-zistischen Normensystem orientierten Medienpolitik genutzt wurde. Die Lizenzvergabe erfolg-te orientiert vor allem an ökonomischen, vor allem wirtschafts- und standortpolitischen Krite-rien und selbst eine weitere, nun medienübergreifende Konzentration wurde bewusst in Kauf genommen. Die Vergabe der Fernsehlizenzen an Presseunternehmen, schreibt Jörn Kruse (1996, 52), war „ein lizenzierungsbedingtes Verschenken von Vielfaltchancen".

Der staatliche Versuch, publizistische Ziele via Regulierung zu sichern, fällt für den öffentlichen und den privaten Rundfunk sehr unterschiedlich aus. Während beim öffentlichen Rundfunk die Vielfaltsicherung und die Rückdrängung der Werbung den Schwerpunkt bilden, liegt dieser beim privaten Rundfunk auf der Konzentrationskontrolle, also wiederum, wie bei der Presse, auf der Sicherung von Außenpluralität, diesmal durch spezifische Rundfunkgesetze und Organe, wie zum Beispiel die im Dritten Rundfunkstaatsvertrag geschaffene KEK, also die Kommission zur Ermittlung der Konzentration im Medienbereich.

Während Presse und Rundfunk und auch innerhalb des Rundfunks die jeweiligen Organisationsformen heute noch deutlich unterschiedlichen Regulierungsmustern folgen, werden die durch Digitalisierung, Internet und aufgerüstete Geräte begünstigte Konvergenz der Medien sowie die rasch wachsende Zahl von Online-Angeboten (die Zahl der IVW-gemeldeten Angebote lag 2002 bei knapp 400, vgl. Dreier 2004, B246) die Frage staatlicher Regulierung privatwirtschaftlich erbrachter Kommunikationsdienste neu stellen, da die bekannten Grenzziehungen zwischen den Medien sich aufzulösen beginnen. Es werden also neue Regulierungskriterien entwickelt werden müssen, mit deren Hilfe entschieden werden kann, ob und in welchem Ausmaß bei den verschiedenen Mediendiensten Regulierung gesellschaftlich wünschenswert und politisch begründbar ist. Ein Ansatz, der dazu vorliegt (vgl. Schulz u.a. 2001) schlägt mit Blick auf elektronische Mediendienste eine Kombination aus zwei Kriterien(bündeln) vor: 1. Mängel einer marktlichen Bereitstellung und 2. gesellschaftliche Bedeutsamkeit. Während mit dem ersten Kriterium die bekannten Marktversagensgründe auf ihre Relevanz für den betreffenden Kommunikationsdienst geprüft werden, umfasst die zweite Dimension eine Reihe von Kriterien, die als Indikatoren für gesellschaftliche Bedeutsamkeit stehen: die Breitenwirkung des Dienstes, Kriterien zur publizistischen Wirkmacht in Unterscheidung von journalistischen (Nachrichtenfaktoren) und medienbezogenen Kriterien (Faktizität, Universalität, multiple Quellen, Aktualität, Selektivität, Faktorfunktion), Suggestivkraft, Interaktivität ja oder nein, Wirkungen, die durch nachgelagerte Dienste vermittelt werden wie zum Beispiel Internetportale oder Suchmaschinen. In Form einer ökonomischen ‚Nutzwertanalyse' sollen diese Kriterien mit Hilfe empirischer Erkenntnisse quantifiziert und miteinander verknüpft werden, so dass eine Rangreihe der Dienste nach Regulierungsbedarf aufgestellt werden kann.

Eine solchermaßen differenzierte Erfassung und Begründung von Regulierungsbedarf verweist einmal mehr auf die Notwendigkeit interdisziplinärer Zusammenarbeit, hier zwischen Ökonomen, Kommunikationswissenschaftlern und Juristen. Eine solche Zusammenarbeit wäre sicher auch ein Weg, die Effizienz staatlicher Regulierung zu verbessern, die heute vielfach umstritten ist. Skeptiker unter den Ökonomen wie George Stigler kritisieren, dass – im Sinne der Capture Theory – Regulierungsmaßnahmen häufig den Regulierten mehr Nutzen bringen als den Verbrauchern (Samuelson/Nordhaus 1998, 386). Dass bei Marktversagen oder bei Vorhandensein spezieller Marktbedingungen Regulierungsbedarf besteht, wird zwar grundsätzlich auch von Ökonomen nicht bestritten, ja gilt als „ konstitutives Element einer kapitalistischen Wirtschaftsordnung" (Grisold 1996, 283), denn „staatliche Regulierungsmaßnahmen federn die ungebremste Marktmacht von Unternehmen ab" (Samuelson/Nordhaus 1998, 385). Aber eine staatliche Maßnahme wie zum Beispiel die Presseförderung in Österreich stößt natürlich aus den unterschiedlichsten Gründen bei den unterschiedlichsten Akteuren auf Kritik. Nach Grisold (ebenda, 188) konzentriert sich die Kritik an der Presseförderungspraxis auf zwei Themenbereiche: „einerseits die Kritik, dass die Presseförderung einen Eingriff in den Wettbewerb darstelle und die ‚Marktkräfte' behindere, und andererseits den Kritikpunkt, dass sie das Ziel der Medienvielfalt nicht erreichen kann". Dabei ist das Problem der Vergabekriterien ein ganz zentrales, weil sowohl Presseförderung nach dem Gießkannenprinzip als auch eine diskretionäre, also ermessensmäßige Förderung, mit guten Gründen abgelehnt werden können.

Das Problem der Regulierungskriterien, über die politisch Konsens erzielt werden muss und die transparent sein müssen, spielt auch in anderen Bereichen staatlicher Regulierung eine große Rolle, zum Beispiel bei der Kontrolle und möglichst eben auch Eindämmung von Konzentration. Der staatsvertraglichen Neuregelung der Konzentrationskontrolle im privaten Rundfunk ging 1995/1996 ja eine relativ umfassende öffentliche Diskussion voraus, mit Hilfe welcher Kriterien Konzentration zu messen sei und ab welchen Schwellenwerten staatliche Eingriffe erfolgen sollten. Dass das Ergebnis dieser öffentlichen und politischen Diskussion in Form der neuen Regelungen weiterhin höchst umstritten ist, hat natürlich auch damit zu tun, dass konfligierende Ziele und Interessen der beteiligten Akteure dazu führen, dass in der Regel Minimallösungen staatlicher Regulierung herauskommen, die das medienpolitische Ziel, hier Eindämmung der Konzentration und Sicherung der Meinungsvielfalt, weitgehend verfehlen (vgl. Dörr 1996, Röper 1996b, 1997). Kruse (1996, 26) stellt mit Blick auf den Medienbereich daher die Frage, ob es nicht vielleicht sein könnte, „dass die Politik und nicht der Markt für Konzentration und Vielfaltreduktion verantwortlich ist" und beantwortet sie zumindest für den Rundfunk zu Lasten der Politik, konstatiert also eine Form von „Staatsversagen".

Aus Sicht ihrer kommunikationswissenschaftlichen Kritiker hat Medienpolitik eine in vielfacher Hinsicht schwache Position: sie gilt als reaktiv und konzeptionslos (Jarren 1996b), als durch andere Politikbereiche, insbesondere die Wirtschaftspolitik überfremdet (Saxer 1981), als in ihrem Wirkungspotential begrenzt und schließlich, als kommunikationswissenschaftliches Erkenntnisobjekt, als „verspätete Teildisziplin mit Reflexionsmängeln" (Jarren 1996b, 210). Es gibt keine systematisch ausgearbeitete und allgemein akzeptierte Theorie der Medienpolitik und keine eigenständige wissenschaftliche Teildisziplin. Mit medienpolitischen Fragen befassen sich ja nicht nur die PKW, sondern auch Juristen und Ökonomen mit jeweils eigenen Modellen und Kategorien, ein interdisziplinärer Zugang fehlt jedoch weitgehend. Nach einer gängigen Definition (Schatz u.a. 1990, 332) kann Medienpolitik definiert werden als „die Gesamtheit der Maßnahmen des politisch-administrativen Systems (...), die direkt oder indirekt auf die Produktion, Distribution und den Konsum massenmedial verbreiteter Inhalte einwirken". Scholten-Reichlin und Jarren (2001, 235) kritisieren an dieser Definition jedoch zu Recht, dass die medienpolitischen Akteure nicht auf diejenigen des politischen Systems reduziert werden können. Vowe (2001, 15) bemängelt, dass die Grenze zwischen medialem politischen Handeln und medienpolitischem Entscheiden nicht klar genug gezogen sei.

Gemessen an diesem Diskussionsstand scheint tatsächlich noch konzeptionelle Arbeit der für Medien zuständigen Wissenschaftsdisziplin mit Blick auf ihr verspätet wahrgenommenes Erkenntnisobjekt erforderlich zu sein, wenn eine medienpolitische Beraterfunktion erfolgreich übernommen werden soll. Die bessere wissenschaftlich-analytische Durchdringung der regulatorischen Probleme und Optionen im Bereich der Medien ist wohl auch Voraussetzung um ein Fazit zu vermeiden, wie es Owen/Wildman (1992, 201) mit Blick auf die publizistische Sinnhaftigkeit der FCC-Regulierung ziehen: „Virtually none of the FCC restrictions on network business activities can be justified by substantive public policy analysis; the restrictions are perpetuated because they serve the economic interests of politically strong groups, such as the

Hollywood studios, or because they preserve a political raison d'être for regulators and congressional subcommittees". Ein hartes Urteil im Geiste der Capture Theory, das allerdings auch dann bedenkenswert bleibt, wenn man die Skepsis liberaler Ökonomen generell gegenüber regulierenden Eingriffen ins Kalkül zieht.

10.5   Verhandlungssysteme und weitere Kooperationsformen zwischen Staat und Privaten

Mit Blick auf das auch im Medienbereich konstatierte "Staatsversagen" und die in Kap. 6.5.3 allgemein diskutierten Probleme für den Staat, angesichts wachsender Komplexität und Interdependenzen der zu ordnenden Bereiche regulierend in Marktprozesse mit dem Ziel der gesellschaftlichen Wohlfahrtsoptimierung einzugreifen, stellt sich die Frage, ob Verhandlungssysteme (vgl. Kap. 7.4) und andere kooperative und konsensuale Formen administrativen Entscheidens auch hier Anwendung finden könnten oder bereits finden. Wandelt sich der souveräne Hoheitsstaat angesichts der offenbar werdenden Wirkungsschwächen imperativ-hierarchischen Verwaltungshandelns auch im Medienbereich zum kooperativen Konsensualstaat?

Ökonomen (vgl. Schmidtchen 1996) unterscheiden drei Gruppen neuer Kooperationsformen zwischen Staat und Privaten, die das hierarchische Subordinationsverhältnis ablösen durch eine Mitwirkung der von der Politik betroffenen nichtstaatlichen Akteure: Verhandlung, Regulierungsvertrag und Beteiligung.

10.5.1   Verhandlung

Der Staat entscheidet über Änderungen, die Auslegung und Anwendung von Recht nicht souverän sondern konsensual, d.h. im Einvernehmen mit den betroffenen privaten Akteuren. Die maßgebliche Rechtsbeziehung zwischen dem Staat und den Privaten wird durch Vereinbarung festgelegt, wie das auch bei vertraglichen Vereinbarungen allein zwischen Privaten der Fall ist (vgl. Ott/Schäfer 1996). Man spricht deshalb auch von 'Verhandlungs- oder Vereinbarungsrecht'.

Die Novellierung der Konzentrationsmessung und -begrenzung des privaten Fernsehens im Rundfunkstaatsvertrag von 1997 kann ganz offensichtlich als Verhandlungsrecht im oben definierten Sinne eingestuft werden. Nach der alten Regelung (§ 21 I-V RfStV von 1991) sollte Meinungsmacht beim Privatrundfunk dadurch eingedämmt werden, dass pro Unternehmensgruppe bestimmte numerische, an die Programmzahl und die anrechenbaren Beteiligungen anknüpfende Grenzen nicht überschritten werden durften. Bundesweit waren danach höchsten zwei Programme in einer Hand zulässig, darunter nur ein Vollprogramm oder ein Informations-Spartenprogramm. Veranstalter konnten nur Anbietergemeinschaften sein, an denen keines der beteiligten Unternehmen 50 Prozent und mehr der Anteile halten durfte. Diese Regelung wurde den großen Medienunternehmen schnell unbequem, da sie insbesondere die mit der Digitalisierung eröffnete Entwicklung in Richtung Spartenangebote, die zu ‚Programmbouquets' gebunden den Zuschauern offeriert werden sollten, behinderte. Es war zunächst die Kirch-Gruppe, die gegen die Regelung argumentierte, der Bertelsmann-Konzern folgte schnell. Die Medienkonzerne und weitere private Akteure legten Positionspapiere zu einer Neuregelung der Konzentration vor (vgl. Kresse 1995). „Daraus hat sich 1996 die erwähnte, auf größere unternehmerische Handlungsspielräume angelegte Novellierung ergeben (..): von der Begrenzung der Programmzahlen und Unternehmensanteile in einer Hand zur Marktanteilbegrenzung. Letzte ist so ausgestaltet worden, dass dadurch eine weitgehende Liberalisierung der Vielfaltsicherung eintritt" (Stock 1997, 160). Die kritische Marktanteilsquote liegt bei einem durchschnittlichen Jahresanteil am Publikumsmarkt von 30 Prozent. Wird sie erreicht, greift die Vermutung vorherrschender Meinungsmacht und weiteres äußeres Wachstum ist nicht mehr erlaubt. Im 6. Rundfunkänderungsstaatsvertrag von 2002 wurde außerdem ein Schwellenwert von 25 Prozent Zuschaueranteil eingeführt, ab dem die Stellung in medienrelevanten verwandten Märkten von der Kommission zur Ermittlung der Konzentration im Medienbereich (KEK) in die Prüfung einzubeziehen ist, sowie eine Bonusregelung für Regionalfernsehprogramme und die Einräumung von Sendezeit an unabhängige Dritte (die ab 20 Prozent Zuschaueranteil obligatorisch ist). Die Konzentrationskontrolle bezieht sich in der Hauptsache auf in Deutschland empfangbare deutschsprachige Fernsehprogramme.

Geht man von der These aus, dass die Novellierung der Konzentrationsbestimmungen in RfStV Verhandlungsrecht ist, dann wundert es kaum, dass der Vorschlag für das Zuschaueranteilsmodell mit 30-Prozent-Grenze aus Bayern stammt (dem Sitzland des – damaligen – Kirch-Konzerns), in Nordrhein-Westfalen schnell aufgegriffen wurde (dem Sitzland des Bertelsmann-Konzerns), in den Begründungen vor allem auf die Belange des ‚Medienstandorts Deutschland' und die Entwicklungschancen deutscher Medienunternehmen verwiesen wurde und sich daraus „so etwas wie eine überparteiliche und postmoderne, bundesweit maßgebliche medienpolitische Achse Bayern – Nordrhein-Westfalen ergab"(Stock, ebenda 165).

Die Neuregelung ist kaum mehr als Konzentrationsgrenze zu bezeichnen. In einem Gutachten für die Kommission zur Ermittlung der Konzentration im Medienbereich hält Max Kaase (KEK 1999, 73) fest, dass „sich eine pauschale Interventionsgrenze von 30 Prozent Zuschaueranteil für die Annahme des Vorhandenseins vorherrschender Meinungsmacht privater Unternehmen(sgruppen) unter Wirkungsaspekten empirisch als nicht aussagefähig" erweise. Kaase (1999, 44) moniert: „Die in § 26 RStV fixierte Grenze ist eine Durchschnittsfunktion, die gerade für mögliche Einflüsse auf den individuellen Meinungsbildungsprozess ohne andere als normative Aussagekraft ist, denn nicht alle Zuschauer tragen zu den gemessenen Marktanteilen mehr oder weniger gleich bei. Die Datenanalyse hat vielmehr gezeigt, dass sich erhebliche Schwerpunkte der Programm- und Veranstalterzuwendung nachweisen lassen, die weit über die gesetzlich fixierte Durchschnittsgrenze hinausgehen". Für den Direktor der Landesanstalt für privaten Rundfunk in Hessen Wolfgang Thaenert verrät schon die Sprache des Rundfunkstaatsvertrages die mangelnde Absicht, Konzentration zu verhindern, wenn es in §26 RfStV von 1997 unter der Überschrift „Sicherung von Meinungsvielfalt" heißt: „Ein Unternehmen... darf... selbst oder durch ihm zurechenbare Unternehmen bundesweit ... eine unbegrenzte Anzahl von Programmen veranstalten, es sei denn...". Folgerichtig, so Thaenert, haben die Veranstalter, wie die aktuellen Entwicklungen auf dem Fernsehmarkt belegen, „die Vorschrift auch als Konzentrationsregelungen und nicht als Konzentrationsverhinderungsvorschriften (miss)-verstanden" (Thaenert 1997, 131). Wenn man diese Konzentrationsvorschriften allerdings als Verhandlungsrecht betrachtet, dann liegt hier kein Missverständnis seitens der Veranstalter vor, sondern über die weitere Entwicklung bestand bei den nichtstaatlichen wie den staatlichen Akteuren einvernehmliche Billigung.

10.5.2   Regulierungsvertrag oder regulierte Selbstregulierung

Der Staat verzichtet in einem zu regulierenden Bereich auf detaillierte ex-ante-Regelungen und gibt nur Rahmenbedingungen vor, beschränkt sich auf eine sog. strategische Regulierung. Die privaten Akteure im zu regulierenden Bereich schaffen Formen der Selbstkontrolle, die den Rahmenbedingungen entsprechen. In der neueren ökonomischen Literatur wird diese Regelung als Vertragsverhältnis zwischen Staat und privatwirtschaftlichem Bereich interpretiert (vgl. Schmidtchen1996, 5). Zu dieser Kooperationsform gehören auch informelle Verständigungen zwischen Gesetzgeber und Industrie, dass zunächst der Weg der freiwilligen Selbstregulierung oder Selbstbindung erprobt werden soll, bevor der Gesetzgeber tätig wird. Die rechtspolitische Brisanz von Regulierungsverträgen wird vor allem in der Substitution staatlicher Überwachung durch private Stellen und in der Ergänzung, Auffüllung ja Ersetzung staatlicher Standards durch private Normierungen gesehen (vgl. Spindler 1996, 221).

Dass dieses Verfahren nicht ganz neu ist, zeigt zum Beispiel die Gründungsgeschichte von Presseräten, die eng verknüpft ist mit angedrohten staatlichen Eingriffen in die Pressefreiheit (vgl. Wiedemann 1992). Als ein aktuelles, gut dokumentiertes Beispiel für diese Kooperations-form des Konsensualstaates mit der Privatwirtschaft kann im Medienbereich die „Freiwillige Selbstkontrolle Fernsehen" (FSF) angesehen werden. Gerhard Vowe (1997) hat die Geschichte dieses Regulierungsvertrages detailliert nachgezeichnet. Anfang 1992 gerät das Thema ‚Gewalt im Fernsehen', nicht zuletzt ausgelöst durch neue Programmformate wie Reality TV, in den Mittelpunkt öffentlicher Diskussion. Die Phase „öffentlicher Empörung" setzt ein, die Ende 1992 die politische Auseinandersetzung mit dem Thema erforderlich macht, an der sich schließlich alle relevanten Akteure: Kirchen, Wissenschaft, politische Parteien und Medienun-ternehmen beteiligen. Tatkräftiges Reagieren des Staates auf die öffentliche Empörung und politische Diskussion ist aufgrund der verfassungsrechtlichen Schranken (Zensurverbot, Staats-freiheit des Rundfunks und föderale Kompetenzverteilung) nicht ohne weiteres möglich. So ist die zweite Phase politischer Auseinandersetzungen vor allem durch (Regulierungs)Drohungen der politischen Akteure gekennzeichnet, die z.T. erhebliche ökonomische Auswirkungen auf die Veranstalter hätten. Denn wenn „ein Film nicht um 18.00 Uhr, sondern erst um 20.00 Uhr oder gar erst um 23.00 Uhr gezeigt werden darf, so ändern sich alle Parameter auf dem Rezi-pienten- und damit auch auf dem Inserentenmarkt" (Vowe, ebenda 224). Da der politische Druck und öffentliche Rückenwind dafür trotz erheblicher PR-Anstrengungen und Lobbyarbeit der Privaten anhält, gewinnt Mitte 1993 der Vorschlag einer Selbstkontrolle des Privatfernse-hens, vergleichbar in etwa der Freiwilligen Selbstkontrolle der Kinos (FSK) an Boden. Ein Konzept „Freiwillige Selbstkontrolle Fernsehen" wird erarbeitet, das von den Privatanbietern, insbesondere ihrem Verband VPRT, sowie den Rundfunkreferenten der Länder akzeptiert wird. „Die Anbieter willigen in eine nicht-staatliche Vorzensur, also eine freiwillige Prüfung ihrer Programme, durch eine von ihnen finanzierte, aber von ihnen unabhängige Organisation ein. Im November 1993 wird die FSF ins Vereinsregister eingetragen und nimmt ihre Arbeit auf. Im Dezember 1993 beschließen die Ministerpräsidenten eine Novellierung des RfStV, der nun Raum lässt für eine Selbstkontrolleinrichtung" (Vowe, ebenda 226).

Procedere und Ergebnis sprechen dafür, dass es sich mit der Errichtung und staatsvertragli-chen Absicherung der FSK um einen Regulierungsvertrag zwischen Konsensualstaat und Me-dienwirtschaft handelt, der nachfolgend aber in einen breiteren Regulierungszusammenhang eingebunden wurde. So ist die FSK mittlerweile eine durch die Kommission für Jugendmedienschutz (KJM) „zertifizierte" Selbstkontrolleinrichtung. 2003 wurde der Jugendmedienschutz in Deutschland neu geregelt: das Jugendschutzgesetz des Bundes (JuSchG) regelt Offline-Medien wie Presse, Bücher, Video, DVD und Computerspiele, Kontroll- und Indexierungsstelle ist die Bundesprüfstelle für jugendgefährdende Medien (BPjM). Der Jugendmedienschutz-Staatsvertrag der Länder (JMStV) regelt Rundfunk- und Online-Medien, Aufsichtsbehörde ist die KJM. Ziel der Neuregelungen ist die „regulierte Selbstregulierung". So müssen Selbstkontrollorgane der privaten Medienanbieter, wie zum Beispiel die FSK, durch die KJM „anerkannt" werden, d.h. es findet eine Prüfung statt, ob Ausstattung, Unabhängigkeit und Sachkunde der Prüfer, Richtlinien der Selbstkontrolle etc. den Rahmenrichtlinien des JMStV entsprechen. Die bisherige Freiwilligkeit der Prüfung ist nun durch eine Prüfungspflicht aller „vorlagefähigen" Sendungen ersetzt. Die KJM kann Entscheidungen der FSK beanstanden und widerrufen, das „Damoklesschwert der Nachprüfung" schwebt nun über den Selbstkontrolleuren. Auch für Online-Medien besteht ein Selbstkontrollorgan, die Freiwillige Selbstkontrolle Multimedia (FSM), die November 2004 ebenfalls durch die KJM „zertifiziert" wurde. Die Selbstregulierung ist nun also dichter, kontrollierter und verbindlicher reguliert.

10.5.3 Beteiligung (Public Private Partnership)

Diese dritte Gruppe der neuen Kooperationsformen zwischen Staat und Privatwirtschaft fasst Formen gemeinsamer Aufgabenerfüllung zusammen, wie sie in Abbildung 10.3 vor allem in Feld D anzusiedeln wären. Spezielle Inputs, die aber nicht zum Kernbereich der öffentlichen Aufgabe zählen, werden mit privaten Unternehmen als Kooperationspartnern erstellt. Auch der Austausch von Führungstechniken und Leitungsprinzipien gehören hierher, so wenn sich öffentlich-rechtliche Rundfunkanstalten von privaten Firmen der Unternehmungsberatung eine neue Organisations- und Managementstruktur anpassen lassen.

Als ein typisches Beispiel für Public Private Partnership sind die Aufwendungen des öffentlich-rechtlichen Fernsehens für Leistungen der Filmwirtschaft (Auftragsproduktionen, Kopierarbeiten, Ateliermieten, Synchronisation und Erwerb von Ausstrahlungsrechten) zu verstehen, die für den Zeitraum 1960 bis 1996 die beachtliche Summe von 23,55 Mrd. DM erreichten (Zimmer 1998) und deren Bedeutung für die deutsche Filmwirtschaft unbestritten ist. Auch die seit 1974 geschlossenen verschiedenen Film/Fernseh-Abkommen zwischen ARD und ZDF einerseits, der Filmförderungsanstalt (FFA) andererseits (vgl. Friccius 1998, Reiter 2004) können als Formen von Public Private Partnership interpretiert werden, die im 7. Rundfunkänderungsstaatsvertrag von 2004 ausdrücklich festgeschrieben werden. Auch die Quotenauflagen für europäisches Programmmaterial, die, von der EG-Kommission angeregt (vgl. zur EG-Fernsehrichtlinie Betz 1989), in modifizierter Form in den Rundfunkstaatsvertrag aufgenommen wurden, lassen sich so interpretieren. Danach sollen die Fernsehveranstalter den Hauptteil ihrer für Filme, Fernsehspiele, Serien, Dokumentarsendungen etc. vorgesehenen Sendezeit europäischen Werken vorbehalten und Fernsehvollprogramme sollen einen wesentlichen Anteil an Eigenproduktionen sowie Auftrags- und Gemeinschaftsproduktionen aus dem deutschsprachigen und europäischen Raum enthalten (§ 6 RfStV n.F.). Hier werden die öffentlichen und regulierten privaten Fernsehunternehmen vom Staat zur Unterstützung der deutschen und der europäischen Programmwirtschaft in die Pflicht genommen, was sowohl wirtschafts- wie kulturpolitische Ziele verfolgt (vgl. auch Kreile 1998). Auch das zum Beispiel der britischen BBC auferlegte Producer Choice-Modell (vgl. Pettigrew 1995) oder die von der Kommission zur

Ermittlung des Finanzbedarfs der Rundfunkanstalten (KEF) forcierte Diskussion über die Möglichkeiten des Outsourcing im öffentlich-rechtlichen Rundfunk (vgl. die Dokumentation eines Symposiums zu diesem Thema mit Beiträgen von Haas 1999, Reiter 1999, Stolte 1999 u.a.) dienen nicht nur dem wirtschaftlicheren Umgang mit Gebührengeldern, sondern sollen auch die Chancen für Formen einer Public Private Partnership zwischen öffentlichen Medienunternehmen und privaten, unabhängigen Produzenten erhöhen.

10.5.4   Erfolgsbedingungen und Probleme

Die neuen Kooperationsformen zwischen Staat und Privatwirtschaft, die ja, wie die Regulierung im klassischen Sinn, Formen von öffentlicher Bindung vor allem auch privater Unternehmen darstellen, sind an einige Erfolgsbedingungen geknüpft. Himmelmann (1983, 66ff.) sieht als wesentliche Bedingungen an:

- hohe Verflechtungen zwischen Staat und Wirtschaft, wie sie in Punkt 10.1 erläutert wurden. Dabei müssen beide Seiten über wirksame Veto-Positionen verfügen, um autonome Entscheidungen des jeweils anderen Kooperationspartners blockieren zu können;
- hoher Organisations- und Zentralisationsgrad der gesellschaftlichen Interessen. Die an den Verhandlungen teilnehmenden Organisationen müssen hohe Repräsentativität gewährleisten und ein Disziplinierungspotential gegenüber ihren Mitgliedern, vor allem aber auch gegenüber Außenseitern haben;
- Kooperationsbereitschaft der Vertreter von zu regulierenden Interessen aber auch auf Seiten des Staates;

Nach Himmelmann gleichen neokorporatistische Kompromisssysteme Krisenkartellen bzw. stellen eine „spezielle Form des sozial temperierten Krisenmanagements" dar. "Wenn potentiell alle verlieren können, hilft es allen, die Krisenfolgen durch vernünftige Interessenabgrenzung einzudämmen" (ebenda 68).

Im Medienbereich gibt es eine Reihe potentiell krisenbehafteter Entwicklungen – sie lassen sich unter dem Stichwort: globalisierte Informationsgesellschaft bündeln -, die eine autonome Interessendurchsetzung auf beiden Seiten, Staat und Privatwirtschaft, nicht nur erschweren, sondern auch inopportun erscheinen lassen. Die auch hier aktuell offenbar stärker auftretenden Kooperations- und Verhandlungsformen als System politischer Steuerung erscheinen vor diesem Hintergrund nicht als Zufall und Ausnahme (vgl. den Vorschlag eines „Regulierungsnetzwerks" von Jarren 1999). Auch von daher ist es sinnvoll, sich die Probleme neokorporatistischer Regulierung zu verdeutlichen. Himmelmann (ebenda 70ff.) sieht vor allem folgende Gefahren:

- dass hier neue Formen geschlossener Kartelle von Entscheidungspriviligierten geschaffen werden. Die Insider solcher Entscheidungssysteme einigen sich auf Kosten von Außenseitern und Nichtrepräsentierten;
- dass diese neuen Formen sozioökonomische Machtungleichgewichte in der Gesellschaft reproduzieren, weil Organisations- und Artikulationsfähigkeit in der Gesellschaft ungleich verteilt sind;
- dass außer- und vorparlamentarische Entscheidungskonsultationen noch stärker als bisher vermachten und verkrusten;

- dass dies die Gefahr einer weiteren Unterwanderung und Delegitimierung der zuständigen repräsentativ-demokratischen Entscheidungsinstanzen, insbesondere der Parlamente, birgt;
- dass sich der Charakter der Spitzenverbände organisierter Interessen verändert, indem sie zu einer quasi-hoheitlichen Instanz gegenüber Mitgliedern und Außenseitern werden.

Alle Gefahren lassen sich auch an den hier diskutierten Beispielen aus dem Bereich der Medien ablesen. Dabei erscheint insbesondere ein Punkt zentral und gravierend: die mangelnde Organisiertheit und Organisationsfähigkeit des Medienpublikums. In die ausgehandelten Kompromisse und Krisenkartelle kann das Publikum seine Interessen nicht einbringen. Es ist dafür auf seine Rolle als Staatsbürger und Wähler und auf eine dubiose Funktion im Produzenten-Informationssystem Forschung (vgl. Kap. 9.2) verwiesen. Schon von daher sind die neuen Formen politischer Steuerung aus demokratietheoretischer Perspektive mit angemessener Skepsis zu betrachten. Und eine Neudefinition von Medienpolitik erweist sich erneut als dringliche Aufgabe der Kommunikationswissenschaft: Optimierung des Kommunikationssystems muss vor allem auch den Schutz der Schwachen und Unorganisierten in der Gesellschaft im Auge haben, hier den Schutz der Rezipienten.

10.6   Zusammenfassung

1. Die Politische Ökonomie begreift Wirtschaft und Politik als interdependente Systeme, die sich vor allem auf Grund von Informationsmängeln und deren Abbau gegenseitig beeinflussen. Von daher sind politische Steuerungssysteme im Bereich der Wirtschaft nicht „systemfremd", umgekehrt gilt Marktversagen auch nicht als einzige Ursache staatlich-politischen Handelns. Geht man mit der Verfassungsökonomik davon aus, dass im Gesellschaftsvertrag die Frage der Anwendung von Steuerungsmechanismen im Grundsatz geklärt ist, geht es im konkreten Fall der Entscheidung zwischen zwei Systemen um die pragmatische Frage des Effizienzvergleichs mit Blick auf (gesellschaftliche) Leistungsziele. Bisherige empirische Forschung verweist auf nur geringe Unterschiede öffentlicher und privatwirtschaftlicher Effizienz, sofern Ziele und Handlungsbedingungen identisch sind (was in der Regel aber nicht der Fall ist).

2. Staatlich-politisches Handeln ist vielfältig abgestuft möglich, von direkter Leistungserstellung über Regulierung bis zur teilweisen oder völligen Überantwortung von Aufgaben an den Markt. Kriterien, die für die Wahl der Organisationsform hilfreich sein können, sind die strategische Relevanz des Outputs für das jeweilige Leistungsziel und die Spezifität des Inputs. Das sich aus diesen beiden Kriterien ergebende Vierfelderdiagram zeigt nach staatlichem Einfluss abgestufte Organisationsmöglichkeiten der Leistungserstellung, die sich auch auf Medien übertragen lassen.

3. Bei öffentlichen Unternehmen gelten beide Kriterien, strategische Relevanz des Outputs und Spezifität des Inputs, als gegeben. Öffentliche Unternehmen erfüllen eine öffentliche Aufgabe, müssen gemeinwohlorientiert handeln und unterliegen unmittelbarer demokratischer Kontrolle. Die gesellschaftlich-politische Bewertung der beiden Kriterien kann sich jedoch wandeln, zum Beispiel durch technischen Fortschritt. Das rückt dann andere Organisationsformen des öffentlichen Leistungsbereichs ins Blickfeld, eine Entwicklung, die im Rundfunk mit Einführung des dualen Rundfunksystems eingesetzt hat.

4. Eine Institutionalisierung von Rundfunk als öffentliche Unternehmung oder als reguliertes erwerbswirtschaftliches Privatunternehmen bedeutet, dass sich die jeweiligen Handlungsparameter zum Teil diametral unterscheiden. Der zentrale Unterschied liegt in der Zielhierarchie, die bei der öffentlichen Unternehmung durch das Sachziel dominiert wird, beim privatwirtschaftlichen Unternehmen durch das Formalziel. Beiden Organisationstypen ist de jure dasselbe Sachziel vorgegeben. Beim werbefinanzierten Rundfunk wird dieses jedoch nicht nur dem Formalziel untergeordnet, es wird auch gemäß der medienökonomischen Erkenntnis, dass Kerngeschäft werbefinanzierter Medien die Publikumsproduktion sei, umdefiniert. Sachziel ist die Reichweitenmaximierung in werblich interessanten Zielgruppen.

5. Eine Institutionalisierung von Rundfunk als öffentliche Unternehmung sichert die Priorität des publizistischen Normensystems. Das öffentliche Unternehmen muss auftrags- und nicht nachfrageorientiert wie im Marktmodell handeln. Im Kernbereich seiner Aufgabe kommen die wirtschaftlichen Steuerungsmechanismen Markt- und Preissystem sowie Wettbewerb nicht zum Zuge. Die Institutionalisierung von Rundfunk als privates Geschäftsunternehmen sichert hingegen grundsätzlich die Priorität des wirtschaftlichen Normensystems, durch Regulierung allenfalls begrenzt. Aber prinzipiell bestimmen die wirtschaftlichen Steuerungsmechanismen das Handeln der privaten Akteure auf den Rundfunkmärkten.

6. Effektivität und Effizienz von öffentlicher und privatwirtschaftlicher Rundfunkorganisation sind nicht unmittelbar vergleichbar, da Zielhierarchie, gesellschaftliche Leistungsziele in ihrer jeweils konkreten Definition und die Handlungsbedingungen grundsätzlich voneinander abweichen. Hinzu kommen unterschiedliche Finanzierungsinstrumente, jeweils andere Vorstellungen der Organisationen vom Leistungsempfänger, jeweils andere gesellschaftliche Modelle der Vielfaltsicherung und der demokratischen Kontrolle. Ökonomen warnen vor pauschalen Effizienzvergleichen alternativer institutioneller Arrangements zur Bereitstellung öffentlicher (Misch)Güter, weil solche pauschalen Vergleiche zu Lasten öffentlicher Gutaspekte gehen.

7. Öffentliche Unternehmen erfüllen eine strukturpolitische Instrumentalfunktion. Die gleichmäßige Versorgung der Bürger mit bestimmten öffentlichen Gütern und „Sozialisationsinhalten" soll zu einem einheitlichen Preis sichergestellt werden. Diese Funktion öffentlicher Unternehmen setzt an die Stelle des marktlichen Äquivalenzprinzips die interne Subventionierung mit dem Ziel des Schutzes von Minderheiten und wirtschaftlich Schwachen. Die Zulassung erwerbswirtschaftlicher Unternehmen in einem Infrastrukturbereich unterläuft die Strategie interner Subventionierung, weil sich die Privatunternehmen als ,Rosinenpicker' betätigen.

8. Neben der struktur- wird öffentlichen Unternehmen auch eine wettbewerbspolitische Instrumentalfunktion zugesprochen. Positive Wettbewerbseffekte werden vor allem im Preis- und Qualitätswettbewerb sowie der Innovationsförderung erwartet. Beides ist für Medienmärkte von hoher Relevanz. Die Gutspezifik von Medien beeinträchtigt Qualitätswettbewerb, weil Qualität vom Rezipienten kaum erkannt werden kann, die Risikofaktoren der Medienproduktion begünstigen eine Tendenz zur Standardisierung und Imitation. Im dualen Rundfunksystem können öffentliche Unternehmen den Qualitäts- und programmlichen Innovationswettbewerb ,von innen' stützen und sichern.

9. Regulierung im engeren Sinn meint das Eingreifen des Staates in einen Wirtschaftsbereich mit dem Ziel, das Verhalten der dort agierenden privaten Unternehmen zu beeinflussen. Der Begriff der Regulierung wird von Ökonomen unterschiedlich gebraucht. Sinnvoll ist eine Trennung dieser engeren Definition von allen Formen der Regulierung im weiteren Sinn. Das Konzept der Regulierung kommt aus den USA und gilt als Alternative zur Organisationsform öffentlicher Unternehmen. Die regulierte Branche unterliegt der Aufsicht einer unabhängigen Kommission oder eigens eingerichteter Behörden. Regulierung verfolgt ähnliche gesellschaftliche Ziele wie die Organisation als öffentliche Unternehmung, insbesondere Konsumentenschutz.

10. Regulierendes staatliches Handeln ist aus ökonomischer Sicht vor allem bei Marktversagen erforderlich. Neben den wirtschaftlichen gibt es aber auch soziale und kulturelle Begründungen von Regulierung und entsprechend den Begriff der sozialen Regulierung. Hier geht es vor allem um die Korrektur externer Effekte wirtschaftlicher Aktivitäten. Medienregulierung lässt sich primär dieser zweiten Art zuordnen, wobei hier sowohl negative externe Effekte (z.B. Gewalt) vermieden wie positive externe Effekte (z.B. Meinungsvielfalt) sichergestellt werden sollen.

11. Regulierendes staatliches Handeln ist, vor allem als soziale Regulierung, immer umstritten. Das hängt gerade im Medienbereich nicht zuletzt mit der Kollision von Werten aus den Regimen Wirtschaft und Publizistik zusammen, die Dilemmasituationen und kollidierende Wirkungsrichtungen für regulierendes staatliches Handeln schaffen. Der Legitimationsbedarf des Staates für eine interventionistische Medienpolitik ist bei grundsätzlich privatwirtschaftlich und damit absichtsvoll staatsfrei organisierten Medien hoch. Die Bilanz fällt entsprechend dürftig aus, Medienpolitik als regulierendes staatliches Handeln gibt es außerhalb von Konzentrationskontrolle und Jugendschutz nur im Rundfunk. Dabei wird die Effizienz der Konzentrationskontrolle wie der Rundfunkregulierung von Seiten der PKW skeptisch beurteilt.

12. Wachsende Komplexität, zunehmende Interdependenzen und Dilemmasituationen moderner Gesellschaften, aber auch Machtverluste des Staates begünstigen einen Wandel vom souveränen Hoheits- zum kooperativen Konsensualstaat und forcieren die Entwicklung neuer politischer Entscheidungs- und Steuerungssysteme. Verhandlung, Regulierungsvertrag, regulierende Selbstregulierung, Formen von Public-Private-Partnership sind solche neuen Entscheidungssysteme, bei denen es immer um Formen einer konsensualen Kooperation von Staat und Privatwirtschaft geht. So entscheidet der Staat im Verhandlungssystem zum Beispiel über die Änderung oder Anwendung von Recht nicht souverän, sondern sucht den Konsens mit den betroffenen nichtstaatlichen Akteuren. Die Neuregelung der Konzentrationsmessung im Rundfunk lässt sich als Verhandlungsrecht begreifen, das vor allem von den großen Medienkonzernen Kirch und Bertelsmann entscheidend mitgestaltet wurde.

13. Im Regulierungsvertrag beschränkt sich der Staat auf eine weitgehend strategische Regulierung. Zunächst sollen Formen der freiwilligen Selbstkontrolle oder Selbstbindung erprobt werden. Die ‚Freiwillige Selbstkontrolle Fernsehen' (FSF) ist ein Beispiel für dieses neue Steuerungssystem. Dieses Selbstkontrollorgan des Privatfernsehens wurde in Reaktion auf die öffentliche Debatte über ‚Gewalt im Fernsehen' gegründet, die wiederum den Gesetzgeber unter Handlungsdruck setzte. Angesichts der Dilemmasituation für beide Akteure, für den Staat, dessen Regulierungsambitionen durch verfassungsrechtliche Schranken gebremst

werden, für die Privatwirtschaft, die Schadensminimierung in mehrfacher Hinsicht betreiben musste, bot sich eine freiwillige, nicht-staatliche Vorzensur durch ein im Rundfunkstaatsvertrag festgeschriebenes Selbstkontrollorgan als Lösung an. Formen „regulierter Selbstregulierung" wurden 2003 im Jugendmedienschutz-Staatsvertrag der Länder auch auf Online-Medien ausgedehnt. Die Selbstkontrollorgane der privaten Medienanbieter müssen nun allerdings „anerkannt" sein und sind der Aufsicht und „Nachkontrolle" ihrer Entscheidungen durch die neu geschaffene Kommission für Jugendmedienschutz unterstellt.

14. Man kann die neuen Kooperationsformen zwischen Staat und Privatwirtschaft als neokorporatistische Kompromisssysteme verstehen, Ökonomen sprechen von 'Krisenkartellen'. Vernünftige Interessenabgrenzung soll die negativen Folgen für alle Beteiligten minimieren. Damit ist die erfolgreiche Installation solcher Kompromisssysteme an eine Reihe von Voraussetzungen gebunden, die sie aus demokratietheoretischer Perspektive gleichzeitig aber auch als problematisch erscheinen lassen. Voraussetzungen sind Veto-(also Macht-)Positionen auf beiden Seiten, hoher Organisations- und Zentralisationsgrad der verhandelnden Interessengruppen sowie Kooperationsbereitschaft. Daraus erwächst die Gefahr von Entscheidungskartellen der Wohlorganisierten und –repräsentierten zu Lasten der Nichtorganisierten, der Reproduktion gesellschaftlicher Machtungleichgewichte und der Unterminierung repräsentativ-demokratischer Entscheidungsinstanzen. Für den Bereich der Medien ist die mangelnde Organisiertheit und Organisierbarkeit des Publikums ein zentraler Punkt, der Skepsis gegenüber neokorporatistischen Kompromisssystemen angeraten sein lässt.

11. Versuch eines Fazits: Was kann Medienökonomie im Rahmen der PKW leisten?

In diesem abschließenden Kapitel wird das Leistungsvermögen von Medienökonomie als Teildisziplin der PKW, wie sie in diesem Buch entwickelt wurde, in einer Art erster Zwischenbilanz abzuschätzen versucht. Dabei geht es zunächst um Unterschiede in den Theoriekonzepten von PKW und Ökonomik und daraus evtl. folgenden Ergänzungsmöglichkeiten für die Kommunikationstheorie (11.1). Mit Blick vor allem auf diese Ergänzungsmöglichkeiten wird das Leistungsvermögen von Medienökonomie dann auf den drei, von der Ökonomik als ihre Analyseobjekte unterschiedenen Ebenen gesellschaftlichen Entscheidens und Kooperierens diskutiert, der Ebene gesellschaftlicher (11.2), institutioneller (11.4) und der Ebene laufender individueller Wahlhandlungen (11.3).

11.1 Kommunikationswissenschaftliche und ökonomische Theoriekonzepte im Vergleich

Denis McQuail (1986, 633) hat die Anforderungen an eine Kommunikationstheorie, die relevant für ihre Umwelt sein soll, als dreifach beschrieben: sie muss

1. „eine Basis für die normative und kritische Bewertung der Entwicklungen" bereitstellen und gleichzeitig auch

2. „Methoden und Konzepte für deren Beschreibung und Abklärung" liefern –„um die Wirklichkeit so überhaupt erfassen zu können". Und sie muss

3. „Wirkungszusammenhänge erklären können und Voraussagen dazu machen".

Der erste Punkt umreißt Anforderungen an eine normative Theorie, die beiden anderen Punkte sind dem Bereich der positiven Theorie zuzuordnen.

Versucht man diese Anforderungen an eine kommunikationswissenschaftliche Theorie mit ökonomischen Theorievorstellungen zu vergleichen, sie also in ökonomische Theoriekonzepte quasi zu übersetzen, dann zeigen sich durchaus Parallelen in der Dreigliedrigkeit von Aufgabenstellung bzw. Theorieebenen. Ökonomen verstehen ihre Theorie ja primär als Entscheidungstheorie mit Blick auf menschliche Kooperation und sie unterscheiden drei Ebenen gesellschaftlicher Entscheidungen und Wahlhandlungen als ihre Analyseobjekte (vgl. Acocella 1998):

1. Die Ebene gesellschaftlicher Wahlhandlungen: die Analyse konzentriert sich auf die Identifikation gesellschaftlich wünschenswerter Ziele.

2. Die Ebene der institutionellen Wahlhandlungen: die Analyse konzentriert sich auf den institutionellen Rahmen, in dem diese Ziele verwirklicht werden sollen/können und auf die Struktur und den Prozess öffentlicher Intervention zur Erreichung der Ziele.

3. Die Ebene laufender individueller Wahlhandlungen: die Analyse konzentriert sich auf das Entscheidungs- und Kooperationsverhalten der Individuen als die relevanten Akteure in dem zu untersuchenden Bereich.

Es ist also die Makro-, Meso- und Mikroebene von Wahl- und Entscheidungshandeln, die hier theoretisch unterschieden, aber durch die Anwendung des ökonomischen Verhaltens- oder Rationalmodells auf allen Ebenen gleichzeitig analytisch wieder verbunden werden. Zintl (1989, 56) hat auf den Unterschied hingewiesen, den es für die Beurteilung von Rationalmodellen, wie es die Ökonomik mit ihren Annahmen vom rational seinen Nutzen maximierenden Individuum verwendet, mache, „ob man sie als eigenständige Theorien individuellen Verhaltens ansieht oder als Bestandteile von Mehrebenenanalysen". Im zweiten Fall könnten die Ansprüche an die Mikrotheorie gesenkt werden. Im ökonomischen Theorieverständnis dient das Rationalmodell primär der Mikrofundierung von Makrophänomenen. „Gegenstand des theoretischen Interesses sind Kollektivphänomene, die aber entweder als Produkte von Individualentscheidungen oder als Aggregat solcher Handlungen aufgefasst werden" (Zintl, ebenda). Hinter geprüften Makrohypothesen stehen eine Mikrotheorie und eine Aggregationsregel.

Der Meso-Ebene gilt dabei das besondere Interesse der Institutionenökonomik. Unterstellt wird ein „Transmissionsmechanismus institutioneller Verhaltenswirkungen" (Homann/Pies 1991, 83). Institutionen stellen ja einen wichtigen Teil der Restriktionen im ökonomischen Verhaltensmodell dar, mit denen sich die rational handelnden Individuen konfrontiert sehen. Institutionenänderungen bedeuten folglich Änderungen der Restriktionen und werden so verhaltenswirksam. „Die Aussagen der Institutionenökonomik sind also nicht Aussagen über den Menschen an sich, sondern streng genommen nur Aussagen über die verhaltenskanalisierende Wirkung von Institutionen" (Homann/Pies ebenda). „Rules" werden als „tools" mit Blick auf gesellschaftliche Ziele verstanden, wobei klar ist, dass die ‚besten' institutionellen Instrumente nicht ex ante deduzierbar sind, weil die menschliche Vernunft begrenzt ist und Wissen wie Problemsicht sich im Zeitablauf wandeln. Die Suche nach den besten „rules has, therefore, to be guided by the kind of experience that accumulates in an ongoing, open-ended process of trial and error" (Vanberg/Buchanan 1991, 71).

Die dreifach gegliederten Anforderungen von Denis McQuail an eine Kommunikationstheorie lassen sich den drei Ebenen ökonomischer Analyse ohne große Schwierigkeiten zuordnen. Die Bereitstellung der Basis für die normative Bewertung der Entwicklungen im Medienbereich wäre der ersten Analyseebene zuzurechnen, die Erklärung von Wirkungszusammenhängen und die Ableitung von Voraussagen gehört vor allem in den zweiten Bereich, Konzepte zur Erfassung und Beschreibung der Wirklichkeit lassen sich schwerpunktmäßig der dritten Ebene vor allem in ihrer Fundierungsfunktion zuordnen, auch wenn der Anspruch, „Wirklichkeit zu erfassen" wegen der Selektivität jeder Theorie wohl etwas hochgegriffen ist. Anders als in der Ökonomik ist die Mehrstufigkeit der Analyse im kommunikationswissenschaftlichen Theoriekonzept aber wohl nicht dezidiert vorgesehen und die theoretische Verknüpfung verschiedener Ebenen bleibt eher unklar. Dabei gilt das theoretische Interesse offenbar primär der Individualebene und weniger den Kollektivphänomenen, worauf schon der reiche Fundus an Mikrotheorien der PKW bei Defiziten im Meso- und Makrobereich verweist.

Gerade die Unterschiede in den theoretischen Konzepten und der immer wieder in der PKW beklagte Mangel an Meso- und Makrotheorien verweisen auf Potentiale sinnvoller Ergänzungen der PKW durch eine Teildisziplin Medienökonomik, die sich nicht nur auf die genauere Analyse der wirtschaftlichen Bedingtheiten von Medien beschränkt, sondern auch theoretischen Zugewinn bringt. Dieser Zugewinn wird auf den einzelnen Ebenen ökonomischer Analyse unterschiedlich groß sein, im Bereich der normativen Theorie eher gering, als positive Theorie auf den Ebenen institutioneller und laufender individueller Wahlhandlungen hingegen eher hoch. Eine Abschätzung des Beitrags, den Medienökonomie im Sinne eines Erkenntnisgewinns für die PKW leisten kann, soll hier, differenziert nach den drei Ebenen und im Rückgriff auf die in den vorausgegangenen Kapiteln entwickelten Modelle und Konzepte, knapp versucht werden.

11.2 Medienökonomie und die Ebene gesellschaftlicher Wahlhandlungen

Diese Ebene ist in der Ökonomik der Bereich vor allem der Wohlfahrtstheorien, in denen gesellschaftliche Leistungsziele oder soziale Präferenzen definiert werden sollen, es ist der Bereich der normativen Theorien. Für die PKW ist die Situation insofern ein wenig leichter, als die Leistungsziele von Medien in der Regel in der Verfassung einer Gesellschaft, den daraus abgeleiteten Gesetzen und subkonstitutionellen Regelungen festgelegt sind und in der Rechtsprechung vor allem der obersten Gerichte präzisiert und ausgeführt werden. Dass sich diese Leistungsziele jedoch nicht unmittelbar in eine konsistente normative Theorie überführen lassen, darauf verweist der bereits in Kapitel 2 kurz dokumentierte, eher desolate Stand der normativen kommunikationswissenschaftlichen Theorie. McQuail (1994, 121 ff.) zieht eine ziemlich vernichtende Bilanz. Nicht nur, dass zentrale Konzepte wie Pressefreiheit, Vielfalt und Ausgewogenheit, public service und public interest unter anderem weitgehend ungeklärt sind. McQuail bemängelt auch, dass Mediensektoren wie Film, Tonträger oder Video und Medieninhalte wie Unterhaltung oder Sport weitgehend außer Betracht bleiben. „It is unsatisfactory to leave all this entirely outside the scope of social-normative thinking" (ebenda 133). Dies vor allem auch deshalb, weil wir uns in einer Zeit des Umbruchs befinden, „a time of considerable change and reconstruction of media institutions, when normative questions need to be faced" (ebenda 123). Denn die traditionellen Leitbilder für die öffentliche Kommunikation, wie sie in Verfassungen und subkonstitutionellen Regelungen Eingang gefunden haben, historisch in den Ansprüchen der Aufklärungsbewegung verankert, verlieren in diesen Umbruchzeiten ganz offensichtlich an Kraft. Derivate dieser Leitbilder sind zwar „noch rechtsgültig, wenn auch von schwindender normativer Kraft und Wirksamkeit" (Imhof 1999, 19). Damit fehlt aber auch der Medienpolitik ein klares Leitbild.

Die Entwicklung einer normativen Theorie der Medien soll hier allerdings keineswegs näher diskutiert werden. Hier geht es um den möglichen Beitrag, den Medienökonomie dazu leisten könnte. Die ökonomische Wohlfahrtsdiskussion kann dafür weitgehend außer Betracht bleiben. Kriterien der alten und neuen Wohlfahrtsökonomie wie zum Beispiel das Pareto-Optimum sind für kommunikationswissenschaftliche Fragestellungen kaum relevant, denn Paretooptimalität ist ein ökonomisches Effizienzkriterium von Wirtschaftssystemen im Gleichgewicht und kein zum Beispiel Gerechtigkeitskriterium. Wohlfahrtsökonomische Ansätze wie der von Sen (1970, 1982, 1992), der nicht nur die Verteilung von Gütern sondern auch von Rechten und Freiheiten in seine Überlegungen einbezieht, wären zwar einer genaueren Überprüfung ihrer Übertragbarkeit wert, das aber muss einer eigenständigen Arbeit überlassen bleiben und kann hier nicht geleistet werden. Medienökonomie kann – wenn auch wohl kaum schon bei ihrem derzeitigen Entwicklungsstand – einen Beitrag zu einer normativen Theorie der Medien allerdings indirekt als positive Theorie leisten, indem sie analysiert, beschreibt und erklärt, warum Medien als Institutionen und Organisationen so funktionieren, wie sie funktionieren und unter welchen Bedingungen dies vielleicht anders wäre. Diese positive Analyse kann für die Entwicklung einer normativen kommunikationswissenschaftlichen Theorie vor allem dann relevant sein, wenn sie die Zielkonflikte zwischen publizistischem und ökonomischem Regime mit jeweils unterschiedlichen Normen und Leitwerten näher analysiert. Diese Zielkonflikte sind für Medien in kapitalistischen Marktwirtschaften generell kennzeichnend, sie sind natürlich vor allem dann virulent, wenn die Medien als erwerbswirtschaftliche Privatunternehmen bereitgestellt werden, sie bestehen aber auch für öffentliche und alternative Bereitstellungsformen in einer an ökonomischem Effizienzdenken orientierten sozialen Umwelt. Dabei geht es heute, worauf Richard Collins und Christina Murroni (1996, 16) zu Recht verweisen, nicht mehr um die Alternative Markt oder öffentliche Regulierung. „The question is how to strike the right balance between markets and regulation".

Diese Zielkonflikte zwischen publizistischem und ökonomischem Regime, die von den Medienorganisationen selbst weder verursacht noch zu lösen sind, müssen in einer normativen Theorie berücksichtigt werden, wenn diese relevant sein will, zu welchen Konsequenzen dies dann auch immer führt.

Medienökonomie kann als positive Theorie Instrumente zur Analyse dieser Zielkonflikte, eine Analyse, die ja interdisziplinär angelegt sein muss, bereitstellen und so die „Grenzen des Wissens" der PKW erweitern. Hinweise, wie diese Analyse angelegt werden könnte, stammen von Max Weber (1988b, 149f.). „Da wir (innerhalb der jeweiligen Grenzen unseres Wissens) gültig festzustellen vermögen, *welche* Mittel zu einem vorgestellten Zweck zu führen geeignet oder ungeeignet sind, so können wir auf diesem Wege die Chancen, mit bestimmten zur Verfügung stehenden Mitteln einen bestimmten Zweck überhaupt zu erreichen, abwägen und mithin indirekt die Zwecksetzung selbst, auf Grund der jeweiligen historischen Situation, als praktisch sinnvoll oder aber nach Lage der gegebenen Verhältnisse sinnlos kritisieren. Wir können weiter, *wenn* die Möglichkeit der Erreichung eines vorgestellten Zweckes gegeben erscheint, natürlich immer innerhalb der Grenzen unseres jeweiligen Wissens, die *Folgen* feststellen, welche die Anwendung der erforderlichen Mittel *neben* der eventuellen Erreichung des beabsichtigten Zweckes, infolge des Allzusammenhanges alles Geschehens, haben würde. Wir bieten alsdann dem Handelnden die Möglichkeit der Abwägung dieser ungewollten gegen die gewollten Folgen seines Handelns und damit die Antwort auf die Frage: was ,kostet' die Erreichung des gewollten Zweckes in Gestalt der voraussichtlich eintretenden Verletzung *anderer* Werte?". Was kostet Wirtschaftsfreiheit im Bereich der Medien an Verletzung publizistischer Werte? Sind die normierten publizistischen Werte mit den gesellschaftlich gewählten Mitteln überhaupt erreichbar? Wie könnten sie erreicht werden, wenn denn an ihnen festgehalten werden soll?

Medienökonomie könnte so auch die Mittel zur Analyse der logischen Konsistenz und empirischen Relevanz einer normativen Theorie bereitstellen und ihre diesbezügliche Weiterentwicklung ermöglichen. Den normativen gesellschaftlichen Leistungsanforderungen an die Medien kommt dabei die Funktion einer Heuristik zu mit der Aufgabe, die positive Analyse so auszurichten, dass sie das entsprechende Orientierungswissen auch für eine kommunikationswissenschaftliche Politikberatung generiert. Die PKW kann der Politik damit, um noch einmal Max Weber (ebenda) zu zitieren, „zu dem *Bewusstsein* verhelfen, dass *alles* Handeln, und natürlich auch, je nach den Umständen, das *Nicht*-Handeln, in seinen Konsequenzen eine *Parteinahme* zugunsten bestimmter Werte bedeutet, und damit – was heute so besonders gern verkannt wird – regelmäßig *gegen andere*. Die Wahl zu treffen, ist seine Sache" – also Sache der Medienpolitik (vgl. zum Problem der Ziel-Mittel-Adäquanz in der Medienpolitik zum Beispiel Saxer 1981).

Dabei wird auch zu prüfen und zu begründen sein, inwieweit die Normativität der publizistischen Ziele und Werte durch den Willen der Individuen legitimiert ist, denn nur dann ist ja die Unterstützung und Durchsetzung dieser Ziele durch die Gesellschaftsmitglieder zu erwarten. Das für die Konstitutionenökonomik zentrale Konzept der Zustimmungsfähigkeit durch alle Betroffenen bietet sich für eine analoge Anwendung an. Das Konsenskriterium – unterschiedslos alle Bürger stimmen einer (Meta)Regel prinzipiell zu – lässt sich nach konstitutionenökonomischem Verständnis immer anwenden, wenn man die Abstraktionsebene hoch genug ansetzt und die relevanten Alternativen sorgsam herausarbeitet (Pies 1996, 10f.).

Generell wäre zu prüfen, ob der Begriff der „konstitutionellen Effizienz" für die PKW fruchtbar gemacht werden kann. Nach konstitutionenökonomischem Verständnis ist ein Ergebnis dann ‚effizient', wenn es „aus dem Handeln resultiert, das Regeln folgt, die zustimmungsfähig sind". Dahinter steht die Erkenntnis, die Lindblom (1966, 331) mit Blick auf Probleme der Wirtschaftspolitik als „Kennzeichen demokratischer Gesellschaften" bezeichnet, nämlich dass „die politischen Maßnahmen nicht einmal gedanklich aus einem einheitlichen Wertschema (..) abgeleitet werden können". Der Begriff der konstitutiven Effizienz wird in Unterscheidung von der technischen wie der wohlfahrtsökonomischen Effizienz gebraucht, „die beide eine Input-Output-Relation voraussetzen, die konstitutionenökonomisch auf der Ebene der Gesellschaft keinen Sinn macht, da es keinen gesellschaftlichen Maximanden gibt"(Homann/Pies 1996, 226, FN 26). Effizienz ist damit nicht ein Ergebnis-, sondern ein Prozesskriterium und zentraler Bewertungsmaßstab von Regeln und Institutionen ist die Zustimmungsfähigkeit aller Betroffenen zu diesen Regeln, also der Konsens über bestimmte institutionelle Arrangements. Konsensfähigkeit wird dabei allerdings nicht als voraussetzungsfrei gesehen, sondern gründet auf Wissen der von einer Regel oder Institution Betroffenen. In Anlehnung an Vanberg und Buchanan (1989) unterscheidet Aufderheide (1996, 187f) zwischen Theorie- und Interessenwissen. Theoriewissen meint „das Wissen um Ursache-Wirkungs-Zusammenhänge, vor allem zwischen alternativen Institutionen (Regeln) einerseits und individuellen Wahlhandlungen andererseits". Interessenwissen meint das Wissen um die eigene Position in der Gesellschaft. Ausgestattet mit diesem Wissen können die betroffenen Individuen „Erwartungen darüber bilden, welche Folgen von einer Regel(änderung) *für sie persönlich* (voraussichtlich) ausgehen und wie diese individuell zu bewerten sind". Aufgabe der positiven Analyse ist, das für die Konsensfähigkeit benötigte Theoriewissen zu generieren, also wissenschaftliche Aufklärungsarbeit für die jeweils Betroffenen und die Gesellschaft zu leisten.

Eine Übertragung dieser Ideen auf den Bereich der Medien und die PKW entbehrt nicht des wissenschaftlichen Reizes. Zwar wird das Konzept der konstitutionellen Ökonomik, Ergebnissteuerung generell durch Regelsteuerung zu ersetzen, wegen der verbindlich vorgegebenen Leistungsziele der Medien sicher nicht voll übernehmbar sein, Effizienz als Ergebniskriterium in gewissen Umfang also beibehalten werden müssen. Aber die Überprüfung der Leistungsziele von Medien nach dem Konsenskriterium und die Überprüfung vor allem auch der bestehenden institutionellen Arrangements nach ihrer Zustimmungsfähigkeit für alle Betroffenen, könnte neue Fragestellungen und Einsichten eröffnen. So drängt sich die Frage ja geradezu auf, ob zum Beispiel Zustimmung der Publika werbefinanzierter Medien zu dieser Institutionalisierungsform zu erwarten ist oder nicht, wenn diese Publika mit dem entsprechenden Theorie- und Interessenwissen ausgestattet sind.

Nach Pies (1996, 14) hat das Konsensprinzip als internes Bewertungs- und Vergleichskriterium eine Reihe von Vorteilen, zu denen nicht zuletzt die Vermittlung zwischen positiver und normativer Analyse zählt: „Mit der Vorgabe, nach gemeinsamen Interessen zu suchen, fokussiert das Konsensprinzip die *positive* Forschungsperspektive auf eine Untersuchung der gesellschaftlichen Funktionalität institutioneller Arrangement. (...) Das Aufzeigen gemeinsamer Interessen im politischen Prozess ermöglicht es, in die politische Diskussion Zweckmäßigkeitsargumente einzuführen, das heißt Erklärung in Aufklärung umzusetzen. Mithin versorgt das Konsensprinzip die *normative* Analyse mit diskursiver Kompetenz. Konsens fungiert als konzeptioneller Ausgangspunkt für eine Rekonstruktion politischer Konfliktlagen und (erst) von diesem Punkt aus lassen sich Zieldiskussionen auf Mitteldiskussionen umstellen". Und schließlich: Ökonomik als Wissenschaft kann und soll „die Bürger darin unterstützen, ihre eigenen Interessen zu verwirklichen, das heißt als Gesellschaft nicht unter ihren Möglichkeiten zu bleiben". Auf eine Medienökonomik als Teildisziplin der PKW scheint dieser Aufgabenkatalog prima facie ohne Abstriche und unmittelbar übertragbar zu sein.

Dabei verbleibt jedoch die Formulierung einer normativen Theorie der Medien und insbesondere auch die unverzichtbare Operationalisierung der gesellschaftlichen Leistungsziele von Medien im Bereich der Kernaufgaben der PKW.

Geht man, der Drei-Ebenen-Unterscheidung folgend, von gesellschaftlich konsentierten, in einer normativen Theorie entwickelten Leistungszielen der Medien aus, stellt sich in einem nächsten Schritt die Frage nach dem Grad der Zielerreichung. Erfüllen Medien diese Ziele und wenn nicht, warum nicht? Die Ebene der institutionellen und der laufenden individuellen Wahlhandlungen kommt in den Blick, Ebenen, auf denen Medienökonomie direkt ihren Beitrag leisten kann. Die logische Reihenfolge der Ebenen des Entscheidungshandelns wird aus Gründen der Verständlichkeit umgekehrt und zunächst die dritte, dann erst die zweite Ebene erläutert.

11.3   Medienökonomie und die Ebene der laufenden individuellen Wahlhandlungen

Das Erkenntnisinteresse medienökonomischer Analyse auf dieser Ebene konzentriert sich auf die Probleme der Zielerreichung unter den vorfindbaren institutionellen Rahmenbedingungen, also Produktion, Distribution und Konsumption von Medien überwiegend bereitgestellt auf Märkten. Der, gemessen am Medienbereich insgesamt, ‚Sonderfall' des öffentlich-rechtlich organisierten Rundfunks bleibt hier außer Betracht und wird in 11.4 behandelt.

Für die Problemanalyse marktlicher Bereitstellung von Medien lassen sich zwei Teilaspekte unterscheiden:

- die erste zu prüfende Frage ist, ob das Marktmodell im Medienbereich funktioniert;
- die zweite zu prüfende Frage ist, ob ein funktionierender Marktmechanismus als institutionelles Arrangement die Erfüllung der Leistungsziele von Medien maximal garantiert.

Bei beiden Teilfragen geht es um die positive Analyse der vorfindbaren Rahmenbedingungen, die erst die Voraussetzungen für eine normative Bewertung schaffen muss. Die nachfolgende Diskussion einiger Aspekte der Problemanalyse bezieht sich vor allem auf die erste Teilfrage.

Die Problemanalyse marktlicher Bereitstellung von Medien muss beide Hauptakteure auf Märkten, die Produzenten und die Konsumenten von Mediendienstleistungen umfassen, denn bei beiden sind die Probleme aus medienökonomischer Sicht gravierend. Wichtigste Ursachen dafür sind die Guteigenschaften von Medien und die damit verbundenen Marktunvollkommenheiten bis zum Marktversagen. Bei beiden Akteuren ergeben sich aus den Guteigenschaften spezifische Informations- und Wissensprobleme, die rationale Wahlhandlungen auf beiden Seiten streng genommen unmöglich machen.

- Bei den Produzenten erster und zweiter Stufe besteht prinzipielle Unsicherheit, ob das Produkt wegen der Heterogenität der auf Medien ‚gerichteten' Präferenzen und der Informationsprobleme der Konsumenten überhaupt auf Nachfrage treffen wird. Damit besteht gleichzeitig prinzipielle Unsicherheit auch hinsichtlich der Refinanzierungsmöglichkeiten, eine Unsicherheit, die durch die Unteilbarkeit des immateriellen Medienprodukts zudem mit hohem finanziellen Risiko belastet ist. Die Konsequenzen dieser Ausgangssituation, die sich je nach den Bedingungen auf dem jeweiligen Markt für Kopien für die einzelnen Mediengattungen stark differenziert darstellt, müssten und könnten mit Hilfe medienökonomischer Ansätze im Detail analysiert werden. Stichworte zu bekannten, wenn auch kaum systematisch untersuchten Konsequenzen sind Imitation statt Innovation, Formatierung und Standardisierung, horizontale und vertikale Konzentration, Skalen- und Verbundvorteile, Mehrfachverwertung von einmal Produziertem, Mischkalkulation, Werbeteil- und Werbevollfinanzierung. Die Liste ist ganz sicher nicht erschöpfend.

- Bei den Konsumenten/Rezipienten besteht mit Blick auf die Mediendienstleistung weitgehende Qualitäts- und Nutzenunkenntnis. Diese ausgeprägte Informationsasymmetrie zu seinen Lasten ist durch eigene Anstrengungen des Konsumenten auch kaum überwindbar, ebenso wenig allerdings auch durch die gängigen marktlichen Lösungen der Ökonomen. Öffentliche, also kollektiv installierte und finanzierte Versuche, die gravierenden Informationsmängel des Rezipienten zu mildern oder zu lösen, existieren nicht. Die Konsequenzen dieser Ausgangssituation, die dem Medienkonsumenten im Marktprozess eine prinzipiell schwächere Position zuweist, als im Konzept von der Konsumentensouveränität vorgesehen, bedürfen ebenfalls genauerer Analyse. Medienökonomische Stichworte zu den Konsequenzen sind das Phänomen des Satisficing, das Begnügen mit zweit- und drittbesten Lösungen und – in Anbetracht hoher Informationskosten bei gleichzeitiger Nutzenunkenntnis bzw. Einschätzung von Mediennutzung als Niedrigkostensituation – das Konzept vom rational ignoranten Verhalten. Auch die Rolle, die „Vertrauensbildung" und „Zuschauerbindung" als strategische Maßnahmen der Produzenten mit dem Ziel der Verhaltensbeeinflussung von Medienkonsumenten spielen, gehört zu den Konsequenzen. Für die genauere Analyse dieser Ausgangsituation kann Medienökonomie nicht nur helfen, die Fragestellungen zu präzisieren und erste Annahmen zu formulieren, sie kann mit ihrem methodologischen Instrumentarium auch die These von der nicht gewahrten Konsumentensouveränität empirisch untermauern und damit die Begründung für Konsumenten- bzw. Rezipientenschutz – in welcher Form auch immer – liefern.

- Ein Problemkomplex, der offensichtlich ist und seit langem detaillierter Analyse harrt, ist die völlige oder teilweise Werbefinanzierung von Medien. Ist Zielerreichung unter dieser institutionellen Rahmenbedingung überhaupt möglich? Ist die Rolle des Medienpublikums, die bei dieser oder für diese Medienfinanzierungsform in Kauf genommen wird, konsensfähig? Oder, um es anders zu formulieren, ist diese Rolle mit dem Kantischen Postulat vereinbar, dass „der Mensch Zweck an sich selbst sei" und „niemals bloß als Mittel gebraucht werden" dürfe (Kritik der praktischen Vernunft)? Das ist eine normative Frage, aber um eine Antwort darauf geben zu können, muss diese Rolle zunächst genauer bestimmt und analysiert sein.

Man kann die Medienkonsumenten nicht – dem Marktmodell folgend oder mit Appellen an eine Konsumentenethik (vgl. Pürer 1992, 316ff.) – für ein Angebot an Mediendienstleistungen verantwortlich machen, das sie wegen Informationsmängeln nicht einmal ex post rational beurteilen können und auf dessen Gestaltung sie wie bei den werbefinanzierten Medien mangels Marktmacht kaum oder gar keinen Einfluss haben. Wenn das Angebot der Medien aus vielfältigen Gründen als problematisch bewertet wird, dann muss zunächst Ursachenanalyse betrieben werden, bevor Lösungsmodelle entwickelt werden können. Und in diese Ursachenanalyse gehört auch der Finanzierungsmodus Werbung. Zu fragen ist daher, welche Auswirkungen diese Finanzierungsform auf den Produktions- und Rezeptionsprozess von Medienprodukten hat, auf deren Gestaltung als Kuppelprodukt und auf die Möglichkeit, definierte gesellschaftliche Leistungsziele der Medien zu erreichen oder zu verfehlen.

Wenn man mit der Institutionenökonomik die Ursache oder zumindest eine der Hauptursachen für Koordinationsprobleme einer Gesellschaft beim Erreichen ihrer Ziele vor allem in den Institutionen, in den Rahmenbedingungen sieht, die eben häufig eine „soziale Koordination effizienten Individualverhaltens erschweren" (Homann/Pies 1991, 87), dann lassen sich in den gegenwärtigen institutionellen Rahmenbedingungen der Medien eine Reihe von Störfaktoren ausmachen, die eine soziale Kooperation der beteiligten Akteure im Sinne der Zielerreichung von Medien ver- oder zumindest behindern, die dies selbst dann täten, wenn alle Akteure diese Zielerreichung wünschen und anstreben würden. Medienproduzenten befinden sich in vielschichtigen Dilemmasituationen konfligierender Normensysteme und institutioneller Regelungen, Medienkonsumenten können ihre im Marktmodell vorgesehene Rolle nicht ausüben und die Frage, ob dies mit Blick auf die Leistungsziele von Medien wünschenswert wäre, erweist sich zunächst als zweitrangig. Effizientes Maximierungsverhalten gibt es allenfalls in der Werbewirtschaft, das publizistischen Zielen allerdings eher konträr läuft.

Für eine genauere Bestimmung und Analyse der hier ja nur angedeuteten Probleme auf der Ebene der laufenden individuellen Wahlhandlungen der Akteure, die sich unter den gegebenen institutionellen Rahmenbedingungen mit Blick auf die Zielereichung ergeben, ist ein Rückgriff auf medienökonomische Ansätze unverzichtbar, der aber durchaus unter Berücksichtigung des reichhaltigen Fundus an Mikrotheorien der PKW erfolgen sollte und dadurch sinnvoll ergänzt und erweitert werden könnte. Mit den Ansätzen der Mikroökonomik, der Politischen und der Institutionenökonomik könnte ein entsprechendes Forschungsprogramm der PKW jedoch um wichtige Einsichten bereichert werden.

11.4   Medienökonomie und die Ebene institutioneller Wahlhandlungen

In Kapitel 1.4 sind die Überlegungen von Spinner (1994, 1997) zu einer neuen Wissensordnung im Informationszeitalter kurz diskutiert worden, wobei nach Spinner drei „Regimes" hier noch um die Vorherrschaft kämpfen, das juristische, das ökonomische und das wissenschaftliche Regime. Das juristische Regime versteht Wissen als Rechtsgut, das ökonomische als Wirtschaftsgut und das wissenschaftliche als Erkenntnisgut. Daraus ergeben sich weit reichende Folgen für den institutionellen Rahmen der Wissensordnung, den jeweils gültigen Leitwert und das Hauptparadigma sowie die vorwiegend produzierte Wissensart. Die Massenmedien unterliegen nach Spinner (1994, 129) in westlichen Demokratien zumeist einer dualen Ordnung, „eine Mischung aus ökonomischen und verfassungsrechtlichen Elementen, mit mehr klassischen Regelungen auf dem öffentlich-rechtlichen und modernen, das heißt kommerzialisierten Randbedingungen auf dem privatwirtschaftlichen Betätigungsfeld der Anbieter".

Man kann diese von Spinner ausgearbeiteten Wissensordnungen unter verschiedenem Regime als Szenarien institutioneller Wahlhandlungen begreifen und die von der PKW mit Hilfe medienökonomischer Ansätze zu überprüfende Frage wäre dann, welches dieser Regime mit dem dazugehörigen institutionellen Arrangement das zur Zielerreichung der Medien geeignetere ist. Der Weg zur Beantwortung dieser Frage ist die komparative Analyse, also der Vergleich realisierter oder realisierbarer institutioneller Arrangements unter expliziter Angabe der als relevant eingesetzten Vergleichskriterien. Dies wäre ein geradezu klassischer Anwendungsfall der Neuen Politischen und der Institutionenökonomik auf den Bereich der Medien.

Dass für einen solchen Vergleich die relevanten Kriterien auch mit Blick auf die Leistungsziele der Medien von der PKW definiert werden müssen, ist selbstverständlich. Das Konsensprinzip der Konstitutionenökonomik und das diskutierte Konzept der konstitutionellen Effizienz bieten sich für eine analoge Anwendung auf hoher Abstraktionsebene zwar an. Allerdings wird die PKW wegen der bindend vorgegebenen Leistungsziele der Medien auf ergebnisorientierte Vergleichskriterien nicht völlig verzichten können. Sie wird das Konzept der konstitutionellen Effizienz also mit Elementen von Effizienz als Grad der Zielerreichung erweitern müssen. Effizienz als Ergebniskriterium lässt sich sehr allgemein als maximaler Grad der Zielerreichung bei gegebenen Zielen und Restriktionen definieren. Aber auch in dieser allgemeinen Deutung ist der Begriff auf gesellschaftliche Fragen nicht ohne weiteres anwendbar. Nicht nur wegen des auf gesellschaftlicher Ebene problematischen Input-Output-Aspekts, sondern auch weil für kollektive Entscheidungen ein konsistentes Zielsystem nicht vorausgesetzt werden kann (Ribhegge 1991, 40). Hier wären also zunächst Fragen der Hierarchisierung und Gewichtung der vorgegebenen Leistungsziele von Medien durch die PKW zu lösen, die alles andere als einfach sind. Im Optimalfall ist oder wird die Lösung dieser Fragen Bestandteil der normativen Theorie. Realistischer scheint aber die Annahme, dass die komparative Analyse jeweils mit Blick auf ausgewählte Teilziele erfolgen wird.

Homann/Pies (1991, 91) beschreiben den traditionellen Typ einer komparativen Institutionenanalyse, „die die Folgen alternativer institutioneller Arrangements untersucht und vergleichbar macht. Bei diesem Typ ersetzt die theoretische Ableitung das soziale Experiment. Die Ergebnisse werden den gesellschaftlichen Instanzen mitgeteilt, und diese entscheiden. Bei einem solchen Vorgehen ist die Ökonomik eine reine Mittelanalyse. Sie hilft bei der Entscheidung normativer Fragen und verbleibt im Status einer positiven Sozialtechnologie". Für die beiden Autoren muss die Analyse aber nicht notwendig bei dieser Mittelfunktion stehen bleiben, sondern lässt sich normativ ergänzen, insbesondere wenn man die Interdependenz von Zielen und Mitteln berücksichtigt und Ziele in einer „regredierenden Rekonstruktion als Mittel zu Erreichung ‚höherer' Ziele interpretiert werden".

Es ist realistischerweise kaum anzunehmen, dass die PKW unter Rückgriff auf institutionenökonomische Ansätze im ersten Schritt gleich ganze gesellschaftliche Ordnungen bestimmter Sektoren, wie die von Spinner entwickelten möglichen Alternativen einer Wissensordnung, auf den komparativen Prüfstand legen wird. Aber die vergleichende wissenschaftliche Analyse von Medienorganisationsmodellen, von unterschiedlichen institutionellen Arrangements zur Bereitstellung von Medien, scheint als erster Schritt eine realisierbare und notwendige Aufgabe. Hier bietet sich natürlich als erstes der Vergleich von erwerbswirtschaftlichen Privatunternehmen und öffentlichen Unternehmen an, wie er in diesem Buch in eher assoziativer Beschreibung von Ursache-Wirkungs-Ketten und unter Berücksichtigung möglichst vieler, vorwiegend organisationsinterner, in ihrem Gewicht aber nicht näher bestimmten Faktoren für den Rundfunk versucht wurde. Die komparative Analyse kann dabei zweifellos aber nicht stehen bleiben und die institutionellen Arrangements stellen sich ja für die Privatunternehmen selbst im Medienbereich unterschiedlich dar, man denke nur an die Frage der Werbefinanzierung, ob sie möglich ist oder nicht.

Wenn die Frage nach institutionellen Regelungen im Sinne von „tools", Vanberg und Buchanan folgend, als offener Trial-and-error-Prozess verstanden werden muss, dann schließt das Offenheit auch gegenüber der Überprüfung bestehender institutioneller Arrangements und Organisationsformen ein, also ob diese sich als allgemein konsensfähig und im Sinne der Leistungsziele von Medien als angemessen oder gar optimal erweisen. Und es erfordert Lernfähigkeit, das heißt neue Erkenntnisse wie sich wandelnde Umweltbedingungen müssen adaptiert werden.

Neue Erkenntnisse kann auch eine verstärkte medienökonomische Forschung liefern, zum Beispiel wenn sie „neue Leitideen der Regulierung", wie sie Jarren (1999, 157) einfordert, bereitstellt, indem sie Nachfragemängel herausarbeitet, die die bislang stark an Angebotsmängeln orientierte Regulierungsdiskussion ergänzen und erweitern. Wenn Kops (1997, 179) sich in diesem Zusammenhang vom Bundesverfassungsgericht wünscht, dass es „bei der Begründung seiner Vielfaltnormen Angebots- und Nachfragemängel klarer auseinander halten, bei der Formulierung von Zielen offensichtlich bestehende Konflikte mit anderen Zielen ausführlicher diskutieren und die zur Verfolgung dieser Ziele geeigneten Instrumente darlegen würde", dann wendet er sich, genau betrachtet, mit seinen Wünschen an den falschen Adressaten, denn er beschreibt Anforderungen eigentlich an die Kommunikationswissenschaft als die für diese Fragen zuständige Wissenschaftsdisziplin. Es sind Anforderungen, die zum Aufgabenkatalog einer Medienökonomik gehören, die als Teildisziplin der PKW in Anlehnung an das wissenschaftliche Selbstverständnis der konstitutionellen und Institutionenökonomik und in analoger Übernahme ihres Analyseinstrumentariums zu entwickeln wäre. Die PKW hat hier eine Bringschuld gegenüber Politik und Gesellschaft im Sinne der Erarbeitung von Orientierungswissen zu diesen Komplexen und der Übermittlung dieses Wissens an das Bundesverfassungsgericht, die demokratische Öffentlichkeit und die mit Regulierungsfragen beauftragten staatlichen Stellen. Das von Jarren (ebenda 158) angeregte „Regulierungsnetzwerk" kann ja erst dann zu einem möglicherweise sinnvollen und mit Blick auf die Sicherung von gesellschaftlichen Leistungszielen der Medien effizienten Verhandlungssystem zwischen unterschiedlichen öffentlichen und privaten Akteuren werden, wenn über die Probleme im zu regulierenden Bereich und alternative Möglichkeiten ihrer Lösung oder zumindest rationale Kompromisse ein fundiertes Wissen vorliegt. Ohne dieses Wissen bleibt der Netzwerk-Diskurs im Normativen stecken und die horizontale Steuerung wird kaum erfolgreicher sein als die traditionell hierarchische.

Zu den sich wandelnden Bedingungen, unter denen die Leistungsziele von Medien heute und in Zukunft gesichert werden sollen, muss hier nur auf die breit diskutierten Entwicklungstrends (auch) im Medienbereich in Richtung Globalisierung und Ökonomisierung (zentral im Sinne ihrer Entmeritorisierung), sowie die neuen diesbezüglichen Antriebskräfte und Potentiale durch die Digitalisierung verwiesen werden. Vielleicht ist zur Verdeutlichung der Entwicklung, die seit Mitte der 1970er Jahre in Europa beobachtbar ist und die sich allen Indikatoren zufolge in der näheren Zukunft noch eher verstärken als abschwächen wird, der Rückgriff auf Stimmen aus dem linksideologisch eher unverdächtigen Lager der Ökonomen sinnvoll. So schreibt der amerikanische Wirtschaftswissenschaftler Lester C. Thurow (1996, 123) mit Blick auf die globalen Vernetzungen dank der neuen I+K-Techniken und vor dem Hintergrund der Erfahrungen mit dem kommerziellen US-Fernsehen: „Die Kultur und die Wertvorstellungen des Menschen werden erstmalig von elektronischen Medien bestimmt, die nur ein Ziel haben, die Gewinnmaximierung. Es ist das erste Mal in der Geschichte, dass Gesellschaften die Festlegung ihrer Wertvorstellungen und ihrer Vorbilder fast völlig dem kommerziellen Markt überlassen" (vgl. zur kultur- und weltbildprägenden Wirkung von Massenmedien auch Hörisch 1998).

Dagegen kann man dieses und jenes relativierend einwenden – den öffentlich-rechtlichen Rundfunk als Ausnahmebereich oder das „unterschätzte Medium" Presse (Schönbach 1983) und nicht zuletzt die Vielzahl anderer Einflussfaktoren – der wachsende Einfluss von Marktmechanismen und einzelwirtschaftlichen Gewinnkalkülen auf die Bereitstellung des Medienangebots ist kaum zu leugnen. Die Welt der Medien verändert sich gravierend gegenüber deren Anfängen im 19. und der ersten Hälfte des 20. Jahrhundert, als die Hauptparadigmen der Kommunikationstheorie im wesentlichen entwickelt wurden (vgl. McQuail 1994). Das lässt deren Überprüfung, Justierung und/oder Erweiterung angemessen und notwendig erscheinen, zum Beispiel um die Auswirkungen einer stärkeren Unterstellung der Medien und des Medienangebots unter das Regime der Ökonomie, wie in Kapitel 1.3 angedeutet, überhaupt analysieren zu können. Will man die Auswirkungen mit Blick auf die Realisierung gesellschaftlicher Leistungsziele von Medien begründet abschätzen können, dann muss man die Folgen möglicher institutioneller Arrangements kennen und sie im Vergleich beurteilen können. Das lenkt den Blick von der Ebene der Aussagen über Wirkungen der Medien und ihrer Angebote auf Individuen oder Gruppen von Individuen unweigerlich auf die Ebene von Mustervoraussagen über Verhaltenswirkungen bei allen Individuen (wenn auch nicht in jedem Einzelfall), sofern bestimmte institutionelle Rahmenbedingungen vorliegen. Medienökonomie, wie sie in diesem Buch in einem ersten Versuch ausgearbeitet wurde, verschiebt das kommunikationswissenschaftliche Interesse damit von der Mikro- auf die Meso- und Makroebene und kann durch Adaptation entsprechender Theorieansätze hier einen zumindest prima facie durchaus sinnvollen und notwendigen Beitrag leisten. Die Figur des kommunikationswissenschaftlichen Beraters, zum Beispiel für das politische System aber auch die demokratische Öffentlichkeit, könnte dadurch systematisch entwickelt werden (vgl. auch Gomery 1993, der ähnlich argumentiert). Es sind vor allem medienpolitische Fragen, für die sich mit der hier entwickelten Medienökonomik begründete und theoriegestützte Antworten erarbeiten lassen.

Studienpraktische Hinweise

Eine Einführung in ein komplexes, sich dynamisch entwickelndes, aber konzeptionell uneinheitliches und mit Blick auf die forschungsleitenden Theorien eher unterentwickeltes Wissenschaftsfeld zu schreiben, ist schwierig. Aber die Aufgabe ist zu bewältigen durch begründete Selektion. Weit schwieriger ist es für die Studierenden, die sich für medienökonomische oder politökonomische Fragestellungen des Medien- und Kommunikationssystems einer Gesellschaft interessieren, sich in dieser Unübersichtlichkeit eines emergierenden Fachs zurechtzufinden und die ihnen auferlegte persönliche Such- und Ordnungsaufgabe erfolgreich zu bewältigen. Studienpraktische Hinweise, die über die üblichen Lektüreempfehlungen hinausgehen, bieten sich in einer solchen Situation besonders an.

Drei Hinweisfelder sollen nachfolgend bearbeitet werden:

1. Wo, also an welchen deutschen bzw. deutschsprachigen Universitäten werden medienökonomische Lehrveranstaltungen angeboten?
2. Welche Lektüre ist für ein Studium der Medienökonomie empfehlenswert?
3. Wie erarbeitet man sich ein notwendig interdisziplinäres medienökonomisches Wissen?

1. Das Lehrangebot der Universitäten

Einen Überblick über das Lehrangebot an deutschen Universitäten, Fach- und Gesamthochschulen zu gewinnen, das dem Thema Medienökonomie zuordenbar ist, erweist sich als ziemlich schwierig. Das liegt nicht zuletzt daran, dass es eine verbindliche Definition von Medienökonomie und einen Kanon der darunter zu behandelnden Fragestellungen (bislang) nicht gibt und dass medienökonomische Themen für zwei universitäre Disziplinen wissenschaftlich an Relevanz gewinnen, deren unterschiedliche Begrifflichkeiten und Perspektiven den Überblick zusätzlich erschweren.

Nach einer Recherche der Fachgruppe Medienökonomie der Deutschen Gesellschaft für Publizistik und Kommunikationswissenschaft (DGPuK) bearbeiteten 2004 insgesamt 42 deutschsprachige Fach- und Hochschulen medienökonomische Themen, gut zur Hälfte in gesellschaftswissenschaftlicher, knapp zur Hälfte in wirtschaftswissenschaftlicher Anbindung (Die Liste ist im Internet über die Website der Fachgruppe abrufbar). Das Lehrangebot dieser 42 Einrichtungen divergiert allerdings sehr stark, reicht vom Schwerpunktfach bis zum offenbar eher zufälligen Angebot. Eine systematische und damit hier darstellbare Übersicht zu Umfang und Schwerpunkten des Lehrangebotes dieser 42 Institutionen ist auf der Basis ihrer Internetauftritte leider nicht zu generieren.

Aber auch diese aktuelle Liste ist wohl nicht als letztverbindliche Auskunft zum Stand medienökonomischer Forschung und Lehre an deutschsprachigen Hochschulen zu nehmen. Vergleicht man mit einer im Jahr 1999 durchgeführten Umfrage (vgl. Hess/Schumann 1999) bei 79 deutschen Universitäten, Gesamt- und Wirtschaftshochschulen zur Existenz von Lehrstühlen mit Medienökonomie als Haupt- oder Nebenausrichtung, dann fehlen von den 12 damals als realisiert gemeldeten einige in der aktuellen Aufstellung, so die Universitäten Duisburg-Essen oder Göttingen. Nimmt man als Beispiel die Universität Göttingen, dann behandelt der dortige Lehrstuhlinhaber und Direktor des Instituts für Wirtschaftsinformatik II, Prof. Dr. Matthias Schumann, durchaus medienökonomische Fragestellungen, zum Beispiel die Frage betrieblicher Anwendungen neuer I+K-Techniken in Medienunternehmen und man findet in Göttingen Vorlesungen zum Beispiel zur Internetökonomie. Das Problem für eine Übersicht und komplette Erfassung des medienökonomischen Lehrangebotes ist ganz offenbar, neben den oben erwähnten Definitions- und Abgrenzungsschwierigkeiten auch, dass sich relevante Veranstaltungen und Projekte häufig hinter anderen Zuordnungen (Wirtschaftsinformatik, Wirtschaftskommunikation, Telekommunikationswirtschaft, Innovation, E-Business, etc.) „verstecken", die eine sehr aufwendige Recherche notwendig machen.

Obwohl nicht mehr auf dem neuesten Stand, gibt unter diesen Umständen die Umfrage von 1999 zur Existenz von Lehrstühlen mit Ausrichtung auf Medienökonomie nach wie vor die brauchbarsten Hinweise darauf, wo ein institutionalisiertes und damit in der Regel kontinuierliches Lehrangebot zu finden ist. Nach den Ergebnissen der Umfrage gab es 1999 fünf Lehrstühle mit Medienökonomie als Hauptausrichtung im Bereich der Sozial- und Geisteswissenschaften, sprich der Publizistik- bzw. Medienwissenschaft, und einen Lehrstuhl im Bereich der Wirtschaftswissenschaften. An elf weiteren Universitäten waren entsprechende Lehrstühle ausgeschrieben, geplant oder zumindest angedacht. Übersicht 1 fasst die Ergebnisse zusammen.

Übersicht 1: Lehrstühle mit Medienökonomie als Hauptausrichtung

	Lehrstuhl			
	realisiert	ausgeschrieben	geplant	angedacht
Zuordnung zu den Wirtschaftswissenschaften	U Bw Hamburg	U Flensburg U Karlsruhe (2x) U Köln U GH Paderborn U Potsdam U GH Siegen	U Bamberg	TU Chemnitz* FernU GH Hagen
Zuordnung zu den Geisteswissenschaften	FU Berlin U Dortmund (2x) U Eichstätt U Weimar	(TH Ilmenau**)		U Mainz

* Zuordnung zu Wirtschaftswissenschaften angenommen.
** Zuordnung zu math.-nat. Fächern.

Quelle: Hess/Schumann 1999, S. 3.

Einige Lehrstühle sind in der Zwischenzeit realisiert, so in Flensburg (Prof. Dr. Mike Friedrichsen) oder Köln (Prof. Dr. Horst Schellhaaß). Auch bei den Geisteswissenschaften ist in Jena ein Lehrstuhl mit Schwerpunkt Ökonomie und Organisation der Medien hinzugekommen (Prof. Dr. Wolfgang Seufert).

Die Verteilung der Lehrstühle mit Medienökonomie als Nebenausrichtung zeigt Übersicht 2. Sie sind nach dem Ergebnis der Umfrage ausschließlich bei den Wirtschaftswissenschaften zu finden.

Übersicht 2: Lehrstühle mit Medienökonomie als Nebenausrichtung

	Lehrstuhl			
	realisiert	ausgeschrieben	geplant	angedacht
Zuordnung zu den Wirtschaftswissenschaften	U GH Duisburg U GH Essen U Göttingen U Hohenheim* U Kaiserslautern U Saarbrücken U Witten/Herdecke		U GH Kassel	WHU Koblenz*
Zuordnung zu den Geistes-wissenschaften	-	-	-	-
* als Zentrum bzw. Forschungsstelle.				

Quelle: Hess/Schumann 1999, S. 4.

Die Ergebnisse dieser Umfrage zur disziplinäre Anbindung der Lehrstühle machen deutlich, dass eine systematische Zunahme der medienökonomischen Lehre offenbar vor allem im Rahmen der Wirtschaftswissenschaften erfolgen wird und weniger als kommunikationswissenschaftliche Teildisziplin. Die Autoren der Umfrage, selbst Wirtschaftswissenschaftler, verweisen darauf, dass sich Medienökonomie ganz offensichtlich von einem ursprünglich eher sozial- und geisteswissenschaftlich orientierten Fach zu einer nun primär wirtschaftswissenschaftlich ausgerichteten Disziplin verändere und dass gleichzeitig innerhalb der Wirtschaftswissenschaften eine Schwerpunktverlagerung zur Betriebswirtschaft hin erfolge. Die Wirtschaftswissenschaften entdeckten Medienökonomie als Fach und der universitäre Ausbau erfolge, so die Autoren, ganz überwiegend mit betriebswirtschaftlichem Fokus. Allerdings sei ein Ausbau von Medienökonomie auch als interdisziplinärer Studiengang zu beobachten und die Autoren plädieren nachdrücklich für Interdisziplinarität. Bei der Errichtung neuer Lehrstühle müsse „das in den Medienwissenschaften aufgebaute Wissen Berücksichtigung finden" (ebenda, 8), eine interdisziplinäre Ausrichtung sei auch mit der Medientechnik erforderlich. Gerade mit Blick auf die durch die Digitalisierung eröffneten Möglichkeiten, den medialen Produktionsprozess zeitlich und räumlich vollständig zu entkoppeln, biete es sich an, „Medienwirtschaft als Teil der wissensbasierten Industrie zu begreifen und Lehrstühle entsprechend auszurichten" (ebenda, 7).

Aus dieser Umfrage zum Stand und zur Zukunft des institutionalisierten medienökonomischen Lehrangebots an deutschen Universitäten wird mehreres deutlich:
- Der Griff der Wirtschaftswissenschaften nach dem Fach Medienökonomie;
- Medienökonomie als eine wissenschaftliche „Wachstums-Disziplin" mit wahrscheinlich entsprechend guten Berufschancen;
- Medienökonomie als ein notwendig interdisziplinäres Fach, das sich weder in Medienmanagementfragen noch in Konzentrations- und Regulierungsproblemen erschöpft.

Bei den gegenwärtig und wohl auch noch in absehbarer Zukunft schwachen inhaltlichen und didaktischen Festlegungen des Fachs Medienökonomie, können (und müssen, soweit nicht einer der wenigen interdisziplinären Studiengänge wie zum Beispiel in Ilmenau gewählt wird) die Schwerpunktsetzungen des interdisziplinären Studiums weitgehend durch den Studierenden selbst erfolgen. Wer im Hauptfach Kommunikationswissenschaft studiert, wird sich Medienökonomie mit einem anderen wissenschaftlichen Interesse nähern als der Student der Betriebswirtschaftslehre, der hier eine interessante Teildisziplin seines Fachs entdeckt. Entsprechend wichtig wird die Wahl der Universität, damit präferierte Schwerpunktsetzungen auch realisiert werden können.

Nach Einsschätzung von Schumann/Hess sind wesentliche Veränderungen in der universitären Verankerung von Medienökonomie, vor allem durch Errichten neuer Lehrstühle, in absehbarer Zeit kaum mehr zu erwarten. Wer für sein kommunikationswissenschaftlich orientiertes Studium einen Schwerpunkt Medienökonomie plant und damit auf ein kontinuierliches Lehrangebot angewiesen ist, wird sich wohl auf eine der wenigen Universitäten, die das anbieten, konzentrieren müssen, wobei die wirtschaftswissenschaftlichen Lehrangebote durchaus mitberücksichtigt werden sollten.

Von den Lehrstühlen für Medienökonomie mit Zuordnung zu den Sozial- und Geisteswissenschaften befinden sich zwei in Dortmund am Institut für Journalistik. Medienökonomie wird in beiden Fallen als Spezialfach kultur- und geisteswissenschaftlicher Studiengänge verstanden, die Ausrichtung ist in dem einen Fall (Prof. Dr. Gerd Kopper), eher gesellschaftsorientiert (Medienökonomie, Medienpolitik, Medienrecht), im anderen Fall (Prof. Dr. Jürgen Heinrich) eher sektoral (Journalistik mit Schwerpunkt Ökonomie).

Der Lehrstuhl am Institut für Publizistik- der Kommunikationswissenschaft der Freien Universität Berlin ist durch den plötzlichen Tod des Lehrstuhlinhabers, Prof. Dr. Axel Zerdick, zur Zeit vakant und die Zukunft des interdisziplinären Studiengangs mit Medienökonomie als Nebenfach noch unsicher.

Ein Lehrstuhl für Medienökonomie besteht im Rahmen des Diplom-Studiengangs Journalistik an der Katholischen Universität Eichstätt (Prof. Dr. Jan Tonnemacher), Medienökonomie ist Teil des Studiengangs. Seit Sommersemester 1997 gibt es einen Lehrstuhl für Medienökonomie auch im Rahmen des medienwissenschaftlichen Studiengangs an der Universität Weimar (Prof. Dr. Matthias Maier). Die Ausrichtung ist mit Medienmanagement eher einzelwirtschaftlich mit Schwerpunkt bei Film und audiovisuellen Medien.

Der jüngst eingerichtet Lehrstuhl für Medienökonomie mit geisteswissenschaftlicher Anbindung ist in Jena (Prof. Dr. Wolfgang Seufert). Medienökonomie und Medienorganisation bilden ein Schwerpunktfach im Rahmen des Studiengangs Medienwissenschaft.

Auch in Österreich und der Schweiz gibt es institutionalisierte medienökonomische Lehrangebote. So ist an den Universitäten Zürich (Prof. Dr. Gabriele Siegert) und Salzburg (Prof. Dr. Manfred Knoche) jeweils ein Lehrstuhl mit Schwerpunkt Medienökonomie in kommunikationswissenschaftlicher Anbindung realisiert, in Klagenfurt (Prof. Dr. Matthias Karmasin) mit Zuordnung zu den Wirtschaftswissenschaften. Auch an der Universität St. Gallen gibt es ein Angebot, das als Vertiefungsfach innerhalb eines betriebswirtschaftlichen Studiums konzipiert ist.

Einen anderen Weg, medienökonomisches Wissen zu erwerben, bietet zum Beispiel die 2003 eröffnete Hamburg Media School, eine Public-Private-Partnership-Einrichtung der Stadt und Universität Hamburg sowie großer Medienhäuser. Der zweijährige Masterstudiengang, der ein abgeschlossenes Hochschulstudium voraussetzt, folgt dem Modell internationaler Business Schools, ist interdisziplinär ausgerichtet, auch in der Verknüpfung von Theorie und Praxis und bildet zum „Master of Business Administration in Media Management" aus, Wissensvermittlung also in primär betriebswirtschaftlicher Orientierung.

Auch wenn es, zumal aus kommunikationswissenschaftlicher Sicht, immer um die Vermittlung interdisziplinärer Ansätze geht, so gibt es unter dem Sammelbegriff „Medienökonomie" deutlich unterschiedliche Zugänge, die sich natürlich auch im Lehrangebot widerspiegeln. Karmasin (1998, 50) hält daher ausdrücklich fest, dass sich die Aufsplitterung von Medienökonomie in eine Vielzahl von Einzelfragestellungen und Problemorientierungen eben auch in einem entsprechend zersplitterten Lehrangebot niederschlage, die „Disparität und Breite" sich auch in Lehre und Forschung zeige. Schon diese Heterogenität legt es nahe, sich das Lehrangebot der Wirtschaftswissenschaften auch über die hier aufgeführten Lehrstühle für Medienökonomie hinaus einmal anzusehen, vor allem, wenn man keine ausschließlich betriebswirtschaftliche Ausrichtung des medienökonomischen Studiums wünscht. An den Lehrstühlen für Öffentliche Wirtschaft und Finanzwissenschaft sowie für Politische Ökonomie dürfte die Ökonomie der Medien und der Telekommunikation ebenfalls zunehmend Beachtung finden – und dies mit anderen Fragestellungen als bei betriebswirtschaftlicher Orientierung -, was sich auch in entsprechenden Lehrveranstaltungen niederschlagen wird. Für ein kommunikationswissenschaftlich orientiertes Studium auch der Medienökonomie ist eine solche Ergänzung sinnvoll und notwendig.

2. Empfehlenswerte Lektüre – wie zu entdecken?

Insgesamt ist das Angebot an medienwirtschaftlicher und medienökonomischer Literatur keineswegs knapp, wie Auswahlbibliographien (vgl. insbesondere Ubbens 1997) zeigen und es wird ständig größer. Auswahlbibliographien haben gerade in einem emergierenden Fach einen hohen Informationswert. Studierende können sich mit ihrer Hilfe einen ersten systematischen Überblick über die vorhandene Literatur verschaffen.

Einen solchen Überblick liefert insbesondere Knoche (1999b), der in einem Artikel über den Stand medienökonomischer Forschung im deutschen Sprachraum für das German Communication Yearbook (Brosius/Holtz-Bacha 1999) eine Auswahl von ca. 125 vorwiegend deutschsprachigen Publikationen zum Thema Medienökonomie auflistet (die Liste ist im Internet bei der Fachgruppe Medienökonomie der DGPuK abrufbar). Es ist eine Auswahl von Publikationen vor allem aus den Jahren 1994 bis 1998, die für Knoche das Fach und seine Vertreter weitgehend repräsentiert. Insgesamt wurden in dem berücksichtigten Zeitraum 563 Veröffentlichungen mit medienökonomischen Bezug registriert.

Übersicht als Voraussetzung für Auswahl ist also möglich. Aber welche der mittlerweile ja in die Tausende gehenden Veröffentlichungen mit medienökonomischem Bezug muss man lesen?

Literaturempfehlungen enthalten immer einen subjektiven Faktor und sind zudem in der Auswahl zeitlich limitiert. Die eigenständige Literaturrecherche kann dadurch allenfalls erleichtert, nicht jedoch ersetzt werden. Das gilt auch für die nachfolgenden Empfehlungen.

Im Gegensatz zur medienökonomischen Gesamtliteratur ist das Angebot an medienökonomischen Lehrbüchern in deutscher Sprache bis Ende 2004 sehr übersichtlich. Nur die zweibändige Monographie „Medienökonomie" von Jürgen Heinrich (Band 1: Mediensystem, Zeitung, Zeitschrift, Anzeigenblatt 1994, 2. überarbeitete und aktualisierte Auflage 2001; Band 2: Hörfunk und Fernsehen 1999) hat Lehrbuchcharakter, d.h. versucht relevante medienökonomische Fragestellungen in umfassender und systematischer Weise darzustellen und zu bearbeiten. Heinrich wählte, im Gegensatz zu der in diesem Buch bevorzugten Vorgehensweise, eine medienbezogene Darstellung, beschränkt sich weitgehend auf journalistische Medien und die Gewichtung zwischen Theorie und Empirie ist eine deutlich andere als in diesem Buch. Zentrale Annahmen der ökonomischen Theorie werden von Heinrich eher knapp diskutiert, während in diesem Lehrbuch versucht wird, die Studierenden auch mit einem Grundverständnis des ökonomischen Denkens vertraut zu machen. Die unterschiedliche Vorgehensweise spiegelt wohl auch das unterschiedliche Verständnis der beiden Lehrbuch-Autoren von Medienökonomie (vgl. Kapitel 2), die in einem Fall als Teildisziplin der Wirtschaftswissenschaften, im anderen als Teildisziplin der Publizistik- und Kommunikationswissenschaft verstanden wird. Heinrich bietet vor allem auch für den theoriebezogenen Umgang mit empirischen Daten sehr gutes Anschauungsmaterial, das anregend für eigene und weiterführende medienökonomische Arbeit wirken sollte. Eine gründliche Lektüre der zweibändigen Lehrbuchs ist für ein Publizistikstudium mit Schwerpunkt auf dem Fach Medienökonomie unverzichtbar.

Alle anderen bis Ende 2004 vorliegenden Bücher, die im Titel oder Untertitel das Stichwort Medienökonomie führen, sind entweder Anthologien (Fleck 1983, Schenk und Donnertag 1989, Bruck 1993, 1994, Altmeppen 1996, Siegert 2002, Altmeppen/Karmasin 2003/2004) oder können als Einführungen in medienökonomische Forschungsbereiche aus unterschiedlichen Blickwinkeln gelesen werden (Ludwig 1998, Karmasin 1998, Steininger 1998/2000, Schumann/Hess 2000, Sjurts 2002). Für eine Einordnung dieser Publikationen wird hier zum Teil auf die Bewertung durch Knoche (ebenda, 74f.) zurückgegriffen. So schreibt er zum medienökonomischen Reader von Altmeppen: „The anthology published by Altmeppen (1996) is an important step in establishing media economics in communication science. This volume organises articles according to basic issues, results, and perspectives of media economic research, with national economic topics relating to markets, competition, and media concentration being of particular importance. The volume is also important because it extensively covers what had been neglected aspects of business management on the economics of media (...)".

Diese positive Einschätzung gilt sicher ebenso für die dreibändige Anthologie, die Altmeppen/Karmasin 2003/2004 vorgelegt haben, in der medienökonomische Grundfragen und Problemfelder in insgesamt 28 grundlegenden Artikeln erarbeitet werden und die deutschsprachige Scientific Community dieses Forschungsfeldes weitgehend repräsentiert zu sein scheint. Siegerts (2002) dagegen eher schmaler Band, eine Festschrift für Manfred Knoche, versucht hingegen eine prinzipielle Klärung des Verhältnisses von Medienökonomie und Publizistikwissenschaft, bietet als „interne" Perspektive Übersichtartikel zu den verschiedenen Zugängen zum Fach Medienökonomie und als „externe" Grundlegendes zu Vernetzungen von Medienökonomie mit anderen kommunikationswissenschaftlichen Teildisziplinen.

Zu den als Einführungen in die Medienökonomie aus spezieller Perspektive bewerteten Publikationen von Ludwig, Steininger und Karmasin schreibt Knoche: „Two publications by Ludwig (1994, 1998) are considered introductions to media economics, with an emphasis on business management (microeconomic) issues in the press media. Moreover, several other publications can also be characterized as introduction: the dissertation by Steininger (1998) on the political economy of the media; and the postdoctoral theses by Karmasin (1998), in which Media economics is developed as an interdisciplinary theory of mass media communication to apply a ‚stakeholder theory' of the media company. What is particular about Karmasin's work is that he puts the normative aspect of media economics at the center of attention and consequently, as in previous publications (Karmasin, 1993), puts issues of economic ethics to the fore".

Die Einführung von Schumann/Hess (2000) in Grundfragen der Medienwirtschaft ist eine Einführung aus betriebswirtschaftlicher Sicht, also gleichzeitig eine Einführung in die Betriebswirtschaftslehre und ihre Sicht auf medienökonomische Fragestellungen. Während Schumann/Hess die produkt- und die ressourcenorientierte, die kaufmännische und die managementorientierte Perspektive bei ihrer Aufarbeitung betriebswirtschaftlicher Fragestellungen in der Medienwirtschaft unterscheiden, konzentriert sich Sjurts (2002, 2. Auflage) auf die managementorientierte und hier vor allem auf den strategischen Bereich. Eingeordnet in einen wirtschaftswissenschaftlichen Analyseraster, wird das strategische Verhalten aller Großen in der Medienbranche analysiert und bestimmt.

Anthologien und Einführungen stehen so für einen relativ breiten Zugang zu medienökonomischen Fragestellungen. Viele Publikationen konzentrieren sich hingegen auf Einzelaspekte oder auf einzelne Medien und hier mit Blick auf die Veränderungen der Medienlandschaft vor allem auf Rundfunk, Internet und Online-Medien sowie Multimedia. Vor allem die Literatur zum Medienmanagement nimmt zu. Sie ist aus medienökonomischer Sicht auch keineswegs uninteressant, da sie die Sicht auf in Medienunternehmen bestehende Probleme durch Fokussierung verschärfen kann (vgl. z.B. Wirtz 2003a). Hilfreich als Nachschlagwerk dürfte das 2004 erschienene Lexikon Medienwirtschaft, herausgegeben von Sjurts, sein, das auf knapp 700 Seiten erstmals eine lexikalische Erschließung des heterogenen Forschungsfeldes „Medienökonomie" versucht (und so wohl auch zu einer Kanonisierung beitragen wird). Berücksichtigt sind betriebs- und volkswirtschaftliche, kommunikationswissenschaftliche, juristische und technische Aspekte des Forschungsfeldes, alle Medien, alle Wertschöpfungsstufen und alle Vertriebsformen sind einbezogen Wie Sjurts einleitend schreibt, ist es als Nachschlagwerk nicht nur für Studierende, sondern auch für Dozierende gedacht.

Es sollen an dieser Stelle keine weiteren Literaturempfehlungen zu medienökonomischen Einzelaspekten gegeben werden. Die ausgewählten Titel von Knoche geben einen guten Überblick über den Fundus an deutschsprachiger medienökonomischer Literatur, vor allem, wenn man der eher kritischen Richtung zuneigt. Heinrich schließt jedes seiner Kapitel mit Literaturempfehlungen ab, die auch an die Quellen empirischer Datensammlungen heranführen, und er gibt Hinweise auf ökonomische Standardwerke. Im Prinzip ist die bislang vorliegende deutschsprachige Literatur damit für Studierende recht gut erschlossen. Das gilt, cum grano salis, auch für die nicht deutschsprachige Literatur. So sind die Standardwerke der amerikanischen und britischen Medienökonomie in der Auswahlbibliographie von Ubbens weitgehend erfasst. All dies schließt nicht aus, dass Studierende ergänzen müssen, Literaturhinweisen in anderen Publikationen nachgehen, Rezensionen in wissenschaftlichen Zeitschriften verfolgen sollten, was jedoch guter akademischer Brauch ist.

Wichtig erscheinen in der gegenwärtigen Situation einige Hinweise, die alle darauf zielen, den Radius der Literaturrecherche nicht allzu eng zu ziehen. Die Konvergenz von Medien, Computer und Telekommunikation sowie das wachsende Interesse auch der Ökonomie an diesen Prozessen und an der Medienbranche generell legen es nahe, die Neuerscheinungen auch der Wirtschaftswissenschaften nach medienökonomisch relevanten Veröffentlichungen durchzusehen. So sind Medien ja schon heute Gegenstand wirtschaftswissenschaftlicher Veröffentlichungen, zum Beispiel Tietzel 1995, Jenöffy-Lochau 1997, Gundlach 1998 oder Schumann/Hess 2002. Und der diskutierte Ausbau medienökonomischer Lehrstühle mit wirtschaftswissenschaftlicher Zuordnung lässt einen Anstieg dieser Literatur erwarten. Medienökonomisch relevante Fragestellungen werden auch nicht nur unter dem Etikett „Medien" behandelt. Literatur zur Informationsökonomie bzw. zu wissensbasierten Industrien und zur Telekommunikation aber auch zur Kulturökonomie bearbeitet in der Regel Probleme, die für den Ausbau und die Weiterentwicklung einer Medienökonomie höchst bedeutsam sind.

Generell gilt, dass wissenschaftliche Zeitschriften gerade für ein vergleichsweise junges, sich entwickelndes Fach ein wichtiger Publikationsort sind. Nach den Recherchen von Knoche (ebenda, 79) ist ein Drittel der 563 medienökonomischen Veröffentlichungen zwischen 1994 und 1998 als Zeitschriftenartikel erschienen, wobei von den drei untersuchten wissenschaftlichen Zeitschriften: Publizistik, Rundfunk und Fernsehen (heute: Medien & Kommunikationswissenschaft) sowie Media Perspektiven die meisten Veröffentlichungen auf Media Perspektiven, Frankfurt, entfielen. Als neue Zeitschrift ist sicherlich auch MedienWirtschaft (4xjährlich) zu beobachten. Heinrich (1999, 638) empfiehlt zu Recht, auch eher praxisorientierte Fachzeitschriften wie Horizont Media Facts, Frankfurt, den Medienspiegel des Instituts der Deutschen Wirtschaft, Köln oder W&V Compact, München zu rezipieren. Seine Empfehlung für englischsprachige Zeitschriften, nämlich The Journal of Media Economics (vierteljährlich) zu lesen, kann unterstrichen werden, muss aber auch ergänzt werden. So bringt Media, Culture & Society (vierteljährlich) häufig Artikel mit medienökonomischem Bezug, die zudem eine andere Perspektive als die eher neoklassisch orientierte des „Journals" favorisieren. Aber auch andere englischsprachige kommunikationswissenschaftliche Zeitschriften wie Communication Research, The Journal of Communication, Journalism Quarterly oder European Journal of Communication zum Beispiel sollten nicht vernachlässigt werden. Gerade auch bei Zeitschriften gilt, dass die Recherche nach medienökonomisch relevanten Veröffentlichungen die wirtschaftswissenschaftlichen Zeitschriften einschließen muss, ob es nun die Zeitschrift für Wirtschafts- und Sozialwissenschaften, Der Betriebswirt oder die Zeitschrift für öffentliche und gemeinnützige Unternehmen ist, um hier nur einige deutschsprachige Titel zu nennen.

Wichtig ist auch, kontinuierliche Sammelwerke mit eventueller medienökonomischer Relevanz zu beobachten. Das gilt für die Jahrbücher von Institutionen wie die öffentlich-rechtlichen Rundfunkanstalten oder die Landesmedienanstalten genauso wie für die kontinuierlichen Veröffentlichungen von wissenschaftlichen Vereinigungen. Heinrich gibt eine Aufstellung solcher Sammelwerke, die von den ARD-Jahrbüchern über die Hauptgutachten der Monopolkommission, die Berichte der KEK zum Stand der Medienkonzentration bis zu den Jahrbüchern reichen, die der Zentralausschuss der Werbewirtschaft (ZAW) herausgibt. Auch hier wäre die Liste um ausländische Sammelwerke zu ergänzen, wie zum Beispiel das Communication Yearbook (Sage), das, von wechselnden Herausgebern ediert, durchaus auch medienökonomische Themen aufgreift. Im Bereich der ökonomischen Diskussion empfiehlt sich die regelmäßige Durchsicht des Jahrbuchs für Neue Politische Ökonomie (Mohr, Tübingen). Für das in diesem Lehrbuch vertretene Verständnis von Medienökonomie bietet das sei 1982 zu jeweils wechselnden Schwerpunkten herausgegebene Jahrbuch zumeist eine Fülle von Anregungen und Hinweisen.

Knoche (ebenda 73) verweist auf ausseruniversitäre Institute, die sich mit medienökonomischer Forschung beschäftigen und deren Publikationen ebenfalls verfolgt werden sollten. Es sind dies zum Beispiel das Deutsche Institut für Wirtschaftsforschung in Berlin, das Prognos-Institut in Basel oder Formatt in Dortmund. Auch das Institut für Rundfunkökonomie an der Universität Köln hat eine eigene Publikationsreihe „Arbeitspapiere".

Generell werden Studierende der Publizistik- und Kommunikationswissenschaft mit Schwerpunkt Medienökonomie nicht umhin kommen, sich auch mit ökonomischer Basisliteratur zu beschäftigen. Klassiker wie die „Volkswirtschaftslehre" von Samuelson/Nordhaus (1998) oder die „Einführung in die Allgemeine Betriebswirtschaftslehre" von Günter Wöhe (zuletzt mit Ulrich Döring 2002) vermitteln nicht nur ökonomische Grundkenntnisse, sondern sind auch als Nachschlagwerke unentbehrlich. Da sich Medien als publizistische Leistungsträger grundsätzlich gegen eine Marktbewertung sperren (vgl. dazu Heinrich 1999, 46), ist eine Beschäftigung mit den ökonomischen Konzepten des Marktes und Marktversagens zentral (vgl. zusammenfassend Fritsch/Wein/Ewers 1996), sind die Ansätze der Institutionenökonomik (vgl. für einen ersten Überblick Feldmann 1995, vertiefend Erlei/Leschke/Sauerland 1999), der politischen Ökonomie (z.B. Frey/Kirchgässner 1994, Berholz/Breyer 1993, 1994), der Finanzwissenschaft und öffentlichen Wirtschaft (vgl. z.B. die Schriftenreihe der Gesellschaft für Öffentliche Wirtschaft, Nomos), besonders viel versprechend für eine Anwendung auf Medien und Information. Neue „Ökonomien", die unter Etiketten wie Informationsökonomie (vgl. z.B. Evans/Wurster 2000), Netzwerk- oder Internetökonomie (Gröhn 1999, Zerdick u.a. 1999) entstehen, müssen in eine Medienökonomie integriert werden. Überhaupt müssen die Entwicklungen in der Ökonomie, die sich als Wissenschaft ja durchaus in Bewegung befindet, mit beobachtet und für den medienökonomischen Diskurs fruchtbar gemacht werden, wenn Medienökonomie als interdisziplinäre Disziplin der PKW entwickelt werden soll. Es gibt, um noch einmal Heinrich (1999, 602) zu zitieren, einen Bereich der Medienproduktion, der kollektiv organisiert und finanziert werden muss. Es ist dies der publizistische Leistungsbereich der Medien, Heinrich nennt ihn „Forumsbereich". Eine publizistisch orientierte Medienökonomie wird sich gerade mit diesem Bereich beschäftigen, ihn definieren und abgrenzen müssen, um die Notwendigkeit kollektiver Finanzierung begründen und Organisationsvorschläge erarbeiten zu können. Erfolgreich kann diese Aufgabe nur im Dialog mit den wirtschaftswissenschaftlich orientierten Vertretern des Fachs bewältigt werden. Dialog aber setzt ein Verständnis der theoretischen Positionen des anderen voraus und als Basis einen gemeinsamen Stand des Wissens. Womit die Frage angesprochen ist, wie die Voraussetzungen dafür im Studium erarbeitet werden können.

3.   Arbeitsweise: Interdisziplinarität

Der Punkt kann nun sehr knapp und zusammenfassend behandelt werden. Beste Voraussetzungen für die dem späteren Medienökonomen abverlangte interdisziplinäre wissenschaftliche oder praktische Arbeit scheint ein Doppelstudium zu bieten, also das Studium der Publizistik-

und Kommunikationswissenschaft mit dem der Wirtschaftswissenschaften zu verknüpfen. Dabei wird die Frage einer stärker volkswirtschaftlichen oder eher betriebswirtschaftlichen Ausrichtung des ökonomischen Studiums von den eignen Interessen und dem späteren Berufsziel abhängen. Die für Kommunikationswissenschaftler interessanten Fragen stellen sich zweifellos auf der Makro- und Mesoebene des Mediensystems, bessere Berufschancen gibt es möglicherweise im einzelwirtschaftlichen Bereich.

Medienökonomie als emergierendes Fach gibt Freiräume im Studium, erfordert aber auch Eigeninitiative, wissenschaftliche Neugier und Experimentierfreude. Wer nicht einen der wenigen interdisziplinären Studiengänge wählt, muss das interdisziplinäre Lernen und Brückenschlagen zwischen den Disziplinen selbst einüben. Das ist möglicherweise anstrengender und risikoreicher, zweifellos aber auch interessanter, als sich in weitgehend festgelegten Studienabläufen zu bewegen.

Medienökonomie als publizistikwissenschaftliche Teildisziplin, gleich welchen Zugangs oder welcher Richtung, setzt notwendig Kenntnis der ökonomischen Theoriegebäude voraus, wie Medienökonomie als wirtschaftswissenschaftliche Teildisziplin nicht ohne das Fachwissen der Publizistik- und Medienwissenschaft auskommen wird. Mindestvoraussetzung für ein gemeinsames Bemühen um die Lösung sozioökonomischer und publizistischer Probleme ist eben auch im wissenschaftlichen Diskurs die Beherrschung einer gemeinsamen Sprache. Interdisziplinäre Arbeit funktioniert wahrscheinlich am besten, wenn die Teamarbeit der Disziplinen durch eine intrapersonelle Interdisziplinarität ergänzt und abgestützt wird, was meint, dass die Teampartner über eine ausgebildete und eigenständige fachliche Kompetenz verfügen.

Man könnte in Anlehnung an Max Weber (1988b, 165) das Arbeitsgebiet einer publizistikwissenschaftlich orientierten Medienökonomie, wie sie in diesem Lehrbuch vertreten wird, als die „Erforschung der allgemeinen Kulturbedeutung der sozioökonomischen Struktur des menschlichen Gemeinschaftslebens" unter spezieller Berücksichtigung der sozioökonomischen Kommunikationsstrukturen und -systeme definieren. Die Notwendigkeit einer grundsätzlich interdisziplinären Annäherung an diese Forschungsaufgabe ist unmittelbar einsichtig. Und, um mit Max Weber (ebenda, 166) fortzufahren: „wo mit neuer Methode einem neuen Problem nachgegangen wird und dadurch Wahrheiten entdeckt werden, welche neue bedeutsame Gesichtpunkte eröffnen, da entsteht eine neue ‚Wissenschaft'". Genau das soll Medienökonomie werden und genau das muss das wissenschaftliche Ziel der Studierenden mit medienökonomischem Schwerpunkt im Rahmen eines publizistik- und medienwissenschaftlichen Studiums sein.

Literaturverzeichnis

Aberle, Gerd (1992), Wettbewerbstheorien und Wettbewerbspolitik. 2. überarbeitete Auflage. Stuttgart u.a.

Acocella, Nicola (1998), The Foundations of Economic Politics. Values and Techniques. Cambridge

Adams, Walter, James W. Brock (1994), Economic Theory: Rhetoric, Reality, Rationalization. In: Babe, Robert E. (Ed.), Information and Communication in Economics. Bosten u.a., 125-137

Adler, Moshe (1985), Stardom and Talent. In: The American Economic Review, Vol. 75, No.1, 208-212

Adorno, Theodor W. (1963), Kann das Publikum wollen? In: Katz, Anne Rose (Hg.), Vierzehn Mutmaßungen über das Fernsehen. München, 55-60

Adorno, Theodor W. (1968), Einleitung in die Musiksoziologie. Zwölf theoretische Vorlesungen. Reinbek bei Hamburg

Aglietta, Michel (1997), Régulation et Crises du Capitalisme. Paris

Alietta, Michel (2000), Ein neues Akkumulationsregime. Die Regulationstheorie auf dem Prüfstand. Hamburg

Aiginger, Karl, Michael Peneder (1993), Ökonomische Grundbedingungen der Printmedienbranche. In: Bruck, Peter A., (Hg.), Die Ökonomie und Zukunft der Printmedien. Salzburg

Akerlof, George A.(1970), The Market for ‚Lemons': Quality Uncertainty and the Market Mechanism. In: Quarterly Journal of Economics, Vol 84, No.3, 488-500

Aksoy, Asu, Kevin Robins (1992), Hollywood for the 21st Century: Global competition for critical mass in image markets. In: Cambridge Journal of Economics, Vol.16, No.2 (March), 1-22

Albarran, Alan B.(1996), Media Economics. Understanding Markets, Industries and Concepts. Ames, Iowa

Albert, Hans (1986), Freiheit und Ordnung. Tübingen

Albert, Hans (1998), Marktsoziologie und Entscheidungslogik. Zur Kritik der reinen Ökonomie. Tübingen

Allor, Martin (1988), „Relocating the Site of the Audience". In: Critical Studies in Mass Communication, Vol. 5, No. 3, 217-233

Altmeppen, Klaus-Dieter (1996b), Märkte und Medienkommunikation. Publizistische und ökonomische Aspekte von Medienmärkten und Markthandeln. In: Ders. (Hg.), Ökonomie der Medien und des Mediensystems. Opladen, 251-272

Altmeppen, Klaus-Dieter (Hg.) (1996), Ökonomie der Medien und des Mediensystems. Grundlagen, Ergebnisse und Perspektiven medienökonomischer Forschung. Opladen

Altmeppen, Klaus-Dieter, Matthias Karmasin (Hg.) (2oo3/2oo4): Medien und Ökonomie. Band 1/1: Grundlagen der Medienökonomie: Kommunikations- und Medienwissenschaft, Wirtschaftswissenschaft; Band 1/2: Grundlagen der Medienökonomie:Soziologie, Kultur, Politik, Philosophie, International, Geschichte, Technik, Journalistik; Band 2: Problemfelder der Medienökonomie. Wiesbaden

Altmeppen, Klaus-Dieter, Matthias Karmasin (2003), Medienökonomie als transdisziplinäres Lehr- und Forschungsprogramm. In. Dies. (Hg.), Medien und Ökonomie. Band 1/1, Wiesbaden, 19-51

Altmeppen, Klaus-Dieter, Matthias Karmasin (2oo3a), Medien und Ökonomie. Intentionen und Überblick. In: Dies. (Hg.), Medien und Ökonomie. Band 1/1. Wiesbaden, 7-17

Altmeppen, Klaus-Dieter, Martin Löffelholz, Monika Pater, Armin Scholl, Siegfried Weischenberg (1994), Die Bedeutung von Innovationen und Investitionen in Zeitungsverlagen. In: Bruck, Peter A. (Hg.), Print unter Druck. Zeitungsverlage auf Innovationskurs. Verlagsmanagement im internationalen Vergleich. München, 37-193

Ambrosius, Gerold (1983), Das Wirtschaftssystem. In: Benz, Wolfgang (Hg.), Die Bundesrepublik Deutschland. 3 Bände. Band 1: Politik. Frankfurt, 238-297

Anweiler, Ralph (1998), Virtual Reality: Kommunikations- und Werbemedium von morgen? In: Jäckel, Michael (Hg.), Die umworbene Gesellschaft. Analysen zur Entwicklung der Werbekommunikation. Opladen, 231-244

Aranson, Peter (1989/1990), Rational Ignorance in Politics, Economics and Law. In: Journal des Economistes et des Etudes Humaines. Vol. 1, 25-42

Arlt, Hans-Jürg (1998), Korporatismus. In: Jarren, Otfried, Ulrich Sarcinelli, Ulrich Saxer (Hg.), Politische Kommunikation in der demokratischen Gesellschaft. Ein Handbuch. Opladen, Wiebaden, 674

Arndt, Helmut (1967), Die Konzentration in der Presse und die Problematik des Verleger-Fernsehens. Frankfurt

Arrow, Kenneth J. (1971), Essays in the Theory of Risk-bearing. Chicago

Arrow, Kenneth J. (1950), A Difficulty in the Concept of Social Welfare. In: Journal of Political Economy, Vol. 58, No.4, 328-346

Auer, Manfred, Frank A. Diederichs (1993), Werbung below the line. Product Placement, TV-Sponsering, Licensing. Landsberg, Lech

Aufderheide, Detlef (1996), Konstitutionelle Ökonomik versus Theorie der Wirtschaftspolitik: Herausforderung des Herausforderers?In: Pies, Ingo, Martin Leschke (Hg.), James Buchanans konstitutionelle Ökonomik. Tübingen, 184-192

Aufermann, Jörg (1980), Messbarkeit von Intensität des Wettbewerbs und publizistischer Funktionserfüllung. In: Klaue, Siegfried, Manfred Knoche, Axel Zerdick (Hg.), Probleme der Pressekonzentrationsforschung. Baden-Baden, 213-219

Aufermann, Jörg, Peter Heilmann, Hubertus Hüppauf u.a. (Hg.) (1971), Pressekonzentration. Ein kritische Materialsichtung und -systematisierung. München, Berlin

Babe, Robert E. (1995), Communication and the Transformation of Economics. Boulder, Colorado

Babe, Robert E. (1994), The Place of Information in Economics. In: Ders. (Ed.), Information and Communication in Economics. Bosten u.a., 41-67

Backman, Jules (1971), Werbung und Wettbewerb. Düsseldorf, Wien

Baerns, Barbara (2004), Leitbilder von gestern?Zur Trennung von Werbung und Programm. In: Dies. (Hg.), Leitbilder von gestern?Zur Trennung von Werbung und Programm. Wiesbaden, 13-42

Bagdikian, Ben H. (1980), Conglomeration, Concentration, and the Media. In: Journal of Communication, Vol.30, No.2, 59-64

Bagdikian, Ben H. (1987), US-Medien, Fließband oder Supermarkt? In: Media Perspektiven, No.4, 239-248

Bagdikian, Ben H. (1989), The Lords of the Global Village. In: The Nation vom 12. Juni, 805-820

Bain, Joe S. (1956), Barriers to New Competition – their Character and Consequences in Manufacturing Industries. Cambridge

Bain, Joe S. (1968), Industrial Organization. 2. Auflage. New York u.a.

Bates, Benjamin J.(1988), Information as an economic good: Sources of individual and social value. In: Mosco, Vincent, Janet Wasko (Eds.), The political economy of information. Madison, Wisc., 76-94

Bates, Benjamin J., Todd Chambers (1999), The Economic Basis for Radio Deregulation. In: The Journal of Media Economics, Vol.12, No.1, 19-34

Baumol, Hilda, William J. Baumol (1984), The Mass Media and the Cost Desease. In: Hendon, William S., Nancy K. Grant, Douglas V. Shaw (Eds.); The Economics of Cultural Industries. Akron, 109-123

Baumol, William (1962), The Doctrine of Consumer Sovereignity – Discussion. In: American Economic Review, Bd. 52, 288-290

Baumol, William J. (1967), Macroeconomics of Unbalanced Growth: The Anatomy of Urban Crisis. In: American Economic Revierw 57, 416-426

Baumol, William J., William G. Bowen (1977), Performing Arts – The Economic Dilemma. Second Printing. Cambridge, Mass., London

Baurmann, Michael (1996), Der Markt der Tugend. Recht und Moral in der liberalen Gesellschaft. Tübingen

Bausch, Hans (1980), Rundfunkpolitik nach 1945. Zweiter Teil. In:Ders. (Hg.), Rundfunk in Deutschland. 5 Bände. Band 4: Rundfunkpolitik nach 1945. Zweiter Teil. München

Becker, Gary S. (1993), Der ökonomische Ansatz zur Erklärung menschlichen Verhaltens. 2. Auflage. Tübingen

Bell, Daniel (1976), Die nachindustrielle Gesellschaft. 2. Auflage. Frankfurt, New York

Bell, Daniel, Irving Kristol (Hg.) (1984), Die Krise in der Wirtschaftsthorie. Berlin u.a.

Bendixen, Peter (1998), Einführung in die Kultur- und Kunstökonomie. Opladen, Wiesbaden

Beniger, James R. (1986), The Control Revolution. Technological and Economic Origins of the Information Society. Cambridge, Mass., London

Berens, Harald, Marie Luise Kiefer, Arne Meder (1997), Spezialisierung der Mediennutzung im dualen Rundfunksystem. In: Media Perspektiven, No.2, 80-91

Berg, Klaus, Christa-Maria Ridder (Hg.) (2002), Massenkommunikation VI. Eine Langzeitstudie zur Mediennutzung und Medienbewertung 1964-2000. Baden-Baden

Berghaus, Margot (1994), Wohlgefallen am Fernsehen. Eine Theorie des Gefallens in Anlehnung an Immanuel Kant. In: Publizistik, 39. Jg., Heft 2, 141-159

Bergmann, Klaus (1994), Repräsentativität im Fernsehpanel. GfK-Panel und Befragung der Media Analyse im Vergleich. In: Media Perspektiven, No.12, 620-626

Bergsdorf, Wolfgang (1998), Einleitung: Kultur in der Informationsgesellschaft. In: Mahle, Walter A. (Hg.), Kultur in der Mediengesellschaft. Konstanz, 21-24

Bernholz, Peter, Friedrich Breyer (1993), Grundlagen der politischen Ökonomie. 2 Bände. Band 1: Theorie der Wirtschaftssysteme. 3. überarb. Auflage, Tübingen

Bernholz, Peter, Friedrich Breyer (1994), Grundlagen der politischen Ökonomie. 2 Bände. Band 2: Ökonomische Theorie der Politik. 3. überarb. Auflage, Tübingen

Bessler, Hansjörg (1980), Hörer- und Zuschauerforschung. In: Bausch Hans (Hg.), Rundfunk in Deutschland. 5 Bände. Band 5: Hörer- und Zuschauerforschung. München

Bettman, J. R. (1979), An Information Processing Theory of Consumer Choice. Reading (Mass.) u.a.

Betz, Jürgen (1989), Die EG-Fernsehrichtlinie. Ein Schritt zum europäischen Fernsehen? In: Media Perspektiven, No.11, 677-688

Bickel, Peter (1989), RealtimeWaveshapingCrossfade-SamplestackingDumprequest. Musiker, Musik und Musikproduktion unter dem technischen Diktat der Musikmaschinen? In: Media Perspektiven, No.9, 559-571

Bievert, Bernd, Martin Held (1995), Time matters – Zeit in der Ökonomik und Ökonomik in der Zeit. In: Dies. (Hg.), Zeit in der Ökonomik. Perspektiven für die Theoriebildung, Frankfurt/M., New York, 7-32

Blankart, Charles B. (1994), Öffentliche Finanzen in der Demokratie. Eine Einführung in die Finanzwissenschaft. 2. überarbeitete Auflage. München

Blaug, Mark (1986), Great Economists before Keynes. An Introduction to the Lives & Works of One Hundred Great Economists of the Past. Cambridge

Blind, Sofia (1997), Fernsehen und neue Medien – eine ökonomische Einschätzung. In: Schanze, Helmut, Peter Ludes (Hg.), Qualitative Perspektiven des Medienwandels. Positionen der Wissenschaft im Kontext „Neuer Medien". Opladen, 150-159

Blume, Otto, Gislinde Müller (1976), Teil A, Werbung für Markenartikel. Auswirkungen auf Markttransparenz und Preise. In: Blume, Otto, Gislinde Müller, Burkhardt Röper, Werbung für Markenartikel – Auswirkungen auf Markttransparenz und Preise. Zwei Studien. Göttingen, 1-156

Blumers, Miriam (2000), Qualitätskontrolle im SWR. Ein theoretisches Modell auf dem Weg in den Redaktionsalltag. In: Media Perspektiven Nr.5, 201-206

Boettcher, Erich (1980), Schlußwort. In: Boettcher, Erich, Philipp Herder-Dorneich, Karl-Ernst Schenk (Hg.), Neue Politische Ökonomie als Ordnungstheorie. Tübingen, 209-211

Bogart, Leo (1991), The American Media System and its Commercial Culture. Occasional Paper No.8, Gannett Foundation Media Centre

Bogart, Leo (1995), Commercial Culture. The Media System and the Public Interest. New York, Oxford

Böhler, Heymo (1995), Käufertypologien. In: Tietz, Bruno, Richard Köhler, Joachim Zentres (Hg.), Handwörterbuch des Marketing. 2. Auflage. Stuttgart, 1091-1104

Böhme-Dürr, Karin (1995), Angewandte Medienforschung – Eine „heimliche" Hauptsache? In: Böhme-Dürr, Karin, Gerhard Graf (Hg.), Auf der Suche nach dem Publikum. Medienforschung für die Praxis. Konstanz, 9-17

Bohrmann, Hans (2002), Medienökonomie – eine lange Zeit versteckte Teildisziplin – dargestellt am Beispiel von Forschung und Lehre in Berlin. In: Siegert, Gabriele (Hg.), Medienökonomie in der Kommunikationswissenschaft. Münster u.a., 113-129

Bohrmann, Hans (2003), Fachgeschichtliche Bemerkungen zur Medienökonomie. In: Altmeppen, Klaus-Dieter, Matthias Karmasin (Hg.), Medien und Ökonomie. Band 1/2. Wiesbaden, 169-179

Bonfadelli, Heinz (1981), Die Sozialisationsperspektive in der Massenkommunikationsforschung. Neue Ansätze, Methoden und Resultate zur Stellung der Massenmedien im Leben der Kinder und Jugendlichen. Berlin

Bonus, Holger (1980), Neue Politische Ökonomie und öffentliche Güter. In: Boettcher, Erich, Philipp Herder-Dorneich, Karl-Ernst Schenk (Hg.), Neue Politische Ökonomie als Ordnungstheorie. Tübingen, 153-172

Booz, Allen & Hamilton (Hg.) (1997), Zukunft Multimedia. Grundlagen, Märkte und Perspektiven in Deutschland. 4. erweiterte Auflage. Frankfurt

Boventer, Hermann (1984), Ethik und System im Journalismus. Der Handlungsbedarf moderner Mediensysteme. Kritische Anmerkungen zum Aufsatz von Manfred Rühl und Ulrich Saxer. In: Publizistik,29. Jg., Heft 1-2, 34-48

Braun, Gabriele (1990), Massenmedien und Gesellschaft. Tübingen

Bräunig, Dietmar (1994), Zu Zielsystem und Leistungsindikatoren öffentlicher Unternehmen. In: Zeitschrift für öffentliche und gemeinwirtschaftliche Unternehmen (ZögU), Bd. 17, Heft 4, 471-478

Brennan, Geoffrey, James M. Buchanan (1993), Die Begründung von Regeln. Konstitutionelle Politische Ökonomie. Tübingen

Brennan, Geoffrey, Loren Lomansky (1983), Institutional Apects of „Merit Goods" Analysis. In: Finanzarchiv, N.F. Bd. 41, Heft 2, 183-206

Breunig, Christian (1994), Programmforschung – Kontrolle ohne Konsequenzen. Projekte der Landesmedienanstalten 1988-1994. In: Media Perspektiven, No.12, 574-594

Brodbeck, Karl Heinz, Marlies Hummel (1991), Musikwirtschaft. ifo-Studien zu Kultur und Wirtschaft 5. München

Brösel, Gerrit, Christian Zwirner (2004), Bilanzierung von Sportrechteverträgen nach HGB, IFRS und US-GAAP. In: MedienWirtschaft 1. Jg., Heft 1, 21-29

Brosius, Hans-Bernd, Beate Steger (1997), Programmhinweise in Programmzeitschriften und Sehbeteiligung. Gibt es Zusammenhänge? In: Rundfunk und Fernsehen, 45.Jg., Heft 3, 307-323

Brosius, Hans-Bernd, Christina Holtz-Bacha (Eds.) (1999), The German Communication Yearbook. Cresskill N.J.

Brown, Allan (1996), Economics, Public Service Broadcasting, and Social Values. In: The Journal of Media Economics, Vol.9, No.1, 3-15

Büch, Eva Theresia, Martin-Peter Büch (1982), Werbung als Finanzierungsalternative für Ätherrundfunk. In: Zeitschrift für öffentliche und gemeinwirtschaftliche Unternehmen (ZögU), Bd.5, Heft 1, 1-16

Buchanan, James M. (1988), The Relatively Absolute Absolutes. In: Ders., Essays on the Political Economy. Honolulu, 32-46

Buchanan, James M. (1984), Die Grenzen der Freiheit. Zwischen Anarchie und Leviathan. Tübingen

Büchelhofer, Andreas, Felicitas Girisch, Matthias Karmasin, Iris Melcher-Smejkal (1994), Kommunikationsstrategien von Tageszeitungsverlagen. In: Bruck, Peter A. (Hg.), Print unter Druck. Zeitungsverlage auf Innovationskurs. Verlagsmanagement im internationalen Vergleich. München, 387-506

Bücher, Karl (1922a), Die Anfänge des Zeitungswesens. In: Ders., Die Entstehung der Volkswirtschaft. Vorträge und Aufsätze. Band I, 16. Auflage. Tübingen, 229-260

Bücher, Karl (1922b), Das Gesetz der Massenproduktion. In: Zeitschrift für die gesamte Staatswissenschaft, LXVT, 1910, 429-444. Abgedruckt in: Ders., Die Entstehung der Volkswirtschaft. Vorträge und Aufsätze. Band II. 7. Auflage. Tübingen, 87-118

Bücher, Karl (1981), Auswahl publizistikwissenschaftlicher Schriften. Eingeleitet und herausgegeben von Heinz-Dieter Fischer und Horst Minte. Bochum

Büchli, Hanns (1966), 6000 Jahre Werbung – Geschichte der Wirtschaftswerbung und der Propaganda. Berlin

Büchli, Hanns (1975), Geschichte der Werbung. In: Behrens, Karl Christian (Hg.), Handbuch der Werbung. Wiesbaden, 11-24

Bundesverband Deutscher Fernsehproduzenten e.V. (Hg.) (1999), Jahrbuch Directory 2000. München

Burkart, Roland (1995), Kommunikationswissenschaft. Grundlagen und Problemfelder. Wien u.a.

Burkart, Roland (1999), Was ist eigentlich ein „Medium"? Überlegungen zu einem kommunikationswissenschaftlichen Medienbegriff angesichts der Konvergenzdebatte. In: Latzer, Michael, Ursula Maier-Rabler, Gabriele Siegert, Thomas Steinmaurer (Hg.), Die Zukunft der Kommunikation. Phänomene und Trends in der Informationsgesellschaft. Innsbruck, 61-71

Burkart, Roland, Sabine Probst (1991), Verständigungsorientierte Öffentlichkeitsarbeit: Eine kommunikationstheoretisch begründete Perspektive. In: Publizistik, 36. Jg., Heft 1, 56-76

Burman, John (1998), Starpower. In: The Hollywood Reporter. Los Angeles

Burmann, Christoph, Axel Nitschke (2003), Strategisches Marketing bei Medienunternehmen. In: Wirtz, Bernd W. (Hg.); Handbuch Medien- und Multimediamanagement. Wiesbaden, 65-89

Buß, Michael (1994), Die AGF/GfK-Fernsehforschung 1995-1999. Methodische Vorbereitungen für eine neue Phase. In: Media Perspektiven, No.12, 614-619

Buß, Michael (1997), Fernsehen in Deutschland. Vielseher 1979/80 und 1995 im Vergleich. In: Fünfgeld, Hermann, Claudia Mast (Hg.), Massenkommunikation. Ergebnisse und Perspektiven. Opladen, 125-154

Buß, Michael, Ulrich Neuwöhner (1999), Die MedienNutzerTypologie in der Fernsehprogrammplanung. Anwendungsmöglichkeiten der Publikumstypologie von ARD und ZDF. In: Media Perspektiven, No. 11, 540-548

Buß, Michael, Harald Gumbl (2000), Theoriegeleitete Evaluation im öffentlich-rechtlichen Rundfunk. Ein Konzept zur Qualitätsbewertung von Rundfunkangeboten. In: Media Perspektiven, Heft 5, 194-200

Buß, Michael, Wolfgang Darschin (2004), Auf der Suche nach dem Fernsehpublikum. Ein Rückblick auf 40 Jahre kontinuierliche Fernsehforschung. In: Media Perspektiven, Heft 1, 15-27

Busterna, John C. (1987), The Cross-Elastizity of Demand for National Newspaper Advertising. In: Journalism Quarterly, Vol.64, No.2-3, 346-351

Busterna, John C. (1988), Concentration and the Industrial Organization Model. In: Picard, Robert, James P. Winter, Maxwell E. McCombs, Stephen Lacy (Eds.), Press Concentration and Monopoly. New Perspectives on Newspaper Ownership and Operation. Norwood, New Jersey, 35-53

Carey, James W.(1969), The communications revolution and the professional communicator. In: The sociology of mass media communicators.Sociological Review Monograph Nr.13, 23-38

Chandler, Jr, Alfred A. (1997), The Visible Hand. The Managerial Revolution in American Business. 14. Auflage. Cambridge, Mass., London

Clapham, Ronald (1995), Die Öffnung des Dualismus. In: Jahrbuch für Neue Politische Ökonomie. 14. Band. Tübingen, 47-65

Clark, John M. (1940), Towards a Concept of Workable Competition. In: The American Economic Review, Vol. 30, No.2, 241-256

Clevé, Bastian (Hg.) (1998), Investoren im Visier. Film- und Fernsehproduktionen mit Kapital aus der Privatwirtschaft. Gerlingen

Clevé, Bastian (1999), Die Rolle von „Production Value" in Film- und Fernsehproduktionen. In: Ludes, Peter, Helmut Schanze (Hg.), Medienwissenschaften und Medienwertung. Opladen, 65-76

Coase, Ronald H. (1988), The Firm, the Market and the Law. Chicago, London

Coase, Ronald H. (1988a), The Lighthouse in Economics. In: Journal of Law and Economics, Vol. 17, No. 2, 1974, 357-376. Nachgedruckt in: Ders., The Firm, the Market and the Law. Chicago, London, 187-213

Coase, Ronald H. (1988b), The Nature of the Firm. In: Economica, n.s., No.4 1937. Nachgedruckt in: Ders. The Firm, the Market and the Law. Chicago, London, 33-55

Coase, Ronald H. (1988c), The Problem of Social Cost. In: Journal of Law and Economics, 3, 1960, 1-44. Abgedruckt in: Ders., The Firm, the Market and the Law. Chicago, London, 95-156

Colette, Larry, Barry R. Litman (1997), The Peculiar Economics of New Broadcast Network Entry: The Case of United Paramount and Warner Bros. In: Journal of Media Economics. Vol. 10, No.4, 3-22

Collins, Richard, Christina Murroni (1996), New Media, New Politics. Media and Communication Strategies for the Future. Cambridge UK u.a.

Collins, Richard, Nicholas Garnham, Gareth Locksley (1988), The Economics of Television. The UK Case. London u.a.

Compaine, Benjamin M. u.a. (1982), Who Owns the Media? Concentration of Ownership in the Mass Communication Industry. 2. überarbeitete Auflage. White Plain, N.Y.

Corsten, Hans, Stephan Stuhlmann (2001), Kapazitätenplanung im Dienstleistungsunternehmen. In: Bruhn, Manfred, Heribert Meffert (Hg.), Handbuch Dienstleistungsmanagement. 2. Auflage. Wiesbaden, 177-192

Cox, Helmut (1988), Privatisierung öffentlicher Unternehmen und Wettbewerb. Versuche der Verbindung von dynamischer Wettbewerbstheorie und Theorie der öffentlichen Wirtschaft. In: Brede, Helmut (Hg.), Privatisierung und die Zukunft der öffentlichen Wirtschaft. Baden-Baden, 55-88

Cox, Helmut (1990), Die öffentliche Wirtschaft in ihrer Bedeutung für die Wirtschaftspolitik, dargestellt am Beispiel der Ordnungs- und Strukturpolitik. In: Thiemeyer, Theo (Hg.), Instrumentalfunktion öffentlicher Unternehmen. Baden-Baden, 203-226

Cox, Helmut (1996), Entscheidungskriterien und Prinzipien für öffentliche Dienste. Thesen zur Zukunft der öffentlichen Dienstleistungen in Europa. In: Ders. (Hg.), Öffentliche Dienstleistungen in der Europäischen Union. Zum Spannungsfeld zwischen Public Service und Wettbewerbsprinzip. Baden-Baden, 13-27

Coyle, Diane (1999), The Weightless World. Strategies for Managing the Digital Economy. Cambridge, Mass.

Curran, James, Colin Sparks (1991), Press and popular culture. In: Media, Culture & Society, Vol.13, No.2, 215-237

Curtis, Thomas (1998), Produktion eines Fernseh-Nachrichtenkanals. Eine Untersuchung von n-tv. In: Wilke, Jürgen (Hg.), Nachrichtenproduktion im Mediensystem. Von den Sport- und Bilderdiensten bis zum Internet. Köln u.a., 203-253

Czygan, Marco, Hermann H. Kallfaß (2003), Medien und Wettbewerbstheorien. In: Altmeppen, Hans-Dieter, Matthias Karmasin (Hg.), Medien und Ökonomie, Band 1/1, Wiesbaden 283-304

Dahrendorf, Ralf (1958), Homo Sociologicus. In: Kölner Zeitschrift für Soziologie und Sozialpsychologie, 10. Jg., Heft 2, 178-208, Heft 3, 345-378

Darkow, Michael (1995), Methoden und Ergebnisse der Zuschauerforschung. In: LPR (Hg.), TV-Zuschauerforschung – das Maß aller Dinge? LPR-Medien-Colloquium. Ludwigshafen, 9-40

Darschin, Wolfgang, Heinz Gerhard (2004). Tendenzen im Zuschauerverhalten. Fernsehgewohnheiten und Fernsehreichweiten im Jahr 2003. In: Media Perspektiven, Heft 4, 142-150

Debatin, Bernhard (2002), Zwischen theoretischer Begründung und praktischer Anwendung: Medienethik auf dem Weg zur kommunikationswissenschaftlichen Teildisziplin. In: Publizistik, 47. Jg., Heft 3, 259-264

Degen, Kurt Magnus (1995), Werbung für Übermorgen. Zürich

Dehm, Ursula, Dieter Storll (2003), TV-Erlebnisfaktoren. Ein ganzheitlicher Forschungsansatz zur Rezeption unterhaltender und informierender Fernsehangebote. In: Media Perspektiven, Heft 9, 425-433

Detecon & Diebold Consultants (2004), „Fernsehen 3.0". Neue Impulse für ein gesättigtes Marktumfeld. White Paper. In: dpa Medien Nr. 12 vom 17.3., 30-46; Nr. 13 vom 24.3., 27-45; Nr. 14 vom 31.3., 25-45; Nr. 15 vom 5.4., 25-40

Detering, Dietmar (2001), Ökonomie der Medieninhalte. Allokative Effizienz und soziale Chancengleichheit in den Neuen Medien. Münster u.a.

Deutscher Bundestag (1997): Zweiter Zwischenbericht der Enquête-Kommission „Zukunft der Medien in Wirtschaft und Gesellschaft – Deutschlands Weg in die Informationsgesellschaft". Zum Thema „Neue Medien und Urheberrecht". Bonn, 10.6.1997 (Drucksache 13/8110)

Deutscher Presserat (Hg.) (2001), Jahrbuch 2001. Mit der Spruchpraxis des Jahres 2000. Konstanz

Die Landesmedienanstalten (Hg.) (1995), Die Sicherung der Meinungsvielfalt. Berlin

Dietl, Helmut (1993), Institutionen und Zeit. Tübingen

Di Maggio, Paul J. (1977), Market structure, the creative process, and popular culture: Towards an organizational reinterpretation of mass culture theory. In: Journal of Popular Culture, Vol. 11, 436-452

Dittmers, Manfred (1990), Medienökonomische Aspekte des Wettbewerbs im dualen Rundfunksystem. In: Media Perspektiven, No.6, 390-403

Dörr, Dieter (1996), Maßnahmen zur Vielfaltssicherung gelungen? Der Dritte Rundfunkänderungsstaatsvertrag aus verfassungsrechtlicher Sicht. In: Media Perspektiven No.12, 621-628

Dovifat, Emil (1990), Die publizistische Persönlichkeit. Herausgegeben von Dorothee von Dadelsen. Berlin, New York

Downs, Anthony (1968), Ökonomische Theorie der Demokratie. Tübingen

Dreier, Hardy (2004), Das Mediensystem der Bundesrepublik Deutschland. In: Hans-Bredow-Institut (Hg.), Internationales Handbuch Medien 2004/2005. Baden-Baden/Hamburg, B 245-263

Drengberg, Joachim (1996), N-Joy-Radio: Ein öffentlich-rechtliches Erfolgsradio. Zukunftsfähige Hörfunkangebote für Jugendliche. In: Media Perspektiven, No.3, 134-143

Drey, Paul (1910), Die wirtschaftlichen Grundlagen der Malkunst. Versuch einer Kunstökonomie. Stuttgart, Berlin

Dunnett, Peter (1990), The world television industry. An economic analysis. London, New York

Eastman, Susan Tyer (1998), Programming Theory under Stress: The Active Industry and the Active Audience. In: Roloff, Michael E., Gaylen D. Paulson (Eds.), Communication Yearbook 21. Thousand Oaks u.a., 323-377

Eichenberger, Reiner, Bruno S. Frey (1993), „Superrationalität" oder: Vom rationalen Umgang mit dem Irrationalen. In: Jahrbuch für Neue Politische Ökonomie. 12. Band. Tübingen, 50-84

Eickhof, Norbert (1995), Kommentar zu Jeitziner, Bruno, Henner Kleinewefers, Dualismus, Pluralismus oder Monismus der Steuerungssysteme? In: Jahrbuch für Neue Politische Ökonomie. 14. Band. Tübingen, 107-109

Eichhorn, Peter (1983), Zwölf Thesen über das öffentliche Interesse an und in Unternehmen. In: Thiemeyer, Theo (Hg.), Öffentliche Bindung von Unternehmen. Beiträge zur Regulierungsdebatte. Baden-Baden, 73-77

Eichhorn, Peter (Hg.) (1989), Unternehmensverfassung in der privaten und der öffentlichen Wirtschaft. Baden-Baden

Engelhardt, Gunther (1989), Imperialismus der Ökonomie? In: Schäfer, Hans-Bernd, Klaus Wehrt (Hg.): Die Ökonomisierung der Sozialwissenschaften. Sechs Wortmeldungen. Frankfurt/Main, New York 19-49

Engelhardt, Gunther (1990), Die Instrumentalthese in der wirtschaftswissenschaftlichen Diskussion – Ansätze einer institutionenökonomischen Reinterpretation. In: Thiemeyer, Theo (Hg.), Instrumentalfunktion öffentlicher Unternehmen. Baden-Baden, 17-57

Entman, Robert M. (1985), Newspaper Competition and First Amendment. Does Monopoly matter? In: Journal of Communication. Vol.35, No.3, 147-165

Erichsen, Johannes (1994), Vorlagen und Werkstattmodelle bei Cranach. In: Grimm, Claus, Johannes Erichsen, Evamaria Brockhoff (Hg.), Lucas Cranach. Ein Maler-Unternehmer aus Franken. Regensburg, 180-185

Erlei, Mathias (1992), Meritorische Güter. Die theoretische Konzeption und ihre Anwendung auf Rauschgifte als demeritorische Güter. Münster, Hamburg

Erlei, Mathias (1998), Institutionen, Märkte und Marktphasen. Allgemeine Transaktionskostentheorie unter spezieller Berücksichtigung der Entwicklungsphasen von Märkten. Tübingen

Erlei, Mathias, Martin Leschke, Dirk Sauerland (1999), Neue Institutionenökonomik. Stuttgart

Ertel, Rainer (1986), Was sind Dienstleistungen? Definitorische Annäherungen. In: Pestel, E. (Hg.), Perspektiven der Dienstleistungsgesellschaft. Beiträge zu einem internationalen Dienstleistungssymposium der Niedersächsischen Landesregierung vom 13-15 Mai 1985 in Hannover. Göttingen

Eschenburg, Rolf (1980), Kooperationsversagen in der Leitungssphäre von Unternehmen. In: Boettcher, Erik, Philipp Herder-Dorneich, Karl-Ernst Schenk (Hg.), Neue Politische Ökonomie als Ordnungstheorie. Tübingen, 173-191

Ettema, James S., D. Charles Whitney, Daniel B. Wackman (1987), Professional Mass Communicators. In: Berger, Charles R., Steven H. Chaffee (Eds.), Handbook of Communication Science. Newburry Park u.a., 747-780

Ettema, James S., D. Charles Whitney (1994), The Money Arrow: An Introduction to Audiencemaking. In: Dies. (Eds), Audiencemaking: How the Media Create the Audience. Thousand Oaks u.a., 1-17

Eucken, Walter (1989), Die Grundlagen der Nationalökonomie. 9. Auflage, Berlin, Heidelberg, New York

EU-Kommission (1993), Weißbuch Wachstum, Wettbewerbsfähigkeit, Beschäftigung. Herausforderungen der Gegenwart und Wege in das 21. Jahrhundert. Brüssel

Evans, Philip, Thomas S. Wurster (2000), Blown to Bits. How the New Economics of Information Transforms Strategy. Boston, Mass.

Everschor, Franz (1996), Stars unter dem Hammer. In: Zoom, 9, 6-9

Fachgruppe Medienökonomie der Deutschen Gesellschaft für Publizistik und Kommunikationswissenschaft (2004), Selbstverständnis. WWW2.uni-jena.de/oeko/fachgruppe/selbstvstn.php (16.10.)

Falkinger, Josef (1988), Kreativität und Sensibilität versus Interdisziplinarität. In: Jahrbuch für Neue Politische Ökonomie, 7. Band, Tübingen, 3-19

Faulkner, Robert R. (1982), Improvising on a triad. In: Van Maanen, John, James M. Dabbs Jr., Robert R. Faulkner, Varieties of qualitative research. Newbury Park u.a.

Faulstich, Werner (1986), Bestseller-Literatur im internationalen Medien-Produkt-Verbund. In: Media Perspektiven, No.4, 237-248

Feder, Dieter (1993), Hochkonjunktur für Zulieferer in der TV-Unterhaltung. In: Bertelsmann Briefe, Heft 130, November, 40-43

Feger, Hubert (1998), Programm-Präferenzen von Zuschauern und Programm-Gestaltung durch Sender. Skizze einer spieltheoretischen Analyse des Zusammenhangs. In: Medienpsychologie, 10. Jg., Heft 4, 240-267

Feldmann, Horst (1995). Eine institutionalistische Revolution? Zur dogmenhistorischen Bedeutung der modernen Institutionenökonomik. Berlin

Fengler, Susanne, Stephan Ruß-Mohl (2004), Ökonomik als Perspektive für die Journalismusforschung: Das Beispiel Medienjournalismus. In: Siegert, Gabriele, Frank Lobigs (Hg.), Zwischen Marktversagen und Medienvielfalt. Baden-Baden, 135-149

Fleck, Florian H. (Hg.) (1983), Die Ökonomie der Medien. L'économie des moyens de communication sociale. Freiburg (Schweiz)

Flichy, Patrice (1980), Les industries de l'imaginaire – pour une analyse économique des médias. Grenoble: PUG, Institut National de l'Audio-visuel (INA)

Forum Info 2000 (Hg.) (1998), Kunst und Kultur in der Informationsgesellschaft. Arbeitgruppenbericht AG 8. Bonn, November

Fourastié, Jean (1954), Die große Hoffnung des zwanzigsten Jahrhunderts. Köln

Franck, Georg (1998), Die Ökonomie der Aufmerksamkeit. Ein Entwurf. München, Wien

Frank, Bernward (1995), Die Medienforschung des ZDF. In: Böhme-Dürr, Karin, Gerhard Graf (Hg.), Auf der Suche nach dem Publikum. Medienforschung für die Praxis. Konstanz, 161-173

Frank, Bernward, GerhardMaletzke, Karl H. Müller-Sachse (1991), Kultur und Medien. Angebote – Interessen – Verhalten. Eine Studie der ARD/ZDF-Medienkommission. Baden-Baden

Frank, Björn (1993), Zur Ökonomie der Filmindustrie. Hamburg

Franz, Andrea (1991), Poesie und Property Rights. Reihe: Ausgewählte volkswirtschaftliche Diplomarbeiten des Fachbereichs Wirtschaftswissenschaft der Universität-Gesamthochschule Duisburg, Nr.9. Duisburg

Freeman, Edward R., William M. Evan (1993), A stakeholder theory of the modern corporation: Kantian capitalism. In: Chryssides, George D., John H. Kaler (Eds.), An Introduction to Business Ethics. London u.a., 254-267

Frey, Bruno S. (1977), Moderne Politische Ökonomie. Die Beziehungen zwischen Wirtschaft und Politik. München, Zürich

Frey, Bruno S. (1989), Möglichkeiten und Grenzen des ökonomischen Denkansatzes. In: Schäfer, Hans-Bernd, Klaus Wehrt (Hg.), Die Ökonomisierung der Sozialwissenschaft. Sechs Wortmeldungen. Frankfurt/Main, New York, 69-102

Frey, Bruno S. (1990), Ökonomie ist Sozialwissenschaft. Die Anwendung der Ökonomie auf neue Gebiete. München

Frey, Bruno S. (2004), Inspirierende Ökonomie und die Medien. In: Siegert, Gabriele, Frank Lobigs (Hg.), Zwischen Marktversagen und Medienvielfalt. Baden-Baden, 31-36

Frey, Bruno S., Gebhard Kirchgässner (1994), Demokratische Wirtschaftspolitik. Theorie und Anwendung. 2. überarb. Auflage. München

Frey, Bruno S., Isabella Busenhart, Angel Serna (1994), Ökonomik der Kunst. Eine europäische Perspektive. In: Kyrer, Alfred, Wolfgang Roscher, Genießen – Verstehen – Verändern. Kunst und Wissenschaft im Gespräch. Interuniversitäre Ringvorlesung: Hochschule „Mozarteum" und Universität Salzburg. Studienjahr 1992/93. Anif, Salzburg, 15-26

Freyermuth, Gundolf S. (1997), A Cyberstar is born. Wie das Kino durch den Computer vom abbildenden Medium zur Bildenden Kunst wird. In: Frankfurter Rundschau vom 19. Oktober

Friccius, Enno (1998), Zur Novellierung des Filmförderungsgesetzes in Deutschland. Grundlinien des Diskussionsstands Anfang 1998. In: Media Perspektiven, No.1, 15-18

Friedrichsen, Mike (2004), Printmanagement. Herausforderungen für Druck- und Verlagsunternehmen im digitalen Zeitalter, Baden-Baden

Friedrichsen, Mike, Henning Never (1999), Digitalisierung als Chance? Öffentliche Angebote, Konsumentensouveränität und Nachfragemängel im Rundfunk. In: Knoche, Manfred, Gabriele Siegert (Hg.), Strukturwandel der Medienwirtschaft im Zeitalter digitaler Kommunikation. München, 91-111

Fritsch, Michael (1992), Unternehmens-„Netzwerke" im Lichte der Institutionenökonomik. In: Jahrbuch für Neue Politische Ökonomie. 11. Band. Tübingen, 89-102

Fritsch, Michael, Thomas Wein, Hans-Jürgen Ewers (1996), Marktversagen und Wirtschaftspolitik. Mikroökonomische Grundlagen staatlichen Handelns. 2. überarb. Auflage. München

Fritz, Angela (1992), Zeitungsleser in Österreich. Ein Stimmungsbild. In: Duchkowitsch, Wolfgang, Fritz Hausjell, Peter Pelinka (Hg.), Zeitungs-Los. Essays zur Pressepolitik und -konzentration in Österreich. Salzburg, 158-168

Furubotn, Eirik, Svetozar Pejovich (1972), Property Rights and Economic Theory: A Survey of Recent Literature. In: Journal of Economic Literature, Vol. 10, 1137-1162

Furubotn, Eirik G., Svetozar Pejovich (1974), Introduction: The New Property Rights Literature. In: Dies. (Hg.), The Economics of Property Rights. Cambridge, 1-9

Gaitanides, Michael (2001), Was sind Moviestars wert? Empirische Befunde zu Rangposition, Substitutionsmöglichkeiten und Kassenerfolg von Stars. In: Gaitanides, Michael, Jörn Kruse (Hg.), Stars in Film und Sport. Ökonomische Aspekte des Starphänomens. München, 7-22

Galbraith, John Kenneth (1968), Die moderne Industriegesellschaft. München, Zürich

Garnham, Nicholas (1990), Capitalism and Communication. Global Culture and the Economics of Information. London u.a.

Geese, Uwe, Harald Kimpel (Hg.) (1982) Kunst im Rahmen der Werbung. Marburg

Gehring, Günter (1997), Rundfunk – ohne Technik geht es nicht. In: ARD und ZDF (Hg.), Was Sie über Rundfunk wissen sollten. Materialien zum Verständnis eines Mediums. Berlin, 283-309

Geissler, Rainer, Horst Pöttker (1987), Theodor Geigers Geschichte der Werbung. In: Publizistik, 32. Jg., Heft 3, 320-337

Geretschläger, Erich, Anton Leinschitz (1994), Zeitungsvertrieb. In: Bruck, Peter A. (Hg.), Print unter Druck. Zeitungsverlage auf Innovationskurs. Verlagsmanagement im internationalen Vergleich. München, 507-595

Gershuny, Jonathan I. (1981), Die Ökonomie der nachindustriellen Gesellschaft. Produktion und Verbrauch von Dienstleistungen. Frankfurt/Main

Geser, Hans (1999), Copyright oder Copy left? Prekäre immaterielle Eigentumsverhältnisse im Cyberspace. In: Imhof, Kurt, Otfried Jarren, Roger Blum (Hg.), Steuerungs- und Regelungsprobleme in der Informationsgesellschaft. Opladen, Wiesbaden, 394-410

GfK-Fernsehforschung (Hg.) (1995a), Fernsehzuschauerforschung in Deutschland. Das System 1995. Nürnberg

GfK-Fernsehforschung (Hg.) (1995b), Fernsehzuschauerforschung in Deutschland. Die AGF und die Fernsehforschung. Nürnberg

Gleich, Uli (1995), Hörfunkforschung in der Bundesrepublik. Methodischer Überblick, Defizite und Perspektiven. In: Media Perspektiven, No.11, 554-560

Gleich, Uli (1996), Neuere Ansätze zur Erklärung von Publikumsverhalten. Befunde, Defizite und Chancen der Publikumsforschung. In: Media Perspektiven, No. 11, 598-606

Glotz, Peter (1990), Von der Zeitungs- über die Publizistik- zur Kommunikationswissenschaft. In: Publizistik, 35. Jg., Heft 3, 249-256

Goldhaber, Michael H. (1997), Die Aufmerksamkeitsökonomie und das Netz. Teil I und II. In: Telepolis vom 27.1.1997, Elektronische Publikation www.heise.de

Golding, Peter, Graham Murdock (1991), Culture, Communication, and the Political Economy. In: Curran, James, Michael Gurevitch (Eds.), Mass Media and Society. London, New York u.a., 15-32

Gomery, Douglas (1993), The Centrality of Media Economics. In: Journal of Communication. Vol.43, No.3, 190-198

Göpfert, Herbert G. (1977), Vom Autor zum Leser. Beiträge zur Geschichte des Buchwesens. München

Göttlich, Udo (2004), Produzierte Wirklichkeiten. Zur Entwicklung der Fernsehproduktion am Beispiel von Factual Entertainment Angeboten. In: Friedrichsen, Mike, Udo Göttlich (Hg.), Diversifikation in der Unterhaltungsproduktion. Köln, 124-141

Göttlich, Udo, Jörg Uwe Nieland (2001) Know-how-Transfer und vernetzte Content-Produktion. Veränderungen der Fernsehunterhaltungsproduktion auf dem europäischen Fernsehmarkt. In: Karmasin, Matthias, Manfred Knoche, Carsten Winter (Hg.), Medienwirtschaft und Gesellschaft I, Münster u.a., 159-181

Greiffenberg, Horst, Werner Zohlnhöfer (1984), Pressewesen. In: Oberender, Peter (Hg.), Marktstruktur und Wettbewerb in der Bundesrepublik Deutschland. Branchenstudien zur deutschen Volkswirtschaft. München, 577-628

Grimm, Dieter (1999), Vergiss die Besten nicht. Das Denken in Zusammenhängen und die Bereitschaft, langfristig die Folgen zu beachten, sind Merkmale einer modernen Elite. In: Frankfurter Allgemeine Zeitung Nr. 280 vom 1. Dezember, 54

Grisold, Andrea (1996), Regulierungsformen am Mediensektor. Der „Fall" Österreich. Frankfurt/M u.a.

Groebel, Jo u.a. (1995), Bericht zur Lage des Fernsehens: Für den Präsidenten der Bundesrepublik Deutschland. Gütersloh

Gröhn, Andreas (1999), Netzwerkeffekte und Wettbewerbspolitik. Eine ökonomische Analyse des Softwaremarktes. Tübingen

Große Holtforth, Dominik (2000), Medien, Aufmerksamkeit und politischer Wettbewerb. Berlin

Groth, Otto (1960-1972). Die unerkannte Kulturmacht – Grundlegung der Zeitungswissenschaft. 7 Bände. Berlin

Groys, Boris (1992), Über das Neue. Versuch einer Kulturökonomie. München, Wien

Gundlach, Hardy (1996), Die öffentlichen Fernsehunternehmen im europäischen Binnenmarkt zwischen öffentlichem Auftrag und marktwirtschaftlichem Wettbewerb. In: Cox, Helmut (Hg.), Perspektiven öffentlicher Unternehmen in der Wirtschafts- und Rechtsordnung der Europäischen Union. Band II. Baden-Baden, 143-191

Gundlach, Hardy (1998), Die öffentlich-rechtlichen Rundfunkunternehmen zwischen öffentlichem Auftrag und marktwirtschaftlichem Wettbewerb. Berlin

Gusti, Demetrius (1908), Die Grundbegriffe des Preßrechts. Eine Studie zur Einführung in die preßrechtlichen Probleme. Berlin

Haas, Otmar (1988), Auslagerung von Aufgaben in Unternehmen – Grundsätzliche Überlegungen. Einführung zum KEF-Symposium „Outsourcing". In: Media Perspektiven, No.1, 2-4

Habermas, Jürgen (1978), Strukturwandel der Öffentlichkeit. Untersuchungen zu einer Kategorie der bürgerlichen Gesellschaft. 9. Auflage. Darmstadt, Neuwied

Habermas, Jürgen (1988), Theorie des kommunikativen Handelns, Band 2. Frankfurt

Hachmeister, Lutz (1999), Qualität und Akzeptanz. Für ein realistisches Modell der Fernsehproduktion. In: Funkkorrespondenz. 47.Jg., No. 38, 3-14

Hagen, Lutz M. (1996), Die großen internationalen Medienkonzerne. In: Mast, Claudia (Hg.), Markt – Macht – Medien. Publizistik zwischen gesellschaftlicher Verantwortung und ökonomischen Zielen. Konstanz, 119-130

Hallenberger, Gerd (1998), Auswirkungen unterschiedlicher Finanzierungsformen auf die Programmgestaltung. In: Pethig, Rüdiger, Sofia Blind (Hg.), Fernsehfinanzierung. Ökonomische, rechtliche und ästhetische Perspektiven. Opladen, Wiesbaden, 74-95

Hallenberger, Gerd (2004), Fernsehformate und internationaler Formathandel. In: Hans-Bredow-Institut (Hg.), Internationales Handbuch Medien 2004/2005. Baden-Baden/Hamburg, A 159-167

Haller, Michael (2004), Informationsfreiheit und Pressevertrieb in Europa. Zur Funktionsleistung des Grosso-Systems in ausgewählten Staaten der Europäischen Union. Baden-Baden

Haller, Michael, Helmut Holzhey (Hg.) (1992), Medienethik. Beschreibungen, Analysen, Konzepte für den deutschsprachigen Journalismus. Opladen

Hamm, Ingrid, Thomas Hart (Hg.) (2001), Kommunikationsordnung 2010. Märkte und Regulierung im interaktiven Zeitalter. Gütersloh

Hansmeyer, Karl-Heinrich, Manfred Kops (1998), Rundfunkprogramme als Klubgüter. In: Matschke, Manfred Jürgen, Thomas Schildbach (Hg.), Unternehmensberatung und Wirtschaftsprüfung. Stuttgart, 201-222

Hasebrink, Uwe, Friedrich, Krotz (1993), Wie nutzen Zuschauer das Fernsehen? Konzept zur Analyse individuellen Nutzungsverhaltens anhand telemetrischer Daten, In: Media Perspektiven, No. 11-12, 515-527

Hartwig, Stefan (1998), Trojanische Pferde der Kommunikation? Einflüsse von Werbung und Öffentlichkeitsarbeit auf Medien und Gesellschaft. Münster

Häußermann, Hartmut, Walter Siebel (1995), Dienstleistungsgesellschaften. Frankfurt /Main

Hayek, Fiedrich A. von (1996a), Rechtsordnung und Handelnsordnung. Abgedruckt in: Ders., Freiburger Studien. Tübingen, 161-198

Hayek, Friedrich A. von (1996b), Der Wettbewerb als Entdeckungsverfahren. In: Schneider, Ernst (Hg.), Kieler Vorträge. Neue Folge 56, Kiel 1968. Nachgedruckt in: Leube, Kurt R. (Hg.), Die Österreichische Schule der Nationalökonomie. Texte. Bd. 2: Von Hayek bis White. Wien, 119-137

Heffler, Michael (2004), Der Werbemarkt 2003. Gebremste Entwicklung der Werbekonjunktur. In: Media Perspektiven, Heft 6, 242-150

Heilbroner, Robert, William Milberg (1995), The Crisis of Vision in Modern Economic Thought. Cambridge

Heinrich, Jürgen (1984), Marktzutritt als Systemelement des Wettbewerbs. In: Kopper Gerd G. (Hg.), Marktzutritt bei Tageszeitungen – zur Sicherung von Meinungsvielfalt durch Wettbewerb. München, 75-86

Heinrich, Jürgen (1994), Medienökonomie. Band 1: Mediensystem, Zeitung, Zeitschrift, Anzeigenblatt. Opladen

Heinrich, Jürgen (1994a), Keine Entwarnung bei Medienkonzentration. Ökonomische und publizistische Konzentration im deutschen Fernsehsektor 1993/94. In: Media Perspektiven, No.6, 297-310

Heinrich, Jürgen (1996), Qualitätswettbewerb und/oder Kostenwettbewerb im Mediensektor. In: Rundfunk und Fernsehen, 44. Jg., Heft 2, 165-184

Heinrich, Jürgen (1999), Medienökonomie. Band 2: Hörfunk und Fernsehen. Opladen, Wiesbaden

Heinrich, Jürgen (1999a), Konsequenzen der Konvergenz für das Fach „Medienökonomie". In: Latzer, Michael, Ursula Maier-Rabler, Gabriele Siegert, Thomas Steinmaurer (Hg.), Die Zukunft der Kommunikation. Phänomene und Trends in der Informationsgesellschaft. Innsbruck, 73-85

Heinrich, Jürgen (1999b), Ökonomik der Steuerungs- und Regelungsmöglichkeiten des Mediensystems – Rezipientenorientierung der Kontrolle. In: Imhof, Kurt, Otfried Jarren, Roger Blum (Hg.), Steuerungs- und Regelungsprobleme in der Informationsgesellschaft. Opladen, Wiesbaden, 249-259

Heinrich, Jürgen (2001), Medienökonomie Band 1: Mediensystem, Zeitung, Zeitschrift, Anzeigenblatt. 2. überarb. Auflage. Wiesbaden

Heinrich, Jürgen (2001a), Ökonomisierung aus wirtschaftswissenschaftlicher Perspektive. In: Medien & Kommunikationswissenschaft 49. Jg., Heft 2, 159-166

Heinrich, Jürgen (2003), Volkswirtschaftliche Bedeutung von Medien. In: Wirtz, Bernd W. (Hg.), Handbuch Medien- und Multimediamanagement. Wiesbaden, 921-943

Heinrich, Jürgen, Frank Lobigs (2003), Neue Institutionenökonomik. In: Altmeppen, Klaus-Dieter, Matthias Karmasin (Hg.), Medien und Ökonomie. Band 1/1. Wiesbaden, 245-268

Hennig-Thurau, Thorsten (2003), There's No Business Like Movie Business: Überlegungen zu den Erfolgsfaktoren von Spielfilmen. In: Wirtz, Bernd W. (Hg.), Handbuch Medien- und Multimediamanagement. Wiesbaden, 365-392

Herder-Dorneich, Philipp (1980), Der Beitrag der „Ökonomischen Theorie der Wahlen" zur „Neuen Politischen Ökonomie". In: Boettcher, Erich, Philipp Herder-Dorneich, Karl-Ernst Schenk (Hg.), Neue Politische Ökonomie als Ordnungstheorie. Tübingen, 3-29

Herder-Dorneich, Philipp (1992), Neue Politische Ökonomie als Paradigma. Ihre Aktualität und ihre Weiterentwicklung in der Diskussion. In: Jahrbuch für Neue Politische Ökonomie, 11. Band, Tübingen, 1-15

Herder-Dorneich, Philipp (1995a), Einleitung: Einladung zur Teilnahme an einem wissenschaftlichen Prozess. In: Jahrbuch für Neue Politische Ökonomie. 14. Band. Tübingen, 1-11

Herder-Dorneich, Philipp (1995b), Vorbemerkungen: „Von der Soziologischen Systemtheorie lernen". In: Jahrbuch für Neue Politische Ökonomie. 14. Band. Tübingen, 237-240

Herdzina, Klaus (1993), Wettbewerbspolitik. 4. überarbeitete Auflage. Stuttgart

Hertz, Markus (1999), Musik on demand. Chance oder Risiko für die Musikindustrie? Das Internet als neuer Markt der stagnierenden Tonträgerbranche. In: Media Perspektiven, No.2, 63-72

Hess, Eva-Maria (1981), Leserschaftsforschung in Deutschland. Ziele, Methoden, Techniken. Offenburg

Hess, Eva-Maria (1996), Die Leser: Konzepte und Methoden der Printforschung. Offenburg

Hess, Thomas (2003), Die Bedeutung von Peer-to-Peer-Systemen für Musiklabels – Ergebnisse erster Analysen. In: Wirtz, Bernd W. (Hg.), Handbuch Medien- und Multimediamanagement. Wiesbaden, 425-439

Hess, Thomas, Bernd Schulze (2004), Mehrfachnutzung von Inhalten in der Medienindustrie. Grundlagen, Varianten und Herausforderungen. In: Altmeppen, Klaus-Dieter, Matthias Karmasin (Hg.), Medien und Ökonomie. Band 2. Wiesbaden, 41-62

Hess, Thomas, Matthias Schumann (1999), Das Fach Medienökonomie an deutschen Universitäten. Arbeitsbericht Nr. 4/1999. Institut für Wirtschaftsinformatik. Georg August- Universität Göttingen, o.O. (Göttingen)

Heuß, Ernst (1965), Allgemeine Markttheorie. Zürich, Tübingen

Hickethier, Knut (1997), Vom Theaterstar zum Filmstar. Merkmale des Starwesens um die Wende des 19. zum 20. Jahrhundert. In: Faulstich, Werner, Helmut Korte (Hg.), Der Star – Geschichte, Rezeption, Bedeutung. München, 29-47

Hickethier, Knut (1998), Produzenten und Vermittler von Medienkultur – am Beispiel des Fernsehspiels. In: Saxer, Ulrich (Hg.), Medien-Kulturkommunikation. Sonderheft 2/1998 der Publizistik. Opladen, Wiesbaden, 141-159

Hickethier, Knut (2002), Das Kino und die Grenzen der Aufmerksamkeitsökonomie. In: Hickethier, Knut, Joan Kirsten Bleicher (Hg.), Aufmerksamkeit, Medien und Ökonomie. Münster u.a., 149-166

Himmelmann, Gerhard (1983), Öffentliche Bindung durch neokorporatistische Verhandlungssysteme? In: Thiemeyer, Theo (Hg.), Öffentliche Bindung von Unternehmen. Beiträge zur Regulierungsdebatte. Baden-Baden, 55-72

Himmelmann, Gerhard (1992), Öffentliche Unternehmen im Strukturwandel. In: Zeitschrift für öffentliche und gemeinwirtschaftliche Unternehmen (ZögU), Beiheft 14, 10-19

Himmelweit, Hilde T., A.N. Oppenheim, Pamela Vince (1958), Television and the Child. London u.a.

Hinz, Berthold (1994), „Sinnwidrig zusammengestellte Fabrikate"? Zur Varianten-Praxis der Cranach-Werkstatt. In: Grimm, Claus, Johannes Erichsen, Evamaria Brockhoff (Hg.), Lucas Cranach. Ein Maler-Unternehmer aus Franken. Regensburg 1994, 174-179

Hirsch, Paul M. (1980), An Organizational Perspective on Television. (Aided and Abetted by Models from Economics, Marketing, and the Humanities). In: Withey, Stephen B., Ronald P. Abeles (Eds.), Television and Social Behavior. Beyond Violence and Children. Hillsdale, New Jersey, 83-102

Hirsch, Joachim (1998), Vom Sicherheitsstaat zum nationalen Wettbewerbsstaat. Berlin

Hirsch, Joachim (2001), Postfordismus: Dimensionen einer neuen kapitalistischen Formation. In: Hirsch, Joachim, Bob Jessop, Nicos Poulantzas (Hg.), Die Zukunft des Staates. Hamburg, 171-209

Hirschman, Albert O. (1974), Abwanderung und Widerspruch. Reaktionen auf Leistungsabfall bei Unternehmungen, Organisationen und Staaten. Tübingen

Hirshleifer, Jack, John G. Riley (1992), The Analytics of Uncertainty and Information. Cambridge

Hobbes, Thomas (1965), Leviathan. Oder: Wesen, Form und Gewalt eines kirchlichen und bürgerlichen Staates. Reinbek bei Hamburg

Hoffmann, Jochen (1998), Verhandlungssystem. In: Jarren, Otfried, Ulrich Sarcinelli, Ulrich Saxer (Hg.), Politische Kommunikation in der Demokratischen Gesellschaft. Ein Handbuch. Opladen, Wiesbaden, 734

Hollstein, Birgit (1994), Fernsehen als Markt: der Li-La-Launebär und die Situation des Kinderfernsehens in den 90er Jahren in der Bundesrepublik Deutschland. Heidelberg

Homann, Karl (1992), Einleitung: Ethik und Ökonomik. In: Ders. (Hg.), Aktuelle Probleme der Wirtschaftsethik. Berlin, 7-12

Homann, Karl, Ingo Pies (1991), Der neue Institutionalismus und das Problem der Gerechtigkeit. In: Jahrbuch für Neue Politische Ökonomie. 10. Band. Tübingen, 79-100

Homann, Karl, Franz Blome-Drees (1992), Wirtschafs- und Unternehmensethik. Göttingen

Homann, Karl, Christian Kirchner (1995), Ordnungsethik. In: Jahrbuch für Neue Politische Ökonomie, 14. Band, Tübingen, 189-211

Homann, Karl, Ingo Pies (1996), Sozialpolitik für den Markt: Theoretische Perspektiven konstitutioneller Ökonomik. In: Pies, Ingo, Martin Leschke (Hg.), James Buchanans konstitutionelle Ökonomik. Tübingen, 203-239

Homann, Karl, Andreas Suchanek (2000). Ökonomik. Eine Einführung. Tübingen

Hoppmann, Erich (1988), Meinungswettbewerb als Entdeckungsverfahren. In: Mestmäcker, Ernst-Joachim (Hg.), Offene Rundfunkordnung. Prinzipien für den Wettbewerb im grenzüberschreitenden Rundfunk. Gütersloh, 163-198

Hörisch, Jochen (1998), Einleitung zu: Ludes Peter, Einführung in die Medienwissenschaft. Entwicklungen und Theorien. Berlin, 11-32

Horkheimer, Max, Theodor W. Adorno (1988), Dialektik der Aufklärung. Philosophische Fragmente. Frankfurt

Hummel, Johannes (2003), Perspektiven für die Musikindustrie im Zeitalter des Internets. In: Wirtz, Bernd W. (Hg.), Handbuch Medien- und Multimediamanagement. Wiesbaden, 441-463

Hummel, Johannes, Johannes Schmidt (2001), Ökonomie der Aufmerksamkeit – eine neue ökonomische Theorie? In: Beck, Klaus, Wolfgang Schweiger (Hg.), Attention please! Online-Kommunikation und Aufmerksamkeit. München, 93-107

Hutchins, Robert M. (1947), „Comission on the Freedom of the Press". A Free and Responsible Press. Chicago

ifo-Institut (Hg.) (1992), ifo-Schnelldienst Nr. 3, München

Imhof, Kurt (1999), Regelungsprobleme in der Informationsgesellschaft und beim Mediensymposium in Luzern: Konvergenzen & Divergenzen; Abschied & Fortführung. In: Imhof, Kurt, Otfried Jarren, Roger Blum (Hg.), Steuerungs- und Regelungsprobleme in der Informationsgesellschaft. Opladen, Wiesbaden, 12-19

Imhof, Kurt, Peter Schulz (1996), Einleitung: Politisches Raisonnement in der Informationsgesellschaft. In: Dies. (Hg.), Politisches Raisonnement in der Informationsgesellschaft. Zürich, 9-13

Imhof, Kurt, Otfried Jarren, Roger Blum (Hg.) (1999), Steuerungs- und Regelungsprobleme in der Informationsgesellschaft. Mediensymposium Luzern Bd.5. Opladen, Wiesbaden

Iten, Andreas (1996), „Vernunft und Tugend" in der Informationsgesellschaft. In: Imhof, Kurt, Peter Schulz (Hg.), Politisches Raisonnement in der Informationsgesellschaft. Zürich, 15-26

Jäckel, Michael (1992), Mediennutzung als Niedrigkostensituation. In: Medienpsychologie, 4.Jg., Heft 4, 246-266

Jäckel, Michael (1996), Wahlfreiheit in der Fernsehnutzung. Eine soziologische Analyse zur Individualisierung der Massenkommunikation. Opladen

Jarren, Otfried (1996a), Auf dem Weg in die „Mediengesellschaft"? Medien als Akteure und institutionalisierter Handlungskontext. Theoretische Anmerkungen zum Wandel des intermediären Systems. In: Imhof, Kurt, Peter Schulz (Hg.), Politisches Raisonnement in der Informationsgesellschaft. Zürich, 79-96

Jarren, Otfried (1996b), Publizistische Märkte und Kommunikationspolitik. Öffentliche Regulierung statt politisch-administrativer Steuerung? In: Altmeppen, Klaus-Dieter (Hg.),Ökonomie der Medien und des Mediensystems. Opladen, 203-219

Jarren, Otfried (1999), Medienregulierung in der Informationsgesellschaft? Über die Möglichkeiten der Ausgestaltung der zukünftigen Medienordnung. In: Publizistik, 44. Jg., Heft 2, 149-164

Jarren, Otfried, Werner A, Meier (2001) (Hg.), Ökonomisierung der Medienindustrie: Ursachen, Formen und Folgen. Medien & Kommunikationswissenschaft 49. Jg., Heft 2

Jegen, Reto, Bruno S. Frey (2004), TV-Konsum und Rationalität. In: Siegert, Gabriele, Frank Lobigs (Hg.), Zwischen Marktversagen und Medienvielfalt. Baden-Baden, 150-166

Jeitziner, Bruno, Henner Kleinewefers (1995), Dualismus, Pluralismus oder Monismus der Steuerungssysteme? In: Jahrbuch für Neue Politische Ökonomie, 14. Band. Tübingen, 81-106

Jenöffy-Lochau, Marek (1997), Medien, Propaganda und Public Choice. Wiesbaden

Jöhr, Walter Adolf (1976), Die kollektive Selbstschädigung durch Verfolgung des eigenen Vorteils. In: Neumark, Fritz, Karl C. Thalheim, H. Holzler (Hg.), Wettbewerb, Konzentration und wirtschaftliche Macht. Berlin, 17-159

Just, Natascha, Michael Latzer (2003), Ökonomische Theorien der Medien. In: Weber, Stefan (Hg.), Theorien der Medien. Konstanz, 81-107

Kaase, Max (1999), Welche Aussagen erlauben die Zuschaueranteile über den Einfluss der Fernsehprogramme auf die Meinungsbildung. In: Zuschaueranteile als Maßstab vorherrschender Meinungsmacht: die Ermittlung der Zuschaueranteile durch die KEK nach § 27 des Rundfunkstaatsvertrages; Dokumentation des Symposiums der Kommission zur Ermittlung der Konzentration im Medienbereich (KEK) im November 1998 in Potsdam. Berlin

Kallas, Christina (1992), Europäische Film- und Fernsehproduktionen. Baden-Baden

Kaminski, Stuart M., (1985), American film genres. Chicago

Kantzenbach, Erhard (1967), Die Funktionsfähigkeit des Wettbewerbs. 2. Auflage. Göttingen

Kantzenbach, Erhard (1988), Zum Verhältnis von publizistischem und ökonomischem Wettbewerb aus ökonomischer Sicht. In: Hoffmann-Riem, Wolfgang (Hg.), Rundfunk im Wettbewerbsrecht. Baden-Baden, 78-83

Kantzenbach, Erhard, Horst Greiffenberg (1980), Die Übertragbarkeit des Modells des „funktionsfähigen Wettbewerbs" auf die Presse. In: Klaue, Siegfried, Manfred Knoche, Axel Zerick (Hg.), Probleme der Pressekonzentrationsforschung. Baden-Baden, 189-202

Kapsis, Robert (1986), Hollywood filmmaking and audience image. In: Ball-Rokeach, Sandra J. , Muriel G. Cantor (Eds.), Media, audience, and social structure. Newbury Park u.a., 161-173

Karmasin, Matthias (1993), Das Oligopol der Wahrheit. Medienunternehmen zwischen Ökonomie und Ethik. Wien

Karmasin, Matthias (1996), Ethik als Gewinn. Zur ethischen Rekonstruktion der Ökonomie. Wien

Karmasin, Matthias (1998), MedienÖkonomie als Theorie (massen)medialer Kommunikation. Kommunikationstheorie und Stakeholder Theorie. Graz, Wien

Karmasin, Matthias, Carsten Winter (Hg.) (2000), Grundlagen des Medienmanagement. München

Keese, Christoph (2003), Führung und Entwicklung von überregionalen Tageszeitungen: Das Beispiel Financial Times in Deutschland. In: Wirtz, Bernd W. (Hg.), Medien- und Multimediamanagement. Wiesbaden, 93-116

KEK (Kommission zur Ermittlung der Konzentration im Medienbereich) (1999), Jahresbericht der Kommission zur Ermittlung der Konzentration im Medienbereich (KEK), Berichtszeitraum 1. Juli 1998 bis 30. Juni 1999. Potsdam

KEK (Kommission zur Ermittlung der Konzentration im Medienbereich) (2004), Sicherung der Meinungsvielfalt in Zeiten des Umbruchs. Berlin

Kiefer, Marie Luise (1995), Konzentrationskontrolle: Bemessungskriterien auf dem Prüfstand. Mechanismen der Medienkonzentration ökonomisch betrachtet. In: Media Perspektiven, No.2, 58-68

Kiefer, Marie Luise (1996), Unverzichtbar oder überflüssig? Öffentlich-rechtlicher Rundfunk in der Multimedia-Welt. In: Rundfunk und Fernsehen, 44. Jg., Heft 1, 7-26

Kiefer, Marie Luise (1997a), Ein Votum für eine publizistikwissenschaftlich orientierte Medienökonomie. In: Publizistik, 42. Jg., Heft 1, 54-61

Kiefer, Marie Luise (1997b), Privatisierung – cui bono? In: Medien-Journal, 21.Jg., Nr.2, 4-13

Kiefer, Marie Luise (1998a), Die ökonomischen Zwangsjacken der Kultur. Die wirtschaftlichen Bedingungen der Kulturproduktion und -distribution durch Massenmedien. In: Saxer, Ulrich (Hg.), Medien-Kulturkommunikation. Sonderheft 2/1998 der Publizistik. Wiesbaden, Opladen, 97-114

Kiefer, Marie Luise (1998b), Medienkultur als Nachfrageproblem? In: Duchkowitsch Wolfgang u.a. (Hg.), Journalismus als Kultur. Analysen und Essays. Opladen, Wiesbaden, 227-240

Kiefer, Marie Luise (1999), Das Rundfunkpublikum als Bürger und Kunde. In: Schwarzkopf, Dietrich (Hg.), Rundfunkpolitik in Deutschland. Band 2. München, 701-744

Kiefer, Marie Luise (2003), Medienökonomie und Medientechnik. In: Altmeppen, Klaus-Dieter, Matthias Karmasin (Hg.), Medien und Ökonomie. Band 1/2. Wiesbaden, 181-208

Kiefer, Marie Luise (2004a), Medien und neuer Kapitalismus. In: Siegert, Gabriele, Frank Lobigs (Hg.), Zwischen Marktversagen und Medienvielfalt. Baden-Baden, 169-183

Kiefer, Marie Luise (2004b), der Fernsehmarkt in Deutschland – Turbulenzen und Umbrüche. In: Aus Politik und Zeitgeschichte. Beilage zur Wochenzeitung Das Parlament B12-13, 14-21

Kiefer, Marie Luise (2005), Ökonomisierung der Medienbranche – Herausforderungen für die Publizistikwissenschaft und die Medienpolitik. I. Schade, Edzard (Hg.), Publizistikwissenschaft und öffentliche Kommunikation, Konstanz, 191-208

Kirchgässner, Gebhard (1991), Homo Oeconomicus. Das ökonomische Modell individuellen Verhaltens und seine Anwendung in den Wirtschafts- und Sozialwissenschaften. Tübingen

Kirchgässner, Gebhard (1993), Hält sich der Homo Oeconomicus an Regeln? Einige Bemerkungen zur Rolle von Normen und Regeln im Rahmen der Konzeption des ökonomischen Verhaltensmodells. In: Jahrbuch für Neue Politische Ökonomie, 12. Band, Tübingen, 181-197

Kirchler, Erich M. (1999), Wirtschaftspsychologie. Grundlagen und Anwendungsfelder der ökonomischen Psychologie. 2. Auflage. Göttingen u.a.

Kirsch, Guy (1993), Neue Politische Ökonomie. 3. überarbeitete Auflage. Düsseldorf

Kirsch, Guy (1995), Kommentar zu Karl Homann, Christian Kirchner, Ordnungsethik. In: Jahrbuch für Neue Politische Ökonomie. 14. Band. Tübingen, 216-225

Kirzner, Israel M. (1978), Wettbewerb und Unternehmertum. Tübingen

Klaue, Siegfried (1984), Wettbewerbsrechtliche Regelungen zur Erlangung des Marktzutritts. In: Kopper, Gerd G. (Hg.), Marktzutritt bei Tageszeitungen – Zur Sicherung von Meinungsvielfalt durch Wettbewerb. München, 87-95

Kline, Stephan (1991), Let's make a deal: Merchandising im US-Kinderfernsehen. In: Media Perspektiven, No.4, 220-234

Klein, Benjamin, Keith B. Leffler (1981), The Role of Market Forces in Assuring Contractual Performance. In: Journal of Political Economy, (89), 615-641

Kleinaltenkamp, Michael (2001), Begriffsabgrenzungen und Erscheinungsformen von Dienstleistungen. In: Bruhn, Manfred, Heribert Meffert (Hg.), Handbuch Dienstleistungsmanagement. 2. Auflage. Wiesbaden, 29-52

Klodt, Henning (1998), Globalisierung: Phänomene und empirische Relevanz. In: Jahrbuch für Neue Politische Ökonomie. Band 17. Tübingen, 7-34

Knight, Frank H. (1921), Risk, Uncertainty and Profit. Boston, New York

Knoche, Manfred (1978), Einführung in die Pressekonzentrationsforschung. Berlin

Knoche, Manfred (1996a), Konzentrationsboom und Forschungsdefizit. Von der Presse- zur Medienkonzentrationsforschung. In: Altmeppen, Klaus-Dieter (Hg.), Ökonomie der Medien und des Mediensystems. Opladen, 101-120

Knoche, Manfred (1996b), Konzentrationsforschung statt Konzentrationskontrolle. Die Konkordanz von Medienpolitik und Medienwirtschaft. In: Mast, Claudia (Hg.), Markt – Macht – Medien. Publizistik zwischen gesellschaftlicher Verantwortung und ökonomischen Zielen. Konstanz, 105-117

Knoche, Manfred (1999a), Das Kapital als Strukturwandler der Medienindustrie – und der Staat als sein Agent. Lehrstücke der Medienökonomie im Zeitalter digitaler Kommunikation. In: Knoche, Manfred, Gabriele Siegert (Hg.), Strukturwandel der Medienwirtschaft im Zeitalter digitaler Kommunikation. München, 149-193

Knoche, Manfred (1999b), Media Economics as a Subdiscipline of Communication Science. In: Brosius, Hans-Bernd, Christina Holtz-Bacha (Eds.), The German Communication Yearbook. Cresskill N.J., 69-100

Knoche, Manfred (1999c), Medienjournalismus als Zirkulationsmittel des Medienkapitals. Zur medienökonomischen Funktion der Medienthematisierung in Printmedien. In: Latzer, Michael, Ursula Maier-Rabler, Gabriele Siegert, Thomas Steinmaurer (Hg.), Die Zukunft der Kommunikation. Phänomene und Trends in der Informationsgesellschaft. Innsbruck, Wien, 129-146

Knoche, Manfred (1999d), Medienkonzentration und publizistische Vielfalt. Legitimationsgrenzen des privatwirtschaftlichen Mediensystems. In: Renger, Rudi, Gabriele Siegert (Hg.), Kommunikationswelten. Wissenschaftliche Perspektiven zur Medien- und Informationsgesellschaft. 2. korrigierte Auflage. Innsbruck, 123-158

Koch, Miriam (1998), Marketing einer Wochenzeitschrift am Beispiel News. Diplomarbeit am Institut für Publizistik- und Kommunikationswissenschaft der Universität Wien. Wien

Köhler, Lutz, Thomas Hess (2004), ‚Deutschland sucht den Superstar' – Entwicklung und Umsetzung eines cross-medialen Produktionskonzepts. In: MedienWirtschaft 1. Jg., Heft 1, 30-37

Kohring, Matthias (2004), Vertrauen in Journalismus. Theorie und Empirie. Konstanz

Kommission der Europäischen Gemeinschaften (1995), Grünbuch Urheberrecht und verwandte Schutzrechte in der Informationsgesellschaft. (KOM(95) 382endg). Brüssel

Kopper, Gerd (1982a), Medienökonomie – Mehr als „Ökonomie der Medien". Kritische Hinweise zu Vorarbeiten, Ansätzen und Grundlagen. In: Media Perspektiven, No.2, 102-115

Kopper, Gerd (1982b), Massenmedien. Wirtschaftliche Grundlagen und Strukturen. Analytische Bestandsaufnahme der Forschung 1968-1981. Konstanz

Kopper, Gerd G. (2002), Medienökonomie im Zeichen der „fünften Gewalt". In: Siegert, Gabriele (Hg.), Medienökonomie in der Kommunikationswissenschaft. Münster u.a., 15-25

Kopper, Gerd G., Günther Rager u.a.(1993), Steuerungs- und Wirkungsmodelle. In: Bruck, Peter A. (Hg.), Medienmanager Staat. Von den Versuchen des Staates, Medienvielfalt zu ermöglichen. Medienpolitik im internationalen Vergleich. München, 36-181

Kops, Manfred (1997), Rechtfertigen Nachfragemängel eine Regulierung der Ausrichtung und Vielfalt von Rundfunkprogrammen? In: Kohl, Helmut (Hg.), Vielfalt im Rundfunk. Interdisziplinäre und internationale Annäherungen. Konstanz, 151-183

Kops, Manfred (1998), Prinzipien der Gestaltung von Rundfunkordnungen. Ökonomische Grundlagen und rundfunkpolitische Konsequenzen. Arbeitspapiere des Instituts für Rundfunkökonomie an der Universität zu Köln. Heft 100. Köln

Kops, Manfred (2001), Alternative Verfahren zur Bereitstellung von Informationsgütern. In: Kops, Manfred, Wolfgang Schulz, Thorsten Held (Hg.), Von der dualen Rundfunkordnung zur dienstespezifisch diversifizierten Informationsordnung? Baden-Baden, 57-109

Korczynski, Marek (2002), Human Resource Management in Service World. Houndmills

Koslowski, Peter (1991), Ethische Ökonomie als Synthese von ökonomischer und ethischer Theorie. In: Jahrbuch für Nationalökonomie und Statistik.. Vol. 208, No.2, 113-139

Kotler, Philip u.a. (1999), Grundlagen des Marketing. 2. überarbeitete Auflage. München u.a.

Krafft, Manfred, Oliver Götz (2003), Customer Relationship Management öffentlicher und privater Sender. In: Wirtz, Bernd W. (Hg.), Handbuch Medien- und Multimediamanagement. Wiesbaden, 337-363

Kraft, Jörn (1995), Die Medien im Treibhaus der Werbung. In: DIE ZEIT vom 10.2.

Kreile, Johannes (1998), Geistiges Eigentum und Kultur im Spannungsfeld von nationaler Regelungskompetenz und europäischem Wirtschafts- und Wettbewerbsrecht aus Sicht der Film- und Fernsehproduzenten. In: Schwarze, Jürgen, Jürgen Becker (Hg.), Geistiges Eigentum und Kultur im Spannungsfeld von nationaler Regelungskompetenz und europäischem Wirtschafts- und Wettbewerbsrecht. Baden-Baden, 43-51

Kresse, Hermann (1994), Outsourcing im Privatfernsehen – am Beispiel des RTL-Dienstleistungskonzept. In: ZUM, Nr. 7, 385-394

Kresse, Herrman (Hg.) (1995), Pluralismus, Markt und Medienkonzentration: Positionen. Berlin

Kroeber-Riel, Werner (1991), In der Informationsflut überleben. In: Technologie & Management, 2, 14-16

Kroeber-Riel, Werner (1992), Konsumentenverhalten. 5. überarbeitete Auflage. München

Kronberger Kreis – Engels, Wolfram, Walter Hamm, Otmar Issing u.a.(Hg) (1989), Mehr Markt in Hörfunk und Fernsehen. Bad Homburg

Krüger, Udo Michael (2001), Programmprofile im dualen Rundfunksystem 1991-2000. Eine Studie der ARD/ZDF-Medienkommission. Frankfurt/Baden-Baden

Krüger, Udo Michael (2004), Spartenstruktur und Informationsprofile im deutschen Fernsehangebot. Programmanalyse 2003 von ARD/Das Erste, ZDF, RTL, SAT.1 und Pro Sieben. In: Media Perspektiven, Heft 5, 194-207

Krüger, Udo Michael, Karl H. Müller-Sachse (1998), Medienjournalismus. Strukturen, Themen, Spannungsfelder. Opladen, Wiesbaden

Kruse, Jörn (1996), Publizistische Vielfalt und Medienkonzentration zwischen Marktkräften und politischen Entscheidungen. In. Altmeppen, Klaus-Dieter (Hg.), Ökonomie der Medien und des Mediensystems. Opladen, 25-52

Kruse, Jörn (2001), Stars als Produkte der Medien. In: Gaitanides, Michael, Jörn Kruse (Hg.), Stars in Film und Sport. Ökonomische Analyse des Starphänomens. München, 59-74

Kubicek, Herbert, Rolf Arno (1986), Mikropolis. Mit Computernetzen in die Informationsgesellschaft. Hamburg

Kübler, Friedrich (1995), Argumente für ein Werbemarktanteilsmodell. Konzentrationskontrolle in der Sackgasse. In: Media Perspektiven, No.2, 48-57

Kübler, Friedrich (1997), Die verfassungsrechtliche Verbürgung der Vielfalt in der Bundesrepublik Deutschland. In: Kohl, Helmut (Hg.), Vielfalt im Rundfunk. Interdisziplinäre und internationale Annäherungen. Konstanz, 21-30

Kühne, Karl (1983), Die Regulierungsdebatte in den USA in ihrer Bedeutung für die Bundesrepublik Deutschland. In: Thiemeyer, Theo (Hg.), Öffentliche Bindung von Unternehmen. Beiträge zur Regulierungsdebatte. Baden-Baden, 97-138

Kuhlmann, Eberhard (2001), Besonderheiten des Nachfrageverhaltens bei Dienstleistungen. In: Bruhn, Manfred, Heribert Meffert (Hg.), Handbuch Dienstleistungsmanagement, 2. Auflage. Wiesbaden, 213 – 242

Kuhlmann, Christoph, Jens Wolling (2004), Fernsehen als Nebenbeimedium. Befragungsdaten und Tagebuchdaten im Vergleich. In: Medien & Kommunikationswissenschaft, 52. Jg., Heft 3, 386-411

Kumar, B. Nino, Insa Sjurts (1991), Multimediale Unternehmen und Ethik. In: Dierkes, Meinolf, Klaus Zimmermann (Hg.), Ethik und Geschäft. Dimensionen und Grenzen unternehmerischer Verantwortung. Wiesbaden, 159-186

Kunz, Harald (1985), Marktsystem und Information. „Konstitutionelle Unwissenheit" als Quelle von „Ordnung". Tübingen

Kyrer, Alfred (2001), Neue Politische Ökonomie 2005. München, Wien

Lacy, Stephan (1988a), The Impact of Intercity Competition on Daily Newspaper Content. In: Journalism Quarterly, Vol.65, No.2, 399-406

Lacy, Stephen (1988b), Effect of Intermedia Competition on Daily Newspaper Content. In: Journalism Quarterly, Vol.65, No.1, 95-99

Lancaster, Kelvin (1971), Consumer Demand. A New Approach. New York

Lange, Bernd-Peter (1991), Das Duale Rundfunksystem in der Bewährung. Geregelter Wettbewerb oder ruinöse Konkurrenz? In: Media Perspektiven, No.1, 8-17

Lange, Bernd-Peter (1996), Ökonomie der Kommunikation. In: Wittkämper, Gerhard W., Anke Kohl (Hg.), Kommunikationspolitik. Einführung in die medienbezogene Politik. Darmstadt, 131-145

Langenbucher, Wolfgang R. (1980), Publizistische Vielfalt in Monopolgebieten. In: Klaue, Siegfried, Manfred Knoche, Axel Zerdick (Hg.), Probleme der Pressekonzentrationsforschung. Baden-Baden, 139-144

Langenbucher, Wolfgang R. (1999), Rundfunk und Gesellschaft. In: Schwarzkopf, Dietrich (Hg.), Rundfunkpolitik in Deutschland. Wettbewerb und Öffentlichkeit. 2 Bände, Band 1. München, 149-315

Lasswell, Harold D. (1948), The structure and function of communication in society. In: Bryson, Lymon (Ed.), The communication of ideas. New York

Latzer, Michael (1997), Mediamatik – Die Konvergenz von Telekommunikation, Computer und Rundfunk. Opladen

Lehnung, Thomas (2002), Die Goldtruhen der Seeräuber. In: Hickethier, Knut, Joan Kristin Bleicher (Hg.), Aufmerksamkeit, Medien und Ökonomie. Münster, 195-208

Leipold, Helmut (1995), Kommentar zu Jeitziner, Bruno, Henner Kleinewefers, Dualismus, Pluralismus oder Monismus der Steuerungssysteme? In: Jahrbuch für Neue Politische Ökonomie. 14. Band. Tübingen, 110-113

Lerg, Winfried B. (1981), Verdrängen oder ergänzen die Medien einander? In: Publizistik, 26. Jg., Heft 2, 193-201

Lersch, Edgar (1995), Was gibt's wann im Radio? Grundzüge der Entwicklung der Programmstrukturen von 1923 bis heute. In: ZFP – Zentrale Fortbildung der Programm-Mitarbeiter, Gemeinschaftseinrichtung ARD/ZDF (Hg.), Das Radio hat viel(e) Geschichte(n). Sieben Jahrzehnte Rundfunk in Deutschland. ZFP-Dossier. Wiesbaden, 57-67

Leschke, Martin (1995), Neue Richtlinien für Europa. Das Urteil des Bundesverfassungsgerichts zum Vertrag von Maastricht aus Sicht der konstitutionellen Ökonomik. In: Zeitschrift für Wirtschaftspolitik, 44. Jg., Heft 1, 3-28

Lilienthal, Volker (1996), Herzblut vom Fließband. Die deutschen TV-Produzenten – dritte Säule im dualen System? In: Tendenz I, 4-11

Lilienthal, Volker (1998), Die Kommerzialisierung von Fernseh-Fiction: Product Placement und das Programm. In: Pethig, Rüdiger, Sofia Blind (Hg.), Fernsehfinanzierung. Ökonomische, rechtliche und ästhetische Perspektiven. Opladen, Wiesbaden, 119-146

Lindblom, Charles E. (1966), Zur Analyse-Methode in der staatlichen Wirtschaftspolitik. In: Gäfgen, Gérard (Hg.), Grundlagen der Wirtschaftspolitik. Köln, Berlin, 320-337

Lindblom, Charles E.(1983), Jenseits von Markt und Staat. Eine Kritik der politischen und ökonomischen Systeme. Frankfurt/M. u.a.

Linde, Robert (1988), Einführung in die Mikroökonomie. 2. erweiterte Auflage. Stuttgart u. a.

Lindenberg, Siegwart (1993), Framing. Empirical Evidence and Applications. In: Jahrbuch für Neue Poltische Ökonomie. 12. Band. Tübingen, 11-38

Lipietz, Alain (1998), Nach dem Ende des „goldenen Zeitalters". Regulation und Transformation kapitalistischer Gesellschaften. Ausgewählte Schriften, hrsgg. von Hans-Peter Krebs. Berlin, Hamburg

Lippmann, Walter (1964), Die öffentliche Meinung. München

Litman, Bary (1988), Microeconomic Foundations. In: Picard, Robert G., James P. Winter, Maxwell McCombs, Stephen Lacy (Eds.), Press Concentration and Monopoly: New Perspectives on Newspaper Ownership and Operation. Norwood, New Jersey, 3-34

Lobigs, Frank (2004), Funktionsfähiger journalistischer Wettbewerb. Institutionenökonomische Herleitung einer fundamentalen publizistischen Institution. In: Siegert, Gabriele, Frank Lobigs (Hg.), Zwischen Marktversagen und Medienvielfalt. Baden-Baden, 53-68

Loosen, Wiebke (2001), Mediale Synergien – Crossmedia-Markenstrategien und Konsequenzen für den Journalismus. In: Beck, Klaus, Wolfgang Schweiger (Hg.), Attention please! Online-Kommunikation und Aufmerksamkeit. München, 237-248

Ludwig, Johannes (1994), Medienökonomie – Eine Einführung in die ökonomischen Strukturen und Probleme von Medienunternehmen. In: Jarren, Otfried (Hg.), Medien und Journalismus 1. Eine Einführung. Opladen, 145-209

Ludwig, Johannes (1996), Kosten, Preise und Gewinne. Zur Betriebswirtschaft von Medienunternehmen: Das Beispiel Der Spiegel. In: Altmeppen, Klaus-Dieter (Hg.), Ökonomie der Medien und des Mediensystems. Opladen, 81-99

Ludwig, Johannes (1998), Zur Ökonomie der Medien. Zwischen Marktversagen und Querfinanzierung. Opladen, Wiesbaden

Luhmann, Niklas (1990), Paradigm lost. Über die ethische Reflexion der Moral. Frankfurt

Luhmann, Niklas (1996), Die Realität der Massenmedien. 2. erweiterte Auflage. Opladen

Luyken, Georg-Michael (1990), Das neue Medienwirtschaftsgefüge der 90er Jahre. In: Mahle, Walter A. (Hg.), Medien in Deutschland, nationale und internationale Perspektiven. München, 53-60

Machlup, Fritz (1962), The Production and Distribution of Knowledge in the United States. Princeton, New Jersey

Maier, Matthias (2001), Bausteine zu einer Theorie der Medienproduktion. In: Karmasin, Matthias, Manfred Knoche, Carsten Winter (Hg.), Medienwirtschaft und Gesellschaft I. Münster u.a., 21-39

Maleri, Rudolf (1994), Grundlagen der Dienstleistungsproduktion. 3. überarbeitete Auflage. Berlin, Heidelberg

Maleri, Rudolf (2001), Grundlagen der Dienstleistungsproduktion. In: Bruhn, Manfred, Heribert Meffert (Hg.), Handbuch Dienstleistungsmanagement. 2. Auflage. Wiesbaden, 125-148

Maletzke, Gerhard (1963), Psychologie der Massenkommunikation. Hamburg

Mast, Claudia (1997), Massenkommunikation – quo vadis? Grenzaufhebungen markieren den Weg nach Multimedia. In: Fünfgeld, Hermann, Claudia Mast (Hg.), Massenkommunikation. Ergebnisse und Perspektiven. Opladen, 213-228

Mast, Claudia (1998), Themen- und Präsentationsstrategien in der Presse. Eine Analyse der Wirtschaftsberichterstattung. Vortrag anlässlich des 14. Wissenschaftlichen Gesprächs der Bundesregierung am 9., 10. Dezember 1998 in Boppard. Manuskript

McAllister, Matthiew P. (1996), The Commercialization of American Culture. New Advertising Control and Democracy. Thousand Oaks u.a.

McCombs, Maxwell (1987), Effect of Monopol in Cleveland on Diversity of Newpaper Content. In: Journalism Quarterly, Vol.64, No.4 (Winter), 740-744+792

McManus, John H. (1992), What Kind of Commodity is News? In: Communication Research, Vol.19, No.6, 787-805

McManus, John H. (1994), Market-Driven Journalism. Let the Citizen Beware? Thousand Oaks u.a.

McQuail, Denis (1986), Kommerz und Kommunikationstheorie. In: Media Perspektiven, No.10, 633-643

McQuail, Denis (1994), Mass Communication Theory. An Introduction. Third Edition. London u.a.

McQuail, Denis (1997), Accountability of Media to Society. Principles and Means. In: European Journal of Communication, Vol.12, Heft 4, 511-529

Meckel, Miriam (1997), Die neue Übersichtlichkeit. Zur Entwicklung des Format-Fernsehens in Deutschland. In: Rundfunk und Fernsehen, 49. Jg., Heft 4, 475-485

Meckel, Miriam (1999), Redaktionsmanagement. Ansätze aus Theorie und Praxis. Opladen, Wiesbaden

Meier, Werner A., Josef Trappel (2001), Medienökonomie. In: Jarren, Otfried, Heinz Bonfadelli (Hg.), Einführung in die Publizistikwissenschaft. Bern u.a., 161-196

Menger, Carl (1923), Grundsätze der Volkswirtschaftslehre. 2. überarb. Auflage. Wien, Leipzig

Merton, Robert K. (1989), Auf den Schultern von Riesen. Ein Zeitfaden durch das Labyrinth der Gelehrsamkeit. Frankfurt

Mestmäcker, Ernst-Joachim (1979), Verlagskonzentration und Verdrängungswettbewerb im Recht der Wettbewerbsbeschränkungen. In: Fischer, Heinz-Dietrich, Barbara Baerns (Hg.), Wettbewerbswidrige Praktiken auf dem Pressemarkt. Position und Probleme im internationalen Vergleich. Baden-Baden, 19-46

Metzger, Jan, Ekkehardt Oehmichen (2000), Qualitätssteuerung im hessen fernsehen. Strategie, Verfahren und erste Erfahrungen. In: Media Perspektiven, Heft 5, 207-212

Meyer, Willi (1983), Entwicklung und Bedeutung des Property Rights-Ansatzes in der Nationalökonomie. In: Schüller, Alfred (Hg.), Property Rights und ökonomische Theorie. München, 1-44

Meyer, Willi (1993), Kommentar zu Eichenberger, Reiner, Bruno S. Frey, Superrationalität oder: Vom rationalen Umgang mit dem Irrationalen. In: Jahrbuch für Neue Politische Ökonomie. 12. Band. Tübingen, 89-92

Miège, Bernard (1987), The logics at work in the new culture industries. In: Media, Culture & Society, Vol. 9, No. 3, 273-289

Miège, Bernard (1989), The Capitalization of Cultural Production. New York

Miller, Peter V. (1994), Made-to-Order and Standardized Audiences: Forms of Reality in Audience-Measurement. In: Ettema, James S, D. Charles Whitney (Eds.), Audiencemaking: How the Media Create the Audience. Thousand Oaks u.a., 57-74

Mises, Ludwig von (1958), Die Wurzeln des Antikapitalismus. Frankfurt/M

Mittelstraß, Jürgen (1997), Zur Kultur der Informationsgesellschaft. In: Kubicek, Herbert, Dieter Klumpp, Günter Müller u.a. (Hg.), Jahrbuch Telekommunikation und Gesellschaft 1997. Die Ware Information – Auf dem Weg zu einer Informationsökonomie. Heidelberg, 60-64

Mojto, Jan (1990), Wie funktioniert das europäische Modell – neue Formen der Kooperation im Programmbereich. Referat anlässlich der Medientage München 1990. Europa-Kongress. Manuskript

Monopolkommission (1996), Wettbewerbspolitik in Zeiten des Umbruchs. Hauptgutachten 1994/95. Baden-Baden

Mosco, Vincent (1994), The Political Economy of Communication. Lessons from the Founders. In: Babe, Robert E. (Ed.), Information and Communication in Economics. Boston u.a., 105-121

Mosco, Vincent (1996), The Political Economy of Communication. Rethinking and Renewal. London u.a.

Müller, Dieter K. (1997), Fernsehzuschauerforschung in Deutschland. Das Währungssystem für Programm und Werbung. In: Media Perspektiven, No.9, 470-480

Müller, Dieter K. (2000), Fernsehforschung ab 2000 – Methodische Kontinuität. Organisatorische Modifikationen und inhaltliche Erweiterungen beim System der AGF/GfK Fernsehforschung. In: Media Perspektiven, No. 1, 2-7

Müller, Dieter K. (2004), Werbung und Fernsehforschung. Anforderungen, Leistungen und zukünftige Aufgaben. In: Media Perspektiven, Heft 1, 28-37

Müller, Werner (1979), Die Ökonomik des Fernsehens. Eine wettbewerbspolitische Analyse unter Berücksichtigung unterschiedlicher Organisationsformen. Göttingen

Murdock, Graham (1998), Walking the Bottom Line: Programming Cultures and Television Economics in Contemporary Britain. In: Pethig, Rüdiger, Sofia Blind (Hg.), Fernsehfinanzierung. Ökonomische, rechtliche und ästhetische Perspektiven. Opladen, Wiesbaden, 228-247

Musgrave, Richard A. (1956/57), A Multiple Theory of Budget Determination. In: Finanzarchiv, N.F. Band 17, Heft 3, 333-343

Musgrave, Richard A. (1974), Finanztheorie. Tübingen

Negus, Keith (1997), The Production of Culture. In: Du Gay, Paul (Ed.), Production of Culture / Cultures of Production. London u.a., 67-118

Negus, Keith (1998), Cultural production and the corporation: musical genres and the strategic management of creativity in the US recording industry. In: Media, Culture & Society. Vol.20, No.3, 359-379

Nelson, Phillip (1970), Information and Consumer Behavior. In: Journal of Political Economy, 78, 311-329

Nelson, Phillip (1974), Advertising as Information. In: Journal of Political Economy, 82, 729-754

Neumann, Manfred (1991), Theoretische Volkswirtschaftslehre. 3 Bände. München

Neus, Werner (1998), Einführung in die Betriebswirtschaftslehre aus institutionenökonomischer Sicht. Tübingen

Neverla, Irene (1991), Fernsehen als Medium einer Gesellschaft in Zeitnot. Über „Zeitgewinn" und „Zeitverlust" durch Fernsehnutzung. In: Media Perspektiven, No.3, 194-205

Neverla, Irene (2001), Das Netz – eine Herausforderung für die Kommunikationswissenschaft. In: Maier-Rabler, Ursula, Michael Latzer (Hg.), Kommunikationskulturen zwischen Kontinuität und Wandel. Universelle Netzwerke für die Zivilgesellschaft. Konstanz, 29-46

Neverla, Irene, Ingeborg Susie Walch (1994), Entscheidungsstrukturen in Printmedienunternehmen. In: Bruck, Peter A. (Hg.), Print unter Druck. Zeitungsverlage auf Innovationskurs. Verlagsmanagement im internationalen Vergleich. München, 293-386

Nieland, Jörg-Uwe (1996), Veränderte Produktionsweisen und Programmangebote im Fernsehen: Strategien und Entscheidungsprozesse der Kommunikatoren. In: Schatz, Heribert (Hg.), Fernsehen als Objekt und Moment des sozialen Wandels. Opladen, 125-202

Nielsen Media Research (1999), TV Viewing in Internet Households. Data Sources: National People Meter Data – May 1999. Nielsen/Net Ratings (o.O.)

Nightingale, Virginia (1986), What's Happening to Audience Research? In: Media Information Australia, 39, February, 18-22

Noelle-Neumann, Elisabeth (1995), Der lange Weg zu Zielgruppen mit Musik. Single-Source-Nachweise von Werbewirkung ersetzen keine kreative Mediaplanung. In: B.A.C., Burda Anzeigen-Marktforschung (Hg.), Neue Erkenntnisse der Print- und TV-Forschung. Offenburg

Noelle-Neumann, Elisabeth, Franz Ronneberger, Heinz-Werner Stuiber (1976), Streitpunkt lokales Pressemonopol. Untersuchungen zur Alleinstellung von Tageszeitungen. Düsseldorf

Nora, Simon, Alain Minc (1979), Die Informatisierung der Gesellschaft. Frankfurt

North, Douglass C. (1988), Theorie des institutionellen Wandels. Tübingen

North, Douglass C.(1992), Institutionen, institutioneller Wandel und Wirtschaftsleistung. Tübingen

Nußberger, Ulrich (1984), Das Pressewesen zwischen Geist und Kommerz. Konstanz

Oberreuter, Heinrich (1985), Ethik der Massenkommunikation. In: Maier, Hans (Hg.), Ethik der Kommunikation. Freiburg (Schweiz), 73-78

Olson, Mancur (1992), Die Logik des kollektiven Handelns. 3. überarb. Auflage. Tübingen

Opdemon, Peter (1998), Strategische Allianzen und Wettbewerb. Das Beispiel des US-Marktes für internationale Telekommunikation. Köln

O'Reilly, Ch. A., (1983), The Use of Information in Organizational Decision Making: A Model of some Propositions. In: Research in Organizational Behavior, No.5, 103-139

Ospel, Stefan (1988), Ökonomische Aspekte elektronischer Massenmedien, Arau u.a.

Osterloh, Margit, Leo Boos (2001), Organisatorische Entwürfe von wissensintensiven Dienstleistungsunternehmen. In: Bruhn, Manfred, Heribert Meffert (Hg.), Handbuch Dienstleistungsmanagement, 2. Auflage, Wiesbaden, 781-802

Ott, Claus, Hans-Bernd Schäfer (1996), „Plea-bargaining" – der „Deal" im Strafprozess. In: Jahrbuch für Neue Politische Ökonomie. 15. Band. Tübingen, 106-126

Owen, Bruce M., Jack H. Beebe, Willard G. Manning Jr. (1974), Television Economics. Lexington, Mass.

Owen, Bruce M, Steven S. Wildman (1992), Video Economics. Cambrige, Mass., London

Palmgreen, Philip (1984), Der „Uses and Gratifications Approach". Theoretische Perspektiven und praktische Relevanz. In: Rundfunk und Fernsehen, 32. Jg., Heft 1, 51-62

Palmgreen Philip, J.D. Rayburn II (1985), An Expectancy-Value Approach to Media Gratifications. In: Rosengren, Karl Erik, Lawrence A. Wenner, Pilip Palmgreen (Eds.), Media Gratifications Research. Current Perspectives. Beverly Hills u.a., 61-72

Paquet, Gilles (1994), From the Information Economy to Evolutionary Cognitive Economics. In: Babe, Robert E. (Ed.), Information and Communication in Economics. Boston u.a., 34-40

Paulsen, Andreas (1966), Allgemeine Volkswirtschaftslehre. 3 Bände. Band 1: Grundlegung, Wirtschaftskreislauf. Berlin

Pauwels, Caroline, Jan Loisen (2004), Von GATT zu GATS und darüber hinaus. Die Bedeutung der WTO für die audiovisuelle Politik. In: Media Perspektiven, Heft 10, 489-499

Pepels, Werner (1997), Mit Erwin und Wilhelmine – Typologien zur Zielgruppenbeschreibung auf dem Prüfstand. In: Media Spectrum, Nr.6, 30-35

Pethig, Rüdiger (1997), Die verfassungsrechtliche Verbürgung von Vielfalt in der Bundesrepublik Deutschland. Koreferat zum Referat von Friedrich Kübler. In: Kohl, Helmut (Hg.), Vielfalt im Rundfunk. Interdisziplinäre und internationale Annäherungen. Konstanz, 31-42

Pethig, Rüdiger (1998), Die doppelte Adressierung im werbefinanzierten Fernsehen. Ökonomische Bemerkungen zu Gerd Hallenbergers Beitrag. In: Pethig, Rüdiger, Sofia Blind (Hg.), Fernsehfinanzierung. Ökonomische, rechtliche und ästhetische Perspektiven. Opladen, Wiesbaden, 96-104

Pettigrew, Nick (1995), Producer Choice – ein Erfolgsrezept? Die BBC-Reformen aus der Sicht der Programmacher. In: Media Perspektiven, No.6, 267-276

Phalen, Patricia F. (1998), The Market Information System and Personalized Exchange: Business Practices in the Market for Television Audience. In: The Journal of Media Economics. Vol.11, No.4, 17-34

Picard, Robert G. (1989), Media Economics. Concepts and Issues. Newbury Park u.a.

Picard, Robert G. (1997), Entwicklung der Kommunikations- und Medienstrukturen in den USA. Auswirkungen auf Entscheidungen in Europa. In: Kopper Gerd G. (Hg.), Europäische Öffentlichkeit: Entwicklung von Strukturen und Theorien. Berlin, 109-121

Picot, Arnold (1997), Mehrwert von Information – betriebswirtschaftliche Perspektiven. In: Kubicek, Herbert, Dieter Klumpp, Günter Müller u.a. (Hg.), Jahrbuch Telekommunikation und Gesellschaft 1997. Die Ware Information – Auf dem Weg zu einer Informationsökonomie. Heidelberg, 42-59

Picot, Arnold, Ralf Reichwald, Rolf T. Wigand (1998), Die grenzenlose Unternehmung. Information, Organisation und Management. 3. überarbeitete Auflage. Wiesbaden

Pies, Ingo (1993), Normative Institutionenökonomik. Tübingen

Pies, Ingo (1996), Theoretische Grundlagen demokratischer Wirtschafts- und Gesellschaftspolitik – Der Beitrag James Buchanans. In: Pies, Ingo, Martin Leschke (Hg.), James Buchanans konstitutionelle Ökonomik. Tübingen, 1-18

Pigou, Arthur C. (1962), The Economics of Welfare. 4. Auflage. New York

Piore, Michael J., Charles F. Sabel (1984), The Second Industrial Divide. New York

Plake, Klaus (1999), Talkshows. Die Industrialisierung der Kommunikation. Darmstadt

Pleitgen, Fritz (2003), Kulturelle Vielfalt weltweit schützen. In: ARD-Jahrbuch 03, Baden-Baden/Hamburg, 17-23

Pommerehne, Werner W., Jean-Dominique Lafay (1983), Ökonometrische Untersuchungen von Wahlkampfausgaben. Ein Überblick. In: Jahrbuch für Sozialwissenschaft, Bd. 34, 20-58

Popper, Karl, R. (1980), Die offene Gesellschaft und ihre Feinde. Zwei Bände. 6. Auflage. München

Porat, Marc Uri (1977), The informaton economy. Definition and measurement. Washington DC

Porter, Michael E. (1980), Competitive Strategy: Techniques for Analysing Industries and Competitors. New York

Porter, Michael E. (2000), Wettbewerbsvorteile. Spitzenleistungen erreichen und behaupten. 6. Auflage. Frankfurt, New York

Pratten, Stephen (1998), Needs and wants: the case of broadcasting policy. In: Media, Culture & Society, Vol.20, No.3, 381-407

Priddat, Birger, P. (1992), Zur Ökonomie der Gemeinschaftsbedürfnisse: Neuere Versuche einer ethischen Begründung der Theorie meritorischer Güter. In: Zeitschrift für Wirtschafts- und Sozialwissenschaften, Vol. 112, No.2, 239-259

Prokop, Dieter (1995), Medien – Macht und Massen-Wirkung. Ein geschichtlicher Überblick, Freiburg im Breisgau

Prosi, Gerhard (1971), Ökonomische Theorie des Buchs. Volkswirtschaftliche Aspekte des Urheber- und Verlagsschutzes. Düsseldorf

Prosi, Gerhard (1988), Die wirtschaftliche Bedeutung ethischer Regeln. In: Das Wirtschaftsstudium, 17. Jg., No.8/9, 481-485

Pürer, Heinz (1992), Ethik in Journalismus und Massenkommunikation. Versuch einer Theorien-Synopse. In: Publizistik, 37.Jg., Heft 3, 304-321

Pürer, Heinz (1993), Einführung in die Publizistikwissenschaft. Systematik, Fragestellungen, Theorieansätze, Forschungstechniken. 5. überarb. Auflage. München

Pürer, Heinz, Johannes Raabe (1994), Medien in Deutschland. Band 1: Presse. München

Radler, Ralf (1995), Formatentwicklung – Wege der Erarbeitung neuer Programmformen bei privaten Fernsehsendern. In: Hallenberger, Gerd (Hg.), Neue Sendeformen im Fernsehen. Ästhetische, juristische und ökonomische Aspekte. Arbeitsheft Bildschirmmedien 54, Siegen, 31-38

Rager, Günther, Bernd Weber (Hg.) (1992), Publizistische Vielfalt zwischen Markt und Politik. Mehr Medien – mehr Inhalte? Düsseldorf u.a.

Ramb, Bernd-Thomas (1993), Die allgemeine Logik des menschlichen Handelns. In: Ramb, Bernd-Thomas, Manfred Tietzel (Hg.), Ökonomische Verhaltenstheorie. München, 1-31

Rawls, John (1979), Eine Theorie der Gerechtigkeit. Frankfurt/Main

Reiter, Udo (1999), Auslagerung von Aufgaben und Leistungserstellung durch Dritte im Rundfunk. Das Modell des MDR. In: Media Perspektiven, No.1, 5-8

Reiter, Udo (2004), Aneinander gebunden: Film und Fernsehen. Der Beitrag der ARD zur Filmförderung in Deutschland. In: ARD-Jahrbuch 04/05, Hamburg, Baden-Baden, 113-119

Renckstorf, Karsten (1989), Mediennutzung als soziales Handeln. Zur Entwicklung einer handlungstheoretischen Perspektive der empirischen (Massen)Kommunikationsforschung. In: Kaase, Max, Winfried Schulz (Hg.), Massenkommunikation. Theorien, Methoden, Befunde. Kölner Zeitschrift für Soziologie und Sozialpsychologie, Sonderheft 30, 314-336

Renckstorf, Karsten (1992), Erträge der Rezipientenforschung für eine Medienethik aus der Perspektive einer handlungstheoretisch begründeten (Massen)Kommunikationsforschung. In: Haller, Michael, Helmut Holzhey (Hg.), Medien-Ethik. Beschreibungen, Analysen, Konzepte für den deutschsprachigen Journalismus. Opladen, 129-147

Reumann, Kurt (1968), Entwicklung der Vertriebs- und Anzeigenerlöse im Zeitungsgewerbe seit dem 19. Jahrhundert. In: Publizistik, 13. Jg., Heft 2-4, 226-271

Ribhegge, Hermann (1991), Der Beitrag der Neuen Institutionenökonomik zur Ordnungspolitik. In: Jahrbuch für Neue Politische Ökonomie. 10. Band. Tübingen, 38-60

Richter, Rudolf, Eirik Furubotn (1996), Neue Institutionenökonomik. Eine Einführung und kritische Würdigung. Tübingen

Rifkin, Jeremy (2000), Access. Das Verschwinden des Eigentums. Frankfurt

Rieger, Wilhelm (1964), Einführung in die Privatwirtschaftslehre. 3. Auflage. Erlangen

Riepl, Wolfgang (1987), Das Nachrichtenwesen des Altertums mit besonderer Rücksicht auf die Römer. Leipzig, Berlin 1913. Abgedruckt unter dem Titel: Das Gesetz von der Komplementarität in: Brobowski, Manfred, Wolfgang Duchkowitsch, Hannes Haas (Hg.), Medien und Kommunikationsgeschichte. Ein Textbuch zur Einführung. Wien, 144-148

Roe, Keith, Heidi Vandenbosch (1996), Weather to view or not: That is the question. In. European Journal of Communication. Vol.11, No.2, 201-216

Röper, Burkhardt (1976), Teil B. Werbung für Markenartikel. Auswirkungen auf Markttransparenz und Preise. In: Blume, Otto, Gislinde Müller, Burkhardt Röper, Werbung für Markenartikel – Auswirkungen auf Markttransparenz und Preise. Zwei Studien. Göttingen, 157-608

Röper, Horst (1996), Mehr Spielraum für Konzentration und Crossownership im Mediensektor. Analyse der Vielfaltsicherungen des neuen Rundfunkstaatsvertrags mit Beispielsrechnungen. In: Media Perspektiven, No.12, 610-620

Röper, Horst (1997), Wirtschaftliche Folgen des neuen Rundfunkstaatsvertrags. In: Stock, Martin, Horst Röper, Bernd Holznagel, Medienmarkt und Meinungsmarkt. Zur Neuregelung der Konzentrationskontrolle in Deutschland und Großbritannien. Berlin, Heidelberg, 79-108

Röper, Horst (2004), Formationen deutscher Medienmultis 2003. Entwicklungen und Strategien der größten deutschen Medienunternehmen. In: Media Perspektiven, Heft .2, 54-80

Röper, Horst (2004a), Bewegung im Zeitungsmarkt 2004. Daten zur Konzentration der Tagespresse in der Bundesrepublik Deutschland im 1. Quartal 2004. In: Media Perspektiven, Heft 6, 248-283

Röpke, Jochen (1970a), Wettbewerb, Pressefreiheit und öffentliche Meinung. Eine Analyse der Wirkungen. In: Schmollers Jahrbuch 1970, 171-192

Röpke, Jochen (1970b), Zur politischen Ökonomie von Hörfunk und Fernsehen. In: Publizistik, 15. Jg., Heft 2, 98-113

Röpke, Wilhelm (1958), Jenseits von Angebot und Nachfrage. 2. Auflage. Erlenbach-Zürich

Röpke, Wilhelm (1979), Die Gesellschaftskrisis der Gegenwart. 6. Auflage. Bern, Stuttgart

Rosse, James N. (1987), Competition of the Mass Media in USA. In: Röper, Burkhardt (Hg.), Wettbewerb im Medienbereich. Berlin, 115-129

Rothenberg, J. (1962), Consumer sovereignty and the economics of TV programming. In: Studies in Public Communication. No.4, 45-54

Rothschild, Kurt W. (1992), Ethik und Wirtschaftstheorie. Tübingen

Rühl, Manfred (1990), Moral in der Wissensvermittlung. Anmerkungen zur Diskussionslage in der Kommunikationswissenschaft. In: Ruß-Mohl, Stephan (Hg.), Wissenschaftsjournalismus und Öffentlichkeitsarbeit. Gerlingen, 153-163

Rühl, Manfred (1993), Marktpublizistik. Oder: Wie alle – reihum – Presse und Rundfunk bezahlen. In: Publizistik, 38. Jg., Heft 2, 125-152

Rühl, Manfred (1998), Politische Kommunikation – Wirtschaftswissenschaftliche Perspektiven. In: Jarren, Otfried, Ulrich Sarcinelli, Ulrich Saxer (Hg.), Politische Kommunikation in der Demokratischen Gesellschaft. Ein Handbuch. Opladen Wiesbaden, 173-185

Rühl, Manfred (2003), Politische Ökonomie der Alltagspublizistik. Suchen und Prüfen von Grundlagen für ein Theorieprogramm. In: Altmeppen, Klaus, Matthias Karmasin (Hg.), Medien und Ökonomie Band 1/1. Wiesbaden, 91-114

Rühl, Manfred, Ulrich Saxer (1981), 25 Jahre Presserat. Ein Anlass für Überlegungen zu einer kommunikationswissenschaftlichen Ethik des Journalismus und der Massenkommunikation. In: Publizistik, 26. Jg., Heft 4, 471-507

Ruhrmann, Georg, Jörg-Uwe Nieland (1997), Interaktives Fernsehen. Entwicklung, Dimensionen, Fragen, Thesen. Opladen

Runkel, Marco (1998), Allokationswirkungen alternativer Finanzierungsformen auf dem Fernsehmarkt. In: Pethig, Rüdiger, Sofia Blind (Hg.), Fernsehfinanzierung. Ökonomische, rechtliche und ästhetische Perspektiven. Opladen, Wiesbaden, 43-73

Ruß-Mohl, Stephan (1992), ZeitungsUmbruch. Wie sich Amerikas Presse revolutioniert. Berlin

Ruß-Mohl, Stephan (1997), Arrivederci Luhmann? Vorwärts zu Schumpeter! Transparenz und Selbstreflexivität: Überlegungen zum Medienjournalismus und zur PR-Arbeit von Medienunternehmen. In: Fünfgeld, Hermann, Claudia Mast (Hg.), Massenkommunikation. Ergebnisse und Perspektiven. Opladen, 193-211

Samuelson, Paul (1952), Volkswirtschaftslehre. Eine einführende Analyse. Köln

Samuelson, Paul, A., William D. Nordhaus (1998), Volkswirtschaftslehre. Übersetzung der 15. Auflage. Wien, Frankfurt

Sánchez-Tabernero, Alfonso (1993), Media Concentration in Europe. Commercial Enterprise and the Public Interest. Düsseldorf (Europäisches Medieninstitut)

Sarcinelli, Ulrich (1987), Symbolische Politik. Zur Bedeutung symbolischen Handelns in der Wahlkampfkommunikation in der Bundesrepublik Deutschland. Opladen

Saxer, Ulrich (1981), Medienpolitik zwischen Selbständigkeit und Überfremdung. In: Media Perspektiven, No.2, 77-90

Saxer, Ulrich (1986), Die Publikumsforschung unter gewandelten Bedingungen. In: Fleck, Florian H. (Hg.), Zukunftsaspekte des Rundfunks. Kommunikationspolitische und ökonomische Beiträge. Stuttgart u.a., 107-121

Saxer, Ulrich (1987), Kommunikationswissenschaftliche Thesen zur Werbung. In: Media Perspektiven, No.10, 650-656

Saxer, Ulrich (1991), Public Relations als Innovation. In: Media Perspektiven, No.5, 273-290

Saxer, Ulrich (1996a), Medien- und Journalismusethik. In: Holzhey, Helmut, Peter Schaber (Hg.), Ethik in der Schweiz. Ethique en Suisse. Zürich, 109-123

Saxer, Ulrich (1996b), Medientransformation – Bilanz nach einem Jahrzehnt dualen Rundfunks in Deutschland. In: Hömberg, Walter, Heinz Pürer (Hg.), Medien-Transformation. Zehn Jahre dualer Rundfunk in Deutschland. Konstanz, 19-44

Saxer, Ulrich (1997), Das Starphänomen im dualen Rundfunksystem. In: Faulstich, Werner, Helmut Korte (Hg.), Der Star. Geschichte – Rezeption – Bedeutung. München, 204-218

Saxer, Ulrich (1998), System, Systemwandel und politische Kommunikation. In: Jarren, Otfried, Ulrich Sarcinelli, Ulrich Saxer (Hg.), Politische Kommunikation in der demokratischen Gesellschaft. Ein Handbuch. Opladen, Wiesbaden, 21-64

Saxer, Ulrich (2003), Interdisziplinäre Optimierung zwischen Medienökonomik und Kommunikationswissenschaft. In: Medien Journal, 27. Jg., Heft 3, 7-30

Saxer, Ulrich (2004), Qualifizierte Transdisziplinarität. In: Siegert, Gabriele, Frank Lobigs (Hg.), Zwischen Marktversagen und Medienvielfalt. Baden-Baden, 15-30

Saxer, Ulrich, Marianne Landolt (1995), Medien-Lebensstile. Lebensstilmodelle von Medien für die Freizeit. Zürich

Schäfer, Hans-Bernd, Klaus Wehrt (Hg.) (1989), Die Ökonomisierung der Sozialwissenschaften. Sechs Wortmeldungen. Frankfurt/Main, New York

Schäfers, Anja (1998), Im Mittelpunkt der Mensch: Neue Medien und historischer Vergleich. In: Neverla, Irene (Hg.), Das Netz-Medium, Kommunikationswissenschaftliche Aspekte eines Mediums in Entwicklung. Opladen, Wiesbaden, 89-110

Scharpf, Fritz W. (1986), Strukturen der postindustriellen Gesellschaft oder: Verschwindet die Massenarbeitslosigkeit in der Dienstleistungs- und Informations-Ökonomie? In: Soziale Welt, 37, I, 3-25

Scharpf, Fritz W. (1998), Globalisierung als Beschränkung der Handlungsmöglichkeiten nationalstaatlicher Politik. In: Jahrbuch für Neue Politische Ökonomie. 17. Band. Tübingen, 41-66

Schatz, Heribert, Nikolaus Immer, Frank Marcinkowski (1989), Der Vielfalt eine Chance? Empirische Befunde zu einem zentralen Argument für die ,Dualisierung' des Rundfunks in der Bundesrepublik Deutschland. In: Rundfunk und Fernsehen, 37. Jg., Heft 1, 5-24

Schatz, Heribert, Christopher Habig, Nikolaus Immer (1990), Medienpolitik. In: Beyne, Klaus v., Manfred G. Schmidt (Hg.), Politik in der Bundesrepublik Deutschland. Opladen, 331-359

Schatz, Heribert, Winfried Schulz (1992), Qualität von Fernsehprogrammen. Kriterien und Methoden zur Beurteilung von Programmqualität im dualen Fernsehsystem. In: Media Perspektiven, No.12, 690-712

Schellhaaß, Horst M. (2003), Die Rundfunkordnung aus institutionenökonomischer Sicht. In: Wirtz, Bernd W. (Hg.), Handbuch Medien- und Multimediamanagement. Wiesbaden, 345-363

Schelling, Thomas C. (1978) Egonomics, or the Art of Self-Management. In: American Economic Association Papers and Proceedings, Vol 68, 290-294

Schenk, Michael (1989), Einführung in die Medienökonomie. In: Schenk, Michael, Joachim Donnerstag (Hg.),Medienökonomie. Einführung in die Ökonomie der Informations- und Mediensysteme. München, 3-11

Schenk, Michael, Joachim Donnerstag (Hg.) (1989), Medienökonomie. Einführung in die Ökonomie der Informations- und Mediensysteme. München

Scherer, Frederic M., David Ross (1990), Industrial Market Structure and Economic Performance. 3. Auflage, Boston u.a.

Schiller, Herbert I. (1989), Culture, Inc. New York

Schimmelpfennig, Jörg (1992), Informelle Rahmenbedingungen bei öffentlichen Unternehmen. In: Jahrbuch für Neue Politische Ökonomie. 11. Band. Tübingen, 106-122

Schmid, Ulrich, Herbert Kubicek (1994), Von den „alten" Medien lernen. Organisatorischer und institutioneller Gestaltungsbedarf bei interaktiven Medien. In: Media Perspektiven, No.8, 401-408

Schmidt, Siegfried J. (1991), Werbewirtschaft als soziales System. Arbeitshefte Bildschirmmedien Nr.27, Siegen

Schmidt, Ingo, Martina Röhrich (1992), Kompetitive Marktstrukturen und externes Unternehmenswachstum. In: Wirtschaftswissenschaftliches Studium, 21. Jg. Heft 4, 179-184

Schmidtchen, Dieter (1996), Einleitung: Vom Hoheitsstaat zum Konsensualstaat: Neue Formen der Kooperation zwischen Staat und Privaten. In: Jahrbuch für Neue Politische Ökonomie. 15. Band. Tübingen, 1-8

Schmitz, Alfred (1990), Rundfunkfinanzierung. Bestandsaufnahme der Rundfunkfinanzierung in der Bundesrepublik und ökonomische Analyse der Interdependenzen von Finanzierungsformen und medienpolitischen Zielen. Köln

Schmoller, Gustav von (1900), Grundriss der Allgemeinen Volkswirtschaftslehre. München

Scholten-Reichlin, Heike, Otfried Jarren (2001), Medienpolitik und Medienethik. In: Jarren, Otfried, Heinz Bonfadelli (Hg.), Einführung in die Publizistikwissenschaft. Bern u.a., 231-255

Schönbach, Klaus (1980), Publizistische Vielfalt in Wettbewerbsgebieten. In: Klaue, Siegfried, Manfred Knoche, Axel Zerdick (Hg.), Probleme der Pressekonzentrationsforschung. Baden-Baden, 145-161

Schönbach, Klaus (1983), Das unterschätzte Medium. Politische Wirkungen von Presse und Fernsehen im Vergleich. München

Schönberger, Markus (1995), Zuschauerforschung und Programmplanung in der Praxis. In: LPR (Hg.), TV-Zuschauerforschung – das Maß aller Dinge? LPR-Medien-Colloquium. Ludwigshafen, 61-70

Schorlemer, Andreas von (1993), Strukturen und Tendenzen im Lizenzgeschäft. Filmbeschaffung für das Fernsehen unter veränderten Marktbedingungen. In: Media Perspektiven, No.11-12, 537-548

Schreiber, Mathias (1974), Die kollektivierten Einzelgänger. Zur kulturellen Situation des Schriftstellers in der heutigen Gesellschaft. In: Silbermann, Alfons, René König (Hg.),Künstler und Gesellschaft, Sonderheft 17, 11-26

Schudson, Michael (1981), Criticising the critics of advertising: towards a sociological view of marketing. In: Media, Culture & Society, Heft 3, 3-12

Schudson, Michael (1984), Advertising. The Uneasy Persuasion. Its Dubious Impact on American Society. New York

Schüller, Alfred (1983), Property Rights, Theorie der Firma und wettbewerbliches Marktsystem. In: Ders. (Hg.), Property Rights und ökonomische Theorie. München, 145-183

Schulte-Hillen, Gerd (1993), Der Verleger. Eine Symbiose aus Ökonom und Journalist. In: Bertelsmann Briefe, November, 4-8

Schulz, Wolfgang, Wolfgang Seufert, Bernd Holznagel (1999), Digitales Fernsehen. Regulierungskonzepte und -perpektiven. Opladen

Schulz, Wolfgang, Thorsten Held, Manfred Kops (2001), Perspektiven der Gewährleistung freier öffentlicher Kommunikation. Ein interdisziplinärer Versuch unter Berücksichtigung der gesellschaftlichen Bedeutsamkeit und Marktfähigkeit neuer Kommunikationsdienste. In: ZUM, 45. Jg. Sonderheft, 621-642

Schumann, Jochen (1984), Grundzüge der mikroökonomischen Theorie. 4. verbesserte Auflage. Berlin u.a.

Schumann, Matthias, Thomas Hess (2000), Grundfragen der Medienwirtschaft. Berlin, Heidelberg

Schumpeter, Josef A. (1926), Theorie der wirtschaftlichen Entwicklung. 2. Auflage. München

Schumpeter, Josef A. (1993), Kapitalismus, Sozialismus und Demokratie. 7 erweiterte Auflage. Tübingen, Basel

Schusser, Oliver (1998), Medienökonomie: Wissenschaft oder Mode? In: Die Betriebswirtschaft, 58. Je., Nr.5, 591-602

Schuster, Jürgen (1995), Rundfunkmarketing. Entwicklung einer strategischen Marketingkonzeption für das öffentlich-rechtliche Fernsehen. Konstanz

Schütz, Walter, J. (1997), Pressewirtschaft. In: Noelle-Neumann, Elisabeth, Winfried Schulz, Jürgen Wilke (Hg.), Publizistik, Massenkommunikation. Das Fischer Lexikon. Frankfurt/M., 452-475

Schütz, Walter J. (2001), Die deutsche Tagespresse 2001. Trotz Bewegung im Markt, keine wesentliche Erweiterung des publizistischen Angebots In: Media Perspektiven, No.12, 602-642

Schweiger, Günter, Gertraud Schrattenecker (1995), Werbung. Eine Einführung. 4. erweiterte Auflage, Stuttgart, Jena

Scitovsky, Tibor (1972), What's Wrong with the Arts Is What's Wrong with Society. Arts in the Affluent Society. In: The American Economic Review, Vol. LXII, No. 2, 62-69

Scitovsky, Tibor (1978), Joyless Economy. An Inquiry into Human Satisfaction and Consumer Dissatisfaction. Oxford. London, New York

Selhofer, Hannes (1999), Der Medienbegriff im Wandel. Folgen der Konvergenz für Kommunikationswissenschaft und Medienökonomie. In: Latzer, Michael, Ursula Maier-Rabler, Gabriele Siegert, Thomas Steinmaurer (Hg.), Die Zukunft der Kommunikation. Phänomene und Trends in der Informationsgesellschaft. Innsbruck, 99-108

Sen, Amartya K. (1970), Collective Choice and Social Welfare. San Francisco

Sen, Amartya K. (1982), Choice, Welfare and Measurement. Oxford

Sen, Amartya K. (1992), Inequality Reexamined. Oxford

Seufert, Wolfgang (1994), Mehr Markt in Hörfunk und Fernsehen? Publizistische Vielfalt und ökonomischer Wettbewerb. In: Holgerson, Silke, Otfried Jarren, Heribert Schatz (Hg.), Dualer Rundfunk in Deutschland. Beiträge zu einer Theorie der Rundfunkentwicklung. München, Hamburg, 169-178

Seufert, Wolfgang (1997), Medienübergreifende Unternehmenskonzentration – Mittel zur Kostensenkung oder zur Erhöhung von Marktmacht? In: Schatz, Heribert, Otfried Jarren, Bettina Knaup (Hg.), Machtkonzentration in der Multimediagesellschaft? Beiträge zur Neubestimmung des Verhältnisses von politischer und medialer Macht. Opladen, Wiesbaden, 258-273

Seufert, Wolfgang (1998), Wirtschaftliche Aspekte von Hörfunk und Fernsehen. In: Hans-Bredow-Institut (Hg.), Internationales Handbuch für Hörfunk und Fernsehen. Baden-Baden, Hamburg, A3 152-168

Seufert, Wolfgang (2003), Ökonomisches Verhalten kommunikativer Akteure. In: Medien Journal, 27. Jg., Heft 3, 47-66

Seufert, Wolfgang (2004), Ökonomische Restriktionen für die Ausdifferenzierung des Medienangebotes am Beispiel des deutschen Zeitschriftenmarktes. In: Siegert, Gabriele, Frank Lobigs (Hg.), Zwischen Marktversagen und Medienvielfalt. Baden-Baden, 85-99

Shapiro, Carl (1983), Premiums for High Quality Products as Returns of Reputation. In: Quarterly Journal of Economics (97), 659-679

Shapiro, Carl, Hal R. Varian (1999), Online zum Erfolg. München

Shoemaker, Pamela J., Stephen D. Reese (1991), Mediating the Message. Theories of Influences on Mass Media Content. New York, London

Siebert, Frederick S., Theodore Peterson, Wilbur Schramm (1956), Four Theories of the Press. Urbana

Siegert, Gabriele (1993), Marktmacht Medienforschung. Die Bedeutung der empirischen Medien- und Publikumsforschung im Medienwettbewerbssystem. München

Siegert, Gabriele (1997), Shareholders als neue Zielgruppe der Medien? Von der Orientierung an und dem Einfluss von Anteilseignern und Investoren. In: Scherer, Helmut, Hans-Bernd Brosius (Hg.), Zielgruppen, Publikumssegmente, Nutzergruppen, Beiträge aus der Rezeptionsforschung. München, 76-96

Siegert, Gabriele (2001a), MedienMarkenManagement. Relevanz, Spezifika und Implikationen einer medienökonomischen Profilierungsstrategie. München

Siegert, Gabriele (2001b), Der dritte ‚Mann'. Anmerkungen zur Börse als neuem Prinzipal von Medienorganisationen. In: Karmasin, Matthias, Manfred Knoche, Carsten Winter (Hg.), Medienwirtschaft und Gesellschaft I. Münster u.a., 83-93

Siegert, Gabriele (Hg.) (2002), Medienökonomie in der Kommunikationswissenschaft. Bedeutung, Grundfragen und Entwicklungsperspektiven. Manfred Knoche zum 60. Geburtstag. Münster u.a.

Siegert, Gabriele (2002a), Medienökonomie in der Kommunikationswissenschaft – Einleitung. In: Dies. (Hg.), Medienökonomie in der Kommunikationswissenschaft. Münster u.a., 9-12

Siekmann, Helmut (1996), Corporate Governance und öffentlich-rechtliche Unternehmen. In: Jahrbuch für Neue Politische Ökonomie. 15. Band. Tübingen, 282-313

Silbermann, Alfons (1982), Handwörterbuch der Massenkommunikations- und Medienforschung. 3 Bände. Berlin

Simon, Herbert A. (1955), A Behavioral Model of Rational Choice. In: The Quarterly Journal of Economics. Vol. LXIX, No.1, 99-118

Simon, Herbert A. (1957), Models of Man, New York

Simon, Julian L. (1970), Issues in the Economics of Advertising. Urbana, London

Sjurts, Insa (1996), Wettbewerb und Unternehmensstrategie in der Medienbranche. Eine industrieökonomische Skizze. In: Altmeppen, Klaus-Dieter (Hg.), Ökonomie der Medien und des Mediensystems. Opladen, 53-80

Sjurts, Insa (2002), Strategien in der Medienbranche. Grundlagen und Fallbeispiele. 2. Auflage. Wiesbaden

Sjurts, Insa (2004), Think global, act local – Internationalisierungsstrategien deutscher Medienkonzerne. In: Aus Politik und Zeitgeschichte. Beilage zur Wochenzeitung Das Parlament. B12-13, 22-29

Sjurts, Insa (Hg.) (2004), Gabler Lexikon Medienwirtschaft. Wiesbaden

Smith, Adam (1978), Der Wohlstand der Nationen. Ein Untersuchung seiner Natur und seiner Ursachen. Vollständige Ausgabe nach der 5. Auflage (letzter Hand), London 1789. München

Sohmen, Eugen (1971), Marktwirtschaft, Presse und Werbung, Walter Eucken-Institut. Vorträge und Aufsätze, 29. Tübingen

Sölter, Arno (1976), Die besonderen Wettbewerbsbedingungen homogener und heterogener Güter. In: Neumark, Fritz, Karl C. Thalheim, Heinrich Hölzler (Hg.), Wettbewerb, Konzentration und wirtschaftliche Macht. Berlin, 263-315

Sombart, Werner (1919), Die deutsche Volkswirtschaft im 19. Jahrhundert und im Anfang des 2o. Jahrhunderts. Leipzig, Berlin

Sparks, Colin (1992), The Press, the Market and Democracy. In: Journal of Communication, Vol.42, No. 1 (Winter), 36-51

Spindler, Gerald (1996), Umweltschutz durch private Prüfungen von Unternehmensorganisationen: Die EG-Öko-Audit-VO. In: Jahrbuch für Neue Politische Ökonomie. 15. Band. Tübingen, 205-230

Spinner, Helmut F. (1988), Wissensorientierter Journalismus: Der Journalist als Agent der Gelegenheitsvernunft. In: Erbring, Lutz u.a. (Hg.), Medien ohne Moral. Variationen über Journalismus und Ethik. Berlin, 238-266

Spinner, Helmut F. (1994), Die Wissensordnung. Ein Leitkonzept für die dritte Grundordnung des Informationszeitalters. Opladen

Spinner, Helmut F. (1997), Wissensregime der Informationsgesellschaft. ,Wissen aller Arten, in jeder Menge und Güte' als Gegenstand der Rechts-, Wirtschafts- und Wissensordnung. In: Kubicek, Herbert, Herbert Dieter Klumpp, Günter Müller u.a. (Hg.), Jahrbuch Telekommunikation und Gesellschaft 1997. Heidelberg, 65-79

Staab, Joachim Friedrich, Ursula Hocker (1994), Fernsehen im Blick der Zuschauer. Ergebnisse einer qualitativen Pilotstudie zur Analyse von Rezeptionsmustern. In: Publizistik, 39.Jg., Heft 2, 160-174

Stahmer, Frank (1995), Ökonomie der Presseverlage. München

Stein, Thomas M., Hubert Jakob (2003), Schrumpfende Märkte und neue Vertriebswege als Herausforderung für die strategische Unternehmensführung in der Musikindustrie. In: Wirtz, Bernd W. (Hg.), Handbuch Medien- und Multimediamanagement. Wiesbaden, 465-481

Steiner, Peter O. (1969), Public Sector and Public Interest. Washington (US Government Printing Office)

Steininger, Christian (1998), Zur politischen Ökonomie der Medien. Eine Untersuchung am Beispiel des dualen Rundfunksystems. 2 Bde., Dissertation Universität Wien

Steininger, Christian (2000), Zur Politischen Ökonomie der Medien. Eine Untersuchung am Beispiel des dualen Rundfunksystems. Wien

Steininger, Christian (2004), Zum Verhältnis von Markt und Öffentlichkeit – ein Beitrag zur medienökono-mischen Institutionengenese des Antisemitismus. In: Siegert, Gabriele, Frank Lobigs (Hg.), Zwischen Marktversagen und Medienvielfalt. Baden-Baden, 184-196

Stiftung Lesen (1993), Leseverhalten in Deutschland 1992/1993. Mainz

Stigler, George J., Gary S. Becker (1977), De Gustibus Non Est Disputandum. In: The American Economic Review, Vol.67, No.2, 76-90

Stiglitz, Joseph E. (1998), Staat und Entwicklung – Das neue Denken. Die Überwindung des Konzepts vom minimalistischen Staat. In: E+Z (Entwicklung und Zusammenarbeit), 39. Jg., Heft 4, 101-104

Stipp, Horst (1987), Programmforschung für amerikanisches Networkfensehen am Beispiel NBC. In: Media Perspektiven, No.6, 388-397

Stipp, Horst (1997), Aktuelle Entwicklungen in der Fernsehzuschauerforschung in den USA. 10. Hessisches Gesprächsforum Medien „Einschaltquoten. Medienwissenschaftliche und medienrechtliche Aspekte der Ermittlung von Zuschaueranteilen". 24. April 1997, Frankfurt (Manuskript)

Stipp, Horst (1996), US programme research strategies. In: EBU diffusion, Spring, 29-32

Stock, Martin (1997), Medienpolitik auf neuen Wegen – weg vom Grundgesetz? Das duale Rundfunksystem nach der staatsvertraglichen Neuregelung (1996). In: Rundfunk und Fernsehen, 45. Jg., Heft 2, 141-172

Stolte, Dieter (1999), Auslagerung von Aufgaben und Leistungserstellung durch Dritte im Rundfunk. Das Modell des ZDF. In: Media Perspektiven, No.1, 9-13

Strätling, Rebecca (1997), Shareholder versus Stakeholder. Welchen Zielen sollte die Unternehmensführung verpflichtet sein? In: Forum Wirtschaftsethik, 2, 1-8

Strobel, Ricarda, Werner Faulstich (1997f.), Die deutschen Fernsehstars. 4 Bände. Göttingen

Stürzebecher, Dieter (1995), Vertriebspreise als Wettbewerbsfaktor. In: Media Perspektiven, No.12, 594-609

Sydow, Jörg (1992), Strategische Netzwerke. Evolution und Organisation. Wiesbaden

Tamm, Regine (2003), ARD Corporate Design und Markenstrategie. Haltung und Image. In: ARD Jahrbuch 03. Hamburg, Baden-Baden , 82-87

Tebert, Miriam (2000), Erfolg durch Qualität. Programmcontrolling beim WDR Fernsehen, In: Media Per-spektiven, Heft 2, 85-95

Thaenert, Wolfgang (1997), Konzentrationskontrolle durch die Landesmedienanstalten –Eine Verfolgungs-jagd mit offenem Ausgang. In: Kohl, Helmut (Hg.), Vielfalt im Rundfunk. Interdisziplinäre und interna-tionale Annäherungen. Konstanz, 126-133

Thaler, Richard H., Hersh M. Shefrin (1981), An Economic Theory of Self-Control. In: Journal of Political Economy, Vol. 89, No. 2, 392-406

Theis-Berglmair, Anna Maria (2000), Aufmerksamkeit und Geld, schenken und zahlen – zum Verhältnis von Publizistik und Wirtschaft in einer Kommunikationsgesellschaft. Konsequenzen für die Medienökono-mie. In: Publizistik, 45. Jg., Heft 3, 310-329

Theis-Berglmair, Anna Maria (2001), Aufmerksamkeit und Wahrnehmen. Mediale Strategien zur Sicherstel-lung zentraler Voraussetzungen von Kommunikation. In: Beck, Klaus, Wolfgang Schweiger (Hg.), At-tention please! Online-Kommunikation und Aufmerksamkeit. München, 57-67

Thiry, Bernard (1996), Öffentliche Dienstleistungen – Konzepte und Realitäten. In: Cox, Helmut (Hg.), Öf-fentliche Dienstleistungen in der Europäischen Union. Zum Spannungsfeld zwischen Service Public und Wettbewerbsprinzip. Baden-Baden, 29-39

Thurow, Lester C. (1996), Die Zukunft des Kapitalismus. Düsseldorf, München

Tietge, Christian (2004), Grundzüge und rechtliche Probleme der internationalen Informationsordnung. In: Hans-Bredow-Institut (Hg.), Internationales Handbuch Medien 2004/2005. Baden-Baden/Hamburg, A16-37

Tietzel, Manfred (1988), Zur Theorie der Präferenzen. In: Jahrbuch für Neue Politische Ökonomie, 7. Band, Tübingen, 38-71

Tietzel, Manfred (1995), Literaturökonomik. Tübingen

Tietzel, Manfred, Christian Müller (1998), Noch mehr zur Meritorik. In: Zeitschrift für Wirtschafts- und Sozialwissenschaften (ZWS), Heft 118, 87-127

Towse, Ruth (Ed.) (1997), Baumol's Cost Disease. The Arts and other Victims. Cheltenham, U.K., Northhampton, USA

Traufetter, Birgit R. (1999), Digitaler Videostandard DVD vor dem Durchbruch? Marktsituation im VHS-Videosektor und Entwicklungen digitaler optischer Speichermedien. In: Media Perspektiven, No.2, 50-62

Tuchman, Gaye (1972), Objectivity as strategic ritual. In: American Journal of Sociology, 77, 660-679

Tuchman, Gaye (1973), Making News by Doing Work: Routinising the Uninspected. In: American Journal of Sociology, 79, 110-131

Tuchman, Gaye (1978), Making News: A study in the construction of reality. New York

Tunstall, Jeremy (1993), Television Producers. London

Turow, Joseph (1992), Media System in Society. Understanding Industries, Strategies, and Power. New York, London

Type, Michael (1996), European Media and Audience Research Development 1995-1996. In: Communications, Vol. 21, No.4, 467-482

Ubbens, Wilbert (1997), Medienökonomie in modernen Industriestaaten. Eine Auswahlbibliographie. In: Kopper, Gerd G. (Hg.), Europäische Öffentlichkeit: Entwicklung von Strukturen und Theorie. Berlin, 233-331

Ursell, Gillian (1998), Labour flexibility in the UK commercial television sector. In: Media, Culture & Society, Vol.20, No.1, 129-153

Vanberg, Viktor, James M. Buchanan (1988), Rational Choice and Moral Order. In: Analyse & Kritik, 10, 138-160

Vanberg, Viktor, James M. Buchanan (1989), Interests and Theories in Constitutional Choice. In: Journal of Theoretical Politics, 1, 49-62

Vanberg, Viktor, James M. Buchanan (1991), Constitutional Choice, Rational Ignorance and the Limits of Reason. In: Jahrbuch für Neue Politische Ökonomie. 10. Band. Tübingen, 61-78

Vogel, Andreas (2000), Leichtes Wachstum der Großverlage. Daten zum Markt und zur Konzentration der Publikumspresse in Deutschland im I. Quartal 2000. In: Media Perspektiven, Heft 10, 464-478

Vogel, Harald D. (1986), Entertainment industry economics. A guide for financial analysis. Cambridge u.a.

Volpers, Helmut (1987), Möglichkeiten und Grenzen alternativer Kleinverlage auf dem deutschen Buchmarkt. In: Media Perspektiven, No.7, 460-468

Vowe, Gerhard (1997), Medienpolitik im Spannungsfeld von staatlicher Steuerung und Selbstregulierung. Das Beispiel der „Freiwilligen Selbstkontrolle Fernsehen". In: Schatz, Heribert, Otfried Jarren, Bettina Kaup (Hg.), Machtkonzentration in der Multimediagesellschaft. Opladen, 216-143

Vowe, Gerhard (2001), Medienpolitik: Regulierung der medialen öffentlichen Kommunikation. Diskussionsbeiträge 04, Ilmenau

Wahl-Ziegler, Erika (1978), Theater und Orchester zwischen Marktkräften und Marktkorrektur. Göttingen

Wasko, Janet (1989), What's So „New" About the „New" Technologies in Hollywood? An Example of the Study of New Political Economy of Communication. In: Dervin, Brenda, Laurence Grossberg, Barbara J. O'Keefe, Ellen Wartella (Eds.), Rethinking Communication. Vol.2, Paradigm Exemplars. Newburry Park u.a., 474-485

Wasko, Janet (1994), Hollywood in the Information Age. Beyond the Silver Screen. Cambridge

Watrin, Christian (1993), Einleitung zur deutschen Ausgabe. Die Bedeutung von Regeln für die gesellschaftliche Kooperation. In: Brennan Geoffrey, James M. Buchanan, Die Begründung von Regeln. Tübingen, XI-XVIII

Weber, Max (1980), Wirtschaft und Gesellschaft. Grundrisse der verstehenden Soziologie. 5. revidierte Auflage. Tübingen

Weber, Max (1988a), Rede auf dem ersten Deutschen Soziologentag in Frankfurt 1910. In: Ders., Gesammelte Aufsätze zur Soziologie und Sozialpolitik. 2. Auflage Tübingen, 431-449

Weber, Max (1988b), Gesammelte Aufsätze zur Wissenschaftslehre. 7. Auflage, Tübingen

Webster, James G., Patricia F. Phalen (1994), Victim, Consumer or Commodity? Audience Models in Communication Policy. In: Ettema, James S., D. Charles Whitney (Eds.), Audiencemaking. How the Media Create the Audience. Thousand Oaks u.a., 19-37

Wehmeier, Stefan (1998), Fernsehen im Wandel. Differenzierung und Ökonomisierung eines Mediums. Konstanz

Weidemann, Bernd (1989), Der mentale Aufwand beim Fernsehen. In: Groebel, Jo, Peter Winterhoff-Spurk (Hg.), Empirische Medienpsychologie. München, 134-149

Weigand, Karl-Heinz (1988), Aspekte einer Medienökonomie. In: Langenbucher, Wolfgang R. (Hg.), Publizisitk- und Kommunikationswissenschaft. Ein Textbuch zur Einführung in ihre Teildisziplinen. 2. Auflage. Wien, 164-177

Weigand, Karl-Heinz (2003), Medienwirtschaftliche Dienstleistungen. Übertragung dienstleistungstheoretischer Ansätze auf Produktion und Absatz von Medienangeboten. In: Altmeppen, Karl-Dieter, Matthias Karmasin (Hg.), Medien und Ökonomie, Band 1/1. Wiesbaden, 267-282

Weigel, Wolfgang (1987), Zur Ökonomischen Analyse Öffentlicher Institutionen. Wien

Weihrich, Margit, Wolfgang Dunkel (2003), Abstimmungsprobleme in Dienstleistungsbeziehungen. Ein handlungstheoretischer Zugang. In: KZfSS, 55. Jg., Heft 4, 758-780

Weik, Eva Marie (1994), Bridging Media and Industry. In: Erlinger, Hans-Dieter (Hg.), Kinderfernsehen und Markt. Berlin, 79-85

Weischenberg, Siegfried (1990), Das Neue Mediensystem. Ökonomische und publizistische Aspekte der aktuellen Entwicklung. In: Aus Politik und Zeitgeschichte. Beilage zu der Wochenzeitschrift „Das Parlament", B 26, 29-43

Weischenberg, Siegfried (1992), Journalistik. Theorie und Praxis aktueller Medienkommunikation. 2 Bände. Band 1: Mediensysteme, Medienethik, Medieninstitutionen. Opladen

Weischenberg, Siegfried (1995), Journalistik. Theorie und Praxis aktueller Massenkommunikation. 2 Bände. Band 2: Medientechnik, Medienfunktionen, Medienakteure. Opladen

Weischenberg, Siegfried (1998), Pull, Push und Medien-Pfusch. Computerisierung – kommunikationswissenschaftlich revisited. In: Neverla, Irene (Hg.), Das Netz-Medium. Kommunikationswissenschaftliche Aspekte eines Mediums in Entwicklung. Opladen, Wiesbaden, 37-61

Weizsäcker, Christian C. v. (2003), Der Grundgedanke heißt Freiheit. Über Kapitalismus und Demokratie. In: Merkur, 57. Jg., Heft 9/10, 807-814

Welfens, Paul J.J., Cornelius Graack (1997), Telekommunikationsmärkte in Europa: Marktzutrittshemmnisse und Privatisierungsprobleme aus der Sicht der Neuen Politischen Ökonomie. In: Jahrbuch für Neue Politische Ökonomie. 16. Band. Tübingen, 206-247

Westerbarkey, Joachim (2004), Die Assimilationsfalle, oder was eigentlich vorgeht. In: Baerns, Barbara (Hg.), Leitbilder von gestern? Zur Trennung von Werbung und Programm. Wiesbaden, 193-204

Wiedemann, Verena (1992), Freiwillige Selbstkontrolle der Presse – eine länderübergreifende Untersuchung. Gütersloh

Wieland, Bernhard W. (1994), Regulierung und Industriepolitik in der Europäischen Film- und Fernsehindustrie. In: Jahrbuch für Neue Politische Ökonomie, 13. Band, Tübingen, 211-234

Wilke, Jürgen (1987), Journalistische Berufsethik in der Journalistenausbildung. In: Ders. (Hg.), Zwischenbilanz der Journalistenausbildung. München, 233-252

Wilke, Jürgen (2002), Multimedia/Online-Medien. In: Noelle-Neumann, Elisabeth, Winfried Schulz, Jürgen Wilke (Hg.), Fischer Lexikon Publizistik Massenkommunikation. Frankfurt, 304-327

Willems, Herbert (2000), Medienproduktion, Medienprodukt und Medienrezeption. Überlegungen zu den medienanalytischen Möglichkeiten der „Rahmentheorie" und komplementärer Ansätze. In: Medien & Kommunikationswissenschaft, 48. Jg., Heft 2, 212-225

Willemsen, Roger (1993), Alle Macht den Quoten. In: Bertelsmann Briefe, November, 52-55

Williamson, Oliver E. (1990), Die ökonomischen Institutionen des Kapitalismus. Unternehmen, Märkte, Kooperationen. Tübingen

Williamson, Oliver E. (1993), The Evolving Science of Organization. In: Journal of Institutional and Theoretical Economics, 149, 36-63

Wirtz, Bernd W. (Hg.) (2003a), Handbuch Medien- und Multimediamanagement. Wiesbaden

Wirtz, Bernd W. (2003b), Medien- und Internetmanagement. 3. Auflage. Wiesbaden

Wissenschaftlicher Beirat der Gesellschaft für öffentliche Wirtschaft (1994): Privatisierungsdogma widerspricht Sozialer Marktwirtschaft. In: Zeitschrift für öffentliche und gemeinwirtschaftliche Unternehmen (ZögU), Band 17, Heft 2, 195-215

Witte, Eberhard (1984), Zeitungen im Medienmarkt der Zukunft. Stuttgart

Wöhe, Günter (1990). Einführung in die Allgemeine Betriebswirtschaftslehre. 17. überarbeitete und erweiterte Auflage. München

Wolff, Brigitte (1996), Public-Private-Partnerships. In: Jahrbuch für Neue Politische Ökonomie. 15. Band. Tübingen, 243-275

Wöste, Marlene (1989), Networkbildung durch die Hintertür. Programmzulieferer für den privaten Hörfunk in der Bundesrepublik. Eine Bestandsaufnahme. In: Media Perspektiven, No.11, 9-22

Zabel, Christian (2004) Zeitwettbewerb deutscher Free-TV- Anbieter. In: Medien & Kommunikationswissenschaft, 52. Jg., Heft 3, 412-431

Zapf, Wolfgang, Meinolf Dierkes (Hg.) (1994), Institutionenvergleich und Institutionendynamik. WZB-Jahrbuch 1994. Berlin

Zeiler, Gerhard (2003), Strategische Wettbewerbspositionierung im deutschen TV-Markt: Beispiel RTL. In: Wirtz, Bernd W. (Hg.), Medien- und Multimediamanagement. Wiesbaden, 281-291

Zerdick, Axel, Arnold Picot, Klaus Schrape u.a. (1999), Die Internet-Ökonomie. Strategien für die digitale Wirtschaft. European Communication Council Report. Berlin, Heidelberg

Zillman, Dolf, Jennings Bryant (1985), Affect, Mood and Emotion as Determinants of Selective Exposure. In: Dies. (Eds.), Selective Exposure to Communication. Hillsdale, New Jersey, London, 157-190

Zimmer, Jochen (1996), Pay-TV: Durchbruch im digitalen Fernsehen? Bezahlfernsehen in Deutschland und im internationalen Vergleich. In: Media Perspektiven, No.7, 386-401

Zimmer, Jochen (1998), Auftrieb für fiktionale Fernsehproduktionen in Deutschland? Aufwendungen des Fernsehens für Leistungen der Filmwirtschaft 1995/96. In: Media Perspktiven, No.1, 2-14

Zintl, Reinhard (1989), Der Homo Oeconomicus: Ausnahmeerscheinung in jeder Situation oder Jedermann in Ausnahmesituationen? In: Analyse & Kritik, Zeitschrift für Sozialwissenschaften.Vol. 11. Heft 1, 52-69

Zohlnhöfer, Werner (1989), Zur Ökonomie des Pressewesens in der Bundesrepublik Deutschland. In: Schenk, Michael, Joachim Donnerstag (Hg.), Medienökonomie. Einführung in die Ökonomie der Informations- und Mediensysteme. München, 35-75

Zombik, Peter (1987), Die Schallplatte: Kulturträger und Wirtschaftsfaktor. Marktstrukturveränderungen und ihre Folgen. In. Media Perspektiven, No.7, 437-448

Personen- und Sachregister